上からの革命

上からの革命

――スターリン主義の源流――

溪内　謙著

岩波書店

人間は大地に両脚をつけ、天中に頭をあげて歩く。そして、地上の出来事の歴史は——都市と軍隊と、また実質と形体とを備えた物事の歴史は——人類の物語の半分にすぎないのである。

——L・マンフォード『ユートピアの系譜』より

はじめに

一九七〇年から一九八六年にかけて刊行した『スターリン政治体制の成立』全四部(以下、原著)最終巻の序文で「近い将来全体を簡潔な一冊にまとめる」ことを予告してからすでに一七年の歳月が経過した。当初数年で終える予定がかくもおくれたことに対して自責の念を深くする。仕事に着手して間もなく気づいたことは、三〇〇〇頁をこえる原著を平易を旨とする一冊本に圧縮する作業の難しさであった。構成についての試行錯誤が続いた。加齢による肉体的・精神的鈍磨も無視できない遅延要因として加わった。ここ数年、妻と著者の双方に生じた健康問題も仕事への集中を妨げた。けれども主な遅延要因は別のところにあった。そのひとつは、一九三〇年半ばで記述を終えた原著の終章で、つぎに予定した著作の作業仮説として提示した一九三〇年代の歴史像について、より本格的な一章を一冊本につけ加えることを意図し、その準備に数年を費やしたことである。いまひとつの、そして最大の要因は、原著の問題関心の存在理由を根底的に問題視する劇的変化が、研究とそれをとりまく環境に生じたことであった。

著者は、一九六二年に刊行した最初の著作『ソビエト政治史——権力と農民』(新版一九八九年、岩波書店)の「はしがき」で、「スターリン時代」にみずからの基本的問題関心があることを記した。それは、スターリン時代の前史的段階である一九二四—二六年の農村政治史を対象とし、その実証的研究のなかからスターリン時代の著者なりの研究方法を導きだすことを意図した序説的作品であり、それまでの接近方法の反省に立つ著者の学問的再出発のささやかな記念碑でもあった。それが、一九五六年のいわゆる「スターリン批判」に触発されたものであることは、刊行時期から容易に察知できよう。「スターリン批判」は、スターリンの権力犯罪の暴露によって偶像スターリンを解体し、スターリンとかれの党の革命的正統性を基礎づけた聖典、一九三八年刊『全連邦共産党史・小教程』の学問的検討、神話的歴史の世俗化を促す機運をロシア歴史家の間に生んだ。いわゆる「六〇年代歴史家集団」の誕生である。なおも存在した厳しい政治的制約のもとで公表されたかれらの研究業績のうち最も実りある成果は、スターリン時代の暗黒面であり、それゆえに神話化が最も顕著であった農業集団化史の研究であった。スターリンとかれの側近の失政と農民弾圧の記録を明るみにだす貴重な研究論文、史料集が刊行され、西側のソヴィエト史研究者にも深甚な影響を与えた。「スターリン批判」を政治的・道徳的批判の次元にとどめることなく学問的に内在化することは、かつてスターリン歴史学の影響下に置かれた歴史研究者の職業的責務でなければならない、著者もそう考えて微力ながらこの運動のささやかな一翼を担うことを志した。

第一作の刊行からおよそ一〇年を経て原著第一部が公刊された。その「はしがき」は、原著の企図をつぎのように記した。「前著『ソビエト政治史——権力と農民』(一九六二年)の「はしがき」において、著者は、「スターリン時代を、現代史のなかで位置づけ、その特質を追求」することを、みずからの研究課題とする旨をしるした。前著がそのための序論であったとすれば、本書は、研究課題そのものを考察する本論となる。ただし本書は本論の全体を覆うものではなく、スターリン政治体制の形成期の研究を主たる課題とする。形成された政治体制の構造、支配的な思想構造、スターリン政治体制下の政治過程等の研究は、本書の範囲にはふくまれない。またスターリン政治体制の成立過程の考察も、著者独自の視点からなされたのであるから、本書は、考察時期のすべての側面に論及した一般史ではなく、あくまで、特定の時期の特定の問題を、特殊的な視点から究明しようとしたこころみである。また、たとえ、著者と同じ視点に立ち同じ対象に接近する場合にも、著者とは異った分析、結論は当然ありえよう。スターリン時代についての真に歴史的な研究が皆無にちかい現状に照してみるならば、本書が扱う主題は、今後さまざまな視点と方法とから論議することなくしては十分に解明することができない研究領域なのである。本書が、やがて通過されるべきひとつの道標としての意義をもちうるとすれば、それは、著者のこのうえないよろこびである」。「はしがき」は続けて、「この時代に形成されたマルクス主義の思想的、実践的諸特徴」(すなわち、第一部刊行時には歴史の認識用語としての市民権を獲得していなかった「スターリン主義」)が現代史において占めている枢要な意義を論じ、歴史認識の後進性に言及した。「はしがき」の稚拙なまでの気負いは、第一部が公刊された一九七〇年前後が、「東」でも「西」でも「人間の顔をした社会主義」を目指す運動あるいは「非スターリン化」の波の全面的退潮が始まり、ソ連では「スターリン批判」が凍結され、「六〇年代歴史家集団」に対する政治的締めつけが強まった逆風の時代に対する著者の抗議、逆流に抗して学問的節操を貫こうとしていた歴史家との連帯の表明を意図したからである。

それから三三年、全四部が完結して一七年たった二〇〇四年から見ると、現代史は、原著が予測できなかった大きな変貌を遂げた。その過程はなお流動的であり、方向は定かではない。変化のなかには、一九七〇年はもとより原著が完結した一九八六年においても、著者の予知しえなかったものも少なくない。この未完の過程のなかで、果たして「スターリン時代を現代史のなかで位置づけ、その特質を追求」することが有意な目標たりうるのか、それは、時代の客観的過程そのものが未完であり混迷と流動性を高めている今日、条件的にのみ答えることができる設問であろう。ロシア革命を含むソヴィエト的過去を忌むべき暗黒時代として一括消去する清算主義的心理がロシア・東欧のみでなく西側の知的世界をも制覇し、ロシア革命とその後の歴史を、暗黒面の暴露を除いては現代史研究の対象として存在意義を失ったとする主張がソ連研究者を支配するに至った体制崩壊の直後から、著者はかかる時流への不同調を機会あるごとに表明してきた。しかし清算主義的心理の風圧はあまりにも強く、学問的志を同じくした同僚は四散し、緒についたソヴィエト史の客観的研究の学統の樹立も頓挫した。かつての同僚のある者は研究を歴史から現状分析に変えるよう著者に忠告した。『ソビエト政治史』で示した著者の研究目標であるスターリン時代の研究、ひろくはロシア革命を含むソヴィエト史一般の研究が現代史研究の有意な主題たりうるのか、これまで深く考えることがなかった問題の思索に相当の時間を割くことを余儀なくされ、本書の準備はしばしば中断した。『現代史を学ぶ』(岩波新書、一九九五年)にまとめた思索の到達点は、ロシア革命を震源とする現代史は、どのように評価するにせよ、ロシアのみでなく二〇世紀世界史のなかで看過できない重要な問題領域であり、にも拘らず(というよりは、対象の衝撃の直接性のゆえにむしろ当然にして)、これまでそれは多分に政治の主題であって、学問的認識の主題ではなかった、であるから、「崩壊」をロシア革命史・ソヴィエト史の真の学問的研究の好機として利用すべきではないか、というものであった。当時、共感をえられることの少なかったこの提言は、「崩壊」から十数年を経て清算主義的心理の現実的基盤の確実性の喪失とともに、とくに若い研究者世代の間で、合意をひろげつつあるように思われる。

本書は表題を『上からの革命――スターリン主義の源流』とした。表題の変更は、新しい穀物調達制度の形成、制度化、集団化への貫徹、その結果としての集団化の「上からの革命」としての形質の具備、それに随伴する政治の編成原理の交替過程を権力と農民の接点において探究する本書の基本的意図に表題を特化させることによる。本書は、一九二六年から一九三〇年前半までを対象とする原著に対して、一九二八年から一九二九年までの二年間を主要な時期的対象とした。その理由は本書の序章と終章部分において解説を試みている。結局、原著第四部の内容をなす一九三〇年前半の記述は、一九三四年までを扱う別の著作に譲ることにした。「上からの革命」の基本的枠組が明確な形姿をとる一九二八―二九年の形成期と、「革命」が農村を震撼する展開期とに区分することが、歴史記述としてより整合的な構成となりうると考えたからである。

二〇〇四年一月

渓内　謙

凡　例

一、引用文中の（　）は原文のもので、〔　〕は著者によって挿入されたものである。

一、引用文中の傍点は、特記なき場合、すべて原文の強調（イタリックないしゴチック）である。その他の強調についてはすべて注記した。ただし断片的な引用等については、断りなく原文の強調を省略した場合がある。

一、本書において「党」とは、一八九八年に「ロシア社会民主労働党」（RSDRP）として創立され、一九一八年に「ロシア共産党（ボリシェヴィキ）」（RKP(b)）、一九二五年に「全連邦共産党（ボリシェヴィキ）」（VKP(b)）となり、一九五二年以降は「ソ連邦共産党」（KPSS）と称された政党を指す。

一、本書が対象とする時期のソ連邦では、経済年度は一〇月一日に始まり九月三〇日に終了した。穀物調達については、七月一日から翌年の六月末日までを一年度とした。

一、本書の叙述は、史料的には、一九二〇年代（およびそれ以降）にソ連邦（あるいはロシア）で刊行された定期刊行物、会議の速記録・議事録、決議集、統計集、法令集、百科事典、政治指導者の著作などを基礎としつつ、一九八〇年代末以降飛躍的に進んだアーカイヴ史料公開の成果を取り入れたものである。後者については、著者が九〇年代初めにモスクワで直接閲覧したロシア現代史文書保管・研究センター（RTsKhIDNI：かつてのソ連共産党中央委員会付属マルクス・レーニン主義研究所中央党アルヒーフ（TsPA）、現在のロシア国立社会政治史アルヒーフ（RGASPI））の党中央委員会関連文書のほか、近年ロシアの研究者たちによって精力的に編纂・刊行されている一連の史料集、とりわけ、農業集団化全般を扱った『ロシア農村の悲劇　一九二七―一九三九年（*Tragediia sovetskoi derevni. Kollektivizatsiia i raskulachivanie. Dokumenty i materialy. 1927–1939*, 5 vols., M., 1999–　）』、党中央委員会総会の議事を扱った『ネップはい

かに破壊されたか　一九二八―一九二九年党中央委員会総会速記録(*Kak lomali NEP. Stenogrammy plenumov TsK VKP(b) 1928–1929 gg.*, 5 vols., M., 2000)』、オゲペウの内部文書を中心とした『チェカ・オゲペウ・内務人民委員部がみたソヴィエト農村　一九一八―一九三九年(*Sovetskaia derevnia glazami VChK–OGPU–NKVD 1918–1939. Dokumenty i materialy*, 4 vols., M., 2000–　)』を頻繁に参照した。

一、本書に関連する時期のソ連邦の政治体制について簡単に注記しておくと、まず党については、全党的会議は、党大会、党協議会、党中央委員会総会が主要なものであり、党統制上の議題が含まれる場合には、党中央委員会総会は、中央統制委員会との合同総会の形式をとった。常任の中央党機関としては、党中央委員会とそのもとにあった政治局、書記局、および中央統制委員会、同幹部会、中央監査委員会があった。ソ連邦を構成する共和国(ロシア、ウクライナ等)の党も類似の組織をもっていた。地方党組織は、最底辺の細胞のうえに、それぞれ地域単位の最高党組織としての協議会、常任党機関としての委員会をおくという構成をとっていた(ただし郷(地区)では、協議会ではなく党員総会を最高機関とすることを原則とする旨党規約は定めていた)。国家機関は、中央ではソ連邦ソヴィエト大会、同中央執行委員会(幹部会)、人民委員会議、人民委員部の系列があり、各民族共和国も類似する組織をもっていた。地方(県または州レヴェル以下の)ソヴィエトの組織としては、最底辺の市・村ソヴィエトを除いて、それぞれのソヴィエト大会のもとに常任の機関として執行委員会がおかれ、執行委員会のもとに専門部がおかれるのを常とした。ソ連邦の地方制度は当時、旧体制以来の県制から州制への移行期にあり、旧来の県(guberniia)―郡(uezd)―郷(volost')―村(selo)の単位と新規の州(oblast')―管区(okrug)―地区(raion)―村(selo)の単位とが併用されていた。このほか周辺地域の単位で州に相当するものとして、地方(krai)が存在した。

一、本書に引用された、ソ連邦で当時使用されていた数量単位のおおよその換算はつぎのとおりである。

一ヴェルスタ(versta)＝五〇〇サージェン(sazhen')＝一・〇六七キロメートル＝〇・六六マイル

一デシャチーナ(desiatina)＝二四〇〇平方サージェン＝二・七〇エーカー＝一・〇九二ヘクタール

一プード (pud) ＝四〇フント (funt) ＝一六・三八キログラム
一ツェントネル (tsentner) ＝〇・一トン (一〇〇キログラム)
一ルーブル (rubl') ＝一〇〇コペイカ (kopeika)

一、引用文献中、〈　〉で囲われた分は、定期刊行物またはこれに類する文献である。

目　次

序章

『スターリン政治体制の成立』全四部（一九七〇―八六年、以下原著）は、時期的には一九二七年秋―冬から一九三〇年夏までの約三年間を主要な対象としつつ、主題的には、一九二八年初めの穀物調達危機を起点とし一九二九年秋における「上からの革命」と称される特殊な形質を具有する農業集団化運動の発進を着点とする権力と農民の紛争史を、両者の接点に照準を合わせて追跡することで、その過程から徐々に分泌・形成される新たな統治構造、およびそこでの編成原理交替の機序の再構成を試みた実証的作品であった。直接の分析対象をかくも絞りこんだ原著に対して、全体的構造の変容を示唆する一般的表題を付したのは、権力と農民の接点における変動とその帰結とが、この時期に決定的形姿をとる政治的転換の原発部位となり、やがてそれが全体制的変容へと拡大したとの位置関連を想定したからである。対象時期における穀物を争点とする農村の政治変動は、この意味において、この時期の歴史的転換の機序がさまざまな主観的・客観的要因の相互作用を通して凝縮的に形成された特徴的深部をなしており、そこから発して転換の全体像を上向的に構築することが歴史の内在的理解への道に通じる接近方法、少なくともその有意なひとつたりうるのではないかと考えられた。原著はこの文脈に留意しつつ、農村の政治変動を対象とする特殊研究であるものの、基層の変動を全体的変容の原像が形成される原基点と位置づける、一般化への架橋を意図した特殊研究であろうとした。本書もその意図において原著と変わるところはない。本書の副題「スターリン主義の源流」は、機序のこの上向的系譜を望見して付されたものである。それを論証にまで高めるためには、源流から本流へと視圏を拡大し、転換の全体的描像を示し、ロシア革命史および同時代世界史の文脈のなかでその歴史的意義を探る営為が求められるであろう。原著は、きわめて不十分ではあったものの、既成の研究成果を摂取しつつ、基層における転換の全体制的拡大の実証に努め、また終章においては、転換のロシア革命史および世界史における位置確認を試みた。しかしそうした企ては、著者の能力と紙幅の限界から、あくまで傍論的限度をこえることはなかった。本書が表題を「源流」としたのは、原著の骨格的部分である権力と農民の接点で発現する農村の政治変動に記述を局限し、また原著で提示を試みた細部をできうる限り本質的部分のみに凝縮し、原著の根幹部の思考展開を浮彫しようとする意図をこめたことによる。その結果、原著全体の要約という当初の企図からの若干の逸脱、対象と接近方法における一定の修正が生ずることになった。転換の基層から上層への上向的一般化は、一九三〇―三四年を扱うつぎなる著作の課題とし、本書は、転換の「原像」に焦点を絞り、主題を農村の変動過程に特化することとした。表題を「上からの革命」と変えたのは、この事情による。ただし、原著刊行後の史料状況および私自身の研究のいくばくかの進捗により検証可能になった部分については、原著の記述を詳細化し、あるいは補完ないし修正する必要があり、また、研究環境および研究動向の変化に対応する強調点の移動も避けることができなかった。

こうして本書は、統治構造の再編が進行する一九二九年末以降の農業集団化の全面的展開期を含まない、(1)小農経営からの穀物調達を中心的問題とする、農業革命の前史的段階に相当する時期を主要な対象とすることになった。にも拘らず、一九二九年末からの農業集団化運動の別称である「上からの革命」を本書の表題とするのは、穀物調達と「上からの革命」とを繋ぐ内的関連性に着目したからである。政策形成局面についてみれば、一九二九年末の「上からの革命」の発進は唐突の印象を与える。党指導部の思考の転換は、一九二九年夏から秋にかけて指導者の口から折に触れて語られていたものの、(2)具体的政策も時機的選択も公的に明言されることはなかった。それらは、特定の指導者の頭脳により先取りされたのでも、特定の党・国家会議を転機としたのでもなかった。一九二九年末から翌三〇年初めにかけての集団化についての一連の決定は、長らく歴史家によって「謎」とされてきた。E・H・カーがいうように、「一九二九年末になされたソヴィエト集団化開始の決定は、なにか謎めいたものであった。その当時までの党指導部の発言は、あのような遠大な措置を予想すべき根拠をなにひとつ与えなかった」のである。(3)アーカイヴにアクセスできた最近の研究は、決定に至るまで舞台裏で、専門家と政治指導者との間にあった意見対立の委細を明らかにしたが、(4)新史料はむしろスターリンの最終的決断の唐突性を際立たせているようにみえる。かれは、経済合理性の最後の一線を固守しようとする専門家の主張よりも、穀物地区の党組織に渦巻いていた集団化の熱狂的気分に信頼をおいたのである。しかし農村の基層で進行していた客観的過程としては、過去からの連続と変化が激しく交差し相克しつつ「上からの革命」へと収斂される趨勢として一九二八―二九年を括ることができる。権力と農民との接点、そこでの方法的局面を媒介とする穀物危機と集団化の内的関連に注目するなら、転換の唐突性はむしろ希薄となる。すなわち、上層の政策形成過程から農村の政治変動へと目を転じると、一九二八―二九年は、「上からの革命」の準備期というよりは、本質を宿す形成の機序を決定した「革命」のプロローグであったと段階規定するほうが真実に近い。この二年間は、集団化が、運動の担い手、形態、速度、方法、基本的駆動力において、それまでの集団化の理念と実践から飛躍して、「上からの革命」としての形質を具備した転換点であった。転換は、一九二七年末を起点とする穀物調達をめぐる権力と農民の紛争、相互関係の展開のなかから生成しついには定型化した農民統治の方法の集団化への転位の結果にほかならない。この機序を、権力と農民の接点に視点を据えて実証することが本書の主要な課題である。こうした課題の探究は、ソヴィエト史もまた、単一の超越的要因によって作成された行程表に従って進行する目的志向的単線史観によっては内在的理解には到達できない、さまざまな原因に基づき、さまざまな主観的・客観的あるいは状況的・歴史的要因の相互作用によって展開する複合的過程にほかならず、歴史の一般的性格の例外には属しないという、現代においてしばしば忘れられている真実の開示にいくらか寄与できるであろう。そのことを著者は願ってやまない。以下、本論に先行して、本書に頻出するいくつかの基礎的諸観念を取り上げつつ、対象時期に至るまでの前史を概観してみたい。

まず本書の表題でもある「上からの革命（revolutsiia sverkhu, revolution from above）」について。一九世紀ヨーロッパ革命史に起源をもつこの観念は、ロシア史では（しばしばソヴィエト史を含めて）、西欧的発展とは異なるロシアの改革に特有の発展パターンの表象として使われた[5]。ソヴィエト史に限定しても用法は一義的ではなく、例えば、スターリン版工業革命全体を特徴づける観念として用いられる場合もある。ソ連史学での通常の用法では、「上からの革命」は、ソ連時代の公定歴史教科書『全連邦共産党（ボリシェヴィキ）史・小教程』（一九三八年）に準拠して、一九二九年末に国民的規模で発進する農業集団化運動を意味した。このスターリン時代の聖典は、運動を「数百万の農民大衆の下からの直接の支持のもとで、国家権力のイニシアティヴにより上から」おこなわれた革命であり、「一〇月の革命的大変革に匹敵する飛躍であった」と規定した[6]。ただし「上からの革命」という呼称そのものはここでは使用されていない。この呼称の権威ある初出は、「革命」を主導したスターリンがその発進二〇年後の一九五〇年に発表した言語学関連論文のなかに見いだされる。そこでかれは、集団化の歴史的意義を自賛しつつ、それが「爆発による古い質から新しい質への移行」ではなく「農村における古いブルジョア的制度から新しい制度への漸次的移行によって」、「現存権力の打倒と新しい権力の創設によってではなく」「現存権力のイニシアティヴに基づき農民の主要部分の支持のもとで遂行された」という意味において、「上からの革命」であったと定義した。ここでスターリンは、集団化が「下からの革命」に特有な爆発的、熱狂的、飛躍的、無規制的要素を含まない、「現存権力」の熟慮と英知に基づく計画的指導のもとで農民大衆が自発的に参加する秩序ある行程であったとして、「上から」に「下から」よりも高い評価をこめたのである。「上から」をもっぱら権力の恣意的強制と同義化する今日の歴史学の定説とは対照的なスターリンの解釈は、「上からの革命」をイニシアティヴ、知性、進歩、思想による革命とし、蜂起、暴力、絶望、街頭の革命である「下からの革命」の上位に置いた一九世紀フランスの自由主義ジャーナリスト、ジラルダンの見方に近似する。[7] ここでスターリンが描くのは、爆発的、熱狂的、飛躍的、暴力的場面に満ちた現実からあまりにもかけ離れた幻想の世界であろう。にも拘らず、かれがなぜこの神話的集団化史像に固執し続けたのか、政治的詭弁へとかれを動機づけた要因は何であったのか、かれがこの歴史像にこめた政治的メッセージは何であったのか、これらは、政治的・道徳的断罪をこえてスターリン時代の客観的認識を志す歴史家にとっても知的関心をかきたてる問題である。

農業集団化(kollektivizatsiia sel'skogo khoziaistva, agricultural collectivisation)は、家族(農戸(dvor))を単位とする分散的小農経営を生産協同組合的大経営に統合する運動ないし過程と定義される。[8] この問題の特異性は、農業の社会主義化一般ではなく、社会主義政党が政権獲得後に当面する課題としての農業の社会主義化にあった。問題化の背景には、マルクスがイギリス資本主義を経験的素材として導きだした農業を含めた産業社会総体が資本家と労働者に二極化する発展型では説明できない傾向がヨーロッパ大陸の農業に発現したという事実があった。それは、工業における資本主義的発展の高度化にも拘らず、農業部門では小農経営が存続し強化さえもするという発展傾向にほかならない。エンゲルスは最晩年の論文「フランスとドイツにおける農民問題」(一八九四年)において、マルクスが想定しなかったこの傾向のもとでの社会主義政党の政権獲得の可能性を肯定的に論じ、小農経営の機械化された大経営への統合を政権獲得後の課題として解決の方途を探った。エンゲルスは、機械化された大経営が小経営にとって代わる未来図が農業部門にも妥当すると信じていたから、資本主義的大経営への道をとりえないとすれば、社会主義的大経営の組織化が社会主義政権の農業政策の中心的課題となると考えた。ではいかなる手順と方法でそれを解決すべきか、かれが説いた路線の核心は、強制ではなく合意こそが方法的規範となるべきだという、啓蒙と説得を基調とする漸進主義にあった。「小農に対するわれわれの任務は、力づくでなく、実例と目的に適った社会的援助の提供とによって、小農の私的経営および私的所有を協同組合的な経営および所有に導くことである」。小農はプロレタリアートの敵ではなく味方であり、未来のプロレタリアートであった。小農に約束できるのは、「かれらの意志に反してかれらの所有関係に介入することはないということだけである」[9]。エンゲルスの思想は、農民層の階級的分解をまつことなく政権に就いたボリシェヴィキにとって農業・農民政策の導きの糸になった。革命後、内戦たけなわの一九一九年に開催された第八回党大会のレーニン起草になる決議は、集団化に際して「最小限の暴力をも」用いてはならないとする非暴力の原則を厳粛に宣言した[10]。工業化の重圧が農業・農民問題に暗雲をひろげ始めた一九二七年末の第一五回党大会決議もまた、集団化の方法的原則の正当性を再確認した。基調報告者モロトフは、「説得の方法を奨励と結びつけること、これが農村における大集団経営発展における基本的なものである」、「中農の大経営への移行のためにかれらに強制を用いる者は、労働者と農民の同盟の破壊者である」と断言した[11]。この原則は現実にも、二〇年代の集団化の実践を規定する指導理念として機能していた[12]。

しかし、ロシアの場合、経済的現実はエンゲルスが念頭に置いたヨーロッパ諸国とも異なっていた。工業は、戦争と内戦による疲弊を別としても、農業の社会主義化の技術的基盤を充足させる発展段階には達していなかった。未完の工業革命の更なる推進は、農業の社会主義化の先決課題となり、工業による農業の収奪を内包する本源的蓄積期の矛盾を農業問題につけ加えた。他方、農業は、局地的発展はみられたものの、全体として一七世紀からほど遠くない水準にあり、農民の圧倒的多数は、独立自営農民ではなく、共同体的土地利用によって結ばれ局地的小宇宙（ミール、オプシチナ）を形成する伝統的共同体農民であった。しかし、革命後のボリシェヴィキの農業・農民政策においては、農業共同体は積極的な政策要因とは位置づけられていなかった[13]。マルクスがナロードニキ主義者との交信で示唆した共同体の社会主義的再生の可能性は、ナロードニキ主義との理論的対決を経て自己形成を遂げたロシア・マルクス主義の視圏にはなかった。しかし現実には、集団化、その前史としての穀物調達危機において、伝統的共同体は枢要な参画要因として歴史過程に登場することになる。

「歴史的リアリズムは思想の力を軽視することには存しえない。なぜなら、軽視は歴史家の視圏(perspective)を狭くし貧弱なものにするにすぎないからである」。一九五〇年代、E・H・カー『ソヴィエト・ロシア史』最初の四巻に寄せた書評論文のなかに記されたI・ドイッチャーのこの評言は、本書の主題の議論に対しても示唆的である(14)。本書が対象とする二年間に開催された五回の党中央委員会総会の議事を通観すれば、権力と利害の争いに解消することを許さない、歴史過程への参画者の思考と行動をさまざまな形でしかも継続的に拘束した理念の自立的役割を知るであろう。なかでも「結合《スムイチカ》」は軸心的理念であった。危機に対する政策的対応の正当性は、つねにこの理念を引証基準として争われたのである。「結合(smychka)」は、定義的には、労働者と農民の相互関係について、転じて労働者階級の政治的前衛を自認する党と農民の相互関係についての理念的表象である(15)。その起源は、都市と工業の革命と農村の土地革命の「接合と相互浸透」の果実としての一〇月革命の二重の性格にまで遡及することができよう。トロツキーは、著書『ロシア革命史』において、みずからが参加した革命に内在する二重の性格についてつぎのように述べている。「もしロシアの過去の歴史の野蛮な遺産としての農業問題がブルジョアジーによって解決されていたならば……ロシアのプロレタリアートは一九一七年に絶対に権力がとれなかったはずである。ソヴェト国家が実現するには、歴史的本質をまったく異にする二つの要因の接合と相互浸透が必要であった。ふたつの要因とは、農民戦争、すなわち、ブルジョア的発展の黎明期に特徴的な運動と、プロレタリアートの蜂起、すなわち、ブルジョア社会の落日を告げる運動のことである。そこに一九一七年の本質がある」。[16] しかしかかる革命の二重性についての認識が国家建設の基本理念として突出した政治的意義を獲得するのは、二〇年代半ばからであったといって大過なかろう。この事実は、二〇年代中葉、ソ連が一国的建設を余儀なくされる国際環境の変化と深くかかわる。周知のように、ボリシェヴィキ革命が志向したのは、「国民国家」の形成ではなかった。古典的マルクス主義に従ってボリシェヴィキ指導者は、後進国ロシアにおける革命を自己完結的なものとは考えず、やがて生起するであろう先進資本主義諸国を主舞台とする世界的変革の先行者、その周辺的出来事と位置づけた。ボリシェヴィキの思考には、一国的秩序建設の長期的構想において、のちの歴史に禍根を残したと批判される重大な空白があったことは、かれらの革命観からみればむしろ自然であった。レーニンの『国家と革命』(一九一七年執筆)が鼓吹したのは、ロシア的特殊性を捨象したプロレタリア独裁、死滅過程にある国家の普遍的理念であった。そこでは国家は建設の対象ではなく破壊の対象であり、社会的普遍に溶解すべき過渡的存在であった。[17] 革命の勝利から間もなく内戦の渦中で創設されたコミンテルンは、ボリシェヴィキの国際主義への忠誠の証しであった。しかしやがてロシアに訪れた冷厳な現実は革命の国際的孤立であった。指導者は、この現実を国際主義的理想主義の最終的敗北ではなくあくまで一時的後退と信じたが、さしあたり一定期間、ロシア一国のみで革命を「持ちこたえる」必要を認めざるをえなかった。レーニンは晩年、少数民族問題で国際主義的理念をシニカルに扱った(そしてかれの没後、革命の孤立化を美徳にまで高める一国社会主義論の唱導者となる)スターリンと鋭く対立したが、かれが病床で遺した覚書の多くは一国的建設の方途の探究へと捧げられた。その一環としてかれは、農民との合意を一国的建設の基礎条件とする見解を随所で披瀝した。すでに革命前、農民問題の重要性を感知し、一九〇五年革命に際して農民階級が市民革命において果たす重要な役割を強調する労農民主独裁論を提唱していたレーニンは、内戦の過酷な体験の反省の上にこの思考を復活して、革命の孤立化の救済者としての農民の役割を力説し、ふたつの階級の同盟の基本的意義を熱心に説いた。例えば、一九二三年一二月二四日病床での口述メモでかれは、「政治体制存立の基礎条件」として労働者と農民という「ふたつの階級」の「合意」をあげた。「わが党はふたつの階級に依拠している。この故に、党の不安定は起こりうるし、もしこれらふたつの階級の間に合意が成り立ちえないとするならば、党の没落は避けられない」[18]。スターリンもまた一国社会主義論を、提唱時(一九二四年)にはこの精神によって、すなわち「結合」理念によって基礎づけた[19]。「結合」は、多数者支配という革命の統治理念に淵源する理念性を獲得し、政策の基本的枠組となったのである。

政治権力と農民との相互関係における重要な要素のひとつとして、後者が生産する穀物の問題がある。ロシア革命史を通観すれば、本来経済的なはずのこの問題が、深刻な、しばしば死活的な政治的争点として現れる文脈を容易に認知できよう。一〇月革命自体、「パン」が「平和」とともに中心的スローガンであった。革命後の歴史的転換は、穀物問題がそこで果たした重要な役割を再三証明した。とくに穀物の調達方法は、政治権力と農民の相互関係の函数として、転換を媒介する転回軸として機能した。「穀物調達(khlebozagotovka, grain procurement)」とは、一般的には、国民の主食糧であり、耕作農民の主要な所得源であり、また重要な輸出商品(当時の平均で総輸出の三五％)でもあった穀物を、公的機関が直接生産者である農民経営または集団経営から公定価格で取得し、これを都市、軍隊、原料生産地など消費部門に供給し、輸出用に配分し、あるいは備蓄用にまわす過程のうちで、その前半、すなわち公的部門(国家、協同組合)に穀物が集積されるまでの過程と定義される[20]。後半の過程は穀物供給として調達とは定義上区別されたが、穀物調達危機は事実上、しばしば供給上の困難(それは調達からだけではなく輸送の隘路など別の原因からも生じえた)も含めて扱われた。当時、集団経営(コルホーズ、ソフホーズ)が穀物の生産と商品化に占める比率は低かったから、穀物調達は、主要には、公的調達機関と小農民の相互関係に帰着した。

革命直後の内戦に即応するためのいわゆる「戦時共産主義」体制の核となった政策は、「割当徴発制」と呼ばれた事実上の食糧徴発であり、内戦終結後ネップへの転換を決定づけたのは、市場原理に基づく調達方法の導入であった。「上からの革命」もまたその本質において、ネップに代わる調達方法の模索の最終的到達点であった。このように調達方法がしばしば穀物経済の次元をこえて歴史的転換を決定づける意味をもったのもまた、前述のロシア革命に内在する「二重の性格」に由来していた。革命は農民革命をまって、あるいはそれを基礎として、初めて国民的になりえたのである。この文脈は、革命後の統治の在り方をも強く拘束し、その理念的基礎を形成した。しかしかかる理念は、革命後の内戦を勝ち抜く必要から犠牲に供された。革命政権が食糧を確保するために農民に適用した暴力的調達方法は、ふたつの革命の接合を破局の淵へと導いたのである。

ネップは、食糧徴発制を廃止し市場的方法を導入することによって、農民との和解を取り戻そうとする試みにほかならなかった。導入時には危機打開の一時的応急策(レーニンは最初「退却」と呼んだ)として正当化されたネップは、経済復興に顕著な効果を発揮するに及んで中・長期的政策として再定義され、「結合」と表裏一体に、ときには互換的に理解されるようになる。ネップが本格化する一九二三年から穀物危機までの約五年間は、一定の政治的・社会的安定が達成され、民主化と多元化が国民生活の各分野で前進した時期であった。この方向を支持した基本的要因は経済的成功と平和的国際環境であった。経済の達成について、例えば、トロツキーは、かれ個人の政治的運命にとっては負の時代に相当したにも拘らず、広大な歴史の高みから、「相互にほとんど三世紀に近いへだたりをもって、ブルジョア社会の発展における二つの段階をなしているドイツの宗教改革とフランス大革命という尺度を用いるならば、後進的で孤立したロシアが、革命後一二年で、戦争前夜よりも低くない生活水準を人民大衆に保障したという事実に驚嘆しなければならないであろう。それだけでもすでに一種の奇跡である」と評した。(21) 国際関係においては、大恐慌も日独反ソ同盟もいまだ地平の彼方にあり、一国的建設への専念を可能にする平和的国際環境を享受できた、ソヴィエト史においては例外的時期であった。これら内外の好条件は、内戦期に高まった農民の反政府感情を緩和し、被治者の圧倒的多数を占める農民の民主的統合という、一国的建設にとって基礎的な政治課題に取り組むことを可能にした。

しかしそれは、農村に組織的基盤をもたず、農村活動の経験に乏しく、農村の現実に無知な、都市と工業の党ボリシェヴィキには未開の荒野の開拓に等しい難題であった。当時の党指導者は前途の困難を察知していたようにみえる。レーニン退場後しばし党中央を代表していたジノヴィエフは、一九二三年の党大会において、「われわれ」は「都市の党」であって「農村に向けて前進し始めたばかりである」、「農民との正しい相互関係の重要性を理論的に会得してきたが、実際にはそれが大きな困難をもってなされている」と率直に語り、(22) 翌二四年の党大会では「われわれは都市の党にとどまるべきでない」と力説する一方で、「われわれは農村を殆ど知らない。農村とわれわれを結びつける特別の槓桿を党のラインにもソヴィエトのラインにももっていない」と困難な現状を認めた。(23) かれの発議で同年七月に提起された「農村に面を向けよ」というスローガンは、農民・農村問題に対する党指導部の真摯な関心の表明であった。(24) 農民に対する党の影響力を強化するために、農民に党の門戸をひろげる組織政策、農村の党活動の強化を目的とする宣伝情報活動の強化などの方途が追求された。しかし党系列を通しての農村工作には、現地における党の実勢力、党の伝統的に都市的な体質などからしておのずと限界があり、即効性を期待できなかった。党組織に比べればソヴィエトは、農民にとって歴史的にも親近的な、一定の統治実績をもつ組織であった。底辺ではしばしば農業共同体の集会(村会《スホード》(skhod))は、ソヴィエトを自称しあるいはその機能を代行していたのである。農村ソヴィエトを農民を民主的に統合する組織的回路と定位してソヴィエトを内戦期の衰退から活性化することが最も現実的であり、また理念にも適う方法と考えられた。このような農民統合の方策は「ソヴィエト活発化」政策と呼ばれ、一九二四年一〇月の党中央委員会総会は、この政策への転換を決定した公的機会となった。総会で農民民主主義を最も熱心に鼓吹した党指導者はスターリンであった(25)。農民的出自を有する党指導者カリーニンは、政策のイデオローグとして、農民の下からの自発性を無条件に支持する大胆な見解を披瀝した。かれは、「ソヴィエト活発化」を「ソヴィエトを農民化する」政策と定義し、階級的観点からこの政策を危険視する見方に対して、「ソヴィエト権力の反対者」がソヴィエトに入りこんだとしても「大した意味をもたない」、「正しい、全人民的なソヴィエト選挙から得られる利益は、ソヴィエトに邪悪な者が入りこむことから生ずる悪を絞め殺してしまう」と反論した(26)。農民との対話、啓蒙と説得のために、農村関係の宣伝活動の強化、農村向けの新聞雑誌書籍の大量発行と並んで、投書行動の奨励(いわゆる農村通信員《セリコール》の運動)、農村図書室の設立、農民との対話を通しての政治・行政改革案探究の機会とするためのソヴィエト建設会議の開催などの諸措置が相ついでとられた(27)。増大する農民の下からの積極性(それはしばしば反都市的農民自治の要求(農民同盟の組織など)をも含み、ときとして反政府的表現さえもとった(28))の制度化がつぎなる課題であった。一九二四年秋、民主的手続による農村ソヴィエト選挙は、この課題実現の最初の企てであった。一九二四―二五年、それに続く一九二五―二六年に実施された農村ソヴィエトの選挙は、今日の尺度で測ればさまざまな限界と制約を指摘できるとしても、候補者の選定、選挙集会、投票などにおいて農民の自由意志を尊重し権力の干渉の抑制のもとで実施されたソヴィエト史上特筆すべき出来事であった。ある農民は、選挙は農村に「生きた流れ」を吹きこんだと評した(29)。農民は、のちに北カフカースの党指導者アンドレーエフが指摘したように、これらの経験を通して、権力にものいわぬ伝統的農民《ムジーク》から自己の意見の表明をおそれない「ソヴィエト的」農民へと変身を遂げ始めたのである(30)。こうして一九二〇年代中葉、農村ソヴィエトを真の意味での農民代表機関として、それを基層単位としソヴィエト全体系を下から上へと構築するソヴィエト建設がその緒についた。ネップは、市場経済の現状維持にとどまらない前進的な契機を内包した動的システムとして定着し始めた。一九二七年秋スターリンが、ネップのもとでかちとられた「農村の平穏」を社会主義建設の基本的条件としてあげたとき、かれは、この時期に形成されつつあった政治・経済秩序に内包された建設の方法的理念を示唆したのであった。(31) 同年一二月の第一五回党大会でかれはより明白にそのことについて語った。「行政命令的措置によって、治安警察《ゲペウ》を介して、すなわち命令し、印を押し、それで終りだということでクラークをかたづけることができるし、またかたづけなければならないと考えている同志がいるが、それは正しくない。こうした方法は容易ではあるが決して効果のあるものではない。クラークに対しては、経済的措置によってしかもソヴィエト的合法性に基づいて打ちかつべきである。ソヴィエト的合法性は空語ではない(32)」。

かくて一九二〇年代中葉において、新たな秩序実現に向けての「真の第一歩(33)」が踏みだされた。とはいえ、ネップ下における民主化と多元化の成果の大半は、いまだ萌芽的・形成的段階をこえるものではなく、また今日の尺度に照らしてその限界を指摘することはたやすい。検閲は続けられ、一党支配は強化された。民主化と多元化に逆行する傾向、例えば、レーニンもトロツキーもそれに抗して闘ったが阻止はできなかった、党と国家における官僚主義化の趨勢、スターリンに最も強固な権力基盤を提供したこの趨勢は、この時期に決定的となった。更に二〇年代後半、経済政策における農業から工業への力点移動に伴い、国家と農民との関係は新たな段階を迎えることになる。遊休固定資本の活用による経済発展が限界に達し、更なる経済発展のためには重工業部門に対する大規模な新規設備投資が必要とされた。当時の条件のもとでは、そのための資源の主要な源泉は農業に求められた。左派の理論家プレオブラジェンスキーの冷徹な洞察をまつまでもなく、急テンポの工業化が、一方では工業化理念の体現者としての党、工業化の担い手たる工業労働者と、他方では、工業化のための主要な資金源となるべき農業、その担い手たる農民との間に利害の衝突を生むことは不可避の趨勢であった。他方、党は、労農同盟、農民との合意の関係(当時の用法に従えば「結合《スムイチカ》」)を政治体制存立の基本理念とする立場の堅持を誓約していた。工業化のテンポ、方法などを争点とする二〇年代の工業化論争は、この原則を大前提として展開された。「結合」は、最大限のテンポを求める左派を含むすべての論争当事者を拘束する工業化の基本的政策枠組であった。「結合」理念の堅持を前提すれば、急進的工業化への政策転換は、あくまでそれとの調和において説明されることを要した。工業化の急テンポ化に伴い深化するであろう都市と農村との矛盾を、社会主義工業と少数の資本家的農民＝クラーク(kulak)との矛盾と等置することによって、農民の多数と工業化とを調和しうる総体として提示することが意図された。それは、農民の共同体的統合という現実(およびその現実を事実上認知しつつ着手された二〇年代半ばの諸実践)と矛盾する論理構成であった。こうして工業への政策の重点移動に伴って、農村を均質的全一体として把握する観点は後退し、階級が党の農村認識の基礎に据えられる。この新しい接近は、共同体に対する態度に影響しないではおかなかった。共同体の相対的優位を前提する国家と共同体の和解、伝統的自治の認知に代わって、共同体の階級的再編のために共同体に対する国家の規制的・指導的役割を強調する態度が次第に優位を占めるに至る。この段階において国家と共同体の関係は、党の切実な関心を呼ぶ問題として現れた。一九二七年七月、党中央機関誌に発表された一文「村ソヴィエトの活動活発化の問題によせて」は、党がこの関心を半ば公式に表明した最初の機会となった(34)。同文は、農村の党およびソヴィエトの活動にとって基本的問題が共同体、その管理機関としての村会《スホード》にある現実を率直に認めた。同文によれば、最近のすべての調査は「農村のあらゆる地方的・経済的生活における基本的・決定的機関(instantsiia)は、村ソヴィエトではなく、依然

として スホード である」ことを示していた。地方的・経済的生活の基本的問題の圧倒的部分が村ソヴィエトにおいて解決されていない現状は、村ソヴィエトの経済的弱体性に起因する。村ソヴィエトには農村の社会的・経済的必要に支出すべき資金がなく、スホードによっておこなわれる自己課税が唯一の財源になっている。国家と農民の接点における共同体の圧倒的優位を逆転するには、村ソヴィエトの共同体に対する財政的依存を断ち切るほかない。これなしには、共同体に対する村ソヴィエトの指導性の確保はおぼつかない。同文がかかる現状認識から導きだした処方箋は、共同体よりも強固な財政的基盤を村ソヴィエトが確立することであった。しかしそれは「結合」理念には調和するとしても、当時の農村ソヴィエトの財政事情からみて、即効的解決策からはほど遠い空論であった。同年一二月の第一五回党大会は、農業共同体の問題を公式に取り上げた最初の党大会となった。農村問題の主報告者モロトフは、共同体をソヴィエトの指導に従わせることが新しい活動分野として現れているとして、「これはきわめて重要な仕事である。われわれはこれを一九一八年に貧農委員会を創設したときにも思いきってやらなかった。いまわれわれはこの仕事に確信をもって断固として、完全な説得性をもって着手する。われわれは幾分このことにおくれをとってきた。このことは、われわれがこの仕事にいま着手しなければならないことを意味する」と語った。[35]「農業共同体が全体としてかつ完全にソヴィエトの指導に従うとき初めて、本質的に、「すべての権力はソヴィエトへ」が最後まで実現されるということをわれわれが理解するのは容易である。これまでしばしば、われわれがソヴィエトを活発化したとき、クラークは農業共同体をあてにし、そこに隠れ家をみつけようとした（カガノヴィチ——その通り！）。いまやわれわれはクラークをこの最後の隠れ家から引っ張りだすであろう。この仕事はきわめて困難であり、わが党組織全体の、村細胞、郡委員会のみでなく、上は中央委員会までも含めて、真剣な注意を必要としている」。しかし発言の強硬な口調にも拘らず、提示された具体策は「ソヴィエトの物的基礎の強化」以上をでなかった。[36]エヌキーゼは、村ソヴィエ

トに共同体の決定を廃止ないし停止する権利を与えたウクライナを従うべき先例として称揚した。(37)

村ソヴィエトによる共同体への指導強化がとりわけ重視されたのは、共同体の伝統的土地配分と土地利用の制度が社会主義的土地利用の創設を妨げているとみなされたからであった。しかし大会は、村ソヴィエトと共同体の相互関係については慎重に、「ソヴィエトの指導性確保およびソヴィエト選挙人名簿から除外された者からの農村共同体における(スホードにおける)表決権の剥奪の見地からソヴィエトと農村共同体の相互関係改善の問題を解決することを中央委員会に委託する」と決議するにとどまった。慎重な態度は農業集団化政策にも貫かれた。大会は、党史において「集団化の大会」と呼称されたように、農業集団化を「農村における党の基本的任務」とする旨の決議を採択した。しかし決議は、それをいかなる方法と日程表によって実現するかについては明確な指針を示さなかった。農業問題の基調報告においてモロトフは、「説得と合意」という党の伝統的立場を繰り返し、それ以上の処方箋を示さなかった。(38)集団化にせよ共同体に対する外的規制にせよ、それらを農民との合意を前提とする長期にわたる漸進的過程とする構想は依然として堅持された。二〇年代後半、構想の維持を困難にするさまざまな不安定要因が対外関係にも国内情勢にも形姿をとりつつあったことは事実である。それにも拘らず、一九二七年末までの国家と農民との関係は、合意と相互理解のうえに成り立つ均衡であったと概括しても誤りではなかろう。農業集団化はこの関係の維持を政策的枠組とする長期の道程として構想され、実践された。スターリンが一九五〇年論文において一九二九年末に始動する集団化を「上からの革命」と定義したとき、その意図は、それが従来の枠組からの逸脱ではなく従来の枠組が規定する方法的規準の忠実な適用であったことを、疑義を許さない真理命題として提示することにあった。しかし、スターリンの定義の妥当性を保証する基礎条件である国家と農民の合意の関係、すなわち「結合」は、一九二七年末、第一五回党大会の開催とほぼときを同じくして重大化する穀物調達危機によって震撼されることになる。そして危機に際して農民に適用された方法は、のちの歴史からみて、事実上形成途上にあったネップ的秩序に対する最初の原理的挑戦となった。

一九二七／二八年調達年度(一九二七年七月―一九二八年六月)の門口で党と政府は調達の前途に対しておおむね楽観的な見通しを表明していた。国家・協同組合諸組織による調達目標は七億プードとされ、これによって穀物予備フォンド五〇〇〇万プードの設定が可能になると見込まれた。この目標は、年度特有の欠陥や隘路が潜在する(例えば工業化の進展に随伴する穀物需要の増大)にも拘らず、[39]市場を媒介とする従来の経済的方法によって達成可能であるとみなされた。「楽観主義」の根拠の主なものとして、前年度穀物調達の好結果、新しい収穫が平年並みに良好であるとの見込み、過去二年の豊作の結果農民の穀物貯蔵と商品化余力が増大したとの想定などが存在した。一九二七年七―八月の党中央委員会・中央統制委員会合同総会決議は、来たるべき調達キャンペインについて、ふたつの満足すべき収穫の結果農村には著しい穀物予備が存在することによって五億プードの調達計画を拡大して達成することが可能であるとの見込みに立って、国家・協同組合機関による調達目標として七億プード、穀物予備フォンドとして五〇〇〇万プードの達成は困難ではないとみなした。[40]農民の穀物余剰は潤沢であり、農民が必要とする工業商品の農村への大量送達、工業商品価格の引下げの実行、調達組織の活動への援助があれば、農民は経済的刺激により国家に必要量の穀物を適時に売却するにちがいないと想定された。のちにみるように、調達年度当初に立てられたこのような見通しが現実により唐突に裏切られたとき党指導部を襲った衝撃こそが、指導部を構成したスターリン派とブハーリン派を「非常措置」の採用へと一時的に結束させた共通の心理的基盤であった。[41]

一九二七／二八年度の調達は例年通り七月に始まった。ソ連商業人民委員部の一一月の経過報告によれば、第一・

四半期(七―九月)の調達は計画を一七・四%上回る成績であった。しかし一〇月以降調達テンポは急落し、一九二七年末には穀物市場の需給関係は極度に逼迫した。ネップ的原則を前提すれば、打開策は穀物公定価格の引上げ、政府保有穀物の放出、穀物輸入など市場操作による需給バランス回復に求められるべきであった。しかし党指導部はそのような先例には従わなかった。のちのスターリンの言明によれば、政府は市場操作のための穀物ストックも穀物輸入のための外貨予備も保持してはいなかったのであり、選択肢は「非常措置」しか残されていなかったのである。[42]

(1) 一九三三年一月の党中央委員会・中央委員会総会合同決議は、一九三〇―三二年の農業集団化を「小規模の個人的に分散された農民経営の、社会主義的大農業の軌道への移行の歴史的任務が解決された」と総括した(*KPSS v rezoliutsiiakh i resheniiakh: s'ezdov, konferentsii i plenumov TsK* (以下、*KPSS v rezoliutsiiakh*― と略記), III, M., 1954, pp. 177–178; I. V. Stalin, *Sochineniia*, vol. 13, M., 1955, pp. 190–195)。

(2) 例えば、一九二九年一〇月のピャタコフの発言(〈Torgovo-promyshlennaia gazeta〉, 5 October, 1929)。

(3) E・H・カー「上からの革命――集団化への道」(『ロシア革命の考察』南塚信吾訳、みすず書房、一九六九年所収)一三八―一五四頁。かれは、この決定に駆り立てられた党指導部の内面について、穀物調達の困難から生まれた捨て鉢の気分と工業化から生じた高揚した雰囲気の二点をあげている(E・H・カー『ロシア革命――レーニンからスターリンへ、一九一七―一九二九年』塩川伸明訳、岩波現代文庫、二〇〇〇年、二二三頁)。

(4) N. A. Ivnitskii, *Kollektivizatsiia i raskulachivanie*, M., 1996, pp. 27–52; *Tragediia sovetskoi derevni. Kollektivizatsiia i raskulachivanie. Dokumenty i materialy. 1927–1939* (以下、*Tragediia*― と略記), vol. 2 (November 1929―December 1930), M., 2000, pp. 35–86.

(5) E・H・カーによれば、「上からの革命」は、ロシアが先進的西欧と接触し自己の後進性を意識し西欧文明に追いつくためにとった、強力な指導者の鉄腕による間欠的で衝動的な変革という、西欧のそれとは対照的な独自の発展パターンの表象として用いられた。改革は、恵まれない階級の「下からの」圧力を通して来るのではなく、外部的危機の圧力を通して、効率的権力とそれを行使する強力な指導者を求める支配階級内部のおくればせの要求を引き起こしつつ「上から」やって来た。そのゆえに、通常西ヨーロッパで国家権力の抑制と拡散をもたらした改革が、ロシアではその強化と集中を意味した。しかもそれは、秩序だった進化を意味したわけではなく、西欧に急ぎ追いつこうとする衝動に突き動かされた間欠的で挿話的な性格を帯びた。イヴァン雷帝の未完の事業も、それを引き継いだピョートルの改革もそのようなパターンに属した。一七二五年のピョートルの死から四〇年間、無力な後継者はそのような事業を伝統のなかに埋没させてしまった。「このような発展の結果として西ヨーロッパでは別々の文明段階に属するようにみえ、また互いに相容れないとみなされる社会的、政治的、文化的諸形態が、広大で弛緩した構造をもつロシア国家の内部に同時的に存在することになった。ロシアでは、奴隷制、封建制、資本制社会の諸要素が並存し続け、この変則性が新しい対立をつくりだし、新しい緊張を生みだした」(E. H. Carr, *Socialism in One Country, 1924–1926*, vol. 1, 1958, London, pp. 9–11)。カーのこの要約は、ソヴィエト史、とくにスターリン期の解釈に対しても示唆的である。しかしスターリンによる「上からの革命」を、それについての経験知を省略してロシア史の発展パターンの単なる繰り返しとみることは、好事家的比喩以上の意味はもちえない。

(6)　*Istoriia VKP(b), kratkii kurus*, L., 1950, p. 291.

(7)　Stalin, *Sochineniia*, vol. 16, M., 1997, p. 120.

(8)　*Sovetskaia istoricheskaia entsiklopediia*, vol. 7, M., 1965, p. 464.

(9)　『マルクス・エンゲルス農業論集』大内力編訳、岩波文庫、一九七三年、一五一―一八五頁。

(10)　*KPSS v rezoliutsiiakh—*, I, M., 1954, p. 418.

(11)　*Piatnadtsatyi s'ezd VKP(b)*, stenograficheskii otchet, II, M., 1962, pp. 1201–1211; *KPSS v rezoliutsiiakh—*, II, M., 1954, pp. 475–478.

(12)　二〇年代の集団化と協同化については一九九一年刊の史料集が有益な情報を提供する。その序文で歴史家ダニーロフは、この時期(正確には、一九二三年のレーニンの論文「協同組合について」から一九二七年末の第一五回党大会まで)の集団化と協同化を類型化し、この地点から一九二八年に始まる発展が集団化の理念的枠組の解体に導く文脈を浮び上がらせている(*Kooperativno-kolkhoznoe stroitel'stvo v SSSR, 1923–1927. Dokumenty i materialy*, M., 1991)。

(13)　むしろ阻害要因とみなされたことについては、Antonov-Saratovskii, *Sovety v period voennogo kommunizma*, M., 1928,

p. 189.

(14) I. Deutscher, "Mr. E. H. Carr as Historian of the Bolshevik Regime", *Heretics and Renegades and other essays*, London, 1969, p. 102.

(15) 近年の研究書は、「結合」はネップが目的とする都市と農村の提携関係を意味するとし、その人的側面すなわち労働者と農民の関係については同盟(soiuz, union)の語をあて、「結合」実現の具体例として都市の農村に対する文化的啓蒙を中心とした支援活動を意味する「シェフストヴォ(shefstvo, patronage)」をあげている(*Golos naroda. Pis'ma i otkliki riadovykh sovetskikh grazhdan o sobytiiakh 1918–1932 gg.*, M., 1998, pp. 117–119)。本書が時期的対象とする一九二八—二九年までに「結合」は通常、労働者と農民の相互関係という人的側面の表象へと収斂されたといってよい(例えば、一九二五年一二月の第一四回党大会決議(*KPSS v rezoliutsiiakh*—, II, M., 1954, p. 199)、一九二八年七月の党中央委員会総会におけるクルプスカヤ、トムスキーの発言(*Kak lomali NEP. Stenogrammy plenumov TsK VKP(b) 1928–1929*, vol. 2, M., 2000, pp. 415, 419–420))。ネップの性質についての論争の概略は、E. H. Carr, *Socialism in One Country*, vol. 2, London, 1959, pp. 68–75.

(16) トロツキー『ロシア革命史』1、藤井一行訳、岩波文庫、二〇〇〇年、一二二頁。また歴史家ダニーロフは、ロシアにおける農民革命の独自的意義と歴史的役割に留意しつつ、つぎのように一〇月革命を定義している。「ソヴィエト社会は、二〇世紀初め、ロシアにおける偉大な社会革命によって創出された。その基礎にあったのは農民革命であり、農民革命は、プロレタリア社会主義革命と合流し、その組織性と目的明確性に従属した」(V. P. Danilov, "Padenie sovetskogo obshchestva: Kollaps, institutsional'nyi krizis ili termidorianskii perevorot?", *Kuda idet Rossiia?.. Krizis institutsional'nykh sistem: Vek, desiatiletie, god 1999*, M., 1999, p. 13)。

(17) V. I. Lenin, *Sochineniia* (4th edition), vol. 25, M., 1953, pp. 353–462.

(18) Lenin, *Sochineniia*, vol. 36, M., 1957, p. 544. レーニン晩年の政治思想は、政治的リアリズム、内戦の経験の影響、理想主義の復活などにわかに単純化できない複雑な展開を示すが、全体の方向としては、理念への回帰という流れとして括ることは、間違っていないと思われる。

(19) Stalin, *Sochineniia*, vol. 7, M., 1954, pp. 25–33.

(20) 穀物はとくに断らない限りフレープ(khleb)の訳である。通常フレープは食糧(パン)用穀物を意味し、より広義の穀物

（食用以外、例えば種子・飼料用などのものを含む）を意味する語として穀粒とも訳されるゼルノー（zerno）がある（R. E. F. Smith, *A Russian-English Social Science Dictionary*, revised and enlarged edition, London, 1990, p. 537）。穀物調達上の困難とは、この用語区分に従えば、第一義的には食糧用穀物の計画的調達が量および（または）期限において計画通りに遂行されない状態を指す。なお計画的調達と計画外調達の区分については、荒田洋「一九二〇年代中葉の穀物調達問題」（溪内謙編『ソヴィエト政治秩序の形成過程』岩波書店、一九八四年所収）参照。

(21)　トロツキー『わが生涯』下、志田昇訳、岩波文庫、二〇〇一年、五三八頁。

(22)　*Dvenadtsatyi s'ezd RKP(b)*, stenograficheskii otchet, M., 1923, pp. 34–35.

(23)　*Trinadtsatyi s'ezd RKP(b)*, stenograficheskii otchet, M., 1924, pp. 99–100.

(24)　〈Pravda〉, 30 July, 1924.

(25)　Stalin, *Sochineniia*, vol. 6, M., 1947, pp. 313–315.

(26)　〈Izvestiia〉, 20 December, 1924;〈Vlast' sovetov〉, No. 1, 1925, p. 7.

(27)　農村通信員（sel'kor）についての最近の研究として、浅岡善治の一連の労作がある。この時期を扱ったものとして、浅岡善治「「ソヴィエト活発化」政策期におけるセリコル迫害問題と末端機構改善活動」（『ロシア史研究』六三号、一九九八年一〇月）。

(28)　例えば、《*Sovershenno sekretno*》: *Lubianka-Stalinu o polozhenii v strane (1922–1934 gg.)*, vol. 3–I, M., 2002, pp. 181, 271–276.

(29)　〈Vlast' sovetov〉, No. 21, 1925, p. 25.

(30)　*Kak lomali NEP*, vol. 3, M., 2000, p. 363.

(31)　Stalin, *Sochineniia*, vol. 10, M., 1949, pp. 196–197.

(32)　*ibid.*, pp. 311–312.

(33)　G. Mikhailov, *Sovetskoe mestnoe upravlenie*, M., 1927, p. 74.

(34)　〈Izvestiia TsK VKP(b)〉, No. 29, 1927, pp. 3–5.

(35)　*Piatnadtsatyi s'ezd VKP(b)*, II, p. 1216.　貧農委員会（kombed）の創設は内戦期における農村の階級的差異化の試みであったが、その活動は食糧徴発と強く結びついたため、農民の激しい抵抗を招き、無残な失敗に終った(溪内謙『ソヴィエト政治史(新版)』岩波書店、一九八九年、第一章三(一)参照)。以後この経験は、対農民政策に非現実的な階級路線をもちこむことに対する強力な抑制要因として機能する。なお同委員会の活動にかんする最近の研究として、梶川伸一『飢餓の革命——ロシア十月革命と農民』名古屋大学出版会、一九九七年、第八章。

(36) *Piatnadtsatyi s'ezd VKP(b)*, II, p. 1217.

(37) *ibid.*, pp. 1111–1112.

(38) *ibid.*, pp. 1210–1211.

(39) 穀物の輸出は輸出総額の三五%が平均であったが、経済建設、工業化の進展に伴い、一九二七上半期には四八%となった(〈Derevenskii kommunist〉, No. 12, 1927, p. 13)。

(40) *KPSS v rezoliutsiiakh*—, II, pp. 377–378.

(41) 楽観主義の一方には、一九二〇年代半ばにおける農業から工業への政策の重点移動に伴う穀物問題の深刻化があった。その意味では不安を内蔵した「楽観主義」であったというほうがより正確な認識であろう。工業化のための「蓄積」の要求が、権力と農民、都市と農村のネップ的関係に緊張と困難をもたらす要因を随伴することは、プレオブラジェンスキーとブハーリンの論争、一九二六年四月のスターリン演説(Stalin, *Sochineniia*, vol. 8, M., 1948, p. 119)、同年一〇—一一月の第一五回党協議会決議(*KPSS v rezoliutsiiakh*—, II, p. 297)にみられるように、党指導部により無視されていたわけではない。なかでも穀物は、前述のように革命前からの長い前史をもつ中心的な争点であった。二〇年代後半になり、穀物問題が、統計の政治的操作、オゲペウの介入、穀物・食糧情報の秘匿などのかたちで「政治化」されるのは、その反映である。しかし、かかる「政治化」が調達にとって現実的な意義をもつのは、ダニーロフによれば、一九二七／二八年度の調達においてであった(*Tragediia*—, vol. 1 (May 1927—November 1929), M., 1999, pp. 17–24, 71)。穀物問題の「政治化」には、党内闘争における合同反対派による反クラーク闘争の強調、それに応えた主流派の反クラーク的立場への移動の明示(E. H. Carr and R. W. Davies, *Foundations of a Planned Economy, 1926–1929*, vol. 1-I, London, 1969, pp. 32–33)、国際情勢の悪化と戦争の脅威の増大など、複雑な諸要因が絡んでいた。これらについては後段で改めて触れる。

(42) Stalin, *Sochineniia*, vol. 11, M., 1955, p. 3.

第一章　危機

一　危機の発生と政治局

第一五回党大会は一九二七年一二月一九日閉幕した。大会は、大会と大会の中間期における最高指導機関として、七一名の委員と五〇名の委員候補とからなる中央委員会を選出した。[1] 中央委員会は、それまでに構成を肥大化し、党規約によって二か月一回以上招集される総会を主要な任務とする合議的審議機関となっていた。本書が対象とする時期をとれば、中央委員会総会は、一九二八年には三回、一九二九年には三回(うち一回は協議会)招集された。[2] 日常的活動の事実上の政治的中枢は、中央委員会により選出される政治局であった。大会後中央委員会が選出した新政治局は、ブハーリン、スターリンを指導的中核とする九名の局員と八名の局員候補とにより構成された。トロツキー、ジノヴィエフが率いる合同反対派は党大会までに党指導部あるいは党そのものから追放されていた。中央委員会の下部機構として、政治局と並んで枢要の役割を担う書記局があった。党規約は、政治局を「政治的活動」、書記局を「組織的・執行的性質の当面の活動」にあたると職務分担を規定した。[3] しかし党活動の現実は、ふたつの部局の力関係が後者の優位に推移し書記局が政治局の権力を侵食しつつある傾向を示した。この傾向の一面は、党書記を兼務する政治局員の政治的影響力の増大であった。政治局員のうち書記にも任命されたのは、スターリン(書記長)、モロトフ(農村問題担当、以上政治局員)、S・V・コシオール(政治局員候補)であった。政治局員候補に選任されたウクライナ党第一書記L・カガノヴィチは、一九二八年夏コシオールと交替し書記を兼任する。[4] スターリン、モロトフ、カガノヴィチの三人は、穀物問題の処理において特別の役割を果たすことになる。更に、調達行政を担当する内外商業人民委員ミコヤン(政治局員候補)をつけ加えるべきであろう。かれ自身忠実なスターリン派であったが、政府においては職務上ブハーリンの盟友である首相ルィコフ(人民委員会議議長)の統括下にあった。かれは微妙な役回りを巧みにこなしつつ、ルィコフの政治的孤立化に貢献する。

新指導部が最初に直面した重大な課題は、一九二七年一〇月以降深刻化の度合を深めつつあった穀物調達テンポの低落の阻止であった。調達テンポは、新指導部が活動を開始した一二月下旬には、放置すれば年次調達計画の達成を不可能にする危険な水準にまで下落した。それは、都市その他の消費地の食糧不足を招き、穀物の輸出による工業建設に必要な資材の輸入を困難にするという意味では、確立された工業化路線を脅かす危険を孕んでいた。指導部がそれを迅速な対応が必要な「全国民経済的危機」と診断し、党の直接的責任のもとで強制的方法に訴えても穀物を徴集することを決断した時期は、史料によれば、一九二七年末から翌年一月初めにかけての数日である。前兆というべき調達テンポの低落傾向は九月末頃から現れ始め、戦争近しの風評を聞いて穀物備蓄に走り、公的機関への供出に消極的となった農民の気分は、オゲペウ、調達機関から報告されており、党指導部が穀物調達に無関心でいられたわけではない。(5) 英ソ断交に象徴される対外関係の緊張は、穀物問題の処理において一部指導者の過剰反応を生む誘因となっていた。(6) 党内では、合同反対派が、第一五回党大会を前に公表したテーゼにおいて、「穀物集荷量の減少は、一方では都市と農村の関係に深刻な動揺が生じている直接の証拠であり、他方ではわれわれを脅かす新しい困難の源泉である」との警告を発していた。(7) しかし、党が従来の国家との組織的分界を無視して調達過程を直接統括し、強制という禁じ手を導入してでも穀物を早急に集荷しなければならないとする緊急性の感覚は、いまだ党指導部の思考をとらえてはいなかった。調達業務を政府の専管とする党と国家の分業体制は自明視され、ネップが培った合法的支配の原則はなお健在であった。(8) 調達への党組織の直接的介入を促した切迫感が党指導部にゆきわたるには、調達テンポの更なる低落をまたなければならなかった。こうした経緯を詳らかにするためには、第二・四半期(二七年一〇―一二月)の調達過程に着目しなければならない。九月まで調達はほぼ順調に推移した。月次計画に対して七月は一〇〇%、八月は一三三・四%、九月は一三一%がそれぞれ調達された。しかし一〇月以降調達は一転して計画を下回り、しかも一一、一二月の低落は異常であった。すなわち、計画に対して一〇月の調達は七〇・七%であったが、一一月には五三・五%、一二月には五〇・九%にまで低落した。[9] たしかに一〇月の実績は、計画をも前年実績をも下回ったが、一一、一二月のそれに比べれば低落度は緩慢であり、調達量は一昨年度のそれよりも多かった。加えて、良好な第一・四半期の調達に直結する月であったために、一〇月の結果はさほど重大視されなかった。[10] 第二・四半期について調達実務者から発せられた必ずしも楽観を許さない警告は、党指導部の関心をさほど引かなかった。[11] 一〇月以後の調達の前途について、かれらはむしろ楽観的であったようにみえる。[12] 調達問題に対する党指導部のこのような態度はいかなる事情に由来したのであろうか。さしあたりつぎの三つの要因をあげることができよう。第一は、一〇、一一月の調達実績が一昨年度同期の調達実績と大差なく、昨年同期のそれはむしろ例外的とみなされたこと[13]、第二は、穀物の収穫自体は良好であると推計されていたこと[14]、である。これら調達の内的要因に加えて、第三に、党内情勢があげられる。第一五回党大会を前にして全党組織の関心は、スターリン・ブハーリン主流派とトロツキー・ジノヴィエフ合同反対派との熾烈な党内闘争に集中していた。地方党組織は主として主流派勝利のために総動員されていた。[15] 一二月になってからでも、党地方委員会の多くは、この問題に注意と勢力を集中しなかったか、あるいはできなかった。[16] 例外は、主流派攻撃に結びつけて調達問題の重大性を指摘した合同反対派であったが、主流派にとって、党内闘争の帰趨が自派の勝利に決定的となる前に問題を公然化させることの政治的不利は明らかであった。ことの重大性を認め、調達問題への直接的介入の意志を党指導部が明確にするのは、合同反対派の敗北が確定する第一五回党大会会期後半においてであった。

一九二七年一二月二―一九日の党大会の討議において、当面の穀物調達を取り上げたのは、首相ルィコフと内外商業人民委員ミコヤンであった。かれらがともに国家行政の責任者であった事実は、調達問題がなお政府主導で処理されていた事情を物語る。[17] 五か年計画案作成指令案を主内容とするルィコフの政府報告がおこなわれた一二月一二日までに、合同反対派と主流派の闘争は、追放の儀式を除いて事実上後者の勝利をもって終結し、主流派が調達問題の公然化を回避しなければならない政治的理由はほぼ消滅していた。[18] 一四日の会議でペトロフスキーは示唆的に、「反対派との闘争のための巨大で空疎な活動から解放されたいま」、党大会が「実務的活動」と「経済建設の五か年計画に関連する最も重要な経済問題の検討」に専念できると語った。[19] しかし党大会の主要な関心事はあくまで工業化と五か年計画案であって、ルィコフが結語で認めたように、討論では調達問題は副次的に議論されたにすぎない。[20] 一二日、計画指令案を報告したルィコフは、当面の調達問題に言及した部分で調達危機に控えめに触れた。かれは、調達不振の基本的原因が農民の穀物供出を刺激する農村向工業商品の不足にあり、危機は「工業と農業の間の相互関係における全般的危機」ではなく、工業商品の不足に起因する「穀物調達部門に局限された部分的危機」であるとして合同反対派の警告に反論し、供給措置がすでにとられたがゆえに「商品飢饉(tovarnyi golod)」を緩和できるとの見通しを語った。[21] しかし討論で地方の代表により語られた状況は、ルィコフの診断ほど楽観的ではなかった。例えば西シベリアのエイヘは、「基本的穀物調達地区」のひとつとみなされているシベリアの調達任務遂行のためには、工業商品供給の緊急措置が必要であると強調し、ニジニノヴゴロドのムラロフは、前経済年度に存在した市場の安定性がいまや深刻に破られていると警告した。[22] 調達行政を担当する商業人民委員ミコヤンは、地方代表の発言に沿って、ルィコフよりも率直に危機的状況を認めた。かれはまた、穀物調達上の困難が一九二七年春の戦争近しの風説とともに始まったことも認めた。七―一〇月の調達は前年同期よりも九％多かったが、一昨年のそれよりも三％少なかった。一〇月には調達テンポの低落が始まり、一一月には前年の半分にまでなった。ミコヤンはその基本的原因として、一連の穀物調達地区の収穫の低下と増大した農民の有効需要を充足しない商品供給の不足の二点をあげ、調達における「重大な転換(ser'eznyi perelom)」をかちとるためには、都市の市場を一時犠牲にしても商品を農村に供給する「断固たる転回(reshitel'nyi povorot)」が必要であるとして、この「転回」がなければ「全経済に影響する異常な困難」をもつであろうと警告した。(23) ミコヤン演説と同じ一二月一四日、政治局は、穀物調達地区党組織宛に「緊急に転換をかちとる」ことを命ずる指令を発した。それは、一〇、一一月の調達テンポの急落が穀物輸出計画と穀物フォンド形成とを困難にし、首都その他の消費地での目前の需要充足を脅かしている緊急事態に対処するための調達強化策を指示したものであった。しかしその眼目は、それまでの経済的刺激の方法の継承的強化であり、それをこえるものではなかった。消費財の都市市場から調達地区への投入、および、あらゆる支払金(税、保険、貸付金など)の徴収による経済的刺激が、示された具体策であった。他方、指令には、調達機構への党の直接的関与を示唆する「上から下までの組織的措置」「責任活動家の派遣」という文言が含まれた。(24) 指令のこの部分は、二一日の政治局決定において具体化されることになる。翌一五日の党大会会議における結語のなかでルィコフもことの重大性を認めて、かれが報告で定義した「部分的危機」が「全般的経済的危機」へと転成する危険性を否定しなかった。(25) こうして、党大会終了までに、党指導部は調達問題の緊急性についてほぼ一致した認識に到達していた。「転換を緊急にかちとる」必要はだれも否定しえなかった。同時にそのための措置については、従来の経済的方法の継承的強化をこえることはない、という一点についても異論はなかった。農民との同盟の熱心な鼓吹者ブハーリン(それゆえにのちに「右派」と称される)は、いまだ政策形成において主導的立場にあり、かれの盟友ルィコフは、調達責任を担う行政府の長としての地位を保持していた。閉幕近い党大会を支配した空気は、合同反対派との闘争の余燼であり、五か年計画の作成と工業建設の熱気であって、調達を含む当面の農民・農業問題は後景に退いた感があった。最終議題「農村における活動」はむしろ、調達方法の抜本的変更に対する防壁の役割を果たしたようにみえる。モロトフ報告と討論とは、集団化に照準を合わせた長期政策に集中し、当面の問題を回避した。そこで一貫して力説されたのは、中農との長期にわたる堅い同盟であり、かれらとの合意であった。モロトフは、中農に強制を用いる者を「労働者と農民の同盟の破壊者」と断じ、討論者のひとりハタエヴィチは、「中農に対する最大限に注意深い態度をきわめて明確に強調すべきである」と語った。[26]やがてブハーリン派とスターリン派の提携に楔を打ち込むことになる強制的調達方法発動の気配は感じられなかった。一二月一九日、党大会の閉幕に際してルィコフは、党の統一、党と労働者階級の緊密な結合を誇示し、合同反対派の没落を宣告して「第一五回党大会はボリシェヴィキ的統一の並はずれた示威として党史に残るであろう」と述べた。[27]

党大会閉幕後間もなく一二月の調達実績が判明するに及んで、党内闘争の熱気から醒めた党指導部は、切迫した事態に改めて気づくことになる。党大会後選出された新政治局は、一二月二二日最初の会議を開き、翌二三日穀物調達と穀物輸出を議題とする臨時政治局会議を招集することを決定した。[28]この会議は、ツリューパ（議長）、ルズターク、ミコヤン、フルムキン、トムスキー（代行ドガドフ）からなる小委員会を設立し、これに政治局決定案、地方党組織宛の指令案および地方に派遣すべき全権代表の人選案の作成を委託した。作成期限は同日夕刻までとされた。[29]同日、穀物調達強化を求める商業人民委員部の強硬な回状がすべての県関係部宛に送られた。「貴下の地区では穀物調達の転換がない。穀物調達の強化、われわれの指令の厳格な実行に向けて断固たる方策をとれ」。回状が指示した具体策は、一二月一四日政治局決定の枠をこえるものではなかったが語調は際立って強硬であり、調達地区への工業商品の集中的かつ迅速な供給に加えて、調達強化のための「他のあらゆる措置」をとることを指令した。[30]翌二四日、政治局は持ち回りでツリューパ委員会の決定案と指令案をモロトフ、ルィコフによる修正を加えて決定、調達地区に派遣すべき全権代表の人選を承認した。[31] このうち「穀物調達について」の決定は、調達の現状を一四日指令よりも深刻に「全経済状態にとってきわめて危険」と診断し、調達の「最大限に迅速かつ抜本的な改善」を要求した。決定は、全権代表に対して、指令に矛盾する地方機関の決定を廃止し、地方の党、ソヴィエト機関に対して拘束的命令を発することができる非常権限を付与した。中央から派遣された全権代表による地方の党、ソヴィエト諸機関の一元化、公式組織を横断する非公式権力ネットワークの形成は、中央と地方の間だけでなく地方組織の各レヴェルにも連動した。[32] この組織的措置は、党と国家の分界、中央と地方の権限配分など従来の組織原則の大胆な侵犯を容認したものであった。しかしこの措置は、この段階では、権力と農民の相互関係の変更(強制的調達方法の採用)にまでは及んでいない。決定は、調達方法については、経済的方法を順守する旨を明記した。[33] 地方組織宛秘密指令は、政治局決定を伝達するとともに、調達テンポの低落が調達計画と輸出計画を失敗の危険にさらしているだけでなく、「レニングラード、モスクワにおける飢餓」のおそれを伴う、主要工業地区への補給に対する「直接の脅威」となっていると状況の緊迫性を訴え、「きわめて近い将来に穀物市場において断固たる転回」をかちとることを強硬に要求した。[34]

しかし、一二月のふたつの政治局指令(および関連する政府指令)は、のちのスターリンの表現を借りれば「効果を発揮しなかった」。[35] 指令が施策の中心に置いた、調達地区宛大量工業商品の緊急送達は、そのためにとられた思いきった措置[36]にも拘らず、調達テンポの低落を防止する即効薬とはならなかった。一二月の調達は、一一月のそれよりも更に低調に推移し、計画の五〇・九％の達成にとどまった。翌年一月の最初の数日の調達も転換の兆候を示さなかった。[37] 穀物需給バランスは改善されず悪化した。[38] 従来の調達政策の継承的強化を保証するはずの農民市場向けの消費財の生産は、第二・四半期には計画を著しく下回った。[39] 穀物輸出は停止の危機に瀕し、都市住民のための食糧確保は困難となった。一二月末には調達年度当初の楽観主義は瓦解し、代わって党指導部を襲ったのは、その後の対応から推定すると、パニックからそれほど遠くない心理であった。ルィコフはのちに当時の心理状態を、一二月末調達の絶対量の減少と減少のテンポの急激さとが「差し迫った危機感」を引き起こし、調達危機は国の経済生活に対する「巨大な脅威」を示すものとなった、と回顧した。(40) 調達テンポの急速な引上げは至上命令となった。現地に到達した工業商品は、調達に即効性を発揮していないと評された。(41) 工業商品の農村宛送達を調達政策の基本に据える原則そのものがこの段階で直ちに否定されたわけではない。一二月二四日付政治局決定は、「労働国防会議(ＳＴＯ)」に対して軽工業、とくに繊維工業の生産低下の原因を解明することを求め、近い将来、一般消費用商品の産出を最大限増やすために「断固たる方途」を講ずることを指示した。(42) 一二月二八日付『プラウダ』社説は、工業商品の不足が一時的・季節的性格のものであって年間を通じては不足はないとして、この政策の継続性を強調した。(43) しかし、これら原則の強調は、当面の危機打開のためには緊急の例外的手段もやむをえないとする暗黙の容認を含んでいた。一二月三〇日付『プラウダ』社説「農村への商品供給と穀物調達」は、工業商品の穀物調達地区への送達を最重要としながらも、調達活動のために残された時間が僅かとなったいま、状況転換のためには「特別の方策(ekstrennye mery)」が必要であると論じた。(44) 「特別の方策」とはなにか、その内容を予示したのは、同月二九日付のオゲペウの穀物調達への参加を指示したオゲペウ議長代理ヤゴダ、同経済局長プロコフィエフの電報であった。(45) 現地では、ネップ的調達方法の適用を妨げる、調達機関と農民の間の疎隔が進行していた。農民は、戦争の危機を感じて穀物の備蓄に走り、外貨による支払を要求し、穀物価格の上昇を期待して待機的気分を強めた。(46) 政府は、調達機関に対して、価格操作による調達活動を厳重に規制し、割増金、価格の合法的上積の利用を「狂気じみた競争」(47)として厳禁し、「価格政策の厳守」を要求した。(48) 結果「穀物市場におけるすべての調達員の調達活動に対する中央からの厳格な行政的統制は、かれらの官僚主義的変質、官僚(chinovniki)への転化を助長し、この仕事に必要なあらゆる経済的イニシアティヴを奪っ」た。[49] 農民の要求に応える穀物供出価格の引上げ、穀物の緊急輸入による需給バランスの回復を工業化路線と両立しないとして拒否し、しかも市場操作に必要な穀物備蓄を国家が保有しないとすれば、残された道は、市場的方法ではない経済外的措置を例外的あるいは補完的に認めることであったであろう。一二月三一日付『プラウダ』社説は、農民の手中に残されているおびただしい穀物余剰を価格引上げなしで市場にださせるためには「多くの努力」が必要であるとし、主要な方法は工業商品の供給であるが、更に「あらゆる方策」がとられるべきであると論じた。[50]

一九二八年一月第一旬は、穀物危機に対する党指導部の接近の転換点であった。そのことを表示する指標として、さしあたり党組織が調達の直接的責任を担ったこと、党機構において政治局と書記局の力の均衡が後者の優位へと決定的に傾いたこと、調達において国家強制装置(とくにオゲペウ)の役割が突出してきたこと、をあげることができよう。これらの傾向を人格的に体現したのは、書記長スターリンであった。かれは、一九二七年一二月一四日と二四日の指令を準備した政治局会議には欠席したが、二八年一月五日、第三の指令を準備する政治局会議には出席し、みずから指令案作成小委員会の議長となった。翌六日地方党組織宛に送られた政治局指令に署名したのも、のちの二月一三日の穀物調達にかんする重要な政治局指令を起草したのも、スターリンであった。

一月五日付穀物調達にかんする政治局決定は、ミコヤン、スターリン(議長)、ツリューパ、ブリュハノフ、ブハーリンを構成員とする小委員会に、政治局での意見交換に基づき「二四時間以内に」地方宛の政治局指令案を準備することを委託した。指令草案には、調達を「最短期間内に」達成しない機関の活動家を罷免する威嚇が含まれるべきであった。[51] 五日付指令(秘密)は、一月六日電信で「中央委員会書記スターリン」の署名を付して、地方党組織(文書の内容から判断して、直接管区、県レヴェル宛)に伝達された。[52] 指令は、スターリンがかれの作成になる同年二月一三日付の政治局決定において、「その語調においても、その要求においても、まったく異例」と評した文書であった。その異例性をスターリンはつぎのように解説する。「この指令は、党組織の指導者が穀物調達における決定的転換を最短期間内に達成しない場合における党組織の指導者に対する威嚇をもって終っている。もとより、党組織の書記は国務(sluzhba)のためにではなく革命のために活動しているのだから、この威嚇は例外的な場合にしか発動されない。にも拘らず中央委員会は、うえに述べた非常事態を考慮してこの行動に進むことを時宜に適するものとみなした」(53)。スターリンは、異例性を組織的局面について語っており、調達方法の異例性には直接言及していない。しかし一月五日指令を仔細に吟味すれば、異例性が組織的局面に限られないことが了解される(54)。

「穀物調達強化にかんする二度にわたる確固たる中央委員会指令にも拘らず、穀物調達の経過にはなんの転換もない」に始まるこの指令は、原因を列挙しそれらを主観的要因に帰着させる。「地方諸組織の活動のテンポは許しがたいほどにのろのろしており、惰眠はいまだ続いている。下級装置はいまだに奮起していない」。「協同組合は自己の最低限の任務を遂行していない」。「工業商品の山は穀物調達に役立てられていない」。本来調達活動に率先すべき「農民コムニスト、ソヴィエトおよび協同組合積極分子《アクチーフ》」が、自己の穀物の供出を拒み、私的商人にそれを売る場合もある。国家に対する農民の債務(農業税、保険料、種子貸付、農業信用)は支払期限の到来にも拘らずいまだ徴収されていない。これは、党、ソヴィエト、協同組合機関の「規律の退廃」と「影響力の欠如」を証明する。指令は、現地諸組織のかかる状態を改め調達に動員する直接の責任を、指令の宛先である地方党書記に課する。最初の指令から三週間が経過したのに「いかなる転換もない」のは「貴下によるこの事業(delo)における党および国家に対する基本的な革命的義務のまったく許しえない忘却を物語る」。「これらの事実を確認して、中央委員会は、当該指令受領の日から一週間以内に、穀物調達における断固たる転換をかちとることを貴下に義務づける。その際いかなる弁解も祝祭などを口実とすることも、中央委員会は党規律の乱暴な違反とみなすであろう」。指令は、地方の党、ソヴィエト、協同組合の指導者の調達に対する「個人責任」を確立し、責任を果たさない場合、地方党書記がかれらを解任できるとした。党書記の全権のもとにすべての国家・社会組織(指導者)を一元化する体制の確立がここで要求された。党書記の無制限の権力を拘束できるのは、党中央、具体的には、中央委員会書記の権力のみであった。指令は地方党書記を、指令受領から一週間以内に転換をかちとらない場合には、党規約所定の手続を無視して「中央委員会」が罷免できると威嚇した。このような体制こそが、スターリンのいう「革命」の党から「国務」の党への変化の内実であった。この体制が、ネップのもとで形成途上にあった合法的・民主的体制と鋭く衝突することは避けられないであろう。一月五日指令の威嚇的口調はそのことの反映であった。ネップ的秩序は、地方党・国家活動家の行動規範の源泉であって、一片の指令では解体できない強固な客観的抵抗要因として機能していた。[55] スターリン自身、前年末の党大会では、ネップ的秩序の安定性を認知し擁護していた。指令の弁明的口調が物語るように、一九二八年初めの段階では、非常体制はあくまで緊急事態に対応するための一時的例外とすることで地方党組織の了解をとりつけることができたのである。[56] 他方で一月五日政治局指令の各論的部分は、党機関を頂点とする非常体制の権威主義的性格を裏づける。指令が指示した政策自体は、一二月のふたつの政治局指令と同じく、調達計画の厳格な遂行、農村の貨幣蓄積の収用(期限切れ債務の徴収、債券の普及など)が中心となっている。新奇性は、共同体の物的基礎をなす自己課税を貨幣蓄積収用の方法として加えたことである。指令は、この政策によって、穀物調達をめぐる権力と農民の紛争の場に共同体を介在させるという後の歴史からみて意義深い選択を意図せずにおこなった。それは事実上、共同体を紛争の場に「駆り立てる」ことによって、紛争に新局面を開き、緊張の度を深めつつあった権力と共同体の関係史に新たな一頁を加えることになった。[57] とはいえ、自己課税についての政治局決定には、農民の貨幣蓄積を吸取することによって穀物供出を加速するという便宜的目的をこえた意図が明示されたわけではない。しかし、政策目的遂行に対する障害除去の方法についてみれば、指令は、前のふたつの指令に比して過酷な方向への傾斜を強めた。「あらゆる支払の未納分の徴収に際して厳格な懲罰を、なによりもまずクラーク層に対して、直ちに適用すること。農産物価格を台なしにするクラーク、投機業者に対しては特別の抑圧措置が必要である」。強制的調達方法への転換の象徴的制度としてのロシア共和国刑法第一〇七条の発動（本来投機取締を目的としたこの条文を拡大解釈して調達過程にも適用すること）には、指令は明白には言及していない。一月一四日、スターリンとS・コシオールにより起案され、スターリンの署名で地方党組織に送られた党中央委員会指令電報は、「投機業者」と並んで「クラーク」を「ソヴィエト権力の敵」と激しく非難して、事実上、一月五日指令の空白部分をうめた。それによれば、穀物調達は「われわれがなんとしても奪取しなければならない要塞」なのであった[58]。

調達方法における強制的契機の強化は、統治構造における党書記の位階制の影響力の拡大と並んで、治安警察《オゲペウ》など強制装置の役割が政策の実現過程において突出する傾向を随伴した。アーカイヴ史料集は、その委細を開示する。一九二七年一二月二九日、オゲペウは自己の地方機関に対して「穀物調達の急落と消費地区におけるパン製品の切迫した不足とに鑑みて」商業人民委員部の調達促進の諸指令の実行に「排他的かつ特別の注意」を向ける電信指令を送った。「これらの指令の遂行のあらゆる忌避に対して、貴下は、責任者を問責しなければならない[59]」。翌二八年一月四日、オゲペウは、自己のすべての地方機関に対して、懲罰機関として穀物調達に直接参加することを指令し、「協定調達・販売価格を崩している最も強力な私的穀物調達者および最も悪質な穀物商業機関を直ちに逮捕すること」を命じる電報を送った。かれらの審理は裁判外の手続によっておこなわれるべきであった[60]。一月一二日オゲペウは追加指令を発し、私的商人から没収された穀物は国家調達機関もしくは協同組合に移管することを命じた[61]。抑圧の方針は、調

達機関、私的商人に対してだけでなく、地方的には、農民部分に対しても提起されていた。(62)

一九二八年一月八日、政治局は、穀物調達地区に派遣される中央委員の人選を定めた。シベリアにはオルジョニキーゼを、ウラルにはモロトフを、北カフカースにはミコヤンを、それぞれ直ちに出発させることが決定された。モロトフは中央黒土州にも二〇日間派遣されることとなった。(63) ブハーリン派のフルムキン(財務人民委員代理)はウラルから召還されることが決定された。(64) かれは六月になって、党の調達政策を痛烈に批判する書簡を政治局員、書記長スターリン、農村活動部長バウマン宛に送ることになる。(65) 一月一二日、政治局は、オルジョニキーゼに代えてスターリンをシベリアに二週間出張させることを決定した。(66) 一月一五日スターリンはシベリアに向けて出発する。(67) 一月一四日政治局指令によれば、シベリアはウラルと並んで穀物の「最後の供給源」であり、また小麦の産出地として重要であるが、そこでの調達は不振であって、転換のためには「猛烈な圧力」が必要とされた。雪解けまで残された時間は二か月半ないし三か月であり、「もし全力をあげて権力と党のすべての推進手段(rychagi)に圧力を加えないなら、わが経済全体にかんして事態は、全年度にわたり、あるいはごく近い期間全体にわたってさえも、停滞しかねない」と警告された。(68) シベリア全権代表にスターリンが急遽任命された真の理由が、シベリアの調達に付与された重要な意義にあったとの推定が成り立つ。(69) 内戦期を想起させるシベリアでのかれの行動は、暗号電報によって逐一党中央に報告された。そこでの経験は、かれの起案になる二月一三日の政治局指令の基礎となった。(70)

(1)　*Piatnadtsatyi s'ezd VKP(b)*, II, pp. 1469–1470.

(2)　このほか、一九二九年四月、第一六回党協議会を公式化するための中央委員会総会が開かれたが、形式的なもので実質的意味をもたない。

（3）　このほか、組織活動一般のために組織局が設置されていた。しかし組織問題においても主導的役割を演じたのは書記局であり、結果として組織局はその下部機構へと転じた（E. H. Carr, *Foundations of a Planned Economy*, vol. 2, London, 1971, pp. 115–116）。本書の以下の行論でもたびたび登場するL・M・カガノヴィチは、書記局組織配員部の責任者として、V・M・モロトフとともに地方組織の掌握に大きな役割を果たしたスターリン派の幹部であるが、かれの回想によれば、書記局の公式会議は週二―三回開かれ、そのほかにスターリンのもとでほとんど連日「最も緊急な、そして未決の論争的問題」を審議する会議が開かれたという（L. M. Kaganovich, *Pamiatnye zapiski*, M., 1996, p. 395; E. A. Rees (ed.), *The Nature of Stalin's Dictatorship. The Politburo, 1924–1953*, New York, 2004, p. 13）。

（4）　*Party and Government Officials of the Soviet Union, 1917–1967*, Metuchen, N. J., 1969, pp. 39–40; *Bol'shaia sovetskaia entsiklopedia*, vol. 19, M., 1953, p. 283; Kaganovich, *op. cit.*, p. 392. 再びカガノヴィチの回想記によれば、スターリンはかれにつぎのように述べてモスクワへの復帰を促したという、「貴下の中央委員会への復帰の時機は熟した。われわれのまえに存在する、とくにカードルの養成と配分の分野における新しい組織的任務、穀物調達に対するクラーク層の抵抗に関連した農村における政治闘争の先鋭化、集団化の事業における大きな任務は、農村における活動の改善を求めている。貴下がいま有するウクライナでの新しい経験、そしてモスクワでの古い経験は、騒ぎたてている右派との闘争に、とくにウグラノフに率いられたモスクワにおいて、きわめて役に立つ」。

（5）　*Tragediia*—, vol. 1, pp. 89–92（オゲペウ報告）, pp. 93–94（ミコヤン報告）.

（6）　*ibid.*, pp. 21–26, 72–77; *Golos naroda*, pp. 258–260.

（7）　邦訳『トロツキー選集』第四巻、中野潔ほか訳、現代思潮社、一九六八年、二七一―二七二頁。

（8）　九月一五日付の政治局の委託により準備された「一九二七／二八年度の穀物調達にかんする」決定案は、一一月二四日になって漸く政治局の議題となったが、審議は延期された。一一月三〇日の政治局でも同じ扱いであった（*Tragediia*—, vol. 1, p. 28; RTsKhIDNI, 17/3/661, 2, 17/3/662, 3）。第一五回党大会まで党指導部は穀物問題に真剣に対処していなかったのである。オゲペウの活動も、情報の収集と分析を主任務とした一九二六年八月一九日付回状（*Tragediia*—, vol. 1, p. 18）の枠をでないことが指示された（*ibid.*, pp. 27–28）。一九二八年一月二五日モロトフは、ウクライナの穀物調達について、「この数年間この最重要な事業への党の参加はきわめて不十分であった」ことを認めて、「若干の同志」の側にこれが「まったく自然なことであり」「かくあるべきである」との観念が形成されていること、穀物調達への党勢力の動員と党指導の集中とを一時的「空騒ぎ(shumikha)」とみなしたことを指摘した(*ibid.*, p. 176)。

(9) 〈Pravda〉, 8 February, 1928.

(10) 一〇月二四日付でソ連商業人民委員部が労働国防会議(ＳＴＯ)に宛てた一九二七/二八年度第二・四半期穀物調達計画にかんする秘密報告は、概ね楽観的な展望を示したが、しかし第二・四半期計画が「緊張したもの」であり、その遂行が「十分に好ましい経済的・気象的条件のもとでのみ」可能であると付記した(*Tragediia—*, vol. 1, pp. 97–100)。

(11) *ibid.*, pp. 21, 114–116.

(12) のちに党文書は地方について「一九二七年一一月(一部は一二月)には、地方において穀物調達が「ひとりでに」「自動的に」おこなわれるであろうという「見込み」が看取された。かかる気分に関連して、穀物調達活動への関心はきわめて不十分であった」と回顧した(〈Izvestiia TsK VKP(b)〉, No. 12–13, 1928, pp. 1–4)。スターリンも一九二八年四月、「わが国の本年度商品化穀物は昨年よりは少なくはなく、むしろ多いように考えられていた」と楽観的気分を確認している(Stalin, *Sochinenia*, vol. 11, p. 39)。

(13) 一九二六年一〇、一一月の調達量が「例外的に多かった」のは「組織的措置とくに租税の厳格な期限」の結果であるとみなされた(〈Derevenskii kommunist〉, No. 24, 1927, pp. 22–23)。

(14) 〈Derevenskii kommunist〉, No. 1, 1928, p. 3.

(15) 〈Derevenskii kommunist〉, No. 24, 1927, pp. 22–23; 〈Izvestiia TsK VKP(b)〉, No. 12–13, 1928, pp. 1–4. モロトフのウクライナの情勢についての一月二五日の報告は、「大会前の情勢に関連して、党組織の注意は反対派のほうに引きつけられていた。一二月一四、二四日の党中央委員会の再度の断固たる指令の後でさえも、調達についての真の奮起は起こらなかった。ここかしこで、これらの指令は、中央委員会からの重要な指令でなく「アジテーション」とみなされた」と記した(*Tragediia—*, vol. 1, p. 182)。

(16) 〈Izvestiia TsK VKP(b)〉, No. 12–13, 1928, pp. 1–4.

(17) 九月一五日政治局が一九二七/二八年度調達にかんする決定案の起草を委託したのは、ミコヤンとルズタークであった

(RTsKhIDNI, 17/3/651, 3–4)。後者はルィコフの代理を務める立場にあった。

(18)　ルィコフ報告までに、党中央委員会政治報告(スターリン)、組織報告(コシオール)、中央監査委員会報告(クルスキー)、中央統制委員会・労農監督人民委員部報告(オルジョニキーゼ)、コミンテルン関係報告(ブハーリン)とそれらをめぐる討論、反対派への非難を含む決議とはすでに承認・採択されていた。反対派との討論を総括したスターリンの政治報告の農業問題の箇所には調達問題への言及は殆どみられない(Stalin, *Sochineniia*, vol. 10, pp. 303–310)。反対派の除名決議は一二月一八日におこなわれた(*Piatnadtsatyi s'ezd VKP(b)*, II, pp. 1396–1397)。

(19)　*Piatnadtsatyi s'ezd VKP(b)*, II, p. 1014.

(20)　*ibid.*, p. 1164.

(21)　*ibid.*, pp. 858–861.

(22)　*ibid.*, pp. 927, 1026–1027.

(23)　*ibid.*, pp. 1094–1095.

(24)　Stalin, *Sochineniia*, vol. 11, p. 11; RTsKhIDNI, 17/3/663, 2, 4. 指令が農民からの徴収を指示した支払金には、のちに権力と農民の先鋭な争点となる「自己課税」は含まれていない。

(25)　*Piatnadtsatyi s'ezd VKP(b)*, II, p. 1164.

(26)　*ibid.*, pp. 1210–1211, 1338–1339.

(27)　*ibid.*, p. 1425.

(28)　RTsKhIDNI, 17/3/664, 3.

(29)　RTsKhIDNI, 17/3/665, 1.

(30)　*Tragediia*—, vol. 1, p. 111. 回状は上からの指令を「いかなる他の考慮にもわずらわされることなく」厳格に実行することを命じている。このような表現での要求は、史料の解説によれば、「スターリン的指導システムにおける主要なもののひとつ」であった(*ibid.*, p. 30)。

(31)　RTsKhIDNI, 17/3/666, 2–3. 全権代表として、ミコヤン(中央黒土州)、フルムキン(ウラル)、A・P・スミルノフ(シベリア)、ウグラノフ(パヴォルジェ)、モロトフ(ウクライナ)、エイスモント(北カフカース)、ロボフ(バシキール)、クビャーク(タタール)が選出された。右派の幹部も含まれている。のちに人選は変更される。シベリアにはスミルノフに代わってドガドフが、またオルジョニキーゼが追加されのちにスターリンに変更された(RTsKhIDNI, 17/3/667, 1, 5, 17/3/668, 1, 7)。

(32) 『プラウダ』は、政治局指令が発せられた同じ日に北カフカースからよせられた報告が、地方《クライ》と管区の間、管区と地区、村の間で同じ措置が実施されたことを伝えたと報じた(〈Pravda〉, 29 December, 1927)。

(33) RTsKhIDNI, 17/3/666, 2, 19–21.

(34) RTsKhIDNI, 17/3/666, 22–24.

(35) Stalin, *Sochineniia*, vol. 11, p. 11.

(36) 都市と工業地区の市場を「空にして」約八〇%の工業商品が主要穀物調達地区に投入された(一二月二四日経済会議(Ekonomicheskii sovet)におけるチュフリータの報告(*Tragediia*—, vol. 1, pp. 114–116)。ブハーリンは、工業中心地の商品を「さらえて」農村に送ったといった(〈Pravda〉, 19 April, 1928)。

(37) 〈Pravda〉, 8 February, 1928.

(38) 穀物需給の均衡には年五億プードの穀物が必要とされたが、一九二八年一月までに調達されたのは三億プードにとどまった。前年同月までの調達量四億二八〇〇万プードに比し、一億二八〇〇万プード少なかったことになる(Stalin, *Sochineniia*, vol. 11, p. 10)。ルィコフは一二月末までの調達について、今年度は二億九九〇〇万プードの調達にとどまったと述べた(〈Pravda〉, 11 March, 1928)。

(39) 〈Pravda〉, 8 January, 1928.

(40) 〈Pravda〉, 11 March, 1928.

(41) 商業人民委員部工業商品・原料局長は、一九二七年一二月半ばより調達地区への商品供給計画を変更し、工業商品の主要部分は調達地区に向けられたが、その再配分の成果は殆どあがっていない、工業商品は目的地に着いたが「実現」していない、それらが効果をあげるにはあと二—三週間必要である、と言明した(〈Pravda〉, 11 January, 1928)。

(42) RTsKhIDNI, 17/3/666, 19–21.

(43) 〈Pravda〉, 28 December, 1927.

(44) 〈Pravda〉, 30 December, 1927.

(45)　*Tragediia*―, vol. 1, p. 118.

(46)　*ibid*., pp. 141-146（一九二八年一月一一日、二月一日のオゲペウ報告）; *Sovetskaia derevnia glazami VChK–OGPU–NKVD 1918–1939. Dokumenty i materialy*（以下、*Glazami*―と略記）, vol. 2.（1923–1929）, M., 2000, pp. 629–640（一九二五―二七年の農村における反ソ現象についてのオゲペウ情報部の報告覚書）.

(47)　Stalin, *Sochineniia*, vol. 11, pp. 11–12.

(48)　〈Pravda〉, 28 December, 1927.

(49)　*Tragediia*―, vol. 1, p. 114.

(50)　〈Pravda〉, 31 December, 1927.

(51)　RTsKhIDNI, 17/3/667, 3.

(52)　RTsKhIDNI, 17/3/667, 10–12

(53)　Stalin, *Sochineniia*, vol. 11, pp. 11–12.

(54)　一月五日の指令は、この時期の他の政治局決定とともに、原著第四部刊行（一九八六年）後に公開された。公刊は一九九一年である（〈Izvestiia TsK KPSS〉, No. 5, 1991, pp. 193–195）。原著ではこの指令に統治構造の転換という観点から二度にわたり言及した（第一部および第四部）。その後著者は、モスクワでこの指令を含む政治局議事録を閲読し原著の論点を確認する機会をもった。同指令は一九九九年刊行の集団化史料集にも収録された（*Tragediia*―, vol. 1, pp. 136–137）。解説者ダニーロフは、先行するふたつの指令に比してのこの指令の異例性を、調達に対する行政命令的要求に帰しており、組織的局面には触れていない。

(55)　再びモロトフのウクライナ情勢報告によると、一二月の政治局指令にも拘らず、一二月、翌年一月になっても地方党組織の関心はソヴィエト、協同組合の選挙に引きつけられていた（*Tragediia*―, vol. 1, p. 182）。

(56)　Stalin, *Sochineniia*, vol. 11, p. 16.

(57)　〈Izvestiia TsK VKP(b)〉, No. 29, 1927, pp. 3–5; *Piatnadtsatyi s'ezd VKP(b)*, pp. 1047–1056, 1085–1086, 1100, 1111–1112, 1130.

(58)　RTsKhIDNI, 17/3/669, 5, 25–26.

(59) *Tragediia*—, vol. 1, pp. 30, 118. *Glazami*—, vol. 2, pp. 20–21, 642–643 によれば、穀物商(khlebnik)の逮捕は、一九二七年一二月に始まった(*ibid.*, pp. 20–21, 642–643)。

(60) *Tragediia*—, vol. 1, pp. 30–31, 136.

(61) *ibid.*, pp. 31, 141.

(62) 一九二七年一二月一一日、来たるべきソヴィエト選挙キャンペインに関連したシベリア地方《クライ》裁判所、検察局、行政部の秘密指令は、「農村の反ソ的クラーク部分に対する最も迅速な審理と峻厳な抑圧の条件を確保すること」を裁判・審理機関、尋問機関、検察局の任務とした。この史料の解説は、指令が地方の発意によるものではなかったとしている(*ibid.*, pp. 29, 109–110)。ちなみに、選挙は調達危機によって中止された。

(63) RTsKhIDNI, 17/3/668, 1, 5.

(64) RTsKhIDNI, 17/3/669, 1, 5.

(65) *Tragediia*—, vol. 1, pp. 290–295.

(66) RTsKhIDNI, 17/3/668, 1, 7. 表向きの理由はオルジョニキーゼの病気であった。

(67) Stalin, *Sochineniia*, vol. 11, p. 369. なお I. V. Pavlova, *Mekhanizm vlasti i stroitel'stvo stalinskogo sotsializma*, Novosibirsk, 2001, p. 80 によれば、出発日は一月一四日となっている。一九二八年一月一四日付地方党組織宛の党中央電信指令(スターリン署名)には、「スターリンは本日シベリアに出発する」と記されている(RTsKhIDNI, 17/3/669, 25–26)。

(68) RTsKhIDNI, 17/3/669, 25–26; 〈Izvestiia TsK KPSS〉, No. 6, 1991, p. 214; 〈Pravda〉, 20 December, 1927, 28 December, 1927. 二七年一二月一〇日現在、シベリアの調達計画は二一・八%しか遂行されていなかった(Pavlova, *op. cit.*, p. 80)。

(69) 一月一四日付中央委員会が地方党組織に宛てた電報指令では、スターリンのシベリア派遣は同地の重要性から説明されている(〈Izvestiia TsK KPSS〉, No. 5, 1991, p. 196)。かれがなぜシベリアを出張先に選んだのかについて論じた文献は多い(Pavlova, *op. cit.*, pp. 69–103)。この問題を詳しく研究したシベリアの歴史家は、文献的に理由を明らかにしえないと結論し、この問題への間接的解答をスターリンの一九二八年四月のモスクワにおける演説に見いだしている(*ibid.*, pp. 73–74)。

(70) Stalin, *Sochineniia*, vol. 11, pp. 10–19. スターリンはシベリアに二月六日まで滞在し、この間ノヴォシビルスク、バルナウール、ルプツォフスク、クラスノヤルスク、オムスク各管区を訪れた(Pavlova, *op. cit.*, p. 69)。

二　内戦体制再び

調達危機は、われわれの建設の最も重要な問題のひとつである穀物調達の問題で、農村の資本主義分子がソヴィエト権力に反抗して立ち上がった、ネップの条件のもとでは最初の、重大な行動を表している。

――スターリン（一九二八年四月）(1)

一九二七年一〇月から一二月にかけての穀物調達テンポの加速的低落に衝撃をうけた党新指導部は、当面の危機を党の直接的責任において打開することを決断した。同年夏以降の国際関係の緊張は、党指導部を決断へと駆り立てたいまひとつの隠れた、しかし重要な要因であった。(2)明確な意志表明の機会は一九二八年一月五日の政治局指令であり、この指令において、党と国家の組織的分界の原則および党規約所定の地方自治の原則を無視して、調達の行政的責任を地方党組織（管区レヴェル以上）の書記に負わせ、調達テンポの転換を一週間以内に実現しない場合、党中央がかれらを更迭すると威嚇した次第はすでに解説したところである。危機打開のための組織的布石はそれより早く、前年一二月のふたつの政治局決定によって先鞭がつけられた。これらの決定から翌二八年一月にかけての一連の党政治局・書記局の指令は、一時の例外としてではあるが、ネップ期に形成の途上にあった合法的・民主主義的統治を一時停止し、それに代えて、内戦期の経験を従うべき先例とする非常権力網を垂直的・水平的に展開した。

まず、統治体制の垂直的再編は、非常権限を付与された全権代表の派遣を軸心としておこなわれた。一九二七年一二月一四日政治局決定は、「農民の側からの穀物搬出強化に向けた組織的措置を上から下までとること」、「責任活動家を現地に派遣すること」を指示し、二四日決定はこれを承けて、調達の「最も迅速かつ根本的な改善のために」、最重要穀物調達地区に「全権代表(upolnomochennyi)」を派遣し、同者に対して、政治局決定に矛盾する地方機関の決定を廃止し、地方党・ソヴィエト機関に対する拘束的命令を発する超法規的権限を付与した。[3] 政治局が選任した全権代表は、州レヴェルの主要穀物調達地区(州、地方《クライ》、連邦構成共和国)に向けて出発し、それ以下のレヴェル(管区、地区)の党機関もこの方式に倣って下級組織に全権代表を派遣する措置をとった。[4] この合法的秩序を無視した派遣方式は、内戦期の非常事態のもとでの非常全権代表、特別全権代表を想起させるものであり、従来の党と国家の相互関係、およびそれぞれにおいての中央と地方の関係についての既存の編成原理に対する大胆な挑戦であった。この組織的布石は、調達における非常措置と同様、危機に対応する緊急措置として正当化された。しかし、その後、非常措置の反復に対応しつつ、この組織的措置も例外性を次第に喪失して、ソヴィエト・システムを形骸化する非公式の統治システム、「全権代表システム」へと転成していく。

全権代表派遣を軸心とする垂直的統合と前後して、各級地方レヴェルにおいて、当該地域にある党、国家、社会組織を統括する非常機関を、党機関(党委員会ビュロー)[5]のもとに創設する水平的統合が進行した。これも、内戦期において、戦火の及んだ地域におけるすべての地方ソヴィエト機関が従うべき「革命委員会」の設立を命じた一九一九年一〇月二四日の法令を想起させる超法規的行為であった。[6] 例えば、シベリアでは、一九二八年一月一〇日、地方《クライ》党委員会ビュロー決定は、同ビュローのもとにスィルツォフ(シベリア地方《クライ》党委員会書記)、エイヘ(シベリア地方《クライ》ソヴィエト執行委員会議長)、ズロービン(調達行政担当のシベリア地方《クライ》ソヴィエト執行委員会商業部長)からなる「非常穀物三人委員会《トロイカ》」

を設立し、「トロイカ」に対して「地方《クライ》党委員会並びに地方《クライ》ソヴィエト執行委員会の名において穀物調達に関連するすべての必要な決定をくだす権限」を付与した。これは、党機関の統括のもとに党と国家のすべての機能と権限を一元化する「憲法外的機関」の設立にほかならなかった。(7) 三名(ないし五名)からなる非常機関は、州レヴェルのみでなく、管区以下の「すべての党委員会のもとで」設立された。(8) 非常機関の権能が形式的には穀物調達に関連する業務に限られたという意味では、権限行使の範囲は限定的なものであったといえるが、しかし穀物調達に党・国家・社会組織が総動員された状況のもとでは、この限定は実質的意味を失い、非常機関は事実上、当該地域のすべての組織に全権を行使する超越的権力となった。

こうして、内戦体制の復活を思わせる組織的措置が穀物危機を緊急に打開するための非常手段として採用された。しかし内戦期との類似と並んで相違もまた顕著であった。革命直後の内戦体制の確立と機能化に対する党の組織的関与は無視しうるものであった。党は組織的にいまだ多分に(とくに農村地域において)未定形であり、内戦を主導しえた機構的中心が存在したとすれば、革命政府(首班レーニン)と赤軍(指導者トロツキー)がそれであった。これに対して穀物危機に際しての内戦体制への復帰は、完全に党組織主導によりおこなわれた。党はそれまでに一〇〇万をこえる構成員を擁する大衆政党となり、(9) 組織の官僚制化が進み、党書記の管理的・政治的役割は高まった。危機発生までに党組織は、都市と工業地帯を主たる支持基盤とする独自の政治勢力としての力量を備えつつあった。しかし農村では、都市に比べて組織的基盤は脆弱であり、農民に対する日常的影響力は弱かった。最も実効的な体制的農村組織はソヴィエトであった。穀物調達においては、公的調達は国家行政機関としての内外商業人民委員部と協同組合組織の所轄であり、その出先機関である国家調達機関網と協同組合調達網が調達活動を分担的に展開し、党組織は、党と国家の機能的分界の原則に従い、直接調達に関与しなかった。シベリアにおけるスターリンのいうところによれば、穀物調達に責任を負うのは党組織ではなく調達組織であるとする「分業」が党活動に「染みついて」いた。[10] 一月五日政治局指令は、このような「分業」を「党組織が文字通りすべてに責任を負う」[11] 態勢に急遽切り替えることを命じた。そのために、同指令は、党規約上地方党組織の最高意思決定機関である党協議会と党委員会に従属する地方党書記[12]の罷免権を党中央(書記局)に帰属させ、調達の全責任を地方党書記に直接負わせた。[13] この措置は、党内民主主義の組織的基盤から乖離した党書記の非公式の位階制の形成に導いた。危機において形成された非常権力の中枢に位置したのはこの位階制であった。

しかし内戦期と比較してより根本的な相違は、一九二八年初めのソ連には、社会を革命と反革命に二分する内乱状態もその前兆も実在しなかったという点である。革命直後の内戦体制は、既成事実化した内乱と外国の反革命への支援とにより崩壊の危機に瀕した革命権力が自己防衛のためにとった窮余の策であった。穀物危機発生時のロシアでは、内戦も、内戦前夜を思わせる状況も存在しなかった。たしかに、二〇年代後半にはネップが内包する矛盾が顕在化し、都市と農村、工業と農業の関係にさまざまな困難が派生した。農村では、市場経済の発展が農民間の階級分化を促進した。そうした社会的・経済的矛盾が政治的表現をとることもまれではなかった。しかし穀物危機発生までの状況を内戦前夜と等視することは不当であろう。農民の政府批判は主として、ソヴィエト選挙、通信員運動など合法的回路を通して表出され、反政府的な大衆的直接行動、テロ行為などはあっても偶発的であった。例えば記録された大衆的直接行動(massovye vystupleniia)は、一九二六、一九二七年を合わせても六三件であり、一九二八年の七〇九、一九二九年の一三〇七件に比べればはるかに少なかった。[14] 一九二七年一〇月二三日スターリンが農村の状態を「平穏」と要約したとき、合同反対派の攻撃からの自己弁護のための一面的強調を伴っていたとはいえ、必ずしも現実から遠く離れてはいなかったのである。「農村が平穏になるということはどういうことか。これは社会主義建設の基本的条件のひとつである。農民の間に匪賊の襲撃や暴動があっては、社会主義を建設することはできない。現在われわれがもっているのは、播種面積の戦前の水準(九五%)までの拡張、農村の平穏化、中農との同盟、多少とも組織された貧農、農村で強化されたソヴィエト、プロレタリアートとその党の農村における権威の高まりである」[15]。同年一二月の党大会でもかれは同じ立論を繰り返した[16]。それならばなぜ第一五回党大会後の新指導部は唐突に内戦体制復活に結集したのであろうか。

すでに述べたように、工業商品の緊急の送達が調達テンポの急落を阻止しえないことが判明した直後の政治局の対応から推測すると、党指導部の心理はパニックからそれほど遠くない狼狽であったようにみえる。一月五日の政治局指令の最も明確な部分は、この心理状態の反映であった。指令が提示した対策が具体性と整合性を欠いていたことは、おそらくこの心理と無縁ではなかった。しかし、危機克服に党組織が直接責任を担うという一点において曖昧さはなかった。緊急避難の心理から、一時の例外という限定を付して、党指導部は一致して内戦体制への復帰に合意したのである。合同反対派の追放後、ネップの評価、農民問題などについて隠微に進行しつつあった対立にも拘らず、スターリン・ブハーリン政治局を危機に直面して結束に導いたのは、危機の一時性の感覚であり、裏を返せばネップへの信頼であった。内戦体制の容認はこの感覚から生まれた。危機は「外科手術」によって機敏に処理されネップの軌道への迅速な復帰が果たされよう、これが指導部を結束に導いた展望であった。「われわれは明らかに穀物調達危機から抜けだしつつある」、「ネップはわが経済政策の基礎であり、また長い歴史的時期にわたって依然としてそうであろう」[17]、スターリン起案になる一九二八年二月一三日政治局指令のこの見通しは、同年四月および七月の党中央委員会総会決議においても繰り返されることになる。

内戦体制への復帰に随伴した傾向は、穀物調達における治安警察(内戦期の非常委員会《チェカ》の後裔合同国家保安部《オゲペウ》)の役割の増大と情報の戦時的規制の強化であった。これらはいずれも、近年アクセス可能になったアーカイヴ史料によって開示されつつある局面である。それら史料によれば、オゲペウの調達過程への介入は一九二六年に始まった。しかし、それが直ちに農民に対する強制力の行使を意味したわけではなく、主たる任務は情報の収集と分析であった。[18] オゲペウはむしろ合法的支配の擁護者として振舞った。「オゲペウの活動方法は、農村住民の特別の不満を呼び起こした民警の乱暴な一本調子の明らかに不法なやりくちとは原則的に異なっていた」。オゲペウ全権代表は、民警により不当に逮捕された農民を、自己の権限で釈放さえもした。オゲペウが社会生活のすべての局面に浸透して「国家のなかの国家」となるのは、「集団化の絶頂期」(一九三〇年代)においてである。[19] 一九二七年八月四日付のオゲペウ経済局回状は、「大量作戦(massovye operatsii)」も「非常措置」も規定していなかった。[20] スターリンも同年末の党大会で、クラークに対する闘争でゲペウ権力を行使することを「容易であるが効果がない」方法と批判し、もっぱら経済的方法と合法的手続によるべきであると説いていた。[21] しかし同年末の穀物調達危機の深刻化は、オゲペウの活動方法におけるひとつの転機となった。調達への参加についての地方代表宛一二月二九日付オゲペウ電報は、商業人民委員部の指令遂行を忌避する者を責任に問うことを指令した。[22] 一九二八年に入ってオゲペウは、出先諸機関に対してのみでなく、調達過程においても、強制の適用主体として現れ始めた。悪質な私的穀物調達者と商人の逮捕についての一月四日付オゲペウ決定はその先例となった。決定は「審問を迅速に、証拠によって(dokazatel'no)おこなうこと。事件を特別会議(Osoboe soveshchanie)送りとすること」を指令した。[23]「特別会議送り」とは、裁判外の手続による審理と評決を意味した。[24] 一月二三日オゲペウ議長代理ヤゴダが県支部全権代表に宛てた電報は、調達に関連する措置に対する「集団的または大衆的反対行動」発生の場合、オゲペウ情報部に電報で通報すること、事件審理をオゲペウの専管とすること、行動の指導者も住民の不満をかきたてた者も責任に問うこと、事件をオゲペウ参与会送りとすること、政府の措置をサボタージュする下級ソヴィエト装置の活動家摘発にあらゆる措置をとり、党組織の同意のうえでソヴィエト装置から怠業者を一掃すること、を指令した。(25)

穀物情報の戦時的規制は、二〇年代後半から現れ始め、(26)調達危機の発生を機会に一挙に強化された。一九二七年一二月二四日政治局決定は、「市場を混乱に陥れる多数の論評が新聞に存在する事態に鑑みて」新聞紙上における市場にかんする情報を規制する措置を実行することをモロトフに(ミコヤンと共同して)委託した。同決定は、穀物価格の引上げについて問題を新聞、ソヴィエト・党機関誌において提起することを禁じた。(27)翌二八年一月一四日中央委員会書記局は持ち回り会議で、タス通信社と新聞『労働』編集部とを党中央指令の「明らかな違反」のかどで譴責処分に付し、この決定を中央紙編集部に周知させることを決定した。(28)三月六日ロシア連邦司法人民委員・検事ヤンソンは、「定期刊行物、個々の官庁出版物」だけでなく、「あらゆる集会、会議、協議会での個々の活動家の口頭発言」における秘密情報の公開を法的責任に問う旨の秘密回状を地方機関に送致した。(29)かくして収穫、調達過程、農民の動向などの情報は、一種の軍事機密として扱われることになる。

内戦体制の復活を指示した政治局指令に、穀物調達地区の党・国家組織が無抵抗あるいは自動的に適応したとみなすなら、過度の単純化の誤りを犯すことになろう。地方活動家の感覚は、指令のそれとは明らかに相違していた。ネップの経験は、市場的調達方法の定着に導いただけでなく、政治的にも農民との合意形成機構の創設に一定の成果をもたらした。内戦で失われた農村ソヴィエトの農民的基盤は再構築されつつあった。農村活動家には、一九一八―二〇年の農民反乱の悲惨な記憶が脳裏に焼きついており、かれらは内戦体制の復活が誘発するかもしれない農民の抵抗の激化を密かに恐れた。[30] 地方党組織には、文民的党観念が生きており、地方組織の自主性を規定した党規約は、かれらにとって死文ではなかった。[31] 地方組織を内戦体制に早急に一元化するためには、中央からの更なる強硬な指令、全権代表、都市労働者の追加派遣、[32] 地方党・ソヴィエト組織の「人員刷新」、オゲペウの活用などによる威嚇と強制の加重が必要であった。その過程でネップ的政治秩序は瓦解の危機にさらされることになる。

　中央の圧力に対して特徴的反応を示した地方は、スターリンが全権代表として派遣されたシベリアであった。シベリア地方《クライ》党委員会は、一月五日政治局指令を受領した翌日の七日、すべての管区党委員会宛に調達強化を指令する書簡を送った。しかし同書簡には、政治局指令とは異なり、抑圧の適用も、現地活動家に対する威嚇も言及されていなかった。それは従来の調達方法の継承的強化を指示した文書にすぎなかった。同じ日に送られた地方《クライ》党委員会のモスクワへの返答も、スィルツォフのミコヤン宛の電報も、工業商品の不足のもとでは、中央が要求する計画の期限内達成は困難であると訴えた。政治局指令に対する他の地方の反応もシベリアと類似していたことをアーカイヴ史料の解説は認めている。[33] 地方の非同調的態度に対する中央の対応は、威嚇と圧力の加重、とりわけオゲペウ権力の利用であった。オゲペウは、一月一〇日、穀物調達地区所在の自己の機関に対し「指令遂行を入念に監視する」ことを指示する電報を送った。[34] 同日シベリアでは、穀物調達期間、地方《クライ》の全権力を集中する「非常穀物三人委員会《トロイカ》」が地方《クライ》党委員会のもとに設立された。[35] 一月一三日、シベリア地方《クライ》オゲペウ全権代表部と検察局は、大量の穀物貯蔵の保有者を裁判上の責任に問うために刑法第一〇七条を適用することを指示する回状を現地に送付した。[36] 一月一四日には調達のための措置を強化する強硬な党中央委員会指令（スターリン署名）が地方に送られた。指令は「いまこそ買占人、クラークに打撃を加え、投機業者、クラーク、その他市場と価格政策の破壊者を逮捕することが必要である」と調達方法の「重大な転換」を要求した。[37] 翌一五日スターリンは全権代表としてシベリアに向けて出発した。[38] 一月一八日かれは、ノヴォシビルスク市に招集されたシベリア地方《クライ》党委員会ビュロー会議に出席し、会議を主導した。会議は、ビュロー員一〇名のほか、党中央全権代表スターリン、ドガドフ、地方《クライ》党委員会委員一〇名、同統制委員会委員三名、調達その他の組織の代表三五名が参加する一大集会となった。会議は、すでに設立された「非常穀物トロイカ」[39]に「すべての調達の調和的活動と統一を確保する」任務を課し、[40]六〇〇〇万プードの中央向け調達計画の遂行を「絶対的に義務的」とする決議を採択し、刑法第一〇五条、第一〇七条の発動を決定した。[41]会議の翌日スターリンが党中央（モロトフ、コシオール）に発信した暗号電報によると、会議では中央が要求する計画を実行不能として削減を求める意見が大勢を占め、刑法とりわけ第一〇七条の発動には強硬な反対意見が表明されたが、「若干の影響力」の行使によって「全員一致」でスターリンの「提案」（過大な計画案、調達方法の転換）を承認した。[42]

　スターリンがこの暗号電報で率直に語ったように、全権代表の任務は、当該地方における内戦体制の確立とそれに対する一切の人的障害の排除とにあった。一月一四日の政治局指令は、「穀物調達についてのわれわれの誤りの三分の二」が「指導の欠陥」によると述べた。[43]スターリンによれば、一月一八日の会議の意義は、全権代表の圧力のもとで、会議にゆきわたっていた「工業商品の全能性への信頼」を打破して権力による強制を前景に押しだした点にあった。すなわち、会議は、第一に、刑法第一〇七条に基づき、投機業者とクラーク・買占人を革命的合法性の侵犯者として「叩き」、第二に、刑法第一〇五条に基づき、下級装置にいる投機の黙認者と共犯者を「叩き」、第三に、調達官の統一戦線の破壊者を罰し、第四に、すべての党・ソヴィエト上層部を現地での長期的活動に直ちに動員し、新聞を全力で利用することを決定したのである。[44]このうち、内戦体制の確立という観点から重要な措置は、刑法第一〇五条の発動であった。それは、ネップ的・市場的方法に忠実な地方活動家を新しい調達方法に強制的に適応させるための法的根拠を提供した。一月二〇日のスターリンのシベリアでの発言によれば、この条文は「われわれの活動家、なによりもまず私的商人の穀物運搬に特別許可証を発給する村ソヴィエト議長に対して」適用されるべきであった。[45]「村ソヴィエト議長」が象徴的意味で使われたことは明白である。かれはシベリアからの暗号電報では、この条文によって「下級装置のなかの投機の黙認者と共犯者をソヴィエト法の侵犯者として叩く」と明言した。[46]第一〇五条は事実上、既存組織を内戦体制へ一元化する過程で、妨害あるいは不適応分子を選挙その他の合法的手続(法あるいは党規約所定)を経ることなく追放し代替者を補充する恣意的権限を非常権力(究極において党機関)に付与した。こうして、非常権力の党中心的性格[47]に権力行使の恣意性が対応し、刑法はこの恣意的権力空間に合法性の外見を与えた。スターリンが起草した一九二八年二月一三日の政治局指令は、シベリアを始めとする地方的経験を一般化して、「穀物調達キャンペインの過程で、党、ソヴィエト、協同組合諸組織の点検と断固たる浄化(ochishchenie)を続け、潜入した異分子をこれらの組織から追放し、かれらを原則に忠実な党活動家、試験済の非党員活動家と取り替えること」を指示した。[48]「浄化」の対象となった分子とは、「腐敗した、党に無縁な、農村に階級をみることをやめ、みずからの活動によって農村の誰にも損害を与えないで「すべての」農民の間で「人気を保つ」ことに努め、クラークと断固闘うことのできない者たち」であり、かかる者は「少なからず」いたのであった。かれらは「トルストイ主義者」、「エスエル気風」に染まった「クラークの意識的・無意識的幇助者」と烙印された。[49]同年四月の党中央委員会・中央統制委員会合同総会決議は、一月以来のこの過程を「穀物調達地区におけるソヴィエト、協同組合、党の諸機関を点検し、農村に階級をみない、またクラークと「争う」ことを好まない、明らかに腐敗した分子からこれらの機関を浄化した」と要約した。[50]スターリン派とブハーリン派の対立が穀物問題を主争点として先鋭化し、前者が後者を「右翼的偏向」と攻撃する同年夏以降、スターリンは、これらの分子を「わが党の下部組織における右翼的危険の担い手」とみなし、その追放を反右派闘争の政争的文脈に組み込んだ。[51]

内戦的非常体制は、農村ソヴィエト、協同組合など本来調達業務を担うべき公式組織の廃止ではなく、形式的存続を前提しつつそれらを非常権力のもとに一元化しようとする企てであった。しかしその過程の過酷さが示唆するように、一元化は決して容易な一方的道程ではなかった。内戦期とは異なり、ネップ期農村に定着の過程にあった「結合《スムイチカ》」の政治的秩序は、内戦体制の確立に対する無視できない抵抗要因として作動した。そこに現出した組織原理を異にするふたつの権力体系の衝突と角逐は、農村の権力状況を複雑なものとした。しかしこのように微妙で複雑な問題は、一九二八年初めのスターリンの視界にはなかった。かれの経歴のなかで最も輝かしい一頁は、革命ではなくて内戦、革命の統治理念が犠牲に供された内戦であった[52]。一月二〇日シベリア地方《クライ》党委員会ビューロー秘密会議で、スターリンは内戦期の経験の継承を得々と弁じた。「党組織が穀物調達に責任を負わず、すべての責任が調達組織にあるとみなした、つまり党組織はこの仕事に形式的に対処したがゆえに、仕事は進まなかった。党組織なしでは、それの影響なしでは、ひとつの仕事もうまくいかない。内戦時赤軍がすべての仕事に責任を負っているとわれわれがいっていたならば、すべて破滅したことであろう[53]」。気分は内戦、スターリンは、党中央への報告を暗号電報によった[54]。二月一日スターリンが主導したクラスノヤルスクでの管区指導者会議の決議では「穀物調達戦線(khlebozagotovitel'nyi front)」なる戦時的表現が公式に使われた[55]。内戦期のスターリンの盟友ヴォロシーロフの言によれば、スターリンは「内戦から、それに続く活動のための巨大な経験を引きだした」のであった[56]。

(1) Stalin, *Sochineniia*, vol. 11, p. 45.
(2) *Golos naroda*, p. 260; *Tragediia*―, vol, 1, pp. 25–27.
(3) RTsKhIDNI, 17/3/663, 1, 4, 17/3/666, 19–21.
(4) 当時の公刊史料は、北カフカース地方《クライ》におけるこの措置を、党的決定であることを伏せたまま、婉曲に解説している

〈Pravda〉, 28 December, 1927)。この報告によると、地方《クライ》諸機関は管区に責任活動家を送り、かれらには穀物調達にかんする中央の諸指令に反する地方機関のすべての決定を独自に廃止する権利、および地方機関に対して拘束的な独自の処分をおこなう権利が付与された。さらに地方《クライ》党委員会は、管区党委員会に対して「急遽」地区と村に責任活動家を直接派遣することを指令した。著者が原著第一部(一九七〇年)でこの記事を引用したとき、それが地方的特殊例か全国的措置かを特定できる史料をもたなかった。アーカイヴ史料は、それが調達地区のすべての党委員会による措置であったことを認めて、派遣数については、一九二八年一月一五日から二月一五日までに二四八〇人の県・管区レヴェルの責任活動家が「調達強化」などのために動員されたことを明らかにしている(RTsKhIDNI, 17/32/117, 1, 4)。ウクライナでは「ウクライナ共産党中央委員会の殆どすべての指導的活動家を先頭に、少なくとも七〇〇〇—八〇〇〇人の党活動家が穀物調達の仕事に投入された」という(モロトフ *Tragediia*—, vol. 1, pp. 176–177))。当時の公刊史料は、「きわめて不完全な資料によっても」一九二八年一—三月に少なくとも三万人の「責任ある同志」が調達のために農村に動員された、と記した(〈Izvestiia TsK VKP(b)〉, No. 12–13, 1928, p. 1)。

(5) 当時の党規約は、「当面の活動のため」州(地方《クライ》)委員会には五名以内、管区には三名以内の成員からなるビューローを設立すると規定した(*Programmy i ustavy KPSS*, M., 1969, pp. 283, 286)。

(6) E. H. Carr, *The Bolshevik Revolution, 1917–1923*, vol. 1, London, 1951, p. 217. 内戦期農村の権力状況の詳細な研究として、梶川伸一『ボリシェヴィキ権力とロシア農民——戦時共産主義下の農村』ミネルヴァ書房、一九九八年。

(7) RTsKhIDNI, 17/21/3185, 70–71; 〈Izvestiia TsK KPSS〉, No. 5, 1991, p. 198 (n. 1).

(8) 党書記局情報部資料は、「すべての党委員会のもとに」調達キャンペイン指導のために「特別三人委員会《トロイカ》、五人委員会《ピャチョールカ》」が組織されたと記している(RTsKhIDNI, 17/32/117, 1, 4)。

(9) 渓内謙『ソヴィエト政治史』一一六頁、『スターリン政治体制の成立』第一部、四九頁。

(10) 〈Izvestiia TsK KPSS〉, No. 6, 1991, p. 213.

(11) 〈Izvestiia TsK KPSS〉, No. 6, 1991, p. 213.

(12) *Programmy i ustavy KPSS*, p. 286.

(13) Stalin, *Sochineniia*, vol. 11, pp. 11–12.

(14) *Tragediia*—, vol. 1, p. 63.

(15) Stalin, *Sochineniia*, vol. 10, pp. 196–197.
(16) *ibid*., vol. 10, p. 197.
(17) *ibid*., vol. 11. p. 16.
(18) *Tragediia*—, vol. 1, p. 18.
(19) *Riazanskaia derevnia v 1929–1930 gg. Khronika golovokruzheniia. Dokumenty i materialy,* M., 1998, p. XIV.
(20) *Tragediia*—, vol. 1, pp. 27–28.
(21) Stalin, *Sochineniia*, vol. 10, pp. 311–312.
(22) *Tragediia*—, vol. 1, p. 118.
(23) *ibid*., p. 136.
(24) *ibid*., p. 776 (n. 42).
(25) *ibid*., p. 159.
(26) *ibid*., pp. 17–22.
(27) RTsKhIDNI, 17/3/666, 10–12. 政治局決定を承けた一二月二五日労働国防会議決定は、*Tragediia*—, vol. 1, p. 117.
(28) *Tragediia*—, vol. 1, p. 150.
(29) *ibid*., p. 20.
(30) *ibid*., p. 32.
(31) 〈Izvestiia TsK KPSS〉, No. 6, 1991, p. 213. 内戦期、内戦に勝利するために党はその歴史的出自とは相容れないテロを含む軍事的機能を担い、国家強制装置との連係を深めた。内戦で事実化した一党支配はこの趨勢を加速した。内戦からネップ初期にかけてこの趨勢は党の社会的性格を著しく傷つけた。党内分派禁止令はこの傾向の反映であり、かつそれを促進した。しかしネップ期にはこの傾向を阻止し党の社会的性格を擁護する企てもなくはなかった。例えば、第一二回党大会(一九二三年三—四月)は、党と国家の機能上の混淆を戒めた第八回党大会(一九一九年九月)決議を想起しつつ、「党機関(uchrezhdenie)とソヴィエト機関の正しい分業の確立、両者の権利義務の正確な境界設定」を「現時機の最も重要な任務」と決議した(*Odinadtsatyi s'ezd RKP(b)*, stenograficheskii otchet, M., 1961, pp. 686–687)。

(32) 一月七日政治局決定(自己課税の促進)、一月八日政治局決定(ウクライナの調達の督励)、一月九日政治局決定(党中央委員の調達現地への派遣)(以上、RTsKhIDNI, 17/3/668, 7)、一月一四日付調達強化についての地方組織宛中央委員会指令(RTsKhIDNI, 17/3/669, 5, 25–26)など。

(33) *Tragediia*—, vol. 1, pp. 32–33.

(34) *ibid.*, pp. 140–141.

(35) 〈Izvestiia TsK KPSS〉, No. 5, 1991, p. 198; Pavlova, *Mekhanizm vlasti i stroitel'stvo stalinskogo sotsializma*, pp. 72–73, 79–80.

(36) *Tragediia*—, vol. 1, p. 33.

(37) RTsKhIDNI, 17/3/669, 5, 25–26.

(38) Stalin, *Sochineniia*, vol. 11, p. 369.

(39) 公的部門により調達された穀物のすべてが国家調達として統一され集荷されたわけではない。例えば、下級協同組合は自己資金に充当するため調達穀物の一定量を保留した。このような「計画外調達」を可及的に少なくするために、一九二七/二八年度には調達機関数の削減措置が実施された(*Malaia sovetskaia entsiklopediia*, vol. 4, M., 1930, p. 641, vol. 3, M., 1930, pp. 200–201)。

(40) ロシア刑法第一〇五条は、商業を規制する規則の違反に対し、そこで行政的手続による追及(presledovanie)がとくに規定されていない場合、一年までの強制労働または二〇〇〇ルーブルまでの罰金を、協同組合または信用施設の管理機関の構成員による法律または施設の定款により禁止された行為の実行には六か月までの強制労働または五〇〇ルーブルまでの罰金を定め、同第一〇七条は、買占、隠匿または市場への不搬出による商品価格の悪質な吊り上げには、財産の全部または一部の没収を伴うか、没収を伴わない一年までの自由剝奪、また商人との共謀がある場合の同じ行為には全財産の没収を伴う三年までの自由剝奪を規定した。第一〇七条は、一九二八年一月から公定価格による穀物余剰の供出を拒否するクラークおよび穀物投機業者に適用され始めた(*Ugolovnyi kodeks RSFSR, postateinyi kommentarii*, M., 1928, pp. 152–154; 〈Izvestiia TsK KPSS〉, 1991, No. 5, p. 197(n. 1))。

(41) 〈Izvestiia TsK KPSS〉, 1991, No. 5, pp. 196–198.

(42) 〈Izvestiia TsK KPSS〉, 1991, No. 5, pp. 201–202.
(43) RTsKhIDNI, 17/3/669, 5, 25–26.
(44) 〈Izvestiia TsK KPSS〉, No. 5, 1991, p. 202.
(45) 〈Izvestiia TsK KPSS〉, No. 6, 1991, p. 210.
(46) 〈Izvestiia TsK KPSS〉, No. 5, 1991, p. 202.
(47) スターリンは一月二二日、シベリアの管区指導者を前に、党組織が調達に直接責任を負わないで傍観し、協同組合など他組織に調達を委ねている事態を強く非難した（〈Izvestiia TsK KPSS〉, No. 6, 1991, p. 213）。
(48) Stalin, *Sochineniia*, vol. 11, p. 19.
(49) 〈Derevenskii kommunist〉, No. 4, 1928, p. 35, No. 7, 1928, pp. 11–12; 〈Pravda〉, 11 January, 1928.
(50) *KPSS v rezoliutsiiakh*—, II, p. 495.
(51) Stalin, *Sochineniia*, vol. 11, p. 235.
(52) I. Deutscher, *Stalin*, Pelican Book, London, 1966, pp. 179–231.
(53) 〈Izvestiia TsK KPSS〉, No. 6, 1991, p. 213.
(54) 〈Izvestiia TsK KPSS〉, No. 5, 1991, pp. 201–202, No. 6, 1991, pp. 214–215, No. 7, 1991, p. 174.
(55) *Tragediia*—, vol. 1, pp. 36–37. この会議に鉄道労働者党細胞代表が出席する要請をスターリンは認めなかった。「同志諸君を内部的に指導するために非公式に到着したのである。いま大衆集会で公然と登壇することは、自己の権限をこえ、中央委員会を欺くことになる」というのがかれの拒否理由であった。
(56) 〈Pravda〉, 21 December, 1929.

三　非常措置

新経済政策の七年は、農民の貧・中農的深奥に、われわれの革命的合法性の基本的要素(自己の財産の自由な処分の保証された権利、階級的接近、人格権の保証、自己弁護の権利と機会、不当な決定、判決などに対する異議申立の可能性)を植えつけた。農民の苦情から判断するに、おこなわれたキャンペインの時期に、これらすべての革命の成果は、荒れ狂った「無法の海」にのみ込まれている。

――一九二八年四―六月の穀物調達キャンペインにかんする一報告(1)

一九二七／二八年度の穀物調達過程で生起した調達テンポの急落は、一九二七年末から翌二八年初めにかけて党指導部の間に深刻な危機感を誘発した。かかる危機感は、調達不振が都市、軍隊、非穀作農業生産地帯への安定的食糧供給を危うくし、労働者の実質賃金の低落と軍隊内の不安を生み、工業原料作物生産の縮小をもたらし、輸出用、市場操作用および備荒用穀物予備の枯渇を招来し、放置すれば価格政策全体の崩壊と第一五回党大会が「総路線」として宣言した急進的工業化の頓挫とをもたらしかねない全国民経済的危機へと転化するおそれがある、との状況判断に由来した。(2) 調達の経過は、前年度調達の好実績と今年度の好収穫の見込みとに安住していた党指導部に対する唐突な心理的一撃となり、楽観は危機感へと急転した。市場的調達方法の継承的強化を意図した一九二七年一二月のふたつの政治局指令が危機打開に即効性を発揮しなかった事実は危機感をさらに増幅した。(3) また一九二七年夏以来国際情勢の悪化に伴い党指導部をとらえ国民にも浸潤した戦争近しのパニック的心理は危機感に切迫の度をつけ加えた。(4) こうした指導部の心理は、調達促進のために緊急の組織的措置をとった一二月二四日の政治局指令に反映された。一二月末の『プラウダ』の論調には、市場的方法の限界性の自覚、緊急手段の必要性の暗黙裡の承認を含む緊張した雰囲気が感知された。(5) 翌二八年一月になって調達の低落傾向は更に続いた。(6) 上昇への転換が焦眉の急となった。(7) 一月五日の政治局指令は、このような切迫感を反映した論調で貫かれた。指令は、緊急手段の具体的内容については明示的ではなかった。しかしそれは、危機打開の全責任を公法的秩序の外に位置する党に帰属させることによって、権力の行使に対してネップが課していた制約を解除し、合法的枠組にとらわれない調達方法を「非常措置」の名目で容認することを示唆した。

一月一四日、スターリンがシベリアに向けて出発する前日、スターリンとS・コシオール両書記の起案になる地方党組織宛の電報指令(署名者スターリン)は、内戦的方法への移行を地方党組織に強硬に要求した。指令は、調達のおくれに対する党中央の焦燥感を赤裸々に吐露し、地方党組織を叱咤する強硬な文面であった。「多くのコムニストは、買占人とクラークに触ってはいけない、なぜなら、それは中農をわれわれから遠ざけかねないからだと考えている。これは若干のコムニストの頭のなかにある腐った考えのなかで最も腐った考えである。事態はまったく反対となっている。われわれの価格政策を復活し、重大な転換をかちとるためには、いまこそ買占人、クラークに打撃を加え、投機業者、クラーク、その他の市場と価格政策の破壊者を逮捕することが必要である。このような政策のもとで初めて、中農は、穀物価格上昇の見通しが投機業者の作り話であること、投機業者とクラークがソヴィエト政権の敵であること、自己の運命を投機業者とクラークの運命に結びつけることは危険であること、中農は労働者階級に対してみずからの同盟者の責務を果たさなければならないこと、を理解するであろう」[7]。電報には、一月五日指令と同様、緊急措置の具体的内容は示されなかった。刑法第一〇七条への言及もなかった。しかし「クラーク」を投機業者と並んで「ソヴィエト政権の敵」として逮捕を要求する強硬な文面は、内戦体制が内戦的方法へと連動する軌跡を確実に刻印していた。

政治局指令が発せられた一月初めに、指令案をめぐって、第一五回党大会後新指導部を構成したブハーリン派とスターリン派の間に重大な対立があったことを示す証拠はない。むしろ、ブハーリンをも構成員とする政治局小委員会で一月五日原案が準備された経緯、のちのルィコフの言明[8]など、アーカイヴ史料が開示した事実から、指令は一致して採択されたとみるのが妥当な推論であろう。指導者が共有した緊急避難的心理は、農民政策における潜在的な立場の相違を政治的確執へと昂進させることを阻止する防壁として働いた。一月の措置についての重大な対立は、のちに生じた非常措置の適用結果の評価上の対立から遡及的に生じたものであった。農民との合意の関係維持を最優先の政策理念とするブハーリン派は、非常措置がこの関係に及ぼした否定的影響を重大視し、そこから一月の政治局決定に対する支持を撤回する。スターリン派はこれに対して、非常措置が危機打開に果たした即効性を重視し、一月の指令を肯定的に評価する。この対立は、一九二八年四月の党中央委員会総会で早くも顕在化し、七月総会では両派の決定的亀裂にまで深刻化する。しかし一九二八年一月初めの指令案決定時には、党指導部内に重大な異論はみられなかった。かれらを合意へと結集せしめた精神的基盤は、穀物危機がごく短時日で解決され、ネップの軌道に迅速に復帰するであろうという一時性の感覚であった。制度と方法の両面における大胆な例外措置を発議し、あるいは許容したのも、この感覚であった。言い換えれば、非常措置の「非常」には、ネップ的政策体系を所与として、それに抵触する逸脱行為を穀物調達危機という非常事態を理由として正当化する意図がこめられていた。それゆえ危機が克服された段階において組織的にも政策的にも速やかに「正常」、すなわちネップ的政策体系に復帰する展望が「非常」という表現に含意されていたのである。

一九二八年一月以降、党指導部は、穀物調達危機を打開するために、一連の緊急措置を採用する。それらはのちに「非常措置(chrezvychainye meropriiatiia(または mery), extraordinary measures)」というロシア史上必ずしも珍しくない言語表象によって総称された。一九二八年初めから一九二九年末までの二年間においてこの表象がもった重い政治的意味は、この期間に開催された五回の党中央委員会総会の議事と決議を一瞥すれば明白である。それは、スターリン派とブハーリン派を決裂に導いた核心的争点となり、ネップの命運を決した変動局面を縮図的に表現した。にも拘らず(だからこそ、というべきか)、非常措置は、その意味内容が事前に明確に特定されていたわけではない。一九二八年初めの穀物危機において「非常措置」は、公式文書で正確に定義された用語ではなく、むしろ、輪郭のぼやけた漠然とした表象であった。スターリンが起草した二八年二月一三日の政治局指令(戦後、かれの著作集第一一巻に初めて公表された)は、危機の際にとられた緊急措置を五項目列挙し、それらを「非常措置」と括っている。「危機を一掃するために、まず第一に、穀物調達が党全体の事業であることを党組織に教えて、党組織を立ち上がらせることが必要であった。第二に、大衆消費商品の投機を取り締まるソヴィエト法を利用して、投機業者とクラーク層のなかの投機的分子とに打撃を加えることによって、投機を禁止し、市場を健全化することが必要であった。第三に、自己課税、農民債券、密造酒との闘いにかんする諸法律を利用して、農村から貨幣余剰を吸い上げることが必要であった。第四に、調達諸組織を党組織の統制のもとに置き、かれら相互の競争をやめさせ、ソヴィエト価格政策を実行させることが必要であった。最後に、クラークの危険との闘争の任務に力点を置き、「クラーク層に対する更なる攻勢を展開すること」(第一五回党大会の「農村における活動について」の決議をみよ)を党組織に義務づけて、農村における実践活動における党の方針の歪曲に終止符をうつ必要があった」。続いて指令は、これらの党中央の指令に従って全国にわたりキャンペインが展開されたと、これらの措置の普遍的意義を強調した。指令は、「非常措置」に訴えなければならなかった理由について「他の条件のもとで、また情勢においては、党は、他の闘争形態を使い、他の、例えば、数千万プードの穀物を市場に放出し、こうして市場に穀物をださない農村の富裕層を徐々に降伏させることもできたであろう。しかしそのためには、国家の手に十分な穀物予備があるか、それとも外国から数千万プードの穀物を輸入するのに必要な外貨予備をもっていなければならなかった。しかし周知のように、国家にはこれらの予備はなかった。これらの予備がなかったからこそ、非常措置が党の日程に上がったのである。これら非常措置は、党中央委員会の指令に反映され、展開した調達キャンペインのなかに表現された。その大部分は、本調達年度期間中しか効力をもたない」と記した(9)。五項目がなぜ非常措置として特記されたのか、文面からは理由は定かでないが、婉曲な表現を剝ぎ取れば、非常性の意味は了解可能である。第一の、党についての項目は、「革命」の党から「国務」の党への役割変換を命じた一月五日指令を指すものであろう。指令の意図は、本来社会組織としての党組織(「革命」の党)に調達の全行政責任を担わせること(すなわち「国務」の党への転換)であった。スターリンもこれが異例の措置であるとしてその一時的性格を認めている。第二の投機取締の法律の適用とは、主要には、刑法第一〇七条の発動である。ただ、後述するように、本来商業的投機行為の取締を目的としたこの条文を生産農民の供出行為(搬出の拒否、隠匿など)に適用することは、規定の意味変換を伴う拡張解釈であって市場的方法に鋭く矛盾する措置であるが、指令はこの核心部分については沈黙している。第三の「貨幣余剰」の吸取は、調達キャンペインと歩調を合わせて、農民の穀物供出の「経済的刺激」策として、かれらの自発性を多分に無視して強行された実態からして、非常措置の圏外にある措置ではなく、強制的調達方法を補強する性格のものであった。第四の調達機関を党組織の統制下に置く措置は、党機関あるいは穀物トロイカなどの非常権力への全権の集中、公式組織の非常権力のもとへの一元化とそのための合法的手続によらない組織的非常措置を意味している。しかも党の非常機関による調達活動の統制・支配は、オゲペウなどの強制装置との緊密な連係を随伴した。第五の、農村における活動の親クラーク的傾向との闘争とは、クラークと闘わない農村党組織の(党規約所定の手続を無視した)「浄化」を指したものであろう。

非常措置の定義が容易でないのは、それが組織と方法の両面に及び、しばしば外見と実質とが一致しない、一見して相互に無関係な諸政策を合成したその複合性にある。しかし、非常措置の究極の目的が穀物調達にあった以上、悪質な商業投機に対する刑事罰を規定したロシア共和国刑法第一〇七条(ウクライナ共和国刑法第一二七、一三五条)を調達過程に応用する措置をもって非常措置の中核に位置づけることについては、おそらく異論はないであろう。この条文は、調達強化の目的に適用され、農民の供出行動に対する直接的・間接的強制の役割を果たし、ネップ的調達方法を窮地に陥れた。非常措置における「非常性」の対概念としての「正常性」がなによりも調達方法についていわれたことを想起すれば、第一〇七条の中核的意義は明らかであろう。「正常な」調達方法とは、市場を媒介とする公的機関(国家、協同組合)による生産者(国営企業であるソフホーズを除く)からの穀物の購入を意味した。生産者は、集団経営(コルホーズ、ソフホーズ)がきわめて低い比重を占めていた当時においては、主として個人農経営であった。かれらは、通常、農業共同体の構成員であった。しかしこの制度のもとでは、個人経営は、共同体スホードの同意あるいは認証を必要とすることなく、個人として[10]、国家、協同組合、私人のいずれかに売る(あるいは売らない)自由、穀物の自由な操作を保証された(市場が共同体関係に解体的に作用する一面)。農民が公定価格による穀物の公的調達機関への売却を拒否した場合、後者は、価格操作(公定価格の改定など)、備蓄穀物の放出、穀物の輸入、農民必需物資の供給など経済的刺激によって供出を促進できるが、公権力による供出の強制は許容されない。戦時共産主義の食糧徴発制からネップの現物税制への移行の原則的意義は、この点にあった。農業税納入の現物方式から貨幣方式への移行は、調達の市場的方法の定着を決定的とした。現地の調達活動とは、穀物調達員が調達基地《プンクト》に赴きそこで供出農民を待機することであり、調達員が農戸に赴いて農民と直接交渉することは「調達倫理の違反」とみなされた。[11] 非常措置とは、このような意味における市場的方法とは相容れない、あるいは、市場的方法の原則からは正当化されえない調達方法を意味した、基軸的には、そう理解して誤りでなかろう。

しかし非常措置は、二月一三日政治局指令にみるように、刑法第一〇七条よりもひろい複合的な政策的総体であった。内戦体制の構築を目指す組織的布置は当然、調達方法の転換の前提となり、ソヴィエトと共同体の重層的関係を骨格として形成された(あるいは形成途上にあった)ネップ的政治秩序と衝突する、非常措置の組織的局面を構成した。更に、危機前には市場的方法を補完するかそれともそれと矛盾しない自立的政策として提起された、農業税、債券、自己課税などの諸施策は、一月五日指令によって、調達危機の緊急打開の目的に直結され、農民の自発性を第二義的とした「突撃性(udarnost')」を色濃くもったキャンペインとして強行されることによって、非常措置の構成部分となった。本来市場的調達を担保する切り札と位置づけられた工業商品の送達と配分もまた、非常措置に従属する補完的地位へと降格した。[12] ルィコフがいうように、非常措置は、「緊急性のあらゆる典型的特徴」を備えたことに由来する「性急な経済的・非経済的方法」であった。[13] 農民はそれらを総体として、農民に対する権力の新しい接近と受け取り、そこに戦時共産主義への復帰の兆候を感じとった。個人経営を単位とする市場的方法の構図は崩れ、調達過程は権力対農民の対抗図式に組み込まれて政治化した。農民は、調達の分野においても、抵抗的拠点として伝統的共同体に結集し(この段階において共同体は調達過程への主要な参加要因となる)、クラークは、農民の対抗的一体性を人格的に体現する存在となった。一九二八年前半の農村において、農民のこの行動軌跡を傍証したのは、農民の「余剰貨幣」吸取の一環として実施された自己課税の賦課と徴収であった。以下、この「余剰貨幣」吸取のキャンペインを自己課税を中心として概観し、しかるのち刑法第一〇七条の適用を追跡することとしたい。

一九二七年一二月二四日の政治局決定は、穀物調達危機克服の決定的方策として工業商品を大量に「都市を裸にして」まで農村に緊急に送達することを指令した。(14) しかし穀物供出を刺激する中心的方法とみなされたこのような施策は、当面の危機を打開する即効性を発揮しなかった。(15) 工業商品の農村への供給によっては都市と農村の需給の市場的均衡を短期間に回復しえないことが判明するとともに、党は「経済外的方法」への全面的依存によって調達危機の即効的解決を図ろうとした。工業商品送達など「経済的方法」は放棄されないものの、それらは調達の決定的方法としての「経済外的方法」に従属する補完的地位へと降格された。諸方法の位階制に生じた変化は、統治システム変容の契機として働く。経済的方法の中心的適用主体とされた協同組合の調達における地位は、経済的方法の降格に伴い相対的に低下し、(16) 農民との合意形成の主要な回路として機能すべき農村ソヴィエトは、強制的方法の優位化に伴い、農民との有機的関連喪失の危機を経験する。農村党組織も同様の運命をたどった。象徴的であったのは、党と農民との紐帯の役割を期待されていた農民コムニストが「右翼日和見」として党内で疎外され始めたことである。(17) こうしてネップ的政治秩序を構成した組織諸要因は、それぞれの固有の独自性を喪失しつつ、非常権力の分肢となることを強いられる。統治システムの変容のこの趨勢は、(18) 被治者の勢力布置状況の変容を随伴した。階級的差異化の企てにも拘らず（あるいはそれゆえに）、農民の対抗的一体性は強固化され、農業共同体は、権力に対して農民の利害を代弁する基本的当事者として政治変動の場面に登場した。こうして穀物危機をめぐる政治変動は、一方で農村諸組織の非常権力への収斂を、他方において農民の強化された対抗的一体性の共同体への収斂をもたらした。この方向を調達過程に刻印したのが、一九二八年最初の数か月の自己課税の賦課と徴収であった。農民の「余剰」貨幣収用のためのさまざまな方法のひとつ、それも当初は補完的方法とされた自己課税が格別の政治的意義を帯びるのはこのためである。

「余剰」貨幣収用措置の主たるものとして 農村向債券の発行と農民への「普及」、農業税未納分、保険、貸付金返済その他の国家納付金の未払分の徴収、工業商品・農業機械の前払金、自己課税の賦課と徴収(共同体の自治に委ねない「上からの」キャンペインとしての)、をあげることができる。本来これらは、危機発生前、工業化に奉仕すべき農民蓄積の国家財政への「汲み移し(perekachka)」を主要な目的として定立された政策であったが、一九二八年一月以降、政策化された時期には想定されなかった環境のなかで、目前の調達危機打開の目的に直結されて、緊急措置の一環として「突撃的に」実施された。そのことに伴い、目標の早期達成が最優先の行動基準となり、「結合」理念は否定されないものの、後景に退けられた。一九二七年末から翌二八年一、二月の党政治局指令から、「余剰」貨幣の収用と調達との関連の濃密化、方法的規準の変化の趨勢を読みとることができる。穀物調達テンポの上昇への早急な転換を指示した二七年一二月一四、二四日政治局決定は、「余剰」貨幣の吸取を調達目的に直結した[19]。二八年一月五日政治局指令は、一週間以内に調達テンポを転換させることを厳命するとともに、農民の貨幣蓄積をいかなる手段に訴えても最大限かつ最短期間に吸取する方針を提示した。指令は、「国家に対する農民の支払の期限の到来にも拘らず」いまだ徴収されていない事実を指摘、それが「党、ソヴィエト、協同組合機関の呆然自失、それらの農村における影響力の弱さを証明する」と指摘し、「農村からの貨幣蓄積の収用にかんする党中央委員会の過去のすべての指示を実行すること、租税、保険、種子貸与についての農民の国庫へのすべての支払の最大限に早められた期限を定めること、信用体系の貸付債務についての支払猶予を認めないこと、および到着する工業商品と農業機械とに対する前払金の徴収を組織すること、あらゆる支払の期限前納入をかちとり、同時に農民債券の普及と協同組合出資金徴収のキャンペインを展開すること、自己課税の法律に基づき追加的地方税(sbory)を早急に定めること」を命じて、「あらゆる支払の未納分の徴収に際して厳格な懲罰を、なによりもまずクラークに対して直ちに適用」すべきであり、「農業価格を台なしにするクラーク、投機業者に対しては特別の抑圧措置が必要である」と指示した。[20] 一月七日付政治局決定は、自己課税にかんする法令を早急に作成し一月八日までに公布することをロシア共和国政府に義務づけた。[21]

農民向債券の発行は、一九二七年秋都市で発行された工業化債券に対応する企てとして、同年一二月三〇日付「農民経営強化割増金付国内債券発行にかんする」ソ連政府決定によっておこなわれた。[22] 決定は、発行目的を「農民経営の強化と発展に向けられる国家資金を強化する」ことにあるとした。調達危機は債券発行の視野にはなかった。発行条件は、発行額一億ルーブル、年利六%、期限一九二八年二月一日から三年と設定された。一億ルーブルは、六〇〇万の都市住民に二億ルーブルを発行した工業化債券[23]に比べれば、二四〇〇万の農戸に対する割当としては控え目な数字であった。一九二七年一二月の党大会でモロトフは、「強制的農民債券」を提案したとして反対派を「労働者と農民の敵」と攻撃し、カリーニンは、債券の強制的割当を、穀物の没収と並んで戦時共産主義復活の証しとして非難した。[24] 穀物調達危機の到来は、債券発行目的再定義の機縁となった。一九二七年一二月末から翌二八年一月にかけての秘匿された諸決定は、すでに述べたように、農民向債券発行をいち早く調達目的に直結させた。公式媒体におけるその再定義は、財務人民委員ブリュハノフによって示された。二八年一月八日付『プラウダ』においてかれは、債券の普及が「穀物調達に好ましい影響を及ぼし、穀物を農民の納屋から動員し、国家の穀物予備を強化する」と論じ、債券の普及を「広範な、政治全般的突撃キャンペインとして」おこない、共同体スホードの活用を含めて、あらゆる農村組織をキャンペインに参加させるよう訴えた。[25] 債券の普及活動を「突撃キャンペイン」とする訴えが直ちに強制的割当の容認を意味したわけではない。「クラーク」なる少数者に対する強制は、非常措置の論理によって容認された。しかし他の大多数の農民との関係では自発性の原則が順守されるべきであり、それから逸脱した強制的(行政命令的)割当はきびしく非難された。二月九日付『貧農』社説は、農民の納得のうえでこのキャンペインを実施するよう呼びかけた。(26) 内戦期の強制的割当の忌まわしい記憶は農民の間でなお新鮮であった。農民との合意を基本理念とする農村統治体制自体、強制的割当に対する無視できない抵抗要因であった。「結合《スムイチカ》」はここでも生きた理念であった。二月一三日政治局指令は「債券配分の行政命令的方法を断固として取り除く」ことを要求した。(27) 二月二九日付『貧農』社説は、債券を「新しい税」といいふらしている「クラークとその影響下にある者」を非難し、かかる「反革命的流言とつくり話」に対して断固として闘うよう地方活動家に要請した。(28)

このような自発性にかんする言質は現実糊塗の空言にすぎなかったなどということは、結果から遡及して出来事を単純化する見方である。クラーク、投機業者と一般農民を方法的に区別する債券普及が実際に試みられ、キャンペイン初期段階では、一定の成果をあげたことは否定できない事実である。(29) 現地組織は、キャンペインを加速する上からの要求と農民の下からの要求とに対する二重の忠誠の重みに耐えるべく真摯な努力を払った。しかし中央を落胆させた低調な普及状況が判明するに及んで、(30) 現地組織は「なんとしても」目標を達成することを求める上からの加重された圧力にさらされる。未達成組織の解散、構成員に対する制裁など厳しい威嚇がそれに随伴する。二月二五日付『プラウダ』は、債券普及が低調で農民の反応が鈍い状況の遍在性を確認し、悪路の季節の到来前、また播種キャンペイン開始前に(あるいは調達キャンペイン終了までに)、債券の配分を完了することを要求した。「断固たる転換」が必要であり、この活動に従事する組織に対する「最もきびしい統制」がなされるべきであった。(31) 厳しい制裁を伴う強硬な圧力は、事実上、「結合」への忠誠、あるいは、「結合」理念からでた方法的規範を犠牲に供してもやむをえない状況に現地組織を追い込んだ。都市と工業から派遣された全権代表の展開が、この状況を補強した。債券普及キャンペイン（予約と配分）の地方的事例（ウクライナ、ウラル、北カフカースなど）は、いわゆる行政命令的方法がもはや偶発的とはいえない程度にまで大量現象化した状況を伝えた。自発的購入のための農民に対する説明と説得は、殆どなされなかったか、なされたとしても期待した反応を受けなかった。総じて農民は、債券の受入れには消極的であり、受け入れても農業税その他の支払に充てることでできる限り早く手放そうとした、という。[32] 結果として、戦時共産主義への復活の証しとされた債券の強制的割当は、債券「普及」の究極の手段となった。[33] 党文書はこの脈絡を認めていう、「農民債券の割当に際して、きわめて多くの党の方針の歪曲が地方の実際に看取された」、「ある同志はまったく公然と書いている、「きわめてやっかいで、かつありうべからざる事実は、郷の活動家に対して債券を一〇〇％遂行するように狂人のように猛然と圧力をかけ、しめあげることである」と」、「圧倒的多数の歪曲にとって特徴的なことは、それらが「悪意から」ゆるされたのではなく、無思慮によって、あわてて、また結果や農民側からの反響を計算しないことによって」容認されたのであった。[34] 債券普及は、穀物調達における非常措置により触発された権力と農民の緊張した関係の外で実施された独立のキャンペインではなく、むしろ、強制的割当を事実上容認することによって緊張の増幅に寄与し非常措置の一構成部分となった、というのが妥当な一般化である。債券普及の予備的総括をおこなった一文は、普及の成果を誇示しつつも、それが「残念な誤り」なしには達成しえなかった事態、「若干の地方」では行政命令的圧力の助けを借りて債券普及が実現された状況であったことを認めて、人民委員会議議長ルィコフが三月二一日付地方《クライ》、管区、県執行委員会議長宛の書簡において、「債券の強制的割当」を一掃するため断固たる措置をとるよう要請した事実を明らかにした。[35]

農業税その他の「未納金」の徴収も、債券普及のそれと類似した方法によって、調達過程に呼応しつつ、あるいはそれと一体化して、集約的におこなわれた。「未納金」は罰金、保険、信用など多岐にわたったが、ここでは農業税「未納分」の徴収を取り上げよう。一九二七年一二月二四日政治局決定は、農業税キャンペインを二八年三月一日までに終えることを指示した。(36) 翌二八年一月五日政治局指令は、期限の厳守、違反に対する厳罰の方針を提示した。(37) シベリアは、農業税の期限前一〇〇％徴収活動がとりわけ精力的に展開された地方であった。スターリンが全権代表として出席した、一月一八日のシベリア党機関主催の党・国家・社会組織代表者会議は、「一連のクラークが農業税の延滞分取立の抑圧措置（逮捕、裁判）を必ず受けることによって農業税未納分の精力的取立を確保すること」を党機関に命じた。(38) 一月一九日付の暗号電報でスターリンは、徴収期限をシベリアでは二月一五日に繰り上げ、「クラーク」をロシア刑法第六〇条によって未納者並びに法律違反者として無条件に刑事責任に問うことが決定された、と報じた。(39) 一九二七年六月六日採択のこの条文は、租税、保険金の支払においてその可能性が存在するにも拘らず所定期限内に納付しない個人または集団に罰金と強制労働を科する規定であった。(40) 農村貨幣の国庫への流入は、一九二七／二八年度第一・四半期（二七年七―九月）の二一〇〇万ルーブルから、第三・四半期（二八年一―三月）には三億四一〇〇万ルーブル（一五・五倍）に増加した。(41) この数字はそれ自体過程の強行的性格の証言である。並行する調達と一体化した集約的キャンペインが、農民と現地活動家とにとって耐えがたい重圧となったことを、シベリアからの現地報告によって察知できる。(42) 一月末、ある党細胞書記は、農民の気分を「今年の税の重圧についての苦情」と評した。農民は、今年四デシャチーナの土地を播種したが、税を四〇ルーブルも取られた、といっている。「すべての村で税賦課(oblozhenie)がおこなわれている。農民との話し合いの都度、かれらはこの賦課が中・貧農層を傷つけているといった。クラースヌイ・ヤール村では、税を払うことができなかった農民から馬と雌牛が没収された。翌朝かれが首を吊っているのが発見された」。(43) 現地党・ソヴィエトは、農民の気分に追随し、説得する熱意も能力ももたなかった。一月一六日付オゲペウ報告は、ウクライナの村ソヴィエトが未納金の取立に「なげやりな態度」をとっている事実を伝えた。[44] 二月一〇日付オゲペウ・シベリア局は、現地党組織の消極的態度について「多くの管区で穀物調達強化のためにおこなわれた方策に対する党員の態度は、他の農民大衆と殆ど異ならない」と書いた。「協同組合の指導者である党員は、債務支払に住民を駆り立てるための措置をとりさえしなかった」。「農村党細胞員は農民と共同して「税はいま手に余る」、「この国家はなぜ農民の状態を考慮しないのか」など泣き言をいっている。若干の管区ではかれらは、おこなわれている活動を助ける代わりに、明らかに反革命的な煽動をしている」。[45]

一九二八年一月五日政治局指令は、穀物調達計画の期限内の完全な遂行を厳命するとともに、農村の貨幣蓄積の収用にかんする以前のすべての中央委員会の指示の実行に直ちに着手することを命じる一方、それまでの党指令になかった新しい項目「自己課税の法律に基づく補足的地方税を早急に設けること」をつけ加えた。[46] 自己課税は、非常措置の体系のなかでは、農民の貨幣蓄積吸取の追加的措置以上の意味は付与されなかった。しかし、穀物調達危機をめぐる政治変動の脈絡のなかでは、それは突出した意義をもつ争点となった。その理由は、自己課税キャンペインが、第一に、穀物危機をめぐる対抗の真の所在を開示したこと、第二に、のちに穀物調達の基本的方法として制度化され集団化の方法的枠組となる、スターリンが「ウラル・シベリア方式」と呼んだ「新しい調達方法」の先駆的・起源的意義をもったこと、にある。一月七日政治局は、持ち回り会議で、「農民自己課税の法令(dekret)を早急に作成し、一月八日までに公布すること」をロシア共和国人民委員会議に義務づけるスターリン、モロトフの提案を採択した。[47] モロトフは一月二五日、ウクライナ、ウラル、バシキールでの調達全権代表としての活動報告の結論のなかで、調達のおくれを取り戻すうえで、自己課税の法令の実施が現在「特別の意義」をもつと述べた。[48] かれの自己課税重視の背景には、前年末の党大会においてかれが示した農業共同体問題への高い関心があった。かれは国家と共同体の相互関係の現状に、和解と協同ではなく対立と矛盾をみて、共同体に対する国家的規制の強化の必要を熱心に説いた。モロトフはこうして、国家(農村における末端としての村ソヴィエト)と共同体の関係史が新しい段階を迎えつつあることを告知した。かれの診断に共感を表明したのは、のちにこの問題において枢要な役割を果たすことになるカガノヴィチであった(49)。そして関係史の前途に指標の役割を果たした制度こそが、共同体の自己課税であった。

自己課税(samooblozhenie, self-taxation)は、革命前より、伝統的共同体自治の物的基礎を保証する制度として存在した。それは国家権力の規制の外で、共同体の伝統的内部規範に従ってスホードの決議に基づいて機能した。一九〇二年を起点とし一九二二年に完結する農民革命は、共同体的土地利用を維持・強化し、伝統的自己課税の制度を温存した。一九二二年施行された農業法典は、農民革命の帰結に法的認証を与えた(50)。

共同体自己課税は、ソヴィエト体制にとって両義的存在であった。独自の伝統的規範に則って(ソヴィエト法の枠組の外で)機能する自立的制度であったという意味では、それはソヴィエト政権にとって「外なるもの」であった。同時に、農村の公的管理に不可欠な物的基礎の主要な部分を荷担したという意味では、それは事実上農村統治システムの不可欠の構成要素であった。自己課税は、農業生産と農村公共生活の正常な循環のための物的条件を供与できる殆ど唯一の源泉であっただけでなく、農村ソヴィエトの貧弱な行財政能力のもとでは、公行政が全面的に依拠することを余儀なくされる重要な物的(しばしば人的)支柱でもあった(例えば公務員の給与、公共営造物・学校の建設・修理など)(51)。しかし同時に自己課税は、共同体内での内的自己完結性のゆえに、国の租税・予算制度の統一性の攪乱要因として批判的にみられた。ネップ導入後、単一農業税と郷予算の導入が具体化するのに伴い、政府、とくに財政当局は、財政制度の一元化の観点から共同体的自己課税(自己課税の非任意性)の廃止を再三要求した(52)。農民はこれに対して、農村の現実と郷予算の実情を無視した非現実的提案として反対し、自己課税に対する外的干渉に抵抗した。[53]国家と農民の対立は解消せず、妥協案が模索された。この問題についての一応の法制的決着は、一九二七年八月二四日の法令「住民の自己課税について」をまたなければならなかった。[54]しかし徴税権と租税体系を一元化しようとするいかなる企ても、共同体関係が実在し、国家および地方権力の予算が農村の公共的必要を満たしえない条件のもとでは、非現実的な提案にとどまった。法的規定にかかわりなく、自己課税は農民社会の管理と公行政とにとって不可欠な制度として機能し続けた。農村ソヴィエトの財政的基盤の脆弱性(独立の村ソヴィエト予算の導入は実験の域をこえていなかった)[55]は改善されず、公行政の自己課税への依存は続いた。一九二五／二六年度の自己課税総額は、郷予算をはるかにこえ、少なくとも一億ルーブルに達したといわれた。[56]一九二六年の労農監督人民委員部の調査によれば、課税の「任意性」の原則は「殆ど至るところで」順守されていなかった。すなわち、二〇年代中葉の農村社会の公共生活の管理的中心は、村ソヴィエトではなく農業共同体であり、その主要な物的基礎は自己課税であった。[57]党は、それに依拠することなくしては、民主的統治と政治的・社会的安定を望みえないという農村の現実と和解しなければならなかったのである。[58]

しかし経済政策が農業から工業へと重点移動する一九二六年以降、自己課税に対する党・国家の政策に変化が現れ始める。党の基本的戦略として確立された急進的工業化のための資源の主要な蓄積源は、現実的条件と理念的拘束を前提するなら、農業と農民に求めるほかなかった。党の代表的理論家プレオブラジェンスキーが「社会主義的本源的蓄積」と呼んだように、工業化の駆動は、農業と農民の犠牲の要求を伴っていた。他方、「結合《スムイチカ》」は、政策の基本的枠組、神聖な統治理念として堅持され、工業化戦略に基本的な方法的枠組を設定した。「結合」理念は、資本主義的本源的蓄積とは違って、農民に対する強制を伴う工業化の方法を禁じ、必然的に工業化のテンポに対する抑制要因となった。両立しがたいふたつの要請、工業化目的のための「蓄積」の増大と農民との「結合」の順守とをいかにして和解させるか、これがその後の党の農村・農民政策の基本的課題となった。課題の困難性は、自己課税の問題にも投影された。ネップが農村の階級分化を促進するとの前提に立脚して、工業化のための「蓄積」の農民負担の主要部分を「クラーク」なる富裕な特権者に負わせることで「蓄積」と「結合」の調和点を見いだそうとする、いわゆる階級的接近が、自己課税に対する国家の態度にも影響して、自己課税への階級原理の導入、すなわち、自己課税の基準を伝統的「平等(uravnitel'nost')」に代えて「階級」とする課題が提起される。この政策態度は、共同体と自己課税とに対する国家の積極的介入の容認へと連動した。[59] 活動において階級的原理を強調し、貧農の利益擁護を活動の中心に据えた村ソヴィエトにとって、伝統的自己課税は、「階級」ではなく「平等」を原則とするがゆえに、みずからの路線に対立する抵抗要因となる。しかし同時に、自己課税は村ソヴィエトには不可欠の物的基盤であり、それへの依存なくして村の行政管理は不可能であった。[60] 共同体への物的依存を断ち、村ソヴィエトが共同体に対する指導性を確立できるためには、村ソヴィエトの財政能力を共同体のそれをこえるまで強化し、村ソヴィエトに独立の予算を導入することが必要であると主張された。しかしそれは、長期的展望としてのみ語ることのできる代案であった。

共同体慣行(自己課税)に階級的原則を導入するための窮余の策は、スホードの機能を「公的」部分と「私的」部分とに区分する観点を採用し、前者の自己課税に、公法的規制として階級的原則を導入することであった。一九二七年八月二四日制定の全連邦法「住民の自己課税について」は、かかる概念的二分法に従い、村スホードの自己課税を規定した。論理上それは農業共同体(スホード)の自己課税についての立法ではなく、また穀物危機が生んだ非常事態を反映した立法でもなかった。にも拘らず、この法律は、国家と農業共同体の先鋭な対抗の舞台となった一九二八年初めの自己課税キャンペインに対して、法的(そして一定の政策的)前提として無視できない意義をもった。

自己課税にかんするソヴィエト期の立法政策は、遠く一八六一年の農民改革に由来する、農民社会の自治的管理機関としてのスホード(総会)には(したがってそこで議決される自己課税にも)二種類あるという前提から出発する。ひとつは、一九二二年の農業法典から一九二八年末の土地立法に至る系列の立法行為の対象となった、農業共同体の意思決定機関としてのスホード(およびそこで議決される土地利用および農業生産にかかわる自己課税)であった。いまひとつは、一九二五年四月の第二回ソヴィエト建設会議から一九二七年三月の「村居住区における市民の総会」が対象とするスホード(およびそこで議決される村の公共生活の管理に必要な支出のための自己課税)であった。ソヴィエト期の文献にならい、前者を農業スホード(zemel'nyi skhod)、後者を村スホード(sel'skii skhod)と呼ぶとすれば、前者は農業生産の単位としての共同体の管理機関であり、後者は農村の公共生活の単位としての村落の管理機関であった。一九二七年末までのソヴィエト法制についてみれば、農業共同体は「私的経済的組織(chastnokhoziaistvennaia organizatsiia)」としてその内部管理(論理上農業スホードが担当する)には公法的規制は及ばない、後者すなわち村落の管理(村スホードが担当)は国の地方行政の一環としての性格をも備えているから公法的規制の対象になりうる、とみなされた。一九二七年三月の村スホード規則は、出席権者などについて慣行(例えば、農戸主のみが出席権をもつという慣行)を否認してソヴィエト的原理(例えば、ソヴィエト選挙権を保有するすべての市民を出席権者とする)の導入を図った。[61] 一九二七年八月の自己課税法もまた村スホードの系列の自己課税の規定であった。法は、自己課税の対象を、村落の公共管理に要する費用・労働力に限り、農業用地の共同管理(土地の定期的再配分、共用地の管理の類)など農業共同体に固有の費用は法的規制の対象に含めなかった。この規定から同法を前提とした一九二八年の自己課税キャンペインを、国家と農業共同体の相互関係の変動指標とする位置づけは妥当性を欠くと主張できるかもしれない。

しかし史料は、こうした農業スホードと村スホードの区分が、農村の実態を反映しない法的擬制でしかないことを教える。この時期におこなわれた労農監督人民委員部の実態調査によれば、農業スホードと区別された村スホードの組織は(まれな例外を除いて)実在しなかった。すなわち、通常村スホードまたは総会と呼ばれた集会は、至るところで伝統的慣行に従って管理される農業共同体のそれであった。出席するのは選挙権者ではなく「農戸の代表」であった。[62] 一九二七年三月の村スホード法の規定にも拘らず、「これらのスホードは大部分招集されず、最もしばしば農業共同体のスホードにとって代わられてきた。全ロ中央執行委員会の村スホードにかんする規則は、いまだ多くの村ソヴィエトによって理解されていない。党組織はこの問題で殆どなにもやっていない」のであった。ニジェゴロド県からの報告によれば、「全ロ中央執行委員会の村スホードにかんする規則はいまだ大衆に達していない。村スホードと農業共同体スホードにおいてそれぞれ審理されるべき問題はいっしょくたに混同されている。このことを利用して、村スホード参加権を剝奪された者(選挙権被剝奪者)は、かれらが表決権をもつ農業共同体の問題の解決への参加にかこつけて、スホードにおいて決定される国家的その他の問題について自己の観点からしばしば発言している。選挙権被剝奪者が〔村落の〕全権代表に選ばれた場合さえもある」。[63] タムボフ県からの報告は、「農業スホードと村スホードの混同(smeshenie)の原因」として、農業スホードにかんする規則の欠如のほかに、「生活条件(bytovye usloviia)」をあげた。「革命前すでに自己の公共的問題をミールのスホードにおいて解決する慣行があったために、住民は農業問題をその他の公共的問題と区別する考えをもっていない」。[64] 以上から、一九二七年八月二四日の自己課税にかんする連邦法(その実施細目を定めた共和国法)に基づいて一九二八年前半展開された自己課税キャンペインにおけるスホードが、伝統的農業共同体のそれと別の存在ではなかったことを確認できよう。自己課税キャンペインは、法的建前とは相違して、国家と農業共同体を対抗軸として闘われたのである。対抗のこの性格規定は、一九二八年前半のみでなく、その後も争点化し続ける自己課税にも妥当する。

一九二七年三月二四日法は、「農村住民の、公共的意義をもつ、地方的な文化的、経済的必要を充足するために、当該村落《セレーニエ》の全市民にとって拘束的な自己課税を定めることができる」(第一条)、「自己課税は当該村落の市民の総会(スホード)の決定によるほか許されない」(第四条)と伝統的な非任意的自己課税を制度化した。(65) そのうえで法は、共同体自治の閉鎖性に挑戦して、運用における公権力の介入と規制をひろく認めた。(66) 法はまた、課税について、伝統的「平等」に代わって階級的累進制を、スホードの構成については、市民的・階級的原理をそれぞれ導入し、スホードへの参加の権利を、農戸主のみでなく、選挙権を有するすべての者(したがってクラークなど選挙権被剝奪者は除外される)に認め、集会の定足数を選挙権を有する者の半数以上とした。全連邦法は一般的原則の定立を目的とし、実施のための細目を各連邦構成共和国立法に委ねた。(67) 連邦法に基づく共和国の立法行為は、一九二七年中はなかった。共和国立法の時機を決定した要因は、自己課税を穀物危機の打開のため非常措置の一環として利用しようとする党指導部の決意であった。(68) 一九二八年一月五日、政治局は、農村からの貨幣蓄積の収用の一環として、自己課税にかんする法律に基づく「追加的地方税」を緊急に設けることを指令した。(69) 一月七日、政治局は持ち回り決定により、ロシア共和国政府に対して、農民自己課税にかんする法律を作成、一月八日までに公布することを指示した。(70) これを承けて、全ロ中央執行委員会・人民委員会議は、一月七日自己課税にかんする法律を採択、翌八日公布した。(71) 同法は連邦法にならって、自己課税により充足できる「公共的意義を有する村落の文化的・経済的必要の一覧表」を定めた。この「村落の文化的・経済的必要」という限定には、ふたつの意味がこめられていた。ひとつは、自己課税をもっぱら「村落」の公共的必要にあて村ソヴィエトなど公行政の費用にあてることを禁じる趣旨であり、いまひとつは、農業共同体に固有の費用(土地整理など)と区別するという前述の根拠であった。(72) しかしこのような限定は、危機打開のための法的武器として利用する目的からみて実質的意味をもったとはいえない。第一に、この武器を有効に行使できる出来合いの権力は、農村には実在していなかった。農村ソヴィエトの共同体への物的依存に象徴される無力は、非常権力の全権代表が農村に到着するまで変わっていなかった。第二に、農業共同体スホードと村スホードの区別は、現実性を欠いた法的擬制であった。若干の村ソヴィエトが「法を守って」村スホードと農業共同体スホードを別個に招集しようとしても、同じスホードについてふたつの議事録がつくられるにすぎず、人、場所、時間など実体は同じであった。[73] 党機関紙『プラウダ』は、自己課税がもっぱら農業共同体の自己課税として、クラークが支配し、村ソヴィエトの指導なしに、おこなわれている現実を認めた。[74] そこには、農村外からの圧力だけがこの伝統の壁を打破できるということが含意されていた。

自己課税の徴収形態について連邦法は、貨幣、現物、労働の三種類を規定した(第三条)が、ロシア法によれば、そのうちいずれをとるかはスホードの決定による(第四条)とされた。その際同法は、零細層の利益に配慮するために、個々の経営または市民の請願によって、スホードが定めた形態を他の形態に取り替える権利を村ソヴィエトに与えた(第一一条)。前述のようにスホード集会の定足数については、連邦法は当初、選挙権を有する者の半数以上と定めた(第五条)。これに対する違反は、郷または地区執行委員会によるスホードの自己課税についての決定廃止の理由となった。しかし一月一〇日連邦法は、最初の集会で定足数がえられない場合には第二回の集会を招集し、そこで三分の一以上の出席があれば適法とすると改めた。[75] 他方ロシア法は、第一回集会の定足数は連邦法に従ったが、二回目の集会については「適宜の出席者の数で」有効であるとして定足数の法的限定を解除した。一月一九日付のシベリアからのスターリンの党書記モロトフ、S・コシオール宛暗号電報は、ロシア法の連邦法違反をたんなる「不一致」と表現し、連邦法の規定をロシア法のそれに適合させることを要求した。[76] 一月二三日の連邦法改正は、自己課税を定めるスホード集会の有効性の条件とスホードによる決定の手順とを連邦構成共和国立法に委ねた。[77] こうして定足数の法的制限は撤廃された。そこに、農戸の代表(原則として農戸主)の出席によって集会が成立したスホードの伝統への譲歩という一面があったことは否定しえない。しかし定足数撤廃の直接的導因は、スターリンの電報が示唆したように、当面の穀物調達目的に自己課税を役立てることを最優先とし農民の自発性を第二義とした権力の意図であった。なおロシア法は、自己課税の免除を、零細経営を免除するという階級的累進制と、独立の農民経営をもたずかつ自己課税による措置から直接的利益を受けない国家職員を除外する非受益者免除のふたつの方向において規定した。[78]

自己課税の総枠については、一月一〇日の連邦法の修正・補足が「当該納税年度に当該村落のすべての経営から支払われる単一農業税の総額の三五%をこえることはできない」とその上限を設定した。しかし同規定の注「連邦構成共和国人民委員会議は、県、管区執行委員会およびそれらに相当する機関に対して、個々の郷および地区のためにこの条文に指示された自己課税の限度額の引上げを認可する権利を与える」によって、事実上上限は解除されている。[79] 実際にも、のちに委細を述べるが、かなり多くの地区、とくに穀物調達地区においては、法所定の上限である「農業税の三五%」をこえて自己課税の賦課徴収がおこなわれ、ロシア共和国平均をとっても三六・四%に達した。

自己課税の累進率について連邦法は、共同体的「平等」に代わり、共和国立法の定める率による累進課税を内実とする「階級」原則を導入した。一月七日のロシア法第一〇条は農業税にほぼ準じた累進率を自己課税に導入したが、農業税よりも高い累進率を自己課税に適用することを指令した政治局決定と同じ二月一三日に制定されたロシア法第一〇条は、富める農民経営により厚く貧しい農民や赤軍兵士により薄い方向に累進率を修正して適用する権利を村ソヴィエトに(郷執行委員会の承認を条件として)与えた。[80] こうして、農村ソヴィエト(郷または地区執行委員会と村ソヴィエト)、実際には自己課税キャンペインの実施主体となった非常権力は、課税の村落別総枠についても、累進率になる。

ついても、法的拘束から解放されて、穀物調達を短期間に遂行するために即興的に行動する自由を手中にしたことになる。

一九二八年一月に始まり二月半ばに「強化」された自己課税キャンペインは同年六月末までに終結した。ロシア共和国財務人民委員部資料によれば、同年七月一日現在(部分的には六月一日現在)、共和国全土にわたりスホードにおいて正式に手続された自己課税総額は七三六九万六四〇〇ルーブルに達した。これは、同年五月一日現在徴収された農業税の三六・四%、郷(地区)予算の全歳入の二三%に相当し、村予算よりも七倍多い額であった。[81] この額は、計画された上限「農業税の三五%」に照らして「満足すべきもの」と評価された。[82] スホードで決議された額のうち実際に徴収された自己課税は、ロシア共和国で五四〇〇万ルーブル(七三・七%)であった。[83] 五月一日現在、ロシア、ウクライナ、白ロシア三共和国併せて、スホードで一億四八〇万ルーブルの賦課が決議され、うち八三九〇万ルーブルが徴収された。[84] 農業税に対する比率の地域差は顕著であって、自己課税のキャンペインが集約的に実施された穀物調達地区において高率の賦課と徴収が看取された。[85] 高率の賦課がおこなわれた地区では、一般に徴収率も良好であった。[86] 賦課と徴収は、キャンペイン目的からして、調達地区では可及的迅速におこなわれた。[87] このような経緯は、自己課税の賦課と徴収が穀物危機打開の非常措置の一環として利用され、この時期の調達キャンペインの特徴をみずからに刻印した文脈を示唆する。自己課税についての一般的報告も、自己課税が、一九二八年初めまでに形成された経済的・政治的条件と直接結びついた状況のもとで、「突撃的キャンペイン」の性質を帯びたこと、その目的が穀物調達強化のために貨幣形態をとった農村の蓄積を農村上層に対する課税という観点から吸い上げることにあったこと、を認めた。[88]

一九二八年の自己課税キャンペインの特異性は「高度の」階級的累進制の導入にあったとされる。[89] 累進制の導入とは、伝統的平等の原則に代わって、上層としての「クラーク」に対し高度の累進率を、党の支持基盤としての貧農層に低率ないし免除の特典をそれぞれ適用する課税方針を意味した。すでにみたようにこの階級的差異化は、二〇年代後半からの農民政策の転換に由来し、一九二七年の自己課税法の基調となった原則であり、必ずしも調達危機に触発された方向転換ではない。二〇年代後半以降の自己課税における階級原理の強調には、他の農民・農業政策と軌を一にして、工業化が要請する農民資源の動員（「蓄積」）の負担の主要部分をクラークなる少数者に課することで、大多数の農民との合意の関係（「結合」）は毀損されないとする「蓄積」と「結合」を妥協させる実利的要求が内包されていた。工業化は社会の近代化を促進しその担い手としての工業プロレタリアートを強化するから、それ自体共同体の伝統的関係に対する挑戦の要素を含む。他方、市場経済の浸透は、共同体農民の階層分化を促し、共同体解体の内的条件の熟成に寄与するであろう、外的衝撃と内的解体との傾向が呼応して、「平等」は「階級」にとって代わられるであろう、このような展望のうえに、共同体の物的基礎としての自己課税制度を前提としつつもその機能原理を「ソヴィエト化」するという政策態度が帰結する。(90) そこで想定されたのは長期の漸進的過程であり、農村内部の自治的公共生活の必要を充足するためにスホードの民主的討議を経て実施される自己課税という枠組のなかでの強調点の移動と説明された。一九二八年の自己課税は、穀物調達キャンペインの一環に定位され、それまでの共同体の内部的自己課税とは異なる国家的性格が予め付与されたが、しかしそれにも拘らず、理念的枠組自体の全面的否定を意味するとはみなされていなかった。自己課税は共同体の慣行に準拠しスホードの合意に基づいて賦課・徴収されるべきであり、国家が自己課税に対して加えうる規制の範囲は共同体自治の原則を侵害するものではないと主張された。(91) 具体的には、キャンペインの実施のためにスホードの集会に出席した国家権力の代表の役割は、自己課税について提案し伝統的手続に従った審議に委ねることであり、それをこえて共同体自治の内部事項への干渉は許容されないとされた。しかしスホードの定足数についての立法の変遷が示すように、状況は、自己課税キャンペインの目的の達成と共同体自治の尊重の両立を困難にする方向に展開しつつあった。言い換えれば、「上からの」発意には「下からの」自発性のしかるべき呼応がなかったのであり、反対に、自己課税をめぐって、国家権力と農業共同体の間には自発的合意形成を困難にする鋭い対立が現出した。自己課税キャンペインに対する農民の態度は、スホード集会への出席拒否、集会での提案の否決などさまざまな表現をとった。同キャンペインの初期段階においては、国家の代表の役割を担った農村の既存組織(ソヴィエト、協同組合など)は、農民の抵抗を排してスホードの合意形成をかちとるにはあまりにも非力であり、またネップ的統治方法に深く拘束されていた。方法的理念に拘束されることなく共同体の抵抗を排除しえたのは、農村外から派遣された全権代表であった。かれらは穀物調達のみでなく、自己課税、債券の普及など付随的業務をも一体の任務として、モロトフによれば「諸措置の総体(sovokupnost' meropriiatii)」として行動した。(92)

自己課税に階級的累進制が貫徹する時期は二月半ば以降であったとされる。当初スホードでは、「平等」に固執する「クラーク」の抵抗があり、「昔通りに」自己課税を実施することが決議されたが、「結局」階級原則が貫徹されたという。(93) いかなる経緯をとって「平等」から「階級」への課税基準の変更が実現したのか、真実を明らかにするうえで示唆的な一点は、穀物調達における反クラーク闘争と自己課税における階級原則の貫徹とが表裏の関係に置かれていた事実である。自己課税の「賢明な利用」を訴えた一九二八年二月の農村向党機関誌の一文は、自己課税が穀物調達に抵抗するクラークに対する「有効な武器」となるように活用されるべきことを力説し、自己課税キャンペインを穀物を隠匿し国家に売却しないクラークとの「容赦のない」闘いの機会とするよう呼びかけた。穀物を隠し売らないクラークからは、スホードは容赦なく税を徴収すべきであり、クラークがスホードの意志を実行しない場合には、かれらに「遠慮すべきではない」のであった。(94) スホードがこのように機能できる内的条件は、農民層内部に政治的分化が実在し、反クラーク的措置の決議の実行を助ける農村諸組織の強力な指導性が発揮されることであろう。このうち、農民の政治的分化についてみれば、スホードの意志形成に有効な影響力を発揮できる階級的編成は事前に実在してはいなかった。一九二〇年代後半から党が農村で展開した、農民を階級的に組織化する活動、貧農を党の支持基盤として組織し中農をその周辺に結集してクラークなる少数者に対抗する布置を実現するための活動は、「一時的突撃的性質」、「偶然的キャンペイン的性質」を帯び、恒常的再編にまでは定着しなかった。(95) 農村に到着した全権代表がみた光景が政治的に未分化な農民の近隣的結合であったことは不思議ではない。他方、農村組織(党細胞、ソヴィエト、協同組合など)には、危機に際して階級的分化の楔を農民間に打ち込む意志も力量も不足していた。(96) 二月半ばまで自己課税キャンペインを主導したのはこれらの農村組織であった。調達に動員された全権代表は、このキャンペインに余力を十分に割くことができなかった。(97) 農村党細胞と村ソヴィエトは、多くの地方で自己課税の法律の「階級的本質」を理解せず、キャンペインに勤労農民を組織する能力を発揮できず、ときには「農村の富裕な上層によってつくりだされた農民の気分」に追随したと批判された。ネップ的価値体系は、現地組織の活動家の意識に深く根づいていた。キャンペイン初期「クラーク」は、この状態を利用して、党細胞、ソヴィエトの提案を「失敗」させ、自己課税が不採択におわった場合が多々あったという。(98) 一九二八年四月までの調達キャンペインにおける党指導を総括した一論文は、自己課税を審議するスホードが党の意図に反してしばしば失敗した事実を認め、原因を貧農の不十分な積極性、中農との相互関係の不備、下級党組織の指導の弱体性に帰着させた。(99) スホードで採択された自己課税において「階級」よりも「平等」が優位を占めたのもキャンペイン初期においてであった。党機関誌の一論文によれば、「クラークは自己課税における階級原則を失敗させようと努め、口数もしくは分与地に比例して、平等に割当をおこなうように煽動し、湖水、牧草地の賃貸からえた資金によって、もしくは自由地の共同耕作という方法で、自己課税をすませようと努めた。キャンペイン初期には村細胞はこの事態に十分に備えていなかったために、クラークがこの方針の実施に成功した場合があった」。[100]地方からの報告は、この事態がなんら例外的でなかったこと、キャンペインを通して解消しなかったことを確認した。例えば、キャンペイン後のサラトフ県の調査は、「自己課税の実施において階級原則が実在しなかった」と認めた。[101]自己課税の実施状況について『トヴェルスカヤ・プラウダ』は、管区の殆どすべての地区で自己課税に対する階級的接近がないと伝えた。かかる現実は階級方針の「歪曲」として批判され、その是正が要求された。[102]しかしそのための条件は、すでに述べたように、農村内には欠如していた。加えて、穀物調達促進のためには、自己課税は短期決戦として実施されることを要した。残された方法は、農村外の力を借りた現状の性急な変更であったろう。そこには強制の要素(モロトフによれば、「個々の場合峻厳な抑圧(逮捕、罰金、裁判による厳罰)」)が随伴することは不可避となる。[103]「階級原則の貫徹」は、共同体の「合意」をかちとるうえでの外的強制の決定的優位と同義となった。かかる方法は、一月の自己課税においてすでに、オゲペウの「機動的措置(operativnye meropriiatiia)」において適用され始めていたが、[104]それへの全面的転換は、調達キャンペインの転換と同じく二月一三日の党政治局指令を転機としていた。農業税よりも高率の累進制を自己課税に適用することを指示したこの指令は、当時公表されなかったが、調達キャンペインにおける階級的方針を強調した二月一五日付『プラウダ』社説は、自己課税にも言及して党政治局指令を解説した。[105]以後調達キャンペインで「試験済の方法」がひろく自己課税にも適用されることになる。すなわち、多数の全権代表、活動家の農村外からの派遣、現地組織への圧力、スホードにおける審議の形骸化、性急な決定と実施であった。[106]こうして、農民の合意形成を無視したいわゆる「行政命令的方法」が自己課税キャンペインにおいて支配的となる。

自己課税キャンペインにおける村ソヴィエトの活動についての一般的報告は、全権代表の統括下のキャンペインが農村の権力関係と支配の方法とにいかなる変容を強いたかを的確に記述している。住民とソヴィエト機関の準備が整わない条件下での自己課税キャンペインは、ときとして「きわめて醜悪な」形態にまで至った「行政命令的方法」を引き起こした。キャンペインの方法は、住民とソヴィエトのイニシアティヴを著しく制限した。郷・地区執行委員会は、上級機関によって与えられた「統制数字」に基づいて郷・地区別実施計画を作成した。計画は、自己課税の額、目的および支払期限を村ソヴィエト別に、しばしば村落別に確定した。計画が至るところで村ソヴィエトをも住民をも拘束する「確定的(tverdyi)」任務とされたことから、村ソヴィエトが事実上「上級機関」の指令の単なる執行者となったことは明らかであった。自己課税への社会的支持(農民だけでなく教師などあらゆる階層の支持)をとりつけるための回路としての社会組織、協同組合、村ソヴィエト常任委員会《セクツィア》などはキャンペインに十分に結集されなかった。「多少ともひろい範囲でおこなわれた自己課税の準備活動の唯一の形態」は「貧農集会」であったが、それはスホードの決定に影響を与えることはなかった。報告によれば、かかる欠陥は単に準備不足によるだけでなく、村ソヴィエトの活動能力の「不足」にもよるものであった。村ソヴィエト議員、ときには議長でさえもスホードにおいて上から指示された自己課税に反対し、平等原則に固執した。村ソヴィエトの事前の招集なしでスホード集会がひらかれた結果、スホードが自己課税を拒否した場合があった。事前に自己課税の問題を検討した村ソヴィエトにおいては、イニシアティヴが欠如しており、上級機関の指示の機械的採択にとどまった。キャンペインの事実上の指導は、郷・地区執行委員会の全権代表によっておこなわれた。[107] タムボフ県のある郷からの報告は、「郡活動家」が自己の「雄弁」をあてにしてスホードにおける自己課税の決定を「騎兵隊的方法で(kavaleriiskim naletom)」おこなおうと試み、そのために自己課税の問題は積極分子《アクチーフ》、村ソヴィエト議員によっても事前に検討されなかったと伝えた。[108] 北カフカースからの一月二八日付の報告は同様の状況をシニカルに伝える。「自己課税の法令はしばしば大きな圧力をもっておこなわれている、「誰が反対か」は表決される、「誰が棄権したか」「誰が賛成するか」は票決されない、なぜなら、提案が否決されかねないから。エイスキー地区の諸同志は伝えた、村(obshchestvo)の集会は一一時に始まり夕方七時に終った、出席した全員は自己課税の法令に反対の発言をしたが、しかし決議は「全会一致」で採択された[109]」。これら一連のソヴィエト系列の機関紙・誌の報告には、非公式の支配権力、すなわち党組織あるいは党機関のもとに設立された非常機関への直接の言及はない。全権代表もまたソヴィエト系列のそれとして記述されている。しかし、全権代表の派遣と活動とが党機関直属の「三人委員会《トロイカ》」により統括されていたことは自己課税の場合も例外ではなかった。自己課税キャンペインに対する党指導を論じた一文は、党委員会全権代表が「ここかしこで」強制と抑圧の側への「ゆきすぎ」をおかし、スホードを前にして貧農と中農を組織するための細胞自身の準備活動に殆ど注意を払わなかった、と述べた[110]。以上の記述から、自己課税の適時の割当と徴収、そこでの高率の階級的累進制の貫徹は、農村外から派遣された全権代表の介入、かれらによる広義における強制、当時の用法を借りれば「行政命令的方法」の適用をまって初めて実現された、と概括できよう[111]。

最後に、自己課税という争点が有した特殊的意義について一言しておこう。自己課税キャンペインへの農民の合意獲得のためにいかなる努力も払われず、当初から強制的方法が先行したという見方は、結果から過程を遡及的に裁断する単純化された解釈である。また合意形成に費やされた真摯な努力がすべて徒労に終ったというのも、事実に反する[112]。農民の態度も、階層、世代、地域などにより一様でなく、容易に一般化することはできない。農村に定在する農民以外の個人、集団、組織の役割を考慮に入れるなら、農村社会の反応は更に複雑な様相を帯びる。しかし、ここで留意しなければならないことは、調達危機をめぐる政治変動において、農村社会の決定的凝集力となり、外圧に対抗した組織態が伝統的農業共同体であったという一点である[113]。自己課税キャンペインは、まさにその性格のゆえに、共同体スホードを権力と農民の基本的接点として展開された。キャンペインの性格、強制的か自発的かは、この接点において判定されなければならない。そこでは、スホードの招集手続、定足数、議事、表決は、その基本的指標となりうる。これらの指標によって判断すれば、自己課税の迅速な賦課と徴収、階級原則の貫徹などの目的の達成を可能にした基本的要因が、外的強制であったとする一般化は間違っていないであろう。スホードの決議とその実行を担保したのは、「クラークに対抗する貧・中農ブロックの組織化」のような農村内の政治的分化ではなかった。共同体内政治的分化の契機はむしろ、キャンペインの過程で後景に退き影響力を失った。逆説的に、階級的原則の強化は、権力に対抗する農民の基本的勢力を共同体的一体性へと凝集した。キャンペインの「成功」は、共同体スホードの抵抗を無力化することなしには不可能であったが、それは、外からの圧力、その「行政的命令」の方法、強制によって初めて達成できた。それが払った政治的代償は、共同体の抵抗の拠点としての一体性を事後的に強めたことであった。この文脈は、自己課税に対する共同体(それに統合された農民)の抵抗が尋常でなかったことを傍証する。党中央委員会情報部の穀物調達キャンペインにかんする報告は、「クラークの自己課税の法律に対する特別の抵抗」を特記し、クラークが個々の誤りを利用して村(selo)を自分の側につけているとつけ加えた。[114] ブハーリン派の幹部ウグラノフは、一九二八年四月モスクワ州の農村について、自己課税キャンペインにおいて「階級闘争がとくに先鋭化した」事実を指摘した。[115] 農民は、穀物危機の初期には外圧に対して活発に反応した。[116] 自己課税は共同体自治存立の根幹をなす制度であるがゆえに、権力の干渉に対する農民の反応は「特別な抵抗」となり、闘争は「先鋭化」した。一体化した農民の抵抗を打破するためには、更なる抑圧が加えられなければならなかった。トムスクの新聞『クラスノエ・ズナーミャ』の一九二八年二月二一日号は無署名論説において、「自己課税は至るところで実施されなければならない。この重要な方策に対する反対は犯罪とみなされるべきである」と書いた。ペルミ管区の村ソヴィエト議員の農民への説明は「自己課税は〔国の〕税である。〔それに対する反対は〕裁判を意味し、裁判は牢獄を意味する」というものであった。「貧農の未組織のおかげで」自己課税は第一回集会で採択されず、二回、三回更にそれより多くの回数のスホード集会が招集される場合があった。かかる実際によっても「行政命令的強制の印象」が農民の間につくりだされた。[117] レニングラード管区では党委員会の全権代表はスホードにおいて「自己課税に反対の意見を述べたい者は自分の住所、姓名をいわなければならない」と威嚇し、トロイツキー管区では「ソヴィエト権力は強力である。それに反対する者は報復されよう」との脅迫がなされた。これらの事例を伝えた党機関誌の一文によれば、かかる方法は貧・中農の参加を妨げ、貧農さえも自己課税に反対する結果を招来した、つまり全村を反対へと一体化させた。[118] 農業税の三五%という枠、またスホードの定足数も第二回以降については、それぞれ法改正により撤廃されていた。地方によっては、農業税の一〇〇%、一五〇%、二〇〇%更には一六〇〇%などの自己課税が実施された場合があった。その際少数の出席者で足りた「第二回スホード」招集の方法、具体的には、出席者が定足数に満たない場合、二〇—三〇分後に第二回スホードを招集してそれを適法と宣言する方法がひろく用いられた。[119] 自己課税キャンペインが債券キャンペインとともに、クラークだけでなく「全中農大衆」をも傷つけ、「クラークと中農の統一戦線とクラークの影響力の強化」を招きかねないとの一部指導者の早くからの懸念は的中した。[120] 一九二八年九月、一九二八／二九年度の自己課税に際して、政治局決定および立法が、自己課税は「真に自発的」でなければならないと宣言し、カリーニンが「前年度にあったような緊急なまた強行的な形で」の自己課税はおこなわないと確約したことは、一九二八年前半の自己課税キャンペインの強制的性格の公的証言である。[121] 穀物調達の副次的争点にすぎなかった自己課税キャンペインが、危機の政治変動のなかで特別の政治的意義をもったのは、政治的対抗の所在、その性格を浮彫にする局面を形成したからである。それは、党機関統轄下の非常権力と農民統合の基層単位としての農業共同体の直接的接点として、農村の政治変動を構造的に観測可能な定点を提供した。そのような意味において「一般に、自己課税の実施は、党、ソヴィエト組織と農民の結びつきの試験(ekzamen)であった」[122]。

非常措置の核心的部分は、ロシア共和国刑法第一〇七条の調達過程への適用であった。同条は、自己課税、債券普及と同じく、元来、調達危機のごとき非常事態を想定した制度ではなく、一九二二年刑法典に代わって一九二六年一一月全ロ中央執行委員会において採択された新法典が新設した投機取締規定であった[123]。条文は、一九二七年一月一日から一九三二年まで有効であったが、一九二七年中農村での適用はなかった。その理由は、スターリンによれば、「穀物調達が順調に進んでいたようだったからであり、したがって、この条文を適用する理由がなかったから」であった。「この条文のことを思いだしたのは、クラークの投機者的策動によってつくりだされ、飢餓の脅威を招く一連の非常事態をわれわれがもったからである」[124]。

第一〇七条は、買占、隠匿もしくは市場への商品の不搬出(nevypusk)による商品価格の悪質な吊り上げおよび商人の談合による同様の行為に対する制裁規定であった。前者には、財産の全部または一部の没収を伴う、あるいは没収なしの、一年以内の自由剝奪が、後者には全財産の没収を伴う三年以内の自由剝奪が、それぞれ科される[125]。規定から察するに、この条文は、国の価格政策を攪乱する悪質な商業的投機行為に対する刑事罰(主として都市の私的商人の投機の取締)の規定であり、生産者としての農民の生産物供出行動(供出拒否、隠匿、私人への売却など)を念頭に置いた規定ではなかった。理論的にも、供出行動を刑事罰の対象とすることは、農民に自己の生産物の自由な処分を保証した市場的方法に矛盾した。この条文を調達過程に、あるいは生産者としての農民に(たとえ「クラーク」なる少数者に対してであっても)適用することは、商業投機の規制とは本質的に意味を異にする、市場的方法の根底を揺るがす、あるいは別の方法的規準がそれにとって代わる危険性を内包した。第一〇七条の適用は、この場合、立法の趣旨から逸脱する新しい意味、反ネップ的意味を獲得する。しかし、スターリンが、一九二八年四月、モスクワ党積極分子《アクチーフ》を前にしてこの条文に言及したとき、非常措置下におけるかかる意味転換には触れなかった。かれによれば、第一〇七条はあくまで「クラーク層の投機者的行動の抑制」のためであり、条文の適用範囲の農村への拡大以上の意味はなかった。(126) モスクワはシベリアではなかった。農村の現実から遮断された首都のコムニストには、この説明は欺瞞とは映らなかったかもしれない。しかし農村では、地方組織と農民とはこの条文の真の意味するところを体験し知悉できる立場にあった。シベリアでは、スターリンは第一〇七条発動の真意を大胆に語った。

のちに政策転換にとって画期的意義をもつと評価された一月五日付政治局指令には、この条文への直接の言及はなかった。近年公開されたアーカイヴ史料は、一月五日指令後、穀物供出拒否に対するこの条文の適用に至る政策形成局面を開示している。それらは、党中央指導機関が、一月五日指令後間もなく、刑法第一〇七条を穀物危機の打開に利用する(より正確には、第一〇七条によって強制的調達に合法性の外見を与える)方針を、地方党組織の事前の了承なしに決断し、地方では、非常機関「トロイカ」が、現地党組織、ソヴィエト、協同組合との協議、更には、農民との合意形成の手続なしで、強制装置と連携しつつ、第一〇七条の適用を決定した経緯を物語る。ウラルと並んで調達強化のために「思いきった圧力(127)」が必要とされ、スターリン自身現地で第一〇七条の調達過程への適用に決定的影響力を行使したシベリアでは、ほぼつぎのような経緯をとってこの条文の調達強化目的への利用が決定された。シベリア指導部は政治局指令を一月七日に受領した。一月九日シベリア地方党委員会ビューロー《クライ》は、中央に対してつぎの提案の承認を求めた。「農村のとくに富裕な層のうち大量の穀物貯蔵の保有者とその買占人とを刑事責任に問うことを必要と認める。訴訟を促進するためにこれらをオゲペウ機関を通すこと(128)」。翌一〇日、ビューローは、「憲法外的機関」である「穀物トロイカ」を設立し、それに調達の全権力を集中した。一三日、トロイカの指示により管区オゲペウ・検察機関に回状が送られ、刑法第一〇七条を「悪質な、すなわち、私人、製粉業者、商人、買占人による、隠匿および市場への不搬出を目的とする、穀粒または穀粉での穀物の系統的、広範な類いの大量の買占の場合に」適用することが許可された。クラークはいまだ適用対象に含まれなかった。[129] しかし、一月一四日の党中央の指令には、クラークを投機業者と並んで市場と価格政策の破壊者とみなし逮捕せよとの文言が含まれた。[130] 指令を受領した一月一五日、「穀物トロイカ」と地方《クライ》党委員会ビューローの協議会が設立された。一月一七日ビューローは、「大量の穀物貯蔵を保有し、穀物上の困難を、投機、価格の法外な吊り上げ、穀物の引留と不搬出のために利用する若干(四―一〇)の札付きの(zavedomo iavno)クラーク経営を主要穀物調達地区において選別し」、「悪質な投機者として穀物没収を含む責任に問う」との決定を採択した。決定はクラークの選別を「きわめて慎重に、あらゆる契機を考慮して」「この措置が中農によって、農民全体またはその著しい部分またはネップの再検討に向けられているとみなされないように」おこなうよう指示した。[131] 一月一八日のシベリア党会議決定は、この決定の補足として、この措置を「刑法第一〇七条によって」検察局の名においておこなうことを必要とみなした。決定は、「最も悪質なクラーク・投機業者」を「とくに緊急に、所定手続にかかわりなく」人民裁判所で裁判し判決と決定を村ソヴィエトなどを経由して新聞に公告することを指示した。[132] 他の主要穀物調達地区においてもほぼときを同じくして同様の措置が採られた。[133]

一月一八日スターリンが参加して開かれたシベリア地方《クライ》党委員会ビューロー会議は、刑法第一〇七条の発動とその適用範囲を商業投機から「クラーク」の供出行動に拡大する方針を打ちだした。スターリンはそこでつぎのように「提案」した。「(a)クラークに対して穀物のすべての余剰を国家価格で即刻供出することを要求すること。(b)クラークが法に従うことを拒む場合、ロシア刑法典第一〇七条によって司法上の責任に問い、かれらの穀物余剰を国家のために没収する。その際、没収穀物の二五%は貧農と零細中農に分配される」。この「提案」が、商業投機の規制を目的とする刑法第一〇七条を調達過程に適用する拡大解釈であり、市場的調達に従事する調達員、合法性維持に腐心する司法関係者にとって衝撃的な、ネップ的秩序に対する重大な挑戦の要素を含むことは明らかであった。しかし、合法性、市場的方法を擁護する反対はすべて無視され退けられた。スターリンは検察、司法機関において「不適当なすべての者を解職し、正直で誠実な者に取り替える」ことを要求し、[134] あるいは、「第一〇七条をクラークに適用することは非常手段であり、それは良い結果をもたらさず、農村の状態を悪化させるであろう、といっている」[135] 地方調達関係者の懸念を一蹴した。一罰百戒的にかれが槍玉にあげたのは、地方農業銀行《クライ》管理部長S・I・ザグメンヌイであった。かれは一月一八日の会議で刑法第一〇七条の発動に公然と異議を唱えたただひとりの人物であった。かれは、会議での反対意見を翌日詳しくスターリン、スィルツォフに宛てた秘密書簡で披瀝した。[136] かれの批判の中心的論点は、穀物生産者としての(単なる買占人でない)クラークに対して刑法第一〇七条を適用して逮捕、没収その他の刑事罰を科する行為が、クラークだけでなく、穀物生産者としての農民すべてを内戦期の心理に追い込み、市場的方法を不可能にする環境を農村につくりだすということであった。ザグメンヌイによるとスターリン提案の基本的意図は、「クラークを叩く、強く叩くが、同時に逮捕、財産没収、その他のわれわれがクラークに適用する措置の法的根拠が基本的農民大衆に明白であるように叩く」ことに帰着した。この考えを「更に発展させて」スターリンは、市場への商品の不搬出に対する刑罰を規定する第一〇七条の条項にとくに注意を集中することをすすめている、言い換えれば、クラークに対する抑圧の真の狙いが中農に穀物供出を促すみせしめ効果にあるのではないか、とザグメンヌイはいう。しかしこの期待は間違っている。市場への不搬出という理由だけで第一〇七条を適用するなら、クラークと中農の本質的識別はできなくなる、穀物を保有するすべての農民(穀物の主要部分は中農の手中にあった)は、この法律の潜在的適用対象となると考え、ネップは終ったとみなすであろう、したがってそれはネップとは相容れない、これがザグメンヌイが表明した(そしてかれだけでなく地方調達組織にひろく共有された)[137]憂慮であった。

一月二〇日の非公開シベリア党会議でスターリンは、ザグメンヌイの批判に全面的に反論した。かれは、穀物の市場への不搬出(供出拒否)を理由とするクラーク弾圧の正当性を主張し、第一〇七条が調達全体に否定的効果を及ぼすとの批判には、非常措置を適用した他の地方(北カフカース、ウクライナ)での調達の好転を対置した。非常措置と中農との関係というザグメンヌイが最大の懸念を表明した論点に、かれは長時間を割いた。非常措置に対して「中農の一部は怒るであろうし、すぐには理解しないであろう。中農だけでなくわがコムニストもわれわれの路線をすぐには理解しないであろう」ことをかれは否定しない。しかしそのことで非常措置の適用を止めるべきではない。むしろスターリンは、クラークに対する非常措置が「穀物の主要部分(osnovnaia massa)」の保有者である中農の穀物供出を促す心理的効果を狙ったものであることをあからさまに認める。かれはいう、「協同組合も調達官も「商品をくれ」と叫んでいる。商品が与えられる。農民はこれで落ち着くと考えられたが、商品価格の問題は解決されない」、農民《ムジーク》は工業商品をより安く手にいれようとし、「われわれ」はより多くの穀物と交換しようとする。つまり中農は穀物をもっと高く売ろうとして供出を手控えている。「われわれは穀物価格上昇の見込みに対する中農の信念を打ち砕きたい。いかにしてそれは可能か。刑法第一〇七条によってである」[138]。農村にはそもそもクラーク対中農という政治的分化は事前に実在していなかった。分化は権力による作為としてのみありえた。主要穀物調達地区において「若干(四—一〇)の札付きのクラーク経営」を非常措置適用対象として選別し、クラーク・リストを作成する作業は、一月一七日のシベリア地方《クライ》党委員会ビュローの決定によれば、管区全権代表と地区党委員会の指導のもとで、かれらの責任においておこなわれるべき作為であった[139]。この決定およびスターリンがクラーク選別の指標とした「大量の穀物貯蔵」の架空性は、シベリアの党指導者スィルツォフの言明、「われわれはこれらの大保有者を原則としていまもっていない」によって示されている。スィルツォフはいう、「もしわれわれが中央委員会決定を純粋な形態で採択し、ただそれを実施するとしたら、われわれは第一〇七条の更なる適用の可能性を閉ざすことになる」、重要なことは、クラークがどれだけの穀物量をもっているかではなくて、「かれが村全体に影響を及ぼす可能性」なのである、と。[140] クラークの選別が権力の多分に恣意的な政治的判断に依存せざるをえない文脈をここに辿ることができよう。第一〇七条適用が非常措置の核心的部分であったといいうるのは、同法所定の法的手続に基づく制裁の域をこえて、公定価格での穀物の供出を拒む農民(穀物の基本的保有者である中農)に対する強権発動(家宅捜索、逮捕、没収など)に合法性の外被を与え、権力の恣意的空間(非常機関とその出先としての全権代表の権力の無限的行使)を正当化したことにある。この空間は調達のみでなく隣接する諸措置(自己課税、債券など)にも及んだ。非常措置はこうして、ネップが課していた権力の抑制を一挙に解除した。のちに非常措置の評価をめぐる論争において争点化する「ゆきすぎ(peregiby)」(貧農、中農が非常措置の対象になる、適法でない手続による第一〇七条の適用、警察、非常権力などによる中農経営の家宅捜索、没収、逮捕など)を含む濫用を阻止する客観的防壁は、権力空間にはもはや存在しない。[141] スターリンがシベリアから中央に宛てた暗号電報は、非常措置が一月末から二月初めにかけて即効性を発揮したと自賛し、調達計画の上方修正さえも提案した。[142]

第一〇七条の適用が調達テンポの急上昇に決定的効果をあげたとすれば、直接適用対象となった農民(「クラーク」)に穀物の供出を強制したからでなく、穀物の基本的保有者である大多数の農民の間に絶大な心理的威嚇効果を発揮したからであった。イルクーツク管区からの報告が、調達活発化の基礎は説明活動ではなく第一〇七条であった、それをクラークに適用して初めて穀物がでまわったと述べたのは、この文脈を確認する証言である。[143] ウラル州一八管区における第一〇七条適用についての報告によれば、判決内容は二〇〇〇—三〇〇〇プードの穀物没収と三—六か月の禁固であり、その際中農への「ゆきすぎ」はなく、一九二八年四月までの第一〇七条の適用は二二五経営に対してのみであったが、しかもなお「農村は動揺している」のであった(144)。調達責任を担った全権代表は、第一〇七条の適用を示威しまたその発動をほのめかすことで農民を畏怖させ保有穀物を供出せざるをえない心理状態に追い込んだ。穀物を保有し穀物価格の上昇を期待して公定価格での供出を拒否する農民はすべて「クラーク」と烙印され、第一〇七条の適用対象とされる潜在的可能性をもつと考えることになる。穀物の公定価格での供出を拒む農民はすなわち「クラーク」とみなされうるとの論理は、「貧農と大部分の中農とはすでに公定価格で穀物を国家に引き渡してしまった」という一九二八年初めのスターリンの言明に屈折的に表白されている(145)。それゆえ、非常措置の適用対象をもっぱらクラークとする政策的限定は、予め画定された農民部分のみが非常措置の適用対象となることと同義ではなく、状況に応じた適用範囲の流動性、権力による恣意的限定の可能性を潜在せしめていたことになる。非常措置を前にして、農村の党、ソヴィエト組織構成員、農民が戦時共産主義の復活を感じとったのは、基本的にはそれが内包する権力の恣意性にあったといえよう。「私見によれば、これは戦時共産主義に似ている、それより悪くさえある。というのは、農民は平和的条件にあるので、かかる急展開に屈服しないであろうから。今は二〇年ではないのだから、党とソヴィエト権力は住民の前に自己の権威を失墜させ、事態は公然たる反乱に至るかもしれない」(一月一二日ルプツォフ管区のある村のスホード集会をおこなった党員の言)(146)。「これは二〇年のにおいがする」(ブィスキー管区の一コムソモール員の言)。オゲペウ経済局の一月一六日付報告によれば「ありとあらゆるばかばかしい噂」がひろがったのである(147)。

シベリア地方《クライ》党委員会書記スィルツォフは一九二八年三月『貧農』紙上で第一〇七条適用について論じ、キャンペインが「一連の不健康な現象」を明るみにだしたことを認めて、権力機関が農戸のすべてを巡回し余剰穀物の引渡しを要求したが、かかる食糧徴発的方法は絶対に改められなければならない、と述べた。かれによれば、「熱心な行政官」が「クラーク」に対して、貧・中農を組織するいわゆる「大衆活動」によってではなく「行政命令的方法」によって対抗し、この方法が結局「クラーク」よりも貧・中農を「やっつける」ことになっているのであった。(148) 同年七月のルィコフによる第一〇七条の適用についての説明は、「行政命令的方法」による非常措置の適用が農民大衆に対する弾圧に連動した文脈を明らかにしている。かれはいう、第一〇七条適用について絶対的に正確な調査を求めることはできないが、しかし反中農的「ゆきすぎ」があった事実は争いがたい。ロシア共和国最高裁判所の調査によれば、ある管区において有罪を宣告された八三七人のうち貧農は二五・五%、中農は六四%で、クラークは七%にすぎない。ロシア共和国司法人民委員部の資料によれば、四月中第一〇七条により責任を問われた六六九七人のうち、クラーク、商人は六六%、富農は一〇%、中農は一八・五%、貧農は一%余、残りは「その他」であったが、クラークと富裕な中農の境界が「条件的」である以上この分類そのものが「条件的」なのであった。しかしより重大なのは、適用範囲をこえて貧・中農が他の措置(農戸巡回、闇食糧取締班など戦時共産主義時代の食糧徴発の実際)にまきこまれ、これによって中農の著しい部分のみでなく貧農さえもこれに「ひっかかった」ことであった。(149) 刑法第一〇七条、関連法令によって司法的処分の対象となった農民は、農民全体のなかでは小部分であった。しかし、適用外にあった大部分の農民も、供出行動、未納金納入などにおいて恣意的権力の不断の脅威にさらされた、という意味では、市場的方法を可能にした「農村の平穏」は多分に失われた。国家対個人という市場的方法の構図にとって代わったのは、農民的基盤を喪失した政治権力と政治的に一体化した農民という対抗図式であった。調達は政治化した。農民の歴史的抵抗拠点としての農業共同体が、ここにおいて権力に対抗する農民側の集団的当事者として調達過程に再登場することになる。(150)

(1) 「一九二八年四月二〇日から六月三〇日までの穀物調達キャンペインの実施に関連して全ロ中央執行委員会幹部会に届いた苦情申請の全ロ中央執行委員会特別恩赦問題委員会による概観」より(*Tragediia*—, vol. 1, p. 313)。

(2) Stalin, *Sochineniia*, vol. 11, pp. 10–11.

(3) *ibid*., p. 11.

(4) Stalin, *Sochineniia*, vol. 9, M., 1948, pp. 322–331, vol. 10, pp. 271–291; Carr, *Foundations of a Planned Economy*, vol. 3-I, 1976, London, pp. 8–15.「スターリンを長とする国の指導部は、戦争を前にした恐怖を真に経験した。最近公開された文書が示すように、指導部は経済と赤軍の状態を熟考してソ連側には現代戦遂行が不可能であるとの結論に到達した。ここから帰結したのが、一方では、戦争回避のすべての手段を利用する方針であり、他方では、おこなわれている工業化に軍事工業の発展を第一に保証する部門に重点を置くような修正を施すことであった」(*Golos naroda*, pp. 258–260)。ダニーロフは、新しい戦争の脅威に対する過剰反応がスターリン指導部にあり、それが農民の心理に影響、供出手控えを生み、指導部の意図に反して国民の結束をもたらさなかったと批判している(*Tragediia*—, vol. 1, pp. 21–22)。

(5) 〈Pravda〉, 30 December, 1927, 31 December, 1927.

(6) 〈Pravda〉, 2 February, 1928.

(7) 〈Izvestiia TsK KPSS〉, No. 5, 1991, p. 195.

(8) 〈Izvestiia TsK KPSS〉, No. 5, 1991, pp. 195–196.

(9) Stalin, *Sochineniia*, vol. 11, pp. 14–15. ダニーロフとフレヴニュークによる二月一三日指令の背後事情の詳しい解説は、*Kak lomali NEP*, vol. 1, M., 2000, pp. 16–18.

(10) V. V. Kabanov, *Krest'ianskaia obshchina i kooperatsiia Rossii XX veka*, M., 1997, p. 33.

(11) 〈Pravda〉, 15 January, 1928.

(12) 工業商品の送達が非常措置を構成する諸方法の位階制のなかで非経済的方法に従属する下位部分へと降格することによって意味転換をとげる経緯を、シベリアにおけるスターリンと地方調達機関との衝突から推察できる。ブハーリン的政策枠組においては、工業商品の供給は農民の穀物供出を刺激する決定的方法であった。一九二八年一月五日の政治局指令の画期性のひとつは、工業商品送達のこの政策的方位を否定し、経済外的方法の優先的適用を許容したことであった。しかし調達の現地では、工業商品の「万能性」への信念は、調達員の活動を支配していた。強権発動を先決条件とする方針への転換の必要性を、全権代表スターリンはシベリアからの暗号電報で語った。「ここでは穀物調達における工業商品の万能性への信念が非常にゆきわたっている。……しかし工業商品それ自体は、農民にとって最も重要な穀物価格の問題を解決しない。工業商品が決定的役割を果たしうるのは、確固とした価格政策のもとで、われわれすべての調達員の確固とした価格政策に基づく統一戦線のもとで、投機の断固たる抑制のもとで、党組織の側からの調達に対する積極的指導のもとにおいてのみである。しかるに、わが調達員の野放しの競争、投機業者とクラークの自由な活動、下級装置による〔それらの〕黙認と党組織の怠慢は、工業商品の存在にも拘らず価格暴騰の土壌をつくりだし、市場を崩壊させ調達を台なしにした」(〈Izvestiia TsK KPSS〉, No. 5, 1991, p. 202)。

(13)　〈Pravda〉, 11 March, 1928. ブハーリンも同様に理解していた(〈Pravda〉, 19 April, 1928)。

(14)　RTsKhIDNI, 17/3/666, 11, 19–21.

(15)　Stalin, *Sochineniia*, vol. 11, pp. 11–12. ブハーリンはのちに、農民市場を充足するために「都市を裸にして」農村に商品を供給した政策の正当性を主張し、調達がこれによって改善されたと反論した(〈Pravda〉, 19 April, 1928)。

(16)　Kabanov, *op. cit.*, pp. 49–53.

(17)　〈Izvestiia TsK KPSS〉, No. 7, 1991, p. 183. A・M・ペヴスネル(シベリア・ゴスバンク幹部)のエイヘ宛の調達キャンペインの実情についての三月二〇日付書簡は「われわれが全権代表に主に依存し、地区にはより少なく依存していること、党組織全般と村ソヴィエトの役割が弱いことを」以前指摘したが、この指摘はいまも基本的に正しいと書いた(ibid.)。

(18)　一九二八年一月二五日の全権代表モロトフのウラル、ウクライナ、バシキールでの活動報告は、この方向を示唆する。「いまおこなわれている突撃的穀物調達キャンペインが党組織によって党、ソヴィエト、協同組合のすべての活動の奮起のために利用される必要がある。このことを達成するために、党委員会は、とくに穀物調達キャンペインに関連する課題を遂行するすべての協同組合・ソヴィエト施設の活動に対して自己の統制を強化しなければならない」(*Tragediia*—, vol. 1, p. 191)。

(19)　一九二七年一二月一四日の政治局指令は、消費用商品の都市から農村への投入に続いて、農村からすべての支払(税、保険、貸付金など)の徴収の強化を指示した(RTsKhIDNI, 17/3/663, 1, 4)。一二月二四日の同指令も工業商品の農村への投入に続いて農民からの債務の徴収のためにあらゆる必要な措置をとることを命じ、農業税キャンペインを三月一日までに終えること、保険金徴収も同じ期限までにできるだけ終えること、を指示した(RTsKhIDNI, 17/3/666, 11, 19–21)。

(20) RTsKhIDNI, 17/3/667, 10–12

(21) RTsKhIDNI, 17/3/668, 7.

(22) *Sobranie zakonov i rasporiazhenii Raboche-Krest'ianskogo pravitel'stva SSSR* (以下 *SZ* と略記), No. 3, 1928, art. 24.

(23) SZ, No. 51, 1927, art. 508.

(24) *Piatnadtsatyi s'ezd VKP(b)*, II, pp. 1222, 1230.

(25) 〈Pravda〉, 8 Januray, 1928.

(26) 〈Bednota〉, 9 February, 1928.

(27) Stalin, *Sochineniia*, vol. 11, p. 19.

(28) 〈Bednota〉, 29 February, 1928.

(29) 一月二二日付『貧農』社説は、債券キャンペインに対する活発な反応を報じた(〈Bednota〉, 22 January, 1928)。

(30) 二月九日付『貧農』社説は、債券キャンペインの光景は「きわめて雑多である」と必ずしも順調でない事態を認めた(〈Bednota〉, 9 February, 1928)。

(31) 〈Pravda〉, 25 February, 1928, 29 February, 1928.

(32) 〈Vlast' sovetov〉, No. 32, 1928, p. 3.

(33) ウクライナでは、農民の製粉を引き受けるかわりに債券を割り当てた事実、戸籍登録と引きかえに債券を引きとらせた事実が伝えられ、かかる方法は強制的割当であり農民の権力への信頼を失わせるといわれた(〈Derevenskii kommunist〉, No. 4, 1928, p. 38)。ウラルのある地区では債券の普及が「突撃的やり方で」おこなわれていること、それが事実上、農民の不信を招く上からの強制的割当となっていることが報告された(〈Derevenskii kommunist〉, No. 4, 1928, p. 38)。北カフカースでは地区活動家六人が債券割当に際して強制を用いたかどにより裁判にかけられた(〈Pravda〉, 4 April, 1928)。その他、村ソヴィエトが一定量の穀物を引き渡すこと、その代金を債券購入に充当することを命じた、あるいは穀物代金として債券を渡した例などが伝えられている(〈Derevenskii kommunist〉, No. 5–6, 1928, pp. 8–9, No. 7, 1928, p. 12)。

(34) 〈Izvestiia TsK VKP(b)〉, No. 12–13, 1928, p. 3.

(35) このことは非常措置の適用が強化される四月以降債券普及が好転した事実からも推定できる(例えば、〈Pravda〉, 4 April, 1928)。

(36) RTsKhIDNI, 17/3/666, 11, 19–21.

(37) 〈Izvestiia TsK KPSS〉, No. 5, 1991, p. 194.

(38) 〈Izvestiia TsK KPSS〉, No. 5, 1991, p. 197.

(39) 〈Izvestiia TsK KPSS〉, No. 5, 1991, p. 202.

(40) 〈Izvestiia TsK KPSS〉, No. 5, 1991, p. 202 (n. 2) ; *Ugolovnyi kodeks RSFSR*, pp. 109–111.

(41) G. Koniukhov, *KPSS v bor'be s khlebnymi zatrudneniiami v strane (1928–1929)*, M., 1960, p. 92.

(42) 〈Izvestiia TsK KPSS〉, No. 6, 1991, pp. 215–216.

(43) シベリア地方《クライ》オゲペウの二月一〇日付報告が、この間の事情を詳しく伝える(〈Izvestiia TsK KPSS〉, No. 7, 1991, pp. 180–182)。

(44) *Tragediia*—, vol. 1, p. 150.

(45) 〈Izvestiia TsK KPSS〉, No. 7, 1991, pp. 179–182.

(46) RTsKhIDNI, 17/3/667, 10–12

(47) RTsKhIDNI, 17/3/668, 1, 7.

(48) *Tragediia*—, vol. 1, p. 190.

(49) *Piatnadtsatyi s'ezd VKP(b)*, II, pp. 1216–1217. 前述のように強硬な発言にも拘らず、ソヴィエトの指導性を確立するためにモロトフが提示した方策は、村ソヴィエトの財政的基礎を共同体のそれよりも強化することであった。共同体の内部事項に対する権力の介入はこの段階ではまだ問題となっていない。

(50) *Sobranie uzakonenii i rasporiazhenii Rabochego i Krest'ianskogo pravitel'stva RSFSR* (以下、*SU* と略記), No. 68, 1922, art. 901; *Tragediia*—, vol. 1, p. 14.

(51) 一九二〇年代中葉のウリヤノフスク県のある郡の調査によれば、自己課税で徴収された資金の支出のなかで「村ソヴィエトの費用」は一二・三%を占めた(〈Vlast' sovetov〉, No. 37, 1926, p. 24)。ニジェゴロド県のある村の調査によっても、村ソヴィエトの費用が占める比重は高い(〈Sovetskoe stroitel'stvo〉, No. 4, 1926, p. 93)。

(52) 第一二回党大会(一九二三年)で財務人民委員ソコリニコフは、郷予算の導入に伴い自己課税を廃止する方針を示唆した。翌年の第一一回全ロ・ソヴィエト大会はこの方針を実行する旨全ロ中央執行委員会に指示した。同年八月二九日ソ連人民委員会議布告は自己課税の義務制を否認して自己課税における共同体的規制を除去しようとし、さらに九月五日には、ソ連邦中央執行委員会と人民委員会議は、自発的な醵金(sbor)についてきびしい手続を定めた(溪内謙『ソヴィエト政治史』三一九頁)。

(53) 一九二五年一、四月開催された、農民代表も参加するふたつのソヴィエト建設会議では、この問題をめぐり活発な意見が交換された(*Soveshchanie po voprosam sovetskogo stroitel'stva, January 1925*, M., 1925, pp. 66–67, *April 1925*, M., 1925, pp. 98–99, 100, 102–103, 107)。

(54) *SZ*, No. 51, 1927, art. 509.

(55) 一九二五年六月一八日、党中央委員会は「独立の村予算を実験のかたちで比較的大きな、経済的に強力な村ソヴィエトに創設する」ことを指示した(〈Izvestiia TsK VKP(b)〉, No. 22–23, 1925, p. 14)。

(56) 〈Vlast' sovetov〉, No. 42, 1927, p. 4; 〈Vestnik finansov〉, No. 4, 1927, p. 64.

(57) 〈Sovetskoe stroitel'stvo〉, No. 4, 1927, pp. 86, 90. 同調査によると、自己課税の目的には、村ソヴィエト、民警、学校の費用、共同体の公共管理の費用と並んで、土地整理など農業的費用も含まれた。

(58) 「村スホードはわが農村における最も民主的な機関である」との第二回ソヴィエト建設会議(一九二五年四月)におけるカリーニンの言は、この時期のソヴィエト政権の共同体に対する態度の素朴な表明である(M. I. Kalinin, *Voprosy sovetskogo stroitel'stvo* M., 1958, pp. 238–239)。

(59) *S'ezdy sovetov soiuza sovetskikh sotsialisticheskikh respublik. Sbornik dokumentov 1923–1937gg.*, vol. 4–I, M., 1962, pp. 89–90.

(60) 〈Izvestiia TsK VKP(b)〉, No. 29, 1927, pp. 3–5.

(61) *SU*, No. 51, 1927, art. 333. 一九二七年三月のスホードについての規則案は一九二六年六月公表され討論にふされた(〈Bednota〉, 13–29, August, 1927)。村スホードと農業スホードを区別し、前者を村ソヴィエトに従属する地位に置く規定は、活発な論議を招いた〈Na agrarnom fronte〉, No. 5, 1928, p. 68;〈Bednota〉, 11 September, 1926;〈Vlast' sovetov〉, No. 32–33, 1926, pp. 3–4, No. 39, 1926, pp. 3–6, No. 42, 1926, p. 4, No. 47, 1926, pp. 3–4, No. 48, 1926, p. 19)。

(62)〈Vlast' sovetov〉, No. 40–41, 1928, pp. 23–24, No. 23–24, 1928, p. 29, No. 18, 1928, p. 21.

(63)〈Derevenskii kommunist〉, No. 5–6, 1928, pp. 28–29. 村落の「全権代表」については、後段一一八頁を参照。

(64)〈Vlast' sovetov〉, No. 18, 1928, p. 21.

(65) SZ, No. 51, 1927, art. 509.

(66) スホードの招集、議題、農戸への割当、決定の承認、未納金の取立、支出、苦情処理などについての外部の介入を法は規定している(*ibid.*)。

(67) 連邦共和国立法が規定すべき条項は、(1)自己課税により充足が認められる「文化的・経済的必要」の一覧表、(2)自己課税の限度額、(3)個々の経営の能力を考慮した課税割当方式、(4)自己課税未納金の徴収における行政的手続、(5)自己課税に対する一般的監督と自己課税額の監査の方式、であった。

(68) ウクライナ共和国は、一九二八年一月二日自己課税法を採択した(〈Bednota〉, 11 January, 1928)。ちなみに、一九二八年初めのスターリンの言明によると、ウクライナは非常措置を最初に適用した地方であったらしい(〈Izvestiia TsK KPSS〉, No. 6, 1991, p. 208)。自己課税法の採択がロシア共和国より早かったのは、このことと関連するかもしれない。

(69) RTsKhIDNI, 17/3/667, 10–12.

(70) RTsKhIDNI, 17/3/668, 7.

(71)〈Izvestiia〉, 8 January, 1928;〈Bednota〉, 11 January, 1928.

(72) *Tragediia*—, vol. 1, p. 190.

(73)〈Derevenskii kommunist〉, No. 11, 1928, p. 39.

(74)〈Pravda〉, 24 January, 1928.

(75) SZ, No. 3, 1928, art. 29.

(76)〈Izvestiia TsK KPSS〉, No. 5, 1991, p. 202.

(77) SZ, No. 8, 1928, art. 66.

(78) ロシア共和国法第六条注は後者についての規定である。

(79) SZ, No. 3, 1928, art. 29.

(80) Stalin, *Sochineniia*, vol. 11, p. 18;〈Sovetskoe stroitel'stvo〉, No. 1, 1928, p. 76, No. 9, 1928, p. 65.

(81) 〈Vlast' sovetov〉, No. 33, 1928, p. 5;〈Sovetskoe stroitel'stvo〉, No. 9, 1928, p. 55.

(82) 〈Sovetskoe stroitel'stvo〉, No. 9, 1928, p. 56.

(83) 〈Vlast' sovetov〉, No. 33, 1928, p. 5;〈Derevenskii kommunist〉, No. 11, 1928, p. 26.

(84) 〈Derevenskii kommunist〉, No. 11, 1928, pp. 26–27.

(85) 〈Sovetskoe stroitel'stvo〉, No. 9, 1928, p. 56. 三月一〇日オゲペウ経済局の極秘情報によれば、総じて状況は債券の普及より良好であった。しかし北カフカースでは、支払は課税の六一・六％にとどまった。ウラルでは支払に大きなばらつきがみられ、六％しか支払われない管区があった(*Tragediia*—, vol. 1, p. 216)。

(86) 〈Vlast' sovetov〉, No. 33, 1928, p. 5;〈Derevenskii kommunist〉, No. 19, 1929, pp. 14–15. 例えば、ウクライナのハリコフ管区では自己課税の額は全村ソヴィエトで一六三万三〇八ルーブル、農業税の四四・七％(統制数字は一五〇万ルーブル、農業税の四一・七％となっていた)、徴収された額は一月二〇日から三月一五日までの間に一五〇万八〇〇四ルーブル(統制数字の一〇〇・五％)であった(〈Vlast' sovetov〉, No. 28–29, 1928, pp. 14–15)。

(87) チェリヤビンスク管区では、二—三月で徴収を終え(〈Vlast' sovetov〉, No. 12, 1928, p. 26)、ウクライナのハリコフ管区では、一月五日から二月一五日にわたり賦課と徴収がおこなわれた(〈Vlast' sovetov〉, No. 28–29, 1928, p. 18)。ヴィテプスキー管区のある地区では、おくれて三月初めに徴収が開始された(〈Derevenskii kommunist〉, No. 11, 1928, p. 38)。

(88) 〈Vlast' sovetov〉, No. 33, 1928, pp. 5–6;〈Derevenskii kommunist〉, No. 11, 1928, p. 39. 他の一般報告も自己課税キャンペインが「貨幣形態における農村の蓄積部分の吸い上げ」を目的とし、債券などとともに全国民経済的危機を除去するためのものであったと回顧した(〈Sovetskoe stroitel'stvo〉, No. 9, 1928, p. 55)。

(89) Stalin, *Sochineniia*, vol. 11, pp. 14, 18–19.

(90) 方針の転換は、一九二七年ソヴィエト選挙の際に中央より提示された、選挙民の候補者に対する「模範指示」にみられる(〈Bednota〉, 23 December, 1926)。

(91) 〈Derevenskii kommunist〉, No. 4, 1928, pp. 13–14; 〈Izvestiia TsK KPSS〉, No. 6–7, 1928, p. 2; 〈Pravda〉, 10 January, 1928.

(92) *Tragediia*—, vol. 1, p. 185.

(93) 〈Vlast' sovetov〉, No. 33, 1928, pp. 6–7; 〈Sovetskoe stroitel'stvo〉, No. 9, 1928, p. 57; 〈Derevenskii kommunist〉, No. 11, 1928, p. 26.

(94) 〈Derevenskii kommunist〉, No. 4, 1928, pp. 13–14.

(95) 〈Derevenskii kommunist〉, No. 17–18, 1927, p. 40, No. 23, 1927, pp. 23, 40.

(96) ヴィテプスキー管区の一地区からの報告は、自己課税の実施の経験は「党、コムソモール細胞がいまだ農村の貧農部分を組織するのに成功しなかったこと」を示した、貧農もそれに近い中農も党の周辺に結集されず、貧農は集会に欠席しようとし、中農はいかなる方針が守られているか知らなかった、と書いた(〈Derevenskii kommunist〉, No. 11, 1928, p. 39)。

(97) 党中央委員会情報部資料によれば、一月一五日から二月一五日までの間に、二六の党委員会において二四八〇人の県および管区規模の責任活動家が「調達強化、農民の支払の徴収、債券普及に動員された」(RTsKhIDNI, 17/32/117, 4)。

(98) 党とソヴィエトが意図した自己課税は、ノヴゴロド管区の一地区では全村落の四〇%が、ポルタワ管区では三〇%がそれぞれ「失敗」し、その他の地方でも同じ事態がみられた(〈Derevenskii kommunist〉, No. 4, 1928, p. 37, No. 11, 1928, p. 25; 〈Izvestiia TsK VKP(b)〉, No. 12–13, 1928, pp. 1–4)。二月初めのオゲペウ報告はウクライナ、北カフカースの情勢について自己課税に対する農民の抵抗と村ソヴィエトの「否定的態度」を伝えている。例えば「北カフカースの一連の管区ではクラークによる自己課税妨害の多くの事実」があった。「一月の二週間八管区で中農と貧農がクラークとともに自己課税に反対する共同の票決をした七八の事例が記録された」(*Tragediia*—, vol. 1, pp. 195–200)。

(99) 〈Izvestiia TsK VKP(b)〉, No. 12–13, 1928, pp. 1–4.

(100) 〈Derevenskii kommunist〉, No. 11, 1928, p. 26.

(101) 〈Vlast' sovetov〉, No. 23–24, 1928, p. 40. 平等原則の強い影響のために階級原則が貫徹しなかった多くの事例については、〈Sovetskoe stroitel'stvo〉, No. 9, 1928, pp. 57–59; 〈Vlast' sovetov〉, No. 28–29, 1928, p. 18. 一九二八年四月ころの白ロシアの一農民の手紙は、若干の村で自己課税が多数の貧農へのクラークの影響が原因で「にぶく」おこなわれていると伝えている。

クラークは貧農に対して、自己課税の法律に反対の煽動をし、もし賛成の票を投じたら「穀物はやらない」と威嚇したという(V. P. Danilov, N. A. Ivnitskii (eds.), *Dokumenty svidetel'stvuiut. Iz istorii derevni nakanune i v khode kollektivizatsii 1927–1932*, M., 1989, pp. 122–123)。

(102) 〈Vlast' sovetov〉, No. 28–29, 1928, p. 18; 〈Sovetskoe stroitel'stvo〉, No. 9, 1928, pp. 57–59.

(103) *Tragediia*—, vol. 1, p. 185.

(104) ウクライナのオデッサ管区では自己課税のための集会を失敗させ村ソヴィエト書記殺害を教唆した六人のクラークが逮捕された、と二月初めのオゲペウの報告は伝えた(*ibid.*, p. 196)。

(105) 〈Pravda〉, 15 February, 1928.

(106) 住民に対する「慎重を欠いた粗野な態度」が指摘された(〈Vlast' sovetov〉, No. 42, 1928, p. 25)。

(107) 〈Vlast' sovetov〉, No. 33, 1928, p. 6.

(108) 〈Derevenskii kommunist〉, No. 4, 1928, p. 37.

(109) *Tragediia*—, vol. 1, p. 194.

(110) 〈Derevenskii kommunist〉, No. 11, 1928, pp. 25–26.

(111) RTsKhIDNI, 17/32/117, 6.

(112) 党細胞とソヴィエトが非党員農民積極分子《アクチーフ》によって囲まれ貧農が組織され、貧・中農ブロックが実現しているところでは自己課税は成功裡におこなわれた、とのちの一般的報告は総括している。クラークが凶暴な抵抗を示したがゆえに、成功は貧農の結束と貧・中農ブロックの拡大に基づいて初めて可能であった、という(〈Pravda〉, 9 December, 1928)。しかし当時このような勢力布置はきわめて例外的であったことが留意されねばならない。

(113) 末端のコムニスト活動家もしばしば共同体的関係の影響下にあった。マイコプスキー管区における一四人のコムニストからなる村細胞からの報告の伝えるところでは、細胞集会では自己課税の実施を決定したが、スホードではコムニストも自己課税に反対し、もし反対しなければ村に住めなくなるといった(〈Derevenskii kommunist〉, No. 11, 1928, pp. 25–26)。モロトフのウクライナについての報告は、現地組織のこのような対応を確認して、「クラークに対するこれらの措置にかんして、現地の同志の反対が直接間接に、しばしば提起された。支払金、未納金の徴収促進、自己課税実施の促進などに対する形式的反対のほかに、中農についての心配からクラーク分子に対して断固たる圧力を加えないことに結局帰着する政治的性質の配慮も提起された」と記した(*Tragediia*—, vol. 1, p. 185)。

(114) RTsKhIDNI, 17/32/117, 12–13. 一九二八年二月初めころのオゲペウの北カフカースにおける穀物調達の経過と農民の気分についての報告は自己課税キャンペインについてつぎのように記録している。「自己課税キャンペインは、クラーク、富農からの執拗な抵抗に遭っている(「ソヴィエト権力は強奪(grabezh)の新しい形態を発見した」)。中農もまた一連の場合自己課税に反対し、そのことがまた貧農の消極性の理由となっている。ドン、クバン管区では、一連の村ソヴィエトで、集会は第一回集会への不出席と第二回集会へのクラーク－富農グループの大量出席の結果として失敗している。自己課税問題の肯定的解決は、しばしば、大きな圧力のもとでおこなわれている」(*Glazami*—, vol. 2, p. 668)。

(115) 〈Pravda〉, 16 April, 1928.

(116) シベリアの地方文書は、調達危機の初期段階における農民の活発な反応(スホードなど農民の集会・会議への高い出席率など)を伝えている(〈Izvestiia TsK KPSS〉, No. 7, 1991, p. 183)。

(117) 〈Sovetskoe stroitel'stvo〉, No. 9, 1928, p. 59.

(118) 〈Derevenskii kommunist〉, No. 11, 1928, p. 26.

(119) 〈Derevenskii kommunist〉, No. 5–6, 1928, p. 8.

(120) *Tragediia*—, vol. 1, p. 166.

(121) RTsKhIDNI, 17/3/704, 11, 1–2; 〈Pravda〉, 23 September, 1928; 〈Krest'ianskaia gazeta〉, No. 40 (2 October), 1928, No. 8 (25 January), 1929. 一九二八年一二月七日付ロシア共和国検事クルィレンコの指令(*Tragediia*—, vol. 1, p. 467)。

(122) 〈Izvestiia TsK VKP(b)〉, No. 6–7, 1928, p. 2; 〈Pravda〉, 10 January, 1928.

(123) *SU*, No. 80, 1926, art. 600.

(124) Stalin, *Sochineniia*, vol. 11, p. 46. なお、〈Soviet Studies〉, vol. 19, No. 1 (July 1967), pp. 127–129 参照。

(125) *Ugolovnyi kodeks RSFSR*, p. 154. この条項に相当するウクライナ刑法典の規定は同法第一二七条であったが、同法典はさらに第一三五条において国家商業を規制する準則の違反に対してクラーク、投機業者の訴追(presledovanie)を定めており、この条項も第一二七条と並んで適用された(Koniukhov, *op. cit.*, pp. 98–99)。

(126) Stalin, *Sochineniia*, vol. 11, p. 46.
(127) RTsKhIDNI, 17/3/669, 5, 25–26.
(128) Pavlova, *Mekhanizm vlasti i stroitel'stvo stalinskogo sotsializma*, p. 79.
(129) *ibid.*, p. 80.
(130) *Tragediia*―, vol. 1, p. 147.
(131) Pavlova, *op. cit.*, p. 81.
(132) 〈Izvestiia TsK KPSS〉, No. 5, 1991, pp. 197–198.
(133) *Tragediia*―, vol. 1, pp. 185(ウクライナ), 193–194(北カフカース).
(134) Stalin, *Sochineniia*, vol. 11, p. 4(戦後刊行のスターリン著作集第一一巻で初めて公表されたスターリン発言(複数)の要旨). Pavlova, *op. cit.*, p. 82によれば、それは一月一八日会議での「提案」である。モロトフも同様に、ウクライナでの体験から地方司法機関を攻撃した。「現地での印象では」これらは「党的精神がとくに感じられない機関」であった。「それらの活動は、市民の形式的権利の擁護だけでなく、同じ程度に、いや第一番にも、ソヴィエト権力の利益の擁護に向けられなければならない」のに、そうはなっていない、「司法機関のかかる状態は断固たる党的処分を要求している。それはウクライナだけではない」(*Tragediia*―, vol. 1, p. 184)。
(135) Stalin, *Sochineniia*, vol. 11, p. 3; 〈Izvestiia TsK KPSS〉, No. 5, 1991, p. 202. モロトフもウクライナについて、クラークへの「峻厳な抑圧」に対する「現地の同志の反対」が「しばしば提起された」事実を認めた(*Tragediia*―, vol. 1, p. 185)。
(136) 〈Izvestiia TsK KPSS〉, No. 5, 1991, pp. 199–201.
(137) *Tragediia*―, vol. 1, p. 185(ウクライナ).
(138) 〈Izvestiia TsK KPSS〉, No. 6, 1991, pp. 207–208, 209–212.
(139) Pavlova, *op. cit.*, p. 81.
(140) S. A. Papkov, *Stalinskii terror v Sibiri, 1928–1941*, Novosibirsk, 1997, p. 13.
(141) 一九二八年四月までのウラル州の調達キャンペインについて、州党委員会書記シュヴェルニクは、税の一〇〇%の徴収、自己課税の一〇〇%の納入、債券の九〇%の普及を誇示して、これらが「ゆきすぎ」なしでは達成されえなかった事実を認めた。裁判手続抜きの第一〇七条の適用、全地区に及ぶ闇食糧取締班の組織、コムニストの間にある「クラーク収奪」気分、戦時共産主義的方法への志向、ゆきすぎた抑圧がその例であった(〈Izvestiia TsK VKP(b)〉, No. 19, 1928, p. 18)。

(142) 〈Izvestiia TsK KPSS〉, No. 6, 1991, pp. 214–215, No. 7, 1991, pp. 178–179.

(143) 〈Derevenskii kommunist〉, No. 8, 1928, p. 36.

(144) 〈Izvestiia TsK VKP(b)〉, No. 19, 1928, p. 18; 〈Pravda〉, 19 February, 1928.

(145) Stalin, *Sochineniia*, vol. 11, p. 2.

(146) 〈Izvestiia TsK KPSS〉, No. 7, 1991, pp. 180–182, 184, 192. 前掲の一九二八年三月二〇日付ペヴスネルのエイへ宛書簡は、農民の気分を詳しく記述している。「中農は……きわめてつよく不平をいい、その最もちからのある部分はクラークの気分をわかちもっている」。「貧農はその気分において良い方へと疑いもない転換がある。われわれは以前の敵意や中立気分の存在にすべて責任がある。キャンペイン初期、われわれは貧農にまったく注意を払わなかった。農業税と保険の期限を早めた(pribavili)際にこれを機械的にやり零細グループにこれを及ぼした」。しかしいまは「(貧農への援助の結果として)貧農の気分の転換の成果がある。すべての地区において貧農はクラークの蓄えを摘発するのを助けている」。書簡は、農村が一七年を想起させるほどに活気を呈し、農民の積極性が高まっているとしている(ibid., pp. 182–183)。

(147) *Tragediia*—, vol. 1, p. 152; *Glazami*—, vol. 2, pp. 715–716.

(148) 〈Bednota〉, 2 March, 1928.

(149) 〈Pravda〉, 15 July, 1928.

(150) 歴史家ダニーロフはいう、農村社会は都市とは異なり「共同体的・近隣的蜂蠟により緊密に結びついて」おり、家宅捜索、逮捕、没収、クラークでない経営の破壊を気づかれないでこっそりとおこなうことは不可能であった。それらは、被害者のみでなく、村、共同体全体の抗議を招いた、と(*Tragediia*—, vol. 1, p. 10)。

第二章　過　程

一　経済危機から政治危機へ

わが党は、ふたつの階級〔労働者と農民〕に依拠している。この故に……もしこれらふたつの階級の間に合意(soglashenie)が成り立ちえないとするならば、党の没落(padenie)は避けられない。

――レーニン(一九二二年一二月二四日病床でのメモ)(1)

一九二七、二八、二九年当時のソ連の経済年度は、一〇月一日に始まり九月末日に終結する一年を単位としたが、穀物調達年度については七月一日を起点とした。一九二七／二八穀物調達年度は一九二八年六月末日に終り、同年七月の党中央委員会総会はその総括の機会となった。調達危機の観点から重要な意義をもった時期は、いうまでもなく一九二八年初めからの半年である。以下この半年の穀物調達キャンペインの経過を概観し、党がこの経験から引きだした政治的・経済的展望を示すことにしよう。このためには、半年の経過を、一九二八年一月から四月までの第一段階と、この段階を総括した四月の党中央委員会総会から六月末までの第二段階とに分けることが適切である。第一段階を総括した四月総会が示したのは、危機が経済的性格のものであったとの判断であり、危機打開により市場的調達方法に円滑に復帰できるとの楽観的展望であった。続く七月の党中央委員会総会は、調達年度最後の二か月(一九二八年四―六月)の調達が、四月総会の展望に反して危機を深刻化し、経済危機を「結合」解体という意味での政治危機へと転化した顚末を率直に認め、農民との合意回復を最優先の課題として非常措置の全面的廃止と市場的調達方法への復帰を全会一致で決議する。穀物の豊作予想は、穀物価格の引上げと相まって、新調達年度において同決議実現を担保する基本的条件と喧伝された。しかし七月総会後短期間の小休止を経て、新年度の穀物調達は、都市その他の消費地帯の食糧事情に深刻に影響する困難に逢着することになる。

穀物危機の継起的発生と深刻化とは、農業・農民問題についての党指導部の思考の転換を促す起動要因として働いた。農業において支配的な小農経営の生産協同組合的大経営への再編・統合を目的とする農業集団化運動そのものは、革命前からボリシェヴィキの農業綱領の構成部分であり、革命後もかれらの農業政策の戦略課題として生き続けた。ネップ導入から一九二七年末までの農業集団化運動の試行錯誤の導きの糸となったのは、農業社会主義化にかんするマルクス主義の理念であった。理念は農業集団化の方法的規範を規定した。それは、集団化が農民の真の自発性に支えられた下からの社会運動としてのみ実現されうることを教えた。国家と工業に期待された役割は、側面的に、農民自身の事業に経済的・技術的・文化的援助を与えることであった。工業の低水準、農村の後進性などロシアの歴史的条件を前提すれば、集団化は、長期の漸進的な過程としてのみ展望できる戦略的選択肢であった。党指導者の間に個別問題について意見の分岐はあったものの、この方針について基本的不一致はなかった。穀物危機はこの共通の精神的基盤を揺るがす一撃となった。それが直ちに理念からの全面的撤退に直結したわけではない。集団化の理念、その根底にあった労農結合の原則は、容易にはまた公然とは否定できない体制存立の鉄則であり、政策立案者を重く拘束する心理的負荷であった。しかし同時に穀物問題の重大化が、党指導者、とりわけ加速的工業化を最優先の戦略課題と位置づける指導者に対して、集団化問題再考の機会として作用した側面も看過できない。兆候は、穀物調達テンポ急落の情報を背景として集団化を「農村における党の基本的任務」とした第一五回党大会決議に早くも垣間みられた。[2] 大会後、穀物危機打開のためにシベリアに赴いたスターリンは、「クラーク」のサボタージュに対抗するために集団化を「全力をあげて、力や資金を惜しまずに展開する」必要を熱心に説いた。[3] 調達危機解決の責任を負わされ、農民の抵抗に手を焼いた調達地区の党幹部には、スターリンの見解に同調する動機がなくはなかった。一九二八年五月二八日スターリンは、赤色教授学院、共産主義アカデミー、スヴェルドロフ大学の学生との会談において、かれらに影響力をもつブハーリン理論に対する批判をこめて、集団化を穀物問題解決に結びつける見地を明確に打ちだすとともに、当面の穀物調達のための非常措置の必要がなくなる第一の条件として「コルホーズとソフホーズがより速いテンポで発展する」ことをあげた。[4] 調達危機の再燃、危機の深刻化は、集団化を目前の穀物危機解決に結びつける思考を党内でさらに有力化し、集団化を長期の漸進的過程と考える古典的思想を次第に駆逐していく。

他方で、このような集団化についての思考の転換が集団化の方法的規範の問題を提起することは不可避であった。古典的マルクス主義の理念は、小農経営に代わるべき社会主義的大経営を農民がみずからの意志で選択できるためには、大経営に必要な物的基礎(農業機械、化学肥料など)を工業が十分に提供できること、農民が土地整理をおこない、大経営を管理するための技術と知識を習得することが必要な前提であると教えた。ロシアではそのいずれをとっても獲得に長い時間と多大の精力を要し、したがって、集団化は「数世代の事業」(レーニン)であると考えられた。しかし集団化の基本的理念としての農民の自発性は、急進的集団化の提唱者によっても決して否定されなかった原則であった。農民との合意(「結合」)は、革命の理念に起源をもつ神聖な理念であり、順守されなければならない戒律であった。第一五回党大会でモロトフは、農業・農民問題の責任者の地位において、「中農の大経営への移行のためにかれらに強制を用いる者は労働者と農民の同盟の破壊者である」と断じた。[5] 一方で、農民の自発性の尊重をますます困難にする集団化の加速化、他方では、党員を心理的に拘束する「結合」の理念、この両立しがたい要請は、党指導部を二分しただけでなく、個々の党員の内面にも葛藤を生んだところの歴史過程を複雑にした矛盾であった。現実は、加速的集団化か「結合」の維持かをますます二者択一的に提起しつつあった。党指導部の決定的分裂は、この現実の反映であった。スターリン派の勝利とブハーリン派の凋落の意味するところは、党指導部が農民との合意を犠牲にしても加速的集団化の立場を選択したということにほかならない。にも拘らずスターリンは、集団化のテンポの加速化を一貫して追求しながら、「結合」理念にも固執し続けた。全面的集団化、その急テンポ化、クラークの絶滅を構成要素とする「上からの革命」を政策化した一九三〇年一月五日の政治局決定は、「コルホーズ運動に対する上からの「指令化」のいかなるものにも反対する」ことを「最も厳粛に」宣言した。(6) しかしそのときまでに、「結合」の解体は不可逆の現実となっていた。スターリン指導部はその現実を認知することなく、農民の自発性は集団化運動において順守されたと主張し続けた。理念は、それに背く現実を批判し是正する本来の力を失い、裏切った現実を糊塗する偽装の役割を担うことになる。

すでに述べたように、党政治局は、調達不振の情報を背景として、一九二七年一二月一四日と二四日、活動強化を目的とするふたつの指令を地方党組織に発したが、それらは調達テンポの低落を上昇へと転じるうえで効果をあげなかった。強硬な口調ではあったが、そこでの政策的基調は、なおも工業商品の農村への送達を中心とする従来の政策の継承的強化であった。一九二八年に入っても、一月の第一旬には調達テンポの低落傾向は止まらなかった。(7) 上昇に転じるのは一月第二旬においてであり、(8) 第三旬(一一日間)になって調達は漸く「望ましいテンポ」となった。とくに一月最後の六日間の調達量は最近数年間の新記録となった。(9) 調達テンポの急転換をもたらした直接の要因は、一月五日の政治局指令により示された調達体制と調達方法における抜本的刷新であった。すなわち、この「第三の指令」は、最短期間内に調達における決定的転換をやりとげる全責任を地方党組織指導者に負わせ、最短期間内に決定的転換をかちとることを厳命し、そのために「クラーク、投機業者」に対する「特別の抑圧措置」をとることを指示した。地方ではそのために党機関のもとにソヴィエト、協同組合、調達機関、司法、警察などすべての地方組織を一元化する非公式の非常機関(三人委員会《トロイカ》)が創設され、抵抗的あるいは非協力的な組織とその構成員には公式的手続を無視した規制措置(解散、更迭、懲罰など)が加えられた。[10] この組織上の水平的統合に並行して、垂直的統合が、中央または上級党・国家機関から下級への全権代表の派遣というかたちで実施された。[11] これらの措置からややおくれて、オゲペウの調達過程への介入が始まった。介入は、最初は情報の収集回路として、ついで現地組織および農民に対する強制的方法の適用主体として、おこなわれた。一月一六日付オゲペウ経済局極秘報告、[12] 二月初めの同情報部報告[13]はそれぞれ調達過程におけるクラーク、私的商人、投機業者の抵抗および反抗する村ソヴィエト職員、農民の逮捕などの抑圧措置を報告した。ついで、二月四日付オゲペウ中央の地方機関宛の指令電報および二月八日付オゲペウ経済局報告は、オゲペウによる「大量機動作戦」の全国的展開を告げた。[14]

一月後半になって調達テンポは上昇に転じた。しかし転換はすべての地区で一様に現れたわけではなく、主要穀物調達地区たるウクライナ、北カフカースで最も早く、中央黒土州(ヴォロネジ、クルスク、タムボフ、オリョール)、パヴォルジェ(ヴォルガ中・下流域地方)、シベリアではおくれた。最もおくれた地方は、カザフスタン、ウラル、バシキール、タタールであった。[15] このうち、当時需要が(国内向けとしても輸出用としても)とくに大きかった小麦の生産地として重視されたシベリアには、一月一五日党書記長スターリンがみずから全権代表として督励に赴き、二月六日まで滞在することになる。[16] シベリアでの経験に基づいて、[17] スターリンは、新しい調達政策を体系化した政治局決定を起案する。[18] 草案はルィコフ、スターリン、モロトフ、ミコヤン、ブハーリンにより構成された政治局小委員会（議長ルィコフ）の検討を経て二月一三日政治局によって採択され、長文の秘密指令「穀物調達キャンペインの最初の成果と今後の党の任務」として地方党組織に伝達された。[19]

二月一三日指令は、穀物危機の経緯と原因、すでにとられた非常措置の内容とその効果、その有効期限、ネップとの関係、今後の穀物調達政策の各部分からなる。指令は、非常措置（組織的措置、「余剰」貨幣の吸取、クラークに対する措置など）を列挙し、それらが市場に放出する多量の穀物予備と十分な穀物を輸入しうる外貨（valiuta）予備とを政府が保有していない現状では、穀物危機を克服するためのやむをえない唯一の選択であったと弁明しつつ、「その大部分が本調達年度期間中しか効力をもたない」とその一時的性質を強調してネップ廃止の風説を打ち消した。「われわれがネップを廃止し、食糧徴発制、クラーク収奪などを導入しつつあるかのように語ることは、反革命的むだ話であり、それに対しては断固たる闘いが必要である。ネップはわが経済政策の基礎であって、長い歴史的期間にわたるであろう」。ネップが「長い歴史的期間にわたり」存続するとは、スターリンがシベリアでは与えなかった言質である（同地でかれが強調したのは、政治局決定にはなかった農業集団化による穀物問題の最終的解決であった）。しかし「プロレタリアート独裁の観点から商業を規制する権利と可能性を留保する」との決定の強調は、シベリアでのスターリンの主張と符合する。政治局小委員会の構成から推定すれば、この部分はスターリン派とブハーリン派の妥協の反映とみることができよう。[20] 集団化への強調をスターリンが公然と口にするのは、それから三か月後においてである。[21] ついで指令は非常措置が調達テンポ上昇に及ぼした決定的効果を称揚する。「いまわれわれが完全な根拠をもって確認できることは、採用された方策と展開されてきた穀物調達キャンペインとが、すでに党の最初の疑う余地のない勝利に終ったことである」。一月の調達量は一二月のそれの二倍となり、二月の調達のテンポはさらにたかまりつつある。決定は、党、ソヴィエト、協同組合の点検と粛清の結果を肯定的に評価し、農村における党活動の改善、貧農と中農の間でのソヴィエト権力の権威のたかまりを指摘して、「われわれは明らかに、穀物調達の危機からぬけだしつつある」と結論する。決定はついで、「ゆきすぎ」の是正と春まきキャンペインの準備を指令したのち、最後に、今後の調達キャンペインにおいて一月以来の調達政策を継承的に強化する趣旨の一一項目の指示を与えた。二月一五日付『プラウダ』社説は、当時秘匿された指令の趣旨を体した内容であった。(22) 翌一六日以降『プラウダ』の論調は一転してクラーク、投機業者に対する厳しい制裁を支持し、自己課税、債券普及の早急な実施を要求し、現地調達機関の活動に対する攻撃を強めた。(23)

調達は二月に入ってから著しく強化された。計画遂行率についてみれば、一二月の五〇%、一月の八六・五%に対して二月はほぼ一〇〇%であり、調達量についてみれば、一月の八二〇〇万プードに対して二月は一億二一五〇万プードであった。(24) ミコヤンは、二月の調達を「満足すべき結果」と評価し、二月の成果を三月も維持すべきことを強調した。(25) 三月に入ってからも新聞は引き続き調達の好転を報じた。(26) 商業人民委員部資料によれば、三月には前年同期の調達量より六五・五%多い七一九五万プードが調達された。(27) こうして一―三月の三か月間に、前年一〇―一二月の低落分は取り戻され、三月末日までの年度調達総量は、昨年度よりわずかに少ないものの、一昨年度をかなり上回るまでに回復した。(28) 一月以来の非常措置は、それが権力と農民のネップ的関係に及ぼした深刻な衝撃を別として、調達結果そのものにかんしていえば即効性を遺憾なく発揮した。(29) 四月の党中央委員会・中央統制委員会合同総会決議が、一九二八年一―三月の三か月間に前年同期よりも一億一〇〇万プード多く調達した成果を誇示し、「ある部分において非常の性質を帯びた党の措置が穀物調達を強化するうえで最大の成功を保証した」と評価したのは、調達結果についていえば誇張ではなかった。(30)

一九二八年四月六—一一日の党中央委員会・中央統制委員会合同総会は、三月までの穀物調達過程を総括し今後の調達政策を審議した。ミコヤン報告「当年度の穀物調達と次年度の穀物調達キャンペインの組織」に続いて、農民の動向、非常措置の評価などの問題をめぐって率直な意見の交換があった。発言者の多くは、非常措置が権力と農民の相互関係に及ぼした否定的影響に深い憂慮を表明した。ミコヤンは、調達危機が穀物の不足や不作からでなく、「第三の豊作年」とされる好収穫のもとで発生したことから、危機の原因を、経済諸要因間の「厳しい不均衡」の結果として生じた一〇—一二月の調達の低落が「クラークによって、私的商人とともに、国家・協同組合装置の黙認のもとで利用された」事実に求めた。(31) ミコヤンは続いて「ゆきすぎ(peregiby)」と「歪曲(iskazheniia)」の釈明に論点を移動させた。かれによれば「実践において存在したが中央委員会の指令の体系には入っていなかったゆきすぎと歪曲」は「われわれによってつくりだされた状況から」、「この状況の任務から」、「途方もない圧力の状況から」できたものであった。説明、説得等によってこれこれの穀物を調達し、これこれの額の債券を普及せよとの課題が与えられた。これは「まったく正しい指示」であった。「しかし説得のための勢力が不足しているために、それほどまたすぐには納得させられない、他方、課題は与えられ、しかも課題遂行不可能の釈明はすべて、われわれによって当該組織の弱さの証明と評価された、そこでもちろん、人々は、いかなる措置によっても課題を遂行することが重要であるとみなして、圧力をかけ、抑圧を適用し、かくしてゆきすぎと過度の行政命令的やり方(pereadministrirovanie)へとつき進んだ」。そのうえでミコヤンは、「ゆきすぎ」が胚胎する重大な政治的危険に言及する。「一連の地方でまったく言語道断な事実があった」、「それらが大量的性質を帯びていたがゆえに、大きな政治的危険のおそれがあった。われわれはゆきすぎと歪曲の現れに対して断固闘わなければならなかった。なぜなら農民は、悪い場合をひろく知りそれらを長く忘れないが、良い場合をあまり知らずすぐ忘れることを好むから」。かれは農民がよせた苦情の手紙を紹介しつつ、「われわれに必要なのは、これらのゆきすぎと歪曲に対してきわめて断固として闘うことである。というのは、それらが大量にひろがり、わが経済システムに対する農民の信頼を覆し、農民の基本的大衆とわれわれの関係を困難にする危険性が存在するからである」と述べた。(32) ミリューチンは、歪曲、ゆきすぎよりも、ごく短期間でわれわれの経済的状態を党が救ったことのほうが重要であると、ゆきすぎの否定的影響を希釈しようとした。(33) しかしかれによる視点の移動は、穀物調達地区組織の代表によって、農村の深刻な現実を看過する空論と攻撃された。ポスティシェフ(ウクライナ)は、すべてのキャンペインが一挙になされたが、もっと穏健なやり方でおこなわれたら、農民は調達、債券、自己課税の必要性と有益性を理解したであろうにという。かれは、「われわれ」が農村と農民についていかに無知かをミリューチンの発言を引用して慨嘆する。ミリューチンは統計業務を指導しているが、農民経営をいかに究明すべきか、なにから始めるべきか、いかに接近すべきか、についてはっきりしたことをなにひとついっていない。穀物調達をとってみても、「われわれは農民《ムジーク》がどれくらい穀物をもっているかを知らないし、クラークについても無知である、とかれはない。穀物調達装置もまた穀物がどこにどれくらいあるのか知らない」。クラークについても無知である、商業人民委員部も知らいう。「クラークにかんしてわれわれはどれだけ決議を書いたことか。しかしクラークに対して第一〇七条を適用することが必要になったとき、県委員会、郡委員会、郷の党およびソヴィエト装置は農戸を巡回し、このクラークなるものを探し始めた」。「問題はどこにあるのか。はたしてわれわれのところに本当にクラークはいるのか。問題はわれわれがただおしゃべりに専念していたことにある」。(34) シュヴェルニク(ウラル)は、中農の穀物を合意に基づき調達することの困難を隠さなかった。「現在大量の穀物が中農経営のところにある。かれらは売りにだすことのできる余剰をもっている。この点に困難が根ざしている。なぜなら、われわれが富裕な経営から取り上げるようなやり方で穀物を取り上げることはできないから。なぜなら、かれらには第一〇七条を適用しないから。中農から穀物を集めしかもかれらと同盟を保持するようにことを運ばなければならない。この任務は困難である。ここで多くのコムニストが大失敗をやらかしている」[35]。ハタエヴィチ（中ヴォルガ）は、中農にはクラークにあるような「われわれに対する激しい不満はない、あるのは不安とおそれであり、これを取り除くためにあらゆる方策を講じなければならない」として、中農層との確執が修復不可能になる前に誤りを正すべきであると警告する[36]。スィルツォフ（シベリア）は、調達において「党の動員が決定的役割を果たした」こと、その過程で「協同組合の自立性」が「ひどく侵犯」された事実を指摘する。かれはまた、中農の気分についての懸念を隠さなかった。「かれらの一部はきわめて不機嫌であり、いくらかの明日への不安がある、なぜならかれらはいま、ソヴィエト権力がかれらにいかなる態度をとるかを知らないからである」[37]。

四月総会は、調達問題にかんする決議の政治局案を「基本的に」承認し、最終決議文作成を、ミコヤン、ブハーリン、モロトフ、ヴァレイキス、カミンスキー、エイヘ、ウグラノフら二四人からなる委員会に委ねた。四月一一日総会は委員会案を修正のうえ承認した[38]。決議案審議の経緯が示唆するように、総会決議は、理念と現実の妥協、すなわち理念の正当性を承認しつつも、個々の逸脱行為に対する批判において徹底性を欠く、という意味での妥協の産物、のちにフルムキンが指摘したように「中途半端でどっちつかずのもの」[39]であった。それにも拘らず、四月総会は、七月総会と比べるなら労農結合の解体という意味での政治危機への憂慮は、まったくなかったわけではないとしても、概して希薄であり、ネップの軌道への復帰についておおむね楽観的であった。決議は、「第一五回党大会のスローガンである「クラーク層に対する攻勢を更に発展させよ」が、大社会主義工業と小農民経営の結合の唯一の正しい形態であるところの「新経済政策」を基礎としてのみ、またプロレタリア国家の革命的合法性の厳格な実行に基づいて初めて実現される」と宣言した。総会は、穀物調達問題について、危機の原因、危機克服のためにとられた措置、非常措置実施におけるゆきすぎと歪曲、今後の方針と新調達年度における調達組織の改組の四部からなる決議を採択した[40]。

危機の原因について決議は、ミコヤン報告に沿って、一時的に生じた「市場的均衡の激しい(rezkoe)侵害」が基本的要因であるとするブハーリン的枠組に従いつつ、政治的・階級的要因を重視するスターリン的視点をそれに加味した。(41) しかし危機の性格については、もっぱら「経済的」危機とみなし「政治的」危機(いわゆる「結合《スムイチカ》の危機」)までには至っていないと診断した。のちに七月総会でミコヤンが、一月まで遡って非常措置を非難したルィコフに対抗して、一—三月の非常措置を「全体として正しかった」として四月以降の非常措置と区別した論拠は、それが「結合の解体」の危険を伴わなかったと認定したことにあった。(42) 決議はついで、危機に際してとられた措置を列挙したのち「ゆきすぎと歪曲」の問題に移る。一月以来の一連の措置に「とくに歪曲とゆきすぎとがあったことに関連して」「中農上層の不満を招いた事実を認めて、これら「クラークだけでなく中農にも打撃を与え、事実上食糧徴発制に陥るところのすべての方法」を断固として一掃する必要性を強調した。それが必要であるのは、「それらが長期にわたり経済的にも政治的にも否定的な結果を与えるおそれがあるから」であった。また、クラークとの闘争も「ネップに基づいてのみ」おこなうべきであるとして、第一五回党大会決議の精神を再確認した。しかし、非常措置の評価、その今後については、一貫した結論を提示することはできなかった。

こうして四月総会決議は、基本的には、なお党の理論的・政策的指導の地位を失っていなかったブハーリンの見地を順守しながらも、それからは正当化されえない、党組織がみずからの責任において穀物危機克服のためにとった逸脱行動に対する妥協的評価を混入することによって、いくつかの論点について、やがて先鋭化する党内闘争の火種となる、多様な解釈の余地を残す不明確で一貫性を欠く内容となった。なかでも非常措置の評価は、以後一九二九年秋までの党内闘争において、繰り返し厳しい争点となる。しかし四月総会時にはこの問題についての不一致はいまだ表面化してはいなかった。その主たる原因は、非常措置はあくまで緊急避難の方便とする一時性の感覚が党指導部によってなおも共有されていたことに求めることができる。もちろん、この共有された感覚には、危機の原因についてブハーリンとスターリンの間にあった同一の図式に対する強調点の相違から派生し、のちには両者の決裂にまで昂進した、微妙な意見の分岐が秘められていた。「基本的市場均衡」の侵犯に危機の主たる原因をみて、それを経済指導が反対派との闘争のために中断されたゆえとしたブハーリンと[43]、クラークの反抗(「ネップの条件のもとでは最初の、重大な行動」)という新しい政治的要因を危機の主原因として強調するスターリンとの間で[44]、「反クラーク的」非常措置の「一時性」の解釈に相違が生じたとしても不思議ではなかった。ブハーリンの観点からすれば、危機は経済的均衡の政策的回復措置により克服される性格のものであり、クラークは付随的問題であった。しかしクラークの抵抗に危機の主原因をみたスターリンからすれば、将来起こりうるクラークの反抗に対して非常措置の発動を留保する「弁証法的」[45]態度が正しいということになろう。事実、四月総会後のモスクワでの報告演説でかれは、つぎの調達年度における非常措置復活の可能性をほのめかした[46]。非常措置の廃止に対するかれのシニカルな態度は、かれの権力基盤である地方党組織の実態、すなわちカガノヴィチが四月総会において言及したような「農村での実際活動の観点からすれば、完全に非常措置、行政的命令なしで任務を果たしえない実情[47]」を代弁し、弁護する動機からもでていた。それにも拘らず、スターリンとブハーリン、ルィコフとが非常措置の問題での決定的衝突を回避できたのは、ブハーリンが政策的・理論的指導者としての地位を保持していた事情に加えて、一―三月の非常措置がネップに対して及ぼした衝撃度が、四月以降ほどには深刻でなかった客観的条件にもよる。のちの段階に比べれば、一―三月の非常措置の適用範囲はなお限定的であり、方法も過酷ではなかった。オゲペウの介入は散発的であり、活動も限定的であった。再三の組織的非常措置がネップ的政治・経済システムに与えた打撃は浅からぬものがあったが[48]、にも拘らず、農村諸組織には、ネップは行動規準として生きており、恣意的権力に対する抑制要因となっていた。一九二九年夏に実施される農村党・ソヴィエトの全般的粛清まで、農村組織とその構成員とが不断に「右翼日和見主義」として攻撃にさらされたという事実そのものが、そのことを傍証する。[49] 農村ソヴィエトの農民的基盤は完全には破壊されず、ソヴィエトと農民の紐帯は、いまだ完全には消滅していなかった。農民社会に定住する農民コムニストが権力の恣意的行使に対する一定の抵抗要因となったであろう。[50] 非常権力が農村を撤退すれば、台風一過、農村はネップの軌道に戻るであろうとの期待が生まれたとしても不思議ではない。ルィコフは、四月一六日ソ連中央執行委員会総会の席上、現在われわれは緊張した状態から脱出したと語った。[51] 強制的調達、合法性の侵犯などが農民の間に引き起こしたパニック、不満、反対行動が、一―三月においてもしばしば重大な様相を呈したことは事実である。農民はもはや旧時代の蒙昧な農奴ではなかった。ルィコフがのちに強調したように、権力の恣意的行動は、戦時共産主義時代の「われわれ」の経験とはまったく異なる条件のもとでなされたのである。「われわれ」は長らく革命的合法性を農村に植えつけ、ソヴィエト、協同組合など農民的組織をあらゆる方法で援助し、農民をソヴィエト建設に引き入れた。農民は政治的に意識的になり、より良く組織された。かれらの意識には戦時共産主義の記憶が残っており、権力の抑圧措置のなかに戦時共産主義の全光景をみる。「ゆきすぎ」がたとえ「数千の中農」にしか及ばなかったとしても、「政治的共鳴」はひろく中農に波及し、かれらはそのなかに自己の不安定な未来をみた。[52] しかし一―三月の段階においては、農民の「政治的共鳴」はいまだ局地的であった。非常措置の中心は刑法第一〇七条であり、その管轄は司法人民委員部に属し、農村でのオゲペウの活動は抑制されていた。他方、農民の穀物貯蔵は相対的に潤沢であった。「一時性の感覚」の共有の基礎にあったのは、危機がいまだ政治危機、あるいはネップ解体の危機と規定するほどには切迫していないという判断の共有であった。[53] ネップが破産に瀕しているという感覚は、治者の側にも被治者の側にもなかった。合意の関係の修復、合法的支配の回復の可能性は疑われていなかった。四月総会の結果を論じた『プラウダ』の長文の社説は、あらためて中農との固い同盟を強調した。(54) 穀物調達における「困難(zatrudnenie)」は将来も起こりうるであろう、しかし一―三月のような非常措置を必要とするまでの深刻な「危機(krizis)」は回避されうるであろう、これが四月総会決議の展望であった。「ネップを基礎として」と「革命的合法性の厳格な実行に基づいて」が、そこで再確認された政策枠組であった。(55) ブハーリンは総会後の演説において「われわれは中農層の基本的大衆との関係を複雑化することなしに困難から抜けでた」と語った。(56) 党中央のこのような楽観的観点に地方は敏感に反応し、地方では党その他の組織が「動員解除的気分」に陥ったと報告された。(57)

しかし、四月総会後間もなく、穀物調達テンポ急落の現地情報が相ついで寄せられるに及んで、総会決議の前提は脆くも瓦解する。すでに三月二〇日付オゲペウ経済局極秘報告は、ソ連全域における調達テンポの「顕著な低落」を通報していた。(58) 総会後四月一三日モスクワの党積極分子《アクチーフ》を前にした報告演説においてスターリンは、つぎの調達年度における非常措置の復活を、条件的にではあるが、否定した。しかし、当年度の残り三か月の調達については、この問題に触れなかった。非常措置廃止の条件がほとんど整っていない現実を、かれは地方党機関、オゲペウなどからの情報によって熟知していたのであろう。(59) 四月一九日政治局決定は、調達テンポの低落傾向が四月前半も続いていることを認めた。決定によれば、低落は「著しい程度において」現地調達組織の「動員解除的気分」に起因していた。(60) この説明は、市場的媒介が調達に自動的に作動していない現実の暗黙の認知であった。事態に緊急に対処するために、四月二四日、ロシア中央部党組織の代表の参加をえて、党中央委員会主催の第四・四半期(四―六月)穀物調達の強化を議題とする会議が召集された。司会はモロトフ、主報告はミコヤンが担当した。主題は、四月総会の決議の凍結と一九二八年一―三月の調達方法への復帰を定めた党指導部の決意の伝達であった。党中央を代表してモロトフは威圧的に議事を統括した。数か月前の党大会で農民との合意の原則的意義を熱心に説いた人物が、いまや強制的調達方法の唱導者として現れた。年度内に調達計画を「なんとしても」達成する任務が至上命令として地方党組織代表者に提示された。「事実上調達が停止している」四月を考慮すれば、五―六月の調達は、地方党組織にとっては、過大な調達計画を短時日で達成する過酷な課題を意味した。モロトフは、四月の低落を取り戻すために五―六月の調達が「緊張した活動」となるであろう、具体的には第四・四半期の調達計画一億プードの大半が五―六月に調達されなければならない、と語った。そのためには、第一に、調達地区で「圧力のあらゆる措置」をとること、第二に、これまで軽視された第二級調達地区の調達に「注意」を向けること、第三に、穀物の消費規制を導入することが必要であった。第一点は、一―三月の方法の復活であり、第二点は、この方法適用の地域的拡大であった。地方党組織代表は、中央が要求する調達課題を達成不可能として激しく抵抗した。モロトフは「政治局の権威において」反対をことごとく退けた。強硬な反対意見を開陳したある地方代表には、党規律違反として統制委員会送りとするとの威嚇が加えられた。モロトフは、「ゆきすぎ」との闘争の一時停止もやむをえないことを示唆した。なぜなら「ゆきすぎに対する闘争」が「動員解除的気分」の発生に「一定の役割」を果たしたからであった。かれは「ゆきすぎとの闘争」が「完全に必要であり妥当である」とその一般的意義を認めるが、しかしそれは「播種キャンペインに関連して」とくに必要なのであるという。その趣旨は、播種キャンペインまで(調達の完了まで)は、「ゆきすぎ」との闘いを停止し「圧力」の強化を容認することにあった。「穀物調達の維持のために必要なありとあらゆる措置は、現時点の状況によって無条件にこの事業のために完全に必要な焦眉の措置として指令されている」。「現状からみてわれわれがいまのところ圧力(nazhim)を止めることができないことは明らかである」[61]。四月二五日政治局指令「穀物調達の強化について」は、前日の会議の議事に全面的に沿った、「本質的に一九二八年一月五、一四日のスターリン的指令の論調と要求を再現」[62]

した内容であった。[63]四月二四日会議でのモロトフ発言、四月二五日の政治局指令のなかで、のちの調達方法との関連で注目に値する部分は、農民の供出を促進する手段として、国家と個々の農民経営との間に社会的規範の中間的回路を挿入する提言であった。モロトフは、「第一〇七条を含む行政命令的措置」と「財政的措置」とに「協同組合的社会性とソヴィエト的社会性の措置」を加えることを提議し、それが今後「大きな意義」をもつことになろうと予示した。[64]それ以上に踏み込んだ具体的提言はなかった。しかし提言が明白にした論点は、個人(農民経営)対国家を関係軸とする市場的方法の抜本的修正にほかならなかった。かかる「中間組織」があるとすれば、農村の現状では農業共同体スホード以外に求めることはできないであろう。政治局指令では、「協同組合的、ソヴィエト的社会性」とは「協同組合集会、村スホード、集団的供出の決定の手順(poriadok)、による措置」と特定された。[65]

以上はいずれも非公開の場でのできごとであった。国民に調達不振を告げる報道は四月二五日以降の新聞紙上に現れる。地方報告は、主要調達地区であるウクライナと北カフカースからまず到来した。これらの地区の調達テンポの低落を報じた記事は「一連の緊急措置」をとることを促した。[66]四月二五日付『プラウダ』社説は、四月に入って調達テンポが「至るところで」急速に低落した事実を指摘、原因を一―三月の反動としての党組織の怠慢に帰着させた。[67]翌二六日付同紙は再び社説において、悪路、祝祭などは地区全域にわたる同時的調達不振の理由たりえないとし、主たる原因として「調達戦線における動員解除的気分」をあげた。同社説は、任務の大部分が「基本的に解決された」、あとの部分については「急ぐには及ばない」と考えられており、農村上層に対する圧力の「完全な拒否」がみられるとして、再度緊張した態勢をとることを地方組織に要求した。[68]地方組織の抵抗は、四月二四日の会議の議事が示すように厳しく排除された。[69]

しかし四―五月の調達テンポは、中央の督励にも拘らず引き続き低落した。地方機関の関心が調達よりも播種に向けられていることが非難された。(70) それとともに、地方機関の怠慢とクラークの穀物隠匿とを非難する地方報告が新聞紙上で増加する。隠匿をおこなうクラークには第一〇七条が適用され、適用を怠る地方活動家は懲罰されるべきであった。(71) 刑法第一〇七条を始めとする非常措置が再度、調達テンポを引き上げるための決定的手段として浮上した。(72) 調達方法が一―三月のそれに復帰するとともに、調達テンポは五月後半から上昇に転じた。五月第三・五日間の調達は、前の五日間の調達量一万七五七〇トンに比べて九七・九％上昇して三万四七七四トンとなった。ウクライナ、シベリア、ウラルなど主要地区ですべてテンポの上昇がみられた。しかし調達の絶対量は前年同期比二五・四％少なく、また五月の一〇日間の総調達量は五月計画の七・一％にとどまった。(73) その後五月末まで地域的にはテンポに異同があり、また必ずしも調達過程には一貫性がみられなかったが、(74) 国全体の調達総量は上昇し続けた。しかしそれにも拘らず五月の調達計画は完遂されず、前年同期の三一万八三八五トンに対して二七万六九二二トンの実績にとどまったと報告された。(75) 新しい収穫までの端境期の都市、工業地区の食糧事情は極度に逼迫した。五月二六日の「穀物調達と穀物供給」についての政治局決定は、この事態に対処すべく六月の調達を全力で強化するための党指導部の決意表明であった。(76) ルズターク委員会（ソ連人民委員会議穀物調達トロイカ）が政治局での意見交換に基づき作成した案を承認したこの決定は、(77) 新しい収穫の実現までの端境期の逼迫した食糧事情に関連して「四、五月の調達の極度に不満足な経過」を転換せしめるべく緊急措置を定めた。おもな内容は、中央委員を主要穀物地区に派遣すること、ロシア、白ロシア、ウクライナの六月調達計画を上方修正し、しかもそれらを「最低限」とすることにより事実上可能な限り最大限の穀物調達量の確保を命じたこと、穀物消費の削減、ただしモスクワ、レニングラード、大工業地区の十分な供給を確保すること、などであった。(78) しかし六月第一・五日間には五月後半にみられたテンポの上昇はかえって中断し、五月の最後の五日間より三六％少ない量しか調達されなかった。(79) 調達テンポが上昇へと転じるのは第二・五日間以降におい

てである。六月の調達は結局四、五月とは対照的に、前年同期より相当量多い穀物を集荷した。(80)

五月後半から六月にかけて調達テンポの上昇をもたらした本質的要因は、一―三月の調達方法、すなわち非常措置の拡大的適用であった。(81)かかる趨勢は、党の農業・農民問題に対する政策方位に影響しないではおかなかった。その現れを、農民間の階級的契機の強調、農業集団化政策への傾斜、農業共同体に対する権力的規制の強化に見いだすことができよう。それらは、それまで農業・農民政策の基礎条件とされた「農村の平穏」(82)の限界を強く意識させる契機となった。その兆候は早くから現れ、徐々に明確化していった。四月三日付政治局決定は、次年度農業税における階級原則の強化、とくに「富裕な農民経営」(ソ連平均三%とされた)に対する課税の強化を提案した。(83)メーデーに際して党中央が提起した、中農との「合意(soglashenie)」を呼びかけたスローガンには、内戦期のレーニンの思考を復活した「一瞬たりともクラークとの闘争をやめることなく貧農にのみかたく(prochno)依拠して」との留保が付された。(84)五月一六日第八回コムソモール大会の席上スターリンは、「五年間の平和的発展」のもとでの「否定的側面」として、すべてが敵を忘れ眠りこんでしまったことをあげ、「われわれの階級敵は存在している、たんに存在しているだけでなく成長しつつあり、ソヴィエト権力に対する反撃を企んでいる」と述べ、その例として「今年の調達の困難」とドンバス炭坑で「反革命陰謀」として摘発されたシャフトィ事件とをあげた。(85)集団化に対する党指導部の関心のたかまりも同じ頃みられた。六月一―六日には第一回全連邦コルホーズ大会が開催され、政治局は大会議長に練達の党装置の活動家G・N・カミンスキーを指名することによって集団化へのつよい関心を表明した。(86)大会でカリーニンは、農村の危機を構造的要因に結びつけ集団化の必要性を説いた。(87)五月一六日付『プラウダ』に掲載された「農村の社会主義的改造のために(農村活動部の基本的任務)」と題する党書記モロトフ、農村活動部長バウマン共同署名の地方党組織宛の声明も、集団化への党の関心のたかまりを反映した文書であった。(88)六月二日付『プラウダ』は、スターリンが五月二八日赤色教授学院、共産主義アカデミー、スヴェルドロフ大学学生との会談で述べた見解の一部を「穀物戦線にて」と題して掲載した。スターリンはそこでブハーリンへの批判を滲ませて、穀物問題解決のための集団化の第一義的意義を力説した。かれはまた、労農同盟の強化がクラークとの闘争を抜きにしてはありえないと述べ、「プロレタリアート独裁の条件のもとでのプロレタリアートと農民の同盟を農民全体との同盟とみてはいけない。……プロレタリアート独裁の現在の条件のもとでの労働者と農民の同盟は、レーニンの周知のスローガン、貧農に依拠し、中農との強固な同盟をうちたて、一瞬たりともクラークとの闘争をやめるな、というスローガンのもとで初めて実現できるであろう」と論じた。(89) 六月一二日執筆のスターリンの論文「中農との同盟とレーニン」によれば、この「三位一体的任務」の正当性は一―三月の穀物調達キャンペインによって確認されたのである。(90) 六月三日付の『プラウダ』に掲載された「自己批判キャンペイン」についての党中央委員会アピールは、最大の努力をもって社会主義建設に邁進することを党組織、労働組合、ソヴィエトに訴えた。(91) 六月一二日ソ連労働国防会議は、農業機械の製造と供給の促進を指令し、六月一五日にはトラクター利用にかんする決定をおこなった。(92) 階級路線と集団化政策の強調の別の一面は農業共同体に対する国家的規制強化の方針であった。四月三日付政治局決定は、準備されつつある土地整理と土地利用にかんする立法に、共同体に対する村ソヴィエトの指導性を強化する条項を加えることを指示した。(93) しかしこれらの新しい政策方位は、ネップの枠組の全面的否定ではなく、あくまで同じ枠組のなかでの強調点の移動として提示された。スターリンは六月一二日「われわれの条件のもとでは、クラーク収奪はばかげたことであり、食糧徴発制は中農との同盟ではなくかれらとの闘争を意味する」と書いた。(94)

しかし調達の現地においては、設定された抑制は非情に無視され、事実上内戦期の食糧徴発制と大差ない調達方法の適用が拡大した。現地ではあらゆる方法を用いて最大限の穀物調達を達成することが至上命令となっていた。一―

三月の強行的調達の結果農民の穀物備蓄は枯渇に瀕していたから、その実現は農民の、更にかれらに依拠し同調する地方組織の執拗な抵抗に遭遇しなければならなかった。五月二六日付政治局決定は、いかなる抵抗をも排除して目的を短時日で達成しようとする党中央の決意の表明であった[95]。大胆かつ広範な非常措置の適用、その他の強制的方法の行使は必至であった。党機関誌が報じるペンザ県ベドノ・デミャコフスキー郡の五月以降の詳しい調達経過報告は、クラーク、中農、貧農を問わず、農戸の巡回、穀物の摘発と没収などの強制的方法がひろく適用されることによって初めて調達目標が達成されたことを示している[96]。農民の不満と抵抗の増大は強制的調達の反面であった。オゲペウ資料によれば、五、六月は、農民の大衆抗議行動の件数が異常に増加した時期であった[97]。かような状況が例外でも誇張でもなかったことを七月の党中央委員会総会でミコヤンは認めた。「非常措置は一—三月は全体として正当化された。しかしそれに続く時期には農村には商品穀物は少なく、非常措置は大きな穀物効果を与えず、多くの否定的現象を生んでいる。非常措置の実際の中農への拡大は最大の政治的・経済的危険をそのなかに秘めている[98]」。同じことは、スターリンが一九二八年七月レニングラードにおいて四—六月の調達キャンペインについて語ったところによっても確認される。いわく、「一—三月には、われわれは、農民の市場向けたりうる貯蔵から約三億プードを集めることができたが、四—六月には収穫予想がはっきりしていなかったにも拘らず、ここで備荒用貯蔵に手をつけなければならなかったために、われわれは一億プードを集荷することさえもできなかった。だがそれでも穀物を集荷しなければならなかった。そこから非常措置の再現、行政命令的専断、革命的合法性の侵犯、農戸の巡回、不法な捜索などがおこなわれ、それらが国の政治状態を悪化させ、結合《スムイチカ》に対する脅威をつくりだした[99]」。

都市における食糧行列、一時的な配給制度の採用、自由市場における穀物価格の高騰(一プード当たり五—一〇ルーブルまたはそれ以上)は、「政治情勢の悪化」の別の一面であった[100]。六月中旬クルスクからの報道が、調達における

「歪曲」を主として第一〇七条の「不十分な適用」に見いだしたのは、事態が非常措置その他の強制的方法の適用以外では打開しえない状況の脈絡を暗に認めたものである。[101] 地方新聞は六月になって、中農の不当な逮捕、かれらの「最後の」穀物を取り上げた事実、スホードに出席した全権代表がピストルで農民を威嚇しかれらに穀物を「自発的に」供出せしめた事実などを数多く伝えた。[102] かかる調達方法が広範に適用される場合、バザールにおける農民の自由な穀物取引が極度に制限されることは不可避であった。バザールにおける食糧の自由な取引は戦時共産主義と識別しうる「最後の徴標」とされ、[103] 五月二六日付政治局決定も「バザールの閉鎖、農民によるバザールでの穀物売却の不許可」を厳禁して、ネップの最後の一線を固守しようとした。[104] それにも拘らず、六月になってからバザールの閉鎖と禁止とは、地方権力によってひろくおこなわれるに至った。[105] 六月二九日商業人民委員ミコヤンは地方宛電報回状において、穀物バザールに対する「行政的専断」を厳重に禁止する旨指令した。[106] しかしこの指令が六月末に終る一九二七／二八年度の調達キャンペインに有効な影響をもちえない空文であったことは、それが発せられた時期から明白であった。非常措置の適用、「市場的専断」、行政命令的調達方法、合法性の侵犯は年度末までに一層の激しさを加えた。その政治的結果は、スターリンが「結合への脅威」と呼んだように、農民が一体となって政治権力に抵抗し、権力と農民の亀裂が修復不能な限度にまで拡大する危険を生んだことであった。[107] 四月二〇日から六月三〇日まで調達に関連して全ロ中央執行委員会幹部会に寄せられた農民の苦情申告一〇二九件はつぎのようにまとめられた。「圧倒的多数の申告において、自分の穀物の取引、その保管、市場への不搬出のかどで裁判にかけ牢獄に追いやってはいけないとの問題が提起されている。農民の大部分は、許しを乞う場合でさえ、自分の問題を地方機関の側からの革命的合法性の侵犯の行為として語っている。新経済政策の七年は、農民の貧・中農的深奥にわれわれの革命的合法性の基本的要素(自己の財産の自由な処分の保証された権利、階級的接近、人格権の保証、自己弁護の権利と機会、不当な決定、判決などに対する異議申立の可能性)を植えつけた。農民の苦情から判断するに、おこなわれたキャンペインの時期に、これらすべての革命の成果は、荒れ狂った「無法の海」にのみ込まれている」[108]。「無法の海」は、被治者たる農民だけでなく農村統治構造をも「のみ込んだ」。北カフカースの穀物調達の経過についての六月初めのオゲペウ報告によれば、「中農のほか、村ソヴィエト議長、旧赤軍パルチザン、村ソヴィエト議員が逮捕された」[109]。最も多い苦情申告を記録したシベリアでは、一九二八年六月末党指導者は農村党組織の機能麻痺をつぎのように語った。「もしわれわれが穀物調達、自己課税もしくは債券普及の最初の時期における わが党組織の活動を検討するなら、われわれは〔農民との〕関係が多少なりとも我慢できる(snosno)ものであったことに気づくであろう。この時期には、農村党組織はここかしこでわれわれの措置をがっちりと(tugovato)おこなったが、ともかくわれわれの措置に対する公然たる反抗はなかった。いま、穀物調達への最近の圧力の時期において、この公然たる反抗がある。われわれが穀物調達キャンペインの最初の時期に良いとみなした下級装置、この装置がいまや反復的中断を示し反抗さえしている」[110]。政権安定の最大の基盤となっていたネップ的政治秩序そのものが溶解の危機に瀕したのである。

こうして、一九二七/二八穀物調達年度は、最後の一か月において深刻な政治危機を経験して終結する。強制的調達方法の拡大適用にも拘らず、調達量は前年度比八七・二%、年度計画の八九・一%に相当する九六三万六六五〇トンにとどまった[111]。他面、支払われた政治的代償は、想定をはるかに上回った。四月から六月までの調達過程は、四月総会の期待に反して一―三月の危機を拡大再生産し、危機の性格を一変させた。危機の政治的重大性を認知し、しかも「結合《スムイチカ》」を神聖な体制原理として受容する以上、事態収拾の方向は、「結合」の回復に求めるほかなかったであろう。そのための第一歩が、非常措置の廃止であることも異論の余地はなかった。非常措置と危機との相補的昂進、その最終的到達点としての「階級としてのクラークの絶滅」という発展行程は、いまだ党指導部の視圏にはなかった。

危機に際していち早く警鐘をならしたのは、その親農民的態度のゆえに、のちに「右派」と称されるようになるブハーリン派であった。財務人民委員代理のM・I・フルムキンは、みずからの調達現場での見聞によって早くから危機の重大性を察知していたが、[112]六月に入って党指導部宛に書簡をしたため、現実に展開されている反農民的な調達方法について激しい抗議をおこなった。[113]政治問題としての危機の深刻化についてはスターリン派も不承不承認めざるをえないところであった。[114]六月二〇日、スターリンは、フルムキンに対して論駁しつつも、「クラーク収奪の方法でクラークと闘ってはならないとフルムキンが主張するのは正しい」と述べた。[115]

（1）Lenin, *Sochineniia*, vol. 36, p. 544.
（2）*KPSS v rezoliutsiiakh*—, II, p. 475.
（3）Stalin, *Sochineniia*, vol. 11, pp. 4–5.
（4）*ibid.*, pp. 81–96.
（5）*Piatnadtsatyi s'ezd VKP(b)*, II, pp. 1210–1211.
（6）*KPSS v rezoliutsiiakh*—, II, p. 667.
（7）一九二八年一月一一日のオゲペウ経済局報告は、一二月下旬から翌年一月初旬にかけての穀物調達にかんする現地情報を伝えている。報告が指摘する低落の原因は各地同じではないが、総じて、「クラーク」を主たる要因とはみなしていない。最大の原因とされているのは、工業商品の供給不足であり、都市と労働者への農民の反感(価格政策に関連する)であり、戦争に備えた備蓄への志向である(*Tragediia*—, vol. 1, pp. 141–146)。
（8）〈Pravda〉, 20 January, 1928 はソ連全域における調達過程の活発化を伝えた。一月一一一五日の調達実績にかんするオゲペウの情報は、*Tragediia*—, vol. 1, pp. 171–172.
（9）〈Pravda〉, 8 February, 1928.

(10) 〈Izvestiia TsK KPSS〉, No. 5, 1991, pp. 196–199, 201–202.

(11) RTsKhIDNI, 17/3/668, 1, 7, 17/3/669, 5, 17/3/671, 2.

(12) *Tragediia*—, vol. 1, pp. 150–152.

(13) *ibid.*, pp. 195–200.

(14) *ibid.*, pp. 200, 206–208. オゲペウが大量農民弾圧を本格実施する時期は一九二九年秋以降である(*Glazami*—, vol. 2, pp. 23, 975–976)。

(15) 〈Pravda〉, 10 January, 1928, 14 January, 1928, 19 January, 1928, 8 February, 1928.

(16) Stalin, *Sochineniia*, vol. 11, pp. 369–370.

(17) 一九二八年二月一日クラスノヤルスクにおけるシベリア東部七管区会議の決議を、スターリンは党中央に「最も典型的なもの」として電報で送った。その基本的命題は、「調達計画を無条件かつ完全に遂行する」であり、そのために刑法第一〇七条を利用しクラーク、投機業者に対する打撃を組織することであった(*Tragediia*—, vol. 1, pp. 37–38; Papkov, *Stalinskii terror v Sibiri*, pp. 8–14)。

(18) RTsKhIDNI, 558/1/2855.

(19) RTsKhIDNI, 17/3/672, 1, 17/3/673, 1, 6, 15–18; Stalin, *Sochineniia*, vol. 11, pp. 10–19.

(20) 〈Izvestiia TsK KPSS〉, No. 6, 1991, pp. 204–205, 208; *Kak lomali NEP*, vol. 1, pp. 16–18.

(21) Stalin, *Sochineniia*, vol. 11, pp. 84–91.

(22) 〈Pravda〉, 15 February, 1928.

(23) 〈Pravda〉, 18 February, 1928, 24 February, 1928, 25 February, 1928. とくに、協同組合の調達活動が攻撃の標的となった。フレボプロドゥクト(ソ連全域の国家的調達の担当機関)の出先機関が地方で増設されつつある記事は、〈Pravda〉, 26 February, 1928.

(24) 一月の調達量は一二月のそれの二倍であったが、二月の調達テンポも引き続いて上昇の趨勢を示した。商業人民委員部の発表によると、二月の調達量は一億二一五〇万プードであって、前年同月の調達量五四九〇万プードよりも一二一・四%の増であり、一九二八年一月の八二〇〇万プードをもはるかにこえた。三月一日現在の年度調達高(八か月分)は五億六七五〇万プードであって、前年度同期間の調達高より六六〇万プード少なく、一昨年度に比較して一億二三二〇万プード多かった(〈Pravda〉, 3 March, 1928, 18 March, 1928)。二月の調達量の伸びは、一月の調達が不振であった東部などの地区のテンポの上昇に起因した。すなわち、南部(ウクライナ、北カフカース)は引き続いて計画を上回ったが、東部でもテンポは上昇し、スターリンが現地で督励したシベリアでは二月計画の九四・九%(一月の調達の二倍をこえる)に達した。ウラルでも計画の一〇三・六%の達成があった。しかしその他の東部地区、バシキール、タタール、オレンブルグ県、カザフスタンでは二月の計画に達せず、三月の努力が要請された。パヴォルジェでは二月には一月より若干増大し、中央農業地区では計画の九七・七%が調達された(〈Pravda〉, 3 March, 1928)。

(25) 〈Pravda〉, 3 March, 1928. ウクライナ党書記カガノヴィチも、一、二月の成功によって現れた「動員解除的気分」を一掃し、調達を更に強化せよと力説した(〈Pravda〉, 30 March, 1928)。

(26) 〈Pravda〉, 15 March, 1928, 18 March, 1928.

(27) 〈Pravda〉, 3 April, 1928.

(28) 一九二八年五月スターリンは「一九二五/二六年度にはわれわれは四月一日現在で四億三四〇〇万プードの穀物を調達することができた。そのうち一億二三〇〇万プードを国外に輸出した。したがって国内には三億一一〇〇万プードの穀物が残った。一九二六/二七年度にはわれわれは四月一日現在、五億九六〇〇万プードの調達穀物をもっていた。そのうち一億五三〇〇万プードを国外に輸出した。国内には四億三三〇〇万プードの調達穀物が残った。一九二七/二八年度にはわれわれは四月一日現在、五億七六〇〇万プードの調達穀物をもっていた。そのうち二七〇〇万プードを国外に輸出した」と述べた(Stalin, *Sochineniia*, vol. 11, pp. 82–83)。

(29) いわゆる「ゆきすぎ」は、農村的環境のなかでは不可避であった、とダニーロフは指摘している(*Tragediia*—, vol. 1, pp. 38–40)。「クラーク収奪(raskulachivanie)」も例外ではなかった(*ibid.* pp. 41–42)。

(30) *KPSS v rezoliutsiiakh*—, II, p. 495.

(31) RTsKhIDNI, 17/2/354, 3–4.

(32) RTsKhIDNI, 17/2/354, 8–9(「状況」(原文ではゴチック)の部分を除いて、傍点はすべて原文では下線). ミコヤンは、北カフカースで「ゆきすぎ」の極端な場合に対して二人の活動家に最高刑に至るまでの断固たる措置がとられたのは正しかったという。ここでコシオールとミコヤンは、党からの裁判の独立性の問題を争っている。ミコヤンは国の司法行政の責任者であるクルィレンコが中央統制委員でもあるがゆえに党の指導下にあるといい、死刑が党の最終決定によることを示唆する。ミコヤンが紹介した農民からの苦情の手紙(かれはクラークからのものが多いという)は、不法な逮捕、裁判なしの没収などを対象としていた。「かれらは言っている……やってきて、取り上げ、ありとあらゆる拘束(zaderzhki)を用いる、協同組合活動家が納屋をまわるだけでなく、権力は納屋の象虫を「捜している」、密造酒を捜し、納屋を監視している、と。もっと多くの苦情が自己課税と債券配分のやり方に対して存在する」(RTsKhIDNI, 17/2/354, 8–9)。

(33) RTsKhIDNI, 17/2/354, 21.

(34) RTsKhIDNI, 17/2/354, 24–25.

(35) RTsKhIDNI, 17/2/354, 29.

(36) RTsKhIDNI, 17/2/354, 31.

(37) RTsKhIDNI, 17/2/354, 45(傍点は原文では下線). また、注(53)参照のこと。

(38) RTsKhIDNI, 17/2/338, 11, 2–3.

(39) *Tragediia*—, vol. 1, p. 293.

(40) *KPSS v rezoliutsiiakh*—, II, pp. 492–500.

(41) 決議は、困難が経済の基本的要因の時宜に適した正しいバランス化のもとで、しかも経済機関、党機関の欠陥が除かれていたならば起こらない性質のものであった、としている。これに対して、総会直後の演説でスターリンは、危機の基本的原因を、低い商品化率しかもたない小農経営構造に求め、その視点から危機の「階級的背景」を強調する。「調達危機は、われわれの建設の最も重要な問題のひとつである穀物調達の問題で、農村の資本主義的分子がソヴィエト権力に反抗して立ち上がった、ネップの条件のもとでは最初の、重大な行動を表している。同志諸君、穀物調達危機の階級的背景はここにある」(Stalin, *Sochineniia*, vol. 11, pp. 39–45)。四月総会決議も穀物調達上の「困難」を「偶然とみなすべきではない」としている(*KPSS v rezoliutsiiakh*—, II, p. 497)が、ただし「危機」ではなく「困難」が偶然でないとする点で、「穀物危機を偶然と考えてはならない」とするスターリンとは一線を画している。ブハーリンは総会後の報告演説では、「困難」が一時的状況と調達機関の誤りとによってつくりだされたものであり、「今も完全には抜けきっていない困難」は「必ず起こるという性質」のものではないという点で、「困難」を偶然とみない総会決議よりもさらにスターリン的観点より離れている(〈Pravda〉, 19 April, 1928)。総会決議の妥協的・折衷的内容はふたりの認識上の違いから推論できるであろう。トロツキーの危機分析は、危機がブハーリンの農民政策の結果であるとしている(邦訳『トロツキー選集』第四巻、二七三―二七五頁)。

(42) RTsKhIDNI, 17/2/375, 10.

(43) 〈Pravda〉, 19 April, 1928.

(44) 〈Pravda〉, 18 April, 1928.

(45) Stalin, *Sochineniia*, vol. 11, pp. 171–176.

(46) *ibid.*, p. 46.

(47) RTsKhIDNI, 17/2/375, 59–60; 〈Pravda〉, 20 April, 1928.

(48) RTsKhIDNI, 17/2/354, 43. スィルツォフはキャンペインの過程で協同組合の自立性がまったく失われたと評した。

(49) 例えば、一九二八年一一月の党中央委員会総会においてスターリンは、「右翼的偏向」の主たる巣窟が農村の党その他の組織にあると非難した(Stalin, *Sochineniia*, vol. 11, p. 270)。

(50) この推定を可能にする文書としてソヴィエト、司法関係による一九二八年二―三月の一連の決定がある(二月二三日および三月八日付司法人民委員部回状(*Tragediia*—, vol. 1, pp. 783–784)、三月一五日頃の全ロ中央執行委員会部分的恩赦問題委員会書記のキセリョフ宛報告(*ibid.*, pp. 217–222)、三月二八日付司法人民委員部回状「穀物調達にかんする事案についての裁判の実際について」(*ibid.*, pp. 228–230)、三月三一日付オゲペウ秘密・作戦局の地方機関宛回状「農村における大衆キャンペイン実行に際してのソヴィエト装置による階級路線の歪曲事例に関連する措置の採用について」(*ibid.*, pp. 230–231)など)。三月二〇日付オゲペウ経済局の情勢報告は、なお現地の権力による「ゆきすぎ」の事例が絶えないことを伝えている。例えば、シベリアでは、多くの村ソヴィエトが農民債券をもたない農民に対する役務を拒否しているのであった(*ibid.*, p. 226)。三月二八日の司法人民委員部回状は、農民に対する刑法第一〇七条、第五八条一〇項の適用および公務員に対する第一一一条の適用におけるゆきすぎを厳格に戒めた(*ibid.*, pp. 228–230)。四月二日付オゲペウ経済局報告によれば、穀物市場での投機的行為のかどでオゲペウ大量作戦により逮捕された私的商人、職員の数は三九七一人であった(*ibid.*, p. 231)。

(51) 〈Pravda〉, 20 April, 1928.

(52) 〈Pravda〉, 15 July, 1928. 一月二三日頃の一農民(ザポロジスキー管区カメンスキー地区)の手紙の一節、「ウラジーミル・イリイチ〔レーニン〕は一〇—二〇年の農民との正しい相互関係〔があれば〕、ロシアのようなおくれた国においても社会主義の勝利は保証されると書いた。結合《スムイチカ》なしで、農民との真の結合なしでプロレタリアートは権力を維持できない。……われわれがいまみているものはなにか。農民との、同盟者としての正しい相互関係はない」(*Glazami*—, vol. 2, p. 661)。

(53) 前述のように四月総会でハタエヴィチは、非常措置に対する中農の反応について、クラークにみられるような「われわれ」に対する「激しい不満」はなく、あるのは「不安(neuverennost')」と「おそれ(boiazn')」であるといい、これを取り除くために「われわれ」は「あらゆる方策」を講ずるべきであると述べた(RTsKhIDNI, 17/2/354, 31)。スィルツォフは、中農の若干の部分の気分は「きわめて不機嫌(ugriumoe)」であり「明日への不安(neuverennost')」があると語った(RTsKhIDNI, 17/2/354, 45)。かれは『プラウダ』紙上では、シベリアにおけるこの時期の刑法第一〇七条の適用について、シベリアの一四〇〇万の農民経営のうち一〇〇〇よりも少ない経営が同条により有罪を宣告されたにとどまると述べ、この打撃は農村に対して加えられたものでも、クラーク収奪を意味するものでも、またネップの廃止でもないといった。しかし同時に、正規の裁判手続のそとで、家々を巡回し余剰穀物の引き渡しを要求した「熱心な行政官」が多く存在した事実をも認めている(〈Pravda〉, 29 April, 1928)。農民の反対行動(大衆行動、テロ、ビラ)にかんするオゲペウ資料は、大衆的直接行動(massovye vystupleniia)の件数を、一九二八年一月一〇件、二月一〇件、三月一一件、四月三六件と報告している。五月には一八五件、六月には二二五件へと増加した(*Tragediia*—, vol. 1, p. 63)。

(54) 〈Pravda〉, 13 April, 1928.

(55) *KPSS v rezoliutsiiakh*—, II, p. 496.

(56) 〈Pravda〉, 19 April, 1928.

(57) 〈Pravda〉, 26 April, 1928.

(58) *Tragediia*—, vol. 1, p. 224.

(59) Stalin, *Sochineniia*, vol. 11, pp. 45–46.

(60) RTsKhIDNI, 17/3/683, 1–2.

(61) *Tragediia*—, vol. 1, pp. 237–260.

(62)　*ibid.*, p. 44.

(63)　RTsKhIDNI, 17/3/684, 18–20.

(64)　*Tragediia*—, vol. 1, p. 260.

(65)　RTsKhIDNI, 17/3/684, 18–20.

(66)　〈Pravda〉, 26 April, 1928.

(67)　同社説によれば、一—三月の調達量が前年同期に比較して多かったのに、四月には反対に、第一・五日間は前年同期の八六%、第二・五日間は五六%、第三・五日間は四五%、第四・五日間は三八%に低落した(〈Pravda〉, 25 April, 1928)。

(68)　〈Pravda〉, 26 April, 1928. 同じ頃の党中央機関誌によると、一連の地方党組織における「動員解除的」傾向はすでに三月に看取された。二月末から三月初めにかけて農村に派遣されていた代表は、党委員会により農村から召還されていた。これらの地区では調達テンポの急落が三月からみられた(〈Izvestiia TsK VKP(b)〉, No. 12–13, 1928, pp. 1–4)。

(69)　すでに三月二日の政治局決定は、三月調達計画を二一〇〇万プードから一二〇〇万プードに引き下げるシベリアのスィルツォフとエイへの要請を却下し、商業人民委員部の計画を「無条件に義務的」とみなした(RTsKhIDNI, 17/3/676, 4)。

(70)　〈Pravda〉, 29 April, 1928. 地域的にみても、ウクライナ、北カフカース、中央農業地区、パヴォルジェ、ウラル、シベリア、バシキール、タタール、カザフスタンというすべての主要穀物調達地区で成績は予定をはるかに下回った。北カフカース地方《クライ》からの報告によれば、調達機関は無活動でありしかもそれを是正する措置がとられていない、その結果調達は事実上きわめて多くの地区でおこなわれていない、大量の穀物を保有する村が調達対象となっていないのであった(〈Pravda〉, 29 April, 1928)。四月最後の五日間の調達を総括した商業人民委員部資料は、前の五日間よりも二〇・四%低落したことを認めた(〈Pravda〉, 6 May, 1928)。五月に入っても低落傾向は続いた。五月第一・五日間の調達量は四月最後の五日間のそれよりも一二・四%、前年同期に比べて五二・九%低落した(〈Pravda〉, 9 May, 1928)。

(71)　シベリアでは五月の第一・五日間の調達は年間最低を記録したが、この結果に鑑みてすべての穀物地区で残存穀物を点検するための委員会が「下級機関」のもとに設立された。トムスク管区執行委員会のもとに設立された委員会は、五〇の調達所を調査し、すべての調達機関が調達量を引き上げるために受入穀物の質を不当に吊り上げて評価し大量の超過支払をしている事実を明るみにだした(〈Pravda〉, 10 May, 1928)。地方組織の「怠慢」と価格政策の「違反」に再度厳しい制裁がとられ始めた。司法機関により「投機業者」に対する刑法第一〇七条の適用などの取締もおこなわれた(〈Pravda〉, 16 May, 1928)。
(72)　〈Pravda〉, 16 May, 1928.
(73)　〈Pravda〉, 11 May 1928, 13 May, 1928.
(74)　五月一七日付『プラウダ』は、北カフカースの五月第三・五日間の調達の好転を伝えるとともに、シベリアが依然として不調であると報じている(〈Pravda〉, 17 May, 1928)。
(75)　〈Pravda〉, 18 May, 1928, 23 May, 1928, 29 May, 1928, 3 June, 1928.
(76)　RTsKhIDNI, 17/3/689, 4-7.
(77)　RTsKhIDNI, 17/3/688, 3. 一九二八年五月七日ソ連人民委員会議は、ルズタークを議長としてミコヤン(エイスモント代行)、ピャタコフ、クヴィーリング、チェルノフ、リュビーモフ、ウラジミルスキー、ベレニキー、ロバチョフ、ブリュハノフにより構成される常任委員会を「穀物調達と穀物供給にかんするすべての問題を審議し、ソ連人民委員会議の承認をうるべく提案するために」設立することを決定した(*Tragediia*—, vol. 1, p. 787 (n. 86))。
(78)　中央委員の派遣については、スターリンがパヴォルジェに、コシオールがシベリア、ウラル、カザフスタンのシベリア部分に、バウマンが中央黒土州にそれぞれ出立することになった。五月二八日政治局決定は、クビャークを中央黒土州に、バウマンをタタール、バシキールに派遣先を変更した(RTsKhIDNI, 17/3/689, 8)。ただし、スターリン著作集第一一巻末尾の経歴年表には、かれがパヴォルジェに赴いた記録はない(Stalin, *Sochineniia*, vol. 11, p. 372)。
(79)　〈Pravda〉, 8 June, 1928.
(80)　〈Pravda〉, 12 June, 1928, 20 June, 1928, 23 June, 1928.
(81)　〈Pravda〉, 20 June, 1928.
(82)　Stalin, *Sochineniia*, vol. 10, p. 197.
(83)　RTsKhIDNI, 17/3/680, 2-3.
(84)　これは内戦期(一九一八年)のレーニンの言葉のそのままの引用であり、現状では「まったく不十分」であると批判する手紙を送った「同志S」(サブーロフ)に反論してスターリンは、今の情勢にも妥当するこのスローガンの普遍的意義を非常措置を例にして強調した(RTsKhIDNI, 17/558/286, 7; Stalin, *Sochineniia*, vol. 11, pp. 101-115)。

(85) Stalin, *Sochineniia*, vol. 11, pp. 69–70. シャフトィ事件については、中嶋毅『テクノクラートと革命権力——ソヴィエト技術政策史 一九一七—一九二九』岩波書店、一九九九年、第四章。

(86) RTsKhIDNI, 17/3/689, 7. コルホーズツェントル(全ロシア農業コレクチフ連合)副議長の人事も併せ決定している。なおカミンスキーは、政治局コルホーズ委員会の委員であった(RTsKhIDNI, 17/3/673, 6)。

(87) 〈Pravda〉, 7 June, 1928. ただしかれは集団化の強制的方法を非難している。

(88) 〈Pravda〉, 16 May, 1928.

(89) 〈Pravda〉, 2 June, 1928; Stalin, *Sochineniia*, vol. 11, pp. 81–97. 同じ趣旨のかれの発言は、*ibid.*, pp. 124–126.

(90) Stalin, *Sochineniia*, vol. 11, p. 105.

(91) 〈Pravda〉, 3 June, 1928. 一九二八年春、ロシア共和国農業人民委員部およびコルホーズツェントルは、五か年計画終了時、すなわち一九三三年までに一一〇万の農民経営(四%)をコルホーズに統合する集団化計画を作成した。この控えめな目標はその後引上げの方向で急速に変更されていく。同年夏、ソユーズソユーゾフ(農業協同組合本部)は目標を一二%に引き上げた。一九二九年春に承認された五か年計画では一六—一八%(四〇〇—四五〇万経営)と定められた(N. A. Ivnitskii, "Kollektivizatsiia i raskulachivanie v nachale 30-kh godov", Iu. N. Afanas'ev (ed.), *Kooperativnyi plan: Illiuzii i deistvitel'nost'*, M., 1995, p. 36)。これさえも一九二九年秋以降の集団化計画に比べれば穏健な目標設定であった。ロシアの歴史家イヴニツキーはこの集団化目標の変化を、集団化が当初の予測をこえて進行した現実と穀物問題を急進的集団化により解決しようとしたスターリンの願望とにより説明できるとし、後者、すなわち農民の意志を無視ないし誤認したスターリンの独善的決定をもって主要な要因とみなしている(ibid.)。

(92) *Kollektivizatsiia sel'skogo khoziaistva, vazhneishie postanovleniia kommunisticheskoi partii i sovetskogo pravitel'stva, 1927–1935*, M., 1958, pp. 54–60.

(93) RTsKhIDNI, 17/3/680, 2.

(94) Stalin, *Sochineniia*, vol. 11, p. 107.

(95) RTsKhIDNI, 17/3/689, 4–7.

(96) 〈Derevenskii kommunist〉, No. 14, 1928, pp. 34–37.

(97) *Tragediia*—, vol. 1, p. 63. シベリアにおける大衆行動の増加については、*ibid*, p. 303.

(98) RTsKhIDNI, 17/2/375, II, 10.

(99) Stalin, *Sochineniia*, vol. 11, p. 206.

(100) 〈Pravda〉, 1 July, 1928.

(101) 〈Pravda〉, 15 June, 1928.

(102) 〈Pravda〉, 3 July, 1928.

(103) 〈Pravda〉, 11 March, 1928(ルィコフ).

(104) RTsKhIDNI, 17/3/689, 4-7.

(105) 例えば、販売物品に対する村ソヴィエトの証明書なしで穀物を売ることを許容しない事実、農民が穀物を搬出することを抑止するために巡察をだして穀物を積んだ荷車を市場に行かせず国家調達機関に強制的に向かわせた事実、バザールの直接的閉鎖の事実(とくにウクライナ)、民警がバザールに穀物を搬出する農民のリストを作成している事実など。ロシア共和国司法人民委員部機関誌は、これらの事実が市場の取引を破壊し、農民の間に穀物の自由な販売が禁止されているとの意見を生んでいること、それとともにバザールに対する抑圧が価格を不当に吊り上げ、バザールを「クラーク」の家に移していることを指摘した(〈Ezhenedel'nik sovetskoi iustitsii〉, No. 25, 1928, p. 726)。閉鎖その他のバザールに対する抑圧を禁じた五月二六日付政治局決定の効果がなかったことは、六月二九日のミコヤンの指令からも知りえる(〈Pravda〉, 30 June, 1928)。

(106) 指令は、「市場的専断」が農民の間に一九一八年に復帰したとの意見を生んでいること、バザールの締めつけ(zazhim)が価格の吊り上げを結果し、クラークを利していることを指摘して、(1)バザールの解散と閉鎖を決して許さない、穀物の没収、バザールや市場(rynoki)に穀物を搬出する農民に対して、国家・協同組合機関に穀物を渡すことを強制するというかたちでの行政的方策を用いないこと、(2)農民による自己の穀物の自由な販売を妨げないこと、(3)バザール、市場で農民が売る穀物に拘束的価格を定めないこと、(4)バザールの活発化を助けること、を指令し、投機との闘いと地方の穀物取引、バザールの発展とを区別することを指示した。ミコヤン指令を論評した一文は、「われわれ」は勤労農民との争いの方法によっては穀物を調達できないと述べた(〈Pravda〉, 30 June, 1928)。

(107) 六月二六日シベリア地方《クライ》党委員会ビューロー会議での報告では、農村における政治情勢は調達キャンペインの過程で著しく悪化した、といわれた。クラークも中農も貧農も一体となりソヴィエト権力に反抗しているというのである（*Tragediia*—, vol. 1, pp. 303–304)。

(108) *ibid.*, p. 313.

(109) *ibid.*, pp. 290–294.

(110) *ibid.*, p. 304.

(111) 〈Pravda〉, 12 December, 1928. 八月一五日付オゲペウ経済局の回状によると、計画は八九・五％の達成であり、輸出は計画の三四・三％にとどまった。回状は「全般的かつ全体的に」「全連邦計画のきわめて顕著な不履行」と要約した（*Tragediia*—, vol. 1, pp. 363–365)。

(112) *Tragediia*—, vol. 1, pp. 160–167.

(113) *ibid.*, pp. 290–295.

(114) Stalin, *Sochineniia*, vol. 11, p. 206.

(115) *ibid.*, p. 124.

二　非常措置の廃止

一九二八年七月の党中央委員会総会は、同年一—六月の調達を総括して、非常措置の全面的撤廃とネップの軌道への復帰を、七月に始まる新調達年度の基本方針として決議した。決議は、穀物調達の困難という「経済危機」が「政治危機」、すなわち、非常措置適用の一定の段階で「労働者階級と農民の結合の解体(razmychka)のおそれ」を孕む「政治危機」に転化した顛末を率直に認め、非常措置の廃止と経済的市場的調達方法への復帰とによって事態を収拾し、農民との合意を取り戻す方針を明示した。理念は導きの星としての輝きをまだ完全には失っていなかった。採択は全会一致であった。(1)しかし決議に至るまでの非公開の会議では、危機の原因、危機の責任の所在、非常措置の評価、今後の調達方法などを争点とした非妥協的論戦が展開された。論戦の過程は、党指導部の意志の統一ではなくその深い亀裂を刻印した。党指導部は、ブハーリンとスターリンとをそれぞれの指導者に戴くふたつの分派に二極化した。指導者たちは、「結合解体」の危機をひとしく感知し、かつ「結合」理念の順守を誓約していたから、かれらが当面政治危機の元凶としての非常措置の廃止に公然と異を唱えることはありえなかった。しかし一致はそこまでであった。論戦が体現した穀物問題に凝縮された客観的諸矛盾、諸利害の衝突は、なんら有効な解決策を見いだしていなかった。第一五回党大会が決議し、戦争の脅威に衝迫された加速的工業化路線のもとで消費および輸出用穀物の必要量を確保することは、果たして市場的方法への依存のみで可能であろうか、これは、調達に直接責任を担った地方党幹部にとっては、過去六か月の経験から生まれた当然の疑念であった。急進的工業化を最優先の政策課題とする党幹部にとっては、市場的方法が必要量の穀物調達を保証しない場合、国家的強制を含む経済外的調達方法の復活を選択肢から完全に排除することは、工業化の大義の断念を意味した。「結合」の順守を基本的政策枠組と考える党幹部あるいは農民的利害に敏感な党幹部にとっては、農民との合意を犠牲に供するまでの工業化テンポの加速は、あってはならない理念からの逸脱であった。底流には、本源的蓄積期に特有の経済的矛盾と社会的緊張、都市と農村、工業と農業、近代と伝統、それらを体現する諸勢力、諸制度の非妥協的角逐があった。論戦は、政争的次元には還元できない、さまざまな要求と利害・感情の衝突と交錯が織りなす複雑な様相を呈した。公刊された総会速記録は、議事のより正確な再構成を可能にする新しい情報をつけ加えているとはいえ、アーカイヴ公開前の研究[2]に本質的修正を求めるものではない。以下総会議事の追跡は、本書の行論に必要な限度にとどめる。

七月総会は、中央委員、中央統制委員、中央監査委員一六〇名が参加し四日から一二日まで開かれた。穀物問題をめぐる論戦は、穀物調達を主題とする六日のミコヤン報告により口火が切られた。かれは、総会前右派フルムキンがおこなった党指導部批判に対するスターリンおよびモロトフの反論[3]に従って一―三月の非常措置を弁護し、反クラーク闘争の見地からその正当性を力説した。同時にかれは、非常措置なしで調達計画を達成できるとの四月総会の想定が現実によって裏切られた事態を認めた。四月総会後、一―三月よりも過酷な非常措置がクラークのみでなく中農にも適用され、それは中農の一定部分、更に(バザールの閉鎖のために穀物を購入できないなどの結果として)貧農の不満を、したがって全体としての農民の不満を誘発した。このように「結合」の危機という否定的結果を認めたうえで、ミコヤンは一―六月の調達をつぎのように総括した。一―三月の非常措置は「全体として(tselikom)正当であった」が、しかしそれに続く時期には、農村には商品穀物は僅少であって非常措置は「大きな穀物効果」をもたらさず「多くの否定的現象を生みだし」、これらの措置の中農への拡大適用は「最大の政治的・経済的危険」を孕むものとなった。そもそも非常措置は当初から「一時的性格」を付与されていたのであり、それを「恒常的実践」に転化すること自体問題にならない、だから「われわれは、行政的専断の例外的措置と食糧徴発的調達方法とを断固として停止しなければならない」。ミコヤンは、カガノヴィチ、スターリンら党書記局幹部に同調して、地方党組織に「ゆきすぎ」の責任を押しつけようとする動きに反対した。そのうえでかれは、主要部分がブハーリンの起案になる総会決議案(4)を提出した。「われわれは、行政命令的抑圧、専断の措置を市場的規制の柔軟な措置に取り替えなければならない」、「われわれは例外的措置の適用の必要性を排除するために、このような調達を全党、全勢力によってかちとらなければならない(5)」。決議案は、農民との妥協とかれらに対する譲歩に力点を置いており、ブハーリン派勝利の外見をとった(6)。

決議案をめぐる討論では、政治危機という状況認識、非常措置廃止という当面の政策判断において公然たる異論の表明はなかった。しかし外見的同調の背後で大勢を占めたのは、ブハーリン的見地に挑戦し決議案の骨抜きを狙った発言であった。中・貧農個人経営にかんする部分(そこでは非常措置が中心的争点となる)では、のちのブハーリンの表現を借りれば、決議は「文学的作品」にとどまった(7)。決議案に忠実な意見の開陳ももちろんあった。例えば、オシンスキー(中央統計局)は、危機の重大性について、現に存在するのは穀物調達の危機にとどまらず「明確な全般的危機的状態(opredelennoe obshchee krizisnoe sostoianie)」であり「結合」の危機を通りこして都市と農村の「結合の解体《ラズムイチカ》」を経験しているとの診断を下した。危機の主要な原因は、(スターリンのいうように)クラークの抵抗ではなく、農民に対する経済的刺激の欠如、すなわち価格の問題にある。「クラークは付随的要因である。かれは中農の見解を表現しているにすぎない」。「農民は生活を良くするために革命をやったのであり、われわれは農民にわれわれができるすべてを与えた。しかし、農民にブーツのような必需品が与えられたか確かではなかった」。オシンスキーは、農産物価格の実質的引上げによる農工価格差《シェーレ》の解消と、工業化テンポの削減を要求した[8]。アンドレーエフ(北カフカース)も中農の不満の政治的重大性を率直に認めた。「最近二か月、五月と六月、われわれのところでは情勢は先鋭化し、調達の第三・四半期、すなわち一、二、三月に比べて悪化した。悪化したのは、ここで同志ミコヤンがいったようなゆきすぎがあったからではない、問題はゆきすぎにはない、われわれのところでは、五月と六月の間のゆきすぎは、一、二、三月に比べて著しく少なかった。われわれが、第三・四半期の活動の欠陥の経験を、ゆきすぎなどを繰り返さないために利用したからである。農民の気分の悪化に影響した基本的なことは、われわれが、五、六月の調達によって、中農がとくに秋耕地の死滅を考慮して差しだすことを欲しなかった最も大切な中農の保険備蓄(samye nastoiashchie seredniatskie strakhovye zapasy)に触れたからである。秋耕地の壊滅、今年の収穫の全般的不作は、中農をも、飢餓が起こるかもしれないという見通しの前に置いた。このことがわれわれの状態を五、六月の調達期間中先鋭化させたのである」。にも拘らずアンドレーエフは、他の穀物地区の代表、中央のカガノヴィチと符節を合わせて、中農との関係の破局化(結合の解体)という評価をとらない。「穀物調達の結果全面的反ソヴィエト戦線」がつくられ、「中農がわれわれと関係を断ち、中農との同盟が破られた」などの悲観主義的帰結を支持するものは北カフカースにはいないという。五、六月の調達では一〇〇〇―一五〇〇人が活動し、これらの人を通して、ゲペウ機関を通して、また生産会議を通して、農民の気分を触知した。中農は「ソヴィエト的気分」のままであるが、穀物調達においておこなわれた集中的圧力(自己課税、債券、活動家動員など)に基本的に不安になり、これからどうなるかに神経を尖らせているというのが「われわれの評価」である[9]。シェボルダエフ(下ヴォルガ)も「結合解体の危機」とするオシンスキーの定式に反対し、アンドレーエフの評価に同調した[10]。ステツキー(中央委員会北西ビューロー宣伝煽動部長)は、アンドレーエフら穀物地区党組織代表者に反対して，多数の農民の手紙と帰休労働者の農村観察とに基づいて，農民の気分が「極度に騒然として」おり，調達はつねに政治的問題であったが，いまこの時期「きわめて政治的な性格」を帯びるに至ったと目前の危機の政治的重大性を訴えた。「ウラジーミル・イリイチ〔レーニン〕はわれわれが労働者階級と農民の相互関係のすべての状況を最も注意深く見守り，農民の基本的大衆の気分を考慮し，この上にわれわれの政策を点検するようわれわれに教えた。われわれはいまこのように行動しなければならない(11)」。ゴロシチョーキン〔カザフスタン〕は，将来を確実に予見できない以上，「ここで非常措置，非常措置のキャンペインの可能性は排除できない」と語った。総会が非常措置を廃止し一年の調達を正常な方法でおこなう確固たるコースをとる以上，この可能性を，総会決議に含めるべきではない，しかし非常措置の可能性を語ることは必要である，可能性が排除されえない以上，既往のキャンペインにただ否定的態度をとるだけでなく，その肯定・否定の両面をより正確に，より良く，より深く分析することが必要である。オシンスキーだけでなく多くの同志はパニック的気分にあり，既往のキャンペインの肯定的側面を塗りつぶそうとしている。肯定的側面とはなにか，ゴロシチョーキンによれば，穀物の問題を解決し，党大衆をゆり動かし，ソヴィエトを活性化したことであった。かれは，農民の不満のうち上層の不満は社会主義へのわれわれの前進から生まれたが，広範な大衆の不満は「われわれの誤り」から生まれたという。それは，党中央の指導方法に由来する。批判の第一点は，党中央がとった内戦的非常体制に向けられた。一月に穀物の問題がわれわれの前に現れたとき「この問題を暗号の極秘電報によってではなく，公然と，大衆行動のスローガンによって解決するべきであった」。指導者が現地に出向き，農民の広範な会議を設立して「なにをなしうるか，なにをなすべきか，なにをしていけないか」を農民に説明したなら「われわれははるかに良い事態をもち，わが党およびソヴィエト機関の側からの多くの不当な行為を免れたことであろう」。ゴロシチョーキンがあげた「第二の誤り」は「われわれの諸指令の性格」であった。すなわち中央からの指令はすぐれて上意下達的に、命令的におこなわれた。農村細胞、農村コムニストは行動様態を「殆ど強制」されたのである。それは大衆との疎隔の反面にほかならない。つまるところ、誤りは、「われわれの農村での政策全体を農民に十分に説明しなかったこと、大衆の前で十分に発言しないで、大衆との間に仕切りをつくったこと」にあった。[12] ハタエヴィチ(中ヴォルガ)は、穀物地区の他の代表者と同じく、農民の気分についてより楽観的に語った。[13] これに対して右派ウグラノフ(政治局員候補、書記)は、ステツキーに同調しハタエヴィチを批判して、結合の深刻な危機を憂慮し、農民の気分を宥和するために非常措置廃止の党決定を「ソヴィエト的手続」によって採択し公表せよと迫った。[14] カガノヴィチは、調達に全責任を負った党組織の立場を総括的に代弁した。地方党書記の位階制は、カガノヴィチを含むスターリン派が依拠する最も堅固な権力基盤であった。かれは、農村では実際活動の観点から非常措置、行政的命令なしでは任務を果たしえない実情があると、四月総会における主張を繰り返した。「非常措置をシステムとしてはならないということは絶対に正しい。ましてや、歪曲を合法化することを欲するイデオロギーに対しては断固たる闘争を宣言する必要がある。しかし、場合によっては、現地で活動家の状態はきわめて困難であった。実際、穀物調達のみでなく自己課税、債券普及をも非常に強化されたテンポでおこなわなければならなかった」。「私は、いまわれわれがいくぶん懺悔的な口調を、採択された非常措置をすべて断罪し、数か月間おこなわれたこれらの活動をあまりにもきびしく批判する口調を耳にしているといわなければならない」。「若干の同志は不当にも非常措置をシステムにしようと欲している一方で、他の同志は許しがたい極端に陥り「行政的影響の措置打倒、穀物市場における純粋に経済的な影響の措置万歳」と唱えている」。カガノヴィチはまた、中農の不満を「過大視」すべきでないともいう。「〔中農の〕気分はたしかに深刻に悪化した。しかし、全責任をもっていうことができるが、中農にはクラークとともにソヴィエト権力に反対する冒険にみずからを押しやるほどの熱度(gradusy)はない」。こうしてカガノヴィチは、非常措置、行政的命令の方法を条件的に容認し、非常措置に対する農民の不満を「結合の危機」とする右派の評価を過大なものとして反論し、穀物地区党組織の行動を弁護した。過去の行動の弁護は、将来の調達における非常措置復活の可能性の暗黙の容認を含んでいた。七月に始まる調達キャンペインについて、かれは、非常措置廃止の決議で万事うまくいくとする楽観主義を、党を「動員解除」に導くとして批判した。そのうえでかれは調達を半年で（一二月中に）終える任務を提起した。(15) エイヘ（シベリア）は、穀物調達キャンペインを年内に終えるとのカガノヴィチの提言を、「容認できない、かつ不当なもの」と拒否した。なぜなら、農民から取り上げる大量の商品穀物に見合う対価を「われわれ」はもたないからであり、またカガノヴィチが正当にも反対した「ゆきすぎ」が避けられないからであった。(16) しかし、「カガノヴィチ演説の真意は、非常措置をいかなる時にも、またいかなる状況のもとでも弁護することに帰着する」としてかれを鋭く攻撃し、非常措置の無条件の廃止を要求したのは、ブハーリン派の指導的幹部であり首相であったルィコフであった。かれの演説は、非常措置の否定的結果に対する行政府の長としてのみずからの責任を認めた格調の高い内容であった。かれは一九二八年初めの非常措置発動に同意したことをもってみずからの重大な政治的誤謬と「自己批判」し、一―三月の非常措置を正当化するミコヤン、カガノヴィチらスターリン派幹部とは断固たる一線を画した。「革命以来一一年目にして、ネップ期において初めて、われわれは農民すなわち穀物生産者に対して行政的抑圧を大規模に加えた。われわれはネップ期間中農民に対してかくも大規模に行政的圧力(vozdeistvie)を加えた経験をもたなかった」。ルィコフは非常措置が穀物危機の克服に役立たなかったこと、かれ自身この誤りに責任を負うべき立場にあることを認め、いかなる国においてもかかる状況に導いた政府は激しい攻撃を受け退陣に追い込まれるであろうと述べた。(17)

争われたさまざまな論点に通底する基礎的問題は、「結合」と「蓄積」の関係であった。「結合」は、国民の圧倒的多数を占める農民との合意こそが政治体制存立の基礎条件とする思想であった。それは、内戦の苦い経験からの教訓であっただけでなく、革命の統治原理に淵源する神聖な理念であった。他方「蓄積」は工業化が経済政策の中心に位置づけられた二〇年代後半以降、その成否を決する問題として浮上した。「蓄積」源、すなわち工業の拡大再生産のための資本の主要な供給源は、ロシアのように未発達の工業を抱える農民国において、しかも植民地的搾取を理念的に許容しえない条件のもとでは、農業、そこで支配的な小農経済に求めるほかなかった。工業発展が旧体制から継受した遊休設備に依存しえたいわゆる「復興期」の完了以後、「蓄積」問題は先鋭化し「結合」理念と鋭く衝突した。しかし、「結合」と「蓄積」との両立は困難であるが、両立させなければならないし、両立しうる、というのが、二〇年代の党が共有した政策理念であった。二〇年代の実り豊かな工業化論争は「結合」を公理的前提として「蓄積」問題を論じた。「結合」は、社会主義的工業化の方法的規範となり、テンポに上限を設定した。「結合」は「蓄積」に社会主義的性格を保証する基本的条件とみなされた。工業化の急テンポ化に最も熱心であった左派もこの点で例外ではなかった。総会で右派のトムスキーが、「結合が必要なのは、結合一般のためにではなく、プロレタリアート独裁の完全な保証と社会主義の成功的かつ実際的建設のためである」と説いたのも、同様の趣旨であった。だからこそ労働者階級は、農民に対する「不断のいくばくかの譲歩」によって「結合」を実現していかなければならないのであった。[18] しかし戦争の危機によって拍車をかけられた、生産手段生産部門への大規模新規投資を重点とする工業建設が、農民に対する犠牲の要求を過酷化し、「結合」の微妙なバランスの維持を危うくしつつあった一面も否定できない。穀物危機は、「結合」と「蓄積」を非調和的あるいは二者択一的に提起しつつあった当時の現実を反映した。七月総会における穀物調達問題討議を締めくくったスターリンとブハーリンの演説は、「蓄積」と「結合」のそれぞれを代弁した。党の世論の大勢は、工業化の壮大なプランに収斂され、農民との合意を、半ば無意識に、従属的地位に降格させつつあった。七月九日夕刻の演説においてスターリンは、かかる動向に機敏に適応してブハーリン理論との対決姿勢を鮮明にした。(19)

スターリンは、「穀物戦線におけるわれわれの困難の具体的問題に移るに先立って」「理論的に興味ある、またここで総会の討論の際に浮かび上がってきた若干の問題」を取り上げた。蓄積、結合、ネップ下における階級闘争、そして非常措置が、かれのいう「理論的」問題であった。蓄積問題でかれは、農産物価格が工業商品に対して不利に設定されている現状を批判し、穀物価格と工業商品の価格格差を除去するため穀物価格の引上げを要求するオシンスキーらの主張を工業化を妨害する謬見として却下した。スターリンは、農民が直接税・間接税を納めているだけでなく、農産物価格において工業商品に比し不利な扱いを受けている現実を、工業化に必要な「追加的税」、「貢租(dan')」として正当化する。この「貢租」なる表現は、かつて左派が使用し、当時は「反農民的文言」として非難された言葉にほかならなかった。(20)このように農民に対する態度の変化を滲ませつつ、スターリンは「結合」の問題、そしてネップの本質論へと移る。更なる工業化を前提として、いまや「結合」も、農民の個人消費に奉仕する軽工業による「織物による結合」から、単に農業の発展だけではなく、小農的農業構造そのものの変革、すなわち集団化に奉仕するような、機械などの生産手段を供給する重工業中心の「金属による結合」へと重点移動しなければならない。そもそもネップは「戦時共産主義」からの単なる「退却」ではなく、それは社会主義的な「攻勢」の要素、すなわちソヴィエト経済のなかの資本主義的要素に対する組織的な攻撃の可能性を内包していたのである。農民宥和のためのネップの更なる「拡張」を明確に否定しつつ、むしろ「攻勢」に転ずる可能性について積極的に語るうえで、スターリンが理論的な基礎に据えたのは、「階級闘争激化論」とでも称されるべき状況認識であった。すなわち建設が進み、社会主義が発展すればするほど、資本主義分子の抵抗は増大し、階級闘争は激化する。なぜなら「死滅しつつある階級が反抗を組織しようともしないで、進んでみずからの陣地を明け渡すことはない」からであり、かれによれば、先ごろの穀物調達危機のなかには「農村の資本主義分子がソヴィエト権力に反抗して立ち上がった、ネップの条件のもとでは最初の、重大な行動」が含まれていたのであった。かれが用心深くおこなった若干の留保[21]にも拘らず、ここには階級協調と国内平和のもとでの漸進主義的発展を基調としたブハーリン的なネップ通念に対する大胆な挑戦の要素が含まれていた。[22]かかる新たな状況認識をもとに、いまやネップそのものが、急進的工業化と農業集団化へと向けて動的・闘争的に再定義されなければならないのであった。この再定義の延長上に、スターリンは、核心である非常措置の問題へと進む。かれは非常措置に対して、絶対悪として否定する見方と恒久的制度として肯定する見方とをともに誤った両極端として退け、非常措置はできれば回避すべきであるが、条件によっては非常措置の適用は容認されうるとした。「非常措置は弁証法的に検討されなければならない。なぜなら、一切が時と所の諸条件にかかっているからである」。[23]かれはこの命題を、過去の非常措置の評価規準とし、また今後の行動指針とした。かれは、一九二八年一月に発生した調達危機がまさにその適用を不可避にした深刻な国民経済的危機であったとして非常措置を肯定し、一―三月の非常措置さえも否定的に評価するルィコフらに対抗した。非常措置は国民経済の差し迫った危機から国を救った、間違っていたのはそれが「政治的性質の困難(zatrudneniia politicheskogo kharaktera)」をもたらしたからであった。「危機」とはいわないで「困難」といった意図は、状況を、右派のいうような「結合の解体《ラズムイチカ》」のおそれのない、少なくとも臨界点にまでには至らぬ程度の「農民の一定部分の間、貧農の一定部分の間に、同じく中農の間に」不満を生みだした「結合への脅威」と規定することにあった。それは、中農の不満が右派の懸念するほどには深刻化していないとするカガノヴィチ、地方党幹部らのそれと軌を一にする見方であった。[24]かかる状況規定は、農民に対する更なる譲歩による「危機」の解決を急務とするブハーリン派の要求を退け、農民に対する譲歩の限界を工業化の枠内に設定する決意の間接的表明であった。そこでは、譲歩ではなく「追加的税」、「貢租」という工業化目的のための犠牲の要求が正当化された。他方、「結合」はスターリンも拒否できない神聖な理念であり、それを公然とは否定できなかった。かれは、農民とソヴィエト権力の決裂は避けなければならないし、その意味において農民の不満は(非常措置廃止によって)解消されなければならない、「小農経営は一層の発展の可能性を汲み尽くしたから、もはやそれを援助する価値はないと主張する同志は正しくない」と認める。(25) ではいかにして「蓄積」と「結合」とを両立させるのか、あるいは、低い固定価格で(市場的方法によらないで)しかも強制的方法(非常措置)に依存しないで、国家はいかにして穀物を農民から調達できるのか、スターリンはこの問いに説得的な回答を与えない。かれは、革命後零細性と分散性を強めた小農経営構造を生産性と商品化率の高い大経営(コルホーズ、ソフホーズ)に代えることが穀物問題の究極的解決に通じるとの原則論をここでも繰り返した。しかしそれは、工業化と集団化の現状を前提するなら、当面の問題解決には殆ど寄与しえない夢物語であった。かれはやがて夢と現実を混同する心理状態に陥るが、総会時には、「われわれは数十年にわたり農民経営によって養われるであろう」とのウガーロフの言葉に「その通り」と同意を表明していた。(26) 七月一一日の演説において、かれは、当面の穀物問題に立ち返り、中農の不満を、これ以上の譲歩によってではなく、経済的・政治的拠点(opornyi punkt)を農村内部に構築することによって(国家的強制あるいは非常措置なしでも)事態を制御できる、と弁じた。経済的拠点とは、ソフホーズ、コルホーズ、予約買付制など社会主義的契機の拠点であり、政治的拠点とは、貧農間の活動の展開による貧農の組織化を意味した。このうちいくらかでも現実的意味をもつとすれば、後者であった。プロレタリアートと対等の同盟者とする農民観に代えて、中農をクラークと貧農・プロレタリアートの間で「動揺しつつある階級」と位置づけたうえで、スターリンは、中農を社会主義、ソヴィエト権力の側につけるためには「中農に対する政治的圧力(politicheskoe vozdeistvie)」が必要であるとし、そのための政治的拠点として貧農間の活動を強化する必要を力説した。[27]しかしこれらも不毛な企てに終ることは、間もなく明らかとなる。

翌一〇日朝右派の領袖ブハーリンが登壇し、大勢に抗して総会決議案の精神を擁護した。演説は、スターリン派に対する妥協の要素を含んでいたとはいえ、「結合」理念への忠誠において揺らぐことはなかった。原則にかかわる核心的問題は当然、非常措置の評価であった。演説のこの問題を論じた箇所は、スターリン派幹部との激しい応酬によりしばしば中断した。とりわけ強硬な抗議を招いたのは、現におこなわれている農民に対する暴力を非難し、それが「結合」を危うくする危機的状況を生みだしているとして、非常措置の即時かつ無条件の廃止を要求した部分であった。ブハーリンは、ルィコフとは一線を画して過去の非常措置を「歴史的に正当化され、われわれが正当にもそれに依存した」と一応是認する。しかし問題は、非常措置が「大きくなりすぎ、不要になった」ことにあった。すなわち、非常措置は、経済的には、戦時共産主義へと導く傾向(「いまは大きくないが成長しつつある」)を強化するが、もっと重大なことは、その政治的効果、「われわれをますます広範な農民層と不和にする政治的効果」、すなわち、党とソヴィエトが農民的支持基盤を失い、超越的権力と化し、革命の統治理念の空洞化を招くことにあった。ブハーリンは、農民との合意を政治体制の安定的存立の根幹としたレーニン晩年の覚書に立ち返った。「ウラジーミル・イリイチが政治的遺言において農民との同盟を大切にする必要を書いたとき……かれはクラークについてひとことも触れなかった。クラークについてひとことも触れなかったのは、かれがクラークの危険を「みていなかった」からではなく、最も重要な問題が中農であるとみなしたからゆえであることは明白である」。[28]現実にあるのはレーニンの遺訓とは反対の事態である、とブハーリンはいう。指導的活動家は、農村末端からの直接的警報を無視し「一定の官僚主義的一面性」を現した。「われわれはかなりひどく大衆から引き離されてしまった」。階級闘争の激化、反クラーク闘争の美名のもとに現地でおこなわれているのは、農民に対する強制と暴力の増殖であり、それに対抗する農民の「全般的(massovoe)不満の一定の波」なのである。かれが地方の多くの「テロ行為」の事実をあげて現状に深い憂慮を表明したとき、スターリン派や、調達に責任を負う地方党幹部からの激しい反発の声(「非闘争的パニックはもっと悪い」など)があがった。非常措置の無条件廃止に消極的な発言に対して、ブハーリンは再度その即時の廃止を強く求めた。「われわれが過ぐる時期非常措置を適用したとき、われわれが非常措置の「戦時共産主義に向かう傾向」と呼ぶことができるものへの一定の発展転化(pererastanie)をもったことから出発しなければならない。このことを否定することはできない。われわれは綱領論議の際に、戦時共産主義を、小生産者の個人主義的刺激の切り取りのもとでの、徴発、没収などのもとでの、合理的消費を目的とするシステムと規定したばかりである。これらの要素がわれわれの今日のシステムにあること、それらが非常措置システムの継続のもとでは発達しかねないことはいうまでもない」。ゆえに非常措置は即刻廃止されなければならないのであり、さもなくば、非常措置は経済的にわれわれに多くのものを与えないだけでなく政治的にきわめて重大な否定的効果をもたらし、大多数の農民との不和、「われわれに反対する村の統一戦線(edinyi front sela protiv nas)」をもつことになろう。非常措置を続けるなら「そのとき諸君は、クラークが率いる農民《ムジーク》の蜂起を受けることになろう、クラークは蜂起を組織し指導するであろう。小ブルジョア的自然発生性はプロレタリアートに反対して立ち上がり、飢餓によりプロレタリアートを打ちのめし、激しい階級闘争の結果、プロレタリア独裁は止むであろう。諸君はそのことがわからないのか」。ここで「おそろしい悪夢だ、神の恵みを」というスターリンの野次が飛び議場に笑声が起こる。しかしブハーリンはレーニンの遺訓を持ちだして非常措置の廃止を要求し続け、もし穀物調達の困難に再び数か月内に直面して非常措置を適用することになればそれは一層峻厳なものとなろう、と重ねて警告した。議場は騒然となり、「〔非常措置の適用は〕状況如何にかかっている」、「景況如何による」などの不規則発言が演説を中断する。ブハーリンはひるむことなく「いかなる場合においても非常措置の拡大再生産を許容する方向に向かってはならない」と訴えた。かれが示した代案において注目に値する点は、経済政策的提言(例えば償還価格の提案)[29]に加えて、「穀物調達問題は総じてわが国家装置および国家装置の官僚主義との闘争の大問題の一部である」との観点から、政治改革(民主化と分権化)の緊要性が強調されたことである。演説の結びの部分においてかれは、経済指導と経済管理の中央集権的・官僚主義的方法の改革を要求し、「わが中央諸機関、党中央委員会があまりにも大きな負担を引き受けている」現実が、「協同組合的イニシアティヴ、地方的イニシアティヴ、ありとあらゆるその他のイニシアティヴを窒息させた」ことを指摘した。「われわれはすべての仕事を超中央集権化させ、その結果がかくも超中央集権化された官僚主義的装置、上への責任制であり、装置はそれ自身の対立物へと転化した」。いま必要なことは、下からのイニシアティヴを解き放つことであるとかれは力説した。自身が構築に力を傾けた[30]ネップ的政治秩序が溶解に瀕している危機を、ブハーリンは誰よりも鋭敏に感知していたのである。[31]

七月総会における非常措置を中心的争点とするブハーリン派とスターリン派の応酬は、総会参加者に、両派の抗争の破局化を予感させた。[32]しかし総会の議事は秘匿され、コミンテルンも含め外部には政治局の一体性の外見は保持された。[33]全会一致採択された決議は、新年度調達の方針として、非常措置の廃止と経済的調達方法への復帰、それを保証する条件として穀物価格の一定の引上げを定めた。[34]総会直後の報告演説においてスターリンとルィコフはそれぞれ、調達キャンペインが好収穫のもとで非常措置なしでおこなわれようとの楽観的展望を語った。ルィコフは、好収穫が農村の政治状況を好転させ、党の決定を農民に速やかに説明すればネップの原理のうえに収穫実現の確保に基づいて農村の平和が訪れようと語り、スターリンも豊作予想と非常措置の部分的解除が農村に平穏をもたらし「事態を改善した」と述べた。[35] 総会決議が党機関紙『プラウダ』に公表された翌日の七月一四日、同紙社説「穀物調達と非常措置の解除」は、党が新しい調達キャンペイン前に断固「異例かつ非常の措置」を解除する旨誓約し、第一五回党大会決議の路線に復帰すると宣言した、と論じた。[36] 同日の政府機関紙『イズヴェスチヤ』社説は、一時的非常措置をもってネップの全般的廃止の指標とする見方を「反革命的解釈」と非難した。[37] 総会決議を報じた『農民新聞』は、食糧徴発的調達方法の実際を詳しく報じ、それを非難して合法性の強化を訴えた。[38] 党機関誌の一文は、七月一日現在の収穫予想が前年比五億プードの増収を告げており、新年度調達が「いかなる非常措置なしでも成功するであろうとの確信を与えている」と展望し、「地方からの一連の情報が、最近の農村における状態の改善を示し、中農の不安が若干改善されたと伝えている」と記した。[39]

こうして、七月総会は、解体の危機に瀕した「結合」を、非常措置の廃止と経済的調達方法への復帰によって修復する方針を定立した。しかしそれ以上には新年度の調達キャンペインに対する具体的指針は示されなかった。非常措置の解除が調達の成功をあげて市場の調整力に委ねる「自然流動(samotek)」を意味しないことは、過去六か月の調達の経験から明らかであった。農民の政府不信が一片の宣言で解消するとは、調達の実態を知る者には信じがたいことであった。ウクライナ共和国商業人民委員チェルノフは、非常措置の廃止をもってソヴィエト装置が調達を傍観し調達官が調達所に坐して農民の穀物搬入を待つ趣旨と解する見方を非難した。[40] あるいは、非常措置の廃止は、買占人、明白な投機者の行動の自由(prostor)を意味しない、といわれた。[41] 非常措置の復活ないし継続を匂わす発言も聞かれた。[42] 決議の具体化の議論に特徴的な非一貫性の源泉は、過去六か月の穀物危機に対する党指導部のその場しのぎの対応にあった。総会後ルィコフは、穀物危機に対する党指導部の対応が先見性を欠いた即興の累積にすぎなかったことを一人称で語った。危機が発覚したとき私はそれを短期の、実際より深刻でないものとみなした、私は非常措置の助けを借りて危機を完全に除去できると考えた、しかしそれは達成されなかった、私は穀物調達キャンペインの全過程が貧農を支柱とし中農との結びつきの完全な安定性のもとで進むと考えた、この点でも私は間違っていた、と。[43]

確実なことは、新年度の調達政策において主導的役割を果たす党指導部内の勢力がスターリン派であり、非常措置の廃止に最も熱心であったブハーリン派が影響力を減退させたという事実であった。総会決議、それにかんする指導者の報告とメディアの論評は、ブハーリンの政策理念の勝利とスターリン派のそれへの同調とを印象づけた。辺地に追放されていた旧反対派の面々は、議事の委細を知るまでは、総会を右派の勝利と受けとめた。[44] しかし一九二八年夏は、党指導部の勢力バランスが、スターリン派の優位とブハーリン派の後退へと大きく傾く決定的転換点であった。スターリンの「左旋回」は、旧反対派とスターリン派の接近の触媒となり、ブハーリンら右派は孤立感を深めた。党内情勢の有利な展開を利用してスターリンは、ブハーリン、ルィコフ、トムスキーら右派幹部の勢力基盤の掘り崩しにとりかかった。スターリンはまた、政治局内で動揺的なヴォロシーロフと右派に近いとみられたカリーニンを自派に確保することに成功し、政治局会議で安定的多数派を形成した。政策的・理論的指導者としてのブハーリンの影響力も後退を余儀なくされた。同年五月スターリンは、ブハーリンの影響下にあった赤色教授学院の学生を前に、ブハーリン理論批判を滲ませた演説をすでにおこなっていたが、更には、ブハーリンの支配下にあった『プラウダ』、『ボリシェヴィク』という党の最重要機関紙・誌の編集部を自己の影響下に置くことに成功した。[45] 七月総会の議事は、スターリン派への権力の集中過程を反映しかつ加速した。穀物問題の決議の翌日(七月一一日)の演説でスターリンは、「一部の同志」による穀物価格引上げ要求が「工業化の利益、したがって国家の利益に反する」として拒否されたと語った。[46] 五か年計画案作成の実権は、ゴスプランから最初の国民経済会議に移り、スターリン派の政治局員である最高国民経済会議議長クイブィシェフは、生産手段生産部門への重点投資を基調とする急進的工業化を内実とした一九二八／二九年度統制数字案に全面的支持を与えた。そこで示された政策枠組には、ブハーリンの均衡理論からの決別と左翼反対派の蓄積理論への依拠が刻印された。九月末ブハーリンが発表した論文「一経済学者の覚書――新経済年度の開始によせて」は、このような趨勢に対するむなしい抗議であった。(47)

このような権力バランスの移動が直ちに非常措置の全面的廃止の総会決議の形骸化を意味したとはいえない。一九二八年夏の権力布置の変動は、さまざまな主観的・客観的要因が投射し作動する複雑な過程の所産であった。一党支配のもとで、これらの利害、要求は生き残った党に政治的表現の場を求めた。党内闘争は、個人間の権力の争いあるいはスターリンの権力への野望に還元することができない、これら客観的諸矛盾と緊張の主観的投影であった。スターリンは、かれが最大の権力基盤とする中央および地方の党機関の利害関心を代弁することによって勝利を確実にした。七月総会では、地方党組織の代表の多くはスターリンの選択を支持し、ブハーリンに対するかれの政治的勝利に貢献した。このように七月総会において地方党組織代表の多数が示した、加速的工業化路線への支持と農民に対する譲歩への留保的態度の背後には、党の工業的・都市的体質が危機の過程で強化されたという事実がある。一九二七年の党センサスは、党が、ネップ下農民に門戸をひろげたにも拘らず、依然として都市と工業の党としてとどまり、党勢力の基幹部分が都市と工業地帯に配置されている組織状況を改めて明るみにだした。(48)センサス後の党の組織状況は、党の都市的・工業的体質の更なる強化の方向に変化した。変化をもたらした要因のひとつは、党のプロレタリア的性格を純化するとの理由から、農民など非プロレタリア分子に対して門戸を狭めた、いわゆる党の社会的構成の規制を強化する組織政策が始動したことであった。しかしより直接的要因としては、穀物危機に際して党組織が非常措置適用主体として農村に君臨し、農民と対峙した局面があげられなければならない。都市と工業から多数の党員が全権代表として農村に送られ、農村党組織、農民コムニストはその分肢として行動することを要求され、抵抗する組織および個人は排除された。ネップ期において農村党組織、とくに農民コムニストを通して構築された党と農民の有機的関係はその過程で毀損され、しばしば敵対性へと転化した。農民はもはや党の安定的同盟者ではなかった。党の理念に潜在した、農民を「動揺する中間層」と規定する農民観[49]がそれとともに顕在化する。右派による農民的利害の代弁は党組織のかかる動向に逆行した。七月総会における地方党組織代表の反右派的発言は、あながちスターリンへの忠誠だけを動機とした行為ではなかった。スターリンは、党組織のこの動向をつくったのではなくそれに機敏に適応したにすぎない。当時の政治的意思決定を、スターリンが大粛清によって自立的幹部集団(反対派はもとより自派幹部も含めて、また党組織のみでなく国家、社会組織の幹部を含めて)を肉体的に抹殺し、辺地に追放し、あるいは政治的に去勢して、個人的独裁権力を確立した三〇年代後半以降のそれと同一視することは、当時の政策決定機構を誤認することになる。スターリンはまだ機構の人であった。たしかにスターリンは、一九二八年夏には最大の政治的影響力をもつ指導者となっていた。しかしかれの意志が自動的に党と国家の意志となるというシステムはこの時期には実在していなかった。反対派はもとより自派の幹部もまた自立的見解の持ち主であり、スターリンも自己の意見を全体意志とするためには、反対派には政治技術を駆使し、説得し懐柔し威嚇しなければならなかった。党の意思決定の民主主義的合法的手続はいまだ作動し、書記長の権力を制度的に拘束していた。国家諸組織、社会諸組織の自立性もいまだ完全には失われてはいなかった。「結合」が深奥においてかれの権力を拘束していた理念的側面も留意されなければならない。七月総会の決議はなお新鮮であり、スターリンを含めて中央および地方の党幹部に対する強力な心理的抑制要因として作動していた。理念の要請と現実的必要の狭間にあって、指導者は立場の如何を問わず揺れ動いた。党指導部の一部、例えばスターリンがオゲペウを使った農民弾圧を密かに決意し、のちの「上からの革命」を画策しそれに向けて直進したとする解釈は、結果によって過去を裁断する単線史観の弊に陥ることになろう。のちにスターリンによって「偉大な転換の年」と命名された一九二九年秋までの約一年は、深刻化した危機と指導部の即興的対応の相乗によって醸成された混迷のなかで始まった。その後の歴史行程を規定する政治変動の客観的論理は、半ば自然発生的に、下層における権力と農民の相互作用の展開過程のなかから明確な形姿をとったと考える方が真実に近い。それゆえ、農村の政治的変動構造を再構成するためには、さしあたり農村現地の政治的・社会的諸関係に着目しなければならない。

（1）　*KPSS v rezoliutsiiakh—*, II, pp. 516–517.
（2）　Carr and Davies, *Foundations of a Planned Economy*, vol. 1–I, pp. 76–82; 溪内謙『スターリン政治体制の成立』第二部、一一九頁。
（3）　スターリンの反論(六月二〇日)は Stalin, *Sochineniia*, vol. 11, pp. 116–126. モロトフの反論(六月二五日)は *Tragediia—*, vol. 1, pp. 297–301.
（4）　*Kak lomali NEP*, vol. 2, pp. 657–658; RTsKhIDNI, 17/2/726, 50; *Tragediia—*, vol. 1, p. 50.
（5）　RTsKhIDNI, 17/2/355, 3–10.
（6）　六月二三日政治局は次年度の調達政策検討のために、ミコヤン、ブハーリン、ルィコフ、スターリン、バウマンからなる委員会の設立を持ち回りで決定し、七月一日までにテーゼを政治局員に送付することを指示した(RTsKhIDNI, 17/3/693, 7)。委員会が準備したテーゼは七月二日政治局により承認された(RTsKhIDNI, 17/3/694, 1–5)。これより前の六月二七日、ブハーリンは経済情勢についての長文の手書きの文書を読み上げ、労農同盟、商業と市場の自由を擁護し、集団化についてのスターリン派の主張を非難した。その他の政治的背景については、Carr and Davies, *op. cit.*, vol. 1–I, pp. 74–76.
（7）　*Tragediia—*, vol. 1, p. 50.
（8）　RTsKhIDNI, 17/2/375, 29.

(9) *Kak lomali NEP*, vol. 2, pp. 235–236.

(10) *ibid*., p. 239.

(11) *ibid*., pp. 247–248.

(12) *ibid*., pp. 242–245.

(13) RTsKhIDNI, 17/2/375, 41.

(14) RTsKhIDNI, 17/2/375, 43–44.

(15) RTsKhIDNI, 17/2/376, 59–61.

(16) *Kak lomali NEP*, vol. 2, pp. 296–297.

(17) RTsKhIDNI, 17/2/376, 74–79.

(18) *Kak lomali NEP*, vol. 2, pp. 418–420.

(19) スターリンの演説は、戦後刊行されたスターリン著作集第一一巻に、圧縮されかつ修正をほどこして発表された(Stalin, *Sochineniia*, vol. 11, pp. 157–187; *Tragediia*—, vol. 1, pp. 319–331; *Trotsky Archives*, T. 1832)。二〇〇〇年に刊行された総会速記録には、七月九日のスターリン演説の修正前の速記(生演説)と修正後の速記(演説正文)とが併載されている(*Kak lomali NEP*, vol. 2, pp. 353–369, 625–644)。本書では、主に著作集のテキストに依りつつ、訂正前および後の発言内容を加味した。なお関連して、オシンスキー、トムスキーに反論し、農民に対する譲歩の限界を説いた七月一一日の演説がある。演説正文は*Kak lomali NEP*, vol. 2, pp. 513–519に、その抜粋はStalin, *Sochineniia*, vol. 11, pp. 188–196に、修正前の生演説は*Kak lomali NEP*, vol. 2, pp. 645–649に、それぞれ収録されている。

(20) Stalin, *Sochineniia*, vol. 11, pp. 157–160. スターリンは続ける、「農民はこの〔工業化の〕負担に耐えることができるであろうか。絶対にできる」。なぜなら、かれによれば、第一に、農民の過重負担は年々軽減されるであろうからであり、第二に、追加的課税が、農民の貧困と搾取に運命づけられる資本主義的発展の条件ではなくソヴィエト制度のもとでおこなわれるからであった(*ibid*., p. 160)。のちの歴史は、このいずれもが根拠薄弱な空論にすぎないことを証明するであろう。

(21) スターリンはもちまえの慎重さで、「内戦」をもたらしかねないがゆえに「われわれの政策を階級闘争を燃え上がらせる政策とみなしては決してならない」と述べたが、他方で、階級闘争を否定したり、それが「われわれの前進の決定的推進力」

であることを否定する態度を強く戒めた(Stalin, *Sochineniia*, vol. 11, p. 170)。

(22)　この直後、旧反対派指導者カーメネフとの秘密会談においてブハーリンは、このスターリンの階級闘争激化論を「貢租」発言とともにネップに対する本質的挑戦とみなして、それを「白痴的無知(idiotskaia bezgramotnost')」と酷評したといわれる(*Trotsky Archives*, T. 1897)。この後本格化する自身の反スターリン闘争の最終段階にあたる翌二九年四月の党中央委員会総会においてもかれは、一時的な階級闘争先鋭化の事実を「不可避的法則」にまで昇格させ、結果として非常措置を正当化・永続化する、この「悪名高い「理論」」を強く批判した(N. I. Bukharin, *Problemy teorii i praktiki sotsializma*, M., 1989, pp. 263–264. 後段第四章二注(4)参照)。

(23)　Stalin, *Sochineniia*, vol. 11, p. 175.

(24)　ダニーロフは、スターリン任命の穀物地区の党書記がスターリンの意を体して農村の不穏な情勢を隠したとしている(Danilov, "Bukharinskaia al'ternativa", *Bukharin, chelovek, poltik, uchenyi*, M., 1990, pp. 110–111)。ただしかれは史料的根拠を示していない。

(25)　Stalin, *Sochineniia*, vol. 11, pp. 178–180.

(26)　*Kak lomali NEP*, vol. 2, p. 261.

(27)　*ibid.*, pp. 647–648.

(28)　*ibid.*, p. 379. レーニンの遺訓については、Lenin, *Sochineniia*, vol. 36, p. 544.

(29)　「償還価格(vosstanovitel'nye tseny)」の意味について、Carr and Davies, *op. cit.*, vol. 1–I, p. 81 (n. 1).

(30)　ネップ下における「下からのイニシアティヴ」を求めてのブハーリンの実践について、浅岡善治「ブハーリンの通信員運動構想――「プロレタリアート独裁」下における大衆の自発的社会組織」(『思想』二〇〇〇年一一月号)。

(31)　RTsKhIDNI, 17/2/375, II, 50–66; *Tragediia*―, vol. 1, pp. 331–347; *Trotsky Archives*, T. 1901; Carr and Davies, *op.cit.*, vol. 1–I, pp. 79–81.

(32)　前述のカーメネフとの会談でブハーリンは、党指導部内の決定的亀裂を告白している(*Trotsky Archives*, T. 1897; Stalin, *Sochineniia*, vol. 16, pp. 275–276; Carr and Davies, *op. cit.*, vol. 1–I, p. 82, vol. 2, pp. 65–66)。

(33)　*KPSS v rezoliutsiiakh*―, II, pp. 558–559.

(34) *ibid.*, pp. 516–517.
(35) 〈Pravda〉, 15 July, 1928; Stalin, *Sochineniia*, vol. 11, p. 206.
(36) 〈Pravda〉, 14 July, 1928.
(37) 〈Izvestiia〉, 14 July, 1928.
(38) 〈Krest'ianskaia gazeta〉, No. 29 (17 July), 1928.
(39) 〈Derevenskii kommunist〉, No. 14, 1928, p. 7.
(40) 〈Izvestiia〉, 14 August, 1928.
(41) 〈Izvestiia〉, 15 August, 1928.
(42) 七月総会でカガノヴィチが新年度調達キャンペインを年内に(つまり一年を半年で)終える任務を提起したとき、シベリアのエイヘが指摘したように、かれは、市場的方法の非妥当性と「ゆきすぎ」あるいは非常措置の不可避性を暗に認めたのである(RTsKhIDNI, 17/2/375, 59–61, 74–79)。
(43) 〈Pravda〉, 15 July, 1928.
(44) 五月初め同志に宛てたトロツキーの手紙には、スターリンの「左路線」に有利な見解が披瀝されていた。それより早くトロツキー派の代表的経済理論家プレオブラジェンスキーは、覚書「農村における左路線とその見通し」のなかで、反対派が中央派(スターリン派)と同盟して右派に対抗することを提案した(I・ドイッチャー『武力なき予言者・トロツキー　一九二一—一九二九』田中西二郎・橋本福夫・山西英一訳、新潮社、一九六四年、四二四—四二六、四三三—四三五頁)。
(45) 〈Pravda〉, 4 July, 1928, 5 July, 1928, 8 August, 1928; 〈Bol'shevik〉, No. 11, 1928, pp. 8–20; 〈Izvestiia TsK VKP(b)〉, No. 23, 1928, p. 13.
(46) Stalin, *Sochineniia*, vol. 11, p. 189.
(47) 〈Pravda〉, 30 September, 1928.
(48) *Kommunisty v sostave apparata gosuchrezhdenii i obshchestvennykh organizatsii*, M., 1929, p. 10; *Sotsial'nyi i natsional'nyi sostav VKP(b)*, M.-L., 1928, p. 27.
(49) Stalin, *Sochineniia*, vol. 11. pp. 195–196; *Golos naroda*, p. 117.

第三章　構　造

穀物調達期前……当時わが農村には、多少とも平穏な気分があり、政治状況は十分に安定していた。

——シベリア地方《クライ》党ビューロー会議でのオゲペウ全権代表ザコフスキーの発言(1)

（一九二八年六月二六日）

一九二七年一二月後半に顕著になった穀物調達テンポの低落は、対外関係の緊張と相まって党指導部に重大な危機感を生んだ。当初危機は、経済政策の文脈のなかで認識された。すなわち、調達テンポの低落が続くなら、都市、軍隊その他の消費部門への十分な食糧供給と主要輸出商品としての穀物の必要量の確保とが不可能になり、確立された加速的工業化路線の推進(したがって防衛力の増強)は至難になるとの危機感であった。危機打開のために、党はネップとは相容れない方法を緊急避難的に調達に適用した。農民に対する反ネップ的非常措置を正当化したのは、危機の一時性の感覚であり、ネップへの揺るぎない信頼であった。一九二八年四月の党中央委員会総会は、この精神に立脚してネップの軌道への復帰を誓約し、危機前の経済的・政治的安定の再現を期した。しかし総会後農村を襲ったのは、一—四月よりも一層深刻な困難であった。調達テンポの低落、都市の食糧事情の逼迫に対する政治権力の対応は、一—三月の非常措置の拡大的適用、合法性を無視した強制力の恣意的発動によって農民の穀物貯蔵を探索し収用することであった。その結果、六月には穀物調達量は急上昇し、当面の経済危機は回避されたかにみえた。しかしその政治的代償は甚大であった。農民の不満は大衆化し、七月の党中央委員会総会決議が認めたように、「行政的専横に対する抗議行動」という政治的表現さえもとった(2)。農民の政治的離反は、党にとって、神聖な統治理念である「結合《スムイチカ》」への重大な脅威、その解体の危機を意味した。危機はこうして、経済から政治の文脈へと移動したのである。

本章の課題は、政治危機に到達した変動過程を、この過程に参画した諸勢力に分解して、基本的対抗の所在と形質を特定して再構成することである。これを変動過程の構造化と呼ぼう。それは、一九二八年夏から「上からの革命」が始動する一九二九年末―翌三〇年初めの数か月に至るつぎなる段階に対する有効な分析視角を設定するために不可欠な前提作業である。歴史の起動要因を超越的権力のみに帰着させる政治化された接近ではなく、権力をも歴史的要因のひとつとして客観化する歴史的接近を採用するべきであるとすれば、しかも権力の即興的対応を特徴的としたこの時期の政治変動の性格に留意するならば、再構成のための視点はなによりもまず農村の基層的変化、そこでの権力と農民の相互関係に据えられるべきであろう。その場合、観察の対象となる農民は、外圧との接点における農民である。かれらの行動の類型化は、この接点において企てられなければならない。そこでは「社会諸関係」あるいは「社会的構成」が主題として浮上することになる。

ソ連史学の伝統においては「社会諸関係」とは、通常、賃労働関係、土地の賃貸、雇用、家畜の保有、市場的・貨幣的結合などの客観的指標によって構成された階級的関係を指称した。[3] 本章においてもこれらの客観的指標は基礎的規定要因として前提される。しかし、政治変動過程の構造化にとって有意な「社会諸関係」とは、権力との接点において表出された農民の心性、態度、行為を直接の基準として概念化された農民の相互関係である。本章は、政治権力からの働きかけを導因としつつ、また農民との接点における権力の具体相をも視野に入れながら、権力の外圧に対する農民の雑多な能動的・受動的反応を整序して、政治変動への参画要因としての農民(あるいはその特定部分)を類型化する試みである。このような接近は、穀物調達を基本的争点とする政治変動においては、農民社会の初発に存在したのは政治権力の能動的外挿による階級的差異化であって、農民の政治的分化はかかる外挿以前には実は顕在化してはいなかったという事実によって正当化される。[4] そこでは、政治権力、具体的には党が危機に際していかなる農民の勢力配置を想定していたかがまず問われることになろう。ここで想定されていたのは、農村における党の直接的支持基盤としての貧農・バトラーク、穀物調達に抵抗する階級敵としてのクラーク、中間勢力としての中農に大別されるマルクス主義的な階級区分に立脚した勢力配置であった。かかる想定は、ネップのもとでの客観的過程としての階級分化の反映という意味では、単なる政策正当化の恣意的前提あるいは要請の産物とみなすことはできない。また、後述するように、かかる客観的過程に照応しつつ党が二〇年代後半以降農村政策に導入した階級的接近がもたらした一定の成果も無視できない。しかし、危機の政治変動の文脈においては、階級的差異化は、先験的前提としてよりも党が意図的に農村に注入した外的作用の過程ないし結果とみなすことが妥当な一般化であり、それを外的作用との関連を離れた客観的関係として特定する企ては、政治変動の構造化にとって有意な接近とはいえない。むしろ、政治権力との接点における農民の能動的・受動的反応という主観的・主体的指標が、政治変動における階級的差異化にとって第一義的指標となる。(5) 例えば、貧農は党による貧農の組織化との関連において、クラークは党の反クラーク政策との関連において、それぞれの層化を政治的に特定することが、変動構造の解明にはより合目的的である。しかし他方で農村には、外挿から自立した政治変動過程への参画集団、しかもその後の歴史にとって枢要な役割を果たす組織態があった。それは革命前からの歴史的生成物である伝統的農業共同体(オプシチナ、ミール)である。共同体関係は、一九〇二年以来の農民革命の結果として、また革命後内戦の試練を経て、存続・復活・強固化し、ネップ下における市場関係の発展にも拘らず、二〇年代を通して農民社会の最も強靭な凝集力であり続けた。「階級」とは異質な「伝統」を編成原理とする共同体は、その存在そのものによって、階級的差異化の外圧に対する頑強な抵抗要因となった。危機の過程で生じた「階級」と「伝統」の交錯は、変動構造に複雑な要素をつけ加えた。

一方、危機の変動過程に参画した政治権力側の直接的当事者としては、一九二〇年代を通して穀物調達にかかわってきた農村諸組織、すなわち、国家調達機関、農村ソヴィエト、農村党組織、農業協同組合などがあげられる。危機発生までこれらの組織の活動規準は、経済的には市場原理であり、政治的には農民大衆との合意形成であった。危機は、これらの農村諸組織にとって厳しい試練となった。なぜなら危機克服のため適用された非常措置が、方法的には、従来の活動規準からの重大な政治的・経済的逸脱の要素を含んでいたからであり、組織的には、非常措置適用の中枢となった権威主義的非常機関の分肢として行動することを農村諸組織に要求したからである。しかし、非常措置も非常権力も、既存の農村諸組織そのものの解体を意図したのではなかった。それは、あくまでネップ的統治システムの存続を前提したうえで、当時の用法を借りれば、諸組織を「浄化(ochishchenie)」し、従来の統治理念を一時停止して非常権力の分肢として機能させようとしたのである。農村に展開した非常権力(全権代表)の任務遂行のためには、農村諸組織、その構成員の支持と協力は不可欠であった。協力を拒む個人あるいは組織に対しては、厳格な組織的・規律的制裁が用意された。強制装置の介入もあった。しかし、農村諸組織とその構成員に対する非常権力の要求が一方的に貫徹したと考えるなら、変動過程を不当に単純化することになろう。二〇年代を通して形成途上にあったネップ的統治システム、それが構築した農民的基盤は、それらの貫徹を強力に阻止する客観的要因であった。農村諸組織、構成員の「浄化」が長く一九二九年夏まで続けられたという事情は、ネップ的政治秩序の強靭な拮抗力の証明である。危機は、非常権力とネップ的政治秩序の衝突と交錯を通して、農村に複雑な権力状況を創出した。

こうして調達危機は、農民の側についても権力の側についても、組織的・機能的錯綜化の震源となり、権力対農民の対抗の構図を理念から利害に至るさまざまなレヴェルにおいて不透明にした。この錯綜のなかからいかなる変動構造が収斂されていったかを問うことが、本章での主要な課題となる。結論をやや先取りすれば、穀物危機の反復の過程で、農民の側においては伝統的共同体を、権力の側においては全権代表を頂点とする非公式の体系を、それぞれ基本的当事者とする対立構造が現れてくる。

（1） *Tragediia*―, vol. 1, p. 302.

（2） *KPSS v rezoliutsiiakh*―, II, p. 515.

（3） V. P. Danilov, *Sovetskaia dokolkhoznaia derevnia: Sotsial'naia struktura, sotsial'nye otnosheniia* (以下, *Sovetskaia dokolkhoznaia derevnia*, II と略記), M., 1979 は，この意味の社会諸関係のすぐれた研究である。

（4） 例えば一九二八年六月二六日シベリアの党会議で指導者エイヘは，階級闘争の先鋭化は「穀物調達の結果」，「われわれの活動の結果」とみなすべきであると述べた（*Tragediia*―, vol. 1, p. 309）。

（5） L. V. Danilova, V. P. Danilov, "Krest'ianskaia mental'nost' i obshchina", *Mentalitet i agrarnoe razvitie Rossii (19–20 vv.)*, M., 1996, pp. 22–39 は，ソ連史において維持されてきた客観的階級帰属ないし関係から農民の心性，態度，行動を説明する接近傾向の短絡性に対する学問的反省である。農民社会に特有の言語空間については，Orlando Figes, "The Russian Revolution of 1917 and its Language in the Village", Martin Miller (ed.), *The Russian Revolution*, Malden, Mass., 2001, pp. 75–103.

一　貧農

〔貧農グループは〕存在はしている、しかし活動はしていない。

――第一六回党協議会（一九二九年四月）での発言より[1]

一〇月革命から一九二〇年代までの農民の社会的構成は、革命前ロシアのそれを基本的に継承し、バトラーク（batrak）、貧農（bedniak）、中農（seredniak）、クラーク（kulak）に大別された。革命後かれらの数的関係、経営能力における変化が生じ、またコルホーズ農民、ソフホーズ労働者という新しい階級グループがつけ加わったが、社会的構成は基本的には革命前と同じく四グループからなっていた。このうち、バトラークは資本主義的または前近代的雇用関係に置かれた雇農であり、穀物危機の変動過程に参画した政治勢力としては殆ど無視しうる存在であった。コルホーズ・ソフホーズ運動はいまだ萌芽的段階にあった。危機に際して、党が農村における階級的支持基盤として多少とも期待できる勢力が実在したとすれば、それは半プロレタリア的農民経営としての貧農であった。統計資料によれば、貧農（半プロレタリア）は一九二七年現在、ロシア共和国において全農民中二三・〇％（ソ連全体では二三・三％）、プロレタリア勢力を合算して三三％（ソ連では三三・三％）を占めた。これに対して、中農は六三・三％（ソ連では六二・八％）、小資本家的農民（クラーク）は三・七％（ソ連では三・九％）を占めた。[2] ただし、これらの統計は、特定の村、村落におけるクラーク、貧農を特定する資料ではなかった。貧農を組織すべく農村に到着した活動家が当面した最初の困難が貧農の「発見(vyiavlenie)」であったことは偶然ではない。(3) では、危機の政治変動のなかで党はいかなる方法によって貧農を自己の支持基盤として組織しようとしたのであろうか、また貧農はこれにいかに反応したであろうか。

まず危機直前に開かれた第一五回党大会が、貧農問題についていかなる意思決定をおこなったかをみよう。大会は、一九二五年一〇月以降党の農民政策の基調となった階級路線を再確認し、(4) その延長上に、また深刻化しつつある穀物調達上の困難に触発されて、農業集団化を「農村における党の基本的任務」とすることを決議した。(5) 貧農の組織化はこの戦略のなかで提起された長期的課題であった。大会決議は、集団化が農民の自発的意思によりかれら自身の事業としておこなわれるとの基本理念に基づいて、農業協同組合と農村ソヴィエトという農民的自治団体が集団化の組織主体となるべきことを明記した。決議は同時に、これらの組織がこの任務を果たすことができるためには、農民のなかの貧農・プロレタリア部分がそこで指導性を発揮するような組織的布置が必要であるとみなした。かかる方針の具体化のために、決議は、農村ソヴィエト、協同組合のもとに、これら組織の管理要員《アクチーフ》である貧農によって構成される「貧農グループ」を、また、グループに対する党の指導性を確保するために、管区から党中央までの党機関(地方では党委員会、中央では書記局)のもとに「党委員会の眼」、「都市から農村への影響力を行使する触角」として「農村活動部」を、それぞれ設立する組織政策を定立した。(6) 目的は、集団化という戦略目標に適合して、個々の政策課題に応じて招集される時限的「貧農集会」に代わって恒常的貧農組織を農村諸組織のもとに設立すること、および、この貧農組織を党組織の系列に一元化しソヴィエトに対する党の内面的指導の組織的回路とすること、にあった。この組織政策の実現は、長い時間と忍耐強い説得とを必要とする事業であった。党大会の決議も大会後の党機関紙・誌もひとしく、中農との同盟を堅持しつつ、貧農、プロレタリアートおよび党の指導性を確保することが「おくれた技術と農民の低い文化水準のもとで果たされるべき最も困難な任務」(7) であることを認めた。それは、あくまで戦略目標としての集団化との関連において提起された長期的課題であった。穀物危機とともに浮上する、集団化を当面の穀物問題に直結させて加速化する政策方位は大会決議の視圏にはなかった。(8)

第一五回党大会が決議したこのような組織政策の意味は、それ以前の貧農間の党活動の経験に対する党指導部の評価と反省を背景に置くと、より明確な理解に到達できるように思われる。ネップ導入後党指導部が、農村における党活動の前提としての農民像を「全体としての農民」から「階級的に差異化された農民」へと移動させる機縁となった出来事は、のちのスターリンの言明によれば(9)、一九二五年二―五月におこなわれた農村ソヴィエト選挙であった。この選挙は、内戦で失われた農村ソヴィエトの民主的基盤を再構築することを目的として一九二四年秋に採用された「ソヴィエト活発化」政策の具体化であった。(10)それは、政治的民主化という目的実現への着実な一歩として肯定的に評価された。しかしそれは、ソヴィエトの構成におけるコムニストと貧農の比率の低落をもたらし、ソヴィエトに対する、またソヴィエトに民主的に統合された農民に対する党(あるいはよりひろくはプロレタリアート)の指導性をいかにして保証するかという問題を新たに提起した。これは、工業化への政策的重点の移動に伴い蓄積源としての農業に対する新しい接近が必要となった一九二五年秋以降現実的問題となった。党指導部は、農民に対する党の指導性を強化するなんらかの組織的方策を採用する必要があると判断した。階級路線の強調はこの判断からの帰結であった。他方、階級路線は、「ソヴィエト活発化」の否定ではなく、あくまでこの政策を基本的枠組として維持し、そのなかでの強調点の移動として提示された。「ソヴィエト活発化」の理念的基礎をなす「結合《スムイチカ》」は、政策の基本的枠組として了解されていた。この枠組のなかで党の指導性を確立するには、農村における党勢力の極度の弱体という条件のもとでは、農村内に農民自身による非党的支持基盤の形成が不可欠であり、貧農間の活動の目的はまさにこの必要に応えることにあった。一九二五年一〇月の党中央委員会総会決議は、「ソヴィエト活発化」の基本的正当性を確認しつつ、その枠組のなかで、いまや貧農を階級的支持基盤として組織することによって農村に対する党の指導性を確立・強化する段階に到達したと宣言した。決議を具体化する組織形態として提示されたのが、前述の「貧農集会」と「貧農グループ」であった。厳密な組織規範が予め設計されていたわけではないが、おおよその区分は、前者が、選挙、徴税など党、政府の施策、キャンペインに際して招集される時限的大衆集会であり、後者は、いわゆる貧農積極分子《アクチーフ》(主として、ソヴィエト、協同組合など農村組織の管理要員である貧農)によって構成される恒常的組織であった、という点にあったといってよい。「貧農集会」が最初に招集されたのは、一九二五─二六年ソヴィエト選挙に際してであったといわれる。(11) 他方、「貧農グループ」組織の具体的方策は、一九二六年六月の党組織局決定によって示された。同決定は、党細胞または郷党委員会所在の村落《セレーニエ》に貧農グループを組織すること、グループは村ソヴィエト、協同組合管理部、相互扶助委員会のなかに、構成員である貧農によって組織されることを定めた。(12) この決定から推測できるように、グループは農村諸組織(とくにソヴィエト)に対する党の指導の回路となることが期待された。ふたつの組織形態は、排他的にではなく相補的に、貧農間の活動にこめられたふたつの目的、すなわち貧農の階級的自己形成と貧農に対する党の指導の達成とに寄与することが意図されたといってよい。

しかし一九二七年末までの貧農間の活動において主流を占めたのは、「貧農集会」であって、「貧農グループ」ではなかった。グループの組織に対しては、党は内戦期の貧農委員会に近似的形態であるとの理由から慎重な態度をとった。「戦時共産主義に戻るな」は、党の農民政策の最も優先的なスローガンとして維持されていた。たしかにこの時期においてもグループの組織、活動の活性化において真摯な努力が傾注され、いくばくかの達成もなかったわけではない。のちの時期にとって有益な経験の蓄積もあった。しかし農村の現実に対する影響という点ではそれらは総じて微力であり、「実験」の域をこえるものではなかった。(13) これに対して「貧農集会」は、「中農との堅固な同盟」の維持に適合的であるとして、貧農組織の主要な形態とみなされた。[14] 一九二五年一二月の第一四回党大会は、この組織方針を確認した。[15]「貧農集会」は、本来、ソヴィエト、協同組合、相互扶助委員会の管理機関の選挙に際して招集される貧農の「特別の集会(osobye sobraniia)」の呼称であったが、租税など選挙以外の政策課題についても招集された。[16] 貧農集会の招集は、穀物危機発生までの農村にひろく普及した。一九二五年秋以降の貧農にかんする活動を総括した党機関誌の一文は、「最近一―二年間」「貧農集会」がおこなわれなかった地区を見いだすことは難しい、と述べた。[17]
しかし同文、その他の資料によれば、「貧農集会」には多くの欠陥があった。そのうち、基本的欠陥と呼ぶべきは、「系統性の欠如」であった。その意味するところは、選挙など時限的政策課題の追求において一定の影響力を行使できたとしても、集会を組織し招集した外圧の消滅とともに農民社会は旧態に復し、貧農の階級的組織化、農村の政治的分化へとは定着しないという、活動の「偶然的キャンペイン的性格」にあった。[18] この文脈を貧農集会が最も活発に招集された一九二七年ソヴィエト選挙について検証しよう。

一九二七年の農村ソヴィエト選挙は、貧農集会の招集が未曾有の範囲に及び、貧農が選挙過程に積極的に参加し影響力を行使した機会であった。例えば、プスコフ県では、二二七三の貧農集会が実施され、一万六一三七人が参加した。[19] 新しい農村ソヴィエトの構成における貧農とコムニストの比率の増大は、貧農の積極的参加の証左であると喧伝された。改選後のソヴィエトは、この構成の変化によって、「貧農化されたソヴィエト」あるいは「貧農的・中農的ソヴィエト」と呼ばれ、[20] 今後の活動の重点を、加速的工業化の任務に対応して階級路線に置くことが要請された。[21] しかし一九二七年末までの活動記録に徴すれば、会議の規則化などの「内部活動」、租税徴収のような行政事務(administ-riruiushchii)機能など「外部活動」における一定の改善は看取されたものの、政治的要請は殆ど充足されなかった。集会言い換えれば、選挙キャンペインは、貧農と中農の同盟という社会的支持基盤の構築には殆ど寄与しなかった。

の欠陥として指摘されたように、貧農の積極性は党の政策への共感からでたものではなく供与された免税など物的特典を主たる動機としたという事実[22]、貧農集会の活発化が貧農からの中農の離反傾向を刺激した事実が[23]、「改善」のこのような限界を予示していた。農民の社会生活においてソヴィエトは総じて無力であり、生産と生活の循環は、ソヴィエトの外で、階級原理とは対極的な伝統的原理、それを体現する共同体スホードの管理のもとに置かれていた。いまだ「著しい数の問題がスホードにおいて貧農の利益に反して解決されて」おり、とくに農業問題においてスホードは「完全な主人(polnye khoziaeva)」であった[24]。スホードの支配は、土地・農業問題にとどまらず、クルスク県からの報告にみられるように、ソヴィエト建設のあらゆる問題に及んだ[25]。農民の増大しつつある積極性は、「農村にとって広範な社会的意義を有するところの、農村において歴史的に形成された組織としてのスホード」において組織されており、スホードは、村ソヴィエトを完全に従属下に置き、村ソヴィエトの決定を廃止さえもしていることが「一般的現象として」認められる、といわれた[26]。集団化、貧農の利益擁護など国家の規制的役割が重視され始めたこの段階において、村ソヴィエトの共同体に対する無力性が党の深刻な懸念を招いたことは、一九二七年七月の党中央機関誌に掲載された「村ソヴィエトの活動活発化の問題によせて」なる一文、さらにその数か月後に開かれた党大会の論議に徴して察知できる。前述のように、この一文は、党中央機関誌が農業共同体の問題に真剣な関心を寄せた最初の機会であった。村ソヴィエトに対するスホードの行財政的優位が貧農の利益保護を困難にしている事態に憂慮を表明した同文は、地方的・経済的・生活的問題の解決において支配しているのが貧農の利益保護ではなく「平等(uravnitel'nost')」であることを遺憾とした。貧農集会は選挙など「大がかりなキャンペイン」に関連して組織されたが、キャンペインが終ると貧農の組織化は日程からはずされる、貧農グループは形式的には存在するが実際には存在していない、結局農村を日常的に支配している原理は「階級」ではなく共同体的「平等」であった[27]。数か月後に招集された第一五回党大会でも、この問題は真剣な議論の対象となった。事態の早急な是正のために同大会が提起したのは、共同体への依存を断ち切り、共同体に対する指導性を確保できるように村ソヴィエトの物的基盤を強化することであった。示された基調はあくまで、農民との合意の尊重、「ソヴィエト活発化」の枠組の順守であり、それゆえ、共同体の内部問題に対する国家権力の介入は政策的視野には入っていなかった。意図されたのは、あくまで農民自身による共同体の内的改革であり、国家の役割はそれに対する側面的援助ないし影響力をこえるものではないとされた。[28]貧農グループについての同大会の決議は、農村社会に対する外的指導の強化の主流を国家組織にではなく、農村活動部から貧農グループに至る党組織の系列に移すことによって、この枠組との妥協を図る企てであった。しかし、党は国家組織ではなく社会組織であり、この系列からの指導は国家的強制とは異なるというここでの正当化の論理は、党大会後の情勢の急変によって多分に形骸的となった。なぜなら、すでにみたように党組織は、国家強制装置の助けを借りてそれ自体強制的調達方法の適用主体として農村に君臨するからである。「階級」の外挿はここでも強制を主因とするほかなかった。

穀物危機のもとでも貧農グループ組織化の戦略的活動が完全に放棄されたわけではなかった。党大会後、地方党組織は、穀物生産地区をも含めて、大会決議に従いグループ組織に着手した。グループ数は増加し、グループ網拡大は調達危機の初期段階においてとりわけ顕著であったといわれる。一九二八年一年間を通して多くの県でグループ数は二―三倍に増加した。[29]しかしグループ組織化は、発展を抑止する諸条件のゆえに、期待に反して局地的範囲にとどまった。抑止条件の第一は、グループの組織と活動を統括すべき農村党組織の量的・質的弱体であった。グループは党の補助的ないし代替的組織として、党の影響力の及びうる範囲内で組織されることを原則とした。この原則に従えば、その組織化はきわめて限定的範囲に止まるほかなかった。なぜなら、党の農村における組織的影響力は、一九二七年の党センサスが示したように、おおよその推算ではあるが、住民地点全体の四分の一をこえることはなかったからである。[30] 党組織局は、グループが細胞または郷委員会が存在する村落《セレーニエ》において設立されるとの制限を緩和して、強力な候補グループがあり、郷(地区)党委員会の指導が確保される村落でも、コムニストが一ないし二人いる村落でも、設立できるとした。しかしそれにも拘らずグループの組織網は限られた範囲にとどまった。[31] まずグループは主として村ソヴィエトのもとで組織され、協同組合など社会組織のもとでの設立は例外的であった。また村ソヴィエトのもとで設立されたグループ数も限られていた。例えばシベリアでは、約六〇〇〇の村ソヴィエト(一九二八年七月一日現在)のうちグループが組織されたのは一一〇三にとどまった。[32] 第二の抑止条件として、グループ構成員確保の困難があった。グループ構成員であるためには、貧農であること、グループが属するソヴィエトなど諸組織の管理的地位(例えば村ソヴィエト議員、抽象的には積極分子《アクチーフ》)であることの、ふたつの形式的(経済的・政治的)要件を満たすことが求められた。しかし管理機関を構成する貧農は僅少であり、グループの任務を遂行できる有能な貧農はさらに少なかった。グループが「貧農的性格」を喪失した「一連の事例」が報告されたのは、政治的・行政的に有能な貧農を十分な数グループに確保することが容易ではなかった事情を物語る。[33] しかも、限られた数の貧農グループのなかで活動能力のあるグループは更に少数であった。地方からの報告によれば、「多くの場合グループは紙の上の」存在であり、「真に積極的に活動しているグループ」は「稀な場合であり」、「事実上活動能力がなく」「おしゃべりの場所になっている」。村ソヴィエトからみてグループ組織は「党の仕事」であり、他方穀物危機への対応に忙殺された党組織の眼には、グループはむしろ無用の、しばしば有害な存在とさえ映った。キャンペインに際してグループは放置された、なぜならキャンペインの遂行にグループは利用価値がないからである、といわれた。例えば北西州では、一九二八年一一月後半になっても、グループはいかなる系統的活動にも着手しておらず活動方法と活動形態が議論されているにすぎないと報告された。(34)

貧農グループの組織と活動は、成果が乏しかっただけでなく、危機的状況の圧力のもとで、理念からの逸脱と変質の過程をたどった。繰り返せば、本来の政策理念は「ソヴィエト活発化」という民主的枠組のなかで、農村諸組織とりわけ村ソヴィエトに対する党の内面的指導の回路を敷設することにあった。(35)第一五回党大会は新たに、貧農グループの任務を農業の構造的変革という遠大な目的達成への寄与に結びつけたが、その場合においても、「ソヴィエト活発化」の統治原則は準拠すべき理念的枠組として堅持された。貧農グループは、かつての貧農委員会のようなソヴィエト等の農村組織から独立し、あるいはそれに代替し、既存の統治構造の本来的機能を毀損する組織であってはならない。党は社会組織としての本質を維持すべきであり、それ自体が国家行政の主体となるべきではないという組織理念がそこに底在した。貧農グループが党の分肢としてソヴィエトを指導する場合においても、この理念は妥当するとされた。しかし穀物危機は、このような組織理念の実現を困難にする状況の論理を創出した。穀物危機打開のため党書記には直接的行政責任が課され、党機関のもとに当該地方のすべてのソヴィエト、党、社会組織を統括し全権力を集中する非常機関が設立された。村レヴェルでは地区など上級組織から随時派遣される全権代表が非常機関の出先の役割を担うことになり、ソヴィエトなど農村諸組織は全権代表の統括下に一元化された。かかる体制のもとで貧農グループが一時的にせよ抜本的に再編された統治体制から離れて独自の活動領域を形成することは、少なくとも穀物調達地区においては至難であったろう。このような事情は、非調達地区の農村における貧農グループには必ずしも直ちには妥当しない。しかし、調達地区の経験が危機から集団化へと展開する過程のなかで普遍的意義を獲得していくのちの趨勢を考慮に入れるなら、調達危機に際してとられた内戦的非常体制が貧農グループの組織と活動にとって有した本質的意味は明白である。一九二八年以降の貧農グループを含む貧農間の活動の実像は、調達危機の衝撃を抜きにしては描くことはできない。

第一五回党大会の決議に従って貧農グループの組織化に着手したとき、党は農村において、決議の前提の唐突な変更を余儀なくされた。決議は、貧農グループの組織と活動を主として集団化のような長期的目標に結びついた社会運動と位置づけた。しかし農村で展開されたのは、危機の緊急な打開を目的とする「突撃的」と形容される諸キャンペインの並行的あるいは継起的強行であった(36)。現地諸組織は、党細胞も含めて、危機打開のために創設され、党機関に統括された非常権力、その出先としての全権代表に一元化され、活動家はこの目的に総動員されたのである。このような本来の活動方針と不調和な状況においては、すでに組織された貧農グループは、党のソヴィエト、協同組合に対する内面的・日常的指導の回路として機能することはきわめて困難であり、むしろ全権代表の指令伝達の役割を果たすかそれとも無益な存在として放置されることになる。また新たにグループを組織する刺激もかかる状況においては著しく減殺されることになる(37)。いずれにしても、貧農グループの組織と活動は、性質上危機的状況になじむことは困難であり、衰退の一途をたどることになろう。一九二八年秋の貧農グループの活動についての報告によれば、「きわめて多くの地方で」グループは「やっとのことで生きのびている状態」にあった(38)。同年末になってグループの「離散」さえも報じられた(39)。グループ組織化に対する貧農の反応は、総じて、消極的あるいは動揺的、ときには反抗的といわれ、積極的反応はみられたとしても、多くの場合、党の指導が強化され、あるいはかれらへの利益供与があった特定のキャンペイン時に限られた一時的性質のものであったという(40)。かかる状況においては、この活動に真に積極的な少数の貧農は大多数の農民から孤立し、農民社会から疎外された存在となる(41)。非常措置の適用が貧農にも及んだいわゆる「ゆきすぎ」は、貧農の組織化を困難にしたいまひとつの局面であった[42]。この種の「ゆきすぎ」が多発した年度末におこなわれた労農監督人民委員部の特別調査は、クラークに対する強制と貧農・バトラークの組織化との間にある「一定の不均衡すなわち格差」を指摘し、「われわれは明らかに貧農とバトラークの積極性を組織的に強化することができなかった」と認めた[43]。

結局、貧農は農村の政治変動に積極的に影響を及ぼすことができる社会運動の主体としては事前に実在しなかったし、危機勃発後に新たに組織化されることもなかった。貧農組織の実効的形態が貧農集会であったという現実は、第一五回党大会以後も変わることはなかった。むしろ以前にもましてその傾向は強まったとさえもいいうる。貧農集会は過去の経験からしてキャンペインの実施目的に適合的な組織形態であったから、一九二八年一月以降農村を襲った相つぐキャンペイン、とくに短期の「突撃的」キャンペインの実施のためにこの形態がひろく活用されたことは自然であった[44]。ウラルのチェリヤビンスク管区の一地区からの報告は、貧農集会が地区で「最も強固な貧農組織」であると述べた[45]。しかし貧農集会がキャンペイン実施に結びつけられて主要な組織形態となった[46]ことは、恒常的支柱としての貧農組織化の不毛な結果の反面であった。この時期の貧農間の活動の実体は、キャンペインに貧農(あるいは積極分子《アクチーフ》)[47]を上から動員するための組織化であり、貧農の組織化自体キャンペイン的、したがって一時的性格を帯びた。調達年度末、貧農は他の農民層とともにしばしば「一括家宅捜索(massovye obyski)」の適用対象となったのであり、かれらは穀物不足への不満を都市、その代表としての全権代表に対する敵意へと結びつけた[48]。第一五回党大会までに党が意図した貧農の恒常的組織化とその農村への定着への刺激は一層失われた。貧農グループ組織化の活動は、このような大勢を阻止できなかった。反対に、貧農集会なる形態にグループが適応する事実さえも報告された。例えば、ドン管区など若干の地方党組織では、貧農グループは貧農集会の機関として位置づけられ、中央黒土州では、集会と集会の間の活動を貧農グループがおこなうとされた。[49] グループはここでは、ソヴィエト、協同組合に対する党の内面的指導の回路たらしめる初発の理念からますます乖離した存在とならざるをえない。一九二八年四月、党中央機関誌は、貧農間の活動が穀物調達キャンペインを強行する全権代表権力に従属して変質・衰退する趨勢を認めた。「貧農にかんする活動は至るところでキャンペインの際の貧農集会に限られており、のち再び活動が衰退したという事情は、党細胞と貧農の弱い結びつきと後者の非組織性へと導いた」。[50] かかる趨勢は四月以後年度末まで変わることなくかえって昂進した。[51] 調達年度末シベリアでの調達を議題とした党機関の会議では、貧農の反政府的気分増大の事実が語られた。「調達に出向いたありとあらゆる権力の代表者が貧農に与えた広範な約束」、供与された特典や援助は「必要な政治的効果」をあげていない、「われわれの活動の低い質の結果」、貧農は特典や自由を「わがものとしていない」、こうして「われわれはまた、穀物調達キャンペインの初めと今を比較して貧農の行動(povedenie)に転変をみる。われわれが穀物調達初期に貧農の二五％の関心を引きつけることができたとすれば、また初期に貧農を煽動できれば、貧農はこの援助を示していない、つまるところ、貧農の政治的状態と政治的気分もまた悪化している」。[52] 七月総会においてスターリンは、中農との同盟の維持という観点から貧農間の活動の現状を改める必要を説いた。かれは、「結合」を維持するために農民に対する大幅な経済的・政治的譲歩を主張するオシンスキーらに反対して、農村において「結合」強化のための経済的・政治的拠点を構築する代案を主張した。なかでもかれが力点を置いたのは貧農間の活動の強化であった。その趣旨は、貧農が階級的に組織され、農村における党の社会的支柱として確立されるなら、中農大衆は貧農の影響のもとに置かれ、クラークに対抗して貧農と中農の連帯が形成されるであろう、その場合、非常措置なしで、「大きな原則的譲歩なしで」、結合は保持されるであろうということであった。「われわれには中農に対する政治的影響(vozdeistvie)の拠点、すなわち、貧農間の強化された活動がある」、「中農は動揺する階級である。われわれの活動がこれまでのように印象主義的でなく、日々系統的におこなわれるなら、貧農は農村におけるソヴィエト権力の堅固な支柱となるであろう」、そうすれば「中農はわれわれの側に傾き、クラークは肝に銘じるであろう」。かれは、これまで貧農間の活動から「説得の要素」が殆ど排除されてきたことを認めた。「あるいは非常事態がこれに責任があるのかもしれない。貧農間の活動においてこの説得の要素にたち戻るべきである」(53)。しかし系統性と説得性の欠如をもたらした「非常事態」は、総会後間もなく再現する。貧農間の活動の活性化による中農との同盟の保持、非常措置の廃止というスターリン構想の非現実性は、その後の穀物調達過程のなかで明らかとなるであろう。

(1) *Shestnadtsataia konferentsiia VKP(b)*, p. 311(クセノフォントフ).
(2) Danilov, *Sovetskaia dokolkhoznaia derevnia*, II, pp. 296–352. 一九二六年センサスによれば、クラークは三・二%(経営数にして三八三万四七〇〇)を占めたという(*ibid.*, p. 57)。
(3) 〈Derevenskii kommunist〉, No. 2, 1927, pp. 48, 50.
(4) 一九二五年一〇月の党中央委員会総会決議「貧農間の党活動について」がその出発点であった(*KPSS v rezoliutsiiakh*—, II, p. 173)。後述するように、農村の党活動における階級的観点の強調は、一九二四年秋の「ソヴィエト活発化」政策の反省として、農村ソヴィエトの社会的構成における貧農の比重を高めることを意図して提起された(Stalin, *Sochineniia*, vol. 7, pp. 331–332)。
(5) *KPSS v rezoliutsiiakh*—, II, pp. 473–475.
(6) *ibid.*, p. 488.
(7) 〈Izvestiia TsK VKP(b)〉, No. 3, 1928, pp. 1–3; 〈Derevenskii kommunist〉, No. 1, 1928, pp. 21–24.
(8) 〈Izvestiia TsK VKP(b)〉, No. 1, 1928, pp. 3–4, No. 3, 1928, pp. 1–3; 〈Derevenskii kommunist〉, No. 1, 1928, pp. 21–24.
(9) Stalin, *Sochineniia*, vol. 7, pp. 331–332.

(10) この政策の導入と実施についてのより詳細な記述は、溪内『ソヴィエト政治史』にある。
(11) 〈Derevenskii kommunist〉, No. 23, 1927, p. 23.
(12) 〈Derevenskii kommunist〉, No. 1, 1927, pp. 26–27.
(13) 〈Derevenskii kommunist〉, No. 23, 1927, pp. 23, 40.
(14) *KPSS v rezoliutsiiakh—*, II, p. 173; Stalin, *Sochineniia*, vol. 7, p. 332.
(15) *KPSS v rezoliutsiiakh—*, II, p. 200.
(16) 〈Derevenskii kommunist〉, No. 11, 1927, p. 40, No. 23, 1927, p. 23.
(17) 〈Derevenskii kommunsit〉, No. 23, 1927, p. 23.
(18) 〈Izvestiia TsK VKP(b)〉, No. 40, 1927, p. 5; 〈Derevenskii kommunist〉, No. 23, 1927, pp. 23–24.
(19) 〈Derevenskii kommunist〉, No. 23, 1927, p. 40.
(20) 〈Derevenskii kommunist〉, No. 8, 1927, p. 32.
(21) 〈Derevenskii kommunist〉, No. 4, 1927, pp. 9–15; 〈Vlast' sovetov〉, No. 29–30, 1927, pp. 5–8; 〈Izvestiia TsK VKP(b)〉, No. 12, 1927, p. 6.
(22) 〈Vlast' sovetov〉, No. 21, 1927, p. 16, No. 14, 1927, p. 20, No. 9, 1927, p. 20.
(23) *Piatnadtsatyi s'ezd VKP(b)*, II, pp. 1338–1339(ハタエヴィチ).
(24) 〈Derevenskii kommunist〉, No. 14–15, 1927, p. 17, No. 21–22, 1927, p. 37, No. 16, 1927, p. 38.
(25) 〈Vlast' sovetov〉, No. 28–29, 1927, pp. 28–29; 〈Sovetskoe stroitel'stvo〉, No. 12, 1927, pp. 71–72.
(26) 〈Vlast' sovetov〉, No. 21, 1927, pp. 21–22.
(27) 〈Izvestiia TsK VKP(b)〉, No. 29, 1927, pp. 3–5.
(28) *KPSS v rezoliutsiiakh—*, II, pp. 486–487; *Piatnadtsatyi s'ezd VKP(b)*, II, pp. 1111–1112, 1119–1121, 1130.
(29) 〈Izvestiia TsK VKP(b)〉, No. 20, 1928, p. 3, No. 18, 1928, p. 14; 〈Sovetskoe stroitel'stvo〉, No. 1, 1929, p. 48.
(30) *Sotsial'nyi i natsional'nyi sostav VKP(b)*, pp. 80–83; 〈Vlast' sovetov〉, No. 28–29, 1927, p. 7.
(31) 〈Izvestiia TsK VKP(b)〉, No. 18, 1928, p. 14. 党員勢力の地域的分散性がとりわけ著しい農村地域においては、末端党組織たる党細胞を形成するだけの人員の確保もしばしば容易ではなく、代替的組織形態が模索された。一九二七年五月の党細胞規則は、党組織の基礎を、三名以上の党員によって構成される「細胞」と規定しつつも(第一条)、村落に一人または二人の党員と若干の候補、または候補のみがいる場合には、「候補グループ(kandidatskaia gruppa)」を組織して、独立して集会し党活動をおこないうるとした(第三八条)。個々の村落に完全に分散せしめられている党員も、近隣の党組織と連絡を保ちつつ、単独コムニスト(odinochki-kommunisty)」として恒常的活動をおこなうべきであった(第三七条)(〈Izvestiia TsK VKP(b)〉, No. 20–21, 1927, pp. 2–5;〈Derevenskii kommunist〉, No. 2, 1927, pp. 30–35)。

(32) 〈Sovetskoe stroitel'stvo〉, No. 1, 1929, p. 49.

(33) 〈Izvestiia TsK VKP(b)〉, No. 18, 1928, pp. 15–16;〈Derevenskii kommunist〉, No. 9, 1928, p. 17. 中農、ときには富農もグループ構成員に含まれたことをこの史料は認める。

(34) 〈Sovetskoe stroitel'stvo〉, No. 1, 1929, p. 50;〈Izvestiia TsK VKP(b)〉, No. 20, 1928, pp. 3–4, No. 8, 1928, pp. 1–3, No. 9–10, 1928, p. 12.

(35) Stalin, *Sochineniia*, vol. 7, pp. 331–332.

(36) 「方法は任務の緊急性(udarnost')によって指令されている」(モロトフ、一九二八年一月二五日(*Tragediia*—, vol. 1, p. 183))。

(37) ノヴォシビルスク管区党委員会は、グループ設立のための活動状態をつぎのように特徴づけた。大部分の村落にはこれまで貧農グループは組織されていない。グループが存在するところでは、計画的・系統的活動が欠如している。グループは一般的問題に専念し、村の具体的問題から、したがって農民社会から遊離している。村細胞はグループの指導に十分な注意を払っていない。ブリャンスク県党委員会決定は、グループが「事実上活動能力がない」、「紙の上でのみ数えられる」とし、活動が最近のキャンペインに際してみるべき成果を生まなかったことを認めた。一連の地方においては、調達、自己課税等のキャンペインに際し、グループは放置され、党組織はグループをしかるべく利用しなかったという。党農村活動部によるシベリア、中ヴォルガなど諸地方の調査結果も同じ事態を確認した(〈Sovetskoe stroitel'stvo〉, No. 1, 1929, p. 50;〈Izvestiia TsK VKP(b)〉, No. 20, 1929, pp. 1–3, No. 9–10, 1928, p. 12)。

(38) 〈Derevenskii kommunist〉, No. 22, 1928, pp. 37–38;〈Izvestiia TsK VKP(b)〉, No. 33, 1928, p. 4.

(39) 〈Sovetskoe stroitel'stvo〉, No. 1, 1929, p. 49; *Shestnadtsataia konferentsiia VKP(b)*, p. 311.

(40) 〈Derevenskii kommunist〉, No. 5–6, 1928, p. 8, No. 13, 1928, p. 34, No. 14, 1928, p. 34, No. 7, 1928, pp. 34–35, No. 2, 1928, p. 38, No. 11, 1928, p. 39, No. 3, 1928, p. 35, No. 9, 1928, p. 34, No. 21, 1928, pp. 39–40; 〈Izvestiia TsK VKP(b)〉, No. 20, 1928, pp. 3, 5. 貧農の多くは中農とともに穀物の売り手であったが、しかし前年秋に自己の穀物を換金しており、穀物価格が高騰することを常とする春には買い手として現れるために、この時期の穀物価格の上昇により打撃を受けるとされた。そうであるとすれば、ルィコフがのちに認めたように(〈Pravda〉, 15 July, 1928)、非常措置に対しては穀物大保有者とは別の態度を示すのに十分な動機があったといえる(〈Derevenskii kommunist〉, No. 15–16, 1928, p. 25)。また租税上その他の特典が貧農に与えられたが、このことを動機として貧農が党を支持したという事実もいくつかの地方例は教える(〈Derevenskii kommunist〉, No. 14, 1928, p. 36, No. 7, 1928, p. 36, No. 8, 1928, p. 25)。しかしこれらは例外的ないし局地的現象であって、本文で述べた大勢を変えるものではなかった。

(41) 〈Sovetskoe stroitel'stvo〉, No. 1, 1929, p. 49.

(42) ルィコフは、一九二八年春になり貧農が最初の協力的態度を変えたことを認めている(〈Pravda〉, 15 July, 1928)。

(43) 〈Derevenskii kommunist〉, No. 15–16, 1928, p. 23.

(44) 〈Derevenskii kommunist〉, No. 8, 1928, p. 37.

(45) 〈Derevenskii kommunist〉, No. 19, 1928, p. 38.

(46) 〈Derevenskii kommunist〉, No. 13, 1928, p. 35.

(47) 事前に組織された貧農が実在していなかった結果として、現地に到着した全権代表にとって「貧農の発見」が忠実な協力者を獲得するための先決的必要事となる。そこでは経済的指標よりもしばしば政治的指標が優先されたことを多くの史料が語っている(〈Derevenskii kommunist〉, No. 18, 1928, p. 36, No. 22, 1928, p. 38)。

(48) *Tragediia*—, vol. 1, pp. 278, 283, 308.

(49) 〈Izvestiia TsK VKP(b)〉, No. 33, 1928, p. 4.

(50) 〈Izvestiia TsK VKP(b)〉, No. 12–13, 1928, pp. 1–4.

(51) ウラル州の一地区からの報告によれば、一九二八年一―七月にこの地区の五つの細胞は貧農集会を一月に二九回、二月に三回、三月に八回、四月に二〇回、五月に七回、六月に一一回、七月に三回招集した。これらの細胞の活動地区には約三〇の住民地点があるので、平均して各村落に七か月の間に二―三の集会がもたれたことになる。このうち一、四、六月に多くの集会があったが、これは自己課税、播種、調達キャンペインの準備活動のためであった。八一の集会で審議された一二九の議題のうち七〇%までが「突撃的キャンペイン」にかんするものであった(〈Derevenskii kommunist〉, No. 22, 1928, p. 40)。

(52)　*Tragediia*―, vol. 1, pp. 308–309(六月二六日シベリア地方《クライ》党委員会ビューロー会議でのザコフスキー報告).

(53)　*Kak lomali NEP*, vol. 2, pp. 646–649.

二 クラーク

クラークは都市活動家の想像のなかだけに存在する。
――ある農村コムニストの声(一九二八年前半)(1)

一九二八年一月以降の穀物を中心的争点とする政治権力と農民との紛争において、農民の特定部分が「クラーク」と烙印され弾圧の標的となった。クラークは突如として一方の主役(悪役)として闘争の舞台に登場した。それまで「農業の中心像」とされた中農は、変動過程において、プロレタリアートの主体的同盟者の地位から、クラークと貧農プロレタリアの間を揺れ動く不安定な中間的階級として脇役へと退いた。(2) クラーク(kulak)とは、公式上は、大土地占有、私的商業、労役家畜、農業機械などによる賃労働の搾取を基本的指標とする資本家的農民と規定された。(3) このような古典的資本家像に依拠したクラーク規定は、党と政府の農業政策、立法政策の基礎に一貫して置かれた理論命題であった。農民の階級分化の統計的積算、すなわちクラークの農民中の比率の算定もまた、この指標によりおこなわれた。調達の全責任を担って農村へと向かう全権代表、労働者が事前に注入された状況説明でも、現地で予想される抵抗の主体として、この意味におけるクラークが想定された。一九二八年四月のスターリンの言によれば、調達危機は「われわれの建設の最も重要な問題のひとつである穀物調達の問題で、農村の資本主義分子がソヴィエト権力に反抗して立ち上がった、ネップの条件のもとでは最初の、重大な行動」にほかならなかった。(4) 一九二九年末、党がクラークを「階級として」絶滅すると宣言したときにも、その意図はクラークによる資本家的搾取の経済的基盤を一掃することにあると説明された。(5) しかし、公式的指標のみに依拠することでは、危機の変動過程に参画したクラークの実像を誤りなく描くことはできない。農村の現実のなかでいかなる農民がいかなる指標によってクラークと特定され、弾圧の対象となったのか、この設問に十全に答えるためには、クラーク＝農業資本家という抽象から調達の具象へと下降して、観測点を政治権力と農民の接線に設定しなければならない。

クラーク問題は穀物危機を転機として突如浮上したわけではなかった。ネップ導入後この問題が党の農民・農業政策形成において枢要な地位を占めるのは、階級路線の強調と時期的にほぼ符合した。農村政策における階級的契機は、理論的にはネップ下市場経済の展開に伴い進行すると想定された農民の階級分化の文脈のなかで、経験的には一九二五年初めのソヴィエト選挙結果、とくに農村ソヴィエトの構成におけるコムニスト比率の低落傾向に伴う党の影響力低下を恐れた党指導部が選挙への「階級的」接近を強調する文脈のなかで、それぞれ不可欠の政策形成要因となった。一九二五年秋の党中央委員会決定は「クラークの危険の過小評価」を戒めた。(6) 均質な全体としての農民から階級的に分化した農民への農民観の漸次的移行に伴って派生する理論的問題は、クラーク規定の具体的・客観的指標の確立であった。一九二〇年代半ば、党指導者、専門家の間では、誰をクラークとみなし誰を勤労農民とみなすかの問題をめぐって激しく議論が闘わせられた。(7) 一九二五―二六年のソヴィエト選挙キャンペイン後、総括のために設置された党中央委員会小委員会は、つぎの農村ソヴィエト選挙において資本家的分子の選挙権をより厳格に規制する方針に応えてクラーク規定の指標をまとめた。小委員会の結論は一九二六年九月の新選挙訓令の選挙権剝奪条項に反映された。(8) ついで一九二七年五月、ソ連人民委員会議小委員会は、農業税における累進制導入の意図と関連してであろう、クラーク的農民経営を他の農民経営と識別する客観的指標の確立を試みた。選挙訓令の条項を踏襲して、労働力の雇用、労役家畜の所有、播種面積、加工企業の所有、商業施設の所有、農業機械・農具の所有が指標とされ、これらの指標が一定限度をこえて農民経営に見いだされる場合、当該経営はクラークと認定された。[9] しかし同小委員会の結論には試験的作業以上の意義は付与されなかったようにみえる。それは、特定の地区、(行政)村、村落のクラークとその実数を指示する情報を提供しなかった。第一五回党大会で農村における活動について報告したモロトフは、土地の賃借と労働力の雇用というふたつの指標を併せ備えた農民経営をクラーク経営と規定し、クラークは全農民経営中三・七%を占めるとしたが、同時に、農民の何%がクラークであるかを計算することは「殆ど不可能な課題である」と告白した。[10] 同じ大会でソヴィエトの活動について報告したエヌキーゼは、おそらく一九二七年ソヴィエト選挙の経験からであろう、より率直に、この問題の困難性を認めた。かれは、「クラーク特定の実際上の困難は諸君すべてに周知のことがらである。もし経済的側面から農民経営を取り上げ、それに基づいてクラーク、中農などを特定するなら、状況は非常に錯綜したものとなる」として、「クラークを、自己の経営、自己の行為によって、大社会化農業への移行の任務を妨害する分子として語るべきである」と提言した。[11] 大会後、党は現実に適用できる有効かつ明確な指標を手中にしないまま調達危機を迎え、「反クラーク的」非常措置を農村で大々的に適用することになる。

ソ連正統史学(それが依拠した一九三八年版『党小史』)においては、ネップ導入後のクラーク政策は、一九二九年夏あるいは秋までのクラーク抑制策(クラークの階級としての存立を認めつつその搾取者的傾向を抑制する)とそれ以後のクラーク絶滅策(クラークの階級的存立基盤そのものを解体する)とに段階化された。農業集団化との関連でいえば、前者は集団化の準備期に照応し、後者は集団化の全面的展開期に照応する対クラーク政策であった。この区分に依拠するならば、一九二八年初めからの反クラーク措置は、クラーク抑制段階の構成部分であり、それまでの政策との質的相違はないということになる。あるいは、非常措置は、クラークに対する攻勢強化を農村における党活動の原則として掲げた第一五回党大会の決議の延長上に位置すると説明される。[12] 一九三〇年一月、スターリンは、赤軍機関紙に寄せた一文において、「クラーク抑制策」が第一五回党大会以後の時期にも、第一六回党協議会(一九二九年四月)の時期にも、更に協議会後一九二九年夏まで、すなわち「全面的集団化の時期が始まりクラークを階級として絶滅する政策への転換が始まったときまで」続いたと記した。[13] しかし党・国家の公式的意思決定を論拠とするこのような説明は、穀物調達危機を転機とした、過去のクラーク政策からの方法的断絶、階級闘争の意味転換を問題化しない。たしかに非常措置は、クラーク経営の根絶を意図しなかったという意味では、クラーク抑制策の枠内にとどまったと位置づけることは可能である。しかし、危機以前に強調されたクラーク抑制策は、あくまでネップの枠組のなかで進行する階級分化、階級矛盾の延長上に提起された任務であった。言い換えれば、階級闘争は、反クラーク闘争を含めて、基本的には農村内部の社会変動として観念されていた。たしかに、クラークの搾取者的傾向の抑制を目的とする国家的規制が、選挙権、租税、土地利用などの問題で加重される趨勢はあった。しかしこれらの国家的規制は、あくまでそれが農民社会の内発的呼応に連動し、農民自身の主体的運動に転轍されるべき前提としてのみ正当化されえた。この脈絡がネップの政治的含意であり、反クラーク闘争を含む当該期の「階級闘争」の真意であった。のちにクラークに対する弾圧の強硬な鼓吹者となるスターリン、モロトフも、調達危機までは、この前提を無条件に受け容れていたのである。[14] 他方、農村にはネップを脅かす階級闘争先鋭化の兆候は殆どない、これが危機直前の党指導部の基本的状況認識であった。スターリンは、一九二七年一〇月、獲得された「農村の平穏」を社会主義建設の基礎条件として称揚し、[15] 第一五回党大会では、資本主義的階級闘争とは異なる「プロレタリアート独裁のもとでの農民の分化」の安定性を強調した。[16] しかし非常措置は、農村内部の階級分化と階級矛盾の先鋭化の到達点ではなく、またその適用も農民の内発的呼応を誘発しない、国家権力の殆ど一方的な外圧に終始した。この意味では、それは従来の階級闘争の通念を覆すものであった。変動過程への参画要因としてのクラークを概念化しようとする場合、危機におけるクラーク問題の突出が主として非常措置に代表される外的作為の所産であったという文脈は、忘れてはならない前提である。

穀物調達危機の変動過程への参画要因、それも一方の主役と位置づけられたクラークについて、スターリン起案になる一九二八年二月一三日政治局指令は、農村における経済的権威者であって、穀物に対して高額を支払う都市の投機業者との結びつきを保ち、わが調達機関の抵抗に出会わなければ、穀物価格を引き上げる問題、すなわちソヴィエト価格政策を破壊する問題で、中農を率いていく可能性をもつ存在と定義した。別の箇所では、かれは、危機が突発した原因が「〔クラークが〕困難を利用して穀物価格を吊り上げ、ソヴィエト価格政策に攻撃を加え、そのことによってわれわれの調達活動を妨害する可能性を手中にした」ことにあるとし、その背景として、過去三年の豊作によってクラークが成長し、農村一般、とくにクラークの穀物貯蔵が潤沢になり、価格を自由に操作できるようになったこと、および、クラークが都市の投機業者から支持を受けていること、の二点をあげている。かれは、商品穀物の大部分を保有している層がクラークでなく中農である事実を認める。しかしクラークは、価格の問題で中農をひっぱることができる「一種の経済的権威」をもつがゆえに主導的役割を果たしているのであった。このクラークの役割規定から、穀物調達危機を「農村の資本主義分子がソヴィエト権力に反抗して立ち上がった、ネップの条件のもとでは最初の、重大な行動」とする前述の命題が導きだされる。かかる行動に対して現地調達機関、党組織は「昨年の調達キャンペインの成功に酔い、今年の調達も自動的に(samotekom)進む」と考え、「すべてを「神の思し召し」に委ね、クラーク・投機分子に対して活動舞台を浄めた」。党組織は、この状況を緊急に転換するために既存の調達機構に代わって

調達に全責任を担い、クラークと対決した。以上が危機についての党の筋書であった。(17)

では、現地に到着した全権代表はいかにして弾圧の標的クラークを同定することができたのであろうか。個別的例外(例えば資本家的致富に成功した農民)は別として、状況は、四月総会でポスティシェフがウクライナについて語ったところ――「クラークに対する第一〇七条適用が必要になったとき、県委員会、郡委員会、郷の党・ソヴィエト装置は、農戸を巡回し、クラークを捜し始めた」、「農民《ムジーク》がどれだけ穀物をもっているのか、われわれは知らない(18)」と大同小異であったといえよう。イルクーツクからの報道も、党細胞はクラークを知らず、クラークはいないと信じていたと伝えた(19)。四月までの調達における党活動を総括した党中央機関誌の一文は、これらの状況が例外ではなかったことを認めた(20)。農村に到着した全権代表に対峙したのは、クラークなる階級的に特化された抵抗集団ではなかった。ましてや、「ソヴィエト権力に反抗して立ち上がった、ネップの条件のもとでは最初の、重大な行動」というスターリンの評言が暗示する、突出した反政府的集団行動、権力の代表に対するテロなどの攻撃行動は、一九二八年前半にはのちの時期に比べれば格段に少なく、状況を支配する現象ではなかった(21)。全権代表の前に展開した農村の光景は、市場的方法の機能不全から生じた調達テンポの全般的低下であり停滞であった。停滞を攪拌し流動化したのは、全権代表の権力であった。かれらにとって先決事項は、村落の閉鎖的空間からクラークを「発見」し、保有穀物を「摘発」することであった。ではいかにして。事前の準備がまったくなかったわけではない。シベリアを例にとれば、地方党機関は主要穀物調達地区についてのクラーク・リストの作成という方法をとった。一月一七日地方《クライ》党委員会ビューロー会議決定は、クラークを「大量の穀物貯蔵を保有し、穀物上の困難を、投機、価格の法外な吊り上げ、穀物の引留と不搬出のために利用する」者と規定し、「若干(四―一〇)の札付きのクラーク経営を主要穀物調達地区において選別し」、これに刑法第一〇七条を適用することを司法機関に指示した(22)。ビューロー会議決定は、対象となるクラークについて、「悪質で、ソヴィエト権力に敵対的で、ある程度まで、買占、機械の利用、課税対象の隠匿などによってつくられた大量の穀物貯蔵をもつ」者と規定し、リストの作成を、管区全権代表と地区党委員会書記の責任に委ねた。これは「主要穀物調達地区」についての決定であり、他の地区、個々の村落のクラークの特定のためには、ガイド・ライン以上の意味はもちえなかったであろう。(23) 全権代表は、「隠れたクラーク」を発見し「隠匿穀物」を摘発するうえで、党細胞、村ソヴィエトなど農村諸組織、個々の活動家の協力を受ける幸運を期待できたかもしれない。自己課税、農業税、選挙などのクラーク関連資料の利用も可能であったであろう。他方、個別村落でのかれらの限られた滞留時間、調達期限の切迫は、熟慮のための時間を著しく制限したであろう。目的達成のためには、農戸の巡回、家宅捜索、隠匿穀物の没収など性急な「行政命令的方法」への依存、合法性の侵犯は不可避であった。合法的・客観的手続に代わって、即興性と恣意性がクラーク認定行為を支配する。政治変動への参画要因としてのクラークの実像は、権力との接点においてクラークと特定された農民の行為(認定事由)の集積と比較によって構成するほかない。

個別事例は、クラークの認定事由が時所により一様でなく、一般化を困難にする即興と恣意に満ちていたことを教える。多様な認定事由は、クラーク像の多様性に通じた。クラーク＝資本家的農民の等式が妥当する少数の「典型的クラーク」が一方の極にあり、経済的指標とは無関係に、戦争、飢餓など反体制的風説の流布、調達を審議するスホードでの強硬な反対発言、テロなどの反体制的言動によりクラークと認定された「政治的クラーク」が他方の極にあって、その中間には多彩な指標の状況的混在があった。しかし、認定の目的はひとつ、閉塞状況の突破口の設営であった。一九二九年末の「上からの革命」発進までの時間幅をとった場合、クラークの認定事由には、経済的指標の比重の低下と政治的指標の優越、いわばクラーク観念の「政治化」とでも呼ぶことのできるような傾向を認知できる。

本章が対象とする時期（一九二八年前半）には、傾向はいまだ初期段階にあってなお未定型であり、それに対する無視できない抵抗と曲折もあった。しかしのちの発展から遡及すれば、この時期をこの方向の起点とする位置づけは誤りではない。

その基礎は、本来商業的投機の取締を目的とした刑法第一〇七条の適用範囲を生産農民の穀物供出行為にまで拡大することで、ネップの根幹をなす市場的方法の現実妥当性を揺るがした一九二八年一月の党指導部の決断によって据えられた。一九二八年一月のシベリアでの党会議において全権代表スターリンは、非常措置を穀物生産者の供出行動に適用することの是非をめぐって交わされたシベリア地方《クライ》農業銀行管理部長ザグメンヌイとの論戦において、生産農民としてのクラークの供出拒否に対する第一〇七条の適用を危機打開の即効的手段として正当化した。穀物の主要部分は中農の手中にあったから、調達の転換のためには、中農の穀物供出が必須の条件となる。他方、刑法第一〇七条は、クラークなる少数者を適用対象とする。問題の核心は、少数者に対する強制が多数者の供出行動にいかにして連動するか、にあった。党指導部の思考を支配したのは、単純な力の論理であり、当面の危機に対する短期決戦の展望であった。すなわち、中農はクラークとソヴィエト権力の中間にあって動揺する階級とされ、かれらは動揺者の常として、より強力な側につく。中農が穀物を国家に供出しないのは、クラークが現地調達組織より強力かつ巧妙であり、より強力な経済的影響力を中農にもつからである。クラークとの闘いにおいて無力な現地調達組織に代わり、党機関を中軸とする非常権力がクラークに鉄拳を振うなら、中農はクラーク追随から国家支持へと態度を一変するであろう。刑法第一〇七条は、この論理適用のための武器として活用されなければならない。スターリンは、「クラークを叩く、強く叩くが同時に逮捕、財産没収、その他のわれわれがクラークに適用する措置の法的根拠が基本的農民大衆に明白であるように叩く」観点から刑法第一〇七条を供出拒否行動に適用することを非妥協的に主張した。ザグメンヌイは、穀物生産農民としてのクラークに第一〇七条を適用することが、市場的方法の原則と相容れない、ネップの否定、戦時共産主義の復活に連なるおそれが大きいと委曲を尽くして反対した。クラークの供出拒否に対する抑圧は、中農の間に穀物供出の「精神的効果(moral'nyi effekt)」をつくりだす狙いであるが、ザグメンヌイによれば、それは間違った狙いであった。「私は最も深く確信する、これらの措置からわれわれは期待するものとは正反対の効果を受け取るであろう」。ここでかれが念頭に置いたのは、ネップの命運であった。ネップ全期間を通してクラークに穀物を市場に搬出しないことだけで裁判にかける措置を適用したことは一度たりともなかった。穀物を公的機関に売却しないことだけでクラークを裁判にかける措置を、中・貧農大衆は戦時共産主義、すなわち食糧徴発制への復帰とみなすであろう。そして早晩自分たちも穀物保有者として非常措置の対象になると信じることであろう。ザグメンヌイはこう述べて、供出拒否を非常措置の適用対象とする決定が、クラークの範囲を中農層に拡大する「ゆきすぎ」を不可避とすること、究極においてクラークと農民大衆の分断ではなく、両者の区分を不分明にし、国家的強制に対する農民の対抗的一体性をつくりだすことを憂慮した。スターリンも非常措置が中農にも及ぶ可能性、「中農の一部がぶつぶついう」可能性を否定しなかった。一部の中農は怒るであろう、コムニストの一部にも不満を生むであろう、しかしこれ以外の選択はありえないというのがかれの主張であった。かれの最大の関心事は、クラーク弾圧が穀物価格の上昇をあてにして供出を控える農民の期待を打ち砕くという「みせしめ効果」であった。効果は、ウクライナ、北カフカースにおいて試験済であるとかれはいう。ザグメンヌイが危惧したネップの命運という根本的問題をスターリンは無視したわけではない。しかしかれはそれを視野の片隅へと追いやったのである。(24)

政治変動への参加要因としてのクラークの実像を万全に描くことはおそらく不可能である。観念と現実の格差、両者のもつれは、ときとしてあまりにも甚だしい。その意味内容が時所によりまったく異なる場合も少なくない。歴史家は、表象のとらえどころのない漠然性から、これまでこの問題に深入りすることを回避してきた。クラーク＝農業資本家という等式が妥当する現実も、とくに危機の初期段階にはなくはなかった。[25] 他方、中農、ときには貧農さえも、クラークと認定される場面も稀ではなかった。人格を離れて象徴的意味がクラーク表象に付与される場合ものちに増加する。明確な輪郭をもった単一のクラーク像の構成はおそらく不可能である。他面、「上からの革命」におけるクラーク問題の核心的意義は、「階級としてのクラークの絶滅」という政策が「革命」において果たした転換的役割を想起すれば容易に了解できる。クラークについて一定の表象を前提することなしには、「上からの革命」の歴史を、国家の盛衰、党派の角逐、専制権力の恐怖、農民の悲劇などの歴史の表層から、事実をより一般化可能な深層にまで掘り下げて再構成することは望みえないであろう。単純化すれば、変動過程において少なくともふたつのクラーク像が対立し交錯した。ひとつは、権力の眼に映じたクラークであり、いまひとつは、農民からみたクラークである。権力(全権代表)の側からすればクラークは、「階級」として結集した勢力であり、農民の側からすればクラークは、「伝統」的社会を構成する仲間農民であった。

権力の視点からみれば、階級的分化が政治的分化へと転成し、クラークは組織的に結集した階級であった。クラークと貧農プロレタリア(それを社会的支柱とする党)との対抗は農村の政治変動を規定する基本的構図であり、中農はその間を揺れ動く中間層であった。この階級的布置がまったくの非現実的虚構であったとはいえないであろう。農民が「典型的クラーク」に対する非常措置を歓迎した事実が危機の初期に記録されている。[26] 総じて、危機の初期段階(とくに一九二八年一―四月)には、のちに顕著となるクラーク指標の「政治化」、それと表裏をなす農民の対抗的一体化は、いまだ抑制と抵抗が拮抗する緩慢な過程であった。農村活動家には、容易に根絶できないネップの伝統が息づいていた。ザグメンヌイの思考は、かれらの間では例外でなくむしろ典型であった。のちに「右翼日和見主義」として排除されるまで、あるいは強制装置が前面にでるまで、全権代表の分肢として調達の現地で農民と交渉したのはかれらであった。農民の穀物保有が相対的に潤沢であったという事情も、権力と農民の衝突の緩衝剤となったであろう。非常措置の適用例はのちの時期に比べて少なく、刑罰も穏やかであった。[27]クラークは主として経済的行為によって罰せられたのであり、のちの時期のようなテロ、放火、大衆行動など直接的反対行動はむしろ例外であった。[28]権力のクラーク像は、主として経済犯としてのクラークであり、暴力に訴え大衆行動を組織する反革命分子としての政治的クラークではなかった。政治的クラーク像が党内で定着するのは、一九二八年末、とくに翌二九年夏以降に属する。他方、裁判における拡張解釈の傾向は早くからあり、クラーク「発見」、隠匿穀物「摘発」などのための行政的恣意(家宅捜索、没収、罰金、逮捕など)がひろく農民経営を侵害した事実も否定できない。四月までの党の調達活動を総括した党中央機関誌の一文は、第一〇七条を拡張解釈する傾向が、なによりもまず、クラークの支配下にある商品穀物について算定不足になるとの懸念により説明されると釈明し、党はキャンペイン開始まで誰がどれだけ商品穀物を保有しているかについて明確な観念をもたなかったことを認め、キャンペインの最終段階になって漸く社会的階層区分の意味を「手探りして見分け」たが、結果として繁多なキャンペインの過程でゆきすぎ、歪曲、逸脱は避けられなかった、と回顧した。[29]初期段階においても、農民のなかに、結合の危機に対して早くから深刻な憂慮を表明した意識的分子もいた。[30]下級ソヴィエト活動家に対するテロ行為も早くから報告されている。[31]しかし大多数の農民の反応は、「極度の困惑」であり、政策の急転換がどうして生じたのか理解できずに途方にくれている心理であって、権力に対抗する意識的結集にまでは至らなかった。[32]農民が非常措置を歓迎したという前述のいくつかの事例は、ときには非常措置を自分とは無縁の偶発的不運と受け止めたことを示唆する。

しかし、非常措置の適用とそれに随伴する行政的恣意とが、ひろく農民大衆（貧・中農）にも拡大し反復される五―六月になると、農民は非常措置をもはや「他人事」ではないと実感する。かれらはみずからを「明日のクラーク」と考え、非常措置の犠牲者との連帯を意識し一体感を高める。その根底には、クラークが、少数の例外は別として、革命前も革命後も、農民的環境から隔離された「階級」ではなく、生活においても生産活動においても「伝統」に規制された共同体農民であったという歴史的事実がある。(33) 農民の階級的分化は政治的分化に転成しなかった、なぜなら、クラークも貧農も、階級的差異化のための「外挿」にも拘らず、というよりはそれゆえにかえって、農民的環境への帰属性を高めたからである。この逆説のなかに、調達過程を、個別農民経営の自由意志を基礎とする市場的方法から、権力と、一体化した農民との政治的対抗に規定された政治変動へと変容させた基底的要因があった。ネップの軌道への急速な復帰を誓約した四月総会決議が裏切られ、農民大衆に非常措置が広範かつ過酷に適用され、調達過程が政治闘争化する五―六月は、決定的転機となった。(34) クラークには強制、貧・中農には説得という方法的二分法は形骸化し、貧・中農への強制の例外性を指称する「ゆきすぎ」は空疎な表現となる。七月総会決議は、五―六月の調達の政治的帰結を、「結合」の危機、あるいはそれへの脅威と表現した。その意味するところは、農民が一体化して党＝政治権力に意識的に敵対するという状況の遍在性であった。二〇年代後半に始動した農民を階級的に差異化する党の政策は、調達危機において農民の社会的呼応を伴わない一方的「外挿」に終始し、むしろ農民の対抗的一体性を強化したという逆説によって決定的挫折を味わう。階級としての貧農と階級としてのクラークの対抗は、近隣的結合のなかに溶解する。(35)「クラークは都市の活動家の想像のなかだけに存在する」という農村活動家の声が一九二八年前半「最も頻繁に」聞かれたという。(36) 一九二八年秋、農村活動部の照会に答えた六〇〇通をこえる農村コムニストの手紙でも、「クラークはわれわれのところにはいない」、「クラークについて事態は考えられているようなものではない。クラークは殆どいない。クラークがいるところではその影響は小さい」、「クラークとの闘いは終ったということができる。クラークは農村ではちっぽけな人間である」、「明らかに敵対的なタイプのクラークはいない」、「クラークとの闘いは一九一九年に終った」といわれた。[37]

しかし党にとってクラークとの闘いは終らなかった。工業建設の急進化に伴う社会的・政治的緊張の高まりを階級闘争の先鋭化の図式によって説明する「階級闘争激化論」の文脈に沿って、農村では反クラーク闘争の継続と強化が主張される。しかしクラークは、次第に同定困難な存在となり、それゆえにかえって「隠れて機を窺っている」危険な存在とみなされるようになる。先ほどの六〇〇超の農村コムニストの手紙の要約によれば、「第一五回党大会後実施されたクラーク、富農上層に対する圧力の結果、かれらは悄然となり公然たる闘いをおこなっていない。しかし手紙から明らかなことは、クラークが貧農と中農に対する影響力のための闘いを放棄していないことである。クラークは明らかに狡猾であり、手際がよい、かれらは隠れて機を窺っており、偽りの順応をしている」のであった。[38] 本章の対象からすれば後日談に属するが、クラークが「地下に」潜ったとの現地からの報告が、一九二八年後半になって頻繁にきかれるようになる。[39] 同時にクラークの「手先」またはこれに類する用語がクラークの行動記録に関連してしばしば現れ、クラークの同類として扱われる。[40] それのみでなく、クラークは人格の特定から離れて、組織態の呼称としても用いられる。かつて一九二七年選挙の結果「貧農化された」といわれた村ソヴィエトは、一九二九年初めには「クラーク的村ソヴィエト」として構成の全面的刷新が要求される。[41] この点党組織も例外ではなかった。[42] こうして党の政策目的の追求にとって障害となるあらゆる人格、組織、秩序、価値観が「クラーク的」と烙印され攻撃の標的となる。農業共同体の権利の実現を基本的内容とする「農民同盟」組織の要求が[43]「クラーク的スローガン」とされ、農業税、自己課税における共同体的「平等」の主張も「クラーク的」と判定されたことをみれば、いまや農村の伝統的秩序そのもの、その編成原理が「クラーク的」として敵視の対象となったことが明らかとなろう。この趨勢が決定的となるのは一九二八年後半以降の農村の政治変動の過程においてであるが、その萌芽は一九二八年前半においてすでにみられた。のちの発展を視野に入れるなら、クラークとは、党が想定したような農民の階級分化の一方の極へと特化された階層ではなく、むしろ党の階級的差異化に対抗する共同体的一体性の人格化であったとの概括を与えることが妥当である。クラークの本質は、それゆえ、共同体の問題を離れては明らかにしえない。クラーク問題先鋭化の真の意味は、伝統的環境が農民の供出行動を規定する重要な要因として変動過程に浮上する段階の到来であった。それはクラークが個別的致富によってではなく伝統的一体性の体現者として攻撃対象となる段階の到来でもあった。[44]

(1) 〈Derevenskii kommunist〉, No. 23, 1928, pp. 35–36.
(2) Stalin, *Sochineniia*, vol. 11, pp. 42–43.
(3) *Malaia sovetskaia entsiklopediia*, vol. 4, p. 422.
(4) Stalin, *Sochineniia*, vol. 11, p. 45.
(5) スターリン「階級としてのクラーク絶滅政策によせて」(一九三〇年一月) (Stalin, *Sochineniia*, vol. 12, M., 1955, pp. 178–183)。
(6) *KPSS v rezoliutsiiakh*—, II, pp. 181–182.
(7) *Spetspereselentsy v zapadnoi Sibiri 1930–vesna 1931g.*, Novosibirsk, 1992, pp. 7–16.
(8) *Istoriia sovetskogo krest'ianstva i kolkhoznogo stroitel'stva v SSSR*, M., 1963, pp. 273–274; *SZ*, No. 66, 1926, art. 500; *SU*, No. 75, 1926, art. 577.
(9) V. P. Danilov, *Sovetskaia dokolkhoznaia derevnia: Naselenie, zemlepol'zovanie, khoziaistvo* (以下、*Sovetskaia dokolkhoznaia derevnia*, Iと略記), M., 1977, pp. 57–58; 〈Soviet Studies〉, vol. 18, No. 2 (October 1966), p. 195.
(10) *Piatnadtsatyi s'ezd VKP(b)*, II, pp. 1183–1184.

(11) *ibid.*, p. 1244. バウマンの同趣旨の発言は、*ibid.*, p. 1320. クリッツマンもクラークの正確な経済的規定が与えられていないことを認めた(*ibid.*, p. 1334)。

(12) *KPSS v rezoliutsiiakh*—, II, pp. 473–474.

(13) Stalin, *Sochineniia*, vol. 12, p. 179.

(14) *Piatnadtsatyi s'ezd VKP(b)*, II, p. 1214. 第一五回党大会でモロトフは、債券の強制的割当と穀物の強制的収用を主張する者を「労働者と農民の敵、労農同盟の敵」と呼び、スターリンは「その通り」と口をはさんだ(*ibid.*, p. 1222)。

(15) Stalin, *Sochineniia*, vol. 10, p. 197.

(16) *ibid.*, pp. 315–316. 第一五回党大会でモロトフは、A・P・スミルノフ(ロシア共和国農業人民委員)の資料に基づき「農業革命の結果わが農村が中農化された」が「最近数年間農村の分化の過程が強化され」、「両極分離の過程」が「一層鋭く認められる」としつつも、分化の過程は資本主義のもとでのそれとは異なり中農層の増大でもあり、「中農が「農業の中心像」であるという同志レーニンの周知の命題を今一度確認するものである」と述べた(*Piatnadtsatyi s'ezd VKP(b)*, II, pp. 1179–1184)。

(17) Stalin, *Sochineniia*, vol. 11, pp. 12, 42–45.

(18) RTsKhIDNI, 17/2/354, 24–25.

(19) 〈Derevenskii kommunist〉, No. 8, 1928, p. 36.

(20) 〈Izvestiia TsK VKP(b)〉, No, 12–13, 1928, pp. 1–4.

(21) *Tragediia*—, vol. 1, p. 63.

(22) 〈Izvestiia TsK KPSS〉, No. 5, 1991, p. 197.

(23) Pavlova, *Mekhanizm vlasti i stroitel'stvo stalinskogo sotsializma*, p. 81. リスト作成という方法は、のちのクラーク絶滅における悪しき先例となった。

(24) 〈Izvestiia TsK KPSS〉, No. 5, 1991, pp. 196–201, No. 6, 1991, pp. 207–211; Stalin, *Sochineniia*, vol. 11, pp. 15–17, 46–47.

(25) シベリアのルプツォフ管区からの一九二八年三月の報告は、「典型的クラーク」としてテプローフという農民経営の例を伝えている。テプローフは七五歳の老農民であり、二二人の家族をもつ。一〇〇―一四〇ヘクタールを播種し、約一〇〇ルーブルの税を払っている。穀物貯蔵は二二トンに達している。所有する家畜は、二一頭の労役家畜、五頭の三歳馬、六頭の当歳馬、六頭の仔馬、二八頭の乳牛、一五頭の一歳以上の雌馬、二〇頭の仔牛、一〇四頭のめん羊、一五頭の仔羊、一一頭の豚であった。所有する農業機械・器具は、草刈り機二、自動積み上げ式刈取機一、馬引きレーキ二、わら編機一、播種機一、打穀機一であった。所有する建造物は、鉄屋根つき木造家屋二、納屋五、物置一であった。労働力はすべて家族成員であり、家族外の雇用労働はない。家族関係は古い大家族制度のそれであった。テプローフは三七年前ヴォロネジ県からシベリアに移住し、一九一四年以来の穀物を貯蔵していた(〈Derevenskii kommunist〉, No. 7, 1928, p. 33)。クラークとしてのテプローフの経営の摘発がシベリア全体にとり注目すべき事件であったことは、シベリア地方《クライ》党書記スィルツォフがテプローフに言及していることから知れる。かれによれば、テプローフは一万五〇〇〇プードの穀物を保有し、投機し、不当な価格で売っていたため裁判にふされた(〈Pravda〉, 29 February, 1928)。

(26) 前述の「典型的クラーク」テプローフに対する第一〇七条適用を貧・中農は支持したと報じられ、ウクライナでも「ストルィピン・ムジーク」出身の「悪質な穀物投機業者」に対するウクライナ刑法第一二七条の適用を住民は歓迎したという(〈Pravda〉, 16 February, 1928, 29 February, 1928)。

(27) 一九二八年二月末の記録では、穀物の大量貯蔵、投機、不当な価格での売却などで有罪を宣告された者は、シベリア全体で一〇〇〇件より少なかった(〈Pravda〉, 29 February, 1928)。ルィコフは一九二九年四月の党中央委員会総会において、一九二七/二八年度の非常措置が一九二九年に比べれば「穏やかであった」と語った(RTsKhIDNI, 17/2/417, 163–165)。

(28) オゲペウ資料は、一九二八年一―四月における農民の大衆的直接行動とテロの数が後に比較して格段に少なかったことを示している(*Tragediia*—, vol. 1, p. 63(本書第二章注(53)参照))。

(29) 〈Izvestiia TsK VKP(b)〉, No. 12–13, 1928, pp. 1–4.

(30) *Glazami*—, vol. 2, pp. 661–663.

(31) 北カフカースにおける穀物調達経過と農民の気分についての二月初め頃のオゲペウ報告(*ibid.*, p. 669)。同報告によると、一月一三―三〇日に一二件の下級ソヴィエト活動家に対するテロが発生した。

(32) Papkov, *Stalinskii terror v Sibiri*, p. 14.

(33) クラークは革命前も革命後も「農民的環境からまったく切り離されておらず」、「生活慣習によっても、自己の経営における自身の肉体労働によっても、農民的環境と結びついた存在であった」(*Spetspereselentsy v zapadnoi Sibiri*, p. 7(ダニーロフ))。

(34)　Stalin, *Sochineniia*, vol. 11, p. 206. オゲペウ資料は、五月下旬の穀物調達過程について、農村の集会では、調達が農民にとって破滅を意味すること、調達が強制的方法でおこなわれていること、「総じて穀物調達キャンペインは権力の不安定に導く」ことが語られたと記録している(*Glazami*―, vol. 2, pp. 746–747)。

(35)　クラークと貧農の結びつき、前者の後者に対する強い影響力を示す地方報告は多い。貧農は自己の穀物を調達の初期に売却し危機が深刻化した一月以降むしろ穀物購入者になった場合がしばしばあったといわれたが、ここではクラークのかれらへの影響は、穀物不足に悩む貧農への援助者の役割において現れる。国家はこの役割において十全ではないから、貧農は自然とクラークの扶助に依存するというのである。クバン管区からの報告は、クラークが「貧農を獲得するために細胞と闘い始めた」と述べたが、闘いとは、クラークが自己の穀物余剰を貧農に対し貧農に好ましい条件で播種用として配分し、農業機械・器具をも国家より有利な条件で貧農に貸与したことであった(〈Derevenskii kommunist〉, No. 8, 1928, p. 35)。共同体の相互扶助の慣行もクラークの「策謀」として描かれる。国家による貧農への援助が不十分であることをクラークや私的商人が「利用して」「貧農に対して信用を組織し」た(プスコフ、グルジアの例(〈Derevenskii kommunist〉, No. 17, 1928, pp. 21–22))。貧農に対する経済援助の任にある機関の「官僚主義」と貧農の非組織性とがこの問題に関連して非難された。これらの機関(ソヴィエト、農業協同組合)は、「党の政策に反して」貧農にはきわめて不利に、富農・クラークには有利に信用を供与した。絶対額として多くない経済援助が農村ではしばしば非階級的に配分されることによって、貧農が受け取る国からの援助はさらに微少化された。こうして国からの貧農援助の不足がクラークからの「隷属的条件」による援助への貧農の依存度を高め、その結果貧農はクラークの支配下に置かれたといわれた(〈Derevenskii kommunist〉, No. 19, 1928, pp. 20–21)。農村の内情を知悉する指導者のひとりであったカリーニンは、クラークの貧農援助を「策謀」とする党の宣伝を暗に批判して、クラークの力はかれらが農民の生活において肯定的役割を遂行する結果増大するのであると論じ、クラークとの闘いを盗人やフーリガンとの闘いと同一視すべきでない、と戒めた(〈Bednota〉, 15 December, 1928)。

(36)　〈Derevenskii kommunist〉, No. 23, 1928, pp. 35–36.

(37)　〈Derevenskii kommunist〉, No. 21, 1928, p. 40.

(38)　〈Derevenskii kommunist〉, No. 21, 1928, p. 38.

(39)　〈Derevenskii kommunist〉, No. 20, 1928, p. 15.

(40)　クラーク問題に関連して頻繁に用いられるクラークの「手先」またはこれに類する言葉として、クラークの「手下」(podkulachnik)、「わめき手(gorlopan)」、「代理(predstavitel')」(〈Sovetskoe stroitel'stvo〉, No. 8, 1928, pp. 21, 22)、「反ソヴィエト的分子」(〈Sovetskoe stroitel'stvo〉, No. 11, 1928, p. 30)、クラーク、ネップマンの「伴唱者(podpevala)」(〈Derevenskii kommunist〉, No. 22, 1928, p. 30; 〈Sovetskoe stroitel'stvo〉, No. 9, 1928, p. 8)、クラークの「言葉の受け売り(podgolosok)」(〈Vlast' sovetov〉, No. 1, 1929, p. 4)、「子分(stavlennik)」(〈Izvestiia TsK VKP(b)〉, No. 31, 1928, p. 6)などがあった。

(41)　〈Izvestiia〉, 23 July, 1929.

(42)　*KPSS v rezoliutsiiakh*—, II, p. 546(一九二八年一一月の党中央委員会総会決議).

(43)　〈Sovetskoe stroitel'stvo〉, No. 8, 1928, pp. 22–23; 〈Derevenskii kommunist〉, No. 3, 1929, p. 5, No. 14, 1929, p. 26; *Glazami*—, vol. 2, pp. 18, 498–499, 548–549.

(44)　クラークを共同体的一体性の体現とみなすことは、当時伝えられた「クラーク的結集(kulatskie gruppirovki)」と呼ばれた政治的不穏分子のブロック化現象と矛盾するものではない。「クラーク的結集」は穀物危機前にもオゲペウ情報として記録されていた。例えば、一九二六年一〇月のソ連政治情勢についてのオゲペウ報告(《*Sovershenno sekretno*》, vol. 4–II, M., 2001, pp. 719–720)。一九二八年六月エイヘは、シベリアでの非公開会議の席上、反革命綱領を掲げた「クラーク的結集」の存在を認めた。しかしそれはエイヘによれば、指導者、組織者をもたない「反革命の第一段階」であり「本当の反革命的性格を帯びた状態ではない」のであった(*Tragediia*—, vol. 1, p. 311)。

三　農業共同体

農業共同体でおこなわれているすべてのことが村ソヴィエトの外で進行し、村ソヴィエトは共同体の仕事への介入の権利を少しももたないだけでなく、若干の場合、共同体に従属する機関、すなわちその執行機関でさえもあった。

――全ロ中央執行委員会書記A・キセリョフ(1)

一九二八年一月、危機的様相を呈した穀物調達上の困難を緊急に打開する必要から、党は、ネップの規定原理に抵触する強制的方法を、非常措置の名において、供出を拒む農民へと適用した。この行為を正当化したのは、非常措置が調達に反抗する少数のクラークにしかも一時の例外として適用される、との限定であった。非常措置は、一面においては、一九二〇年代半ばから党の農民政策の規定要因として浮上した階級的接近の延長、全体としての農民との協調に代わり階級的差異化へと移動した政策基調の継承であった。他面においてそれは、方法的規範にかんする従来の政策理念の唐突な中断であった。農民との関係を規律する原則を「合意」に求めたネップは、二〇年代中葉からの階級路線においてもまた準拠すべき基本的政策枠組であった。農民に対する階級的接近は、ネップの枠組のなかでの強調点の移動としてのみ正当化されえたのである。その政治的含意は、農民の階級的差異化とそれに基づく政策とは、農業集団化運動も含めて(2)、最終的には、農民大衆の自発的意志に基づく下からの運動に転轍されなければならないということであった。国家あるいは都市からの農民の文化的・政治的啓蒙と理性的説得の長い漸進的道程は、農民の内発的運動へと転化されることによってのみ初めて実りあるものになると考えられた。現実にも、ソヴィエト活発化、協同組合運動、農村通信員運動、農村図書室などについての研究が教えるように、農村の既成秩序に挑戦する有効な要因を内的に育成する方向において一定の前進と成果とがあった。(3) しかし非常措置は、階級的差異化を権力的強制の外挿に全面的に依存させることによって、内発的な階級的再編の運動を形骸化し、その発展の可能性を閉ざした。この逆説の事理の意味するところは、長らく農村を支配し、一時期の部分的解体を経て、革命後の土地革命において広範に蘇生した農業共同体(ミール、オプシチナ)が政治権力と対峙する状況の枠組が牢固として形成されたことであった。「階級」を基準とする農民差異化政策は「伝統」の障壁のまえに頓挫し、交渉の当事者として党に対峙したのは共同体に統合された農民となった。農民の集団的心性においては、クラーク、中農、貧農などの階級的差異化は外部から加えられた「作為的区分」にほかならなかった。(4) 危機直前の第一五回党大会においてさまざまな農民組織の存在理由が論議されたが、危機の試練をくぐり抜けて実効的な凝集力を保持しえた唯一の「組織」が農業共同体であったことは偶然ではない。この伝統的統合体が、調達過程の政治化に伴い政治変動における枢要な参画要因として登場したのである。もちろんミールは平和の楽園ではなかった。(5) 危機における農民の態度、行動には性急な単純化を許さないさまざまな内部矛盾、利害の対立、錯綜した相互関係が存在したこと、階級政策がこれらの要因と共振して一定の実効をあげた事実は否定できないであろう。しかし危機の変動構造の本質的構成要因を農民の側に求めるとすれば、それは農業共同体であったというほかない。外圧に対する農民の態度を最終的に規定したのは伝統的共同体の内的規範であり、党の階級的接近への農民の順応は、外圧の消滅とともに旧態に復すべき一時的擬態以上のものではなかった。

「農業共同体(zemel'noe obshchestvo)」が農業・農民政策に関連して党の切実な関心事となるのは、一九二七年になってからである。一〇月革命期の土地革命は、革命前解体過程にあった伝統的共同体(ミール、オプシチナ)の広範な蘇生をもたらした。農学者ペルシンによれば、「革命に際してオプシチナはあらたに蘇り、みずから平等的土地再配分をきわめてひろい範囲でおこなった」、「ソ連の大部分の地区でオプシチナは最もひろくゆきわたった土地利用形態となった」(6)。共同体的土地利用は、革命後から一九二〇年代末までの農村において支配的形態となった。戦時共産主義のもとでの商品流通の制限、現物経済の発達は、共同体的土地利用の強固化に貢献した。政治的には、権力に対する農民抵抗の拠点として機能した革命前の伝統に従い、共同体は、過酷な食糧徴発に対する農民の抵抗拠点として対抗的凝集力を高めた(7)。革命以来の農業と土地にかんする立法の集大成を意図した一九二二年一〇月の農業法典が「まったく新しい章」として「農業共同体」にかんする規定をつけ加えたことは、オプシチナが農村において占める枢要な地位を追認し、一九〇二年に始まる農民革命の成果を法的に認証した行為であった(8)。ネップ導入後の商品流通の発達も、土地利用における共同体的利用の圧倒的優位を基本的に変えなかった(9)。農業共同体は、農業と土地の分野以外の農村の公共生活の管理においても枢要な役割を果たし続けた。しかもこの分野における共同体の権威は、オプシチナ的土地利用から離れて区画地的土地利用をおこなう農民(いわゆるフートル、オートルプ農民)、その他非農業住民にも及ぶことによって、農業分野におけるそれよりも高くかつひろかった。一九二〇年代に実施された農村調査はいずれも、農業共同体が、外からの「ソヴィエト化」の企てにも拘らず、革命前のオプシチナ、ミールと本質的相違がない実態を明らかにした。「われわれの全ソヴィエト体制においてひとつの領域が一〇月革命によって殆ど触れられることなく残り——これが、あらゆる古色蒼然たる管理形態、習慣、伝統その他をもつわれわれの農業共同体であることは、誰にとっても秘密ではない。すべてを「ミール」によって決定するという古い「民会(veche)」の特徴は、われわれの時代まで農業共同体において維持されてきた」。モスクワ県の一農民の言によれば、「スホードによって管理されている農業共同体は古いオプシチナとなんら異ならない」のであった。国家により加えられたさまざまな外的規制、「ソヴィエト化」の試み、例えば、スホードを公行政と農業・土地管理の二機能により村スホードと農業スホードとに二分する、スホードの集会への参加権を農戸主でなくソヴィエト選挙権者に与える、集会の定足数を法的に規制するなどは、前述のように共同体の伝統的慣行に本質的変更をもたらさなかった。危機をめぐる対抗において農民側の基本的当事者となったのは、このような政治権力から自立した伝統的制度としての共同体であった。(10)(11)

危機の政治変動のなかでの農業共同体を考察対象とする場合、さしあたり問題化されるべき側面は、政治権力との接点における共同体であり、主として公行政にかかわる共同体である。考察の対象をこのように限定する場合、共同体との接点をなす組織態は村ソヴィエトである。ネップ的統治構造は、農村ソヴィエトと農業共同体の重層的関係を骨格として形成の途上にあった。穀物危機はこの構造を攪乱し、複雑な要素をつけ加え、権力と共同体の相互関係に重大な変容を強いた。その過程を議論する前提として、さしあたり、共同体の内部管理を一瞥しておこう。公行政および農民社会の共同生活(いわゆる公営経済)にかかわる村落の管理と農業および土地にかかわる共同体の管理とを峻別して、前者(公的部分)に対しては公行政の体系的一元化の観点から国家的規制を加え後者(私的部分)に対しては内的自治を容認するという前述の二分法は、革命前から引き継がれた政治権力の伝統的政策態度であった。この態度は、共同体の管理機関であるスホードを村スホードと農業スホードとに制度的に分別する立法政策へと結びついた。一九二七年三月の村スホード規則は「当該村の生活にかんする諸問題の審議と検討のために、また国家的、地方的《クライ》、州的(12)

意義の一般的問題の審議のために、村居住地(sel'skoe poselenie)において市民の総会(スホード)が招集される」と規定し、このスホードには「農業共同体の総会が検討すべき諸問題は提起されえない」とした。同規則は、集会に出席できるのは選挙権をもつ市民であると定めた。[13] しかし一九二〇年代の農村調査結果によれば、農業共同体から区別された農村行政管理の基層機関として村スホードを制度化しそれに政治権力の規制を及ぼそうとするソヴィエト政権の試みは、殆ど実効性をもたなかった。農業共同体スホードとは別個の村スホードは法的擬制以上の存在ではなく、村スホードは農業共同体スホードと同一物であった。この問題についての党の専門家ものちに、両者の区別が「村ソヴィエトと農業共同体の相互関係を複雑にするにすぎない、実際に区別を実施することは殆ど不可能である」と認めた。[14] 共同体管理についての地方的情報は、日常的管理が国家的規制から自立して伝統的規範に従って営まれたその自己完結性を証明する。共同体の意思決定機関であるスホードの招集は、上からのキャンペインを除いて、日常的には、原則として共同体の内部的手続により、共同体に属する市民または共同体の全権代表のイニシアティヴによっておこなわれた。[15] スホードの集会の頻度については、「多くの場合、スホードは村ソヴィエトよりもはるかに頻繁に集会した。[16] 集会は「多くの場合」、伝統に従って、農戸主(domokhoziaeva)または農戸の代表からなっていた。[17] 法(農業法典第五三条、村スホード規則第二条)が規定する、選挙権をもつ男女全員が参加権をもつという基準によれば、出席率は当然低く五—一〇%にとどまった。[18] 議事録の不備のために正確な出席者算定は難しいが、出席者は農戸主の二〇—三〇%、ときには一〇%以下の場合もある、といわれた。法が規定する集会成立の定足数(通常では二五%以上、自己課税採択時には五〇%以上)の順守は事実上不可能であった。集会の書記は、集会の出席者を「いいがかりをつけられない」ために記録しないといわれたのは、この間の事情を物語る。集会に最も多く出席するのは中農と富農であり、クラークと農村商人は集会の「常連(zavsegdatai)」であり、貧農の参加は少なく、集会においても未組織で、大部分の場合消極的であり、最も組織的に行動するのは富農層であるといわれた(19)。

穀物危機に際しても、農業共同体管理の最高機関は、農戸主からなる伝統的スホードであった。スホードでは、たんに農業、土地にかんする問題のみでなく、農民社会の公共的管理にかかわるすべての問題、さらに租税の割当と徴収など国家的政策の実行のための諸事項をも議題とした。審議される議題の内訳は、労農監督人民委員部の調査によれば、農業・経済(zemel'no-khoziaistvennye)三九%、財務・租税一六%、組織・行政一六%、社会・文化(教育、保健、相互扶助)九%、公共役務と施設の計画と整備(blagoustroistvo)八%、政治および雑件一三%となっていた。農業共同体はこうして、土地利用のための団体であるにとどまらず、ひろく「農村自治の根幹的な環」であった(20)。農業スホードから分別された村スホードは実在していなかった。

合議機関としてのスホードは、なんらかのかたちで執行機関をもつ必要があった。それは「全権代表(upolnomochennyi)」と公称されたが、事実上農業共同体の代表、すなわち新しい「村の長老(starshii derevni)」にほかならなかった。代表の役割は、スホード集会への出席率が一般に低く、集会が必ずしも活発でなかった実情からすれば、当然大きかった(21)。全権代表は「全大衆を指導し、農村の中心人物(glavnaia figura)である」といわれた(22)。代表の社会的構成は、共同体、スホードのソヴィエト社会の影響からの隔絶を示唆していた。サラトフ県での調査によると、代表は多くの場合中農であり、「場合によっては」富農(zazhitochnyi)であった。社会的構成はここ二年間不変であった。かれらの「社会的閲歴(obshchestvennyi stazh)」つまりソヴィエト社会への公的参加(村ソヴィエト議員になるなど)はとるにたりなかった。一般的に代表には貧農、バトラークはおらず、党員もいなかった(23)。党機関誌に発表された農業問題専門家の一文によれば、共同体内に貧・中農ブロックを確立するためには、全権代表(一部の地方では管理部《プラヴレーニエ》)の選択(podbor)は「つねに不満足」であった(24)。

共同体の管理、スホードの運営において積極的であった農民の階級的・階層的帰属を特定することは可能であろうか。史料は必ずしも一義的解答を与えない。比較的明確であるのは、階層的に、貧農、バトラークなど下層が積極的参加者でなく、スホードへの出席率も低く、出席しても発言は積極性を欠いたことであり、党派的には党、コムソモールの影響は殆どなかったことである。[25] 貧農、バトラーク以外の農民のうちどの層が支配的であったかについて、史料は明確には語っておらず、ある場合には中農といい、他の場合には富農、ときにはクラークを支配的分子としている。ある史料は、スホードにおける優越性と最大の積極性とを表すのは中農であるとし、同時に富農、クラーク分子がスホードにおいて公然たる積極性を表す場合もまれではないと記した。[26] 別の史料は、貧農のスホードへの不活発な参加とは対照的に、富農がスホードにおいて支配的であり、農村の最も重要な問題の解決は富農と経営の強固な農民とにかかっていると述べた。[27] 例えばサラトフ県のある郡には良質の土地二〇〇デシャチーナがあったが、土地整理に際してその大部分が富裕なグループの手中におちた。[28] 一九二八年秋になっても、「農業共同体の指導は、現在でもしばしばクラーク集団に属しており、かれらは相も変わらぬ饗応や農村の「わめき手《ゴルロパン》」の助けを借りて好き勝手なことをやっている。農業共同体を通してクラークはときとして党が農村における方策を実施するのに反抗している」、その結果共同体におけるクラークの表決権剝奪などの第一五回党大会決議は殆ど実行されていない、といわれた。[29] 自己課税における「平等」原理の支配がこの事態を象徴する事実として引用された。[30] 別の報告は、村ソヴィエトが農業共同体に直接介入する可能性をもたないで共同体全権代表にのみ依存している現状が、富農、クラークの支配と「職権濫用(zloupotrebliat')」を許容していると述べて、共同体におけるクラーク支配を抑止するためには、内的自治への公権力の直接的介入が必要であると示唆した。[31] 同様の見解は、穀物危機発生間もない党機関誌のつぎの文章にも表明された。「多くの地方においてクラークは、農業共同体の活動に対する党組織の側からの指導の欠如と郷〔ソヴィエト〕執行委員会の側からの不十分な指導のために、しばしば、農業共同体スホードにおいて自己の方針を実行し、貧・中農に対して害を加えた。土地整理、自己課税の問題でクラークは、農業共同体スホードにおいて大部分の場合勝利を収めた」[32]。しかし、穀物危機発生以来史料が強調するクラークの共同体支配を、共同体の内部関係の客観的指標と同定するならば、事態を誤認することになろう。ネップのもとで進行しつつあった階級分化が、共同体内部の階級的対立と抗争を激化せしめ、クラークなる資本家農民の共同体支配を招来したとする、当時有力化しつつあった共同体観は、共同体の内部事項への公権力介入をクラークに対する圧力として正当化するための政治的詭弁の色彩が濃く、現実の客観的反映ではなかった。クラークが階級的に結集して共同体を支配したとの認識は、穀物危機の原因をクラークの「ネップの条件のもとでは最初の、重大な行動」に帰するスターリン的観点には整合的であるかもしれない。しかし真実はむしろ、共同体を支配したのはクラークか富農か中農かの問いに一義的に答えることは難しい、とした党中央機関誌の一文の指摘に近かった[33]。危機は、共同体の伝統的性格を変えることはなかった。それは、すでに述べた逆説から、二〇年代に企てられた農民社会を変革する内発的運動を窒息させることによって、伝統的結合への回帰を促進する契機として働いた。危機とともに強調されたクラークの共同体支配とは、共同体の内部関係の変化を人的に特定する表象ではなく、国家が「外挿」しようとする階級原理に対する共同体の不服従の人格的表現であったと了解することが妥当な一般化である。

危機直前に開かれた第一五回党大会(一九二七年一二月二一一九日)は、二〇年代後半以降強まった急進的工業化への傾斜、農業と農民に対する新しい接近に伴う国家と共同体の矛盾の昂進、村ソヴィエトと農業共同体の重層的構造を骨格とするネップ的政治秩序の相対的不安定化を反映して、国家と共同体の関係調整に対して真摯な関心を表明した。

大会で農村問題の報告を担当したモロトフは、共同体を「クラークの最後の隠れ家」とみなして、ソヴィエト体制に対するその異質性を強調し、クラークを共同体から「最終的に引っ張りだす」ことによって、ソヴィエトを権力の独占的組織としなければならないと主張した。強硬な口調にも拘らず、かれの提案は、村ソヴィエトの物的基盤強化を主眼とする従来の政策の踏襲であった。討論において、共同体自治への権力の介入を容認する意見の開陳もあった。しかし「土地配分、土地整理が決定的意義を帯びつつあるとき、ソヴィエトはこれらの問題に決定的発言権をもつべきである」と論じ、共同体の決定を監視し規制するだけでなく、その決定を停止し廃止できる村ソヴィエトの権限を規定したウクライナの事例を称揚したエヌキーゼの主張は、大勢を制しなかった。大会決議が反映したのは、共同体に対する性急な強制に反対する自制の態度であった。リャザン県の代表の意見はその一例であった。「村ソヴィエトの活動が漸次的に農村(derevenskaia ulitsa)から農業共同体を追いだし、農業共同体から機能を次々と取り上げ、共同体に代わってそれらの機能を遂行していく、しかももちろんこれは行政命令的方法によってでなくイニシアティヴを求める闘争によってである」、「もし村ソヴィエトがこの側面から農業共同体に接近することができたなら、農業共同体の必要性はなくなっていくであろうと私は信じる」[34]。党大会決議は、村ソヴィエトと農業共同体の関係の問題解決の方途をソヴィエト活発化と農村の文化啓蒙活動に見いだした。そこで想定されたのは、両者の長期的共存を前提した共同体の漸進的改良の過程であった。決議は明確な指針を示すことなく、両者の関係改善の問題を一〇月二〇日の党決定[35]に従って検討することを党中央委員会(具体的には政治局と書記局)に委ねた[36]。

一九二八年初めの穀物危機は、第一五回党大会決議の政策的前提に対する痛撃となった。「党中央委員会の検討」は、党大会決議が想定しなかった新しい状況の圧力のもとに置かれた。非常措置は、合意と説得に基づく長期的漸進的過程を唐突に中断し、状況を一挙に短期決戦の相に変えた。共同体に対する権力の態度を支配したのは、強制を伴う性急な圧力であった。状況のこの急変の突出した局面は、非常措置の一環として実施された「自己課税」の賦課と徴収であった。一九二八年初め強行された自己課税キャンペインは、それまで権力と共同体の関係を規律した相互理解と協調に代わって、権威主義的支配とそれに対する共同体の抵抗という二極化の論理形成の端緒を政治変動に刻印したのである。同年二月の党中央委員会情報部文書は、両者の敵意と相互不信の昂進を(部分的にはクラークという間接的表現を用いいつつも)率直に認め、自己課税、債券普及のキャンペインにおいて「ごく最近まで行政的命令の方法が優位を占めている」と記した。[37] さらに同文書は、この方法が共同体の(しばしばクラークという人格的表現をとった)強化された抵抗を惹起した反面をも指摘する。「クラーク層は自己課税の法律に特別の抵抗を顕示した」、「個々の誤りを利用してクラークは、村を自分のあとに従わせようとしている」、この「策動」は「一般的には」失敗したが「一部の地方ではクラークは若干の成功を収めた」。[38] そこでは、クラーク抵抗の方法は六項目に分類された。すなわち、(1)戦争と食糧徴発制導入の風説の流布、(2)クラークへの経済的依存を利用した貧・中農の脅迫、(3)自己課税の集会と決議の妨害(一連の地方で成功)、(4)自己課税反対のアジテーションに近隣の村に出向く、(5)農民同盟組織の要求、(6)自己課税反対グループの結成、であった。これらはいずれも、なんらかのかたちで「クラーク」が共同体の利益代表、農民全体の代弁者としての役割を果たそうとし、事実果たしていること、クラークと共同体とは別個の実体ではないことを物語る。二月初めの北カフカースの穀物調達の経過と農民の気分についてのオゲペウの報告覚書は、自己課税に対するクラークの抵抗の全農民的・全村的性格を認めた。「自己課税キャンペインは、クラーク、富農からの執拗な抵抗に遭っている(「ソヴィエト権力は強奪の新しい形態を発見した」)。中農もまた一連の場合自己課税に反対し、そのことがまた貧農の消極性の理由となっている」。[39] クラークが、ソヴィエト政権に対する蜂起を呼びかける「明らかに反革命的な大衆的直接行動」も「個別的には」存在した。「権力の代表者」に対するテロ(村ソヴィエト議長、穀物調達全権代表に対する「制裁(rasprava)」の脅迫、地区党委員会ビューロー員殺害の企て、放火、集会への爆弾投入)も看取された。だが「反クラーク闘争の強化」によって「クラーク」は公然たる反政府行動を停止せざるをえなくなった。かれらのやり口は、播種キャンペインのボイコット、播種面積の縮小、経営の解体という方法に転じた。こうして「われわれの強力な圧力(nazhim)の結果、われわれは農村における全般的政治情勢の一定の悪化をもった」(40)。

現地で進行していた権力と共同体の緊張の高まりは、党指導部の政策態度に影響しないではおかなかった。同年四月三日、政治局は、当時準備されつつあった「土地利用と土地整理にかんする一般規則」法案に対して、共同体に対する国家的統制強化の見地からする修正案を決定した(41)。一九二八年五月党中央機関誌『ボリシェヴィク』に発表された農業共同体の前途を論じたV・フェイギンの一文もまた、権力と共同体の間に昂進しつつあった緊張と相互不信、共同体の自発的内的再編への悲観的見方を反映していた。フェイギンは、穀物危機における農村行政の混乱の一因が農業共同体の存在そのものにあるとの見地から、共同体の機能と組織の村ソヴィエトへの吸収と共同体の制度的廃止とを提言した(42)。権力と共同体の抗争の激化、権力の共同体に対する敵意の高まりを反映したこのような提案に対しては、当時の村ソヴィエトの非力な実態からみて現実性を欠くという批判(43)、さらに共同体を廃止する法的措置は「歴史的土地配分・消費のカテゴリー」としてのオプシチナを廃止することにはならないとの反論(44)がなされた。

しかし共同体の運命にかんする論議は、党指導部が「結合」の危機を認知し非常措置の廃止を決意する一九二八年夏までに、一応の決着が図られたようにみえる。その役割を果たすべく七月に公表されたM・ヴァレイキスの論文「村ソヴィエトによる農業共同体の指導」は、議論の力点を共同体の内部的改革に置き、村ソヴィエトと共同体の相互関係については基本的に第一五回党大会までの枠組を順守する意図を表明した。(45)ネップの軌道への復帰はいまだ最優先の選択肢であり、ソヴィエトと共同体の相互理解に基礎を置くネップ的政治秩序復元の希望は放棄されていなかった。共同体の廃止は日程からはずされ、共同体の内部事項への権力の直接的介入は抑止された。求められたのは、村ソヴィエトの物的基礎の強化によりソヴィエトを農村行政の主体とし、共同体をその指導下に置くことであった。

しかし穀物危機の半年は、村ソヴィエトの再建とネップ的政治秩序の維持を事実上きわめて困難にする負の遺産を農村統治にのこした。すでに述べたように、危機を緊急に打開した中心的勢力は、党機関の統括下に置かれた非常権力とそれが農村現地に展開した全権代表、あるいは党文書によれば「県、管区、郷、地区の党カードル、アクチーフ」(46)であった。全権代表は強制装置と緊密に協同し既存の、農村組織(ソヴィエト、協同組合、党細胞など)をその分肢として動員することによって初めて任務を果たすことができた。その代償は、ネップ的政治秩序解体の危機であった。村ソヴィエト、協同組合、党細胞など現地組織は、非常権力の命令の忠実な執行者となることが要求され、農民の合意を基調とするネップ的統治に固執し、要求に従わない組織および構成員には、合法的手続を無視した規律的、行政的、司法的制裁が加えられた。これがいわゆる組織の「浄化」であり、ネップ的統治に固執する者は、容赦のない攻撃の標的となった。党細胞、農民コムニストは、農民の下からの要求の伝達者たる役割を放棄した。党文書は、「著しい数の」党細胞が殆どの場合「上からの圧力のもとでの指令の執行者」となっており、みずからのイニシアティヴを示すことは例外であると指摘した。(47)ネップ的農村統治システムは寸断され、農民との有機的連関を失った。この過程は、共同体が農村ソヴィエトの支持基盤たることをやめて、権力に対抗する農民の抵抗拠点としての歴史的性格を強めることを意味した。こうして全権代表が撤収したあとの農村に残された政治的布置は、「放置された孤児」

となった村ソヴィエト[48]と、権力に対して一体化した農民、その組織態としての共同体との対抗であった。危機を経て、一方で共同体は求心力を一層強化し、権力に対する自立性を高め、他方では村ソヴィエトは弱体化し、共同体への物的・人的依存度をかえって高めた。力の均衡は明らかに共同体に傾いた。七月総会後間もなく再燃した穀物危機は、この傾向に更なる拍車をかけた。一九二九年五月第一四回全ロ・ソヴィエト大会においてキセリョフは、村ソヴィエトと農業共同体との予算を比較し、一九二八／二九年度には、前者の五四〇〇万ルーブルに対して後者が一億四〇〇〇万ルーブルに達すること、共同体支出の三〇―四〇％が村ソヴィエトが本来負担すべき支出の代替負担である事実を明らかにした。かれによれば、「財政を握っているものが村で事実上事態の主人公であることは、絶対争いえない」ことであり、村ソヴィエトは好むと好まざるとにかかわらず共同体に従属し、しばしば「居候」状態になることは避けられないのであった。[49]

（1）*XIV Vserossiiskii s'ezd sovetov*, biulleten', No. 15, 1929, p. 13;〈Izvestiia〉, 1 March, 1929. キセリョフは全ロシア中央執行委員会書記として、当時のソヴィエト国家建設の指導的地位にあった。

（2）*Kooperativno-kolkhoznoe stroitel'stvo v SSSR*, pp. 11–15.

（3）Kabanov, *Krest'ianskaia obshchina i kooperatsiia Rossii XX veka*; 浅岡善治「ネップ期ソ連邦における農村出版活動と通信員運動の展開（一九二三―二九）――「プロレタリアート独裁」下の党、国家、社会と出版媒体」（未公刊博士論文・東北大学、二〇〇〇年）、小野左知子「農村図書室の仕事」（ソビエト史研究会編『ロシア農村の革命――幻想と現実』木鐸社、一九九三年所収）。

（4）M. Hindus, *Red Bread*, New York, 1931, p. 32.

（5）ミール(mir)には世界、宇宙、そして平和、和合の意味がある。

（6）〈Bol'shevik〉, No. 6, 1928, p. 40; P. N. Pershin, *Agrarnaia revoliutsiia v Rossii*, II, M., 1966, p. 396;〈Istoriia SSSR〉,

No. 3, 1958, p. 100 (n. 49). フランス革命においても「民衆の蜂起は穀物取引の自由をふたたび否定し、その蜂起によって、農民は、みずからの共同体的諸権利を回復し、いたるところで共同放牧を復活し、奪われていた共同地をふたたびわがものとすることができた」(G・ルフェーブル『一七八九年―フランス革命序論』高橋幸八郎ほか訳、岩波文庫、一九九八年、三五九頁)。なおシーダ・スコッチポル『現代社会革命論』牟田和恵監訳、岩波書店、二〇〇一年、一一四頁も参照のこと。

(7)　梶川伸一『飢餓の革命』名古屋大学出版会、一九九七年、三五一―三六〇頁、*Krest'ianskoe vosstanie v Tambovskoi gubernii v 1919–1921 gg.* 《*Antonovshchina*》. *Dokumenty i materialy*, Tambov, 1994, pp. 79–160.

(8)　溪内謙『ソヴィエト政治史』三〇四―三〇八頁。一九二六年には「農業共同体標準定款 (normal'nyi ustav)」が制定された (*Tragediia*―, vol. 1, p. 795 (n. 127))。

(9)　Danilov, *Sovetskaia dokolkhoznaia derevnia*, I, pp. 106–138.

(10)　〈Vlast' sovetov〉, No. 21, 1928, p. 28.

(11)　〈Bednota〉, 14 January, 1928.

(12)　日本におけるロシア農業共同体研究は、社会経済史の豊かな伝統に立脚して、共同体の比較研究、共同体の歴史的性格の規定、共同体農民の実証的研究など多岐に及ぶ。その簡潔な研究史を鈴木義一「第一次大戦とロシア革命」(馬場哲・小野塚知二編『西洋経済史学』東京大学出版会、二〇〇一年、三〇八―三一七頁)によって学ぶことができる。著者は、共同体研究の既往の成果から多くを学んできたことを感謝する。しかし、権力との接点における共同体に焦点を当てた本書においては、共同体の歴史的性格、共同体の内部関係に触れることはできなかった。また、本書が利用した史料には、ロシア共同体の歴史的性格を実証的に論じたものは見当たらなかった。

(13)　*SU*, No. 51, 1927, art. 333.

(14)　〈Derevenskii kommunist〉, No. 22, 1928, p. 12.

(15)　〈Vlast' sovetov〉, No. 18, 1928, p. 21, No. 23–24, 1928, p. 40.

(16)　〈Vlast' sovetov〉, No. 18, 1928, p. 21, No. 22, 1928, pp. 12, 22, No. 48, 1928, p. 24.

(17)　〈Vlast' sovetov〉, No. 18, 1928, p. 20, No. 22, 1928, p. 12.

(18)　〈Vlast' sovetov〉, No. 21, 1928, p. 28. 一九二六年の全ロ中央執行委員会の会議では、出席率は一〇―一五%といわれた

(*3 sessiia VTsIK 12 sozyva*, 1926, p. 298)。

(19) 〈Vlast' sovetov〉, No. 22, 1928, p. 22.

(20) 〈Vlast' sovetov〉, No. 18, 1928, p. 21.

(21) 〈Vlast' sovetov〉, No. 18, 1928, p. 21, No. 22, 1928, p. 22, No. 23–24, 1928, p. 39; 〈Bol'shevik〉, No. 6, 1928, p. 42

(22) 〈Bol'shevik〉, No. 6, 1928, p. 42.

(23) 〈Vlast' sovetov〉, No. 23–24, 1928, pp. 39–40, No. 21, 1928, p. 28.

(24) 〈Derevenskii kommunist〉, No. 13, 1928, p. 21.

(25) 〈Vlast' sovetov〉, No. 18, 1928, p. 21, No. 22, 1928, pp. 12–13. 共同体内で貧農が中農と共同して富農(bogatye)に反対して行動した事実も少なくないという主張もあった(〈Bol'shevik〉, No. 6, 1928, p. 48)。

(26) 〈Vlast' sovetov〉, No. 18, 1928, p. 21.

(27) 〈Vlast' sovetov〉, No. 21, 1928, pp. 28, 29.

(28) 〈Vlast' sovetov〉, No. 22, 1928, p. 22.

(29) 〈Vlast' sovetov〉, No. 40–41, 1928, p. 24.

(30) 〈Vlast' sovetov〉, No. 21, 1928, p. 29, No. 23–24, 1928, p. 40.

(31) 〈Vlast' sovetov〉, No. 23–24, 1928, p. 29.「職権濫用」の例としてあげられたのは、公共地の賃貸、公金の飲食への費消、良質の土地が富んだ農民に与えられること、全権代表が公金を記録なしで支出していることなどであった。

(32) 〈Derevenskii kommunist〉, No. 5–6, 1928, p. 28.

(33) 〈Bol'shevik〉, No. 6, 1928, p. 48.

(34) *Piatnadtsatyi s'ezd VKP(b)*, II, pp. 1216–1218, 1241–1247, 1265–1266.

(35) 一〇月二〇日政治局決定「土地整理と土地利用についての連邦法作成のための指令的指示」は、「ソヴィエトと農業共同体の相互関係改善の問題が、ソヴィエトの指導的役割を確保し、ソヴィエト選挙人名簿から排除された者から農業共同体(スホード)での表決権を剥奪する観点から検討されなければならない」との指針を提示した(〈Izvestiia TsK VKP(b)〉, No. 44, 1927, p. 4)。

(36) *KPSS v rezoliutsiiakh*—, II, pp. 486–487.

(37) RTsKhIDNI, 17/32/117, 1, 6.

(38) RTsKhIDNI, 17/32/117, 1, 12.

(39) *Glazami*—, vol. 2, p. 668.

(40) RTsKhIDNI, 17/32/117, 13–14.

(41) RTsKhIDNI, 17/3/680, 1, 2.

(42) 〈Bol'shevik〉, No. 9, 1928, pp. 71–83.

(43) 〈Vlast' sovetov〉, No. 40–41, 1928, p. 2; 〈Bol'shevik〉, No. 13–14, 1928, pp. 94–108.

(44) 〈Vlast' sovetov〉, No. 48, 1928, p. 23.

(45) 〈Derevenskii kommunist〉, No. 22, 1928, p. 12.

(46) RTsKhIDNI, 17/32/117, 1, 9, 17/32/125, 11, 9–10.

(47) RTsKhIDNI, 17/32/125, 9–11.

(48) *XIV Vserossiiskii s'ezd sovetov*, biulleten', No. 15, pp. 14–16.

(49) *ibid*., pp. 13, 15. 革命以来不断の変動にさらされた村ソヴィエト、共同体、村落の地域的関係について、しかも地理的多様性に彩られた広大な国土について、完全な見取図を描くことは不可能であり、行論に最低限必要と考えられる若干の数的指標を提示することがここでなしうる限度である。革命後、村ソヴィエトの数の減少(一単位当たりの地域の拡大)と共同体の数の増加(細分化)が傾向として看取された。一九二七年時、村ソヴィエトは七万二四八二(ロシア共和国では五万一五〇〇)、自然村に当たる住民地点(naselennyi punkt)は五四万六七四七を数え、農村党細胞は一万七四五六(うち農民党細胞は一万六四七一)であった。一九二六年末ロシア共和国では、共同体の数は、平均して一村ソヴィエト当たり六、一郷ソヴィエト当たり八〇であった(〈Sovetskoe stroitel'stvo〉, No. 8–9, 1927, p. 11, No. 2, 1929, p. 18; *Sotsial'nyi i natsional'nyi sostav VKP(b)*, p. 80; Danilov, *Sovetskaia dokolkhoznaia derevnia*, I, pp. 104–107)。村ソヴィエトと住民地点の数的関係について、キセリョフは、一九二九年五月の全ロ・ソヴィエト大会において、一住民地点をもつ村ソヴィエトは全体の一三%、二―五住民地点をもつ村ソヴィエトは三八%、六―一〇住民地点をもつ村ソヴィエトは一九%、一一―一五住民地点をもつ村ソヴィエトは一二%、一六—二〇住民地点をもつ村ソヴィエトは七%あること、一村ソヴィエト当たりの住民数は、六〇〇—一〇〇〇人の住民をもつ村ソヴィエトが全体の一六・三四%、一〇〇〇—二〇〇〇人をもつ村ソヴィエトが四七・〇七%、二〇〇〇—三〇〇〇人をもつ村ソヴィエトは二〇%あることを報告している(*XIV Vserossiiskii s'ezd sovetov*, biulleten', No, 15, p. 26)。

四　党

穀物調達においても最近の播種キャンペインにおいても、これらの経済的任務が巨大な政治的意義を帯びていたとき、ソヴィエト(そして協同組合)は、党組織の側からの特別の措置(spetsial'nye mery)なしには、党組織の直接的介入なしには、自己の義務を全うすることはできなかった。この経済的活動における党の役割はときとしてあまりにも強く突出したが、それは党組織が不当に行動したからではなく、その反対に絶対的必要によって指令されていたからである。

――モロトフ(一九三〇年一月)[1]

一九二八年夏までの穀物調達を争点とする農村における政治変動に参画した諸勢力の錯綜の渦中から、農民の側では「クラーク」が突出したとすれば、政治権力の側において、それに対抗し調達目的達成の主役を演じたのは「党」であった。ここでの課題は、対抗軸の一方の極である「党」の実像を、現地での行動記録の断片から再構成することである。この課題を果たすためには、他方の極である「クラーク」像の再構成で試みられた接近方法をここでも適用しなければならない。クラークの場合、ロシア史の歴史的背景、ソヴィエト農村の経済的・社会的分析、階級分化をめぐる論争、党内闘争における争点化など、政策的指標の確立、学問的探究の対象としてのクラーク問題が存在し、それ自体独自の問題領域を形成してきた。前節では、視点を危機の現場へと移し、そこで一定の農民、その集団がいかなる指標によってクラークと特定されたのかについて、多様かつしばしば矛盾する個別情報の取捨選択と一般化の企てによってこの設問に答えようとした。指標は時により流動的であり場所により多様であったが、確たる傾向として、調達現場におけるクラーク規定の公的(経済的・法制的)指標の現実的妥当性の喪失、いわゆるクラーク表象の「政治化」が認知された。変動過程におけるクラークの突出は、ネップ下の階級的分化に対応する農民の政治的多極化の帰結ではなく、また共同体から疎外された、あるいは共同体の解体を体現する外在者でもなく、反対に、外圧に対する農民の対抗的一体化を体現する伝統的結合の象徴とみるべきであった。かれらがときとして政治的に突出する集団として権力によって「階級敵」と烙印された事情は、かかるクラーク規定と矛盾するものではない。いわゆる「クラーク的結集(kulatskie gruppirovki)」が主たる標的とした敵は外圧であったからである。では変動過程においていまひとつの主役として突出した「党」とはいかなる実質を備えた存在であったのか、ここでもまた、有意な解答を党規約の規定、あるいはその根底にある党観念から引きだすことはできない。クラークの場合と同様、妥当な接近方法は、変動の現場に下降して具体的状況のなかに答えを探ることである。

制度的次元においては、農村の変動過程に登場する「党」とは、農村党組織、党規約が規定する農村党細胞と郷(地区)組織であった。当時の党規約(一九二五年末の党大会で採択)は、「党細胞(partiinaia iacheika)」を、「党組織の基礎」、「労働者・農民大衆と当該地方における指導的党機関とを結びつける組織」と位置づけ、日常活動のためにビュロー、書記の選任を規定した。さらにその上級組織としての郷(地区)組織については、郷(地区)党員総会、郷(地区)委員会、書記が規定された。一九二八年は、一九二四年に始まる行政区画再編成、すなわち、旧体制より引き継いだ県制(県―郡―郷―村)から州制(州または地方《クライ》―管区―地区―村)への移行期、県制と州制の共存の時期であった。再編成の基底部分である郷から地区への移行、一九二九年に基本的に完了する「地区化(raionirovanie)」は、郷の減少と地区の増加、それぞれの管轄区域の拡大、したがって郷・地区数の減少、さらに行政村(selo)の管轄区域の拡大(したがって行政村の中心と自然村・共同体との距離の拡大)傾向を伴って、また危機以降はその重圧のもとで、進行中であった。農村党組織のなかで調達に直接参画した農村党組織は、主として末端の村細胞であった。(2)

党細胞についての党規約の規定は、都市と工業地区についてはは現実的であったが、農村についてみれば、多分に願望の表現でしかなかった。歴史的に、都市と工業を社会的基盤として生成を遂げたボリシェヴィキ党は、農村では組織的に微力であった。農民に対する影響力は、「技術的手段」や「機構」にではなく、「正しい政策」(3)に、具体的には、農民による土地革命への支持と、農民に支持基盤をもつ社会主義革命党(エスエル)との政治的妥協とに依存した。ボリシェヴィキ自体の農村における微弱な組織的影響力は、一九一七年時全党員二万三六〇〇(概算)中農民党員の占める比率が七・六%にとどまったとの統計が雄弁である。(4)革命後「統治の党」となるに及んで党員数は増加の一途を辿り、一九二一年には五八万に達し、一九二五年には一〇〇万をこえた。農村出身の党員の増加も随伴し、ボリシェヴィキ党は、知識人と職業革命家を基幹部分とするエリート政党から大衆政党化への道を着実に歩んだ。しかし農村出身党員の増加は、主として、内戦に勝利する必要から農民出身の兵士に門戸をひろげた結果であり、農村における党の日常活動の成果ではなかった。反対に、内戦期の食糧徴発の結果、ボリシェヴィキはエスエルとの決裂、農民の反政府感情の爆発という巨大な政治的代償を払った。ボリシェヴィキは事実上政治的独占の党になり、被治者の大多数を占める農民の支持を失った。第八回党大会(一九一九年三月)は、中農との長期的同盟を決議し農民との亀裂修復に一歩を踏みだし、ネップ導入は農民間の日常的党活動の必要性を高めた。一九二三年春の播種キャンペイン遂行のため農村の現実に触れたとき、党は農民についての無知と無力をあらためて思い知らされた(5)。同年一二月、党書記局組織・指導部長カガノヴィチは地方党組織部長会議において、「スホードにおいてコムニストが組織的力として現れることができない」現状を率直に認めた(6)。レーニンの病気退場後党中央を代表したジノヴィエフも、二三年四月の党大会で「われわれは都市の党であり、農村に向けて前進し始めたばかりである」と述べ、翌二四年五月の党大会では「われわれは農村を殆ど知らない」と告白する(7)。同年一〇月の党中央委員会総会でスターリンは、一九二八年以降のかれからは想像できない謙虚さで、農村における党の絶望的無力を率直に認めた。かれによれば、農村には、「党細胞のか細い糸」とそれに続く「党に共鳴する非党員のか細い糸」の彼方に、党とはまったく無縁な「数千万の農民の大海」がひろがっている。「地主から農民を解放する闘争のなかでわれわれが獲得した精神的資本が汲み尽くされたいま」、「ネップという条件のもとで」「農民を新たにかちとる」ことが必要であり、そのためには「大衆のなかにできるだけ深く入り」「農民にもっと解説し、説明し、説得しなければならない(8)」。同じ会議でスターリン発言を組織問題に翻訳したモロトフは、あまりにも弱体な農村党組織の現状を早急に是正することが先決であると説いた(9)。同年一一月六日、党中央は、それまでの厳格な階級的選別に依拠した入党基準を緩和し一般農民に党の門戸をひろげる訓令を発した(10)。二〇年代中葉のこの新しい組織政策は、階級的差異化を基調とするそれまでの農民政策から、当面、全体としての農民を交渉の当事者として認知する現実主義への転換と表裏をなすものであった。

一九二七年一月に実施された全党組織調査(党センサス)は、政策転換後の農村党勢力の全貌を明らかにした。農村細胞の主要部分は農民細胞(krest'ianskaia iacheika)であり、コルホーズ、ソフホーズ所属の細胞(五・七%)を除くと、農村細胞の九四・三%を占め、農村にあるコムニストの九五・五%を統合していた。穀物調達危機に直接関与した農村党組織とは、この農民細胞にほかならない。農民細胞の主要な構成員は、ソヴィエトなど公職を兼ねる者を含めて、農業に従事する農民(農民コムニスト)であった。[11] 農村細胞数は一九二三年の一万四九八三から一九二七年までに二万八七八八に増加し、その九四・三%は「行政的・地域的区分に従って、主として村ソヴィエト所在の村落に」組織された。[12] 農村細胞を構成するコムニストも一九二三年の一五万四二二八から一九二七年までに二六万四九六四に、一細胞当たりコムニスト平均数は一〇から一三に、それぞれ増加した。[13] 農村コムニストは、農民の気分を党に伝達し、党の政策を農民に解説し説得する媒体として一定の役割を果たした。危機以後の状態と比較すれば、一九二七年までに党が農民的支持基盤の構築に努めた営為は軽視されるべきでない。農民の積極的反応もなくはなかった。内戦がもたらした深刻な亀裂は修復の途についた。しかし、その意義はあくまで長期的行程を視野に置いた端緒的段階をこえるものではなかったというべきであろう。一九二七年を断面としてとれば、党は依然として、農村の内的再編に寄与できる自立的勢力として編成されてはいなかった。一九二七年秋以降、階級路線の再強化に伴い、農民的基盤の拡大とは矛盾する、農民の入党に対する厳しい制限が復活し、農村党組織の発展は鈍化する。また党センサスは、一九二四年秋以降の農村党組織の伸長にも拘らず、党の都市的・工業的体質がむしろ一層強化された趨勢を明らかにした。総じて大衆政党化は、主として都市と工業地区の党勢力の、農村党組織のそれを凌駕する伸長の結果であった。ボリシェヴィキ党は依然として都市と工業の党であり、コムニスト総数の七割をこえる部分が都市と工業に配置され、八割の人口が住む農村には二六・八%に相当する三〇万七〇〇〇余のコムニスト(農村人口一万当たり二五)が配置されたにすぎなかった。同センサスによれば、農村党細胞が「掌握」できる住民地点は総数の四分の一にすぎず、残りの四分の三は党細胞の影響の圏外にあった。[14] 量的限界に、農村コムニストの低い政治的資質と活動能力という質の問題が加わった。[15] 総じて、農村党細胞は、内部問題に忙殺される組織形成期にあり、調達、集団化など外部問題に即応できる余力も能力もなかった。センサスから約一年後の危機においても、農村党組織の状態は、若干の量的変動はあったとものの、基本的に同じであった。党は、農民との接点において深刻な組織的空白を残したまま危機の打開に全責任を担うことになったのである。

農村党細胞の基本的構成要員である農民コムニストが危機の衝撃のもとで辿った運命は、変動過程への参画要因としての「党」の質的形成を側面的に照射する。

「農民コムニスト(krest'ianin-kommunist または kommunist-krest'ianin ot sokhi)」とは、独立して、または農戸(krest'ianskii dvor)の一員たるの資格において、農耕、牧畜、漁業など広義の農業に従事するコムニストの謂であって、いわゆる「農村コムニスト(derevenskii kommunist)」の一部であり、より限定された範疇であった[16]。農民コムニストは、農民的出自と党帰属の二面性を一身に具有することによって、党と農民の相互関係のバロメーターとなった。一九二七年党センサスは、農民コムニストが農村党組織において占める大きな比重を明らかにした。それは一九二〇年代中葉党が農民大衆との同盟関係を構築するための方策のひとつとして、かれらに入党の門戸をひろげた結果であった。センサス時、職業別構成によって測れば、農民コムニストは、農村コムニストの三三・一%を占め、有給の被選出活動を兼ねる農民をも含めるなら四〇%に近い比率に達した[17]。一九二六年の国勢調査によれば、農村人口はロシア共和国についてみても総人口の八〇%をこえた[18]。農村人口のすべてが農民ではないとしても、また工業化の進展がもたらした人口構成の変動を考慮にいれても、国民の圧倒的多数が農民であった事実に変わりはなかった。党の都市的・工業的性格を前提すれば、農民コムニストは党が農村の現実を触知し農民との密接な接触を保つための枢要な媒体であった。一九二四年末の農民に対する入党制限の緩和は、いわゆる「ソヴィエト活発化」政策を中心とした農民大衆との合意形成機構構築に向けての真摯な模索の一環であり、相当数の農民が党の隊列に加わることとなった。しかし農民コムニストの増加は、解決困難な新しい組織問題を派生した。たしかにかれらは、党にとってそれまで未知の大海であった農村の現実と農民の動向を知るための媒体として重視されたが、同時にプロレタリア党にとっては、小農であり商品生産者でありまた農業共同体の構成員である限りにおいて、異和的存在であった。党のプロレタリア的性格の保持と農民との広範な接触というふたつの要請を和解させることは微妙にして解決困難な課題であった。農民の入党条件を緩和するとともに一定限度をこえたかれらの増加を抑制するという慎重な態度は、この両義性に由来した。小農経営の長期的存続を前提し、農民との合意の路線が堅持される段階においては、このことが深刻な組織問題として浮上することは抑制されえたであろう。しかし農民に対する党の接近が全体としての農民から階級的に差異化された農民へと視点を移動し、政策が農村の伝統的・近隣的結合と矛盾する方向性をとる段階においては、農民の入党の規制強化と並んで、より一般的には党の社会的構成の規制強化の一環として、農民コムニストの小農的側面に対する評価に微妙な変化が生ずることは避けられなかった。このような兆候は、一九二八年の危機以前に、例えば、一九二七年の農村ソヴィエト選挙に際しての党の政策方位、選挙権剝奪の問題などに看取された[19]。しかし劇的というべき変化はやはり穀物危機を転機として現れる。強制的調達と農民の抵抗の文脈のなかで、党と農民コムニストの蜜月は過去のものとなる。

一九二八年一月以降の穀物調達危機の過程で、農民コムニストは、党の社会的構成規制の新しい段階、すなわち、プロレタリア分子の入党による構成の「改善」が限界に達し、「改善」を専ら党内の非プロレタリア分子の「規制」に求める段階の到来に照応して、より直接的には、農民に適用された強制的方法に対して農民コムニストが示した消極的、しばしば反抗的態度のゆえに、批判的にみられるようになった。農民コムニストは、忠実な党員であるためには、農民の利害と心性に背いて、かれらに対する強制的措置の適用に積極的に、しばしば全権代表の分肢として加担すること、また集団化運動を率先することと農民たることとが両立しがたい、選択的要請として現れる事態の到来であった。調達危機に際して農民コムニストの多くが「追随主義(khvostizm)」を示したとの指摘は、農民社会への帰属意識が党へのそれにしばしば優先した事実を物語る。[20]しかし、農民コムニストの農民的側面に対する批判は、かれらの党からの全面的排除という選択へと一挙に連動したわけではない。党は一九二八年前半には農業・農民問題を農民大衆の合意に基づいて解決する原則の順守をいまだ誓約していた。非常措置は原則の一時的例外としてのみ許容され正当化されたのである。危機からの迅速な脱出とともに原則に復帰し、党活動は正常化に向けて再建されると想定された。四月総会決議が、危機の収拾と非常措置の廃止に伴い、農村党活動をキャンペイン的方法から計画的・体系的方法へと転換する方針を提起したのは、かかる展望の表明であった。[21]そこで前提されたのは、粘り強い日常的活動による農民との合意関係の再構築であり、それを可能にする政治状況の鎮静化であった。農業集団化もこの文脈のなかでの長期的・漸進的行程として構想された。[22]この展望に立つ以上、農民の気分を最も直接的に感知し、党に伝達できる農民コムニストの役割を無視できなかったであろう。一九二八年秋の白ロシアからの一文は、「農民の真只中に生活して、すべての経済的・政治的・生活的問題についてかれらと接触して」いる農民コムニストが党の農村における「主要な触角」であると論じた。[23]しかし、一九二八年から翌二九年にかけて農村の現実は、農民コムニストが具有する二面性の両立をますます困難にする方向へと展開する。かれらは、党か農民かの二者択一を迫られるさまざまな変動局面を経験し、そこで党への忠誠が試されたのである。なかでも、かれらの集団化への態度は突出した問題となった。

穀物危機を転機とする農民コムニストの党からの疎外化傾向は、かれらの集団化に対する否定的ないし消極的態度、公共的活動からの逃避傾向、党細胞の社会的構成における富農・クラーク分子の存在の問題化を通して顕在化した。

第一に、集団化に対するかれらの否定的ないし消極的態度は、党機関紙・誌上で鋭い批判の対象となった。穀物危機の経験は、党指導部とくにスターリン派幹部に集団化の早急な実現の必要性を痛感させた。スターリンは、一九二八年一月シベリアでそれを明言し、五月の演説で再び強く訴えた[24]。当時前提されていた、下からの農民の自発性に基づく集団化理念からすれば、上からの要請を下からの運動に転轍するうえで農民コムニストに期待された役割の重大性は明らかであった。かれらには、集団化の先進分子となり率先してコルホーズに参加することが要請された。集団化は、自己の経営の存立基盤の否定に繋がるがゆえに、農民たることとコムニストたることとの両立が困難となる活動領域であり、党への忠誠の試金石となった。そこでは「ひとつの部屋に聖像画《イコン》、別の部屋に指導者の肖像[25]」という使い分けはできず、前者を壁から外すことが求められたのである。農民コムニストの消費・信用協同組合への加入率は高かったが（例えばロシアでは、平均四八・八％に対してコムニストの加入率は九〇・二％）、生産協同組合への加入率が、一般農民のそれより高かったとはいえ、絶対値は低位（例えばロシアでは五・四％、ウクライナでは四・〇％）にとどまっていた事実は[26]、コルホーズ化が農民コムニストにとって容易ならざる選択であったことを物語る。集団化への農民コムニストの消極性の原因としてあげられたのは、一連の地方からの情報によれば、第一に、かれらの集団化に必要な援助を細胞、地区委員会など党組織が与えていないこと、第二に、農村の伝統と因習がコルホーズ参加を阻害していることであった。一九二八年党中央の照会に答えた農村コムニスト「四〇〇人の手紙」は、集団化の「著しい障害」は「家族的」問題、「家族がコルホーズ加入に反対している」ことにある、と記した[27]。第三の原因は、農民コムニストの間にひろがった離農志向であった。ある農民コムニストは、「もし自然流動を禁止しないならすべてのコムニストは農村から四散するであろう」と書いた。農村にとどまるにしても、農業を離れ有給の職員になることを希望するコムニストが多いともいわれた[28]。

農民コムニストの党からの疎外化を促した第二の問題は、農業経営と担当する公共義務との両立の困難性であった。農民コムニストは、農業において先進的であることが要請されただけでなく、党、ソヴィエトなど公共組織で積極的に(アクチーフとして)活動することが責務とされた。事実、再び「四〇〇人の手紙」によれば、かれらの過半数(五七%)が四つ以上の「党務」を担当していた(29)。公共活動の負担過重のために、自己の経営の発展に十分に配慮できないとの苦情が聞かれた(ブリャンスク県)(30)。農民コムニストは、党務と農業生産の「調和(uviazka)」について細胞が殆ど配慮していない、ここから不可避的に、経営に専念するか、公共的・党的活動に従事するかの「断絶(razryv)」が生じると不満を述べた。「断絶」は「農業に従事しながら家族六人を扶養し、しかも公共的活動を一〇〇%遂行することは不可能である」という時間と精力の配分の問題であるとともに、活動の質の相違にも起因した。危機に際して農民コムニストに課された任務は、内容(調達、徴税、集団化など)においてしばしば農村の既存秩序、農民の既得権と鋭く衝突し、方法においてしばしば強制的・抑圧的であり、結果として農民コムニストは農民社会からの隔絶、孤立を経験することになった(31)。タムボフ県の一農民コムニストは、「私は郷のすべての税と賦課金についての郷執行委員会全権代表である」と言明した。公務からの逃避心理は、「一五の党務を負っており、すべての活動を遂行すべきであるとすれば、浮浪人となり半ば飢えることになる」(ウラル州)、「すべての集会に出席し、党務を遂行し、党学校に出席していれば、パンだけでなく党費も稼ぐことはできない」(テルスキー管区)などの苦情にも表明された(32)。スターリングラード管区からの報告は、党活動と個人経営の「調和」が困難であり、農民コムニストには農業に回帰する傾向があると指摘した(33)。

危機を機縁とする党の農村・農民政策の急進化に対する農民コムニストの抵抗、ないし消極的態度は、急進化の推力であった党主流派幹部からの強い批判を惹起した。批判は、当時強化されつつあった党の社会的構成の規制という全党的組織問題の一環として、農民コムニストの経営内容の検討を通してのかれらの階級的構成を問題化するかたちをとった。これが第三の問題であった。農民コムニストの抵抗は、社会的構成における富農・クラーク層の存在とその強い影響力とによるものと説明された。この論理的帰結は、農民コムニストの存在の全的否定ではなく、その一部の選別的排除であった。農民コムニストの疎外化は、「階級闘争」の激化が政策形成の基本的状況認識となる一九二九年に明示的かつ徹底的となるが、かかる方向性は一九二八年前半の党の組織政策に早くも看取された。(34)一九二八年一〇月、スターリンは、「昨年度の穀物調達危機に際して、われわれはわが党下部組織における右翼的危険の担い手たちと衝突をおこしたことがあった。当時、郷や村にいた数多くのコムニストたちは、クラーク的分子との結合《スムイチカ》にむかって活動し、党の政策に反対した。ご承知のように、われわれはこの種の分子を今年の春、党から一掃した」と述べた。(35)「一掃」の対象になった「郷や村にいた数多くのコムニスト」のすべてが農民コムニストであったとはいえない。むしろ調達業務にかかわる職員たるコムニスト、公共的職務を兼ねる農民コムニストが主たる対象となったとみなすことが妥当な推論であろう。しかし多くの場合かれらも出自において農民であり、また純然たる農民コムニストもまた調達政策の急転換に順応できず「クラーク的分子と結合」し「党の政策に反対」した限りにおいて、当然対象となった。(36)同年一一月の党中央委員会総会決議は、党の構成の規制にかんする部分において、農村の党組織について、プロレタリア分子とコルホーズ員の低い比率を指摘するとともに、「若干の場合」富裕農民、ときとしてクラークに近い、労働者階級とはまったく無縁な分子の割合が著しいと批判し、「これらの組織の断固たる改善、根本的粛清、大規模な刷新」を差し迫った任務として掲げた。(37)翌二九年四月の第一六回党協議会は、農村細胞の構成の点検を「とくに入念に」実施すること、細胞に浸透した階級的異分子またはクラークと癒着した分子、バトラーク、貧農を党からつき離す政策を実行するコムニスト、農業の社会主義的再建の方策の実施に参加しないコムニストなどを党から断固として排除する方針を決議した[38]。農村党組織、農村コムニストの全般的粛清は、党指導部が農民との妥協と相互理解の模索を事実上断念する同年夏に「基本的に」完了する[39]。

党が調達過程に直接介入する新しい局面において農村党組織が組織としての適応性を欠いたことは、大部分がいまだ組織形成期にあった細胞の現状からしても当然であった。ブイスキー管区の一細胞書記のつぎのような言明は例外的事態を語ったものではない。「われわれは以前、党教育と党費徴収に対してだけ責任を負っていると考えていた。しかし穀物調達のとき事態は違ってきた。細胞は外へでて、穀物、税の徴収、播種面積の拡張、予約買付の実行、総じてすべてのことに責任を負っている」、しかるに「著しい数の村細胞書記と積極分子《アクチーフ》とは、細胞があれこれの時期にいかに活動すべきか、いかなる方策を実施することが党への責任を果たすことになるかを知らない[40]」。農村党組織は、農民の穀物保有量、農民の階層分化など農民と農業の現実について無知であり、必要な情報を農村に到着した全権代表に提供できなかったことで批判された[41]。調達キャンペインにおいて、多くの村で全活動の重荷(tiazhest')は、県、管区、郷、地区レヴェルの党カードルに「直接」かかった。農村党組織は、クラークを発見しこれに弾圧を加える強制力の担い手(あるいは全権代表の補助者)としては非力であり、合意形成に向けて農民を組織するいわゆる大衆活動においても無力であった。農村での大衆からの細胞の隔絶について、ドニエプロペトロフスキー管区党委員会の報告はいう、「大部分の場合、党細胞と貧農大衆、ましてや中農との結びつきは極度に弱く、一連の地方では欠如している」、一連の地方では「細胞はキャンペインを指導しないだけでなく、細胞全体が村でおこなわれる措置に反対行動し、自己課税の提案を失敗させ、農民大衆に追随し、自己の党的面貌(partiinoe litso)を隠した」。追随主義の反面は、戦時共産主義的方法への回帰、威嚇、「あなたがたに一八年を思いださせよう」という発言であった[42]。一九二八年四月の党中央委員会総会は、党と農民大衆との合意形成の媒体としての農村党組織の機能不全の是正、農村党活動の正常化を決議した。(43) 活動方法の転換は、農村党組織の自立性の回復を要求した。集団化と農村文化活動を論じた同年四月の党中央機関誌の一文は、農村党活動の重心を現地組織、なによりもまず、細胞と郷委員会に移すことを必要とみなした。(44)

しかし同年五―六月の危機の再燃、非常措置の拡大的復活は、事実上農村党組織の自立的再建を不可能にする状況を再現した。調達活動の全責任は再度上級党組織に移され、非常機関は復活した。農村党組織、その構成員は、非常機関が派遣する全権代表の分肢として調達活動に専念することが要求された。それを革命の統治理念に背く反民主主義的方法とみなした四月総会の非難は、七月総会における発言の多数においても繰り返された。「結合」は誰しも否定できない神聖な統治原則であったから、理念的に反論の余地はなかった。しかし否定は、調達の現実によって、しかも理念の偽装を伴いつつ、進行していった。

一九二八年夏までの時期をとれば、このような方法はいまだ是正可能な「欠陥」とみなされていた。「欠陥」とされたのは、ほぼつぎの点にあった。州、管区レヴェルに設立され全権を集中した非常機関が派遣する全権代表は、管区または州に直属し下級農村組織を通して活動しない。全権代表は郷、村の党組織を自己の権力の下部機構とみなし、かれらの自律性を無視する。全権代表は能力の有無にかかわりなく、命令し、処分し、「行政命令的に」(すなわち権威主義的に)農民と農村諸組織を支配する。細胞とその指導要員とはみずからをせいぜい全権代表の「補助勢力」、ときにはたんなる傍観者と感じている。この方法は一見成功を収めたようにみえるが、結果として農村党組織を、実施される措置の意義を明白に認識しない全権代表の単なる「執行者(ispolnitel')」と化している。全権代表は、調達など政策目的達成のための短期的滞在者であり、キャンペイン終了とともに村を後にする。残されるのは、「動員解除的」

と表現された、自立的再建に逆行する虚脱状態であり、志気阻喪した細胞員であり、劣化した党組織であった。[45] このような「キャンペイン主義」の反復が、全権代表の行政命令的支配と農村党組織の劣化の悪循環を生むことは必至であった。ヴォロネジ県の一細胞の例をとると、五か月間に三三のキャンペインがおこなわれ、うち五つが同時的に細胞の「重要かつ基本的」なものとして提起され、「非キャンペイン的」活動の余地はないのであった。[46] 一九二八年六月シベリア地方《クライ》党委員会ビューロー会議でオゲペウ代表ザコフスキーは、農村党組織がもはや党の基層単位として機能していない現実を認めた。「われわれが穀物調達、自己課税あるいは債券普及の初期におけるわが党組織をみるならば、関係はなんとか我慢できるものであったことがわかる。この時期には、農村党組織はわれわれの措置をそこここで張り切ってやったし、とにもかくにも、われわれの措置に対する公然たる反抗はなかった。いま、穀物調達のための最近の圧力の時期には、この公然たる反抗がある」。[47] こうして、農村党組織網拡大および党と農民の相互理解のために払われたそれまでの営為は中断されただけでなく、獲得された成果の大半は画餅に帰した。変動過程に参加した要因としての「党」とは、党規約、党細胞規則が規定する「党組織の基礎」としての農村党組織ではなく、農村に内的支柱をもたない、権威主義的支配の主体としての非常権力であった。

公式の組織図においては、党は固有の理念と編成原理に基礎を置く自発的結社であり、調達に直接責任を負う行政機関ではなかった。調達行政は、国家行政機関、具体的にはミコヤンを長とする内外商業人民委員部の管轄に属し、ミコヤンの監督上司は、人民委員会議議長(首相)ルィコフであった。単純化していえば、公的調達は、商業人民委員部の一般的監督のもと、市場的方法によって、国家と協同組合の二系列の調達機構により実施された。この制度的布置は、危機においても否定されたわけではない。しかし、一九二七年末から翌二八年一月にかけて党政治局、書記局は、調達の最終的責任を党に移し、既存の調達組織を党の統括に一元化する「特別措置」を採用した。「特別措置」が範としたのは、内戦期の経験であった。この措置の主たる内容は、中央および上級機関からの全権代表の派遣と各級地方レヴェルにおける非常機関の設立であった。全権代表には、中央の指令に反する地方の法令、決定を廃止する権限が付与され、非常機関には当該区域内のすべての組織を一元化する非常権限が付与された。

行論上特筆すべきは、党機関(党委員会ビュロー)のもとに、調達活動に必要な全権を集中した、三ないし五名の非常機関(三人委員会《トロイカ》・五人委員会《ピャチョールカ》)を設立した措置であった。非常機関には、調達目的達成のためという限定つきであったが、管轄区域所在のすべての組織を自己の従属下に置く強力な権限が、党的手続のみによって、したがって合法的基礎を欠いて、付与された。穀物危機への対応にすべての勢力が動員された穀物調達地区においては、かかる限定は事実上なきに等しかったであろう。こうして党機関のもとに党的手続によって設立された非常機関がすべての国家・社会組織を横断的に一元化する非公式の体系が、公式組織の体系の背後で、被治者には不可視の「隠れた秩序」として形成された。この非公式の体系こそが、変動過程への参画要因としての「党」の本質であった。それは、党を発生母地とし権威の究極の源泉としたという意味においてはまさしく「党」であったが、伝統的党観念の現実態としての党ではなかった。その意味において、非公式の体系は、形成行為自体に党の変質の契機を内包していた。農村において、この反ネップ的な非公式の体系は、ネップを基礎とする公式の体系と重層的に関係することによって初めて機能しえた。あるいは、公式的体系を自己の分肢とすることなくして、非公式体系は権力としての自己完結性をもちえなかった。「党」は非公式・公式に及ぶ一大政治空間を支配した。しかし、非常権力による統治システムの一元化は、しばしばいわれるような「党」発信の一方的過程を意味するものではなかった。そこには、統治システムを複雑化し、作動様式を不透明にし、機能不全を生むところの、さまざまな相互作用がシステム構成要因の間に作動した。

その過程において、農村統治構造の諸部分は、しばしば諸部分固有の編成原理の変質あるいは溶解を経験した。党もその過程の局外にあることはできなかった。穀物危機の過程における党組織の変貌は、当時全党的規模において進行しつつあった党の変質を決定的とした基礎過程であった。党組織の中央集権化と書記局の官僚制への権力の集中過程とは、穀物危機以前の一九二〇年代政治史においてすでに抗しがたい趨勢となっていた。穀物危機は、この趨勢を加速しそれに不可逆性を付与し　趨勢の抑制要因を殆ど無力化し、歴史家ダニーロフのいう「政党から指令的・抑圧的システムへの転化」(48)という意味での「党の変質」への決定的一歩を歴史過程に刻印した。伝統的党観念に対する根本的挑戦を意味した「下級機関の上級機関に対する厳格な服従、審議を許さない戦闘命令としての上層の指令と処分の採択、指導部に対するあらゆる反対の禁止」を内実とする軍事的・国家的規律導入の端緒は、危機初期の党中央の指令のなかに鮮明に跡づけることができよう。一九二八年七月の党中央委員会総会におけるカザフスタン地方《クライ》党書記ゴロシチョーキンの発言は、調達危機以来の党中央の指導方式が、当初からかかる変質の契機を内包していたことを異例の率直さで指摘したものであった。「穀物についての問題が一月のような形でわれわれの前に現れたとき、この問題を暗号の極秘電報によってではなく、公然と、大衆行動(massovoe deistvie)のスローガンによって解決するべきであった。どっちみちこれは秘密のままではなかったし、われわれが巨大な大衆を参加させるべきかくも大きな問題の解決策は秘密のままにしておけるはずもない。党として、ソヴィエト権力として、この問題をプロレタリアートの前に、農村貧農の前に提起すべきだったのだ。われわれの歴史において、このように問題が現れた時期があった。ウラジーミル・イリイチ、わが党、ソヴィエト権力は、大衆に近づきこういった、さあわれわれの前にこのような任務が現れている、プロレタリアート、貧農はそれを解決しなければならない、と。私は、〔そうすれば〕われわれが任務をもっと容易に、もっと良く解決でき、おびただしい数のゆきすぎを予防できたであろうと考えている」。しかし現実にはどうであったか。「われわれの課題は、農村細胞、農村コムニストが殆ど行動を強制される体のものであった。中央委員会は、地方《クライ》または州委員会に電報を送り、確定的情勢を理由説明する。いわく、貴下の地方《クライ》または貴下の州に対して確定された任務を与える必要がある、貴下は今月中にこれこれの任務を遂行しなければならない、プロレタリア独裁の利益がこのことを要求している、と。地方党委員会《クライコム》、州党委員会《オブコム》は総額を県別または管区別に配分し、理由説明を強化して同じ指令――「貴下の県」「貴下の管区」にこれこれの任務が現れている――を与えた。管区委員会または県委員会は全課題を郡別に配分し、理由説明をさらに強化した。そしてこの指令が郷、村まで達したとき、そこでは、貴下は一か月以内にこれこれの量の穀物、これこれの額の自己課税、これこれの額の債券普及を実行しなければならない、さもなくば貴下は反革命分子となる、というものであった」。ゴロシチョーキンはここで一歩退いて、誤りの責任は中央委員会ではなく、指令とともに指令実行の方法についての正確な指示を与えなかった「われわれ」にあると自己批判する。ここで、かれの議論をその立論と矛盾する地方的諸事例によって遮断することを狙ったポスティシェフ、モロトフ、スターリンらの短い不規則発言が相つぐ。しかしゴロシチョーキンはつぎのように反論した。「ここで私は、われわれの指導から論理的に生起し、そして避けなければならない誤りについて語っているのだ。結局、私が思うには、現在のわれわれの誤りは、われわれの農村での政策全体を農民に十分説明しなかったこと、大衆の前で十分に発言しないで、大衆との間に仕切りをつくったことにある」[49]。変動過程において「党」は物理的影響力においてはたしかに強化された。「強化」の過程は、一九二八年前半には未完であり、可逆的であったが、それへの方向は確かなものになりつつあった。同時にその過程は党の道徳的権威の低落の始まりでもあった。それは「党」が固有の党観念から離別する重大な一歩であり、のちの結果から遡及すれば、決定的な意味をもつ一歩であった。ゴロシチョーキンはこの危険を予感したのである[50]。

（1） 〈Pravda〉, 21 January, 1930.

（2） *Programmy i ustavy KPSS*, pp. 288–289. このほか、一九二七年五月二六日付で党中央委員会により承認された党細胞規則が細目を規定した(〈Izvestiia TsK VKP(b)〉, No. 20–21, 1927, p. 2)。行政区画の再編成については、溪内謙『スターリン政治体制の成立』第一部、七〇四―七〇八頁を参照。

（3） トロツキー『ロシア革命史』4、藤井一行訳、岩波文庫、二〇〇一年、二〇五頁。

（4） *Sotsial'nyi i natsional'nyi sostav VKP(b)*, p. 13.

（5） 〈Pravda〉, 9 December, 1921(党中央委員会回状); *KPSS v rezoliutsiiakh—*, I, p. 618; Lenin, *Sochineniia*, vol. 33, p. 292.

（6） 〈Izvestiia TsK VKP(b)〉, No. 21, 1923, p. 66.

（7） *Dvenadtsatyi s'ezd RKP(b)*, pp. 34–35; *Trinadtsatyi s'ezd RKP(b)*, pp. 99–100.

（8） Stalin, *Sochineniia*, vol. 6, pp. 305, 313–315.

（9） 〈Izvestiia〉, 1 November, 1924.

（10） 〈Izvestiia TsK VKP(b)〉, No. 7, 1924, p. 7, No. 8, 1924, p. 7, No. 15–16, 1925, p. 8; 〈Pravda〉, 30 October, 1924.

（11） *Sotsial'nyi i natsional'nyi sostav VKP(b)*, p. 87.

（12） 〈Izvestiia TsK VKP(b)〉, No, 12–13, 1928, pp. 1–4.

（13） *Sotsial'nyi i natsional'nyi sostav VKP(b)*, p. 36.

（14） 農民細胞は一万六四七一(*Sotsial'nyi i natsional'nyi sosotav VKP(b)*, p. 80)、これに対して住民地点は五四万六七四七、村ソヴィエトは五万三三四二(一九二七年ソヴィエト選挙結果(〈Vlast' sovetov〉, No. 28–29, 1927, p. 7))を数えた。

（15） 〈Izvestiia TsK VKP(b)〉, No. 26, 1928, pp. 19–20.

（16） *Sotsial'nyi i natsional'nyi sostav VKP(b)*, p. 99.

（17） *ibid*., p. 89.

（18） TsSU SSSR, *Estestvennoe dvizhenie naseleniia SSSR 1926 g*, M., 1929.

(19)　一九二七年の農村ソヴィエト選挙については、溪内謙『スターリン政治体制の成立』第一部、第二章二。

(20)　RTsKhIDNI, 17/32/125, 11. 具体的には、(a)穀物余剰供出の回避、ときとして拒否、(b)クラークに対する措置に対する否定的態度、(c)自己課税と農民債券の問題に対する消極的態度(スホードに出席するが黙っている)、があげられた。

(21)　*KPSS v rezoliutsiiakh*—, II, pp. 495–497.

(22)　〈Izvestiia TsK VKP(b)〉, No. 6–7, 1928, pp. 1–3, No. 15, 1928, pp. 5–7; 〈Derevenskii kommunist〉, No. 7, 1928, pp. 27–30, No. 13, 1928, pp. 25–28, No. 15–16, 1928, pp. 51–52.

(23)　〈Izvestiia TsK VKP(b)〉, No. 29, 1928, p. 12.

(24)　Stalin, *Sochineniia*, vol. 11, pp. 4–5, 88–91.

(25)　〈Derevenskii kommunist〉, No. 5–6, 1928, pp. 31–34, No. 8, 1928, pp. 20–21, No. 15–16, 1928, pp. 52–54; 〈Izvestiia TsK VKP(b)〉, No. 29, 1928, p. 13.

(26)　〈Bol'shevik〉, No. 9–10, 1928, p. 86.

(27)　〈Derevenskii kommunist〉, No. 8, 1928, pp. 20–21.

(28)　〈Derevenskii kommunist〉, No. 8, 1928, pp. 20–21, No. 11, 1928, pp. 21–22.

(29)　〈Derevenskii kommunist〉, No. 8, 1928, p. 18.

(30)　〈Derevenskii kommunist〉, No. 19, 1928, p. 29.

(31)　〈Derevenskii kommunist〉, No. 5–6, 1928, p. 33.

(32)　〈Derevenskii kommunist〉, No. 8, 1928, pp. 18–19.

(33)　〈Derevenskii kommunist〉, No. 1, 1928, pp. 36–37.

(34)　〈Bol'shevik〉, No. 9–10, 1928, pp. 75–76; 〈Izvestiia TsK VKP(b)〉, No. 22, 1928, p. 19, No. 35, 1928, p. 22; 〈Derevenskii kommunist〉, No. 11, 1928, pp. 22–23, No. 19, 1928, pp. 28, 42.

(35)　Stalin, *Sochineniia*, vol. 11, p. 235.

(36)　バルナウリスキー管区からの報告は、穀物の供出を「急がない」理由で除名されたコムニストの例を伝える(〈Derevenskii kommunist〉, No. 4, 1928, p. 35)。ペンザ県の同様の事例は、〈Derevenskii kommunist〉, No. 14, 1928, p. 35.

(37) *KPSS v rezoliutsiiakh*—, II, p. 546.
(38) *ibid*., pp. 608–609.
(39) 〈Derevenskii kommunist〉, No. 17, 1929, p. 19.
(40) 〈Derevenskii kommunist〉, No. 24, 1928, p. 17.
(41) 〈Izvestiia TsK VKP(b)〉, No. 12–13, 1928, pp. 1–4.
(42) RTsKhIDNI, 17/32/125, 9–11.
(43) *KPSS v rezoliutsiiakh*—, II, pp. 495–497.
(44) 〈Derevenskii kommunist〉, No. 7, 1928, p. 20.
(45) 〈Derevenskii kommunist〉, No. 14, 1928, pp. 12–14.
(46) 〈Derevenskii kommunist〉, No. 24, 1928, pp. 18–19.
(47) *Tragediia*—, vol. 1, pp. 304–305.
(48) *ibid*., p. 46. 著者は、約二五年前の著作において、党のこの変貌を「党の国家化」という表象で、ただしよりひろい歴史的文脈のなかで、指摘した(溪内謙『現代社会主義の省察』岩波現代選書、一九七八年、第一〇章)。
(49) *Kak lomali NEP*, vol. 2, pp. 242–245.
(50) 危機直前、一九二七年一二月の党大会で当のスターリンも、党の伝統的観念を擁護して、「党内で決定的意義をもつ説得の方法を行政的命令の方法に取り替える」危険を警告していた。かれによれば、かかる方法が危険であるのは、「自立的(samodeiatel'nye)組織であるわが党組織を空疎な官庁的機関に変えてしまう」からであった(Stalin, *Sochineniia*, vol. 10, p. 332)。

五　対抗の収斂

一九二八年夏までの変動過程は、危機をめぐる諸勢力の交錯状況を、農民的支持基盤を喪失した権力と、伝統的統合様式へと回帰した農業共同体との拮抗へとやがて収斂させた、と要約できよう。この収斂は、ロシア革命の重層性、労働者革命と農民革命との重層性を体現したところのソヴィエトと共同体の均衡のうえに構築されたネップ的政治秩序に解体的に作用した。もとより、この解体は、本章が対象とする一九二八年前半の時期には完結してはおらず、ただ趨勢として語ることができるにすぎない。ネップ的政治秩序の復元力はいまだ失われていなかった。その意味で、前途にさまざまな曲折が待ち構えるところの未完の過程であった。しかしそれにも拘らず、この時期の変動が統治システムの編成原理を揺るがす痛撃となった一事は、否定できないであろう。

ネップの政治的側面は、内戦期に失われた農民の支持を取り戻すべく、合意に基づく安定的かつ民主的政治秩序を構築することであった。一九二四年に宣言された「ソヴィエト活発化」は、この目的の政策化であった。この政策はふたつの局面から構成された。ひとつは、農村ソヴィエトの行財政的基盤を整備して、進行しつつあった一国的統治構造の体系化を完結することであった。事務手続の画一化と客観化、行政の法的体系化、実効的予算制度の導入など合法的支配の確立を目指した諸措置がこれに含まれた。いまひとつは、権力と農民との関係を民主主義的に再構築することであった。選挙制度の民主化、自由選挙、農民との大衆的対話、農民・農村向け出版物の大量刊行などが実行に移された。政策は試行錯誤の過程であり、成果は萌芽的であったが、農村における安定した民主的政治秩序の形成を方向づけたと評価しても誤りではない。改革が村ソヴィエトのレヴェルまで下降した段階で、党は伝統的共同体に直面し、それが政策の成否を左右しかねない枢要な役割を果たしていることを発見する。第一に、共同体は農村の行財政的基盤において村ソヴィエトよりも強力であり、しばしば村ソヴィエトを「指導」、「統制」し、「扶養」していた。第二に、共同体は、農民社会の凝集力において村ソヴィエトや党細胞をはるかに凌駕していた。農民は心性と行動において階級的でなく共同体的であり、共同体的規範を優先し、階級的差異化の外圧には一時的擬態としてのみ適応したのである。(1)農民との合意を基調とする統治システムの構築は、さしあたり、この政治的現実を受容する以外不可能であることを党は悟らなければならなかった。オプシチナは、ネップの政治的現実のもとで、農民の共同社会を規制する閉鎖的結合たることをこえて、政治権力の基層部分に位置することになった。それは異質の編成原理の妥協の上に成り立ちえた、本来的に不安定性を内在させた統治システムであった。著者は一九二六年までの農村政治史を対象とした著作(初版一九六二年)の結論において、このシステムに潜むパラドックスがのちの政治史にもちうる意味連関をつぎのように展望した。「かつてロシアのマルクス主義者が(プレハノフ、レーニンのナロードニキ批判にみられるごとく)、それと決別することによってみずからを確立したところの農業共同体とそれに基礎を置くスホードが、マルクス主義者の権力の底辺として、しかもコンミューン国家の理念からすれば全権力の本源とみなされるべき部分において、位置づけられたというこのパラドックスが、ロシアのマルクス主義者とその体制にいかなる影響を及ぼし、いかなる変容をしいたかという問題は、その後のソヴィエト史の展開をみる場合重視せらるべき基礎的論点のひとつとなるであろう(2)」。

もとよりボリシェヴィキ権力がこのような統治システムを受け入れたのは、オプシチナを理想化したからではない。かれらが共同体を農民統合の基層単位として認知することは、その前近代的・伝統的要素への同調と同義ではなかった。都市と工業の党にとって、オプシチナは「おくれたアジア的非文化性」[3]の体現であり、「個」の存在が「公共」に埋没する前近代的空間として、いずれは市民的原理に基づき再編されるべき閉鎖的小宇宙であった。選挙法の市民的原則に基づく改正(農戸主のみでなく一定の年齢に達した男女すべてに選挙権を付与する)、農村通信員運動(出版物を通じての啓蒙宣伝活動でありつつ、他方で農民の下からの批判の回路とする)、シェフストヴォ運動(都市労働者の文化的・社会的援助により農民を文化的に啓発する)、農村図書室の運動(農民の文盲の一掃、教育と宣伝による農村の文化的啓蒙の拠点とする)、村予算の導入(農村ソヴィエトの共同体への財政的依存の廃止と村ソヴィエトの指導性の確立)、協同組合化(そこでの協同化は、共同体とは違って、構成員の個的存在を前提する)など、共同体的価値体系の内的再編を促すさまざまな社会運動の企てがあった。運動はいまだ萌芽的・形成的段階にあったとはいえ、そこには着実かつ真摯な前進の要素もあった。他方、改革が説得と教育と援助の長期にわたる漸進的道程であることも自覚されていた。レーニンによれば、「農村に共産主義の物質的基礎がないうちに」共産主義を農村に持ち込むことは「共産主義にとり破滅」を意味した[4]。共同体の内的自治は、農民の自発性の発現である限りにおいて尊重されるべきであり、それに性急な外的強制を加えることは「結合」の理念に背く行為であった。内的再編はあくまで共同体内の自発的運動によって実現されるべきであり、党や国家の役割は補助的・側面的なそれをこえるべきではなかった。

オプシチナは、一九一七—二二年の土地革命において、没収された地主の土地を含めたあらゆる私有地を「自由な土地における自由な労働を」の農民的理念に従って再配分した。革命の過程でオプシチナは蘇生し強固になり、農用地の主要部分(九割超)を共同体的利用のもとに置いた。「かかる事情が、革命後の農村の社会・経済構造の復古(arkhaizatsiia)という結論のための根拠として提起されている」と歴史家ダニーロヴァ、ダニーロフは指摘する。言い換えれば、それは、農村の革命と都市の革命の乖離と分岐というロシア革命史の行程を決定する矛盾であった。しかし問題は復古と革新の対比ほどには単純でない、とかれらはいう。忘れてならないのは、「革命の農業構造から復古の積極的担い手であった地主が排除されたこと」であり、「このことが状況をきわめて急激に変えた」ことであった。「オプシチナを再生した農民はもはや復古主義者ではなかった、そのことを証明したのは、農業のきわめて急速な高揚であり協同組合路線におけるその刷新の積極的過程であった」。同時にかれらは、「復古は、農業進歩が将来の農業、社会全体にとって決定的意義を帯びた条件のもとで、農業進歩に対立するようなオプシチナ内秩序の再生と活性化に表現された」ともいう。先進的農民と伝統的オプシチナ秩序の間の矛盾(konflikt)は、一九二〇年代に尖鋭化した。二〇年代「オプシチナ改良」のための活動が「きわめて広範に」おこなわれたが、それは国家の側からのしかるべき支持を得られなかった[5]。

穀物危機は、性急な外的強制によって、農民自身による主体的・内的再編の可能性の芽を摘み取った。その結果は、ひとつには、農村内に育ちつつあった変革のための政治的・社会的・文化的運動を形骸化し、伝統的価値の近代的再編の内的可能性を奪いとることによって、農民統合の主体を伝統的共同体へと収斂させたことであり、いまひとつには、政治権力が「ソヴィエト活発化」によってつくりだした民主的基盤を喪失して、一種の超越的存在へと変質し、それがソヴィエトの全権代表システムへの包摂、党組織と強制装置の癒着、党の社会的性格の喪失という機構的変容過程を随伴したことであった。かかるものとして権力は、農民との交渉を、内部的自己改革の契機を多分に失った(それゆえに異質性を高めた)自閉的空間としての伝統的共同体を当事者としておこなわざるをえないことになる。

こうして変動構造は、農民的支持基盤を喪失した超越的権力と伝統的生活循環へと回帰した共同体との対抗へと収斂された。危機の深化とともに共同体は、抵抗の拠点としての歴史的性格を強めたから、共同体に対する国家的規制の強化は、実効的農民支配のために差し迫った政治日程として浮上することになった。中央でも地方でもこの問題は、主として村ソヴィエトと共同体の相互関係として議論された。[6] 一九二八年一〇月に作成された党農村活動部の組織局への「村ソヴィエトと農業共同体の相互関係にかんする」報告覚書(署名バウマン)は、党のこの問題への真剣な関心の表明であった。同覚書は、共同体に対する村ソヴィエトの指導性の確立、共同体内部への階級的原理の浸透、村ソヴィエトの物質的基盤の強化の方策を詳しく論じ、共同体の未来については、即座の廃止には反対しながらも、一連の機能をソヴィエトに、経済的機能を協同組合に吸収させ共同体を不要とするという展望を示した。[7] 同年一二月一五日の土地立法は、第五一条において、農業共同体の決定を廃止できる村ソヴィエトの権限を規定した。[8] しかし、共同体の内的自治への直接的介入あるいはその強制的廃止の主張は、いまだ市民権を得ていなかった。[9] 論議の帰趨にかかわらず、現実には共同体は、「歴史的土地配分・消費のカテゴリー」として実在した。廃止論の論拠である村ソヴィエトへの共同体の機能の吸収も、村ソヴィエトの共同体に対する指導性の確立も、村ソヴィエトの非力な実態を考慮すれば非現実的な提案にとどまった。一九二八年末の『ソヴィエト建設』誌の一文は、スホードが村の生活において占める支配的地位を確認した。[10] 一九二九年四月全ロ・ソヴィエト大会の席上キセリョフは、共同体への村ソヴィエトの物的依存の事実を率直に認めて、村ソヴィエトは「主人」すなわち共同体の意志を遂行していると語った。[11] 協同組合運動の農民への影響力も、危機とともに減退した。[12] 農民の心性は変わることなくオプシチナの心性であり、外圧にはこの心性に根ざした行動によって反応したのである。

（1） Danilova, Danilov, "Krest'ianskaia mental'nost' i obshchina", pp. 22–23.
（2） 溪内謙『ソヴィエト政治史(新版一九八九年)』五三七頁。
（3） Lenin, *Sochineniia*, vol. 33, M., 1952, p. 423.
（4） *ibid.*, pp. 425–426.

（5）Danilova, Danilov, op. cit., pp. 30–32.

（6）〈Bol'shevik〉, No. 9, 1928, p. 81, No. 13, 1928, pp. 20–21; 〈Derevenskii kommunist〉, No. 22, 1928, pp. 11–14; 〈Vlast' sovetov〉, No. 23–24, 1928, p. 41.

（7）*Tragediia*—, vol. 1, pp. 434–441.

（8）SZ, No. 69, 1928, art. 642.

（9）共同体廃止の主張は，例えば，〈Bol'shevik〉, No. 13–14, 1928, pp. 71–83.

（10）〈Sovetskoe stroitel'stvo〉, No. 12, 1928, p. 73.

（11）*XIV Vserossiiskii s'ezd sovetov*, biulleten', No. 15, 1929, pp. 11–15.

（12）Kabanov, *Krest'ianskaia obshchina i kooperatsiia Rossii XX veka*, pp. 49–51.

第四章　転　換

本章の目的は、一九二八年七月から翌二九年六月までの約一年間、農村で生起した政治変動とそれに対する政策的対応の変化を追跡して、その過程に対応しつつ次第に形姿を明確にする政治秩序の交替過程を再構成することである。政治秩序の交替とは、「結合」を編成原理として構築途上にあったネップ的政治秩序の解体過程、それに対応しつつ形成される新しい編成原理と政治秩序の形成過程の始動を指している。交替を象徴する記念碑的な制度創設行為は、一九二九年六月二七日付政治局決定に基づく六月二八日のロシア共和国立法「全国家的課題と計画の遂行に対する協力にかんする村ソヴィエトの権利の拡大について」、およびこれに関連する刑法改正であるが、本章は、この制度創設に至るまでの農村の政治変動を考察の対象とし、創設された制度そのものの解説は、「上からの革命」の発進を扱う第五章に委ねる。ここでの主たる関心は、制度形成の機序を決定した現実的変化の軌道の追跡にあり、到達点としての制度そのものは、この制度を作戦基地とする新しい発展段階に関連させて論ずることが妥当であると考えられる。

農村の政治変動に照準を合わせた本章においては、「転換」の軌跡は、なによりもまず政治権力と農民の接点について追求されることになる。すでに序章その他の箇所で論じたように、かかる視座の採用は、そこでの変化が、ソ連史総体の歴史的転換の特徴的深部に位置する原基的変化であるとの位置づけを前提としている。この一年間(問題によって若干の時期的ずれはあるとしても)がソヴィエト史上においてもつ転換的意義については、解釈は必ずしも同じではないとしても、ひろく認知されてきたところである。それは、ソ連体制の解体に至るまでの歴史行程の根幹を決定した、スターリンがのちに「偉大な転換の年」と呼んだ、歴史の分岐点であった。転換性はなによりもまず、経済戦略について語られた。一九二九年一一月の党中央委員会総会は、そのことを公的に宣言した機会であった。同総会は、国民経済の全分野の社会主義化を「歴史的最短期間内に」達成する経済戦略を決議した。工業建設と農業集団化とは社会主義経済制度の完成へと向かって驀進する車の両輪であった。総会はまた、最後の反対派であるブハーリン派の敗北を確定することで、レーニン後の党指導部内の分派闘争[1]に終止符をうち、スターリンとかれの権力基盤である党書記の位階制の勝利を告げる儀式となった。経済戦略と党内闘争とは、スターリン派が急進的工業化路線の率先的唱導者となったという政策的文脈、ならびに、穀物調達において証明されたように、党官僚制が政策実施の基本的駆動力となったという執行的文脈において相関した。他方で、これまで基層の変化は、これら上層の変化の系として語られるのを常としてきた。スターリンとかれの時代の始まりを意味するこの転換を、いわば「下向的に」描出するこれまでの通説的手法に対して、本章は、政治権力と被治者の接点に着目して、「偉大な転換」を「上向的に」再構成する視点を対置しようとする。その趣旨は、上層における政治的・経済的転換の真の意味内容は、基層的変化に関連づけることによって、したがって、「上向的に」思考を展開することによって初めて明確にできると考えられる点にある。なぜなら、「転換」の制度的変容の性格に対して規定的意味をもつ方法的局面の検証を可能にする場面を権力と農民の接点が提供するからである。農村における政治変動がソヴィエト史総体に対して原基的意義をもつというのは、このような意味においてである。

(1)　分派闘争に関連して分派(fraktsiia)の意味について一言述べておく(さしあたり J. D. White, *Lenin*, Basingstoke, 2001, p. ix)。分派は、一般的には、党外機関、団体など(例えば議会、労働組合など)のなかに組織される党員グループを意味した中立的概念である。しかし一〇月革命後の党内論争の争点となった「分派の自由」における分派とは、党内分派のことである。それは少数者が自己の主張をつぎの党大会で党の意思決定としてかちとるために結成する集団をいい、革命前からの党の組織原則となった民主主義的中央集権主義の構成要因とみなされた。レーニンは、この原則が制度化された一九〇五―〇六年の時期に、それをつぎのように解説した。「少数者は批判する権利とつぎの大会で問題を解決するために煽動する権利を留保したうえで、自己の政治的行動においては多数者に従う」。「民主主義的中央集権主義の原則、すなわちあらゆる少数者と忠誠な反対派の権利の保障、各党組織の自治、党のあらゆる役員の選挙制と報告義務、定期的交替の可能性」(溪内謙『現代社会主義の省察』一四、三〇九頁)。一九二一年の第一〇回党大会は、危機的情勢の重圧のもとで、分派禁止令を決議した。決議が緊急事態への例外的措置であるのか、恒久的制度であるのかは、その後争われ続けた。現実には党内闘争で反対派が結成され、政策論争が展開され、伝統的党観念は規範性を保持した。

一　幕　間

七月総会は、それに参加した人々のさまざまな感情と打算をこめてではあったが、非常措置の全面的撤回に合意した。七月一〇日採択された決議は、過去における非常措置の誤りの是正（責任者の処罰、被害農民の復権など）と並んで、その将来の適用を禁止し、ネップの軌道に復帰する方針を厳粛に宣言した。(1)決議は全会一致であった。「結合」は党の神聖な理念であり、それが危機に瀕していることは誰もが否定できない現実であった。七月一三日、レニングラードにおける総会結果の報告演説においてスターリンは、この現実を認めて、「好収穫の予想と非常措置の部分的解除とが情勢の鎮静化と改善をもたらした」と診断し、「現在の好収穫のもとで」総会が決定した諸方策を「誠実かつ系統的に実行すれば、来たるべき穀物調達キャンペインにおいていかなる非常措置の適用必要性をも排除する状況がつくりだされるに違いない」とブハーリン派に同調的な展望を示した。(2)しかし一致の背後で、非常措置の評価、今後の適用可能性などについて、スターリン派とブハーリン派の間には、総会決議の実施過程に深刻に影響しかねない対立が隠微に進行していた。七月一六日付ロシア共和国司法人民委員部の秘密回状「穀物調達キャンペインの実際から合法性侵犯を即刻除去することに向けた確固たる措置の採用について」（司法人民委員代理クルィレンコ署名）は、既往の「有害なゆきすぎ」、合法性の侵犯を直ちに除去し、責任者を刑事責任に問わなければならないとしたうえで、「検察と裁判所の基本的任務のひとつが、一連の地方ですでに始まっている来たるべき穀物調達キャンペインの準備である」と強調し、非常措置の再発防止に全力を傾注するよう指示した。しかし回状は同時に、穀物の買占人と商人による穀物調達を失敗させようとする新しい企てに対しては、非常措置の法的根拠となった刑法第一〇七条の発動を強硬に命じた。(3) 非常措置廃止の基本的前提とされた穀物の好収穫についていては、六月二〇日付『イズヴェスチヤ』社説が、「地方からの情報に基づき」収穫予想と調達の先行きを楽観的に論じた。(4) 首相ルィコフは、収穫が前年比四億プードの増収になろうと予測した。(5) しかし、楽観主義の基礎となるべき収穫量について正確な情報を政府が手中にしていたわけではなかった。収穫予想は、中央統計局により準備された資料に基づき商業人民委員部が作成したが、八月一六日の全連邦穀物会議において中央統計局のネムチーノフが収穫見込みについて楽観的に語ったとき、ウクライナ、シベリアなどの代表が過大評価と批判した。(6) 収穫総量のほかに、この年の作柄と収穫には、調達に否定的に影響しかねない特殊な問題が含まれた。ひとつは、食糧用穀物の減収と質の劣化であり、いまひとつは、収穫の地理的移動であった。(7) その後の調達過程に現れた調達方法の変化との関連において重要性を帯びたのは後者である。地理的移動とは、それまで商品穀物の中心的供給基地であったウクライナが、南部の秋まき死滅と春まき旱魃の結果として、調達における比重を著しく(昨年の四四・二%から一四・六%(一二月一日現在)に)低下させたことであった。(8) 代替的に調達地区として比重を高めたのは、シベリア、ウラル、カザフスタンなどの東部地区であった。地理的移動は、調達過程に否定的に影響するおそれのある難問を派生させた。すなわち、南部では通常調達は八月に展開され、同月末までにソ連中心地区と労働者地区とは南部からの穀物供給を受けたが、当年度は不作のために南部からの供給に多くを期待できないことになった。食糧予備の乏しい都市は豊作の東部地区から早急な供給を仰ぐ必要に迫られた。しかし東部の調達時期は例年一〇、一一月であり、(9) 鉄道網の未発達、遠隔地からの発送と搬出の困難、製粉業の未発達などの悪条件が加わり、東部からの適時かつ十分な穀物供給を望むことは難しかった。しかもシベリアでは、一経営当たりの商品化率が南部に比べて低いという懸念もあり、シベリアの調達機関が南部のそれよりも数的・質的に劣るとの指摘もあった。加えて、秋まきキャンペインと時期的に重なることから生じた、ウクライナ南部などの凶作地への種子用穀物の大量供給の必要も都市への食糧供給を圧迫する要因となった。[10] これらの諸要因は複合して、調達キャンペイン全体の順調な展開を著しく妨げたのである。[11]

しかしこれらの悪条件は、政府による調達正常化の見通しを覆すことはなかった。予測された問題や困難に対しては、事前の対策として、調達組織の改組、工業商品供給の改善、調達価格の引上げなどの措置が講じられた。[12] 一九二八年初めの危機において農民の鋭い不満を誘発した自己課税について、党と政府は、本来の任意的方法に復帰することを誓約した。[13] これらの対策によって非常措置なしで調達目的を達成できるとの展望は、七月総会から一週間を経た七月一九日に決定され翌二〇日公示された政府決定「新しい収穫(一九二八年)の穀物調達について」に明示された。決定は、ブハーリン派の首相ルィコフの意を体して、二日前のクルィレンコ指令よりも一層断固たる調子で非常措置の無条件廃止を宣言した。すなわち、「非常措置のありとあらゆる適用を禁止し、すべての権力機関に対して、(a)市場への穀物搬出の停止を裁判上の責任に問うことを含めて、農民からのあらゆる方法による穀物の強制的収用を直ちに停止する」こと、「(b)バザールおよび農村内流通に対するあらゆる種類の禁止措置を直ちに停止する」こと、を指令した。決定は更に、調達価格の引上げ(地方的条件に応じて一プード当たり一〇—二〇%)、工業商品の供給増を定めた。[14] 八月二日ソ連中央執行委員会幹部会は、上記二決定によって未解決のまま残された、刑法第一〇七条により有罪を宣告された貧農と中農を釈放する案件および今後の穀物調達の実施に際して非常措置を適用しない案件を採択した。[15] 八月二日決定に関連して、ロシア共和国司法人民委員部は八月七日、人民委員ヤンソンの署名で、第一〇七条によって有罪を宣告された貧農と中農を拘禁から直ちに釈放することを指令した、県、州、地方《クライ》検事および裁判所長宛秘密回状を送付した。回状は、既往の誤りの是正について、(1)刑法第一〇七条によって穀物余剰の不供出のかどで裁判および裁判外手続(オゲペウ)によって有罪を宣告・逮捕された中農および貧農を直ちに釈放すること、⑵穀物余剰不供出のかどで責任に問われた中農と貧農に対する刑法第一〇七条によるすべての未決の事件を直ちに停止すること、ただし、これらの措置が悪質な穀物隠匿者および投機業者、すなわちクラークと商人に停止をひろげないようにすること、を指令した。また同回状は、新しい穀物調達キャンペインについて、⑴バザールと農村内取引廃止の再発、闇食糧取締班の出動、穀物を市場に供出した農民に国家または協同組合組織に売却することを強制することなど、起こりうべきすべての場合に対して断固闘争すること、⑵農民からつぎのようなやり方で穀物を強制的に収用する方法に対して断固として闘うこと、すなわち、農戸の巡回、家宅捜索、余剰の強制割当、違法な裁判外の逮捕、穀物余剰の非供出または市場への不搬出のかどで裁判または裁判外の手続により農民を刑事責任に問うことなどとの闘争、をも指令している。[16]

農民の反応はどうであったか。大多数の農民は非常措置廃止を歓迎したが、その実効性にはしばしば懐疑的であったという。軍隊内の農民の気分についての九月初めの赤軍政治部報告は、農村からの手紙において穀物調達および非常措置に対する苦情の流入が著しく減少していると報じた。「これは明らかに穀物調達年度の終結および非常措置廃止の七月総会決定に関連している。逆に赤軍政治部は、肯定的性格の手紙の受取りについて報じている。すべてこれらは、農民・赤軍兵士の気分に好影響を及ぼし始めている。部隊における「農民の気分」は最近いくらか、つい一二か月前にもっていた先鋭さを失い始めている」[17]。八月末のオゲペウ報告も、農民の気分の好転を伝えた。ある村の「中農と貧農のグループは、非常措置の廃止について話し合って言明した、「われわれはいまでは穀物調達全権代表なしで、自身で穀物売却契約締結に協同組合に行く、ソヴィエト権力は農民に力を貸した、われわれはソヴィエト権力を助けなければならない」」。他方「貧農の個々のグループ」は「権力がまた投機をたきつける」として非常措置廃止に否定的に反応したとも伝えられた。オゲペウ報告は、前述の非常措置廃止の実効性に対する中農の懐疑的態度についても伝える。「ソヴィエト権力はすでに信用をなくした。言行不一致である。農民は飢えないために自分の余剰を隠すほかない」。すなわち、「中農の大半と貧農の個々のグループとは今年あった食糧難の影響をうけて、また飢餓、戦争があるかもしれないなどの噂の影響をうけて、穀物を手もとに置こうとしている」[18]のであった。このような非常措置廃止の実効性についての農民の懸念は必ずしも杞憂ではなかった。加速的工業化の大義は堅持され、農民への譲歩に厳しい限界を設定した。前述のように、七月総会で、経済的・市場的方法への復帰にとって本質的意義をもつとされた調達価格の引上げについて、「償還価格」の線まで要求した右派の主張は却下されたのである。[19]総会は引上げ幅を具体的に特定することなく「地区、作物による較差を伴った一定の引上げ」を決議したにとどまった。[20]七月一九日政府決定は、穀物の作柄別の新しい指令的価格を直ちに定め公示することを商業人民委員部に指示した。[21]引上げ幅は結局、右派の要求よりは低い約一五％の線に抑えられ、新指令価格は来たるべき調達キャンペイン全期間不変であることが特記された。[22]新価格が調達の正常化にどれだけ寄与しうるかは、調達組織の統一的活動、工業商品の円滑な供給にかかっているとされた。

一九二八年七月を起点とする新穀物調達年度の調達は、一二月一日現在、一一月末までの五か月の計画の八五％、年度計画の約五〇％に相当する三億四六〇〇万プードを達成した。月別の実績では、最初の二か月の調達の極度の不振と一〇月のそれの突発的といえる急増とが特徴的であった。[23]前年度の調達と比較して、総量としてはさほど不満足な成績とはいえなかった。しかし同年秋には、工業建設の加速化に伴う穀物需要の増大とともに深刻化する都市と工業地区の食糧事情が調達テンポの一層の加速化を要求し、また一〇月の調達への主要な圧力となった農業税キャンペインの終結によって供出の効果的「刺激」が模索される状況が現出するとともに、調達キャンペインは再度緊張と困難を伴って展開されることになる。市場的方法への復帰を保証するために農民に更なる譲歩を、例えば穀物価格の再引上げのようなかたちでおこなうか、それとも、更なる譲歩とは相容れない加速的工業化路線の枠組のなかで代案を模索するか、党指導部は二者択一の岐路に立たされた。一一月総会は後者を選択することにより、市場的調達方法への全面復帰の道を事実上殆ど閉ざした。総会の議事において前者の選択肢に固執したブハーリン派の決定的敗北が刻印されたことは、この結末を象徴するものであった。

一九二八年七月に始まる新しい調達年度の穀物調達が「経済外的方式の異例の措置(ekstraordinarnye mery vne-ekonomicheskogo poriadka)」なしで、経済的・市場的方法によっておこなわれるとの七月総会が決定した基本方針を保証する前提条件は、穀物公定価格の引上げと工業商品の農村への供給とであった。これらの措置は、相関的に作用することで調達に効果を発揮する、すなわち、新しい穀物価格が供出に有効な刺激として持続的に作用するためには、農民が必要とする工業商品が適時かつ適量に供給されなければならないし、また工業商品の供給が調達に有効に働くためには農民が新穀物価格によって供出を刺激されることが必要である、と考えられた。[24]しかし調達活動がこれらの措置の相乗作用により市場的方法に復帰する展望は必ずしも楽観視されていたわけではない。七月一七日付の『プラウダ』社説は、調達キャンペインの前途に重大な困難が横たわっていることを否定しなかった。同社説は、豊作にも拘らず緊張した市場のもとで農民が備荒用フォンドをできる限り多く保有しようとする傾向を認めた。[25]八月一九日のオゲペウ極秘報告は、月次計画の五〇%にも達しないという七月の調達の極度の不振を伝えた。[26]しかし基本的には、正常な調達方法による調達目的の達成は可能であるとの見通しそのものは放棄されなかった。年度初頭、すなわち七、八月の調達の不振も予測されたところであり、党と政府にとって重大な衝撃となったとはみられない。しかし不振が当初の予測をこえたことも事実であった。商業人民委員ミコヤンは八月には調達は強化されようと予測したが、増勢は予測を下回った。(27) 八月下旬かれは、「穀物調達のおくれた、緩慢な展開、旧キャンペインから新しいキャンペインへと移行しつつある一連の困難は、当面のキャンペインの始まりを複雑なものにしている」と懸念を表明した。調達行政の責任者としてミコヤンは、調達機関の活動の改善を要求し、調達機関相互の競争などの前年度の誤りを繰り返さないこと、商品余剰、調達可能性を正しく算定することを現在の最も重要な任務として掲げた。(28) かれは八月二三日付のスターリン宛の書簡で、より率直に状況の危機的性格を認めた。「穀物調達という最も重要な戦線において、事態はきわめて緊張したものとなっている」、「事態はきわめて困難である。それは総会時に考えられたよりもっと困難となっている」、「供給にかんしては、先鋭的な困難が八月後半から始まりその後強まった」。しかし非常措置の復活にかれは言及しなかった。ミコヤンが示唆したのはむしろ年次計画の削減であった。(29) かれの当面の関心事は、調達組織の再編であり、それによって調達活動を正常化することであった。非常機関から公式的調達機関への再編のおくれと調達活動そのものの正常化のおくれとは、相関的に、最初の数か月の調達における「移行期の一連の困難」をつくりだしたとみなされた。すでに一九二八年二月一三日の党中央指令は、調達機関の無力と不統一が党の調達過程への介入を招いたとし、国家調達機関と協同組合調達機関の競争を除去し調達機関の統一戦線を確保する必要に言及して調達機関の再編を指示した。(30) 市場的調達方法への復帰を決議した同年四月の党中央委員会総会は、商業人民委員部の全連邦部省への昇格、中央集権的国家調達機構としてのソユーズフレープの設立など、調達活動主体の非常機関(党組織)から公式組織(国家、協同組合)への復帰、後者の強化と一元化を決議した。(31) 五月二四日のソ連人民委員会議・労働国防会議合同会合は、穀物調達の組織性と規制に対する責任並びに調達された穀物の配分と加工の指導に対する責任をソ連商業人民委員部に課することを決定した。同決定はまた、これらの問題についてのソ連商業人民委員部のすべての措置を連邦構成共和国商業人民委員部とその地方機関が遂行する義務を負うことを規定した。[32] この決定は、調達年度が終りに近づいた六月一三日の全連邦立法「一九二八／二九年度における穀物調達と穀物供給の組織について」において漸く公式化された。[33] 同立法は、全連邦的地位を付与された商業人民委員部を頂点とする中央集権的国家調達機構を体系化し、それに調達活動全般に対する強力な指導的地位を与えた。それは、協同組合の調達活動範囲を拡大し国家調達機関の中央集権的活動を狭める従来の方針からの転換と調達活動の国家的一元化とを意図した措置であり、それ故に「例年新しい調達キャンペインに際し政府によりおこなわれた通常の組織的措置をはるかにこえる」意義をもつと評された。[34] このような調達機関の国家的一元化は、あくまで非常措置から市場的方法への転換を視野にいれた措置とみなされた。七月総会はこの組織的措置を踏襲しつつ非常措置の全面的解除を決議したのである。

しかし調達年度最初の数か月における著しい不調は、調達組織の正常化と集権化の措置が調達方法の正常化に寄与していない農村の現実を明るみにだした。農民の政府に対する不信の解消には七月総会決議の誠実かつ迅速な実行が必要であった。そのための真摯な実践がなくはなかった。しかし、前年度末までに極度に悪化した農民の反政府感情は、直ちに鎮静化するにはあまりにも深刻であった。七月二五日頃のシベリア党機関の情報は、新年度に入っても農民の大衆的反ソヴィエト直接行動が止んでいない現実を認め、それを排して調達を強行しなければならない苦境を訴えた。鎮圧に際して党細胞書記が殺害され、一三人(クラーク五、中農五、元商人一、貧農二)が逮捕された事例が報告された。かかる状況のなかでは、調達目的は「全権代表システム」の温存ないし復活なしには殆ど達成不可能であった。[35] 現地では調達はこれまでの調達キャンペインの「あらゆる特徴」を帯びているといわれた。ウクライナからの八月中旬の報告は、農村間の穀物取引を規制し計画的調達を増加させるために「行政的手段」がとられ、そのことがすでに「非常措置への復帰」となっていると伝えた。[36] 七、八月の調達を総括した九月五日付『プラウダ』社説は、非常措置が直接のまたは隠然たる形態で適用され続けている事態を認めたうえで、それが「重大な結果」をもたらしかねないことを憂慮した。[37] 同紙はまた、調達価格の引上げ実施のおくれが農民間に「待機的気分」を生んでいるとも報じた。[38]『ボリシェヴィク』は、非常措置から正常な方法への移行には時間がかかり、ために調達は不可避的に低落した、とキャンペイン初期の調達不振の原因を調達方法転換のおくれに帰した。[39] 九月下旬の司法人民委員部声明は、「穀物調達機関間の正常な相互関係の確立と地方における穀物の強制的収用の廃止にかんする政府の多くの措置」の遅延と不履行の事例の続発を指摘し、責任者の早急な問責を指示して、「穀物調達部門における非常措置の適用に反対する闘争のための全司法機関共同行動の必要性」を強調した。[40]

一九二八／二九年度の穀物調達は、七、八月の不振のあと九月、とくにその後半に上昇に転じ、一〇―一一月には上昇は顕著となった。[41] とりわけ一〇月には、二一九万トンという記録的数字が達成された。増勢は一一月も続くがテンポは鈍化し、実績は一一五万トン(別の資料によれば九八万六〇〇〇トン)となった。一一五万トンとしても、昨年度同月の六七万トンより多いが、一昨年度同月の一六一万トンよりは少なかったことになる。一一月最後の一〇日間には調達の低落傾向は強まり一二月に入って加速された。[42] 底をついた都市の食糧備蓄、[43] 都市と工業地帯で進行しつつあった慢性的食糧難を背景とした調達テンポの急落は、戦争の脅威を懸念し急進的工業化路線を確定した党指導部多数派の危機感を煽った。[44] 穀物・飼料バランスおよび供給計画にかんする一一月一日の政治局決定には、モスクワその他の消費地の食糧不足に対する党指導部の深刻な憂慮が反映されていた。[45] 七月総会直後の楽観的気分は霧散した。一一月一六―二四日の党中央委員会総会決議は、党が一九二八／二九年度の穀物調達・供給計画を「極度の緊張を伴って」わがものとしつつある(svodit')と特記することとなる。[46] 一一月の調達不振の主因としてあげられたのは、穀物供出への「経済的」刺激となっていた農業税徴収と債券配分のキャンペインが最盛期を過ぎたこと、九、一〇月の好調な経過を前に調達機関に動員解除的気分がひろがったこと、の二点であった。[47] この分析から導きだされたさしあたりの救治策は、「経済的」刺激に代わる有効な代替措置を創出することであり、調達機関を督励し調達活動を再編することであった。具体的には、新しい合意形成の方法として「大衆活動」に着目すること、一九二八年初めと同じく党組織が調達活動の前衛となること、であった。[48] こうして穀物調達は再び「経済」から「政治」へとその文脈を移動させつつあった。[49] 他方、「結合」の危機の記憶はなお新鮮であり、非常措置への公然たる復帰はとりえない選択であった。右派は、七月総会決議の厳守こそが第一義的任務であり、工業化と集団化はその枠組のなかで実行されるべきであると主張した。右派フルムキンは一一月五日付で中央委員、中央統制委員全員に宛てて再び長文の書簡を提出し、第一四回党大会の精神に帰ることを呼びかけ、「勝利」は「農民との一〇—二〇年の良好な関係」によって初めて保証されると力説した。[50] しかしこうした右派の主張は、スターリン派には受け入れがたい、工業化の大義に背く「右翼的偏向」にほかならず、加速的工業化はいかなる犠牲を払っても実現されるべき政策の要石と考えられた。党幹部を魅了しつつあったこの見地を前提すれば、非常措置でも市場的方法でもない合意形成の第三の方法が模索されなければならなかったであろう。しかし、それがいかなるものであるか、果たして実現可能なものか、前途は不透明であった。都市と工業は食糧難にあえぎ、農民は正当な代価を求めて穀物の供出を控えた。政府は、工業化の加速化に応じて、必要な機械設備輸入の対価として大量の穀物予備を手中にしようと努めていた。緊張は都市と農村、工業と農業、労働者と農民、そして政治権力と農民の間で昂進した。[51] 党指導部内の分裂と離合集散は、一面では、こうした客観情勢の反映であった。[52] 一一月一六日、一九二八年三回目の党中央委員会総会が混沌とした情勢を背景として開会する。

(1) *KPSS v rezoliutsiiakh*—, II, pp. 515–516.

(2) Stalin, *Sochineniia*, vol. 11, pp. 206–211.

(3) *Tragediia*—, vol. 1, pp. 355–356. 二〇〇〇年に刊行された一九二八年一一月総会速記録の前文で三人のロシアの歴史家(V・P・ダニーロフ、O・V・フレヴニューク、A・Iu・ヴァトリン)が七月総会後から一一月総会までの党・政府の諸決定とそれらの政治的背景とを解説している。それによると、諸決定には、スターリン派とそれに反対する派の隠れた抗争が投影されていた。同解説は、七月一六日回状が「スターリンに口授されて」書かれた文書であることは「完全に明白」であると推理している。その論拠は、内容が「事実上、「非常措置」の廃止、その結果の是正でなく、その維持と継続についての回状」であること、七月総会決議がスターリン指導部から党組織を強制的調達に利用する可能性を奪っていたので、非常措置の執行の責任を懲罰機関に移したことにあるという(*Kak lomali NEP*, vol. 3, pp. 5–6)。

(4) 〈Izvestiia〉, 20 June, 1928.

(5) 〈Pravda〉, 15 July, 1928.

(6) 〈Pravda〉, 17 August, 1928. 一九二五年末、スターリン主導でおこなわれた、P・I・ポポフ、A・I・フリャシチェフから「若くて仕事熱心な」V・S・ネムチーノフ、A・I・ガイステルへの農業統計指導部の交替に始まる農業統計の政治への従属化傾向について、V. P. Danilov, "K istorii sovetskoi statistiki, 1918–1939"(二〇〇〇年一〇月三〇日一橋大学での報告)が興味深い分析を与えている。

(7) 特殊性を規定した最大の要因は、南部(ウクライナ南部、クリム、北カフカース)の秋まきの死滅(gibel')と収穫直前にこれらの地方を襲った旱魃とであった。旱魃は収穫予想に見込まれなかった要因であり、その結果七七万トンとも一一五万トンともいわれた増収見込みは下方修正を余儀なくされた(〈Bol'shevik〉, No. 23–24, 1928, p. 6; 〈Na agrarnom fronte〉, No. 1, 1929, p. 67)。総生産の増加は飼料(korm)の増によるもので、食糧用穀物の収穫は著しく悪化したことがのちに判明する(〈Derevenskii kommunist〉, No. 24, 1928, p. 7)。一一月総会直後ルィコフは、基本的食糧用穀物たるライ麦と小麦が前年より二億一二〇〇万プードの減収であると述べた(〈Pravda〉, 4 December, 1928)。

(8) 〈Na agrarnom fronte〉, No. 1, 1929, pp. 68–70.

(9) 今年度は作物の成熟がおくれ、収穫と脱穀のための気象条件が好ましくなかったともいわれた(〈Pravda〉, 16 Septem-

ber, 1928)。

(10) 〈Pravda〉, 16 September, 1928.

(11) 〈Pravda〉, 15 July, 1928; 〈Bol'shevik〉, No. 23–24, 1928, pp. 6–7; 〈Na agrarnom fronte〉, No. 1, 1928, pp. 67–68.

(12) *KPSS v rezoliutsiiakh*—, II, pp. 493, 488–500. 工業生産の見通しについては、調達キャンペインに際しルィコフは、工業の状態が昨年に比し良好であり、工業商品の農村への供給は改善されたと述べた(〈Pravda〉, 15 July, 1928)。『プラウダ』は、工業生産物の量的増加が来たるべき調達にとり好ましい条件のひとつであると評価し、この増加が農村における秋の当面の需要を十分に満たすことはできないが、しかし一定の商品については前年と比べて逼迫度は小さいであろうとの見通しを与えた(〈Pravda〉, 17 July, 1928)。ミコヤンは、同年七月下旬ツェントロソユーズ(ソ連消費協同組合本部)の全権代表集会において、工業が前年に比し正常な条件にあると、いくつかの指標をあげて語った(〈Pravda〉, 24 July, 1928)。

(13) ツェントロソユーズにおけるルィコフの言明(〈Pravda〉, 19 July, 1928)。〈Pravda〉, 18 July, 1928 には、上級地方ソヴィエトによる自己課税の専断的利用を禁止する決定が掲載された。自己課税に対する党の政策的対応はややおそく九月にみられた。九月一三日政治局決定は、新年度の自己課税が「真に自発的」でなければならないとした(RTsKhIDNI, 17/3/704, 1–2)。

(14) SZ, No. 44, 1928, art. 400.

(15) *Kak lomali NEP*, vol. 3, p. 7.

(16) *Tragediia*—, vol. 1, pp. 362–363.

(17) 軍における「農民の気分」にかんする赤軍政治部の九月三日付報告(*ibid.*, pp. 374–376)。

(18) 八月二八日オゲペウ情報部の穀物調達キャンペインにかんする報告(*ibid.*, p. 372)。

(19) Stalin, *Sochineniia.*, vol. 11 pp. 188–190.

(20) *KPSS v rezoliutsiiakh*—, II, p. 516. なお七月二一日付『プラウダ』の社説は、つぎのように穀物価格の全国民経済的意義を力説する。「穀物価格の水準は、わが経済全体の流れ(techenie)を著しい程度において決定する。穀物価格は、国の資金と所得の再配分の武器のひとつである。これは、都市と農村、工業と農業の関係の強力な調整物のひとつである。穀物価格の引上げにおいて、社会主義の間断のない前進運動が重大な動揺なしに、国民経済の大有機体の個々の部門の発展テンポの正しい結合のうえに、国民経済のすべての問題の解決が可能であるように考慮されなければならない」(〈Pravda〉, 21 July, 1928)。

(21)　*SZ*, No. 44, 1928, art. 400. ミコヤンにより発表された地区別作物別の新しい価格は、〈Krest'ianskaia gazeta〉, No. 30(24 July), 1928 に掲載された。

(22)　〈Pravda〉, 21 July, 1928; 〈Krest'ianskaia gazeta〉, No. 30(24 July), 1928; 〈Izvestiia〉, 18 July, 1928, 20 July, 1928, 22 July, 1928. ミコヤンは、穀物価格決定に際して考慮した要因として、(1)穀物の販売と生産において農民を刺激し、他の作物との相関関係を改善する、(2)穀物と工芸作物との間の均衡を破らない、(3)全国民経済の均衡の観点から決定する、(4)消費者、とくに労働者の利益をあまり侵犯しない、の四点をあげた(〈Pravda〉, 24 July, 1928)。ルィコフとモロトフの間には、原則の適用において微妙な意見の相違がみられた。ともに穀物価格の上限を工業化の要求から設定すること(いわゆる「汲み移し(perekachka)」)を承認するが、ルィコフは、工業発展の基礎としての農民経営の発展という観点から引上げ幅を決定(すなわち農民経営の発展を妨げるような低い価格設定は不可と)しようとし(〈Pravda〉, 15 July, 1928)、モロトフは、労働者あるいは工業化の利害から穀物価格の「法外な」引上げを「農民一辺倒的(krest'ianofil'skii)」として拒否した(〈Pravda〉, 5 August, 1928)。

(23)　〈Na agrarnom fronte〉, No. 1, 1929, p. 68; 〈Bol'shevik〉, No. 23–24, 1928, p. 9; 〈Pravda〉, 12 December, 1928.

(24)　〈Izvestiia〉, 18 July, 1928.

(25)　〈Pravda〉, 17 July, 1928.

(26)　*Tragediia*—, vol. 1, p. 365.

(27)　〈Pravda〉, 13 August, 1928, 29 August, 1928.

(28)　〈Krest'ianskaia gazeta〉, No. 34(21 August), 1928.

(29)　*Kak lomali NEP*, vol. 3, pp. 591–593. かれは主たる原因をウクライナ南部、北カフカースの気象条件の悪化にみている。そして比較的悪化が軽微なシベリア、カザフスタン、ウラル、ヴォルガ沿岸の調達に期待を寄せている(*ibid*., p. 591)。これらの地帯がのちに「新しい調達方法」の発生母地となる。

(30)　Stalin, *Sochineniia*, vol. 11, pp. 12–15, 17.

(31)　*KPSS v rezoliutsiiakh*—, II, pp. 498–500.

(32)　*Tragediia*—, vol. 1, p. 364.

(33) *SZ*, No. 37, 1928, art. 339.

(34) 〈Izvestiia〉, 20 June, 1928;〈Na agrarnom fronte〉, No. 1, 1929, p. 71.

(35) *Tragediia*—, vol. 1, p. 357(住民の政治的気分についての党シベリア地方《クライ》委員会情報・統計副部の報告). さらに同報告は、「クラークの指導下に」おこなわれた「大衆的反ソヴィエト直接行動」の例を報じ、その主原因が「穀物調達の実施に際してその当該地区の下級装置活動家の側からの異常性(nenormal'nost')」にあるとしている。また党組織には党の農民政策に対する批判が根強くあることが報告されている(*ibid*., pp. 360–362)。中央黒土州でも、八月二八日のオゲペウ報告によれば、「クラーク・富農層の新しい穀物調達キャンペインに対する態度は甚だしく敵対的であり」、「クラーク・富農の個々の直接行動は、激しい反ソヴィエト的性格を帯びている」(*ibid*., p. 368. 北カフカースについては *ibid*., pp. 369–373)。ただし、先に同報告から言及したように、非常措置の廃止が調達正常化への道を開いているとの情報もなかったわけではない。

(36) 〈Pravda〉, 14 August, 1928.

(37) 〈Pravda〉, 5 September, 1928.

(38) 〈Pravda〉, 5 September, 1928.

(39) 〈Bol'shevik〉, No. 23–24, 1928, pp. 5–6.

(40) 〈Krest'ianskaia gazeta〉, No. 39(25 September), 1928. この声明に関連したミコヤンの書簡については、〈Krest'ianskaia gazeta〉, No. 40(2 October), 1928.

(41) 〈Na agrarnom fronte〉, No. 1, 1929, p. 68;〈Bol'shevik〉, No. 23–24, 1928, p. 9;〈Pravda〉, 12 December, 1928.

(42) 〈Na agrarnom fronte〉, No. 1, 1929, p. 73.

(43) 〈Pravda〉, 6 November, 1928. カリーニンはすでに一〇月下旬、穀物供給が深刻な状態にあることを認めた(〈Izvestiia〉, 23 October, 1928)。

(44) 〈Bol'shevik〉, No. 23–24, 1928, p. 9. 同時的に展開された秋の播種キャンペインの思わしくない経過(下級ソヴィエト・協同組合装置の準備への不活発な参加、種子・機械の供給不足、予約買付計画の頻繁な変更、農民の不満の高まり、クラークのテロなど)も危機感をかきたてる要因となった(*Glazami*—, vol. 2, pp. 773–779)。

(45) RTsKhIDNI, 17/3/711, 1–2.

(46) *KPSS v rezoliutsiiakh*—, II, p. 528.

(47) 〈Derevenskii kommunist〉, No. 24, 1928, pp. 7–10; 〈Na agrarnom fronte〉, No. 1, 1929, pp. 72–73; 〈Bol'shevik〉, No. 23–24, 1928, p. 8.

(48) 一九二八年一〇月一五日党組織局決定「穀物調達地区における臨時活動のために一連の指導的活動家を派遣する件について」は、「穀物調達の強化のために、また大衆的ソヴィエト活動の提起における点検と地方への援助のために」「一—二か月の期間」カザフスタン、シベリア、中央黒土州、下ヴォルガ、バシキール、ウラルに「指導的活動家」一ないし二名を派遣することを定めた。中ヴォルガについては、九月一四日組織局決定が、三〇名を一か月派遣することを定めた(*Tragediia*—, vol. 1, pp. 401, 794–795(n. 121). 傍点は引用者による)。

(49) このような動向を反映してであろう、一九二八年一〇月オゲペウは長文の極秘報告「農村における反ソヴィエト運動」をまとめた。この報告は、農村における反体制的政治活動を詳しく記述し、その危険性を警告した文書である(*Glazami*—, vol. 2, pp. 780–817)。

(50) *Tragediia*—, vol. 1, pp. 443–459.

(51) 一九二八年秋の播種キャンペインについての九月二八日頃のオゲペウ報告は、農民の反政府感情の高まりの一端を伝えている。それによると、クバン、アルマヴィールその他一連の管区で「クラーク、富農が播種面積の縮小のための活発なアジテーション、「予約買付契約は、ソヴィエト権力と党に対する隷属契約(kabala)である。どれだけ播種しても無駄である。すべての余分の穀物を売り払って、種子の必要にだけ播種すればよい」をおこなっており」、「ソヴィエト・党装置の側からの煽動・説明活動が十分でない地区では、クラークのアジテーションは部分的成功を収めている」のであった(*Glazami*—, vol. 2, p. 778)。

(52) 「党内の偏向のあれこれのニュアンスは、国内で起こっている過程の反映である」(ルィコフ〈Pravda〉, 4 December, 1928)。

二　岐　路

一九二八年一一月一六—二四日、この年三回目の党中央委員会総会が開催された。主要な議題は、策定中の第一次五か年計画の第一年次に相当すべき一九二八／二九年度国民経済統制数字案であった。総会は、一六会議のうち八をこの議題にあてた。その他の議題として、七時間労働日の最初の成果と今後の履行、党への労働者の徴募と党の拡大の規制、農村における活動と農業の高揚についての北カフカース地方《クライ》党委員会の報告の三件があった。総会には、正規の構成員である中央委員、同候補のほか、中央統制委員、中央監査委員、経済・労働関係代表も出席し、実質的に「党協議会」となっている当時の実際があらためて指摘された。[1] 一一月総会は、一九二八年夏以来経済専門家、行政機関、政治指導者の間で争われた、一九二七年末の第一五回党大会が指令した五か年計画案の作成を具体化する課題[2]に対して、最も高いテンポの工業化を支持する、スターリン派の政治局員クイブィシェフ率いる最高国民経済会議の案を選択することによって、ひとつの「決着」を与えた。この「決着」については、先行する二回の党大会における工業化にかんする諸決議、実り豊かな二〇年代の工業化論争、そして二〇年代後半からの工業建設の経験の系譜を抜きに語ることはできないであろう。しかしそれは同時に、それまでの工業化の理論と実践からの飛躍、とりわけテンポと方法における飛躍でもあった。飛躍の包括的媒体となった要因は、一九二八年初め以降の穀物調達危機であった。そこで反復適用された非常措置は、それまで工業化の方法的規範として了解された「結合」に対する重大な一撃となり、設定された工業化の方法的枠組に対して解体的に作用し、工業化の衝動をその拘束から解き放ったのである。

一九二八年四月の党中央委員会総会は、穀物調達における非常措置の廃止と市場的方法への復帰とを一致して決議し、農民との合意の関係の再建へと着手した。しかし五―六月には調達危機の再燃とともに非常措置は再度広範かつ過酷に適用され、危機は「結合」解体の脅威という意味での政治危機へと転化した。七月総会は、経済危機から政治危機への転化、「結合」が解体に瀕した状況を認定して、「結合」回復のために非常措置の全面的撤廃、合法性の復活および市場的調達方法への復帰を決議した。この意思決定は、工業化の方法的枠組として了解された原則への復帰の表明でもあり、それを工業化テンポの根本的規定要因として再確認することであった。七月総会後、決議具体化のための真摯な実践が中央および地方においてみられ、その後の調達に好影響を与えたと、一一月総会において首相ルィコフは語った。他方、ネップの軌道への復帰がきわめて困難な道のりであることも、同総会で、調達に直接的責任を担った地方党組織の代表によって指摘された。非常措置の反復適用の後遺症は、農民心理においても、農村統治においても、直ちに清算するにはあまりにも深刻であった。農民の反政府感情を宥和し不信感を払拭するには、農民に対する粘り強い説得と政治的・経済的譲歩の積み重ねとが必要とされよう。またこれに対応して、全権代表の非常権力により攪乱されたネップ的統治機構が再建されなければならないであろう。しかし一一月総会直前、状況は、このような地道な活動とは相容れない緊急性を帯びつつあった。工業建設の急進化は穀物需要を予測をこえて高め、都市、工業地区などの消費地では食糧事情は逼迫し飢餓の危険さえも感じられた。国家は、工業化に必要な設備輸入の代価として大量の穀物を追加的に求めた。農民は、戦争の脅威を前に、穀物の国家への売却よりも備蓄を選好した。農業税キャンペインの最盛期はすでに過ぎ、他の有効な経済的刺激策は用意されなかった。かかる状況のもとで穀物調達の緊急な遂行は至上命令となり、非常措置の廃止と市場的方法への復帰は、暗黙裡に目前の日程からはずされつつあった。状況のかかる展開の意味するものは、工業化のテンポの抑制要因としての「結合」の威信が深く傷つけられたことであった。持続的穀物危機は、「結合」を解体の危機にさらすことによって、むしろ工業化の駆動要因へと転じた。穀物危機の深化と工業化の加速化との新しい循環は状況の論理となった。この論理のもとで、穀物調達も工業化も、熟慮された計画と合法性、被治者の真の自発性に基づく漸進的社会運動たることから、動員と熱狂と強制が交錯した情動的政治運動へと急進化しつつあった。[3] 集団化もその圏外にとどまることはできなかった。一一月総会は、英露国交断絶に象徴される対外的緊張と、非常措置の反復的適用の結果としての農民との合意形成の困難性の増大とに触発されて、また党指導部内の地殻変動[4]を政治的震源として、ネップ的原則に対する重大な挑戦の要素を内蔵する加速的工業化路線を党議として満場一致採択した。他方「結合」は、党を拘束する体制的理念として、ボリシェヴィキの誰もが否定できない公理的命題であり続けた。総会は、農民との合意の原則の堅持、非常措置廃止の七月総会決定の継承を表明し、加速的工業化と農民との合意とは両立させるべきであり、また両立できるとの見地に立った。しかし、外部に対して表明された政治局の一体性は、総会における意思決定のこの外見的整合性の反映以上のものではなかった。現実は、工業化戦略とネップ(その政治的側面としての「結合」)とを多分に二者択一的に提起しつつあったのである。ネップは解体の危機に瀕し、国の命運は岐路に立った。長大な総会決議は、明確な解決策を提示しなかった。それは岐路を標示したにすぎない。決議は、岐路の選択については、対立を併記する以上の意思決定ではなかった。決議の諸項目を取捨選択し、抽象的文言に実質的意味内容を刻み込んだのは、一一月総会後の農村の現実であった。

一〇月二九日、政治局は総会の主要議題である一九二八/二九年度国民経済統制数字についての決定を採択した。[5] 報告者には、ルィコフ(首相)、クルジジャノフスキー(ゴスプラン議長)、クイブィシェフ(最高国民経済会議議長)の三人が指名された。決議案の起草はルィコフに委嘱され、かれは一〇月末素案を政治局に提出した。審議のために政治局は、スターリン、ブハーリンを含む七人の局員、同候補からなる小委員会(議長ルィコフ)を設立した。委員会の構成は、スターリン、ブハーリンを別として、それぞれが占める部署により選出されたとみられるが、結果としてスターリン派が多数を占めた。決議案の起草から最終案が合意されるまでの過程において、政治局内に、のちにスターリンが七月総会直前の抗争につぐ「第二の火花」と呼んだ鋭い対立が生じた。(6) 妥協的なルィコフがスターリンに懐柔されるのを恐れたブハーリンは、休暇から急遽モスクワに戻ってスターリンと会見、ふたりの間には六時間に及ぶ激論が交わされたという。決議案をめぐる対立は、総会開会直前まで約一〇日間続いた。その過程でブハーリン、トムスキー、ルィコフは「政治局委員会に対する圧力の手段として」それぞれの部署(『プラウダ』編集長・コミンテルン執行委員会書記、全連邦労働組合中央評議会議長、ソ連人民委員会議議長)から辞職するとの「最後通牒」を政治局につきつけた。争いの「火種」がどこにあったのか、確実な証拠は知られていない。ソ連期の歴史研究は、争点が農業の状態の評価、クラークに対する個別課税、階級闘争の問題であったといい、(7) 一一月総会の速記録を編纂した現代の歴史家の解説によれば、総会決議案の作成過程で中心的争点となったのは、迫りつつあった飢餓と非常措置の復活の非許容性の問題であった。(8) ルィコフが用意しブハーリンが加筆した決議案、これに対するスターリンの修正意見、最終的な総会決議案を対比すると、文面自体には深刻な抗争の痕跡は発見されない。(9) スターリンは、対立が決定的となった一九二九年一―二月から遡及して、ブハーリン、トムスキー、ルィコフが、ブハーリンの「一経済学者の覚書」、フルムキンの政治局宛書簡の精神で、工業化のテンポをおくらせ、農村政策を変更することを要求し、辞表をつきつけたこの時期の行為に対立の根源をみた。(10) ブハーリンは同じ一九二九年一月、対立の本質をつぎのように説明した。「一一月総会を前にして私は再三再四、穀物調達の前途についても、播種面積の問題についても、極度に不安な状況について語り、もし中農との経済的・政治的和合のために思いきったことをしないなら困難の再生産、その先鋭化さえも生じると予告した」。総会は結局「先鋭的な闘争の後」(つまりスターリンの反対を排して)[11]、本質的条項が「個人貧・中農経営の刺激にある一般的決議を採択した」。しかし決議は総会後「忘れ去られた」。結果は、秋まきの削減、最も重大な穀物危機、対外支払の困難な状況であった。食糧配給制の導入、輸入の削減、以前の生産計画の縮少が不可避となった。「現実は私が述べたよりもさらに悪くなった」。「私は正しい政策の基本的前提である状況の正しい評価のゆえに罵られ苦しめられた。ふたつの「路線」がつくりだされた、ひとつは言葉のうえの決議であり、いまひとつは現におこなわれたところのものである」[12]。しかし、総会決議案を準備する段階をとれば、スターリンもブハーリンも決定的決裂の前に踏みとどまったというのが真実であろう。スターリンは人事問題で譲歩し、『プラウダ』編集部に送り込んだ自派のクルーミンを罷免するブハーリンの要求を受け入れた[13]。決議案に対する意見においてスターリンは「結合」の維持に熱心な支持を表明した[14]。総じて、スターリンは、ブハーリンに対する態度において、比較的穏便であり非決断的であった。ブハーリンもまた人事、政策では激しく争ったものの、権力への野心とは性格的に無縁であった。ミコヤンによれば、ブハーリンはスターリンとの会見で「私は喧嘩は望まない、なぜなら、喧嘩する覚悟はできているが、喧嘩は党にとって有害であるから。もし喧嘩が始まれば、あなたがたはわれわれをレーニン主義の背教者と呼ぶし、われわれはあなたがたを飢餓の組織者と呼ぶであろう」といったという[15]。外部に対して政治局の一体性を保持することについては、双方に異論はなかった[16]。政治局が採択した総会決議案は、ルィコフ原案に比し、整合性を欠いた長大な文書であった。スターリンの批判・提案は、必ずしも最終案に採用されなかった[17]。報告についても三人の報告者は、最終的調整を経ないまま、独自に報告をおこなうという党史上前例のない措置がとられた[18]。ルィコフは、スターリンの主張への同調を拒み、また農業と農民を報告の支点に据えて、工業化の無規制的加速化に対する批判を展開した。他のふたり、とくにクイブィシェフは、急テンポの工業化を最優先に置き、農業問題の解決をそれに依存させる見地からブハーリン的均衡理論からの決別の態度を鮮明にした。このクイブィシェフの立論を同総会において歴史的大義として高い調子で宣明したのは、スターリンであった。

ルィコフは、一一月一六日の報告演説において、統制数字決議案の「提案者」として、工業化のこれまでの達成を称揚し、「国の工業化の最大限に加速されたテンポ」の維持を「義務的」と論じた。しかしかれによれば、「このテンポは、単純な算術によって定めることはできない」問題であった。その含意は、工業化が「農業の諸問題、われわれの農村との相互関係、現在この領域にある諸困難の克服が工業の問題と緊密に結びついている」ことにあった。この観点からルィコフは、報告の主題を農業、とくに穀物の問題に移した。今年度の収穫の特殊事情と調達計画の概要を示したのち、かれは、進行中の調達キャンペインについて、一一月一日までに、前年度の二億二四〇〇万プードに対して今年は(中央集権的調達機構を通して)二億三六〇〇万プードが調達されたと順調な経過を強調し、それを非常措置の廃止に結びつけた。[19] すなわち「穀物収集の「非常の」方法から正常な方法への移行を首尾よくなし遂げることにおおむね(v obshchem i tselom)成功した」のである。しかしルィコフは、今後の調達については楽観的見通しを語らなかった。かれによれば、一一月の最近の五日間調達は低落したが、それが気象条件によるものか、なんらかの経済的原因が作動している結果なのか、明らかでないのであった。調達の今後を「いま予見することは難しい」、今後も続く調達不振の始まりではないのか、「この危険を否定することはできない」とかれは懸念し、政治局決定によって調達テンポ低落阻止のために直ちにとるべき措置を検討する特別委員会が設立されたことを明らかにした。[20] ルィコフは、穀物調達計画の遂行が「党・ソヴィエト組織の主要な任務のひとつである」と力説すると同時に、「計画が完遂された場合においても、穀物供給計画は去年よりも一層緊張したものとなる」と不吉な見通しを語った。「消費地区、主要工業地区にわれわれは去年とほぼ同じだけ〔の穀物〕を与えるであろう。しかし、住民はこの間二・三％増加したにも拘らず、これらの地区における穀物の収量は去年より少ない。すでにこの一事だけでも情勢の重大性の指標となろう。困難は、例えばレニングラードにおいて、都市住民だけでなく農村から来た者もパンを求めて行列していることにある」。消費地の食糧難がレニングラードだけでなく全国的ひろがりをもつに至っている事態をかれは認めた。かれは食糧供給計画の遂行を保証するための「一連の新しい措置」を緊急にとる必要があると訴え、同時に、当面の穀物難がより根本的な問題に起因していることを認めた。それは、都市と工業の人口増に伴う穀物需要の増大、工業化に必要な設備の輸入のための対価としての穀物需要の増大に対して、穀物生産の伸びがあまりにも緩慢であり、地方によっては殆ど停滞しているがゆえの格差であった。「この基礎のうえに工業化を成功裡におこなうことはできない。このゆえに、農業の問題は、先行する諸総会でも、統制数字を審議する今度の総会でも、基本的なのである」。かれは、収穫性においても播種面積においても戦前の水準にも達していない穀物生産の現状を示す指標をあげ、「われわれは、農業発展のテンポにおけるおくれ〔危険なおくれ〕をもっている」と診断した。しかも「穀物需要は、とくに農村において、まったく当然のことながら、強力に増大した。一〇月〔革命〕まで広範な農民大衆は食うや食わずの生活であった。一〇月〔革命〕後初めてかれらは食事を良くする可能性をかちえた」。しかしかれは、農業集団化を当面の穀物問題解決に直結する思考を非現実的として退ける。「こうした農業セクター〔コルホーズ、ソフホーズ〕は、ここ数年間、国に対する穀物と原料の供給において決定的役割を果たすことはできないこと、来たるべき数年の食糧・原料基地となるのは、個人的タイプの経営であることをはっきりと理解すべきである」。中農を中心とする「個人的タイプの経営」の発展に依存する以外困難からの出口はない、しかるに「中農はわれわれが必要とする大きさまで経営を拡大することを止めている」、「この故に、農業の高揚の分野におけるわれわれのすべての措置成功の主要な前提条件のひとつは、中農をできるだけ傷つけない、たいして重大な根拠もないのにかれらを傷つけることをまったくしないだけでなく、経営の発展へのかれらの経済的関心を高めることである」。非常措置を復活しては元も子も無くなる、しかるに党・国家の政策は、「わが農業の中心像である中農の今日と明日への信頼を失墜させた」。その最近の一例は、農業税キャンペインにおける「個別課税」であった。ルィコフによれば、本来クラークへの加重負担を目的とした「個別課税」が中農に適用された多くの場合があった。中農はしばしば「良好な耕作のゆえに」クラークと認定されて「個別課税」の対象となり、経営改善の刺激を奪われた。ルィコフはまた、危機がクラークの抵抗に起因するとの見解、ネップのもとでのクラーク経営数の増加自体を政治的危険へと直結する見解を、「農村のクラーク層の成長」は「国に現実的脅威が差し迫っていることを証明するものではない」として退けた。むしろ問題は、経済的危機が政治的危機へと転化したこと、あるいは、去年存在しそして今年もある「著しい経済的困難」が「諸階級の相互関係に政治的表現をもつであろうし、現にもちつつある」ことにあった。かれはまた工業化の加速化において「結合」がもつ規定的意義を改めて強調した。かれは工業化に伴う農業から工業への「汲み移し(perekachka)」を不可避と認めつつも、工業化テンポの無規制的加速化への批判を滲ませて、「汲み移し」を「農民の中心像である中農を過度に傷つけることなしにおこなうことができるし、またおこなうべきである」と論じた。[21] 個人農の経営的刺激にせよ、農業税における「個別課税」の問題にせよ、スターリンが総会決議案からの削除を要求した項目であった。ルィコフはあえてそれに挑戦し、総会決議案に含めたのである。[22] ルィコフを補佐する立場にあったミコヤンはここでは沈黙した。かれは北カフカースを議題とするのちの会議で、ルィコフとはまったく異なる展望を語ることになる。[23] ルィコフが控え目に主張した農業基礎論とは対極的に、工業化テンポの加速化を工業主導論の見地から最優先の選択肢として大胆に鼓吹したのは、第三の報告者クイブィシェフであった。「一九二八／二九年度統制数字の中心であり基軸であるのは、工業発展のテンポの問題である」。「社会主義建設とそのテンポは、なによりもまず、工業の発展とテンポによって決定される。工業は、時とともにますます、国民経済の主導的部門、自己の発展によって他の部門の発展のテンポをも規定する部門としての自己の地歩を強化しなければならない。このことは運輸にも公営経済にもあてはまるが、とりわけ農業にあてはまる。農業が工業から十分な量のトラクター、機械、肥料を受け取るときにのみ、そのとき初めて、農業発展のテンポは根本的に是正され、われわれは農業の異常なたちおくれをもたなくなるであろう」[24]。かれは、ルィコフが熱心に説いた個人農の生産的刺激の問題を無視した。

統制数字案の討論には三六人が参加した。ブハーリンは姿をみせず、トムスキー、ルィコフの出席も稀であった[25]。意見の活発な交換を通して意思決定に至る党生活の伝統は、この総会ではあまり機能しなかった。議事のこのような進行は、スターリンの個人的影響力の結果というよりも、進行中の党の官僚制的画一化の投影とみるべきであった。右派の立場を総会で代弁したのはフルムキンだけであった。発言の大勢は、社会主義的工業化の大義への支持と抵抗勢力(クラーク、ネップマンなど)の利益を代弁する「右翼的偏向」への攻撃とに傾いた。かかる趨勢に関連して、ルィコフ報告は批判と攻撃の標的になった[26]。しかし、ここでスターリン派指導部の厳格な統制のもとで議事が整然と進行した儀式的集会を想像するなら誤りであろう。都市と農村、工業と農業、中央と地方、地方相互の間で増大する緊張と矛盾、投資の優先順位をめぐる葛藤は議事に反映しないではおかなかったし、地方党組織の代表は発言において自主性を失っていなかった。象徴的であったのは、グリャジンスキー(中央黒土州)による全権代表システムの廃止と地方党組織の自立の断固たる要求であった。「われわれは決して全権代表の道、過去にわれわれがもち、その試みがいまもあるような方法の道に立ってはならない。上からの全権代表がすべての組織を問題の深い検討なしに去年の方法を適用する願望へと追い立てることは確実である」[27]。総会では、いわゆる「反中農的イデオロギー」とフルムキンが呼んだ、ネップ的農民観を事実上否定する見解が有力化した。工業化の急テンポを無条件に支持する党の世論の大勢からみれば、小農経営構造は早急に攻略されるべき保守の牙城であった。農民をプロレタリアートの対等の同盟者と位置づける第一五回党大会までの農民像は暗黙裡に後景に退きつつあった。小農経営構造の長期的存続を前提して農民への更なる譲歩を主張する者は、クラークを利する「右翼的」謬見と攻撃された。フルムキンに続いて登壇したシャツキン(コムソモール指導者)は、右派の主張を(トロツキーの永続革命論をもじって)「中農に対する連続的譲歩の理論、永続的譲歩の理論」と揶揄し、その本質は、中農がクラークの側に動揺すると直ちに譲歩すべきであり、これをボリシェヴィキの政策の中心とすることに帰着するとして、総会決議に右翼的偏向の「もっと完全な特徴づけ」を盛り込むことを要求した[28]。総会論議の大勢を制したのは、農民に対する更なる譲歩よりも譲歩の限界に力点を置き、農民に対する強制さえも(公然とではなく暗黙のうちに)容認するこの観点であった。農民の動向に敏感な穀物地区の代表は、非常措置の廃止が農民の気分にもたらした好影響を強調して、非常措置への復帰が生む危険に警鐘を鳴らした。かれらは農民がもはや権力に柔順な伝統的農民《ムジーク》ではないことを経験により学んでいた。しかし、同時にかれらは、市場的方法復活の可能性に悲観的にならざるをえない現実をも熟知していた。S・コシオール(ウクライナ)は、「非常措置から正常な方法に移行したとき、われわれはいかに巨大な欠陥がわれわれの活動、とくに農村の活動にあるかをみた、そして正常な方法への移行はきわめて不健全におこなわれている」と語った[29]。かくて農村では、ネップ的市場的方法でも非常措置でもない「第三の方法」が模索されることになる。並行して、安定した穀物供給基地を農業集団化の性急な実現に求める思考が有力化し、集団化の加速化を物的に保証する急テンポの重工業建設が優先的に正当化される。農業基礎論は工業基礎論にとって代わられる。この見地を歴史的大義として提示したのが、一一月一九日夕

刻の会議におけるスターリンの演説であった。(30)

冒頭においてスターリンは、演説が取り上げる「政治局テーゼにおいて提起された三つの主要問題」を要約した。第一は「国の工業化の問題」、工業化における支配的要因として生産手段の生産のできる限りの急テンポを確保する問題であり、第二は「工業発展のテンポから極度におくれている農業発展のテンポの問題」、「わが国内政策における現在最も焦眉の問題」である「農業の問題、とくに穀物問題(problema)の問題点(vopros)」、「新しい技術の基礎のうえに農業を再建する問題」であった。第三は「党の路線からの偏向の問題」、左右の偏向のうち現在の「主要な危険」としての右翼的偏向の問題であった。これら相関する三つの問題のうちで根幹的位置を占めたのは工業化であった。スターリンは、政治局の対外的一体性の保持という合意に従ってブハーリンら右派指導者への直接攻撃を避けたものの、演説の基調を、統制数字案の根底にある思想の断固たる擁護とブハーリン的均衡理論からの決別とに置いた。「われわれのテーゼの出発点は、工業一般、とくに生産手段の生産の急テンポの発展が国の工業化の基本的原理であり鍵であり、わが国民経済全体を社会主義的基礎のうえに改造する基本的原理であり鍵である、という命題である。ところで、工業発展の急テンポとはなにを意味するか。それは工業への基本投資をできるだけ多くすることを意味する」。かれは、急テンポの工業化が「すべての諸計画の緊張(napriazhennost')に導く」ことを否定しなかった。かれは、「緊張」、すなわち、重工業建設への重点投資、消費部門・農業部門への投資の抑制が生みだすであろう「緊張」、生活水準への圧力、農業と農民に対する犠牲と負担の加重、農民との軋轢に通じる「緊張」にも拘らず、なぜ急テンポの工業化路線を選択せざるをえないか、その根拠を縷々解説する。「抽象的にいえば、また対外的・対内的情勢から離れるなら、もちろんわれわれはもっとゆるやかなテンポで事業をおこなうことができよう。しかし肝心なことは、第一に、対外的・対内的情勢から離れてはいけないということであり、第二に、われわれを取り巻く情勢から出発するならば、この情勢こそがわれわれに工業発展の急テンポを指示している(diktovat')ことを認めないわけにはいかない、ということである」。「われわれを取り巻く情勢」のうちの「外的条件」とは、ロシア一国のみで、資本主義諸国の包囲のなかで独力で、しかもおくれた工業技術と生産水準のもとで社会主義経済を建設しなければならないという歴史的条件であった。「わが国で社会主義が最終的勝利をかちとるためには」「技術的・経済的に先進資本主義諸国に追いつき追いこすことが必要である」。しかもこの命題は社会主義建設の観点から正しいだけでなく、資本主義の包囲の情勢下で国の独立を守るという国防的観点からも支持される。「国防のため十分な工業的基礎をもたないでは、わが国の独立を守ることは不可能である」。スターリンによれば、この社会主義の前提条件の欠如とは、ロシア帝国がソヴィエト政権に遺贈した技術的・経済的後進性にほかならなかった。後進性の克服という、ピョートル大帝以来古い支配階級が解決できなかった歴史的課題を果たすことができるのは、権力を掌握したプロレタリアートのみであり、それゆえ工業化は社会主義的方向性をとらざるをえない。「わが国の長年に及ぶ(vekovoi)後進性は、社会主義の成功的建設に基づいて初めて一掃することができる」。この建設をいま急テンポで遂行しなければならない最大の理由は、国際的孤立(有体にいえば戦争の脅威)という外的条件であった。「工業発展の急テンポの問題は、もしわれわれがプロレタリア独裁の唯一の国でなくプロレタリア独裁の複数の国のひとつであるなら、もしわれわれがプロレタリア独裁をわが国のみでなく、他の、例えばドイツやフランスのような先進国にもっている場合には、かくも差し迫って現れることはなかったであろう」。「一国社会主義論」は、提唱時の二〇年代中葉には、労農結合、とくに農民問題を基礎とするネップ的民主的国民統合の理念として提示され、農民に重大な犠牲を要求する急テンポの工業化の理念ではなかった。スターリンは当時、農民民主主義の最も熱心な鼓吹者のひとりとして現れた。いまや一国社会主義論は、かれによって、一国的工業化の強行とそれに対する農民の「貢租《ダーニ》」とを正当化する教義へと再定義された。先進資本主義の経済水準への後進社会の上昇過程を社会主義化と同定する社会主義の意味転換がここに始まる。スターリンがいう急テンポの工業化を要請する「内的条件」とは、農業、その技術、文化の「過度の後進性」を克服する必要であった。細分化され分散した後進的小農経営を新しい技術的基礎のうえに再建しないでは、工業を前進させることはできない。この任務をなし遂げるためには工業の急テンポの発展が必要である。かれが念頭に置いた農業の再建が分散した小農経営の社会主義的大経営への統合、農業集団化であったことは文脈上明らかである。かれはそのことを、農業を社会主義工業に引きつけながら「漸進的に、系統的に、たゆみなく、新しい技術的基礎のうえに、大規模生産の基礎のうえに移していく」と表現した。スターリンはいまだ、一九二九年秋に党の総路線となる、急進的工業化と急進的集団化とを車の両輪とする「上からの革命」の発展図式には到達していない。かれが依拠したのは漸進的集団化の伝統的原則であり、第一五回党大会までの精神からの飛躍ではない。しかし、「農民との正しい相互関係」は、農民を「甘やかし(laskat')」現状に安住することでなく、集団化という新しい基礎のうえに再定義されるべきであると論じたとき、かれは飛躍への方向を暗示したのである。(31)

農業集団化は、当時のボリシェヴィキの通念に従えば、目前の穀物危機の解決に殆ど寄与しえない長期的政策としてのみ正当化されうる戦略課題であった。穀物の生産と供出の大半を担う小農経営に代わり大規模農業経営を国民化できる物的・技術的前提を、当時のロシアは欠いていた。農民が保有する農具、家畜の「社会化」をもって集団経営の物的基礎とする、のちに有力化する「マニュファクチュア的」思考は、いまだ市民権を獲得してはいなかった。一一月総会の四か月前スターリンは、小農経営を集団経営に再編するには数世代を要するとのレーニンの言葉を肯定的に引用していた。(32)党農村活動部長バウマンも、総会直後フレボツェントル(全ロシア穀物油脂生産・加工・販売協同組合)の会議において、集団化にはなお数十年を要すると語った。[33] トラクター、農業機械、化学肥料などの物的基盤は大部分、スターリン自身総会で認めたように、重化学工業化という不確定な未来に依存していた。しかし、これら技術的条件よりもある意味ではもっと厄介な問題は、集団化政策に対する農民大衆の態度のなかにあった。小農経営の協同組合的大経営への統合は、かれらの自発性に基づく下からの社会運動として展開される場合初めて個人経営よりも高度の経営として機能できる、これはエンゲルスが力説し、ボリシェヴィキの農業綱領に継承された鉄則であった。国家の指導と援助は、農民自身の集団化への自発的参加を前提として初めて実りある成果を期待できるであろう。いかなる意味においても強制は禁じ手であった。求められたのは、説得と啓蒙のみの粘り強い活動、それに応える農民の創意と学習であった。この前提のうえに、集団化は、貧農層中心の実践から中農層を包括する大衆的運動へと転化することができよう。しかし穀物危機は、国家と農民の疎隔を深め、国家政策に対する農民大衆の自発性と積極性の減退を招いた。総会でルィコフは、中農の「今日と明日への信頼」の失墜を憂慮した。[34] 農民との相互信頼の回復は、小農経営からの穀物供出を確保するためだけでなく、集団化にとっても必須の先決条件となった。議論は、工業化と集団化の大義から権力と農民の接点、とりわけ「結合」の成否がかかる穀物調達の現場へと下降しなければならなかった。事実、総会での議論、統制数字にかんする総会決議は、相当の部分を当面の穀物問題、とくに調達の現実問題に割いた。決議案の当面の穀物問題についての部分の基本的立場は、小農民の経営的刺激をあらゆる方法で強化することが問題解決の唯一の正しい道であるという点にあった。この基本的方針から、非常措置の廃止、正常な調達方法への移行、経営的刺激のための経済的措置(穀物価格の引上げ、工業商品の供給など)、合法的支配(革命的合法性)の復活、農業税における個別課税の対象の「クラーク経営のうちの最も富裕な部分、とくにその所得が一般的賦課では十分に補足できないもの」への限定など具体的措置が導きだされた。[35] この部分は、ブハーリン、ルィコフらの立場を多分に反映し、スターリンが必ずしも承服しなかった条項を含んでいた。

スターリン演説の第二部は、決議案作成過程でかれがブハーリンらに一定の譲歩を示した穀物問題を取り上げた。スターリンは表面的には決議案に忠実であった。しかし、かれは非常措置について沈黙することによって決議案の核心的論点を回避した。総会決議案は、「党とソヴィエト権力とが十分な迅速さをもって穀物調達を非常措置の方法から正常な穀物調達方法へと移すことに成功した事実の巨大な原則的・政治的意義」を強調し、「七月総会によって採択された諸方策」が「完全に正当」であり、「当面の穀物キャンペインの満足な展開にとってのみでなく、農民経営のより急速な高揚にとっても前提条件を創出したこと」を確認した。[36] スターリン演説は、非常措置の廃止を穀物問題解決の大前提とするこの箇所への言及を避け、非常措置の今後に言質を与えることを控えた。その沈黙は、一九二八年初め以来非常措置についてかれがとった態度の延長であった。一月の刑法第一〇七条発動についてのシベリアでの発言、かれが起案した二月一三日の政治局指令はともに、非常措置が調達危機の打開に果たした絶大な役割を称揚し、その否定的側面を過小評価した。四月総会後のモスクワ党組織における演説では、刑法第一〇七条が「もし特別の事情が起こり、資本主義分子がまた「ごまかし(finttit)」を始める場合再度登場する」と復活の可能性をほのめかした。この発言は当時の党機関紙に公表された。[37] 七月総会においては、かれは、非常措置の即時かつ無条件の廃止を主張するブハーリンに対して、適用の可否を「弁証法的に」つまり時と場所に応じて考えるべきであると反論した。この演説は当時公表されなかった。[38] 総会後のレニングラードにおける報告演説では、かれは非常措置の復活の可能性には言及せず、廃止の決議をもっぱら肯定的に論じた。この演説はレニングラードの党機関紙に公表された。[39] 八月二三日ミコヤンはスターリンに宛て、穀物調達について「状況がきわめて緊張して」おり、穀物供給について「先鋭的な困難」が八月後半から始まっている、と書いた。[40] ミコヤンの報告を非常措置発動を必要とする「特別の事情」の到来とスターリンは判断したらしい。かれは、九月一七日付ミコヤン宛書簡で「ブハーリンは穀物価格の新たな引上げ〔を提唱すること〕によって「クラークに対する強化された攻勢」をおこなう可能性を失っていると認めるべきである」と述べ、九月二六日付のミコヤン宛書簡では「多くの人は、非常措置の廃止と穀物価格の引上げとが困難を除去する基礎であると考えた。ボリシェヴィキのなかの空疎な自由主義者《リベラル》の空しい期待」とシニカルに書いた。(41) しかしかれは一一月総会の公式の場においては、当面の穀物調達における非常措置の適用について明言を避けた。スターリンが非常措置に言及するのは、党内における「偏向」を論じた演説の第三部においてであった。かれはそこで、非常措置を「党の恒常的方針(postoiannyi kurs partii)」に変えようと望んでいる人たちを「左翼的」偏向、「トロツキズムへの偏向」と非難した。(42) 非常措置の恒常化に対するこの一般的否認は、その個別的適用の是非についての判断留保と矛盾しなかった。それまでのこの問題に対する態度からみれば、かれが当面の穀物調達における非常措置の発動についての暗黙裡の許容を一般的否認にこめていたことは明らかである。この推論は、総会決議が重視した「革命的合法性」の問題に対するスターリンの軽視的態度によってもある程度裏づけられる。総会決議案は「住民に予め公知された規範の整序と厳格な実行」なくしては「経営、経済計算、個別的計画の実行への確信はありえない、すなわち、農民経営の生産力の成長はありえない」と力説し、合法性確立の原則的意義を強調した。しかしスターリンは、「革命的合法性の実務的実現(prakticheskoe provedenie v zhizn' revoliutsionnoi zakonnosti)」の一言でこの問題を片づけた。(43) 合法性復活の要求は、統治システムにおける合法的秩序回復の要求をも内包した。この要求は、社会組織としての党組織が権力の中枢を占める非常権力の廃止と公式の調達組織・ソヴィエト制の復権とを要請した。スターリンは、党カードルの注意を「穀物問題の具体的な諸問題」に集中することを要求し、「それは実用主義(praktitsizm)だ」という議場からの批判には、「そのような実用主義がわれわれには必要なのだ」と反撃した。これは、調達において党組織が特別の役割を果たした既往の経験の継続を示唆する言辞であった。しかし同時に、非常措置の恒常化の主張を「トロツキズム的偏向」と非難することによって、かれはその制度化の前に踏みとどまった。「結合《スムイチカ》」は、党幹部の心理と行動をいまだ強く拘束する神聖な原則であり、スターリンもまた例外ではありえなかったであろう。かれは党の最高幹部としてその擁護者の役割を演じなければならなかった。「貧農のわずかな部分を除いて農村はわれわれに反対の気分をもっている」、「最近とられた方針は、中農を暗黒状態、お先真っ暗の状態に導いた」とのフルムキンの診断を、スターリンは十分な論拠もなしに真っ向から否定し、「結合」は存続し強化されていると強弁した。しかしかれは、「結合」の基礎にあるネップ的農民観に挑戦し、「結合」を集団化政策(農業と農民に対する国家的規制と指導を伴う)の文脈のなかで再定義すべきであると論じた。[44]

スターリンの非常措置についての曖昧な沈黙は、総会で穀物地区党組織の代表が表明した市場的調達方法への復帰に対する悲観主義と表裏の関係にあった。同総会でS・コシオール(ウクライナ)は、非常措置から正常な調達方法への転換に賛同したが、同時に転換が事実上不可能に近い難事である現実を縷々語った。困難はなによりもまず穀物の市場価格と公定価格の格差の拡大傾向にあり、農村コムニストはこの事実の前に無為となり、農民に公的機関への供出を説得できないと信じているのであった。このゆえに、多くの者は、非常措置のみで仕事をしてもよいと考えている。「非常措置は調達官のみでなく党装置をも堕落させた」。かれらはもっぱら非常措置に依存し、クラークの煽動に対抗する政治活動はない、「基本的なことは、小および極小個人農経営に対するわれわれの影響がこれまで極度に制限されてきたことにある」、コシオールはこのように述べて、穀物調達を農村のすべてのキャンペインの中心に据え、それを基本的政治問題とみなすべきである、なぜなら「農民との結合にかんする最大の困難がこの線に沿って、この点に再び現れるであろうから」と論じた。「われわれの活動の真の評価」は、穀物調達の困難を「中農との結合強化の見地から」解決することを学んだあとで初めて与えることができる、しかし「われわれはこれまでのところこのことに成功していない」[45]。この発言の真意は、非常措置体制への全面的復帰への賛同ではなく、調達が、「結合」の成否がかかる重大な局面を迎えているとの危機感の表明にあった。六日後の総会会議においてコシオールは、「現地では穀物調達が醜悪に(otvratitel'no)おこなわれている」現実を認めなければならなかった[46]。非常措置の廃止に伴う「別の危険」が、シベリアのエイヘによって指摘された。「非常措置を廃止しこれに関連して方向を転換したとき、わが活動家たちはいくらかの受動性を表し始めた。こうした受動性は若干の地方で見受けられる、すなわち、非常措置はもうない、だからわれわれは坐して穀物がどう動くかを見守ろう」、このような態度では調達の成功は覚束ないとかれはいう。「われわれはすべての勢力の緊張なしで穀物調達計画を遂行できると期待すべきではない」。これは、市場的方法のもとで調達官が順守すべき「調達倫理」がもはや妥当性を失った現実の認知であった[47]。ではそれに代わるべき方法とはなにか、エイヘはいう、「穀物調達キャンペインは、去年大きな政治キャンペインであったように、今年もそうなるであろう、それは党の全勢力の緊張を基調としておこなわれなければならない。非常措置の廃止が動員解除を意味してはならず、党組織は穀物調達の進行を傍観していてはいけない」。調達を党組織の主導のもとで経済から政治の文脈に移すという布陣は、一九二八年一月の危機の際のそれと同じであった。では、それが非常措置復活の舞台とならないためにはどうすればよいか、グリャジンスキー(中央黒土州)は、ここでも全権代表の派遣による調達方法が問題であると主張する。なぜなら、「上から下への特別全権代表の送派の方法は」「われわれが穀物調達装置の活動の意味においてもっている正常な状態を混乱させ駄目にしかねない」からであった[48]。エイヘは問題を農村内に限定し、協同組合を通して協同組合アクチーフに依拠して農民に近づき農民に余剰穀物の搬出を促す方法を提示した。しかし「この点でわれわれはいまのところきわめて僅かのことしかしていない」のが現状であった。政治的キャンペインが強制的調達とならない保証は、貧農にかんする活動の展開であるとかれは説く。「去年、貧農にかんする活動が展開されていないところで非常措置を実施した際に、われわれは失敗していると感じた。今年も、貧農にかんする大きな活動なくしては穀物調達キャンペインを成功させることはできない」(49)。ハタエヴィチ(中ヴォルガ)は、いま「わが穀物調達に対するクラークの最も活発な反対行動がある」(50)ことを指摘し、それに対抗するために貧農の支持を獲得する必要性を熱心に説いた(51)。貧農の組織化、その周辺に中農大衆の結集を目指す階級的大衆活動の展開によって党を支持する農民の多数派を農村内に編成する、これが非常措置でも市場的方法でもない第三の方法に通じる道であるとされた。貧農にかんする活動それ自体は、第一五回党大会のスローガンの月並みな繰り返しであり、大会後の実績はきわめて乏しかった。それにも拘らずエイヘは、かかる方策を進行中の穀物調達に直結させ緊急性を付与して再提起した。かれは、貧農に対する物的利益の供与(現物加工料と自己課税からの一定部分の控除による)に活動の手掛かりを見いだした。「そうしなければ、われわれにとって貧農を穀物調達に引きつけることはきわめて困難であろう」(52)。

北カフカースの農業問題を報告したアンドレーエフの発言は、非常措置の復活に反対する穀物地区党組織の立場を代弁した。かれは、非常措置の廃止が農村の気分に好影響を与えている側面を強調し、再転換がもちうべき危険を警告した。「私は、すべての評価を諸事実、調査の入念な点検に基づかせて、まったく真剣に、農村における気分は、われわれがいま春に比べてこれら気分の顕著な好転(znachitel'noe otlichie)を有しているという点に帰着するといわなければならない」。「もし私が前の総会において農村における気分の状態について、あなたがたに中農にかんしてとくに心配な特徴づけを与えたとすれば、現在存在しているのは、中農の気分の顕著な改善、大きな安心、われわれが自己の政策などを真剣に正し、非常措置を真剣に拒否したことへの信頼である。ひとつの事実が教示的である、すなわち、いまでは中農は黙っていないで話をしている。中農は春のキャンペインのときには頑固に黙り込み、ひたすら沈黙したが、いまは黙っていない。作柄の会議に明らかなように、積極性は異例のものである」。かれはこの状態を変えない(変えるような政策、例えば非常措置の復活をおこなわない)ことを切望する。「他方で、もし気分の悪化があったなら、われわれが誤りを犯したなら、われわれがおこなっているキャンペインは、大きな欠陥をもって、一層の緊張をもって進行することになろう」。「一連の方策を強制的やり方で実行してはならない」。「いかなる場合においても、われわれは強制にふけってはならない(53)」。

もう一方の当事者である農業共同体について、総会決議は特別の意思決定をおこなわなかった。共同体に対する国家の政策は同年一二月一五日の土地立法に委ねられた(54)。しかし一一月総会の論議においてこの問題が看過されたわけではなかった。むしろ、農業・農民政策にとって共同体問題がもつ基底的意義は、共有された了解であった。カミンスキー(コルホーズツェントル議長)とウラジミルスキー(ソユーズソユーゾフ議長)とは、穀物の予約買付契約を国家と締結する農民側の当事者として共同体を位置づけ、共同体を単位とする予約買付契約が、穀物調達だけでなく農民の集団経営への移行の包括的媒体としても大きな可能性をもつと力説した(55)。ハタエヴィチも予約買付契約を「個々の農民とではなく農業共同体または共同体のなかで播種協同組合を組織する農民集団と締結する」方法として支持した(56)。それぞれの地域の「農業技術の最も単純な方法」を定めた義務的な「農業的最低限《アグロミニムム》」の実施について、アンドレーエフは強制的方法ではなく農民の合意に基づかなければならないと力説し、「すべての農業共同体、すべての村スホードの広範な支持をわれわれに保証する社会的手続の措置」を合意形成の方法として提言した(57)。共同体を国家政策に対する合意形成の場として機能させるための方策が、ふたつの方向において追求された。ひとつは、共同体に対する国家規制を強化する方策であり、いまひとつは、伝統的共同体を階級的指標に基づき内的に再編して新しい合意形成機構を創出する方策であった。前者は一九二八年末の土地立法に、後者は貧農の組織化に、それぞれ具現され、ともに、共同体に対する国家、党の影響力の強化を眼目とした。しかし加重される外圧は、農民自身による共同体の内的再編に転轍される場合初めて実りあるものになると信じられた。共同体自治を否定したり共同体を国家権力により廃止する方法は選択肢に含まれていなかった。一九二八年前半の危機における共同体自治への侵害行為は、繰り返してはならない誤りであった。カリーニンは一九二八年秋、来たるべき自己課税を「正常な自発的方法」により、すなわち、前回のような「応急的または強制された」方法ではなく共同体自治を尊重しておこなうことを誓約した。[58] しかし、共同体自治を侵害することなく共同体を国家政策に対する農民の真の合意形成の機構として機能させることは、一一月総会の時期においてはさらに困難となっていた。調達危機のパラドックスは、外圧に対する共同体の伝統的閉塞性を著しく高めた。共同体の存在それ自体が階級的差異化の外挿に対する強固な障壁であった。

こうして当面の穀物調達の成否があげて農村における党の影響力に依存する状況の枠組が設定された。都市における食糧危機の深刻化に伴い、調達問題は国民的様相を呈した。党は一層真剣に困難の原因の所在を自問しなければならなかった。それが、右派が主張するようにスターリン指導部の(「超工業化論者」に影響された)変節と失政によるのか、それともスターリン派が主張するようにクラーク分子の抵抗(およびそれと闘争しない「右翼日和見主義」)によるのか、あるいは分散と零細化を特徴とする農業構造(そしてその温存に固執する右派)に起因するのか、問題は党内世論を二分、三分する複雑かつ困難な性格を帯びた。総会決議は、加速的工業化の路線を不動の前提とし、その枠組のなかで穀物問題解決の方途を模索した。急テンポの工業化が強制する「緊張」の緩和(すなわちテンポの減速、農民への更なる譲歩)は選択肢から除外された。同時に「結合」理念への忠誠が再確認された。[59]「緊張」は社会主義建設に対するクラークの抵抗の激化と同義化され、階級闘争の先鋭化が、ルィコフの異議を排して、党の状況認識の基礎命題となった。農村における党の任務は、農民大衆を反クラーク闘争に結集する階級的大衆活動の展開であった。この文脈に沿って、経済的・市場的方法への全面的復帰ではなく、さりとて非常措置の復活でもない「第三の方法」が合意形成の新しい形態、「結合」の現実態として浮上する。しかしその具体的内容は明らかではなかった。党が果たすべき決定的役割がそこで強調された。他方で党を悩ませたのは、農村にはこの要請に呼応する勢力が実在しないという現実であった。願望と現実のあまりにも大きな懸隔をいかにして埋めることができるのか、総会では随所でこの問題に対する関心と懸念とが表明された。北カフカースのアンドレーエフは、「農業の前にわれわれが提起しているすべての問題と任務を手早く片づける意味におけるわがソヴィエト・党組織の組織的可能性と能力にかんする問題」について率直に語った。「党組織、党員層はわれわれのところでは極度に弱体である。党員層は農村のすべての農民に対して〇・三五%を占める。しかしこのことはその〇・三五%が農民であることを意味しない。そのうち三分の二は公職者である(カリーニン――もっと多い、間違っている)。私がみずから大きな村々《スタニーツィ》に赴いた際、わが党組織が至るところでほとんどわが公務員、すなわち、村ソヴィエト議長、協同組合議長、コムソモール書記、民警員などからなっている現象に出会った」。カリーニンは、それは北カフカースに限られた現象ではないと更に口を挿んだ。アンドレーエフによれば、ソヴィエト組織にも同じ弱点がみられる、あるいは、状態は穀物危機の際の非常権力設立の結果としてソヴィエトにおいてはもっと悪いのであった。「われわれのところでは、ソヴィエトが集会できない場合はまれでない。このことはわれわれがソヴィエト建設の事業においてもっところのきわめて大きな欠陥を示すものである」。統治の空白を満たすために穀物調達時に四〇〇〇人をこえる活動家を管区と地方《クライ》から派遣しなければならなかった。かれはプロレタリア地区からの更なる派遣を要請した。[60] アンドレーエフが語った北カフカース農村での党・ソヴィエトの状態は例外ではなかった。一九二九年春の播種キャンペインにおける村細胞の任務を論じた党機関誌の一文は、ソ連に現在三五万の農業共同体があるが、それに対して農村細胞は一万九四一七、コムニスト数は約二七万にすぎない、これは一コムニスト当たり一ないし二の共同体という比率となり、かかる条件のもとでは、各村落の条件と個々の経営を研究して着実な経済・文化活動をおこなうことは「物理的に」不可能であると述べた。[61] 数的不足から生じた困難は、細胞構成員の質的問題によって倍加された。アンドレーエフが指摘した、かれらが主として公務従事者であるという事情は、その多くが農業経営を兼業していたとしても、これら組織が上からの指令への応対に追われる状況が続く以上、組織の農民社会からの疎隔の促進要因となった。農村党組織のこのような傾向は、構成員の階級的帰属の側面からも説明された。モロトフは、総会における党への労働者の徴募とその拡大の規制にかんする報告において、農村党細胞の構成における富裕農の相対的に高い比率を、中央統計局の部分的調査資料をよりどころとして指摘した。党細胞における富裕農民の比率は一般住民よりも高く、生産手段の価値が八〇〇—一六〇〇ルーブルの経営は住民のなかでは一三%、党では二〇%、一六〇〇ルーブル超は、住民では三%、党では四%、もっぱら農業に従事するコムニストのうち八〇〇—一六〇〇ルーブルの価値の生産手段を所有するものはおよそ二七%と住民の一三%より高く、一六六〇ルーブル超の経営は八%で住民の三%より高かった。「これらの事実は農村組織の構成における農村の最も富裕な層の高い比率を鋭く強調している」。[62] かかる質の問題を解決するために提案された対策は、粛清(chistka)、すなわち除名その他の党規律上の処分であった。この問題に特化したヴァレイキス(中央黒土州)は、農村党組織がもっている「きわめて大きな欠陥」のうちでとくにカードルに「極度の欠陥」があり、そこでは無条件に「粛清」が必要であるとの診断を下した。「農村ではわれわれは、小ブルジョア的自然発生性の影響、小商品生産者の影響、かれらの蓄積への動物的志向、貧農にも中農にもある蓄積への動物的・野獣的志向をもっている。この志向は、小商品生産者のあらゆる偏見に汚染された農村コムニストにもある」。ヴァレイキスによれば、党組織の富農・クラークの比率が一般住民より高いのは、党が富農を採用するからではなく、入党後特典を享受して富農に上昇するからであった。(63) 党農村活動部次長ラッィスが党機関誌で下した農村党組織の現況についての診断によれば、農村党細胞の富農的構成は希薄な組織網それ自体に由来した。すなわち、農村には二万六六〇の細胞がある、このことは、一細胞の管轄下に平均二六の住民地点があることを意味する。このような細胞網では党に結集さるべきバトラーク、貧農カードルを捉えることができないのは当然である。至るところで細胞は、移動の手段をもち、自由な時間をもつ、「暮らしに困らない」村民により補充されてきた。「第一五回党大会後の指令」の遂行において党細胞が「傍観者」としてとどまったのは偶然ではなかった。(64) 総会決議はいう、「農村諸組織の構成には、プロレタリア分子の比重は依然としてまったくとるにたらず、コルホーズ員カードルは至極少ない。このことと並んで、その構成には、若干の場合、富裕農民、ときとしてクラーク層に近い、堕落した、労働者階級とはまったく無縁な分子の割合が著しい。このことは、これらの組織の断固たる改善、根本的粛清、大規模な刷新を完全に差し迫った任務としている」。(65) 農村的環境に同化されずそれを能動的に変革する意志と能力をもった党組織を農村内に建設する、量を犠牲にして質を追う組織政策が、当面、党と農民の疎隔を更に拡大することは不可避であった。総会においてミコヤンは、正常な党活動が存在するのは県レヴェルまでであり、「管区、とくに地区、村にはこれまで存在しない」現実を認めた。(66) 粛清による質的改善は、長期的組織政策としては意味をもちえたであろう。しかし権力の当面の空白を埋めるには別の方策が必要であった。非常措置と不可分の全権代表システムの復活は、「結合」を前提すれば、とりえない代案であった。ここで想起されたのはソヴィエトであった。ソヴィエト制は、一九〇五年革命と一九一七年革命とにおいて都市と農村の勤労者が獲得した政治的成果であり、それへの親近感はかれら(とくにボリシェヴィキ党とは疎遠な農民)の社会意識にも定着していた。農民の経済的・社会的・政治的要求を代表する「農民同盟」組織のスローガンであろうと、少なくとも一九二八年までは、ソヴィエト権力の否定ではなく原則としてそれを前提としての結社の要求であった。[67] 二〇年代半ばの「ソヴィエト活発化」政策は、内戦で衰退したソヴィエトへの農民の親近性と積極性を甦らせた。しかし穀物危機に際しての非常措置の導入は、ソヴィエトを再度機能不全へと陥れた。農民の新しい合意形成の機構が新たに模索される状況において、ソヴィエトのもつ可能性は、とくに農村において再認識された。総会決議はソヴィエト・システムの理念にたちかえった。「現在の条件のもとで、経済の根本的社会主義的再建の条件のもとで、ソヴィエトの役割は大きく引き上げられなければならない」。決議はこのために「ソヴィエトの活動を多くの点で変更し根本的に改善すること」を必要とみなした。[68] ときあたかも、穀物危機の衝撃のもとで一九二八年初め突如として延期された農村ソヴィエト選挙を一九二九年一―二月に実施することが決定された。[69] ソヴィエト選挙キャンペインは、この時期、「結合」維持のために検討が進められつつあった政治的・経済的諸措置のなかで突出した政治的位置を占めた。なぜなら、それは、農民の基本的大衆としての中農との合意、すなわち「結合」の成否にかかわるからであった。のちの歴史過程に照らしてみれば、一九二九年一―二月の農村ソヴィエト選挙キャンペインは、農民大衆との合意形成機構を再構築する最後の機会となったと意義づけることができよう。選挙キャンペインの最盛期が過ぎた一九二九年三月以降の穀物調達において、事実上全体としての農民に対する強制を意味する「新しい方法」が、ソヴィエト制度の外で、党的手続によって導入され実施されたことは、この企ての暗い結末を象徴したのである。

一一月総会は一九二八／二九年度統制数字案を全会一致承認した。これは年次計画を党中央委員会総会が承認した最初の機会であった。決議は、国の工業化路線を堅持し、「重工業と生産手段の生産とが農業を含めた国民経済総体の社会主義的改造の基本的鍵である」と強調した[70]。その意図は、急テンポの工業化を最優先の政策として再確認し、それが随伴するであろう農民と農業の犠牲を意味する「緊張」あるいは「無理」はこの路線からの後退の理由とはなりえないと宣言することにあった。前者はその意味で工業革命に随伴する不可避の「臨時出費」であり、後者は、農業生産力の発展が加速的工業化により初めて保証されるとする戦略論によって工業化加速の発条として正当化された。九月末のブハーリンの「一経済学者の覚書」と対比すれば、総会決議の根底にある理論枠組がブハーリンの観点からの決定的離脱であったことは明白である。一一月総会は、ネップ下において党の経済政策の理論的指導者の役割にあったブハーリンがその地位を失った最初の公式の場となった。

当面の穀物危機の分野では総会は何を決定したのか。スターリン派の勝利は、工業化問題ほどにはこの問題に確実な解答、斬新な新機軸を用意しなかった。そこには複雑な、ブハーリン派の立場を公然とは否定できない中農問題が絡むからであった。総会でのガマルニク(白ロシア)の発言はこの点で象徴的であった。「われわれは断固として超工業化に、反中農的、反農民的で、本質において反革命的なトロツキーの計画に反対するが、しかし、わが国民経済における工業の決定的地位をかちとるだけでなく、資本主義諸国に可能な限り短期間で追いつき追いこすために緊張し強化された国の工業化のテンポには賛成である」[71]。統制数字に示された加速的工業化は、長期的視点から農業の機械化と生産力発展とに寄与しうる基本的要因であると認められるとしても、当面の穀物危機解決の処方箋を提供するものではなかった。むしろスターリンが認めたように、経済的刺激による調達の可能性の幅を狭めることによって困難を否応なく増幅するであろう。出口をどこに見いだすべきか。七月総会の記憶はいまだ新鮮であり、「結合」は政治体制存立の基本原則として党幹部の心理を拘束していた。同時に、都市その他の消費地帯の逼迫した食糧事情、そして工業化のテンポを加速するために必要な機械・資材輸入の対価としての輸出用の穀物の必要を考慮すれば、一一月以降の調達計画は万難を排して達成されなければならない危急の課題であった。総会決議も調達が「極度の緊張」を伴って進行している事実を隠さなかった。決議は具体的対応策を欠いた。「総会は全党組織につぎのように指示する。今後の穀物調達の成功的経過は、この事業への全党、とくに農村の下級党組織の格別な注意のもとで、基本的農民大衆の間での穀物調達の事業をめぐる広範な政治活動の展開、穀物調達に対するこの積極的援助のための貧農、ソヴィエト・協同組合積極分子《アクチーフ》の組織、およびこの方法による穀物引留を煽動するクラーク上層の企ての克服の条件のもとで初めて可能である」(72)。処方箋があるとすれば、エイヘら穀物地区党幹部の意見の繰り返しにすぎないが、調達の舞台を経済から政治に移すこと、そしてそこで合意形成の新しい方法を発見することであった。あるいは、経済的刺激でも非常措置でもない「第三の方法」として党組織主導の「大衆活動」の展開による農民説得の可能性に活路を見いだすことであり、そして説得に応じないで抵抗する農民を「クラーク」として敵視する階級的差異化政策を再提起することであった。決議は「農村における党の成功の義務的条件は、活動のすべての領域における明確な階級路線である」と宣言した(73)。しかし中・貧農とプロレタリアートの関係にも、「緊張」をクラークなる少数者との間にとどめえないような微妙な変化が生じつつあった。「結合」の原則は否定されなかったものの、強調されたのは、中農との妥協よりもその限界であった。労農同盟が農民を甘やかすことを意味しないと述べたのはスターリンであった。農民に対する更なる譲歩を提唱する者は、動揺する「右翼日和見主義」と非難された。臨界点において「結合」は「新しい形態」、すなわち集団化の文脈へと転轍された。総会後間もなく逼迫の度を加えた都市と工業地帯の食糧事情は、穀物調達過程にさらなる緊張の度を加えた。緊張は、集団化を加速する強力な動因として働いた。にも拘らず、自発的集団化の原則の堅持は指導部により再確認された。カリーニンは、一一月三〇日、全ロ中央執行委員会会議の閉会に際し集団化に言及して、「私は、集団化の事業における行政命令的圧力についての、いくらかの道徳的圧迫についてさえもの、最も断固たる反対者である。わが政府も共産党も同じ観点に立っている」と言明した。[74] 合意形成の再構築のための大衆活動は一九二八年秋から翌二九年春にかけて真摯に展開される。それは階級的差異化と総称できる、農民社会を階級的指標により再編することを意図した政治政策と要約できよう。その意図は、貧農を党の直接的支持基盤として組織化することであり、組織された貧農を核としてその周辺に中農大衆を結集することであり、クラークなる階級敵を孤立化させることであった。この抽象的スローガンに具体的意味内容を盛り込んだ代表的争点として、クラークについては農業税における個別課税、貧農については貧農グループの組織、中農については農村ソヴィエト選挙キャンペインをそれぞれあげることができよう。階級的大衆活動の結果は、これらの争点の展開によって規定された。穀物調達の新しい方法、市場的方法でも非常措置でもない「第三の方法」は、これらの階級的大衆活動の結果に制約されつつ、調達の現場において半ば自己形成の道を辿ることになる。

総じてスターリンは、この時期、政治的にも政策的にも、慎重かつ曖昧な態度に終始した。七月総会後から一一月総会までの期間、スターリンは、総会直後のレニングラードでの報告演説、一〇月一九日のモスクワの党集会での演説のほか、若干の儀礼的挨拶を除いては公的に発言していない。ブハーリン派に対する闘争においても、かれはもっぱら自派の幹部を通して行動し、みずから政争の表舞台にでることを控えた。闘争の方法においても慎重な態度をとった。反右派闘争の基本的方法はイデオロギー闘争であり、規律的処分を伴わないと総会でかれ自身が述べた。[75] これは、あらゆる政治技術を駆使し、政治的資源を総動員し、オゲペウの権力さえも利用して、厳格な規律処分に訴えた合同反対派との闘争とはきわめて対照的な行動である。総会決議案の準備においても、いくつかの論点においてかれは必ずしも自説に固執しなかった。このような態度には、しばしば指摘されるように、ブハーリン派が合同反対派に比べて手強い政敵ではなかった、という事情が絡んでいたことは事実であろう。しかしそれですべてが説明されるわけではない。かれがじっと身を潜めたのは持ち前の「細心に計画された曖昧さ」にも由来する。

（1）〈Pravda〉, 25 November, 1928. 議事録に記載された出席者(中央委員、同候補、中央統制委員、中央監査委員)数は三八三名である(*Kak lomali NEP*, vol. 3, pp. 558–559)。ちなみに、一九二八年七月総会には一六〇名、一九二九年四月総会には三〇一名、一一月総会には二〇一名の出席が記録されている(*Kak lomali NEP*, vol. 2, p. 579, vol. 4, M., 2000, p. 532, vol. 5, M., 2000, p. 540)。

（2）*KPSS v rezoliutsiiakh*—, II, pp. 450–465; Carr and Davies, *Foundations of a Planned Economy*, vol. 1-I, pp. 312–332.

（3）一一月五日付のフルムキンの中央委員・中央統制委員宛の書簡はこの危険を率直に警告したものであった(*Tragediia*—, vol. 1, pp. 15–16, 443–459)。

（4）七月総会後の党内情勢の複雑な展開のなかで一貫した趨勢は、スターリンとかれの権力基盤である党官僚制の機構的自律性の確立と政治的影響力の拡大であった。穀物問題についての七月総会決議は、ブハーリン派に対するスターリン派の譲歩の外見をとった。辺地に追放された旧反対派は当初、総会をブハーリン派のスターリン派に対する勝利と受けとめた。政治局内の分裂は外部には秘匿され、その一体性はコミンテルンにも表明された。しかし舞台裏では、党指導部の勢力関係は、スターリン派の優位とブハーリン派の凋落へと推移した。ブハーリンが反スターリンの立場を確定したのは一九二八年五月頃といわれる。以来、「右派」と呼ばれた幹部集団は指導的中心を得て、かつての合同反対派に比べれば微力であったが、反対派として結集した。スターリンの「左旋回」と右派の台頭とは、旧反対派の間に微妙な波紋を巻き起こした(本書第二章二注(44)参照)。スターリンの側にも左派と結ぶ動機がなくはなかった。右派に有効に対抗するという政争的理由に加えて、転換期への理論的・政策的対応のために、知的に傑出した人材を擁する左派の協力が必要であった。穀物危機におけるスターリンの農村情勢の分析は、多分に合同反対派の綱領からの借り物であった。同時にスターリンのトロツキー個人に対する敵意は変わることがなかった。トロツキーも非常措置の実態を知るに及んでスターリンに対する非難を強めた。他方、七月総会の非公開の論戦でうちひしがれたブハーリンは、反スターリン統一戦線を結成すべく、カーメネフを通して左派に接近しようとした。錯綜した党内情勢は、スターリン得意の権謀術数のための格好の舞台となった。かれは左派分子の多くを降伏させ、右派を孤立化することに成功した。他方、トロツキー、ジノヴィエフ、カーメネフのような反対派の中心的指導者には、スターリンは容赦のない態度をとった。有利に展開した情勢を背景にして、スターリンは右派の打倒に着手した。スターリンはまず、政治局内の安定した多数派の形成に成功した。第一五回党大会直後中央委員会が選出した政治局員九人のうち、スターリンは、モロトフ、クイブィシェフ、ルズターク、ヴォロシーロフを擁して辛うじて多数派を構成した。このうちヴォロシーロフは、農民の気分に敏感な赤軍の指導者として非常措置に批判的であり、スターリン支持において動揺的であったといわれる。カリーニンは、農民的背景、政治的気質から右派に親近的とみられていた。しかし、背後事情は判明しないが一九二八年夏までに、スターリンはヴォロシーロフ、カリーニンの支持を獲得し、政治局会議の表決で安定した多数派の形成に成功した。同年五月、スターリンはブハーリンの影響のもとにあった赤色教授学院の学生を前に、ブハーリン理論に批判的な演説をおこなった。スターリンはまたブハーリンの影響下にあった党機関紙『プラウダ』編集部にクルーミンら自派分子を送り込み、主要言論機関に対する自己の影響力を強めた。同年六月一五日フルムキン(財務人民委員代理)は政治局宛書簡を送り、農村の危機的情勢に警告を発し、政治局多数派の権威に挑戦した。六月二〇日スターリンは素早くこれに反論して、右派の見解を鋭く批判した。ブハーリンはこの応酬においてフルムキンを擁護することができなかった。かれは六月二七日の政治局会議で経済情勢についての長文の文書を読み上げたが、政治局多数派により却下された。七月総会における当時秘匿された論戦は、総会参加者にブハーリンの権力の凋落を印象づけた。同年夏モスクワで開かれた第六回コミンテルン大会において、ブハーリンはみずからの権威の失墜を外国コムニストの前にさらす苦い経験を味わった。右派の組織的拠点であった首都モスクワの党組織に対するスターリン派の攻撃も時を同じくして開始された。ブハーリン派のウグラノフに代わってスターリン派のモロトフ、バウマンがモスクワ党組織の指導部に入った。五か年計画立案の作業においてもブハーリンの影響力は後退した。計画立案の実権は、スターリン派の政治局員クイブィシェフ率いる最高国民経済会議に移行した。会議は、生産手段の生産への重点投資を基軸とする急テンポの工業化を盛り込んだ一九二八／二九年度統制数字案を全面的に支持した。案が基礎に置いた理論的枠組は、ブハーリンの均衡理論ではなかった。九月末ブハーリンが『プラウダ』に発表した「一経済学者の覚書」は、これに対する虚しい抗議であった(以上、*Kak lomali NEP*, vol. 3, pp. 5–29; "Platformy bol'shevikov-lenintsev (oppozitsii) k XV s'ezdu VKP (b)", *Arkhiv trotskogo. Kommunisticheskaia oppozitsiia v SSSR, 1923–1927*, vol. 4, M., 1990, pp. 125–131; Carr and Davies, *Foundations of a Planned Economy*, vol. 1–I, pp. 82–95, vol. 2, pp. 54–85; *Biulleten' oppozitsii*, No. 1–2, 1929, pp. 15–16; Vadim

Rogovin, *Vlast' i oppozitsii*, M., 1993, pp. 40–78; F. M. Vaganov, *Pravyi uklon v VKP(b) i ego razgrom*, M., 1977, pp. 33–68; ドイッチャー『武力なき予言者・トロツキー』第六章、S・コーエン『ブハーリンとボリシェヴィキ革命』塩川伸明訳、未來社、一九七九年、第九章)。

(5) RTsKhIDNI, 17/3/711, 4.

(6) Stalin, *Sochineniia*, vol. 11, pp. 320–321.

(7) Vaganov, *op. cit.*, p. 203.

(8) *Kak lomali NEP*, vol. 3, p. 16.

(9) *ibid.*, pp. 562–573, 598–608.

(10) Stalin, *Sochineniia*, vol. 11, pp. 320–321.

(11) *Kak lomali NEP*, vol. 3, p. 607. 注(17)参照。

(12) *ibid.*, p. 17.

(13) Carr, *op. cit.*, vol. 2, pp. 78–79.

(14) *Kak lomali NEP*, vol. 3, pp. 604–605. スターリンに対するブハーリンの非決断的態度について、リューチンの証言がある(Rogovin, *op. cit.*, p. 66)。

(15) *Kak lomali NEP*, vol. 3, p. 16.

(16) 一〇月一九日「右翼的偏向」を攻撃したモスクワ党組織における演説で、スターリンは政治局内にはいかなる偏向も存在しないことを「最大の断固さをもって」言明した(Stalin, *Sochineniia*, vol. 11, pp. 235–236)。総会決議の右翼的偏向にかんする部分は、ブハーリンの話によれば、「党に自分が右翼主義者ではないことを知らしめる」ために彼自身により起草されたという(Carr, *op. cit.*, vol. 2, p. 79)。

(17) 例えば、一一月一三日、ルィコフ、ブハーリン、ミコヤン、オルジョニキーゼ、クルジジャノフスキー、クイブィシェフに宛てた覚書のなかでスターリンは、「基本的農民大衆の経営的刺激が現在われわれの基本的任務のひとつである」という文言の削除を求めた(*Kak lomali NEP*, vol. 3, p. 607)。しかし決議にはこの文言はそのまま採用されている(*KPSS v rezoliutsiiakh*—, II, p. 534)。

(18) *Kak lomali NEP*, vol. 3, p. 19.

(19) ルィコフによれば、今年の総収穫(valovoi sbor)は、前年より七一四〇万プード多かった。今年の調達は、去年の調達結果六億二七〇〇万プードに対して六億プードの調達計画から出発した。これは中央集権化された計画であり、非中央集権化部分を含めると七億プード余(去年は六億八〇〇〇万プード)の調達が予定された(*ibid.*, p. 38)。

(20) 一一月一五日政治局は「穀物調達強化についての指令を中央委員会の名において与えることを必要とみなし、指令案作成のためミコヤン、モロトフ、チュバーリ、S・コシオール、クビャーク、シュヴェルニク、アンドレーエフ、エイヘ、ヴァレイキス、ゴロシチョーキン、カミンスキー、リュビーモフからなる委員会を設立すること」を決定した(RTsKhIDNI, 17/3/713, 2)。調達テンポ引上げを目的とした政治局決定は一一月二九日採択された(RTsKhIDNI, 17/3/714, 10–12)。

(21) *Kak lomali NEP*, vol. 3, pp. 31–52.

(22) *ibid.*, p. 607.

(23) *ibid.*, pp. 429–435.

(24) *ibid.*, pp. 76–102.

(25) Vaganov, *op. cit.*, p. 240.

(26) シェボルダエフ(*Kak lomali NEP*, vol. 3, pp. 277–278)、ガマルニク(*ibid.*, p. 133)、S・コシオール(*ibid.*, p. 116)、ハタエヴィチ(*ibid.*, p. 160)など。

(27) *ibid.*, p. 246.

(28) *ibid.*, pp. 257–259.

(29) *ibid.*, p. 118.

(30) スターリンの演説は一一月二四日の『プラウダ』に、ルィコフらの報告は一二月四日の『プラウダ』に発表された。

(31) Stalin, *Sochineniia*, vol. 11, pp. 245–257.

(32) *ibid.*, p. 213.

(33) 〈Istoricheskie zapiski〉, No. 80, 1967, p. 58.

(34) *Kak lomali NEP*, vol. 3, p. 44.

(35) *ibid*., pp. 564–569.
(36) *ibid*., pp. 564–566.
(37) Stalin, *Sochineniia*, vol. 11, p. 46;〈Pravda〉, 18 April, 1928.
(38) Stalin, *Sochineniia*, vol. 11, p. 175.
(39) *ibid*., p. 206.
(40) *Kak lomali NEP*, vol. 3, pp. 591–593.
(41) *ibid*., pp. 7–8.
(42) Stalin, *Sochineniia*, vol. 11, p. 277.
(43) *ibid*., p. 266.
(44) *ibid*., pp. 271–272.
(45) RTsKhIDNI, 17/2/397, 52–54; *Kak lomali NEP*, vol. 3, pp. 116–118(傍点は原文では下線).
(46) *Kak lomali NEP*, vol. 3, pp. 505–506.
(47) *ibid*., p. 121. 市場的方法下における調達官の仕事は現地の調達所に赴きそこで穀物の到着を待つことであり、直接農民と話し合うことすら調達倫理の違反とみなされた(〈Pravda〉, 15 January, 1928)。
(48) *Kak lomali NEP*, vol. 3, p. 246.
(49) *ibid*., pp. 121–122.
(50) オゲペウ資料によれば、一九二八年一一—一二月になって農民によるテロの件数は顕著に増加する(*Tragediia*—, vol. 1, pp. 63–64)。
(51) *Kak lomali NEP*, vol. 3, pp. 159–160.
(52) *ibid*., pp. 121–122.
(53) *ibid*., pp. 346, 362–363.
(54) *SZ*, No. 69, 1928, art. 642.
(55) RTsKhIDNI, 17/2/397, 107–108; *Kak lomali NEP*, vol. 3, p. 169.

(56) *Kak lomali NEP*, vol. 3, p. 157.

(57) *ibid.*, p. 346.

(58) 〈Krest'ianskaia gazeta〉, No. 40 (2 October), 1928.

(59) ルィコフは、統制数字案討論の結語において、社会主義建設が進めば進むほど資本主義復活の支持者の階級的基礎は縮小し階級的抵抗も弱まる、党の基本的立場はこれ以外にありえないと論じ、スターリン流の「階級闘争激化論」を批判した(*Kak lomali NEP*, vol. 3, pp. 286–287)。

(60) *ibid.*, pp. 358–360.

(61) 〈Derevenskii kommunist〉, No. 3, 1929, pp. 6–7, 20.

(62) *Kak lomali NEP*, vol. 3, pp. 457–460.

(63) *ibid.*, pp. 482–484.

(64) 〈Derevenskii kommunist〉, No. 1, 1929, pp. 18–19.

(65) *KPSS v rezoliutsiiakh*—, II, p. 546.

(66) *Kak lomali NEP*, vol. 3, p. 433.

(67) 〈Sovetskoe stroitel'stvo〉, No. 8, 1928, pp. 22–23; 〈Derevenskii kommunist〉, No. 3, 1929, p. 5, No. 14, 1929, p. 6; *Glazami*—, vol. 2, pp. 18–19, 514–515, 548, 786–790. 他方でこの時期になると、「コムニスト抜きのソヴィエト」は頻繁に聞かれた農民の政治的スローガンであった(*Tragediia*—, vol. 1, pp. 577–578)。

(68) *KPSS v rezoliutsiiakh*—, II, p. 541.

(69) 〈Izvestiia〉, 16 August, 1928; 〈Izvestiia TsK VKP (b)〉, No. 28, 1928, p. 7; 〈Sovetskoe stroitel'stvo〉, No. 11, 1928, pp. 24–25.

(70) *KPSS v rezoliutsiiakh*—, II, pp. 526, 531.

(71) *Kak lomali NEP*, vol. 3, p. 133 (傍点は原文では下線).

(72) *KPSS v rezoliutsiiakh*—, II, pp. 528–529.

(73) *ibid.*, pp. 530–531.

(74) Kalinin, *Voprosy sovetskogo stroitel'stva*, p. 394.
(75) *Kak lomali NEP*, vol. 3, pp. 220–222.

三　選　択

1　新しい方法

穀物調達における市場的方法の限界が経済的刺激のための資源の枯渇化に伴い強く意識され、しかも都市・工業地帯の食糧事情の逼迫、輸出用穀物の需要の増大、農民の食糧消費の増加の圧力のもとで、穀物調達のテンポの加速化が緊急に要請される一九二八年秋以降、市場的方法でも非常措置でもない「第三の調達方法」が模索されることになる。その到達点は、「ウラル・シベリア方式(ural'sko-sibirskii metod, the Ural-Siberian method)」(1)なる通称をもつ新しい穀物調達方法の導入であった。この方法は、一一月総会後の穀物調達において最重点地区に指定された東部(ウラル、シベリア、カザフスタン)の調達テンポを緊急に加速する一時的便法として、一九二九年三月二〇日政治局決定によって党的制度(「社会的方法」)として創設され適用された。その経緯は、一九二八年一月初めの非常権力設立のそれに近似する。しかし一九二九年三月の党政治局決定では、国家的強制(非常措置)ではない「社会的」方法の創設行為と規定された。その社会的性格は、農民の供出義務が、自己課税の規定に基づいて、共同体スホードの決議により生じるという手続によって担保されるはずであった。この性格規定に対しては、国家的強制を隠蔽する政治的詭弁にすぎないとするブハーリン派からの鋭い批判があった。同年一一二月の党政治局・中央統制委員会幹部会合同会議、四月の党中央委員会・中央統制委員会合同総会では、方法の正当性をめぐってスターリン派とブハーリン派の間で激烈な論戦が交わされた。前者は、これを農民との合意形成(「結合」)の新しい方法として擁護し、後者は、それ自体が形を変えたしかも最悪の非常措置(全体としての農民あるいは共同体そのものに対する強制)とみなして即時廃止を要求した。ブハーリン派によるこのような要求は、多数派であるスターリン派によって「右翼的」謬見として拒否された。総会決議は「党の措置」に反対したことでブハーリン派を組織的処分の威嚇のもとに非難し、その主張を「中農との結合《スムイチカ》にかんするレーニンの教えの明白な修正」を意味すると断じた。(2) 総会後間もなく開かれた第一六回党協議会の論議では、この方法の正当性を疑問視する意見は聞かれなかった。協議会後、新しい方法は、少数の不作地帯を除くすべての地区に適用範囲が拡大され、適用期限も「播種終了時まで」延長された。同年六月までの調達過程はこの方法の全面的適用の舞台となった。そこでの経験は、方法の強制的性格を決定的なものとした。それは調達危機の一時的回避には貢献しえたとしても、権力と農民の紛争を解決せずにむしろ深刻化し、一九二八年一月に始まる紛争を後戻りできない地点にまで極限化した。必要に迫られた一時的便法に対して連続性と恒常性を付与したのは、かかる帰結であった。七月に始まる新調達年度に際して、この方法は、時限性が抹消され、地域的制限が撤廃され、市場的方法の臨界点においてではなく、調達キャンペインの当初から全面的に適用されるべき普遍的制度として国制化された。国制化された方法は、六月までの適用経験がこの方法に刻印した強制的契機の優位と社会的契機の形骸化を反映し、権力と農民の関係に生じた質的変化を表出した。かくて制度化された新しい農民支配の方法は、調達のみでなく、調達過程と表裏一体となり一九二九年秋に国民的運動の様相を呈する農業集団化の方法的枠組を設定し、そのことによって制度としての普遍化を完結するであろう。

この到達点は、二〇年代統治の基本的秩序原理としての「結合」の最終的解体と「結合」に代わる新しい秩序原理への交替とを決定づけた。一九二九年夏までの数か月はこの交替の分岐点となり、岐路はこの時期において事実上最終的に選択された。しかしながら、スターリン党指導部は、一九二九年夏農村において定型化した変動の転換的性格を明確には認知できなかった。スターリンが一九二九年夏を歴史的転換の分岐点と認定するのは、調達方法の集団化への貫徹が明示的となる一九二九年末から一九三〇年一月にかけてである。(3) ここでスターリンは、遡及的に一九二九年夏の転換性を認めたが、それを「結合」の解体とみなすことを許さなかった。反対にかれは、「結合」は調達から集団化へと発展的に継承されたと強弁した。ネップの終焉は語られることはあったとしても、資本主義から社会主義への農業構造の転換(それに伴う資本主義的搾取者としてのクラークの一掃)という経済政策的意味においてであって、被治者である農民大衆との「合意」という政治的意味での「結合」は、危機はあったが破局に至ることなく、あるいは一定の修正あるいは再定義を伴ったとしても、基本的には維持されたとする歴史解釈が公定された。至高の政治的権威のみがこの解釈に対する黙従を強いることができる担保であった。歴史の神話化と指導者崇拝とは相携えて始動した。クラークの階級的絶滅からコルホーズ体制の成立に至る一九三〇年代の農業集団化史にも、この解釈の延長上に、それが農民大衆の下からの自発性に支えられた運動であり、社会主義という目的が要請する方法的規範はこの過程において順守された、との神話的説明が党機関の絶対的権威において与えられた。「新しい調達方法」の形成と運用の経験的分析は、一九九一年まで命脈を保ったこの定説の論拠を、ソ連期およびソ連解体後の集団化史研究に特徴的な党派的(賞賛か非難かの)接近の次元をこえて、学問的に問題化することになろう。

2　背　　景

一九二八／二九年度下半期（一九二九年一—六月）の穀物調達が、年度全体に共通する困難に下半期に特有な困難が付加されることによって、上半期よりも一層複雑かつ困難な経過を辿るであろうことは、一一月総会で穀物地区からの代表によって事前に指摘されていた。一〇月の調達量の増加に大きな役割を果たしたとされる農業税キャンペインはその主要部分を終え、一一月以降の調達への有効な刺激となることは期待できなかった。[4] むしろ総会でルィコフが警告したように、課税の集約的方法と中・富農への過重な税負担とは、かえって農民の供出意欲の減退を招き、一一月以降の調達に否定的に影響していた。農業税に代わる調達促進のための効果的な「経済的」手段も見いだされなかった。商品穀物保有者の階層構成の変化も下半期の調達を困難にする要因とみなされた。すなわち、上半期における主たる供出者は現金収入を早急に必要とした下層農民であったが、下半期における商品穀物の主たる保有者は早急な穀物供出を経済的に必要としない富農、クラークなど上層であり、調達は容易ではないと懸念された。かかる懸念は、一一月以降の調達テンポの低落となって現実化した。[5] 他方、工業化の進展に伴う非農業人口の急増は商品穀物需要を著しく高めた。[6] 前年度末の強行的調達の結果枯渇した農民の穀物貯蔵、減少した国家備蓄を前提すれば、穀物の需給関係が、供給の大半を今年度生産の穀物からの調達に依存せざるをえない極度に不安定な状態にあることは明白であった。上半期に食糧用穀物（小麦、ライ麦）調達が不振であったことは、下半期の都市の食糧事情の困難を倍加する要因となった。モロトフもルィコフも一一月総会後の演説で食糧供給に生じた困難を隠さなかった。[7] 一二月にモスクワで発生したパン供給の中断とそれから生じた市民のパニックとは、この事態を象徴する出来事であった。[8] 一〇月増勢を示した穀物調達テンポは一一月の最後の一〇日間に急落に転じ、低落は一二月に入って加速された。[9]

一九二八年末から翌二九年にかけて都市、工業中心地において導入される食糧消費の厳格な規制措置の背景には、下半期に生起すると予想された食糧供給上の困難があった。それは、工業建設の加速化という一般的事情を別として、新収穫の見通し難、春まきキャンペインの当面する問題(種子の供給など)、農村における「階級闘争」の激化(農民の抵抗の増大)などを客観的要因とし、これに対応すべき調達機関の不活発、よるべき大衆的・社会的エネルギーの不足という主観的要因が加わった。[10] 前年度の食糧用穀物の減産、収穫の重心の地理的移動もまた、下半期の調達と食糧供給とに否定的に影響しかねない要因とみなされた。調達公定価格と自由市場価格の較差の拡大はこうした予測を裏書した。例えば、一九二八年一二月には、中央黒土州ではライ麦の自由価格は調達価格を一〇〇として二七五に、北カフカースでは二一三に達した。較差は穀物投機の結果でありその誘因ともなった。[11] 買占、横流しなどの不正行為が協同組合、市民の間にひろがった。主食糧の供給に生じた混乱は、労働者、職員など都市住民の動揺を招き、かれらの士気に悪影響した。[12] 前年度末までに地方的にとられていた穀物消費規制措置が同年末から翌二九年初めにかけてモスクワなど主要都市、工業地区にも実施された背景は、以上のごとくであった。消費規制は、その後一九三四年まで続く「配給通帳(zabornye knizhiki)」制度の導入によりおこなわれた。[13] 一九二九年二月七日付『イズヴェスチヤ』社説は、地方における配給通帳の試みが成功していると伝え、二月二二日付同紙は、モスクワに配給通帳制を実施することを定めたモスクワ・ソヴィエト幹部会の決定を報じた。[14]

穀物問題が重大な局面を迎えるとともに、調達の主舞台は、一一月総会における論議の帰趨が示唆したように、市場から政治の次元へと移動した。そのイニシアティヴは、一九二八年一月の場合と同じく「党」によりとられた。一一月二九日付政治局決定「穀物調達テンポ引上げの方策について」はその合図であった。決定は、「一一月における調達の急落が危険な徴候を指し示している」ことに深い憂慮を表明し、急落の原因を泥濘期など自然条件にのみでなく「調達過程に対する党、ソヴィエト、協同組合の組織的影響措置の不十分」すなわち人為的要因に帰着させて、調達過程への党の積極的介入を正当化した。一一月までの調達がある程度農業税の作用によっても、下層農民の緊急の貨幣需要によっても刺激されたとすれば、「その後の調達の成功は、一方では、農村における大衆的政治キャンペインの展開、協同組合的社会性(obshchestvennost')の組織化、貧農の仕事への貧農の引入れの条件のもとで、他方では、穀物調達を強化する他のあらゆる方策(農民からの支払金の徴収、工業商品の供給、わが価格政策の妨害との闘い)の条件のもとで初めて保証される」のであった。一一、一二月が調達全体にとって「決定的な月」であることを強調したこの決定は、スターリン、ルィコフが署名する党中央委員会・人民委員会議共同指令として地方の党・ソヴィエト組織に伝達された。しかし決定は、非常措置への公然たる復帰の前で踏みとどまった。すなわち、農民からの貨幣の徴収(農業税、保険料、農業信用貸出金の返済)期限は厳守されるべきであるが、それは「革命的合法性の完全な順守」のもとでなされるべきであり、工業化債券の普及に全力を傾注すべきであるが、決して「強制的手順の措置」に依存してはならない、とされた。決定は更に、調達促進のために、協同組合出資金の徴収キャンペインの積極的実行に直ちに着手すること、一二月までに「自己課税」の実施に着手することを併せ指示した。決定は、調達価格の引上げを選択肢から完全に除外して公定調達価格の厳守を命じ、調達組織による価格政策違反との断固たる闘争、投機業者、買占人との闘争を指示した。しかし闘争は、農民に対する強制となってはならない、必要なのはあくまで説明であるとされた。「これらの方策はいかなる場合でも市場的穀物流通をいささかでも束縛し、農民による穀物の自由な売却を妨げる性格を帯びてはならない」。工業商品の供給、遠隔地点からの穀物搬出、現物加工料についての指示に続いて、諸方策成功の条件として、貧・中農間の広範な政治活動、調達機関の構成の刷新と強化、農村への指導的活動家の派遣があげられた。最後に決定はあくまで「正常な方法(normal'nye metody)」に依拠する原則を再確認した。[15] 一二月七日付のロシア共和国検事クルィレンコの回状は、「先行する穀物調達キャンペインにあったゆきすぎを許容しない」として、「革命的合法性の最大限かつ最も厳格な実行」を命じた一一月総会の決議を厳守することを地方検察当局に指令した。「任務は予定された穀物調達年次計画の遂行を、決して非常措置の領域に移行することなく、正常な活動方法によって確保することにある」[16]。他方、地方党組織には、「いかなる代価を支払っても」[17]年次計画を迅速に遂行することが至上命令となっていた。調達が、粘り強い説得とは相容れない強行的性格を帯びること、農民の強化された抵抗を惹起することは必至であった。抵抗の中核はクラークなる反ソヴィエト集団にあり、農民大衆はクラークに影響されて追随していると認定され、クラークと農民大衆を分断するために、クラークに対する弾圧を強化することが先決であると強調された。調達はますます「階級闘争の形跡」を帯びつつあった[18]。抵抗はときとして暴力化し、テロの件数は増加した[19]。シベリア地方《クライ》検察局のもとで開かれた「クラークのテロとの闘争にかんする」秘密会議決定は、農村の状況を「クラークに対する攻勢と階級闘争の先鋭化とに関連した下級ソヴィエト・党装置の活動家に対する公然たる攻撃」に加えて、「テロがコムーナ、コルホーズ、個々の農村の積極的活動家の財産の損壊を含む隠然たる形態をとっている」と描きだした。会議は司法機関による峻厳なテロ取締を要求した[20]。テロ行為が農民大衆と無縁の現象でなかったことは、その取締の強化と時を同じくして、農業共同体に対して国家的規制を強化する措置(土地立法、自己課税など)がとられたことに窺うことができる。一二月一三日付政治局決定は、農業共同体に対する村ソヴィエトの「指導的役割」の確保を保証する法改正を指示し[21]、一二月一五日の土地立法は、農業共同体の決定を廃止する村ソヴィエトの権限を規定したのである[22]。

一二月初め国民経済市況[23]を審議したソ連ゴスプラン幹部会は、一一月と同様、「基本的注意」を穀物調達状況に向けたが、調達の「低落傾向」が一一月に入って「全般的性格」を帯びたとして、公定価格と自由価格の較差が九、一〇、一一月と月を逐って拡大する事態に懸念を表明した。しかしかかる状況を「危機(krizis)の前夜」とみなすことは誤りとされ、調達の低落は季節的性質のものであるといわれた。調達テンポの停滞はとくに好収穫地すなわち東部地区において看取され、そこでの調達機関の活動の不活発が批判された。この診断は、東部地区の調達キャンペインの強化とそのための組織的圧力の加重についての示唆であった。ゴスプラン幹部会員P・I・ポポフの推定によれば、東部地区では、余剰穀物の三〇％が調達されたが、ウクライナ、北カフカース、中央黒土州などの低収穫地でも五〇％が調達された。かれは、東部の調達計画を引き上げる必要があると主張した。[24] しかし一二月に入っても低落傾向が弱まる気配はなかった。[25] 一一、一二月の調達を総括した『プラウダ』社説は、両月の調達結果を「計画の著しい不履行」と特徴づけた。調達量は九月の二一九万トンに対して、一一月には一一四万九〇〇〇トンに、一二月には計画の六一・八％に相当する約一一〇万トンにそれぞれ低落した。[26] 同社説は、両月の調達結果を重大視して、調達計画の上首尾の遂行が国民経済計画達成の最も重要な前提条件となる、と力説した。さらに同社説は上半期全体の調達を総括して、調達された六八〇万トン（年次計画の六一・四％）は、調達がおこなわれた困難かつ複雑な条件を考えるなら、キャンペインが正しくおこなわれたことを示す指標となるとし、非常措置適用の拒否、正常な調達方法のもとでの達成と評価する。ついで下半期の調達については、来たるべき二—三か月（一九二九年一—二ないし三月）が重大な時期であるとして、それに全力を傾注すべきことを訴えた。この時期を過ぎれば春まきキャンペインが始まり、精力を調達に集中することは困難になる、それゆえに来たるべき数か月は調達にとり決定的であり、一一、一二月の低落傾向を転換させる必要がある、任務は困難かつ重大である、とそれは述べ、調達の「正常な方法」は順守されなければならないが、しかし価格政策を破壊する不正な投機業者に対しては「断固たる措置」がとられるべきであると論じた。[27] 具体的には、春の悪路到来前に年次計画の八五—九〇％が調達されなければならない、[28] そのためには調達のおくれの原因を「即座に最も断固として」除去しなければならないのであった。[29]

下半期の調達強化のためにとられた第一の措置は、東部地区の計画の引上げであった。ゴスプランのポポフ提案についで、一九二九年一月初め商業人民委員部参与会は、東部地区(シベリア、ウラル、カザフスタン、バシキール、パヴォルジェ)の年次計画を約七〇万トン引き上げることを決定した。その根拠は、東部地区の若干の地区ではすでに計画がほとんど達成され、党、ソヴィエト、調達機関に「動員解除」の気分がみられるが、穀物余剰はなおクラーク経営のみでなく中農の著しい部分にも残されているとの「調査報告」に置かれた。決定は、調達の成否が下級装置の積極性と協同組合の社会的活動にかかっていると特記した(30)。市場に委ねるかつての方法でも非常措置でもない「社会的活動」がここで示唆されたが、具体的内容は明記されなかった。一月一一日ソ連人民委員会議は商業人民委員部決定を承認し、東部地区の計画を六二万五四〇〇トン引き上げ、供出者に対する工業商品の優先的供給、農民の余剰貨幣の早急な吸取を指令し、これらの地区での活動のために少なくとも一〇〇人の活動家を「協同組合の系列」に沿って動員することを定めた(31)。しかし計画変更は、東部地区党組織からの「必死の抗議(otchaiannyi protest)」を招いた(32)。最終的意思決定は党のレヴェルへと移された。一月一七日の政治局会議は、ミコヤンの穀物調達についての報告を議題としたが、出席したカバコフ(ウラル)とスミルノフ(シベリア)(ともに中央委員)は追加計画の削減を懇請した。会議には右派のブハーリン、トムスキー、ルィコフも出席した。提案は二度表決にかけられたが、政治局は最終的に却下し、商業人民委員部の東部地区の調達課題引上げ案を「正当かつ合目的的と認め」、一月一一日政府決定を若干の訂正と補足のうえ承認した。その際政治局は、穀物調達について、工業商品の搬出、不足商品の配分、農民の保持する余剰貨幣の動員など「経済的刺激」とみなされた一連の方策の強化を決定した。自己課税キャンペインを直ちに展開する指令がこれに含まれた。決定は、「現行法の例外として、シベリア、カザフスタン、ウラル、下および中ヴォルガ、バシキール共和国では、個々の村落《セレーニエ》に対して、農民集会が自己の社会的・文化的・経済的必要の充足を目的として自身で自己課税額を引き上げる決定を採択する場合、農業税の額(oklad)の五〇%までの額の自己課税を実施することを許可する。ただしこの場合、個々の農民経営について農業税額の五〇%をこえてはならない」と東部地区に特例を認めた。決定は、現物加工料、食用パンの統制について言及したのち、最後に「全権代表システム」の復活を示唆して、「派遣システム(sistema komandirovok)」に対して、穀物調達の最盛期間中「長期的派遣の性格」を与えた。(33) スターリンは、翌一八日カザフスタンの党責任者ゴロシチョーキンに、二五日には下ヴォルガの党責任者シェボルダエフにそれぞれ電報を、それぞれの穀物調達全権代表にはその写しを送り、追加計画を受け容れ、「ボリシェヴィキ的堅忍不抜性」をもって遂行することを要請した。(34) しかし一月の調達結果は前年同期よりも低く、計画を著しく下回ることが判明した。二月になっても成績は依然として不良で、前年一一月以来の低落傾向に歯止めはかからなかった。下ヴォルガについてシェボルダエフがのちに語ったところによれば、一月には穀物供出者に対する工業商品の特別割当(zabronirovanie)の方法がとられたが、その効果は一時的なものにとどまり、調達は一二月末と同じく再度皆無に転落した(35)(ちなみに、前年一二月一三日付政治局決定は農民市場向生産物の増産を決議していた)(36)。経済的刺激のみに依存することでは農民の供出への同意をかちとることはもはやできない、市場的方法は妥当性を失った、そうした感覚が地方党指導者をとらえたとしても不思議ではなかった。(37) シェボルダエフの表現によれば、「農民は強力になればなるほど国家に自己の穀物の持ち分をより少なく売却したという確固とした結論」に到達したのである。(38) 一一月総会決議が調達成功の必須の条件とした農民間の「大衆活動」に具体的内実を与えたのは、ひとつには一九二九年一—二月の農村のこのような現実であった。

新しい調達方法の形質に影響を与えたいまひとつの局面は、この時期の党の農村工作の基本的条件とされた階級路線の虚実であった。一一月総会決議は、「農村における党の成功の義務的条件は、活動のすべての領域における明確な階級路線である」と宣言した。[39] 階級路線とは、農民をクラーク、富農、中農、貧農、プロレタリア(バトラーク)へと階級的に差異化し、党に最も親和的な階級としての貧農(およびプロレタリア)を核とし中農大衆を周辺に結集して党を支持する多数派勢力を形成、クラークなる反ソヴィエト的少数者を孤立化して、階級原理に基づく農村の内的再編を目指す政治路線と概括できよう。前述のようにこの路線は、系譜的には、一九二六年中頃「ソヴィエト活発化」政策の軌道修正として提起された貧農間の活動強化を起源としており、とくに新奇な内容を含むものではなかった。しかし一九二八年夏以降この路線はスローガンの域をこえて、現実味を帯びた政治政策として提起された。その背景には、一九二八年初め以来累積した中農大衆の反政府的気分から生まれた「結合」の危機があった。この危機を中農に対する経済的譲歩によって打開する可能性の幅は急進的工業化の要請の前に著しく狭められ、その代案として強調されたのが階級的大衆活動の強化であった。中農大衆の支持をとりつける政治的方策は、ふたつの方向において追求された。ひとつは、反クラーク闘争の強化により、クラークの影響から中農を遮断することであり、いまひとつは、中農の党への支持をとりつける回路として貧農を組織化することであった。一九二八年夏から翌二九年春にかけての時期、この政策実現のための主要な方策とみられたのは、農業税の賦課と徴収、貧農グループという形での貧農の組織化、それに農村ソヴィエトの選挙であった。一九二九年春までの経験は、これらの方策のいずれもが、徒労に帰した結末を教えた。かかる帰結こそが、共同体スホードを中農の合意形成の機制とする調達の「新しい方法」の発生母地となったのである。

一九二八／二九年度農業税キャンペインは、調達促進を目的として一〇月に集中的に実施された。同年度の農業税は、工業化の資本蓄積の要請に応えて前年比三〇％増(四億ルーブル)に計画され、実際の徴収額はそれをこえた(四億四九〇〇万ルーブル)。[40] 賦課においては高い階級的累進制が導入された。なかでも、クラークなる少数の資本家的農民(農民経営総数の約三%)を特化し特別の算定手続によって実質所得を個別的に把握、高率の税を課する「個別課税」制度は、三五%の貧農の免税と相まって、租税における階級原理の貫徹を保証する新機軸とみなされ、その運用は、階級的差異化政策の成否を決する試金石となった。個別課税は、播種面積のような一般的・形式的指標による通常の課税方式とは異なり、特定の農民をクラーク経営として選別し、その所得を個別に算定し高率課税する権力の行為を前提するから、その運用は、権力と農民との個別的・具体的接点となった。クラーク認定、所得算定の客観的一般的基準は法的に定立された。しかしその具体的運用には、農民の気分を険悪化する大量の過誤と混乱が随伴した。誰がクラークであり、クラークがいかなる所得をどれだけ所有するかは事前に明らかではなかった。「三%」は特定の地域の特定のクラークを指示する指標ではなかった。農村では政治的・階級的分化が事前に顕在化していたわけではなかった。クラークを発見しかれらの所得を確立された基準に基づいて算定する仕事の多くは、現地徴税機関(地区・村ソヴィエト、そのもとの租税・査定委員会)の裁量に委ねられた。しかし膨大な人口が分布する広大な農村において、かれらはあまりにも非力であり、情報の蒐集その他の事務の遂行において農民社会の助力に依存する必要に迫られた。そこでは農民社会の伝統的規範と階級的原理との異質性(公的には、ソヴィエトと「クラーク」の対立として表出される)が露頭し、しばしば「平等」は「階級」に優越し、階級的尺度からみて、過大課税と過小課税とが同居するいわゆる「ゆきすぎ」の大量化が不可避となる。[41] カリーニンは、各農戸の真の所得を把握することは「最高度に困難である」として、かかる事態を認めた。[42] 階級的差異化は、意図に反して、クラークと中農の分化を曖昧化し、農民を反政府的態度へと結束させる結果となる。一一月総会においてこの危険を鋭く指摘したのは右派のルィコフであり、不承不承認めたのはスターリンであった。総会においてシベリアのエイヘは、個別課税において「われわれは本当のクラークを明るみにだすことができなかった」、その結果、「殆どすべての管区、すべての地区において」「クラークの代わりに中農に〔個別〕課税した」ことを率直に認めた。[43] 他方、クラークの対極に位置づけられた階級として、貧農・プロレタリア層、当時においてはとくに貧農があった。同じ機会においてエイヘが強調したように、貧農にかんする活動は、調達活動の非常措置化の防壁として重視された方策である。組織された貧農を核とし中農大衆を周辺に結集すれば、新しい合意形成の機制が創出され、農民の多数は国家的強制がなくても穀物を供出するであろう、と期待された。そのために必要とされた前提は、農村に定着する貧農の自立的組織であった。キャンペイン毎に招集されキャンペイン後に解散する貧農集会は、この要請に応える形態ではなかった。こうして貧農グループの組織網の展開が緊急の任務として提起され、真摯な努力がそのために傾注された。しかし一九二九年二月に報告された貧農グループの全般的査察は、期待が幻想にすぎないことを示す冷厳な現実を明るみにだした。グループは殆ど実体がなく、「紙の上でのみ」数えられるといわれ、[44] たとえ存在するとしても、その活動は、第一六回党協議会における発言、「存在はしている、しかし活動はしていない」が示すように、農村の現実に対して「いまだきわめて弱い影響力」しかもちえなかったのである。[45]

クラークと貧農の中間には、農民の大多数を構成する中農との合意形成という広大な活動領域が残されていた。「階級闘争の先鋭化」という状況認識を前提すれば、中農は、クラークと貧農・プロレタリアとの間で動揺する過渡的階級であり、政治的には、クラークと貧農という両極の「残余」であった。しかし経済的には、中農は、依然として商品穀物の主要な生産者であり、穀物危機の解決はかれらが十分な穀物量を国家に供出するか否かにかかっていた。政治的にも、「結合」の成否は、かれらの体制に対する態度にかかっていた。党にとって厄介な問題は、この階級が容易に「クラーク」の影響下に陥りやすいことにあった。強制的方法の適用、あるいは集団化の加速化も中農政策の選択肢としてありえた。事実スターリン指導部の中農観は、一九二八年初めの危機以来、規制の強化と構造変革の方向に微妙に変化しつつあった。しかし「結合」の危機を重大視する伝統的ネップ観からみれば、農民の基幹部分である中農の動向は「最も主要な問題」であり続けた[46]。中農層の体制的再統合を基本的課題とした一九二九年一―二月の農村ソヴィエト選挙は、その意味において、クラーク、貧農の差異化よりもはるかに現実味を帯びた争点として現れた。選挙は、危機の過程で体制からの離反の傾向を強めた中農大衆との和解の試金石となった。中農との和解が成り立てば、危機の過程で機能不全に陥った農村統治システム[47]を民主的基盤のうえに再建することができよう。この課題は、党の政策(穀物調達、集団化など)を忠実かつ効率的に実行する機構の形成という実務的要請と、ソヴィエト・システムの復活という理念的要請とを表裏の関係において内包した。前者は主として、カガノヴィチのような党組織の代弁者によって、後者は、キセリョフのようなソヴィエト制度の責任者によって強調された。キャンペインの初期段階においては、関心は農民とくに中農の自発性の喚起に向けられたから、前景に現れたのは民主的側面であった。ソヴィエト制は、革命の歴史に根ざした、ボリシェヴィキの誰もが否定できない制度理念であり、ソヴィエトの復活は、党が固有の活動領域に復帰できるための基礎的前提でもあった。キャンペインへの準備の起点となった一九二八年一〇月九―一一日の「一九二九年のソヴィエト改選のための全連邦会議」から翌二九年一月の党中央委員会声明までの期間、党指導者もソヴィエト指導者も、ソヴィエト制の理念的擁護と選挙における民主的手続確保の必要とについて一致した。やがて「新しい方法」の制度化の主役となる党機関の実務者カガノヴィチさえも、キャンペイン初期には、ソヴィエト選挙を通しての中農との合意形成の可能性について楽観的見解を披瀝していた。かれは税負担、穀物価格などについて中農に不満があることを否定しなかった。その意味でかれらの不満は独自性をもち、すべてをクラークの影響に帰することは間違っているのであった。この不満を経済的譲歩により完全に解消することはできない、譲歩は工業化を妨げるものであってはならない。それゆえ「われわれと中農との間の関係にある一定の困難は不可避である」。しかし困難を「結合」の解体と同一視すべきではない、中農の「不満」は、クラークとかれらに同調する中農の「とるにたりない上層」の「積極的反抗」とは異なり、相互理解により解決できる、事実、最近、中農の党、ソヴィエト権力、プロレタリアートに対する気分に一定の改善がある、最近の調達キャンペインがその好例である、とカガノヴィチはいう。選挙キャンペインは、中農との対話と合意形成の機会となるべきであった。この観点から、かれはソヴィエト選挙の精神に同調を表明した。すなわち、党が立てた候補に対して住民が別の候補を集団的に立てるときこれを無理に批判してはいけない、もしあれこれの候補の忌避のなかに政治的・反革命的要素があり、クラークの明白な行為があれば、党細胞はこの候補の忌避のために闘うべきである、しかし同時に「最大の柔軟性」が必要であり、選挙民の意思を抑圧してはいけない、命令することは容易であるがそれをやってはいけない、それをしないことは容易でないが、そこに選挙キャンペインの任務がある(48)。

しかし一一月以降再度緊張の度を加えた穀物調達は、農村の政治状況をさらに悪化させる衝撃となった。調達テンポを加速するための圧力が加重され、それはしばしば非常措置の色調を帯びた。対応して、調達に対する農民の抵抗の波は高まり、しばしば暴力的表現(「クラークのテロ」)をとった(49)。選挙過程を調達から隔離することは事実上不可能であった。支流は本流に合体し、選挙キャンペイン初期にカガノヴィチが表明した中農との合意についての楽観主義の前提は溶解した。一一月総会では、非常措置なしで調達目的を達成することの困難性を訴える地方党組織の代表の声が相ついだ。選挙関係の農民集会は、強制的調達に対する不満表出の機会へと転化した。選挙の民主的手続に固執する農村ソヴィエトは、状況の変化への適応性を欠くとして批判された(50)。党と工業労働者の選挙過程への積極的介入の必要性が強調された。階級闘争の先鋭化に有効に対処していないとして現地組織を激しく攻撃した一二月一四日付『プラウダ』の長文の社説「農村におけるソヴィエト選挙と階級闘争」は、党の選挙政策の転換を標示した文書であった。同社説は、選挙委員会の構成の刷新を要求し、ソヴィエトから「すべての敵対的な、クラーク化し、官僚化し、階級的感覚を失った分子」を追放し、「活動において試された、階級的プロレタリア的路線を一貫しておこなう人々をソヴィエトに送りこむ」ことを「キャンペインの重要な実際的任務のひとつ」として掲げた。それはまた、都市・工業プロレタリアートから農村党組織への支援の強化を訴え、シェフ系列による「労働者派遣隊」の送派を「農村への援助の最も適切な形態」と称揚した。(51) 同じ頃、選挙の準備過程を現地調査したルィスクーロフ(ロシア共和国人民委員会議議長代理)は、下級ソヴィエト装置の数的・質的改善が急務であると訴えた。「すべての仕事は、下級ソヴィエト装置にかかっている」。状況の統御不能は、クラークの活発化に結びつけられた。(52) 党中央機関誌は、党書記局情報部の資料に基づいて、クラークの準備活動が以前の選挙のそれを凌駕する勢いであること、聖職者の動員、饗応、物的援助などによる貧農との結合《スムイチカ》、クラークの影響下にある人物を候補に立てるなどの方法をとり、一部の地区では党組織の大衆的準備活動を、方法の多様性、エネルギーにおいてはるかに上回っていること、加えて、個々の党員および下級党組織の側にクラーク、富農に対する「協調主義的」気分と階級闘争の過小評価とがあることを指摘した。(53)

一九二九年初め、地方党組織宛の党中央の声明は、選挙過程への党の強力な介入を指令した。(54) 指令実現の方途は、党とコムソモールの系列から多数の責任活動家を農村に投入すること、選挙過程への国家強制装置の関与を強化することであった。(55) 農村に到着した勢力は、選挙権の剥奪、候補者の選定に中心的役割を果たす村選挙委員会を点検し構成を刷新(委員会の解散、委員の更迭など)した。それはソ連全域に及んだ。例えば、シベリアでは二〇〇〇人をこえる地方選挙委員会構成員が、中央黒土州では同じく二三〇〇人が「粛清」された。(56) 結果、選挙委員会の構成において、労働者、貧農、バトラーク、婦人、中農の比率は高まった。階級的帰属よりも重要な指標は、党派的指標、すなわち党員・コムソモール核心の強化であった。(57) 階級的・党派的に強化された選挙委員会は、選挙権の剥奪、候補者リストの作成、選挙集会などキャンペインの重要な局面に大きな影響力をもつ「第一の管制高地」と呼ばれ、党の選挙過程介入の重要な組織的回路と位置づけられた(58)。

都市と工業の選挙過程への関与は大衆運動の次元でも展開された。一九二九年農村ソヴィエト選挙過程の際立った特色は、都市と工業地区から「労働者派遣隊 (rabochaia brigada)」と呼称される労働者集団が大挙現地に派遣されたことであった。前述のようにこの運動は、系譜的には二〇年代初めからのシェフストヴォ運動につながる。しかし労働者派遣隊は、都市と農村の一般的交流と啓蒙を意図した前者とは異なり、選挙という特殊目的に直結された政治的運動であった。労働者派遣隊は、起源的には、スモレンスクの工場で一九二八年一一月に始まった「呼応 (pereklichka)」と称される都市労働者の運動の一環としてなされた、労働者の農村への大量遠征 (podkhod) の呼びかけに由来した。呼びかけに応えてスモレンスクの労働者は一〇〇の労働者派遣隊を農村に送った。派遣隊は選挙キャンペインへの農民の積極的参加をかちとったと評価された。スモレンスクの運動は一九二九年に入って、党の支持のもとで国民的運動の形質を付与された(59)。派遣隊は大挙農村に赴き、農民と直接接触、交流し、都市と工業で高揚しつつあった社会主義建設の熱狂、革命的ロマン主義を伝達、注入した。対照的に、派遣隊が発見した農村は「殆ど革命前の慣行 (navyk) により生活している」閉鎖的小宇宙であった(60)。そこを支配する規範は階級ではなく伝統であり、階級も階級闘争も社会主義理念も派遣隊により外挿されなければならなかった。未曾有の規模の労働者派遣隊が比較的長期間(一—二か月)農村に滞在し農民と接触した経験が農民社会を一時的にせよ流動化した効果は否定できないであろう。「派遣隊の参加は候補者の階級的選抜を可能にした」と一般的報告は伝える(61)。派遣隊の活動は、貧農、バトラーク、婦人など階層別の集会、選挙委員会の構成の点検と刷新、選挙権の剝奪、労働奉仕、穀物調達、自己課税など同時的に進行する諸キャンペインの推進、集団化の促進など広範に及んだ(62)。選挙後の党中央委員会決定は、「労働者派遣隊の大量派遣、呼応と農村における社会主義競争の組織の形態をとっての、都市労働者の農村に対する援助の組織は、巨大な成功である」と評価した。[63] この経験は一九二九年夏以降の穀物調達、集団化運動が学ぶべき先例となった。しかし派遣隊運動が、選挙のみでなく、穀物調達、自己課税などの実施にも参画した活動のひろがりは、社会運動としての自立性の喪失と党主導の上からの(強制的性格を色濃くした)運動への一元化の契機となった。結果として、この運動も全権代表と同じく、都市と農村の自発的連帯、農村の内的再編に寄与する社会運動へと定着することができない一時的外挿にとどまった。むしろそれは二〇年代農村で育ちつつあった社会性を国家に吸収する媒体の役割を果したのであった。こうして、大量の労働者の参加も、結局は選挙をめぐる基本的対抗、権力と農民の対抗へと収斂されていった。

選挙キャンペインにおける権力と中農の相互関係を縮図的に表出した争点は、選挙権剝奪の問題であった。ソヴィエト選挙法は、クラークその他階級的・政治的異分子からの選挙権の剝奪を規定した。一九二九年選挙の選挙権剝奪の法的基礎となった一九二六年制定の選挙訓令は、剝奪基準を厳格化した。とくにネップ下の階級分化の深化、階級闘争の激化という認識に立った労働資格に基づく剝奪事由が詳細に規定された。[64] 訓令は剝奪の政治的事由についても規定したが、それは主として、内戦期の反革命勢力、旧体制の指導者、軍人、憲兵など既往の政治的閲歴を事由とするものであり、あくまで主眼は、労働資格を中心とする経済的事由に置かれた。一九二七年選挙では、選挙訓令に基づいて農村で選挙権を剝奪された者は前回の三倍(選挙民の三・六%)に増加した。一九二九年選挙では更に多い四・一%に達し、増加率は穀物調達地区において一層顕著であった。しかし数的指標よりも重要なことは、剝奪の「政治化」とでもいうべき質的変化であった。それは、剝奪の決定において本来の剝奪基準であるべき客観的経済指標に代わって主観的政治判断が優先する傾向にほかならない。しかもそこでは、既往の政治的閲歴ではなく選挙キャンペイン時の政治的行為が主要な剝奪事由とされた。選挙訓令は、選挙権被剝奪者の名簿が農村では村選挙委員会により客観的文書資料に基づいて作成されると規定した。しかし政治的指標による剝奪の実際において特徴的であったのは、客観性を欠いた恣意的・状況的な剝奪事例が多発したことである。剝奪の「政治化」は、合法性と客観性に代わり恣意性と即興性の支配を剝奪にもたらした。理由のひとつは、剝奪がしばしば法的権限のない者または組織によりおこなわれたことであった。一九二九年になって都市と上級機関から種々のキャンペインの遂行を目的とする労働者、活動家の大量派遣があり、かれらが選挙過程を制圧し、村ソヴィエト、村選挙委員会はしばしば自立性を喪失した。農村ソヴィエトは剝奪事務を放棄し、ときとしてコルホーズ、労働者派遣隊、全権代表などがそれを代行し、ソヴィエトはせいぜいのところかれらの「提案」を受動的に執行するにすぎない、といわれた。(65) 剝奪権者の事実上の変更は、選挙が穀物を主争点とする政治状況に組み込まれ、政治状況の論理に従属する過程の一面であった。調達方法の恣意性が剝奪行為に浸透し、穀物調達が政治化したと同じ意味において剝奪も政治化した。剝奪は、穀物調達をはじめとする党の政策に対する農民の非協力、抵抗を打破するための対抗手段となった。典型的事例は、いわゆる「倍払該当者《クラートニク》(kratnik)」すなわち穀物調達の指図書(nariad)不履行のゆえに三―五倍の罰金を科された農民の選挙権剝奪、協同組合への穀物供出を拒否した農民の選挙権剝奪、農業税その他の支払義務(zadanie)、公課(povinnost')を適時に遂行しない者の選挙権剝奪、農業税において個別課税の対象になったすべての市民を「選別なしで」剝奪リストに含めることなどであり、ここに農民層を「刺激する」「最も大量の事例」があるといわれた。(66) 財産資格など経済事由が剝奪の決定的指標となることはここでは困難となろう。剝奪の恣意性は、階級的差異化という党の意図に反して、農民すべてを潜在的被剝奪者として権力の威嚇の前に一体化する契機となる。ソヴィエト機関とその指導者は、ソヴィエト制の理念からの逸脱、合法性の侵犯に抗議した。ソ連中央執行委員会幹部会は、かかる実際を政治的に有害な法律違反として非難し[67]、キセリョフは、中農のすべてのグループをひとまとめにし、若干の場合には貧農さえも被剝奪リストに含めた「過度に熱心な選挙委員会」を批判した[68]。農民も恣意的剝奪に沈黙してはいなかった。かれらの不満はしばしばテロその他の直接行動の表現をとった[69]。しかし農民の抗議の代表的形態は、選挙権復権を求める請願(zhaloba)という形での合法的運動であった。復権請願は、選挙訓令が規定する合法的権利であり、一九二九年選挙に特有の制度ではなかった。しかし、一九二九年選挙には、恣意的剝奪の大量化、選挙権剝奪と他の権利の制限との関係濃密化の結果、農民はこの制度に特別の関心を表明し、また全ロ中央執行委員会が一九二九年三月、選挙権復活の請願手続中は他の権利の制限、剝奪が停止されると指示するに及んで、請願は選挙権を剝奪された者にとって、一時的にせよ、権利、利益を回復する有力な合法的手段となった。請願は選挙キャンペイン中は選挙委員会に対して、選挙後は地方ソヴィエトに対して、一九二九年から翌三〇年にかけてひろくおこなわれた[70]。農民の性急かつ大量の復権要求が権力に対する重圧となったことは、それが「奔流」と表現され、際限のない「奔流」が国家装置の負担を測り知れないほど増大させている、といわれたことから推察できる[71]。しかしこのような抗議運動も状況を変える力にはならなかった。その後の展開は、選挙権剝奪が、階級的帰属を問わず農民に対する強制の手段として利用され続けたことを示している。のちに『ソヴィエト建設』誌の一文は、農村が全面的集団化とクラーク絶滅による激震を経験する一九三〇年一—三月の状況をつぎのように記した。「選挙権剝奪は、個々の村ソヴィエト、地区執行委員会の全権代表の掌中にあって意図された措置を最も迅速に実施することを「助成(sodeistvie)」する手段、コルホーズへの加入、自己の財産の社会化の問題であれこれの動揺を表した人間に対して(かれらの社会的・財産的状態にかかわりなく)影響(vozdeistvie)を及ぼす手段となっている」、「のみならず、選挙権剝奪は、それらにより指定された個々の中農経営の収奪(paskulachivanie)の実施に先行する諸方策のひとつとして用いられている」、個々の村ソヴィエトは

「もしコルホーズに加入しないならば、かれはソヴィエト政権に敵対的であり、いかなる政治的権利をも享受できない」という考慮から、剥奪を「強制の方策」として、若干の農民に対する「懲罰的制裁」として用いた。[72] こうして、選挙権の剥奪は、クラークから中農を隔離し、中農からソヴィエトへの積極的支持をかちとる目的には寄与しなかった。むしろ反対に、剥奪の実際は、中農の選挙過程からの「脱落」をもたらした。[73] キセリョフは、一九二九年一月下旬の『農民新聞』、二月二〇日付の『イズヴェスチヤ』紙上で、「われわれのソヴィエト社会の仲間からの中農の脱落の危険」を警告する報告が北カフカース、クリム、ウラル、ヴォルガ沿岸、極東の諸地方から届いている、と繰り返した。[74] 農村ソヴィエトを中農を支持基盤として民主的に再構築する試みが失敗に帰したことは、新しく選挙された村ソヴィエトの構成における中農の比率の著しい低下にも現れた。[75] 代わって、コムニスト、プロレタリア分子の比率の一定の上昇がみられた。[76]

七月総会後から翌二九年春にかけて、農民社会の階級的再編成に向けた大衆活動の多面的展開において、イニシアティヴはすべての場合、農村外から派遣された勢力によってとられた。農村には内発的運動の対応があり、両者が相まって初期の目的が達成されると想定された。しかし、期待された勢力布置は実現しなかった。

外挿は、農民社会の内的再編に結びつく内的呼応を喚起することに成功しなかった。内的呼応は、あったとしても局地的現象にとどまり、農民社会との関係においては、呼応は一時的擬態をこえるものではなかった。階級的政策の外圧は、伝統的農民社会の内的自発的再編に寄与しないで、むしろその対抗的凝集性を強化する反作用を誘発した。外圧は、危機前に現実化の途上にあった農民社会の自己再編の可能性を萌芽の段階において摘み取り、伝統的凝集への回帰志向を強めた。新たに選挙された農村ソヴィエトは、この閉塞を内的に変革できる政治的・行政的能力を欠いた。[77] 党組織を中核とする外圧の鉄腕のみが、この閉塞に挑戦できた。この文脈を証明したのは、一九二九年一月からの自己課税キャンペインの実際であった。地方報告は、自己課税をめぐり権力と共同体の間の、外圧の強制のみが「解決」しえた非和解的な対抗の光景を伝えることになろう。新しい調達方法はこのような政治的・社会的制約のもとで、自己課税の経験の延長上に、半ば自然発生的に形成されるのである。

3 導入

一一月総会は、「調達を非常措置の方法から穀物調達の正常な方法へと十分な迅速さをもって移行することに成功した」ことを祝福し、七月総会採択の措置が「当面の穀物調達の満足のいく展開のみでなく農民経営の迅速な高揚のためにも前提条件を創出した」ことを確認した。同時に、今後の調達の成功が「この事業への全党、とくに農村の下級党組織の格別な注意のもとで、基本的農民大衆の間での穀物調達の事業をめぐる広範な政治活動の展開、穀物調達に対するこの積極的援助のための貧農、ソヴィエト・協同組合積極分子《アクチーフ》の組織、およびこの方法による穀物引留を煽動するクラーク上層の企ての克服の条件のもとで初めて可能である」と決議した。明白なことは、決議が強調した政治的大衆活動がいかなる変化を調達方法にもたらすかについて、明確な意思表示はなかった(78)。経済的刺激の効果が臨界点に接近したことを暗黙裡に認めつつ、調達活動の主要な活動範域を経済から政治へと拡大すること、あるいは農民の調達への合意形成の主要な方法を経済的刺激にではなく大衆的政治活動に求めることであった。活動の主軸は党組織であり、組織された貧農であり、アクチーフであって、公式組織ではなかった。それが「社会的方法」、「社会的影響」、「調達装置に対する党的・社会的統制」と呼ばれたのは、この勢力布置の外見に由来した。しかしそれ以上の内容の明示はなかった。具体的内容、「正常な方法」との関係を決定したのは、一九二九年一月の調達テンポの低落が明らかになり、二月に入っても低落傾向に歯止めのかからない緊迫した状況であった。[79]「正常な方法」を担保すべき経済的刺激は、経済政策における最優先の選択肢である急テンポの工業化の要請の前に、[80]国家からの十分な資源配分を享受できなかった。調達価格と自由価格の格差は拡大しつつあったが、公定価格の引上げは断固として拒否された。かかる状況への対策は、格差に便乗する投機行為の処罰、適切に対応できない調達機関の引締めに求められた。農村向工業商品の送達も、供出に有効な刺激となるには量的・質的に不十分であった。スターリンは一一月総会において「商品飢饉」を直ちに一掃できるとする考えを「幻想」と退けた。[81]「経済的刺激」のひとつとされた農民の貨幣蓄積の収用、「余剰貨幣」の吸取もまた、この段階において多くを期待できなかった。主要な回路である農業税徴収と工業化債券普及のキャンペインがすでに最盛期を過ぎたからである。残された「余剰貨幣」吸取の実効的方法が当面あるとすれば、共同体の「自己課税」の活用であった。

前述のように自己課税は、一九二八年一月の穀物危機に際して調達を促進する目的で、非常措置体系の一環として強行され、農民の執拗な抵抗を招いた。党政治局は、非常措置廃止の延長上に、一九二八／二九年度の自己課税を農民の自発性に基づいておこなう方針を決定し、自己課税にかんする立法も「真の自発性」の尊重を誓約した。[82]カリーニンは、一九二八年九月一八日、「昨年度(一九二八年前半)はもっともな理由から……穀物をできるだけ早く市場にだすよう」自己課税を「応急的、または強制されたかたちで」おこなったが、今年度はかかる特殊なキャンペインではなく、「正常な、自発的方法による自己課税」が従前のように実施されようと公約した。[83]しかし、一一月以降再燃した穀物危機は、この公約順守を不可能にした。一一月二九日政治局決定を転機として、自己課税は再度、穀物調達促進の即効的手段へと転位された。カリーニンの言明に反して、一九二九年一月五日付『プラウダ』は、自己課税がすでに上からのキャンペインとして展開されている旨報じた。[84]一月一〇日付『イズヴェスチヤ』によれば、ソ連商業人民委員部参与会において、東部地区の調達促進に関連して自己課税キャンペインを活発化する問題が提起された。[85] 調達の「新しい方法」は、自己課税と調達との「一体化」を通して形姿を現した。「一体化」とは、加重的自己課税が供出を拒む農民に対する社会的制裁(あるいは強制)として作用したこと、自己課税が農村社会全体の穀物供出の(個別農民経営を単位とする市場的方法に代わる)新しい(集団的)方法的枠組を提供したこと、を意味した。「新しい方法」導入の舞台はこうして、ウラル、シベリア、カザフスタンなど東部地区に設定された。

地方的事例に徴すると、自己課税を審議する共同体スホードの集会は、農民の強力な抵抗の機会となったようである。集会はしばしば権力の提案を否決あるいは設定された税率の引下げを決議し、「階級原則」の導入に反対して伝統的「平等」を擁護した。[86] 抵抗を打破し提案の採択と実施に導いた主な要因は、農村外から派遣された全権代表の圧力であり、威嚇であり、強制であった。[87] スホードの決議という形式は順守された。しかし、任意性の原則は事実上殆ど蹂躙された。地方例を示しておこう。グルホフスキー管区(ウクライナ)のある村の「農民集会」において地区執行委員会全権代表は農業税の二五%の自己課税を提案した。誰かが発言を求めたが、代表は誰にも発言を許さなかった。かれはもし多く発言しようとすれば四〇%に引き上げると威嚇した。表決は二五%についてなされ、五〇人が挙手しほかはしなかった。集会は沈黙によって支配された。「沈黙は同意のしるしである」とこの「官憲(nachal'stvo)」はいった。議事録には全員が同意したと記載された。[88] ブルグスランスキー管区(中ヴォルガ)のある村集会は自己課税を農業税の一五%と決議した。しかし地区執行委員会から法所定の二五%を支払うよう通知が来た。集会は再度この問題を審議した。二人の党員が来て「脅迫」が始まった。「もし五〇%支払わないで、勝手にやるなら、われわれは何回でもやって来て五〇%を取るであろう」。市民の多数は二五%に賛成した。しかし二人の党員は議事録に三〇%と記入することを要求した。村をでるとき二人は「必ず五〇%にする」と言明した。[89] さらに、自己課税と調達との方法的関節の典型例として、「階級原則」が穀物調達に適用され、非供出者に対して数倍、ときとして五倍にも達する課税がおこなわれた事実がある。一九二九年三月初めのノヴォシビルスクからの報告は、同地方の農民が穀物余剰を供出しないクラークに対して五倍の自己課税を賦課した例がシベリア全域に普及し始め、この方法が調達を促進している、と伝えた。(90) このような自己課税の実際のなかに、「新しい方法」の本質的要因をなす、共同体スホードの決議によって正当化されたクラークに対する「確定課題」と一般農民の「自己義務」との相補的関連が露頭している。すでに階級的合意形成機構の構築を目指すさまざまな試みは不毛の結果に終りつつあった。農民の政治的分化は党の観念上の産物にとどまり、伝統的規範により規制された共同体関係を不動の所与として受け入れることを党は余儀なくされた。あるいは、農民支配(クラークに対する弾圧を含めて)の正当性を共同体スホードの決議に求めざるをえない状況の論理の確固とした貫徹がそこにあった。クラーク弾圧という階級的政策の正当性を伝統的規範に求める矛盾は、農村の政治状況を更に複雑にした要因であった。かかる状況のもとでは、課題は、スホードの合意形成をいかにして党の意図する結果(調達についていえば、クラークに対する個別割当、共同体の自己義務)に誘導できるかにあった。自己課税の経験は、そのための範型を提供したのである。

シベリア地方《クライ》は「新しい方法」の導入において先駆的役割を果たした地域であったようにみえる。すでに、一九二八年三月、同地方の穀物調達において経済的圧力が使い尽くされたところでのクラークに対する「社会的影響」の端緒的実験が好意的に報告されていた。(91) 一九二九年四月の党中央委員会総会におけるシベリアの党代表スィルツォフの言明によると、「経済年度の初め(一九二八年七月)穀物調達の推進手段(rychagi)の問題が現れたとき、地方は自己課税が推進手段として絶対「役に立つ(figurirovat')」と主張したが「モスクワの一連の指導的同志」がこれに強硬に反対して実現には至らなかった」という。[92] しかし一九二八―二九年冬には、自己課税の方法の適用に反対した「指導的同志」、すなわちブハーリン派の影響力はすでに無視しうるまでに減退しており、経済的方法の客観的可能性の幅は更に狭められていた。しかも、東部地区には、拡大修正された調達計画の早急な達成が絶対的に要求された。投機業者、買占人に対する「財政的推進手段」[93]が使い尽くされたところで「社会的方法」は最適の選択肢として浮上した。[94] この方法への媒体となり、のちにその重要な構成部分となるのは、クラークへの「社会的圧力」を目的とした「ボイコット」と呼ばれる方法であった。それは、「悪質な」穀物非供出者に課された社会的(協同組合的あるいは共同体的)制裁であり、予め画一的制度が存在したわけではなく、「さまざまな程度、さまざまな形態で」(シェボルダエフ)実施された。[95] シベリア地方党委員会(シブクライコム)一九二九年一月一七日決定によると、自己の穀物を悪意をもって保留する「クラーク《クライ》」に対して適用される「ボイコット」は、(a)「ボイコット」を受ける者の名前を管区新聞、壁新聞、貧農集会、農民総会(スホード)などに公示する、(b)「ボイコット」された者を協同組合から除名する、(c)かれらに不足商品を売ることを拒否する、であった。これらの措置は、貧農集会、村スホードなどにおける「大衆活動」としておこなわれるべきであった。[96] 穀物調達の「新しい方法」は、供出を拒むクラークに対する社会的圧力としてのボイコットの理念を継承した。しかしボイコットは、やがて本来の経済的・社会的制裁の範域をこえて、行政的・政治的措置(例えば、村からの追放)により補強されることなしには、実効性をあげることができない事態に直面する。[97]「新しい方法」もまた、本質においては下からの社会的強制(「社会的方法」、「社会的影響の方法」)であると自己規定しつつ、その臨界点において国家的強制(非常措置)への連動を是認することになる。

一月一八日シブクライコム・ビューローは、一月一七日政治局決定に従い穀物調達の追加計画一〇〇〇万プードを採択し、追加計画の管区別細分化を指令した。[98] しかし一月二九日、同ビューローは一月計画の未達成を確認し、それが調達員と管区指導組織の不満足な活動に起因すると批判した。とくに、オムスク、スラヴゴロド、ブイスク、カメンスコエ管区党委員会の一月の調達活動が完全に不満足であるとし、これらに対してビュロー員の個人責任のもとで二月および年次計画の遂行を保証することを義務づけた。決定は、主として二月に、一部は三月に調達計画を達成すべきことを考慮して、二月の調達計画を二〇〇〇万プードとし、計画実現のために地方《クライ》から党その他の機関の活動家を動員することを指示するとともに、種々の「滞納金」取立強化を指令した(99)。しかし二月の調達経過は期待に反した。二月一二日付長文のシブクライコム・ビュロー決定は、二月第一旬の調達急落の事実を認め、事態を憂慮して困難の原因を、あげて「党、ソヴィエト、下級調達装置の活動における必要なテンポの欠如、課題遂行に対する無責任、現時点の穀物調達実行に関連する困難への恐怖」に帰し、自己課税、債務の徴収にかんする指令も「多大のおくれをもって」遂行されていると指摘した。しかし決定は、調達強化の手段として非常措置(刑法第一〇七条、第五〇条一〇項、「穀物の売却を控えるクラークのボイコットは、ボイコットが協同組合大衆間におけるこの措置の目的と意義にかんする十分な説明活動とともに、またボイコットの十分な実現を伴って正しく適用される場合には、肯定的結果を与えた。穀物の悪質な保留者のボイコットは、他の穀物供出者に影響を与えるように組織される必要がある。そのために、組合員集会(sobranie paishchikov)において大きな穀物貯蔵をもつ経営を公然と指名し、もし自己の穀物余剰を供出しない場合にはボイコットをおこなうとの警告を与えることが必要である」。ボイコットの究極の目的が適用対象外の一般農民(あるいは共同体そのもの)に対するみせしめ効果にある脈絡がここで明示された。他方で決定は、ボイコットの社会的性格とは相容れない「全村ボイコット」、「行政的ソヴィエト的機関の側からするボイコット」が容認できない旨も付記した。決定はまたソヴィエト選挙について、調達に注意を集中するために村ソヴィエト選挙終了の措置を直ちにとることを定めた。[100] しかし二月の調達経過は、これらの方策が満足な効果を発揮していないことを証明した。八六〇〇万プードが二月二五日までに調達されたが、年次計画達成にはなお三二〇〇万プードが不足した。なんらかの追加策が必要であった。二月二五日—三月四日、ノヴォシビルスクにおいて調達促進をトップ議題として開かれた第四回シベリア党協議会は、苦境の打開策をクラークに対する「社会的影響の強化」に見いだした。一月初め二二%と推計された商品穀物のクラーク保留分は著しく増加したと判定され、キャンペインの主要な矛先はクラークに向けられるべきことが強調された。刑法第一〇七条の方法への復帰は拒否され、その代案として、追加的自己課税をクラークに対して個別的に賦課する方法が提唱された。三〇—四〇—五〇%までの追加課税が最善とされ、ボイコットの有効性も併せて強調された。会期中の二月二七日、地方《クライ》、管区党・ソヴィエト指導者の狭いグループは秘密の会合をもち、緊急対策を協議した。[101] のちのスィルツォフの言辞を借りれば、「最後の数百万〔プード〕を集める際に、シベリアのすべての活動家は、クラークの隊列からでてくる巨大な抵抗と反撃を感得して」いたのである。[102] 会合の結論を承けて、シベリアの党・ソヴィエトを率いるスィルツォフとエイへは、二月二七日政治局に電報を送り、調達強化のための強硬な追加的措置を提案した。電報は、穀物調達が「現在の方法をもってしては」失敗に終ることは不可避であると警告し、「シベリア地域において穀物調達をサボタージュしている主要穀物生産者の穀物余剰をローンのかたちで強制的に収用する」措置をとることが「必要であり容認しうる」とみなした。提案によれば、全農民経営の六—八%が「収用」対象となり、ローン総量は一五〇〇—一八〇〇万プードに達するはずであった。返却期限は、金銭で一年、穀物で三年と設定された。ローン拒否に対する制裁は、供出されない穀物の五倍の罰金か、「場合によっては」三年の強制移住を伴う全財産の没収であった。電報は、収用される穀物の一〇%が貧農に食糧と種子を供給するために現地に保留されることをも提案した。しかし非常措置あるいは食糧徴発への復帰を内実としたこの提案は、三月四日の政治局会議により全面的に却下された。(103) 政治的決定を承けて招集された三月六日のシブクライコム・地方《クライ》統制委員会合同総会は、非常措置に復帰しようとするあらゆる企てを防止し、非常措置をいかなるかたちにせよ適用しないために「最も断固たる措置」をとることを管区党委員会に指令し、調達強化のための地方《クライ》・管区活動家の追加的動員を定めた。総会はまた党中央におけるブハーリンら右派指導者非難の決定を支持する決議を採択した。(104) このようなシベリア党指導部のジグザグ的対応は、過大な調達計画の迅速な遂行を厳命する中央の強硬な圧力と現地党・ソヴィエト装置の逡巡と怠慢、非常措置廃止の党議の拘束、さらに最も重大な要因として、農民の抵抗の激化に挟撃されてパニックへと昂進する独自の心理状態の反映であった。一九二九年四月の第一六回党協議会においてスィルツォフは、この心理的過程の背景として、クラークの抵抗、農民の大衆的抵抗、下級装置のサボタージュ(volynka)によりつくりだされた危機的状況について詳しく述べている。(105) しかし右派非難の決定への同調は、選択の方向を予示した。三月一一日、スターリンはスィルツォフ、エイヘ宛に書簡を送り、とるべき道を指示したが、それは、シベリアの指導部がすべて現地に出向き調達を督励すること、すべての「主要な勢力」を動員して「新しい転換」が調達に訪れるまで現地に滞留することであり、クラーク、投機業者抑圧に向けてあらゆる法的手段をとることであった。穀物輸入、穀物債券のいずれもとるべきでないとすればこれ以外に出口はない、現に穀物は国にあるとすべての者は確信しており、この確信は誰によってもいまだ覆されていない、というのである。穀物調達が更に低落した場合、「地方備蓄から必要量を取り上げる」かもしれないとスターリンは威嚇した。(106) 後述する「ウラルの決定」の採択を促すカガノヴィチの現地指導がそれに随伴することになる。(107) のちにスィルツォフはその後の政策決定の経緯をつぎのように欺瞞的に説明する。「今年シベリアではわれわれは去年あった非常措置の適用を許容しないこと、去年きわめて実りの多い、有益な意義をもったが、しかし現在では、農民に対して適用しない義務を負う決定の信用を失墜させることになる第一〇七条の適用を許容しないことを、まったく確固として決定した。そしてわれわれはこの方針を固守し、第一〇七条もその他の条文も、ごく稀な例外はあったが、圧力の手段としては適用しなかった。今年われわれは、それを上からおこなうのではなく、農村の貧・中農大衆自身による攻勢と社会的圧力とを組織する、きわめて大きな可能性をもっている。農民集会の決定により、自己課税の法律に基づいておこなわれる経済的抑圧は、われわれにきわめて確実かつ肯定的な結果をもたらした」[108]。

「新しい方法」の制度化において先鞭をつけたのは、ウラル州党組織であった。ただウラルの党指導者はシベリアに比べて、調達方法の問題に対していくらか抑制的態度を保持したといえるかもしれない。一九二八年一二月七日ウラル州党委員会(オブコム)書記局会議は、調達テンポの「著しい低落」を取り戻すために、調達活動を「広大な社会的・政治的キャンペイン」として(つまり「社会的」方法により)展開する旨指令したが、その際「革命的合法性の厳守の必要」に言及した[109]。同月二二日ウラル管区党委員会書記局会議は、個々の活動家が昨年度の非常措置の道に滑り落ちる「若干の兆候」を確認し、非常措置廃止決定を侵犯した者すべてを裁判に付すことを指令した[110]。ウラル党の責任者カバコフは、みずから一九二九年一月一七日の政治局会議に出席して新しい調達計画に反対しその撤回を懇請した[111]。その後ウラル・オブコム書記局は、一月二五日の決定において、目下進行中の穀物調達にみられる「ゆきすぎ」に対して重大な警告を発した。「革命的合法性からのいささかの後退も許されない。行政的ゆきすぎと歪曲のすべての事例は直ちに停止され、罪を犯した人間および組織は最も厳格な責任に問われるべきである」[112]。並行してウラルの党指導者は、さきに政治局が承認した計画引上げを撤回させる努力を続けた。四月の党中央委員会総会でのカバコフの言明によると、一月末もしくは二月初め、カバコフとかれの同僚は、人民委員会議議長であり政治局員でもある右派ルィコフと真剣な話し合いをもった。話し合いは、計画を七〇〇万プード増の四九〇〇万プードとされたことを知ったウラル州各管区、各地区がその遂行を困難視した「きわめて重大な状況」によって必要となった。カバコフらは、現在の条件のもとでの拡大計画遂行の困難性を力説して、さきの政治局決定撤回への支持を求めるためにルィコフに陳情すべくモスクワに来たのであった。しかしルィコフの反応は、カバコフによればつれなかった。かれは穀物消費地区の窮状を訴えてカバコフの要請を退けた。「プスコフの壊血病、ウクライナの飢餓をみたまえ、労働者人口に対する供給不足は至るところで感じられている。それでも君たちはここに来て私に穀物調達計画を引き上げるべきでないといっている」。ルィコフは、なんとしても穀物は調達されなければならないと要請した。カバコフは、四九〇〇万プードを調達するということは、商品生産者に対して「ソヴィエト的社会性(sovetskaia obshchestvennost')のあらゆる推進力(rychagi)」によって影響を与えなければならない結果になることは明白であり、このことが「すべての協同組合的社会性(vsia kooperativnaia obshchestvennost')」を吸い込む(vtianut')こと以外のなにものをも意味しないこと、すべてのソヴィエト装置を動員しあらゆる推進力を始動させること以外のなにものをも意味しない(つまり社会的方法は国家的強制に転化する)ことをルィコフに縷々説明した。これに対するルィコフの唯一の返事は「穀物は調達されなければならない」であった。「社会性」はかかる動員のやり方では非常措置に転化する危険があるという意見に対して、ルィコフは、非常措置に「転がり落ちることがないようハンドルを操作せよ」と答えるにとどまり、議論に深入りすることを回避したという。(113) 三月四日、政治局は、カガノヴィチを「ウラル・オブコムの要請に従い」来たるべき州党協議会において党中央委員会報告をおこなうために派遣することを決定した。(114) 三月一三日、ウラル・オブコム・ビュローは、カガノヴィチの参加のもとで、(115) 穀物調達問題についての決定を採択した。(116) 決定は、「新しい方法」を制度化した三月二〇日政治局決定にほぼ合致する条項を含んでいた。この方式が当時「ウラルで採用された調達方法」と称された所以である。(117) しかし、この条項を挿む前後の条項は、「社会的」方法の適用が国家的強制力の補強なしには実効性をあげえない厳しい現実を反映していた。地方組織がもつ穀物調達強化への経済的・組織的・政治的影響のすべての方策を活用してこなかったことを批判して、決定は、すべての党、ソヴィエト、協同組合および穀物調達組織がみずからの調達活動を、それらが有するすべての経済的、組織的、政治的、司法的な穀物調達強化のための「影響のレヴァー(rychagi)を徹底的に利用し」、それによって「穀物調達の主要部分(osnovnaia massa)が来たる一か月の間に実現されなければならない」という要求を第一項に置いた。第二項において決定は、「投機業者、クラーク－買占人の活動が強化されていることに鑑み」、地方権力機関に対して、投機、反革命活動を一層精力的に摘発し、裁判機関を通して「現行法に基づいて」かれらとの闘争の一層断固たる方策をとることを指示した。続く第三項が三月二〇日政治局決定の内容とほぼ合致する規定であった。しかしこの条項の前文は、ウラルの決定では、この方法を商業人民委員部機関が地区別、村別調達課題表(raspisanie)の作成基準として厳守すべき指示としている(後段において触れるように、政治局決定には、国家調達機関の活動との関連への言及はない)。また決定は、第四項において、「大衆的、社会的穀物調達活動の一形態」である「赤色馬車(krasnye obozy)」がクラークにより悪用されないよう、また「村別計画に従って受け取るすべての残余の中農による完全な供出に際して赤色馬車を組織する」よう求めた。続く第五項は「ボイコット」適用について、「ボイコットの正しいまた断固たる実行が社会的影響の最も活力ある措置のひとつである」として、党組織がその正しい適用に特別の注意を向けるよう指示した。「正しい適用」とは、「ボイコット」を「クラークおよび穀物調達キャンペインに積極的に反抗する悪質な非供出者に対してあらゆる断固さをもって適用する」と同時に、中農をまき込んではならないということであった。「ボイコットは大量的(massovyi)性格を帯びてはならない、というのはその場合には社会的影響の鋭利な措置としての性格を喪失するからである」[118]。翌日政治局は、カガノヴィチに対して、開催が延期されているウラル党協議会でのかれの報告までの猶予期間中、ウラルに引き続きとどまること、この間カザフスタン北部とシベリア隣接地区を「調達を活気づける」ために巡回することを訓令した[119]。

一九二九年四月の党中央委員会総会でルィコフが語ったところによると、カガノヴィチはかれに電信で「穀物調達を強化する目的で、いわゆる社会的ボイコットと穀物保有者に対する積極的社会的圧力の措置を導入することを持ち回り《オプロース》方式で表決すること」を申しでた。ルィコフは、「社会的ボイコットと収用の積極的措置の何たるかを知っていたので」、ことは先の中央委員会総会決議の破棄にかかわり、また最近のヴォロシーロフの言質(党中央委員会は非常措置なしで穀物調達を成功させることができるとみなしているとのレニングラード州党協議会での発言)に完全に矛盾しているゆえに、カガノヴィチの提言を「奇怪なもの」として拒否し、政治局に対して会議での表決手続を要求した[120]。要求は容れられ、数日後政治局会議はこの案件を審議した。カガノヴィチ提案は、ブハーリン、トムスキー、ルィコフの側からの「断固たる反対に遭った」(四月総会でのモロトフの言[121])が、三月二〇日、ウラル、シベリア、カザフスタンの穀物調達強化のための応急措置として承認された[122]。その全文は以下の通りである(傍点は引用者による)。

(a) 村(selo, derevnia)別の穀物調達確定計画課題(tverdoe planovoe zadanie)実行の公然たる発議は、穀物調達組織または権力機関の代表者に直接属すべきでなく、社会諸組織(貧農グループ、アクチーフ)から出発して、市民の総会を経由しておこなわれなければならない。

(b) 市民の総会によって採択された村別穀物調達計画の実行に際して、村のクラーク上層に対してかれらがもつ穀物余剰のなかからの国家への穀物供出の一定の義務を賦課するために、市民の総会を通して、あるいは総会の委託によって特別委員会を通して、クラーク上層を他の農民大衆のなかから選別することが必要である。

(c) 当該村落 (dannoe selenie) において採択された、クラークに賦課された上記の義務をこえた残余の穀物量は、市民の総会によってその他の農民大衆の間に自己義務の手順で (v poriadke samoobiazatel'stva) 割り当てられる。〔ここに「その際」という字句が前のウラルの決定には挿入されている——引用者〕すべてこれらの活動には、基本的農民大衆に対するプロレタリア的・社会的影響 (proletarskoe obshchestvennoe vozdeistvie) のアジテーションと動員の粘り強くかつ精力的な展開が伴わなければならない。

(d) この方法をカザフスタン、シベリアおよびウラルに適用する〔この条項はウラルの決定にはない——引用者〕。

以上が、三月一三日のウラル党機関決定に準拠し、党の文書において「新しい方法」、「自己課税の方法」、「社会的影響の方法」などの名称で呼ばれ、のちに「ウラル・シベリア方式」として知られるようになる新しい調達方法を全党的決定として制度化した党中央の最初の行為であった。[123] 翌二一日シベリア党組織は、同地の穀物調達にこの方式を適用する指令を下部組織に下した。[124] 政治局決定に多出する用語「市民の総会」とは、農業共同体の意思決定合議機関であるスホードであり、「自己課税の方法の適用」とは、伝統的共同体の意思決定をもって設定された「村計画」への農民大衆の合意とみなすことによって、計画課題の割当を管区水準にとどめるとのそれまでの政策を、村落単位までの計画課題の到達に改めることを、「結合」理念に、また非常措置廃止の党議に、それぞれ違反しない行為として正当化することにあった。[125] こうして、調達活動の主力が市場から政治の次元へと移動することによって、旧体制の農民支配の方法が再登場したのである。[126] 共同体は、政策実現の枠組の基本的構成要因となった。政治局決定までの経緯は、「新しい方法」が目前の危機を緊急に打開するための一時しのぎの局地的便法として採用されたことを物語る。しかし、伝統的意思決定の方式を「方法」の基本的形式とすることによって、決定は、事件史につくすことのできない、歴史の長期波動の深層に触れた。一時の便法が一般化し恒常化するのに伴い、この歴史の深層とのかかわりもまた一般化し恒常化せざるをえない。決定は、制度の創設行為であるとともに、歴史の客観的律動に規定された自然発生的事実の追認でもあった。下ヴォルガのシェボルダエフがのちに述べたところによれば、かれの地区では「中央委員会の特別の決定なしで」この方法を実施していた。[127] しかし政治局決定それ自体は、その適用を東部地域に限定し、他の地域をも対象とする包括的制度とすることを控えた。決定はまた、適用期限を明記してはいないものの、のちの政治局決定に照らせば、当面の危機に対処するための応急措置として短期的性格を付与したと推定される。またクラーク、悪質な非供出者などに対する国家的強制もまた、同じくシェボルダエフが語ったように、「社会的手順で(obshchestvennym poriadkom)」、すなわちスホードの決議に基づき、社会的方法の補助的役割としておこなわれるが故に、前年の非常措置とは「原則的に」異なるとされた。[128] 政治局決定は、ウラル、シベリアなど地方の決定とは違い、国家的強制との関連への明言は避け、強調点をその「社会的」性格に置いた。外部からの圧力についても、非国家的性格を含意する「プロレタリア的・社会的影響」という表現をとった。このような規定に対応して、あくまでそれは社会組織としての党の制度の限度にとどめられた。しかし、この限定の現実的意味は、一九二八年一月の危機に際して創設された非常機関の体系とそれによって適用された恣意的調達方法の復活にあった。この点については後段において再論することになろう。「新しい方法」が国家的制度としての形式を具備するのは、一九二九年六月二八日のロシア共和国立法においてである。国制化に至るまでに、この問題をめぐる激しい論戦とその後の適用経験の数か月を経なければならなかった。

「ウラル・シベリア方式」の制度化において中心的役割を演じた党幹部は、党中央委員会書記・政治局員候補であり忠実なスターリン派であったラーザリ・カガノヴィチであった。かれは一貫して、それが共同体スホードの決議に表現された農民の自発的意志に基づく穀物調達方法であり、それ自体非常措置ではないと主張した。一九二九年四月のウラル州党協議会においてかれは、今年度は非常措置を適用しなかった、適用したのは「貧農の組織化による、農村の積極的な層の組織化による、一層断固たる社会的影響の方法」であったと強弁した。「中農の個々の不満から中農がわれわれに対立していると帰結することは絶対に間違っている」、かれがこのようにいった趣旨は、中農の統合体としての農業共同体と党の間には決定的亀裂は生じていない、したがって「結合」は維持されている、と主張する点にあった。[129] しかしこのようなカガノヴィチの解釈は、四月の党中央委員会総会の非公開会議においてブハーリン派からの鋭い挑戦にさらされることになる。

4 論　戦

一九二九年四月一六―二三日に開かれた党中央委員会・中央統制委員会合同総会は、「新しい方法」の評価をめぐる苛烈な論戦の舞台となった。ブハーリン、トムスキー、ルィコフら「右派」は、この方法導入が党議に背く非常措置の全面的復活であり、ネップの廃止へと導く最悪の非常措置の制度化を意味すると攻撃した。多数派は、差し迫った危機を打開するにはこれ以外にとるべき方法はないと応酬し、方法の本質は、農民大衆に支持された社会的性格にあって国家的強制ではない、したがって「結合」の理念に背くものではなく、非常措置廃止の党議にも反しないと反論した。論戦に決着をつけたのは、理論と政策の成否についての自由な意見の相互作用ではなかった。それは、厳格な規律処分の威嚇によって、あるいは、有無をいわせぬ排除の論理によって終止符が打たれたのである。総会決議は、ブハーリン・グループを、「農民との同盟におけるプロレタリアートの指導的役割」の忘却を証明し「中農との結合についてのレーニンの教えの明白な修正」を意味する「農民に対する際限のない譲歩の理論」を提唱する右翼的偏向[130]と断罪した。以来この方法に対する公然たる批判は姿を消すことになる。

　論戦は、当面の穀物危機を緊急に打開する方途をめぐって展開された。すでに既成事実化しつつあった「新しい方法」を党の政策理念としてのネップに背反するものとして撤回し、別の方法を代置すべきか、それとも当面これ以外に効果的方法はなく、しかもネップと「結合」理念には背反しない「社会的方法」としてその存続を是認するか、が争われた。前者、すなわち採用された方法に対する批判者が「右派」と呼ばれたブハーリン派であり、方法の存続と正当性を主張したのがスターリン派であった。論戦当事者が共有した理論的前提は「結合《スムイチカ》」であった。争われたのは「結合」理念の可否ではなく、「新しい方法」(スターリンが総会で「ウラル・シベリア方式」と呼び、のちに歴史学の通称となった方法)が「結合」理念に照らして正当化されうるか否かであった。「結合」は、ネップと不可分の政策理念と了解されていたから、争点を、「新しい方法」がネップ的政策体系のなかで正当な位置を占めるか、それともネップと両立できない制度であるのか、と言い換えても必ずしも誤りではない。論戦が、ウラル、シベリア、カザフスタンの当面の調達危機打開のための即効策の選択という政策的妥当性の次元をこえて、よりひろく「結合」という原則的問題に及んだ事実は、かかる問題の重層性に由来する。そして論戦に歴史的意義を付与したのは後者であり、理念的見地に固執したのは、「右派」と称されたブハーリン・グループであった。かれらは、現地からの情報に基づいて「新しい方法」の適用が「結合」を解体の淵にまで追い込んでいるという深刻な危機感に立って、「新しい方法」の即時廃止と市場的方法への復帰を要求した。とくにブハーリンには、指導的理論家としての自負から、また追いつめられた政治家の常として、理念の問題にこだわる内面的動機が強かったであろう。[131] 晩年のレーニンが、労働者階級と農民との合意の維持を政治体制存立の基礎的条件とする発言を繰り返したとき、かれは「結合」に、単に経済政策の次元にとどまらない、多数者支配という統治理念の実現形態をみていた。ブハーリンは、一九二九年一月の「レーニンの政治的遺言」と題した演説において、スターリン派に対する抗議をこめて、同じ意味における「結合」の本質的意味内容について熱心に説いた。[132] 論戦は、革命理念を体現する指導者の第一世代の後裔としてのブハーリン派と党官僚制の組織利害を体現するスターリン派との抗争、前者の後者に対する抗議、理念擁護の闘いという一面をもった。それは、「新しい方法」を批判するブハーリン派の完敗をもって終り、かれらの政治的影響力は事実上失われる。それは、レーニン、トロツキーらロシア革命の理念を体現した第一世代の政治的指導からの退場、スターリンを頂点とする、革命前亡命知識人革命家の指導のもとでロシア国内での地下活動に従事し、革命後党官僚制の要職を占めるに至った、理念よりも権力に熱心な第二世代の興隆という指導者の世代交代を意味した。この結末に対応したのが、理念の役割の抜本的変化であった。論戦の結末は、特定の政策の選択以上に、理念が、政治的・行政的便宜を批判する自立性を失い、その正当化に奉仕する便宜的役割へと降格したことを告知した。勝利したスターリン指導部は、「新しい方法」をそれ自体非常措置ではなく、したがって「結合」の解体ではなく、「結合」の新しい形態を具体化した「社会的方法」であるとの解釈を一貫して固守し、異論を一切許さなかった。この調達方法は同年夏農民支配の普遍的制度として認知され、同年後半の穀物調達に全面的に適用されたうえで、同年末に国民的規模を帯びる集団化運動に方法的枠組を提供するであろう。

総会で「新しい方法」に対する攻撃の口火を切ったのはトムスキーであった。かれは「下手に隠されたかたちで」

非常措置を導入することを提案して「とんでもない政治的誤り」を犯したとカガノヴィチを攻撃した。トムスキーによれば、スィルツォフがシベリアから強制ローンを提案し政治局がそれを却下してから間もなく、カガノヴィチは同じ提案を「いくらか変更したにすぎないかたちで」おこなったのであった。かれは事実上の非常措置、「社会的イニシアティヴの手順をとった独特の強制的食糧徴発」を提案したのであり、それは「われわれの声に抗して」政治局の多数により採択された「巧妙に隠蔽された、最悪のかたちの非常措置」にほかならない。「われわれはこれを最大の政治的誤謬とみなす」、今日非常措置を認め、明日それを否認し、明後日再度隠された形で採用する、これを正しい安定した指導といえるであろうか。[133]穀物地区の党組織の代表はこもごも、自己の調達「経験」を拠り所として新しい調達方法を弁護した。その動機を単にスターリンやカガノヴィチへの忠誠の証しにのみ帰するなら単純化の誤りを犯すこととなろう。右派の攻撃に対するかれらの反論には、たしかに、事実を隠蔽する詭弁の要素が含まれていたことは否定できない。しかしそれは、非常措置でも市場的方法でもない「第三の方法」の適用に精力を傾注している地方活動家の率直な心情の吐露でもあった。ウクライナのコシオールの、われわれはブハーリンがいうように農民に対する「軍事的・封建的搾取」をおこなってはいない、との発言には、理念を放棄しているわけではなく、その実現に腐心している地方党組織の苦渋の要素がなくはなかった。[134]シベリアのスィルツォフは、自身の調達「経験」をもとに「新しい方法」を全面的に弁護した。かれは、しばしば「第三の方法」が非常措置に転化している事実を否定しなかったが、しかしこれらは「新しい方法」の本質を変えない例外的・偶発的現象であると主張した。「わが下級党組織の最悪の、最も弱い分子がクラークに対する攻勢をしばしばかれらにとっておなじみの食糧徴発の軌道に移している」、しかし同時に、かかる事実は、ネップの諸条件が数年前と異なることにも由来している。スィルツォフによれば、党はネップを「凝固した関係のシステムとして」考えたことは一度もなかったのである。いまやネップは社会主義的志向をもつに至ったのであり、そこでは「前進のイニシアティヴは疑いもなくプロレタリアートとその党に属さなければならない」。この意向はクラークの野蛮な抵抗を伴う、「穀物調達の実行に際しての個別的ゆきすぎは、このことの例証なのである」。かれは、「圧力(nazhim)の措置を実施する際に個別的ゆきすぎと抵抗があった」事実を認める。しかしそれは「若干の村」、五〇〇〇でなく五ないし六の村での出来事にすぎない。続いてかれは「ゆきすぎ」の原因に言及し、下級装置の低い質、クラークの抵抗と並んで「モスクワの誤り」を原因にあげた。その意図するところは、政治局において「新しい方法」に反対し導入をおくらせた「右派」を「ゆきすぎ」の責任者として弾劾することにあった。かれらの反対の結果、シベリアでは泥濘と播種キャンペインの到来のときに「新しい方法」を適用しなければならず、「われわれは異例の性急さでそれらをおこなうことを余儀なくされ、そのことが誤りの数を不可避的に増大させている」のであった[135]。ウラルのカバコフは、同じ動機から、一月末か二月初めルィコフとの間にもたれた話し合いを暴露した。前述のようにルィコフは、穀物調達計画の削減を再三要請し削減がなければ社会的方法が非常措置に転落すると警告したカバコフに対して、都市の飢餓を理由にその削減要請を拒否したのであった。このようにいうことによって、カバコフも、右派指導者もまた「ゆきすぎ」と非常措置とに対する責任を免れないと指弾したのである。かれは、「ゆきすぎ」がソヴィエト装置の側からだけでなく大部分が貧・中農の行状からも現れている、なぜなら、調達キャンペインは「わが装置」の努力(usiliia)によってだけでなく農民大衆の努力によってもおこなわれているからであるとして、非常措置に対する一切の批判を封殺しようとした。「私は現在の条件のもとでは、非常措置に対する告発は不必要であるだけでなく余計なことであり有害であるとみなしている。しかるに同志ルィコフ、トムスキー、ブハーリンはかかる告発へと至りついたのだ[136]」。

「新しい方法」制度化の立役者カガノヴィチは、抜け目なく新しい方法を擁護した。かれの議論の主たる論拠は、シベリア農村巡察において観察したと称する農村の「現実」であった。その真意は、トムスキーの批判を「また聞きの情報や噂と捏造」に基づくものとしてかわすことにあった。かれは、「新しい方法」が、農民から十分な量の穀物を迅速に引きだすために「不可避的」方法であり、また「正当化」されうる措置として導入されたと強弁した。すなわち、第一に、導入は「不可避」であった。なぜなら、経済的刺激はもはや調達目的のために有効に作用しなくなりつつあり、非常措置に復帰しないとすれば、この方法以外に選択肢はないからであった。第二に、それは理念的にも「正当化」されうる措置であった。なぜなら「国家的」強制すなわち非常措置ではなく「社会的」方法であり、かかるものとして「結合」の原則に抵触しないからであった。かれは、食糧徴発制が実施されつつあるとのトムスキーの非難を、国家が穀物価格を引き上げ農民に対価を支払っているとして一蹴した。「新しい方法」は、国家的強制でも経済的方法でもない、農民の多数の合意形成の第三の方法であり、その本質は、「貧農と中農積極分子自身の公然たるイニシアティヴの手続によって、当該村に提案された穀物調達議題がスホードに提起され、住民のうちからクラークが分別され、スホードがかれらに確定義務を課し、中農は一定の自己義務を引き受け、スホードにおいてスホードの決定を実現する委員会が選出される」点にあった。かれは三月二〇日政治局決定全文を朗読し、調達が農民大衆の自発的意志と同一視されるべきスホードの決議に基づき実施されると力説した。しかし同時にかれは、この方法の実現に伴う多大な困難と危険性を否定しなかった。「スホードが招集される、決定が採択される、しかしクラークはそのすべてに唾をはきかける」、それゆえ「これらの方法を実現するには巨大な政治活動が必要であり、それが欠如しているところでは、それは困難と歪曲を伴って経過している」。こうしてカガノヴィチは、「新しい方法」が自動的には農民の合意形成機構としては作動しえない現実を認めた。それが作動するために必要とした「巨大な政治活動」とは、「貧農を組織し」、「村の階級的勢力を結集し」、クラークなる少数者を孤立化し排除して、伝統的統合様式に代わる新しい階級的合意形成機構を共同体内部に創出することであった。かれが提唱した階級原理に基づく共同体の内的再編は、穀物危機前から提起されていた課題であり、必ずしも苦し紛れの即興ではなかった[137]。しかしこれは、忍耐強い説得と交渉を要する課題であった。にも拘らず、かれはこの課題を実現可能性から最も遠い現実のなかで、しかもきわめて性急に再提起した。農業税における個別課税の実際、貧農グループの査察結果、農村ソヴィエトの選挙経過が証明したように、階級的差異化の外圧は農民社会の内発的運動へとは転位しなかった。政治変動の場における農民とは、伝統的規範により結ばれた全一体であり、外圧はこの一体性をむしろ強固化した。カガノヴィチも婉曲にこの現実を認めざるをえなかった。いわく、「貧農が適切に組織されていないところではクラークは強力であり、われわれは村において統一した勢力と衝突することになる」、「中農は、ソヴィエト権力がクラークとの闘争において弱く、クラークがより強力であると感じるとき、強者の側につき、貧農は士気喪失し、ソヴィエト権力が困難なときに自分たちを支持するという確信を失う」。バルナウリスキー管区でかれが目撃した農民集会の光景は、その例証であった。「スホードはいかなる決議も決定も採択することを拒否した。……貧農は組織されていなかった。党細胞、農村図書室はなかった。クラークは貧農を酔っ払わせ、貧農は空の袋をもってスホードにやって来て、全権代表にこういった、われわれのところには穀物はない、ソヴィエト権力はわれわれの袋が空になるまでにした。ここにはクラークも中農も貧農もいない、とっととでていってくれ、と」。この「統一」を打破し、貧・中農のソヴィエト政権への支持を獲得するには、反クラーク闘争の強化をおいてほかにないと、カガノヴィチは月並みの議論を繰り返す。しかし誰がいかにしてクラークを叩くのか、かれはこの問題に深入りすることを控え、非常措置の問題を回避し、のちのモロトフ、スターリンの発言にそれを委ねた[138]。

「右派」ウグラノフは、第一五回党大会直後まで遡って、穀物危機をめぐって生じたスターリン派と自派の対立の経緯を語った。ネップの七年間で初めて農民との経済的相互関係において非常措置をとらなければならなかった、クラークのみでなく中農にも、場合によっては貧農にも、経済的・行政命令的圧力の措置を適用しなければならなかった、「これは争うことのできない事実」であった。一九二八年二月には、非常措置の評価について指導部内にいかなる不一致もなかった。しかし状況の評価には、スターリンとブハーリン、ルィコフとの間で相違があった。スターリンはもっぱら危機の原因をクラークに帰し、ブハーリン、ルィコフ、トムスキー、それにウグラノフらモスクワの地方指導者は、クラークだけでなく経済政策全体、経済指導の一連の誤りにも関連があると主張した。三月ウグラノフ、コトフらはスターリンとこの問題について数時間議論した。ウグラノフは、ついで、「ゆきすぎ」や愚行のゆえに非難された地方活動家を弁護して、誤りの根源が上からの指令の混乱にあると主張した。指令を作成し、決定を下し、法を発布し、それからそれらが適用しがたいこと(neprimenimost')をみて、地方活動家を「ゆきすぎ」のかどで攻撃し、上の誤りを認めようとしない。こう述べてウグラノフは、党指導部の農民に対する政策の変更すなわち非常措置の廃止を要求する。もし非常措置を廃止しないなら一九二九年春頃には経済はきわめて困難になるであろう。「中農の真の経営的関心を、言葉のうえでなく実際に保証しなければならない、非常措置に頼ってはならない、そうすれば、もっと多くの穀物、もっと多くの家畜、織物などが現れるであろう」。クラークとの闘いは重要であるが、それには長い時間が必要である。しかるにカガノヴィチは昨日の会議で、短期決戦でかたづける趣旨のことをいった。これは正しくない。前の一一月総会では非常措置をとらない決定をし、農民の経済的関心を保証する農業税法を決めた。これらの決定が順守されていないのはなぜか。「われわれの立法と指令には揺れ(kachka)がある、しかし方針(liniia)はない」[139]。

「新しい方法」に対して透徹した理論的批判を展開したのは、ブハーリンであった。ウグラノフに続いて登壇したかれは、この方法が「結合《スムイチカ》」の新しい形態でありかつ不可避の選択であるとするスターリン派の立論に全面的に挑戦した。演説はスターリン派幹部の不規則発言によりしばしば中断されたが、かれはひるむことなく主張を貫き、「新しい方法」が「結合」の新しい形態ではなく全面否定であることを力をこめて説いた。それは、穀物調達の「慣例的方法(obychai)」へと決定的に転化した非常措置、制度化された非常措置以外のなにものでもない。しかも一時的性格を喪失し、またクラークなる少数者に向けられたのでもなく、権力と農民の相互関係の本質を合意から強制へと変える「非常措置体制システム(sistema chrezychaishchiny)」となり、したがってもはやネップとは両立できない。かれの議論の出発点となったのは、自身の数か月前の演説「レーニンの政治的遺言」で引照した、労農結合こそが体制存立の基礎であると説いたレーニン晩年の思考であった。(140) ブハーリンは、「結合」こそが体制の基本理念であり、あらゆる政策の規定原理として擁護されるべき根本命題であると力説した。窮地に追い込まれた政治家の常として、彼の反撃の最後の拠点は理念であった。「新しい方法」はこの理念の全面的否定であるがゆえに即時廃止されなければならない、この観点からかれは、スターリン派が提起する「階級闘争激化論」を「非常措置体制システム」を永続化する「理論」として批判した。社会主義に向かって進めば進むほど階級闘争はますます先鋭化し、困難と矛盾が「われわれ」にのしかかるに違いないという、スターリンが七月総会で宣言し、クイブィシェフが「深めた」「悪名高い「理論」」がいまや党内で「完全な市民権」を得ている。しかしブハーリンによれば、この理論は「ふたつの完全に異なる事物」、「階級闘争の先鋭化のある一時的段階と発展の一般的行程」を混同し、階級闘争の当面の先鋭化を「われわれの発展の不可避的法則」へと昇格させるものであった。「この奇怪な理論によれば、われわれは社会主義への前進の事業において前に進めば進むほど困難が集積し、階級闘争はますます先鋭化し、社会主義の門口でおそらく内戦を開始するか、それとも飢死するか戦で死ななければならないということになる」。この「理論」からの実践的帰結こそが、常態化された非常措置であった。ブハーリンは、同年二月九日の党政治局・中央統制委員会幹部会決定のなかの、非常措置なしで当該年度の調達をやり終えるであろうとの一節を引用して、「これらの注目すべき予測」が決定から数週間にして現実により「論破」されたと指摘、「結合」を守るという口実のもとで全村ボイコットの必要を認めるイルクーツク管区の新聞の一文を紹介し、「組織された結合の破壊《ラズムイチカ》を通しての結合《スムイチカ》！　狂気の沙汰だ！」と激しく非難した。かれは予約買付契約、コルホーズ・ソフホーズ建設など農業における国家的規制の必要性を否定しなかった。しかしあくまでそれは長期的展望であり、当面の非常措置とは性質を異にする問題であった。かれは、目下の最大の任務は、個人農経営を市場を通して刺激することであり、クラークとの闘争も「第三の革命」によるべきではないと主張した。ブハーリンは、理念的批判から政策的批判へと議論を進めて、「新しい方法」がスターリン派が主張するような不可避的選択ではないと論じ、政策的代案として穀物の輸入を提案し、信用による輸入が現実的に可能であるとして政治局決定の撤回を求めた。更にかれは、「新しい方法」の一面である合法性の侵犯を批判し、その全面的復活を要求した。「社会的」方法が作りだす権力の恣意的空間、「官僚主義的恣意的統治(biurokraticheskii proizvol)」は、計算可能で客観的な合法的支配を無に帰し合理的・計算可能な経営を困難にする、それゆえ「革命的合法性は義務的である」、「それなくして農民は経営することはできない」。この要求は、農村における統治体制の正常化の要求、非常機関の廃止、ソヴィエト・協同組合の本来の活動領域への復帰の要求へと連動された。かれは、非常事態と非常措置のために協同組合機関が「著しい度合において」「国家的圧力」の手段になったことを嘆いた。こうしてブハーリンは穀物の輸入、非常措置の拒否、合法性の順守に自己の提案を要約した。かれは、「非常措置の断固たる拒否に基づく政策を進めること」が「更なる前進のために第一のまた最も基本的な前提条件である」として、つぎのように結論する。「同志諸君、諸君は結局のところシステムへと昇格した非常措置が……われわれのすべての入口と出口を塞ぐものであることを理解しなければならない。現に偽りの名前のもとで、あるいは公然と、実行されている非常措置の断固たる拒否は、われわれの政策の不可決の基礎である。というのは、このやり方で初めてネップのシステムを維持することができるからである。非常措置とネップとは相互に矛盾することがらである。非常措置は、たとえ一時的なものであろうと、疑いなくネップの廃止である。システムとしての非常措置はネップを締めだす」[141]。

ブハーリンによる食糧輸入の提案は貿易行政担当のミコヤンによって一蹴された。かれによれば、穀物輸入は、工業原料の輸入の削減と数十万の労働者の失業とをもたらすがゆえに受け入れることができない代案であった。「同志ブハーリンにとって穀物調達で締めつけ(nazhim)に向かって進むことは難しいが、どうやら数十万の労働者を街頭に投げだすのは簡単であるらしい」[142]。モロトフは、ブハーリン、トムスキー、ルィコフのいわゆる「右翼日和見的」行動を論難し、「われわれは反対派ではない、反対派へと向かってはいない」というブハーリン、トムスキーの言明に反して、「われわれの目からみて、党内には反対派グループが結成されつつあり、一定の程度すでに結成されている」と断じた。モロトフは、「新しい方法」に対するかれらの反対を、そのことを証明する事実のひとつとして取り上げた。かれは、ブハーリンらの反対をもっぱらクラークとの闘争に対する日和見主義的態度の現れと等値した。「今年二月、われわれは、同志カガノヴィチ参加のもとで採択されたウラル・オブコムの穀物調達におけるクラークに対する圧力の問題にかんしての提案を審議した。われわれは再度、この問題、貧農と中農の大衆的・社会的支持に依拠してクラークに対する圧力を強化する問題において同志ブハーリン、トムスキー、ルィコフの側からの反対に遭遇した。同志ブハーリン、トムスキー、ルィコフの反対票を排して政治局は最も収穫が良い地区、すなわちシベリア、ウラル、カザフスタンの穀物調達におけるクラークに対する圧力強化にかんする決定を採択した」。モロトフは、ブハーリンが提案した穀物危機解決策を党の工業化政策に背くとしてことごとく退けた。穀物輸入、穀物価格の引上げと並んで

「現に部分的におこなわれている非常措置の廃止」の要求もブハーリンの提案に含まれたが、モロトフは非常措置を「新しい方法」の構成部分として是認した。「われわれは、クラーク経営に対して非常措置を安直に適用しているのではない、われわれはこの事業をめぐって農村でわれわれに近い分子を結集する最も重要な活動を展開し、非常措置の実行に際しては貧・中農大衆の支持をかちとっている」[143]。

モロトフに続いて（コミンテルン問題で右派を攻撃したマヌイリスキー[144]を挿んで）登壇したのはルィコフであった。かれは、非常措置は貧・中農の大衆的支持のもとでは正当化されるとするモロトフの主張とは明確な一線を画して、非常措置が現実には「新しい方法」の反ネップ的性格を決定し、「結合」を解体に導くことを、文書資料に基づいて論証しようとした。かれの長大な演説の基調は、政府首長という職掌柄であろう、ブハーリンとは対照的に、現地報告に基づく実務的な色彩を帯びた。ルィコフは、一九二九年二月、中農問題をめぐる「意見の微妙な相違」が政治局多数派とかれのグループとの間に存在した事実を認めた。自分は相違が中農を宥和するための措置がとられるとともに取り除かれるであろうと期待したが、期待は裏切られ、現在の危機の評価と危機克服の方途についての意見の相違が今日まで続いていることは遺憾である。そのうえでルィコフは、政治局の意思決定に至るまでの民主的討論の伝統を擁護し、意見の相違を異端視することに抗議した。かれによれば、過去二年間経験しいまも続いている危機的現象は、季節的・状況的（kon'iunkturnyi）、偶然的とは呼べない、長期的かつ深刻な性質を帯びており、「それゆえその克服にはより広範かつ長期的な方策から出発しなければならない」のであった。その意味するところは、ネップの根幹が一九二八年初め以来の非常措置の反復的適用によって激しく揺さぶられているということであった。かれは、ブハーリンの定式「ネップか非常措置か」を「長年にわたり間断なく続く非常措置の体系かネップか」といくらか妥協的に言い換えた。「去年われわれは非常措置をもった、今年再度非常措置がある」、そして来年もおそらく「同じ非常措置を実施することを提案するか、あるいは検討を提案さえしないで簡単に実施するであろう」、「もしわれわれが非常措置を三―四―五年と系統的に適用するなら」これはもはやネップではないであろう、「非常措置の長く続く系統的適用のもとでは、それらをわれわれの発展の「法則」へと昇格させる独特のイデオロギーが不可避的につくりだされるであろう。そしてそれから生まれるのは、すべての商品流通、供給、商業の組織などの領域における新しい現象である。一方は他方にまといつく。これは完全に不可避である。今年の非常措置の問題は、具体的状況に照らして、長期的利益の観点からのみでなく、現在非常措置の適用が合目的的か否かの観点からも検討されることを要する」。後者の観点からかれは最近のレニングラード州党協議会でのヴォロシーロフの発言――シベリア、カザフスタン、ヴォルガ沿岸その他多くの地区に十分にある穀物余剰を「農民の基本的大衆との関係を傷つけることなしに」「革命的合法性の枠のなかで」調達できるとした言明を取り上げた。ルィコフは、ヴォロシーロフ発言が事実に反すること、いまおびただしい数の地区で非常措置がすでに適用されている事実を指摘した。そのときカガノヴィチが「われわれは合法性の枠の外にでてはいない」と演説を遮った。ルィコフは機敏に反応して、議論を当面の非常措置、すなわち「新しい方法」の現実へと移した。「私はいま、同志カガノヴィチ、あなたが合法的措置の枠からどんなふうにしてでなかったか示すことにしよう！」ここでルィコフが念頭に置いていたのは、カガノヴィチが「新しい方法」すなわち「穀物調達強化のためのいわゆる社会的ボイコットと穀物保有者に対する積極的社会的圧力の措置」を政治局の正式の会議に諮ることなく導入しようとした、「合法性」において疑わしい行為であった。「合法的手続の外」で措置導入を図ったカガノヴィチが「われわれは合法性の外にでなかった」というとは、と皮肉ったのである。しかるのちルィコフは、政治局決定適用の実態を特徴づける「若干の文書」を読むことを提案した。まず、ルィコフは、農民から受けた多くの電報、手紙を読もうとするが、カガノヴィチ、コシオール、スクルィプニクの反対で断念、公式文書の紹介に移った。最初の文書は、「非常措置がおこなわれている地区で活動するきわめて責任ある活動家のひとり」である「同志マールコフ」からのものであった。それは、調達の「最も強力な手段(sredstvo)」となっている「ボイコット」の実態を赤裸々に暴露した文書であった。同文書によれば、「ボイコット」は、よく準備され社会的に作用すれば良いが、「残念なことに殆どの場合、行政命令的措置として」、ときとして「「悪しき」社会性によって形式的に風味づけられて」実施されているのであった。マールコフは、このような「ボイコット」の一四の事例を列挙した。「ボイコット」のかかる実態は、調達計画と統制数字の割当のやり方に関連がある、すなわち、「穀物調達計画は大急ぎで村ソヴィエト、地区別におろされるが、問題は村ソヴィエト毎の計算(uchet)がおこなわれなかったこと、調達計画はなかったことにある。計画がなかった以上、あれこれの村ソヴィエトがどれだけ遂行したかを言うことはきわめて難しい」のであった。「農民はわが調達官を避けてバザールに(穀物を)運んだ」。「至るところで農民は穀物を協同組合にでなく市場に運びだしたためにボイコットを受けている」。「農民が自分のところには穀物はないというと、それへの返答は、さあ俵(kuli)だ、統制数字を実行しろ、である」。「一言でいえば、「統制数字」は、現地では「最も神聖なもの」、争う余地のない義務と化している……かかる現象が大量になるなら、それは、われわれと農民との相互関係を再検討しなければならないこと、ネップを苅りとり「固定勘定に」移すことを意味する。このことをやることはできないし、やってはいけない。「固定勘定」に移るとは食糧徴発制を意味するから。これはバザール、地方市場、穀物市(khlebnye torzhishcha)が消失することを意味し、われわれはネップの基礎的土台を見捨てなければならない」。ヴォロシーロフが遮って「醜悪な文書」を送ったとしてマールコフの処分を求めたが、ルィコフは、かれがウラル州商業部長であり、党の措置の実行に積極的な党員であると擁護した。ルィコフが読み上げたつぎの文書は、ロシア共和国検事クルィレンコがロシア共和国人民委員会議議長代理スミルノフに宛てた報告であった。報告自体はとくに衝撃的な内容ではなかった。その意義はむしろ、地方調達機関からの情報を中央の司法機関責任者の報告により権威づけ、マールコフ報告が局地的・例外的でないことを論証する点にあった。三月二九日付クルィレンコ文書は「新しい方法」の実態について書いている。「ヴォルガ沿岸ドイツ人自治共和国検事はつぎのように報じた。穀物調達強化の必要性に関連して、地方党・ソヴィエト機関は、穀物調達措置にかんする党中央委員会総会決定に矛盾した非常の性質をもつ一連の措置を採択した。下ヴォルガ地方《クライ》および管区党委員会の決定に従い、未遂行の穀物調達計画を義務的かつ最終的課題として村別に割り当てることが指令された(predlozheno)。個々の経営別の計画配分にかんしては、調達の主要部分(osnovnaia massa)を村のクラーク部分、穀物の大保有者に課することが指令された。課題を遂行しない場合、一〇〇〇プードをこえる貯蔵の保有者には刑法第一〇七条が適用される。ドイツ人自治共和国では、上記の量の貯蔵をもたない場合でも保有者から第一〇七条により穀物を収用することが容認された。調達計画の残余は穀物余剰をもつ他の農民の間に配分される。その際、クラーク部分に対する課題は貧農・中農アクチーフの集会で検討され、村ソヴィエトによって遂行される。その他の(クラークでない)経営に対する課題は市民の総会によって採択されなければならない」。ルィコフはクルィレンコ報告の引用を続ける、「手元の情報によれば、他の地方では、党と政府の指令を歪曲するその他の多くの穀物調達強化のための措置がとられている」。「逮捕、脅迫、嘲弄の方法」がそれであり、それらは「中農にも貧農にも適用されている」。非供出者に対するボイコットは、「法の保護外に置くというかたち」での「露骨な嘲弄」と化し、「種々の表書きをつけた高札」、村からの追放、分与地の剝奪もおこなわれている。これらは農民の不満を招き、供出負担に耐えかねた農民の自殺をも誘発した。他の地方では、ボイコットの方法は「阻止部隊(zagraditel'nie otriady)」の設立にまで至っている。

ルィコフは、スミルノフに宛てたクルィレンコのいまひとつの、カザフスタンにおける刑法第六一条の適用にみられる権力濫用の委細を伝える報告を紹介する。「国家的義務の不履行に対する罰金と強制労働を定める刑法第六一条を穀物供出を拒否する者にも適用することがしばしば容認されている。これはそれ自体すでにこの条文の拡張解釈となっている」。電報によると、このことに加えて、地方組織、例えば、カザフスタン地方党組織代表ゴロシチョーキンは、第六一条に基づく判決を上級審の審議をまつことなく直ちに執行するやり方に「断固として」固執している。クルィレンコは、この件について中央の指令を要請した。スミルノフは、党と政府の決定が食糧徴発制に「歪曲」されている現状を早急に是正し、責任者を問責するための地方宛電報指令案を用意し、カリーニンの署名を求めた。しかしカリーニンは、いまこの種の現象なしではすませることはできないとしてスミルノフ提案を拒絶し結局電報は送られなかったのであった。[145] ここでスターリンが「事実を歪めている」とルィコフの発言を遮った。歪めてはいない、自分は正確な事実を語っているのだ、ルィコフはこう反論して、「全村ボイコット」についての情報をシベリアの新聞から引用する。「住民自身が穀物調達官に対して悪質な穀物保有者の摘発に協力せずボイコットに参加しないところでは、村全体、村区全体、村区のもとにある消費協同組合のボイコットがおこなわれている」。「個々の穀物非供出者および村、村区全体のボイコットは、都市に対する穀物供給を破滅させる者に対抗する、したがって、都市と農村の結合を破滅させる者に対抗する武器として」正当化されている。ブハーリンが「狂気の沙汰」とよんだ「結合の破壊《ラズムイチカ》を経て結合《スムイチカ》へ」の構図の実例をルィコフはここで縷々紹介する。もし「われわれが合法性の枠の外にでなかった」とか、非常措置の非容認性にかんする過ぐる総会の決定にかんして万事うまくいっているといったカガノヴィチらの不規則発言がなかったならかくも詳しくは語ることはなかったであろう。事実はカガノヴィチらの主張とは反対であり、非常措置は農村で審議抜きでおこなわれ、党上層部からも隠されていることは驚くべきことである、もし非常措置がどうしても必要なら、「賢明に、事業にとって最小限の損失ですむようにおこなうべきである、そしてよく準備して時宜に適して導入することが必要である」のに、合法性順守という観点からみて今年の非常措置は去年より悪い、第一〇七条の適用の制限についての去年の指令が侵犯されているばかりではない、去年誰も提起しなかった措置——土地の剝奪と強制移住——がおこなわれている、しかも「社会性の積極的影響」のかたちで、権力機関のそとで強制措置が恣意的に適用されている。「もしひとつの村で適用されるなら、周辺の村はこのことのなかに自分たちの明日をみるであろう。非常措置の噂は多くの地区をかけめぐっている。すべてこれらは、最大限に、つぎの年の状況を台なしにするであろう」。休憩後ルィコフは、中農問題に議論を進める。かれは、第八回党大会におけるレーニンの中農についての発言、「われわれにとって必要なことは、国家経済を中農の経済に適応させて建設することである」を引用しつつ、中農が現在でも、穀物総生産においても商品化部分においても「決定的意義」をもつ以上、工業化の成功のための食糧と原料の確保のためには「中農がより多く播種しより多く生産することをかちとるべきである」と力説した。ルィコフは、非常措置が今年三—四月の調達に大きく寄与した形跡はないと、実数をあげてミコヤンらの主張に反論した。非常措置の適用がなければどれだけ調達できたかをいうことは難しいが、非常措置が数千万プードをもたらさなかったことは「完全に明白」であり、「決定的意義をもたないとるにたりない数量の穀物」を手中にするために「巨大な否定的結果」を伴う非常措置を導入し実施したのである。(146)

ヴォロシーロフは、ルィコフに反論して、去年あったような非常措置はいまはないし、非常措置適用の決定もしていない、あるのは「調達機関の線によってではなく、市民の総会を通して社会的影響の手順で」のクラークとの闘争であると公式的解釈を繰り返した。かれは歪曲が「ここかしこで」あることを否定しなかったが、党は歪曲とつねに断固闘っていると強弁し、反面、急増しているクラークのテロ行為に対抗するためには国家的強制が許容されると主張した。(147) 当時農村の現実から隔離されていたロミナーゼは、「新しい方法」を非常措置とは無関係な合意形成の方法とするカガノヴィチの説明を鵜呑みにして、刑法第一〇七条、罰金のような国家権力の発動が多くの地区でみられるのは、社会的方法の展開がおくれているからであり、非常措置を回避するためにこそ、次年度には社会的方法の更なる発展が必要であると語った。[148] オルジョニキーゼは非常措置を弁護し、「右派」のウグラノフが一九二八年初めヴォルガで率先して非常手段を行使した事実を暴露した。ウグラノフは、スターリンはシベリアでクラークに第一〇七条を適用したが自分は条文なしで農民《ムジーク》の襟首をつかんだといった、という。[149]

ウラルの方法ともウラル・シベリア方式とも呼ばれた「新しい方法」をめぐる論戦に決着をつけたのは、四月二二日夕刻のスターリンの演説であった。[150]「新しい方法」について、かれがとくに新奇な解釈を提示したわけではない。しかし、この問題でそれまで沈黙していたかれが、書記長の権威において、しかもブハーリンの理論と政策の包括的批判の文脈のなかで、党規律処分の威嚇を背景に、この方法を「唯一の正しい方法」と断定したことに、特別の政治的意義があった。討論参加者が多少とも示した逡巡や留保を一切捨てて、かれはこの方法の正当性が、非常措置の適用によっても、「ゆきすぎ」によっても、損なわれることはないと断固として主張した。かれは進んで、この方法が非常措置の「部分的」適用を不可避的に随伴すると断定した。穀物危機の主たる原因を、党指導部の誤った政策にみるブハーリン派の観点に対抗して、スターリンは、冷害などの自然的条件とクラーク層の抵抗の増大という政治的条件とをあげ「新しい方法」を主として後者への対策、すなわちクラークの穀物供出を確保するための社会的圧力と規定した。演説を一貫した状況認識である階級闘争の先鋭化とクラークの抵抗の激化とは、かれの一九二八年一月以来の主張に照らせば、非常措置適用のための十分な条件であった。かれが社会主義建設の発展図式として定立した階級闘争の先鋭化に対応したのは、クラークに対する非常措置を恒常化する制度思考の優位であった。スターリンは、「新しい方法」が「社会的方法」であることを一応認めるものの、非常措置すなわち国家的強制なしでそれが十分に機能することには悲観的であり、非常措置の適用に積極的であった。かれはブハーリンらを悪魔が聖水をおそれるように非常措置をおそれていると嘲笑した。かれはまたクラークが自発的に穀物を供出すると期待することは、ブハーリン、ルィコフら「新反対派」の「自由主義的《リベラル》な」(著作集では「ブルジョア自由主義的《リベラル》な」[151])幻想にすぎないと一蹴した。かれは階級的変動を論じた箇所で、一九二七年まで穀物を自発的に供出していたクラークがその後にはそうしなくなった原因を、続く豊作年の結果クラーク経営が富裕化し、経営基盤を強化し、市場を操作でき、政治的武器として利用するのに十分な穀物を蓄積したことにみた。「結合」を論じた箇所では、穀物の緊急輸入を提案した「ブハーリンの計画」に対して、「中・貧農大衆の社会的支持によって補強された一時的非常措置の許容」を「党の計画」として対置した。[152] スターリンにとって穀物調達は、いまや階級闘争の舞台であった。穀物を「単なる商品(prostoi tovar)」とみてはならない、それは万人が必要とし消費する特別の商品であり、それゆえにクラークの政治的武器となりうる、したがって、市場に委ねるだけでは不十分であり、調達の場を経済から政治へと移すことが必要である。かれは、穀物調達を「市場の自然な流れ(samotek)」に委ねるのでなく、調達を「組織する(organizovat')」、あるいは「組織的方式で(organizatsionnym poriadkom)」穀物を入手する必要がある、と力説した。その具体的形態が、かれが「ウラル・シベリア方式」と命名した「新しい方法」であった。「二年の調達経験は、われわれが三―五億プードを特別の緊張なしで調達できるが、一―一・五億プードは組織的方式で入手しなければならないことを示している。ここにウラルの同志によって(ural'tsami)つくり上げられ、ここでけなしつけようと骨折られている方法がある。〔しかし〕これは疑いもなく唯一の正しい方法である」。方法の内容については、「クラーク層に対する自己課税の方法。村でスホードの集会がもたれ、貧・中農層が煽動される。スホードは富裕なクラークがどれだけの比率を遂行しなければならないかの決定をおこなう、遂行しない者は村の決定により罰金。こうして全村が穀物調達の仕事に結集される。村が政治的に差異化されるなら、中農と貧農が説得される(spropagandirovany)なら、そのとき、村はふたつの部分に分かれる。村の大部分、多数、中農、貧農はソヴィエト権力の側につき、クラークと富農部分は、余剰、すなわちかれらのところにあり、それによって貧農を隷属させ、ソヴィエト権力の価格政策を失敗させようとしている余剰を供出させられる」という(未修正生演説より)[153]。以上の部分は正文ではつぎのように整理される。「穀物調達を組織する必要がある。クラーク層に対抗して貧・中農大衆を動員し、穀物調達強化のためのソヴィエト権力の措置に対するかれらの社会的支持を組織する必要がある。自己課税の原則によりおこなわれる穀物調達のウラル・シベリア方式の意義は、穀物調達強化のためにクラーク層に対抗して農村の勤労者層を動員する可能性を与える点にある。経験は、この方法がわれわれに肯定的結果を与えていることを示した。経験は、肯定的結果がわれわれのふたつの方向で現れていることを示した。ひとつは、われわれが農村の富裕層から穀物余剰を取り上げ、それによって国への補給を容易にすることであり、いまひとつは、われわれがこの仕事でクラーク層に対抗して貧・中農大衆を動員し、かれらを政治的に教育し、かれらのなかから強力な数百万の政治的軍隊を農村において組織する」ことである[154]。かれは、クラークに対する社会的強制が非常措置の適用を排除するものではないと主張した。正文では「この方法はときとしてクラークに対する非常措置と結びつく」といい、未修正生演説ではもっと露骨に、「これは非常措置の若干の部分的適用に導かれる。これは疑いない。われわれは今年はこれなしでやることはできない。播種のあとで部分的に非常措置を適用しなければならないことは大いにありうる」と断言した。「このことになにか特別のこと、とくに悪いことはなにもない。これらの措置の部分的適用からさえも、悪魔から逃げる修道士のように逃げまわる同志ブハーリン、ルィコフのようにこの問題を考えるべきではない」。スターリンによれば、非常措置はできるだけ適用しないにこしたことはない、しかし、「自己課税の手順によって穀物を入手する可能性がないとすれば、部分的に非常措置に訴えるべきである。それとともに、この事業に農村の多数者を結集し、この上に農村の多数者を政治的に教育し、クラークに対抗させる」。「ウラル・シベリア方式が正しく実施されているところでは、われわれは農村に自己の政治的軍隊をつくりだす。これは戦争の場合きわめて重要である」[155]。かれは、戦争状態あるいはクラーク層との内戦状態を想定して、戦時には非常措置は不可避であるとしたレーニンの内戦期の発言を喚起した。「ゆきすぎ」に対するルィコフらの批判に対しては、「ゆきすぎ」を伴わない政策はないとして、「ゆきすぎ」は「新しい方法」の正当性を否定するほどの重大事ではないと一蹴した。かれは一応、非常措置を補完的役割に限定し、「新しい方法」の本質は「社会性」にあると強弁した。しかし、「ゆきすぎ」についてのかれの議論は、非常措置が補完的役割をこえて「新しい方法」に実効性を担保する本質的要因となっている既成事実の暗黙裡の容認を内包した(それは半年あと、全面的集団化とクラーク絶滅の結合によって明示的となるであろう)。すでに階級的差異化の試行錯誤の結果は、農民の政治的分化の内発的実現の客観的可能性が失われたことを証明していた。「新しい方法」に意図されたスホードの決議とその実現が、強化された外的強制に全面的に依存しなければならない状況の論理は牢固として形成された。スターリンが憤りをこめて引用したスホード集会の光景は、この帰結を象徴する典型的事例であった。「われわれの煽動員が、カザフスタンで、穀物の持ち主に向かって、国に補給するため穀物を引き渡すよう二時間も説得したとき、パイプをくわえたクラークが発言し、煽動員に答えた、「あんた、ちょっと踊ってみな、そうすりゃ二プードばかりあげるよ」」[156]。

「新しい方法」を争点とする論戦は、スターリン演説により終止符が打たれた。総会決議は、スターリンの定義と評価に忠実に沿って「新しい方法」に対する「右派」の反対を非難した。「クラーク層の側からの穀物の悪質な隠匿と投機との闘いに農村の貧・中農層を動員する党の方策に反対することによって、右派は、穀物調達と労働者階級および貧農に対する穀物供給とを失敗させようとするクラークの企てを客観的に助けている。右派のこの政治路線の基礎にあるのは、農民に対する際限のない譲歩の理論であり、それは、中農との同盟におけるプロレタリアートの指導的役割を右派が忘却していることを証明するものである」。この部分を含めた総会決議のブハーリン・グループによる侵犯に対しては、厳格な党規律処分の威嚇が加えられた。(157)党の行政的一枚岩化を加速する大勢順応の兆しが党幹部の間に急速に浮上した。シベリアのスィルツォフは、「全村ボイコット」がシベリアの党の政策に反するとの文書を急ぎ党中央に提出し、(158)ロシア共和国検事クルィレンコは、「ゆきすぎ」についてのかれの文書をルィコフの評価から隔離して、それが非常措置が至るところで実施されていること、および、合法性の侵犯と中農抑圧において一九二九年の状況が一九二八年より悪いことを確認する文書ではないと上申した。(159)総会以後この方法に対する公然たる批判の声は聞かれなくなった。「新しい方法」を「結合」の解体ではなくその新しい形態とする解釈は、いまや疑義を許さない公認の教義へと昇格したのである。

四月総会後間もなく開かれた第一六回党協議会において、「新しい方法」あるいは穀物調達の「社会的方法」はもはや参加者の主要な関心事ではなかった。若干の発言者によるこの主題への言及はあったものの、それらは既成事実追認の域をこえるものではなかった。(160)主要議題である五か年計画案の主報告者ルィコフも、副報告者のひとりクルジジャノフスキーもこの問題を回避し、いまひとりの副報告者クイブィシェフのみがそれに傍論的に言及した。クイブィシェフは、「若干の地区(ウラル、シベリア、カザフスタン)のクラーク層に対する社会的影響の措置適用にかんする党中央委員会決定」を「われわれが経験している困難をいくらか緩和するに違いない術策(manevr)」と評価し、この策をとらなければ疑いもなく困難は増大したであろう、工業化と資本主義的要素に対する闘争の分野でテンポを落とさないためにこの策をとったのだと弁護した。かれは、中農大衆の利益にも工業化の予備にも抵触することなく、

「クラークの負担で、クラークからの穀物余剰の収用によって、かれらの予備の収用によって」これをおこなったのであり、「この故に、この措置をわが政策の変更、農業に対するわれわれの政策のなんらかの変更(sdvig)とみなしてはならない」、いまも「中農との同盟は農村におけるわれわれの政策の基礎」であると強弁した。同時にかれは、この方式がこれまでの「結合」の単純な反復ではなく、「結合」あるいは「同盟」の枠のなかで性格と内容を変えつつあると主張した。新しい「結合」の形態とは、工業の強化に応じて、その指導的役割、全国民経済における指導的役割の強化に応じて、すべての経済部門における社会主義的要因の強化に応じて変形する「結合」であり、いまや均衡は社会主義工業の側に傾き、小農民を「結合」の対等のパートナーとみなす伝統的ネップ観から決別すべきときであった。[161]

協議会の討論では少数の発言者がこの問題を取り上げた。この方式の正当性への疑念はすでに聞かれなかったが、解釈には微妙な不一致、そして混乱さえもが看取された。シベリアのエイヘは、「新しい調達方法」が効果をあげていないとする「モスクワで流布されている風評」に対して、三月以降のシベリアの調達実績の数字をあげて反論した。[162]同じくスィルツォフも、去年適用され「きわめて実り豊かで有益な意義をもった」刑法第一〇七条の発動は「きわめてまれな例外」を除けば一九二九年にはなく、代わって、貧・中農大衆自身による社会的圧力、「農民集会の決議により自己課税の法律に基づいておこなわれる経済的抑圧」が「われわれにきわめて基本的かつ肯定的な結果をもたらした」と主張した。[163]フロプリャンキン(下ヴォルガ)は、ウラル、シベリア、カザフスタンのみでなく下ヴォルガでも「社会的方法」が二月から適用され、調達において「相応の結果」をもたらしたと主張した。かれがいう「社会的方法」とは、クラークを標的とした「ボイコット」、加重的自己課税のことであり、クイブィシェフのいう「クラークに負担させる術策(manevrirovanie)の方法」であった。かれはこの「社会的強制」の効果を肯定的に評価しつつも、一時的措置としてのみこれを正当化した[164]「新しい方法」を協議会決議として公式化することを提案したのはロミナーゼであった。かれは、党協議会が、非常措置が農村における党の長期的政策ではなく、またそうではありえないことを「あらゆる断固さをもって」明言し、「新しい方法」すなわち「クラークに対する下からの社会的圧力の方法」または「社会的影響の方法」がクラークの抵抗を打破する最善の方法であることを宣言する旨の決議案を提出した。かれは、「新しい方法」と非常措置とが理念的に相容れない関係にあるとする四月総会での見地を繰り返し、「社会的方法」の発展が非常措置を駆逐し不要にするとの展望に立って、「新しい方法」を長期的に、非常措置を短期的にそれぞれ定位した。しかし非常措置と「新しい方法」のこの峻別は、貧・中農の下からの運動が真に自発的であり、しかもロミナーゼがいうように、党組織の指導性が保証される条件のもとで初めて現実性を帯びるのであり、それには、運動の核心部分である貧農の組織化、とくに貧農グループの組織化の展開が不可欠であった。かれは「貧農グループが殆ど至るところで存在し、最近、より精力的に活動し始めた。それらはいまではもっとよく活動している」とする現状診断を示した。しかしこれが非現実的な願望にすぎないことは、貧農グループの査察結果が明らかにしていたところであり、協議会においても、貧農グループについてのロミナーゼの発言は、クセノフォントフの「存在はしている、しかし活動はしていない」により一蹴された[165]。

「社会的方法」あるいは「新しい方法」と非常措置とを相反的関係に置く説明を非現実的な形式主義とシニカルに攻撃したのは、シェボルダエフ(下ヴォルガ)であった。かれによれば、社会的方法それ自体が非常措置に転成したのであって、両者の連続追題こそが今年の非常措置の本質的特徴であった。「われわれは現地でいかにして非常措置に到達したか。われわれ下ヴォルガ地方委《クライコム》では、中央委員会の特別の決定なしで非常措置の特徴を帯びた一連の措置を実行した」。「なぜわれわれはこれらの措置を実行することを余儀なくされたのか」、その成り行きをかれは解説する。

「一二月末頃われわれの調達はゼロになった。雷鳴がとどろいたとき、われわれは問題がどこにあるかを入念に点検し始め、詳しい点検の結果、農民は強力になればなるほど国家に自己の穀物の持ち分をより少なく売却したという確固とした結論に到達した。当初、今年一月、われわれは穀物供出者に対する工業商品の特別割当の道を進んだ。われわれは赤色馬車の道を進んだ。……今年の最初の一か月われわれは三〇〇万プードを調達した。しかるのちこれらの措置が不十分であることが判った。――われわれ〔の調達〕は再びゼロに転落し、一連の他の方策に移ることを決定した(シャッキン――一〇七条か)。われわれは、いわゆる財政的推進力の線を、投機業者、買占人を打撃する線を進み、数百万プードの穀物を、長い距離馬車で搬出した」。それに続いたのが、「さまざまな程度、さまざまな形態のボイコットであった」。「結局われわれは、国家的強制措置により補強される一連の社会的影響の措置をとるに至った。かくしてわれわれは月を逐って非常措置に「つき進んでいった(vrastali)」のである」。かれは、「一月以降これらの措置によってのみで約八〇〇万―一〇〇〇万プード余分に調達し」、更に「四〇〇万―五〇〇〇万プードを調達するであろう」とその有効性を誇示した。「同志ロミナーゼが理解しなかったのは、今年の非常措置が、去年これらの措置をおこなったのが国家であったのに今は社会的方式でおこなわれている点に特色があることである。若干の同志は、この故に去年は合法性と秩序があったが今は恣意と法的手続を無視した行為(samoupravstvo)とがあると主張している。これらの同志は、社会性(obshchestvennost')が正当性の基本的保証であることを理解していない。この場合国家は採択される社会的決定の遂行を助けるにすぎない」。しかしシェボルダエフは、「国家が助ける社会的圧力」としての非常措置がクラークのみでなく農民大衆に対する強制と化している「右翼偏向的」実際の不可避性をしぶしぶ認めた。「わが地方党組織はクラークを発見できなかった。われわれが訪れる至るところで、クラークはいないとか、クラークは穀物をもっていないとかいわれる。その結果、わが組織も村の社会組織(obshchestvennost')もしばしば平等の道を、すなわち、クラークを穀物調達に義務的に引き入れる道でなく、個々の中農に対する圧力の道を進んだ。右翼的偏向は反中農的偏向となった。クラークをみない者、クラークに圧力をかけることを不可能とみなす者、かれらと争うことを欲しない者は不可避的に、実践活動において中農に対する圧力へと移行する。これは実践活動の不可避の論理である[166]」。

第一六回党協議会は、「新しい調達方法」について格別の決定をおこなわなかった。しかし、穀物調達においてこの方法を動揺することなく適用するという一点においては、いかなる異論も聞かれなかった。農民の抵抗が激化し、状況全体を不安定化し、それを現地組織が容易に制御できないという危機的情勢は、協議会では、例えばシベリアのスィルツォフにより詳しく語られ[167]、またオゲペウ秘密報告においてもその危険が警告された[168]。しかし、不安な情勢、その昂進は、「新しい方法」からの転換ではなく、四—六月の調達過程に徴すれば、その一層大胆かつ大規模な適用を促す圧力となった。にも拘らず、協議会はこの方法の恒常的制度化、国制化の前に踏みとどまった。公式には、それはウラル、シベリア、カザフスタンにのみ適用さるべき例外的な、そしてあくまで党の制度であった。

5　政策の展開

「新しい方法」をめぐる論戦とその帰結は、事実上、適用に対して当初付された地域的制限を解除し、それを穀物調達の包括的方法へと昇格させる道を敷設した。一九二九年五月三日政治局は、「播種終了時まで」という時間的制限を付したうえで、「ウラルにおいて採用された穀物調達方法」を「ウクライナおよび北カフカースにおける不作の管区を除くすべての穀物生産地域に拡大すること」を決定し、そのための準備活動に直ちに着手することを党組織、商業人民委員部、ツェントロソユーズ、フレボツェントルに指示した。決定は、五—七月の食糧用穀物(ライ麦、小麦)調達課題の義務的最低限を五五〇〇万プードと設定し、目標の地区別細分化作業をミコヤンに託した。[169] 党の意思決定を追認・補強する国家機関の諸決定が相ついだ。五月四日ソ連商業人民委員ミコヤン名義のウクライナ、バシキール、タタール、下ヴォルガ、北カフカース、中ヴォルガ宛「直通電話による(po priamomu provodu)」緊急指令は、五—七月期調達を「最大限に強化」するために、これらの地区に「新しい調達方法」を適用することを指示した。示された適用要領は、三月二〇日政治局決定が固執した社会的性格なるものの虚構性を露呈し、それが、全体としての農民(クラークだけでなく)に対する国家的強制なくしては機能しえない現実を如実に反映した。[170] 五月七日には、五月三日政治局決定と同じ内容の労働国防会議決定(極秘)が発せられた。[171] 方法の適用範囲を拡大する決定は、東部以外の地区(とくに南部)においても調達活動を最大限強化する合図となった。こうして新調達年度にずれこむ一九二八/二九年度最後の三か月[172]の調達キャンペインは、この方式の全面適用の舞台となった。三か月の経験の評価は、それが穀物調達にもたらした経済的効果と権力と農民の相互関係に及ぼした政治的影響との両局面において下されなければならない。

「新しい方法」の調達への寄与は、中央および地方の党幹部により肯定的に評価された。その効果について否定的ないし懐疑的であった右派はすでに政治の表舞台から消えていた。ミコヤンと穀物地区党組織指導者の一致した評価は、この方法が調達テンポの向上にとって不可欠であり、事実それに寄与しているというものであった。第一六回党協議会においてクイブィシェフはやや控えめにではあるが同様に評価し、エイヘ、シェボルダエフなどの地方代表者もそれが調達計画の達成に不可欠であると力説した。この方法の適用を全国的規模に拡大した五月三日の政治局決定もこの見地を堅持した。地方の調達状況を報じた六月二日付『プラウダ』の記事の見出しは「穀物調達の新しい方法は好結果をもたらしつつある」であった。タムボフからの報道は「殆どすべての集会において」農民が調達計画の期限内の完遂を決議していると伝えた。オデッサからも「一連のスホード」が提起された調達計画を実現可能と認め、調達を集団的に組織するとともに、他の村に供出の社会主義競争を呼びかけたと報じられた。[173] ウクライナでは五月の最後の五日間、調達テンポはとくに強化されたが、その成功の主たる原因は「貧・中農によるクラーク抑圧」であったといわれた。キエフ地方のある村では、スホードにおいて全穀物余剰の供出が決議され、一〇〇台の荷馬車に穀物が積まれ「赤色馬車」として最寄り駅に運ばれた。[174] ハリコフからの報道は、「すべてのスホードにおいて」「貧農と中農」が調達計画の完遂とクラーク的策動に対する断固たる措置とに賛成していると伝えた。[175] シベリア地方党委員会総会の席上党書記エイヘは、四—五月に調達上「最大の困難」があったが「社会的影響」の方法が適用され効果をあげたと力説し、同総会は今後この方法を更に広範に適用することを決議した。[176] ミコヤンは、この方法こそが「五—七月の調達計画の遂行を保証する」と揚言し、「貧・中農の社会的影響」が殆どすべての地区で調達量の著しい増加をもたらしていると評価した。[177] しかし、第一六回党協議会でクイブィシェフが認めざるをえなかったように、四月以降のこの方法の大々的適用の効果は、穀物危機解決とはほど遠い限度にとどまった。年次計画は達成されず、一九二八／二九年度の全調達量は一九二六／二七年度に比較してはるかに低く、前年度のそれをも下まわったのである。[178] 急テンポ化しつつあった工業化とともに急増しつつあった都市と工業地区の食糧需要と工業設備輸入確保のための穀物輸出の必要とを考慮すれば、この結果が、穀物需給の逼迫、食糧危機の深刻化を意味したことは明白である。四月総会におけるスターリン、ミコヤンの否定的言明にも拘らず、新収穫前夜二五万トンの小麦が緊急に輸入されなければならなかった。ミコヤンが一九二八／二九年度調達を前年度のそれよりも「一層危機的」であったと特徴づけたのは、誇張ではなかった。[179]

他方、この限定された調達増に対して党が支払った政治的代償は莫大であった。莫大であったといえるのは、五月以降の「新しい方法」の全国的展開が、ソヴィエト政治体制存立の基礎的条件としての「結合」に対する破壊的作用をも一般化し、「結合」に致命的打撃を与えた事実による。スターリン指導部はこの事実を否定し、「結合」は維持されたとする解釈を堅持した。すなわち「新しい方法」はあくまで貧・中農大衆による下からの「社会的方法」として機能したのである。しかしのちの歴史から遡及するなら、五—六月の調達が「結合」の解体過程を引返し不能な点まで押し進めた事実は否定できない。四月総会におけるブハーリン、ルィコフの警告は間違っていなかった。「結合」破局化の端的な表現は、この時期から工業化と農業集団化の急テンポへのあくなき追求が開始されたことである。(180)「結合」はもはや経済政策決定の基本的枠組として作動しなくなった。テンポの加速化と「結合」の解体過程との相補的昂進から生まれた運動の新しい論理は、もはやブハーリン派も抗することができない時代の主流となった。(181)変化の律動は、漸進から急進へ、協調から闘争へと転調した。歴史過程は、政策目標、方法、変化の速度、治者と被治者の関係のすべてにおいて転換と称しうる新しい形質を帯びつつあった。それとともに、転換の第一駆動力の所在も明示的となった。このような転換の基層的局面を構成したのが、「新しい方法」の全面的適用の舞台となった同年五月以降の穀物調達であった。

五—七月の調達過程の際立った特徴は、階級闘争の先鋭化と呼ばれた調達活動の政治化であった。アーカイヴを利用した近年の研究は、クラークなる少数の農民を状況の主役とする正統的説明とは相違する「階級闘争」の実相を開示している。それらは、かつての歴史記述が地方によって犯された部分的あるいは偶発的「誤り」、「歪曲」とした否定的現象を、新たに運動の本質的特徴へと格上げし、穀物調達過程を、スターリンを頭目とした弾圧者としての党の全権代表と被害者としての農民という対抗図式へと還元するのであるが、分析方法そのものには基本的変化はない。

けれどもこの五―七月の過程には、かような単純化を許さない、主観的・客観的諸要因の対抗と交錯があったのであり、それらを慎重に考量する場合初めて、歴史過程の動態を客観化し、そこから有意な展望を引きだすことができよう。たしかに調達計画の迅速な遂行は、工業化の大義を最優先の課題とする党指導部からだされた最も厳格かつ緊急の要求であった。この要求を前にして、調達の全責任を課された党組織の活動家の間に手段の倫理性に対する感覚の鈍化が生じたとしても不思議ではない。しかし同時に、「結合」および「結合」が要求する方法的規範は、なおも党・国家エリートを拘束する、革命理念に根ざした、容易に棄却できない心理的要因であった。かれらにとって、「新しい方法」もこの理念による正当化をまって、あるいは、加速的工業化と「結合」というふたつの要請を両立させる方法という理解をもって、初めて受容することができた。「結合」の維持は客観的要求でもあった。小農経済が当面穀物生産と供給の主要な源泉であるという誰しも否定できない現実は、農民との相互理解、合法的支配、合理的経済計算を求めた。党が集団化を目前の穀物問題解決の即効薬と位置づけ、客観的条件を顧慮しない熱狂的運動に駆り立てられる状況までには、なお数か月にわたる経験の積み重ねを要したのである。それより前、四月の第一六回党協議会では、小農経営の経済的刺激策がなおも真剣に検討され、そのための具体的政策が決議されていた。[182] 農民との政治的合意の追求はソヴィエト選挙後も持続された。農村ソヴィエト、党細胞その他の農村諸組織は、不完全とはいえ、権力と農民の対話の回路として機能し続けた。[183] 一九二八年初め以来、ソヴィエトなど農村諸組織が非協力、怠慢のゆえに党の再三の攻撃にさらされた理由の一端は、それらが、その農村的出自のゆえに、非常権力の恣意的調達に対する根強い制度的障壁であったという事実にある。[184] 合法性確保の努力も継続された。四月一八日付ロシア共和国司法人民委員部回状は、「穀物調達キャンペインにおける革命的合法性侵犯をなんとしても阻止する必要性について現地に対して断固たる指令を与える」ことを司法・商業機関に指示した。[185] 五月二三日ロシア共和国検事クルィレンコが発した、穀物供出期限違反に対する行政的制裁についての地方宛の電報は、供出を拒む農民から穀物を徴集する際の合法性の順守を厳しく指令した。(186)

しかし他方で、「新しい方法」の全面的適用の舞台となった五月以降の調達において強調されたのは、先鋭な階級闘争という合法的秩序と合理的計算の精神とは相容れない情動的状況認識であった。クラークは、かかる状況の人格的象徴であった。調達過程は、クラークの抵抗の激化と抵抗打破を目指す闘争の先鋭化として表出された。クラークの抵抗は暴力的表現さえもとり、それに対する弾圧は過酷化され、クラークに対する社会的圧力は、国家的強制(過大な行政的罰金、刑法条項の発動、土地・財産の没収、強制移住などの抑圧措置)へと容易に連動した。しかし、残余の大多数の農民、貧・中農大衆がいかなる態度を表明し、かれらに権力がいかなる対応を示したのかについては自明ではなかった。公式の説明では、残余の農民は調達計画を支持し、クラークに対する確定課題の割当を承認したとされ、共同体スホードによる穀物計画の決議はかれらの自発的意志の表明であるとされた。四月総会でスターリンが強調した、クラーク対貧・中農大衆の政治的分化が現実化し、貧・中農は党の「政治的軍隊」として組織され、クラークに対抗する勢力布置が実現したと主張されたのである。しかし、現実には、「新しい方法」は農民の政治的分化の内的可能性が微小化した状況において導入されたのであり、方法の適用過程は内的再編の可能性をさらにせばめた。クラークを貧・中農から隔離し差異化する外圧は、共同体の内的再編に転轍しなかった。反対に、むしろ外圧は、農民社会を権力に対抗して結束させ、共同体の伝統的紐帯を強固化した。農民大衆から孤立した少数者であるという党のクラーク観念は現実妥当性をもちえず、クラークは共同体の対抗的一体性の人格的象徴となり、権力とクラークの関係は、権力と全体としての農民の関係の指標となった。「新しい方法」が想定した階級的布置は結局実現しなかったのである。

理念がすべてそれに反する現実態の偽装であったとはいえない。農民の合意形成のための真摯な努力がなくはなかったし、その成果が皆無であったともいえない。しかし、過大な調達計画の迅速な遂行に全責任を担った党組織にとって合法性の順守、民主的手続の尊重は不可能に近い難事であった。四月総会でブハーリン派が繰り返した「新しい方法」についての懸念は杞憂ではなかった。それは非常措置に代わる合意の新しい形態ではなく、それ自体新しい形態の非常措置となった。「新しい」形態であったのは、それが、共同体に統合された全体としての農民に対する国家的強制の機構として確立されたことにある。かかる一般化は、「新しい方法」が踏襲した「自己課税」の性格と、争点としての「クラーク」の意味内容とによって支持されるであろう。「新しい方法」が準拠した「自己課税」とは、直接的には、一九二八年と一九二九年にキャンペインとしておこなわれた自己課税であって、伝統的自己課税そのものではなかった。一九二八年の自己課税はなによりも非常措置の一環として実施された。一九二九年の自己課税はその反省に立って「真に自発的に」おこなうことが公約されたが、現実には、一九二八年のそれよりも更に強行的な性格を帯びた。「新しい方法」は、キャンペインとしての自己課税の二年の経験を踏襲し拡大した。当然ながら、スホードの民主的合議の慣行は全権代表により容易に蹂躙された。表決は提案通り議決されるまで反復され、あるいは無視された。しかし、共同体スホードの議事の形骸化は、直ちに共同体そのものの無力化を意味したのではなかった。それはかえって権力に対する抵抗の拠点としてのその歴史的性格を露頭させ、採択された調達計画の実現に対する重大な障壁となった。一九二八年夏までの農村の政治変動の分析から導きだされる一般像は、クラークとは、人格化された、権力に対する共同体あるいは全体としての農民の対抗であること、クラークの抵抗の激化は、権力と共同体の非和解性の昂進の指標であり、クラークに対する弾圧の強化は、共同体に対する国家的圧力の加重の指標にほかならないということであった。一九二九年五―七月の穀物調達は、この変動構造を最も非和解的な位相において再現した。

一九二九年七月の中ヴォルガ州党委員会総会決議によれば、六月に反ソ的大衆行動の件数が過去最大に達した事実は、「一九二九年五—六月、クラーク層がこれまでの多数月の間よりも孤立化していないことを物語る」ものであった。[187]クラークと残余の農民との一体化は、事前の所与であるとともに、調達過程において一層明示的となった。「新しい方法」は、クラークに対しては「社会的強制」、貧・中農には「自己義務」という二分法が妥当しうる内的可能性が微小化された状況において導入され、方法の適用結果は、この内的可能性をさらに極小化した。政治的差異化は、外的作為としてのみ一時的に実現しえた。外的作為に内的呼応がないとすれば、クラークに対する「社会的強制」は「国家的強制」の実質を帯びざるをえない。残余の農民の「自己義務」は、クラークに対する国家的強制の威嚇的効果をまって初めて実現可能になる。つまるところクラークの弾圧は、調達計画実現の決定的方法となる。こうして調達過程総体が国家的強制の性格を帯びる。図式化すれば、クラークに対する強制は、共同体に統合された農民の黙従を確保する決定的手段となり、クラークに対する強制の過酷化は、共同体に対する権力の非和解的態度の硬化の指標となった。クラークに対する強制の過酷化の到達点を意味する「階級としてのクラークの絶滅」の起点をなす一九二九年夏は、一九二八年初めを起点とする権力と共同体に統合された農民との紛争の最終段階を意味し、方法的枠組としてのネップの解体と新しい枠組の形成とを分界する歴史の転換点となった。「新しい方法」はこうしてネップに代わる新しい方法的枠組として、同年夏に始まる穀物調達キャンペインの「当初から」全面的に適用され、その過程で強制的性格を一層確実なものとし、そのうえで同年秋に始動する農業集団化運動の方法的枠組へと継承され、集団化の「上からの革命」としての性格を確定することになる。

政治的意味におけるネップの終焉を画する政治秩序の交替はまた、一九三〇年代を通して進行する統治構造再編過程の原基点をなす制度的変容の起点でもあった。「新しい方法」は、党的制度として創設され、国家的強制ではなく、共同体スホードの決議に表現された農民の多数者の自発的支持を基盤とする社会的強制であると自己規定した。そこではネップの共同体自治と農村ソヴィエト自治の重層的秩序は維持されるはずであった。しかし「新しい方法」は事実上、穀物危機に際して設立された非常権力の党的体制を継承し、体系化し、恒常化するものであった。その過程において党は強制装置との癒着を恒常化し、固有の社会的性格を喪失し「国家化」した。他の公共的組織(ソヴィエト、協同組合など)は党的体系に包摂され、ソヴィエト制の理念とは相容れない方法の適用を強いられた。抵抗は、公式組織の「浄化」によって排除された。にも拘らず、党は本質において社会組織であると自己規定し、早晩固有の活動領域に復帰するとの展望を維持し続けた。党は社会組織としての形式に固執しつつ、実際には、権威主義的統治の主体として社会に君臨したのである。この形式と実質の乖離こそ、「上からの革命」における統治構造再編の特異性を浮彫にした局面であった。党は形式的には社会的性格を保持するがゆえに、国家制度としての権限が客観化されない、権力の恣意的空間を形成し、そのようなものとして、党は権力の中枢に位置した。この権力中枢から社会の隅々まで放射される恣意性は、統治構造総体の変質を規定した。

スターリン党指導部は、一九二七年末の穀物危機を発端とする権力と農民の紛争を対話と相互理解を通して解決し「結合」を復元する方途、一九二八年四月、七月、一一月、一九二九年四月の四回の党中央委員会総会が模索した方途を停止し、加速的工業化に必要な穀物を農民から入手するためには国家的強制の行使をも辞さない決意を暗黙裡に「階級闘争の激化から社会主義へ」という新しい変動図式にこめた。しかしかれらは「結合」の解体を公然とは表明しなかった、というよりはできなかった。「結合」は、革命の理念に発源する神聖な統治原則であり、「変節」も「結合」原則により正当化されることを要したのである。(188)「変節」は、「結合」の廃止ではなく、「結合」の再定義であると強弁された。この「再定義」が正当化される最低限の条件は、農民の合意(社会性)の最後の形式である伝統的共同体スホードの意思決定の自発性であった。事実上それが国家的強制の外被と化したにも拘らず、党は「新しい方法」を農民合意の形式とする解釈に固執した。それ以外に権力の正統性を主張できなかったからである。「新しい方法」は、伝統的共同体の意思決定により正統性を付与された農民支配、権力の利害が「共同体の規約や慣習(いわゆる村法)の名において強制される」「封建的支配」の復活の一面をもった。[189] ここにおいてボリシェヴィキ権力は、その基層部分において、異質な歴史的地層へと挿し木された。それは事件史と社会の深層から湧出する長期波動とが重層し交錯する複雑な過程であった。

革命史の文脈を辿ると、「方法」の制度化の歴史的意義を、ネップとの歴史的関連よりももっと広大な見地において語ることができよう。第一に、「方法」の確立は、工業化戦略の方法を質的に変えた。工業化は、ボリシェヴィキが革命前帝政ロシアの歴史的課題を継承した遠大な戦略目標であった。農民国ロシアにおいては、国家的自立と社会主義の経済的・物的前提の確保のためには、工業化は通過しなければならない不可欠な階梯であった。問題は工業建設のための資本をどこからいかにして調達するかにあった。工業化戦略実現の方途をめぐって展開された、二〇年代の実り豊かな工業化論争の回転軸となった争点は、この「蓄積」の問題であった。当時ロシアの置かれた条件のもとでは、資源の主たる供給源は農業であり、工業化戦略は必然的に農業と農民に対する犠牲の要求を含意した。この問題との関連において工業化のテンポの問題が争われた。急テンポの工業化を要求する立場は農民に犠牲をより多く求め、農民の利益擁護の立場はテンポの抑制の主張へと傾いた。他方では、労農同盟の理念に起因する「結合」という神聖な原則があった。「結合」は論争当事者に共有された公理であり、工業化の基本的枠組として前提され、テンポの上限を設定した。しかし「新しい方法」の確立は、事実上、この上限を撤廃し、工業化の衝動を解放した。テンポのあくなき追求が始まった。それを支配したのは、理性ではなく、熱狂と動員と強制とが混じり合った主意主義的・情動的精神であった。第二に、「方法」の確立は、統治構造の作動様式を質的に変えた。ボリシェヴィキが革命後の統治についていかなる構想を保持していたのか、それ自体論争的な問題であろう。機構的には、一般的に、レーニン『国家と革命』に示されたコンミューン国家の構想、その具体化としてのソヴィエト制が語られる。ソヴィエトは一九〇五年革命以来のロシアの民衆運動の自生的産物であり、ボリシェヴィキが勝利せる革命の命運を託した政治制度であった。革命直後の中央・地方の国家建設の指針となったのは、このソヴィエト制の理念であった。方法的には、建設の方途として、被治者の合意に基づく被治者自身による漸進主義的建設が想定された。しかし革命後間もなく発生した内戦はこの方向を性急に中断し、権威主義的戦時体制による短期決戦がとって代わった。内戦の終結、国際革命の展望の後退は、一国的統治体制の構築への真剣な取り組みを求めた。一九二四年秋に導入された「ソヴィエト活発化」政策はこの要求に応えることを課題とした。それはネップの政治的表現であるとともに、より根底的には、革命の統治理念への回帰を意味した。「方法」の確立は、一九二〇年代その緒についたソヴィエト制への復帰の歩みの性急な中断を意味した。第三に、それは、一〇月革命を構成するふたつの革命、都市のプロレタリア革命と農村における土地を求める農民革命の関係に対する重大な衝撃であった。ボリシェヴィキ革命は、ふたつの異質の革命の合体によって革命の国民的規模を達成できた。ふたつの革命の平和的共生は、体制存続の基礎的条件であった。この基礎条件を「新しい方法」は震撼させた。

人間の解放は人間的手段によってのみ可能であるという目的と手段の相関性の意識は、必ずしも明確な制度的表現をとってはいなかったとはいえ、ボリシェヴィキにより共有された信条であった。工業化は、それが社会主義という価値体系の実現に絡む理念的局面において、手段ないし方法に対して一定の理念的枠組を(含意的に)設定した。この局面において被治者の圧倒的多数を占める農民の態度が、経済的にも政治的にも特別の意義を帯びることは必至であった。「新しい方法」は、農民との合意すなわち「結合」に解体的に作用することによって、工業化戦略の方法的枠組を別の枠組、人間、その集合体としての社会を手段化し、国家を目的とするという意味で「上からの革命」と呼ぶことができる方法的枠組へと代えた。この方法的枠組の交代は、遂行される工業化の到達点としての政治的・経済的・社会的秩序の性格を予兆した。それは人間の解放ではなく、「隷従の秩序」、手段の前に人間の解放という目的が犠牲に供される「国家の目的化」を予兆した。「国家から社会へ」というロシア革命の理念が指示した変動図式は、いまや「社会から国家へ」と逆転された。しかもこの転換は、伝統的共同体の規範に正当化の論拠を求めることによって、歴史の古層に発する長期波動との交錯、その反発と同化を内包した。その画期的意義は、ボリシェヴィズム元来の政治文化、そのナロードニキ主義との論争が示すように、共同体文化から決別し、啓蒙主義の伝統のうえに形成された初期ボリシェヴィズムの政治文化と対比すれば明らかであろう。以上のような重大な転換的意義にも拘らず、「方法」はこれまで歴史研究により看過されてきた主題である。そうであったのは、この主題が歴史の画期と無縁な一過性的挿話であったからではない。反対に、一九三〇年代に形成され一九九一年まで持続したロシア・マルクス主義、すなわちスターリン主義の歴史的正統性を根底から問題化する本質性のゆえである。

（1）　この方法は当時、「ウラルで適用された穀物調達方法」(一九二九年五月七日労働国防会議決定)とか「シベリア方式(sibirskie metody)」(同年五月二三日クルィレンコ)などと呼ばれた(*Tragediia*—, vol. 1, pp. 614–615)。「ウラル・シベリア方式」と呼んだのは一九二九年四月の党中央委員会総会におけるスターリンただひとりである(Stalin, *Sochineniia*, vol. 12, p. 89; *Kak lomali NEP*, vol. 4. p. 673)。後述するように、無修正の発言では、「ウラルの同志によりつくり上げられた」方法とも述べた(*Kak lomali NEP*, vol. 4, p. 673)。「新しい方法」「社会的方法」「社会的影響の方法」など呼び方は多様であった。後年ロシアの歴史家は、スターリンに従って「ウラル・シベリア方式(ural'sko-sibirskii metod)」という呼称を採用した。現在は、uralo-sibirskie metody なる表現が用いられている(*Tragediia*—, vol. 1, p. 61)。

(2) *KPSS v rezoliutsiiakh*—, II, pp. 552–553.

(3) Stalin, *Sochineniia*, vol. 12, p. 181.

(4) 〈Pravda〉, 9 August, 1928.

(5) 〈Na agrarnom fronte〉, No. 1, 1929, p. 73.

(6) 例えば、モスクワでは、ライ麦粉は一九二六年には二二万二〇〇〇トンで足りたが、一九二七年には需要は二三万九〇〇〇トンに、一九二八年には三〇万トンに増加した。この数字を引用した『プラウダ』社説は、需要増大の原因が工業化の進展にあると論じた(〈Pravda〉, 22 February, 1929)。

(7) 〈Pravda〉, 4 December, 1928.

(8) 〈Pravda〉, 18 December, 1928.

(9) 〈Krest'ianskaia gazeta〉, No. 2 (4 January), 1929.

(10) 〈Pravda〉, 22 February, 1929.

(11) 〈Pravda〉, 12 February, 1929.

(12) 〈Pravda〉, 22 February, 1929.

(13) *KPSS v rezoliutsiiakh*—, III, pp. 256–260.

(14) 〈Izvestiia〉, 22 February, 1929.　ソ連邦解体後のこの問題についての詳しい研究として、Elena Osokina, *Za fasadom 《stalinskogo izobiliia》*, M., 1998, pp. 59–70.

(15) RTsKhIDNI, 17/3/714, 3, 10–12.

(16) *Tragediia*—, vol. 1, pp. 466–467.

(17) RTsKhIDNI, 17/3/714, 10–12.

(18) 〈Izvestiia〉, 5 December, 1928.

(19) オゲペウ資料は、テロとビラの件数が一九二八年一一、一二月に急増したことを記録している。大衆的直接行動(masso-

vye vystpleniia)は、この時期まだそれほど顕著な増加は記録されていない(*Tragediia*—, vol. 1, p. 63)。

(20) *Tragediia*—, vol. 1, pp. 463–464.

(21) RTsKhIDNI, 17/3/716, 1.

(22) *SZ*, No. 69, 1928, art. 642.

(23) 市況(kon'iunktura)とは、商品経済の状態を規定する諸指標の総体(sovokupnost')と規定された(*Malaia sovetskaia entsiklopediia*, vol. 4, p. 194)。

(24) 〈Pravda〉, 5 December, 1928. 七―一一月の穀物調達の経過についての商業人民委員ミコヤンによる詳しい報告は、*Tragediia*—, vol. 1, pp. 473–479.

(25) 〈Krest'ianskaia gazeta〉, No. 2(4 January), 1929.

(26) 〈Pravda〉, 5 January, 1929. なお、一二月三日付『プラウダ』によれば、一一月は一〇月の五五%、一二月は五六%であった(〈Pravda〉, 3 February, 1929)。商業人民委員部の資料によれば、ウクライナの一二月の調達は一二万五〇〇〇トンであり、月次計画の七〇・四%であった(〈Krest'ianskaia gazeta〉, No. 4(11 January), 1929)。

(27) 〈Pravda〉, 5 January, 1929.

(28) 〈Vlast' sovetov〉, No. 52, 1928, p. 5.

(29) 〈Krest'ianskaia gazeta〉, No. 2(4 January), 1929.

(30) 〈Pravda〉, 10 January, 1929.

(31) 〈Pravda〉, 26 January, 1929.

(32) スターリンの表現による(RTsKhIDNI, 558/1/5266)。

(33) RTsKhIDNI, 17/3/722, 1–2, 10–13, 17/162/7, 18.

(34) RTsKhIDNI, 558/3/5266, 4213.

(35) *Shestnadtsataia konferentsiia VKP(b)*, pp. 386–387.

(36) RTsKhIDNI, 17/3/716, 3.

(37) 一―一二月の調達の不振は、計画の拡大を強いられた地区においてとくに感じられたようである。下ヴォルガについてのシェボルダエフのほか、シベリアについては、党中央宛のシベリア党組織の書簡が記している(RTsKhIDNI, 17/3/729, 6, 9)。

(38) *Shestnadtsataia konferentsiia VKP(b)*, p. 386.

(39) *KPSS v rezoliutsiiakh*—, II, p. 530.

(40) 〈Na agrarnom fronte〉, No. 2, 1929, p. 5.

(41) 〈Bednota〉, 1 January, 1929; 〈Pravda〉, 14 July, 1928, 25 September, 1928.

(42) 〈Pravda〉, 23 September, 1928.

(43) *Kak lomali NEP*, vol. 3, p. 122.

(44) 〈Derevenskii kommunist〉, No. 23–24, 1929, pp. 45–46.

(45) *Shestnadtsataia konferentsiia VKP(b)*, p. 311; 〈Pravda〉, 2 December, 1928.

(46) *Kak lomali NEP*, vol. 4, p. 618(一九二九年二月九日付ブハーリン、ルィコフ、トムスキーの政治局への声明).

(47) *Glazami*—, vol. 2, pp. 844–845.

(48) 〈Derevenskii kommunist〉, No. 19, 1928, pp. 3–6; 〈Bednota〉, 25 October, 1928.

(49) *Tragediia*—, vol. 1, p. 63.

(50) *Glazami*—, vol. 2, pp. 844–851.

(51) 〈Pravda〉, 14 December, 1928(Danilov, Ivnitskii(eds.), *Dokumenty svidetel'stvuiut*, pp. 191–196 に収録されたものによる).

(52) *Tragediia*—, vol. 1, pp. 480–469. ルィスクーロフは、一九三〇年一月二日付のスターリン宛の覚書によってスターリンの集団化政策への決断に大きな影響を与えたとされる(*ibid*., pp. 8–10, 79–83)。

(53) 〈Izvestiia TsK VKP(b)〉, No. 36, 1928, pp. 1–2. 一九二八年一年間の宗教的背景をもつ大衆的直接行動についてのオゲペウ情報は、*Glazami*—, vol. 2, pp. 819–830.

(54) 〈Pravda〉, 1 January, 1929; 〈Izvestiia〉, 8 January, 1929.

(55) 〈Izvestiia TsK VKP(b)〉, No. 30, 1928, p. 1, No. 33, 1928, p. 13; 〈Derevenskii kommunist〉, No. 22, 1928, pp. 30–32, No. 20, 1928, pp. 25–26; 〈Istoricheskie zapiski〉, No. 79, 1966, p. 71.

(56) 〈Vlast' sovetov〉, No. 15, 1929, p. 1; 〈Sovetskoe stroitel'stvo〉, No. 12, 1929, p. 3.
(57) 〈Sovetskoe stroitel'stvo〉, No. 12, 1929, p. 3, No. 4, 1929, pp. 98–99.
(58) 〈Bednota〉, 5 January, 1929.
(59) 〈Sovetskoe stroitel'stvo〉, No. 2, 1929, p. 104, No. 3, 1929, p. 90; 〈Vlast' sovetov〉, No. 1, 1929, p. 10, No. 5, 1929, p. 6.
(60) 〈Vlast' sovetov〉, No. 9, 1929, p. 8.
(61) 〈Sovetskoe stroitel'stvo〉, No. 4, 1929, p. 83.
(62) 〈Sovetskoe stroitel'stvo〉, No. 4, 1929, pp. 74–79.
(63) 〈Izvestiia TsK VKP(b)〉, No. 17–18, 1929, p. 13.
(64) *SZ*, No. 66, 1926, art. 500. ロシア共和国法は, *SU*, No. 75, 1926, art. 577.
(65) 〈Sovetskoe stroitel'stvo〉, No. 5, 1930, pp. 2, 6–8.
(66) 〈Krest'ianskaia gazeta〉, No. 6 (18 January), 1929; 〈Sovetskoe stroitel'stvo〉, No. 5, 1930, pp. 4–6.
(67) 〈Sovetskoe stroitel'stvo〉, No. 6, 1930, pp. 5–6.
(68) 〈Vlast' sovetov〉, No. 4, 1929, p. 1.
(69) 〈Vlast' sovetov〉, No. 2, 1929, p. 8, No. 12, 1929, p. 8; 〈Bednota〉, 5 January, 1929.
(70) 〈Sovetskoe stroitel'stvo〉, No. 3, 1930, pp. 90–92.
(71) 〈Vlast' sovetov〉, No. 32–33, 1929, p. 17, No. 43, 1929, p. 17; 〈Sovetskoe stroitel'stvo〉, No. 3, 1929, pp. 90–91.
(72) 〈Sovetskoe stroitel'stvo〉, No. 8, 1930, p. 116.
(73) 〈Vlast' sovetov〉, No. 4, 1929, p. 8; 〈Izvestiia〉, 1 January, 1929.
(74) 〈Krest'ianskaia gazeta〉, No. 8 (25 January), 1929; 〈Izvestiia〉, 20 February, 1929.
(75) 〈Vlast' sovetov〉, No. 15, 1929, p. 2; 〈Derevenskii kommunist〉, No. 4, 1929, p. 36.
(76) 〈Sovetskoe stroitel'stvo〉, No. 12, 1929, pp. 13–14.
(77) 〈Vlast' sovetov〉, No. 16, 1929, p. 19, No. 22, 1929, p. 21.
(78) *KPSS v rezoliutsiiakh*—, II, p. 529.

(79) *Glazami*—, vol. 2, pp. 847–848.

(80) 一九二八年末最高国民経済会議は、かつての「超工業化論者」さえもが想定していなかった高いテンポの工業化を盛り込んだ五か年計画案を発表した。党はこれを素案としてきたるべき第一六回党協議会において五か年計画を党議として決定すべく準備を始めた(溪内謙『スターリン政治体制の成立』第二部、三八五—三九二頁)。

(81) Stalin, *Sochineniia*, vol. 11, pp. 266–267.

(82) 〈Krest'ianskaia gazeta〉, No. 8 (25 January), 1929.

(83) 〈Krest'ianskaia gazeta〉, No. 40 (2 October), 1928; 〈Pravda〉, 23 September, 1928.

(84) 〈Pravda〉, 5 January, 1929.

(85) 〈Izvestiia〉, 10 January, 1929.

(86) 〈Sovetskoe stroitel'stvo〉, No. 5, 1929, p. 114.

(87) 自己課税の総枠は農業税の二五%と設定されたが、のちに地方的にスホードの決議があれば五〇%にまで引き上げる例外を認める指令が発せられた(〈Pravda〉, 10 January, 1929, 24 February, 1929)。村ソヴィエトがこの権利を不当に利用して二〇〇%にまで引き上げた例があった。実施に際しては分割払は許されず、納入にきわめて短い期限(ときには二時間以内)しか与えられなかった。財産の没収、没収財産の捨て値での売却が許されたという(〈Sovetskoe stroitel'stvo〉, No. 7, 1929, pp. 107–108)。

(88) 〈Krest'ianskaia gazeta〉, No. 5 (15 January), 1929.

(89) 〈Krest'ianskaia gazeta〉, No. 22 (15 March), 1929.

(90) 〈Pravda〉, 30 March, 1929. この記事は、二月二五日から三月四日までノヴォシビルスクにおいて穀物調達を主要議題として開催された第四回シベリア地方《クライ》党協議会と関連するのかもしれない。会議でスィルツォフは、刑法第一〇七条への復帰を非難する一方で、三〇、四〇、五〇%の個別的追加自己課税をクラークに賦課する方法が調達促進に有効であると述べ、ボイコットとともにこの方法を社会的措置として称揚した(James Hughes, *Stalinism in a Russian Province. A Study of Collectivization and Dekulakization in Siberia*, London, 1996, p. 53)。

(91) 〈Izvestiia TsK KPSS〉, 1991, No. 7, p. 185.

(92) RTsKhIDNI, 17/2/417, 52.

(93) 一九二八年一一月二〇日シベリア地方《クライ》党委員会ビューロー決定「自己課税について」は、この「財政的推進手段」に属すると解される。決定は自己課税が農業税支払に照応して賦課されること、自己課税支払期限を冬期穀物調達の強化を考慮して定めること、を指令した。同時に自発性の原則の侵犯を許さないとの旨が付記された(RTsKhIDNI, 17/21/3186, 286)。さらに、翌二九年一月一七日決定は、調達強化を目的として個別課税の支払の促進を指令した(RTsKhIDNI, 17/21/3187, 13)。

(94) *Shestnadtsataia konferentsiia VKP(b)*, p. 387.

(95) *ibid.*

(96) RTsKhIDNI, 17/21/3187, 13. 協同組合と共同体の関係については、Kabanov, *Krest'ianskaia obshchina i kooperatsiia Rossii XX veka* が示唆に富む。

(97) 下ヴォルガでは、ボイコットは「一連の場合」経済的制裁の範域をこえて、村ソヴィエトからの証明書発行手数料の引上げ、被ボイコット者の児童の入学拒否など行政的な性格を帯びた(〈Krest'ianskaia gazeta〉, No. 24(22 March), 1929)。シベリア地方《クライ》アチンスキー管区の一地区では、ボイコットされた一〇人のうち三人が「村スホードの決定により」当該地区からの追放措置を受けた(〈Krest'ianskaia gazeta〉, No. 27(2 April), 1929)。

(98) RTsKhIDNI, 17/21/3187, 18.

(99) RTsKhIDNI, 17/21/3187, 18.

(100) RTsKhIDNI, 17/21/3187, 44, 45–46.

(101) James Hughes, *op. cit.*, pp. 53–62.

(102) *Shestnadtsataia konferentsiia VKP(b)*, p. 320.

(103) RTsKhIDNI, 17/3/729, 6, 9.

(104) RTsKhIDNI, 17/21/3157, 1–3. またシブクライコム・ビューローは、三月一〇日ポクロフスキー管区で暴露されたボイコットのゆきすぎと権力濫用を非難した(RTsKhIDNI, 17/21/3188, 33–35)。

(105) *Shestnadtsataia konferentsiia VKP(b)*, pp. 319–326.

(106) Papkov, *Stalinskii terror v Sibiri*, p. 20(quoted from PANO).

(107) RTsKhIDNI, 17/3/730, 1.

(108) *Shestnadtsataia konferentsiia VKP(b)*, pp. 322–323.

(109) RTsKhIDNI, 17/21/3897, 153–155.

(110) RTsKhIDNI, 17/21/3932, 68–69.

(111) RTsKhIDNI, 17/3/722, 1–2.

(112) RTsKhIDNI, 17/21/3898, 33.

(113) RTsKhIDNI, 17/2/417, 110–111.

(114) RTsKhIDNI, 17/3/729, 7.

(115) RTsKhIDNI, 17/2/417, 150. かれは三月一四日の政治局会議には欠席した(RTsKhIDNI, 17/3/730, 1)。

(116) RTsKhIDNI, 17/21/3898, 83–84.

(117) RTsKhIDNI, 17/3/738, 1–10(五月三日政治局決定(後段で触れる)).

(118) RTsKhIDNI, 17/21/3898, 83–84.

(119) RTsKhIDNI, 17/3/730, 1.

(120) 別史料によると、オプロース採決はおこなわれたようである。ウラル州決定の翌日、三月一四日付のカガノヴィチの暗号電報はスターリンに送られ、スターリンは若干の修正を加え、政治局の評決にかけた。技術書記の覚書には、票決結果が記録されている。賛成はヴォロシーロフ、カリーニン、クイブィシェフ、モロトフ、スターリン、ミコヤンであり、トムスキーは棄権した。ブハーリンは反対のなかになかった。ルィコフはカガノヴィチの電報を問い合わせ、調査のあと政治局会議の議題にかけることを要請した。この最後の部分がルィコフの説明に相当すると解される。そうであるとすれば、スターリンが評決にかけたのはオプロースによるとみるのが整合的であろう(*Kak lomali NEP*, vol. 4, p. 716(n. 264))。

(121) RTsKhIDNI, 17/2/417, 148.

(122) RTsKhIDNI, 17/2/417, 170–171.

(123) 「ウラル・シベリア方式(ural'sko-sibirskii metod)」、より正確には「穀物調達のウラル・シベリア方式」は、すでに言及したように、スターリンが一九二九年四月総会の速記録用に加筆された演説において用いた用語である。かれの加筆前の演説記録は、この用語は用いていない。かれはそれを「疑いもなく唯一の正しい方法」として、その普遍的意義を強調している(*Kak lomali NEP*, vol. 4, pp. 491, 673)。

(124) 三月二一日シブクライコム・ビュローの穀物調達にかんする決定は、「調達の自己義務の不履行者に対する影響の措置」についての中央委員会指令を承けて、現在のテンポでは年次計画の遂行は保証されないので「個々の村落《セレーニエ》まで調達確定課題を自発的に(貧農、アクチーフのイニシアティヴにより)伝達する(provesti)」ことを必要とみなす党管区委員会宛の指令を採択した(RTsKhIDNI, 17/21/3188, 36, 39–40)。三月二七日カガノヴィチ出席のもとで開かれたビュロー会議は、この決定を、経済的影響(債券の募集、自己課税など)、国家的強制の発動(刑法第五一条による裁判)、村スホードにより選出された委員会の調達活動の展開などを内容とするカガノヴィチの提案により補足して採択した(RTsKhIDNI, 17/21/3188, 95)。四月三日シブクライコム・ビュローは正式に三月二七日付ビュロー会議決定を承認した(RTsKhIDNI, 17/21/3188, 95)。なおシベリア地方史料によってこの間の経緯を追跡した研究として、J. Hughes, *op. cit.*, pp. 73–91. カザフスタンのこの方式への適応と解される意思決定としては、三月一一日の同共和国党書記会議決定がある(RTsKhIDNI, 17/25/35, 211–212)。

(125) 一九二八年八月全連邦穀物会議は、一九二七／二八年度調達にひろく看取された、最底辺の行政単位に拘束的確定課題を割り当てる方式を廃止し、計画課題割当を管区水準までにとどめることを決議していた(〈Izvestiia〉, 18 August, 1928, 14 September, 1928)。

(126) James Hughes, *op. cit.*, pp. 67–72.

(127) *Shestnadtsataia konferentsiia VKP(b)*, p. 386.

(128) *ibid.*, p. 387.

(129) RTsKhIDNI, 17/21/3874, 11–12.

(130) *KPSS v rezoliutsiiakh*―, II, pp. 552–553.

(131) *Kak lomali NEP*. vol. 4, pp. 577–633.

(132) 邦訳『ブハーリン著作選2』一〇一―一四一頁

(133) RTsKhIDNI, 17/2/417, 35–36.

(134) RTsKhIDNI, 17/2/417, 39–40.

(135) RTsKhIDNI, 17/2/417, 51–53.

(136) RTsKhIDNI, 17/2/417, 110–111.

(137) *Piatnadtsatyi s'ezd VKP(b)*, pp. 1216–1217; *KPSS v rezoliutsiiakh*—, II, pp. 485–487.

(138) RTsKhIDNI, 17/2/417, 57–58(以上、傍点はすべて原文では下線).

(139) RTsKhIDNI, 17/2/417, 63–70.

(140) 邦訳『ブハーリン著作選2』一二五―一二八頁。一九二九年一月三〇日政治局でのブハーリンの声明は、かれが「レーニンの最後の遺言を想起しつつ、農民の間の不満の過程を大きな緊張をもって見守ってきた」と記し、この問題に党が沈黙している現状に抗議した。「重大な問題が審議されていない。国全体が穀物と補給の問題で苦しんでいるのに、統治するプロレタリア政党の会議は沈黙している。国全体が農民のことでなにか具合がよくないと感じている。しかしプロレタリア党、わが党の会議は沈黙している……」(*Tragediia*—, vol. 1, pp. 525–528)。

(141) RTsKhIDNI, 17/2/417, 73–88; Bukharin, *Problemy teorii i praktiki sotsializma*, pp. 253–290.

(142) RTsKhIDNI, 17/2/417, 129.

(143) RTsKhIDNI, 17/2/417, 148–155; *Kak lomali NEP*, vol. 4, pp. 288–302, 406.

(144) RTsKhIDNI, 17/2/417, 158–163.

(145) かかる経緯の背後事情は、総会後のクルィレンコらの言動に暗示されている(本節三六八頁参照)。

(146) RTsKhIDNI, 17/2/417, 163–186.

(147) RTsKhIDNI, 17/2/417, 195–201(傍点は原文では下線).

(148) RTsKhIDNI, 17/2/417, 221–222. ロミナーゼはこの見解を第一六回党協議会でも繰り返すが、シェボルダエフによって、社会的方法の本質に対する誤解であるとして批判された(*Shestnadtsataia konferentsiia VKP(b)*, pp. 310–311, 321–322. 本節三七〇―三七二頁参照)。スターリンも同様の見解を総会演説で表明する(Stalin, *Sochineniia*, vol. 12, p. 89)。ここで「社会的強制」を非常措置とする見方は国家強制力の適用に限定する解釈とは形式的に異なるが、内容的には、クラーク収奪的制裁が社会的方法により発議されている実態をより正確に反映している。

(149) RTsKhIDNI, 17/2/417, 225–227.

(150)　利用できたスターリン演説の全文記録は、一九五五年刊の著作集第一二巻、近年公刊された総会速記録所収の演説正文(発言者が速記に加筆したものが正文として速記録に収録された)、スターリンによる加筆を経ない未修正のいわゆる生演説の三種類である。このうち著作集所収のものは、速記録の演説正文を「初めて完全に印刷する」と注記されているが(Stalin, *Sochinenia*, vol. 12, p. 107)、正文と対照すると、若干の異同が発見できる。すなわち著作集では、政敵の名前から「同志」を削除するという些細な変更のほかに、実質的意味をもつ修正があり、正文をそのまま転載したというのは正確ではない。例えば、演説冒頭でスターリンの書記長更迭を提案したレーニンの遺書にかんする部分がすべて省略されている。正文では、「新反対派の主要な誤り、同志ブハーリン、ルィコフ、トムスキーの主要な誤り」とあるが、著作集では「ブハーリン・グループの主要な誤り」となっている。また、次注で触れるように非常措置に反対するブハーリン、ルィコフの態度を正文では、「リベラルな政策」としたが、著作集では「ブルジョア・リベラルな政策」と改めた。そのほか正文では、特定部分に著作集にはないアンダーラインあるいは強調が付されている。改行も異なる。また著作集は、若干の不規則発言を省いている。しかし全体としては著作集の主要部分は、正文と実質的には同じとみてよい。未修正演説(*Kak lomali NEP*, vol. 4, pp. 644–684に収録)は、前二者とは異なり、正文および著作集にある部分的見出しはなく、内容的にも整序されていない。スターリンの感情の抑制もそこにはなく、攻撃的である。以下本文の記述は、原則として正文によりつつ未修正演説を加味したものとなる。とくに調達問題、そこでの「新しい方法」と非常措置とについてのスターリンの評価は、未修正演説に露骨に表明されている。

(151)　「リベラルな(liberal'nyi)」なる表現は当時、必ずしも階級的異端の意味で使われていたわけではない。そのことは演説の最後の部分でのウグラノフとのやりとりから察知できる。スターリンは、結論として一連の組織的制裁および規制措置をブハーリン派に対してとるよう提案した。スターリンは、ブハーリンとトムスキーをそれぞれの部署から罷免することをそのなかに含めたが、政治局からの除外は提案しなかった。かれは一連の提案を「同志ブハーリンとその同調者が党の路線に復帰するのを容易にするために必要な措置」と述べ、対決の解消への期待を表明した。「われわれは平和と統一の味方である」。しかし未修正演説では、ブハーリンに対するむきだしの敵意を隠さず、ブハーリン派を分派グループとし、かれらが武装解除して自己の誤りを正す機会を与えるための宥和策としている。これをウグラノフが「リベラルな措置」と皮肉ったとき、スターリンは、「われわれはときには、中農に対する若干の譲歩に味方することもある、同志ウグラノフ」と述べ、リベラルと呼ばれたことに必ずしも拒否的に反応していない。そしてかれは未修正演説で「これは最後の譲歩である」としている(*Kak lomali*

NEP, vol. 4, pp. 503, 683–684)。この箇所はすべて、著作集では省かれている。代わってつぎの文章が新たに付加されている。「一部の同志はブハーリンとトムスキーを中央委員会政治局から即刻除名すべきであると主張している。私はこれらの同志に賛成しない。私は今そのような極端な措置なしでもやっていけると思う」(Stalin, *Sochineniia*, vo. 12. p. 107)。

(152) *Kak lomali NEP*, vol. 4, p. 480.

(153) *ibid*., pp. 672–673.

(154) *ibid*., p. 491.

(155) *ibid*., pp. 492–493, 673–674.

(156) *ibid*., p. 492.

(157) *KPSS v rezoliutsiiakh*—, II, pp. 549–556.

(158) RTsKhIDNI, 17/2/417, 291.

(159) RTsKhIDNI, 17/2/417, 292–293.

(160) *Shestnadtsataia konferentsiia VKP*(*b*), stenograficheskii otchet, M., 1962における「ウラル・シベリア方式」に言及した発言は、p. 76(クイブィシェフ), p. 174(フロプリャンキン), p. 310(ロミナーゼ), p. 323(スィルツォフ), p. 334(ヴァレイキス), p. 351(ロシャーリ), p. 387(シェボルダエフ).

(161) *ibid*., p. 76.

(162) *ibid*., p. 91.

(163) *ibid*., pp. 320–326.

(164) *ibid*., pp. 174–175.

(165) *ibid*., pp. 309–311.

(166) *ibid*., pp. 386–388.

(167) *ibid*., pp. 319–326.

(168) *Tragediia*—, vol. 1, pp. 605–606(四月一一日頃の情報), pp. 606–607(四月一三日), pp. 607–609(四月一七日). 例えばシベリアでは、三月二七日から四月七日までで「大衆的直接行動」が一八件、八日から一一日までで二〇件が記録された(*ibid*., p.

606)。

(169) RTsKhIDNI, 17/3/738, 1–2, 9–10.

(170) 五月四日付緊急指令は、第一六回党協議会におけるシェボルダエフの説明が現実の忠実な反映であったことを開示している。指令は、三月二〇日政治局決定の社会的偽装をはぎとり、国家的強制がこの方式の機能化にとって不可欠であることを明文化した。政治局決定が、スホードまたはスホードから分出された特別委員会がクラークなる少数者を選別し特別の供出負担を課することを規定したのに対して、ミコヤン指令は、スホードにより選出された、貧・中農アクチーフからなる特別委員会が、すべての経営に対する個別割当をおこなうとし、クラークに対する特別の手続を採用していない。共同体の外に特別の階級としてのクラークなるものは存在していなかった現実を反映したのである。そのうえで指令は、スホードまたは特別委員会の決定を実行しない「市民」は、裁判に問われるか、または、他の種類の制裁(罰金など)を受けることを規定した(*Tragediia*—, vol. 1, pp. 612–614)。

(171) *ibid.*, pp. 614–615. 署名はルィコフ、カクトィニによりなされている。

(172) 六月をもって終了する調達年度の形式的区分は、実際には無視されたようにみえる。終期は(おそらく地域によって)二か月延長され、八月末とされたもののごとくである(〈Krest'ianskaia gazeta〉, No. 57 (19 July), 1929)。

(173) 〈Pravda〉, 2 June, 1929, 5 June, 1929.

(174) 〈Pravda〉, 4 June, 1929, 5 June, 1929.

(175) 〈Izvestiia〉, 9 June, 1929.

(176) 〈Pravda〉, 5 June, 1929.

(177) 〈Pravda〉, 27 June, 1929.

(178) *Shestnadtsataia konferentsiia VKP(b)*, p. 76; 〈Bol'shevik〉, No. 15, 1929, p. 16.

(179) 〈Bol'shevik〉, No. 15, 1929, pp. 15–17. 中ヴォルガ州における五—七月の調達の詳細については、奥田央『ヴォルガの革命』東京大学出版会、一九九六年、第一章一。

(180) *Kak lomali NEP*, vol. 5, p. 5. かつての左翼反対派でいまやスターリンの熱烈な支持者となったピャタコフのいう「社会主義建設の英雄時代」の到来の心理が多くの党幹部をとらえた(〈Torgovo-promyshlennaia gazeta〉, 5 October, 1929)。

(181) 一九二九年一一月の党中央委員会総会に提出されたブハーリン、ルィコフ、トムスキー三人の声明(*Kak lomali NEP*, vol. 5, pp. 158–165)。

(182) 第一六回党協議会の「農業高揚の方途と中農の税軽減について」の決議(*KPSS v rezoliutsiiakh*—, II, pp. 575–589)。

(183) 一九二九年初めのソヴィエト選挙は、すでに述べたように、農村ソヴィエトの民主的基盤の再構築という目的を達成できなかったが、選挙後においても同年夏の全連邦農民集会まで、農民との対話と相互理解のための営みは持続された(〈Krest'ianskaia gazeta〉, No. 56 (16 July), 1929)。剝奪された選挙権復活を求める農民の訴願の「奔流」に対して各級ソヴィエトはおおむね誠実に対応した(〈Vlast' sovetov〉, No. 32–33, 1929, p. 17; 〈Sovetskoe stroitel'stvo〉, No. 3, 1930, pp. 81, 91–92)。

(184) 例えば、一九二九年五月一五日の資料による下ヴォルガの調達キャンペインの経過についてのオゲペウ報告(*Glazami*—, vol. 2, pp. 871–875)。一九二九年四月の党中央委員会総会でも農村既存組織の非協力と怠慢に対する攻撃が頻繁に聞かれた。

(185) *Tragediia*—, vol. 1, p. 609.

(186) *ibid.*, pp. 616–617.

(187) N. N. Panov, F. A. Karevskii (eds.), *Kollektivizatsiia sel'skogo khoziaistva v srednem povolzh'e (1927–1937 gg.)*, Kuibyshev, 1970, p. 81.

(188) モロトフは一九二九年七月になっても「ウラル・シベリア方式」とその国制化とを「結合」の制度として称揚して、「超工業化」の「トロツキー理論」と党の政策の間にある「外見上の類似」にも拘らず、実際には根本的相違がある、前者が中農との同盟を顧慮しないのに対して、党の工業化政策は中農との同盟強化の政策と結びついていると論じた(〈Pravda〉, 20 July, 1929)。

(189) 大塚久雄「「共同体」をどう問題とするか」(『大塚久雄著作集』第七巻、岩波書店、一九六九年所収)二〇八―二〇九頁。

第五章　発　進

プロローグにはドラマのすべての要素が秘められていた……[(1)]

――トロツキー『ロシア革命史』

本論の最終部分にあたる本章は、一九二九年夏から同年一一月の党中央委員会総会までの時期を対象とする。表題を「発進」としたのは、この時期において、直後より本格化する農業集団化運動の変動論理、およびその構成要因(方法、形態、速度、駆動力)がほぼ確定し、それが「上からの革命」としての形質を具備するに至ったからである。ゆえに本章の表題を、「上からの革命」の「序幕」に相当する時期を扱うという意味において、「プロローグ」と言い換えることもできよう。

一九二九年末から翌三〇年初めにかけて国民的規模で本格始動する農業集団化運動の本質的構成要素は、いわゆる集団化の「全面的」形態、資本家的農民であるクラークの階級的「絶滅」、そして集団化の異例の「高テンポ」の三つである。これらの要因が三位一体化して、集団化運動は、農業社会主義化についての理念的要請、その実現に向けた実践としての一九二〇年代の集団化運動とは方法、形態、速度において位相を異にした新しい段階へと飛躍する。かかる過程に「上からの革命」の名称を公的に付与したのはスターリンであった。かれは、一九五〇年に発表した言語学にかんする問答体のエッセイにおいて、既存の国家権力のイニシアティヴによりつつ、下からの支持に基づく理性と英知の変革として集団化を「上からの革命」と呼んだ。かれはヨーロッパ革命史における用法に従ってこの名称を用いており、「下から」の革命に必然的に付随する暴力、無政府状態を伴わない秩序ある改革として集団化が遂行されたと主張したのである。(2) しかし当時の実情はこの言葉が想起させる整然たる行程とはほど遠いものであった。政策形成とその対象となる現実との関係は複雑な相関作用にあり、両者はしばしば交錯し前後していて、「発進」の時期を正確に特定することは困難である。政策形成過程に着目すれば、一九三〇年一月五日と三〇日のふたつの政治局決定がこの運動の政策内容を定めた記念的文書といえ、前年一一月の中央委員会総会からのおよそ一月半はその準備段階との表見を与える。しかし公式の決定はなによりも既成事実の事後的追認の性格をもち、「革命」への飛躍、その第一起動力、方法、形態、速度は、本章が対象とする時期に、穀物調達地区において事実上確定しており、一一月総会はこの事態を追認しつつ、「革命」の国民的規模での発進を合図したのである。この脈絡が示唆するのは、穀物問題と集団化運動の変形との密接な関連である。それは、つぎのふたつの局面において語ることができよう。ひとつは党の集団化に対する政策態度のなかに、いまひとつは客観的過程のなかに。この時期党指導部は、穀物供給基地としての小農経営への依存から脱却して、集団化を当面の穀物危機の即効的解決策とする政策方位を確定させた。この方位に対応したのが、貧農のみでなく商品穀物の主要な生産者である中農もまた集団化を支持するという状況認識であった。客観的過程において、集団化運動は、穀物調達を中心的争点とする農村の政治状況に組み込まれ、状況の論理に屈服することで理念的・実践的自立性を喪失し、スターリンが神話化された集団化史像を前提として語ったのとは異なる意味で、「上からの革命」と呼ぶことがふさわしい独自の形質を具備するに至る。集団化のこの変形過程は、穀物調達において制度化された「新しい方法」の集団化への貫徹にほかならなかった。その結果は前述の三要因、すなわち集団化の全面的形態、階級としてのクラークの絶滅、そしてその短期決戦的加速化を主要な動因とする、急テンポの新しい運動形態としての集団化であった。その過程を図式化すれば、「全面的形態」とは、穀物供出についての共同体スホード決議(「自己義務」)を集団化への合意形式に応用すること(すなわち共同体を単位とする中農のコルホーズへの集団的移行)であり、「階級としてのクラークの絶滅」とは、スホードの決議に基づく「クラーク」に対する穀物供出の特別確定割当実現という社会的・国家的強制の集団化への応用であり、「急テンポ化」は調達の突撃キャンペイン方式の集団化への貫徹にほかならない。「革命」を構成するこれら三要因のうち排他的意義をもったのは、「階級としてのクラークの絶滅」である。この要因こそが、集団化の「全面的」形態の普及(「中農大衆」の参加)と急テンポ化を従来の理念的枠組をこえて飛躍させることを可能にした。穀物調達計画の実現において決定的役割を果たし、かつ調達の全体的性格を規定したのが「クラーク」に対する非常措置であったというのと同様の関連、あるいは「クラーク」に対する弾圧が共同体に統合された農民全体に対する強制の指標となったというのと同様の関連が、集団化においても発現する。そして「絶滅」と紙一重の域にまで達しつつあった「クラーク」に対する弾圧の過酷化は、一九二九年夏までに、集団化運動とは直接の関連をもたないはずの穀物調達の過程において、すでに不可逆の趨勢となっていた。かかる状況を背景として、同年夏、「新しい方法」は党的制度から国家的制度へと公式化され、並行して開始された新年度の調達キャンペインによって加速化された「クラーク」弾圧の強化は、秋から国民的規模で始動する集団化運動を制し、その「上からの革命」としての性格、すなわち「上からの」露骨な権力的強制を主動因とする構造変革としての「上からの革命」の性格を確定することとなる。

(1)　トロツキー『ロシア革命史』1、六五頁。

(2)　Stalin, *Sochineniia*, vol. 16, p. 120.　この性格規定の精神史的意味については終章部分において論ずることになろう。

一　一九二九年夏

一九二九年一二月二七日スターリンは、共産主義アカデミー主催のマルクス主義農業問題専門家会議において、「クラークを階級として絶滅する政策」に「最近(v poslednee vremia)」移行したと述べた。しかし、かれは政策の決定時期と内容の特定を避け、移行を可能にした物的基礎の確立、すなわちクラーク経営の穀物生産と商品穀物を上回るソフホーズ・コルホーズ穀物生産の発展を指摘したにとどまった。[1]翌三〇年一月二一日付の赤軍機関紙『赤い星』に寄せた論文では、かれはこの政策への移行の時期を「一九二九年夏」と特定する。[2]しかしここでも政策決定についての明言はなく、「全面的集団化の普及範囲が日毎にでなく一時間毎に増大している」全面的集団化地区では、クラーク経営の存立を可能にしている諸制度は不要になったという事実関係に力点が置かれた。スターリンが強調したのは、クラークの搾取者的傾向の抑制からクラークの階級的廃止への政策転換が全面的集団化を前提するという、「クラーク絶滅」と集団化の因果関連であった。この関連づけには、ふたつの変動局面、ひとつは、社会化経営＝コルホーズ・ソフホーズの建設が、穀物供給においてクラーク＝大資本家経営の商品穀物への依存を不要にする水準にまで発展したこと、いまひとつは、クラークに対する闘争が行政的手段ではなく貧・中農大衆の下からの社会的運動としておこなわれるということ、が含意されていた。かれが回顧的に言及した「一九二九年夏」とは、この意味における「クラーク絶滅」の起点に位置づけられていた。しかし、実際にはこのような集団化の発展とクラーク絶滅の因果関連は、同年夏には、かりに存在していたとしても、党指導者の頭脳のなかに存在したにすぎない。たしかに、夏までの数か月、集団化運動には、集団化率においても、コルホーズに加入する農民経営数においても、コルホーズの規模においても、印象的な発展が穀物地区から報告されていた。(3) しかしかりにこの報告を全面的に信頼するとしても、これをもって、クラーク絶滅への政策的転換を可能にした十分な前提条件と認定するには、集団化の状態は量的にも質的にもあまりにも未成熟であった。集団化の数量的発展は依然として局地的現象であり、しかも組織された集団経営の多くは形式的存在にとどまっていた。この時期におけるクラークの反ソ的活動の活発化、(4) テロ件数の顕著な増加、(5) それに対する強硬な対抗措置、クラークに対する「絶滅」に等しい弾圧(土地没収、強制移住、過重な罰金、刑事罰など)、総じて「先鋭な階級闘争」の舞台は、主として穀物調達現場であって、集団化との直接的関連は希薄であった。一九二九年夏のクラークに対する強硬な、のちのクラーク絶滅策の先例としての意味をもつ党と国家の諸決定は、調達過程において既成事実化していた過酷な反クラーク的措置の追認と制度化の性格を有しており、集団化運動の水準に照応しそれに基礎を置いての措置ではなかった。むしろ全面的集団化の普遍化と集団化テンポの加速化とは、調達の文脈で事実化し制度化された強硬な反クラーク的措置(それが反映した権力と全体としての農民の対抗の先鋭化)の政策的系であった、というのが事物の論理である。

一九二九年夏から秋にかけての一連の党・国家のクラーク問題についての決定は、事実上、危機発生から一九二九年四月までに開かれた四回の党中央委員会総会における非常措置・クラーク問題討議の前提となった基本的政策枠組の重大な軌道修正を意味した。「結合《スムイチカ》」の原則は否定されなかったし、公然と否定することも不可能であった。しかし党指導部において農民との対話と相互理解の必要に最後まで固執したブハーリン派は失権を決定的にし、政策的影響力を失っていた。スターリン派が独占する党指導部の思考を支配したのは、加速的工業化を最優先の戦略目標とし、目標達成に向けて必要な穀物を農民から取得するためには強制をも辞すべきでないとの不退転の決意であった。決意は、クラーク(とその同調者)の抵抗に対する弾圧を極限にまで強化する政策として端的に表現された。そこに秘められた真意は、穀物基地としての小農経営の可能性に対する諦念であり、その代替策としてのかれらの集団経営への統合の加速化であった。「結合」はいまやこの方向へと向けて「再定義」されなければならなかった。ブハーリンが「右翼反対派」のリーダーとして公然と非難されたのが一九二九年夏であったことは象徴的である。(6) 安定した新しい穀物基地としてのコルホーズ建設を全力で加速する政策が穀物難解決の唯一無二の選択肢となり、それに対する党・国家組織、その活動家の動揺は「右翼日和見主義」と烙印され、農民の抵抗はあげて「クラークの反抗と策謀」に還元された。加速的集団化の成否は、いまやクラークとの「階級闘争」にかかっているのであった。集団化についての党の新しい政策方位決定は、同年六月のモスクワ党委員会総会におけるバウマンとミコヤンの発言に明瞭に読み取れる。一九二八年まで党書記局農村活動部長であり現在はモスクワ党第一書記をつとめるバウマンはいう、ソ連は「社会主義と資本主義の間の最後の決定的闘争の段階に入った」、すなわちネップは「第二期」へと入り、農村における社会主義的攻勢、集団化はいまや新しい段階を迎えている。集団化はこれまでの貧農を主体とした運動から貧農と中農の大衆的運動となりつつあり、この段階に対応する形態は「トラクター、複雑な農業機械を適用しての村落全体、そして地区全体に至るまでもの集団経営への移行」、すなわち「全面的集団化」であった。しかも「全面的集団化」は「苛烈な階級闘争の環境のなかで」おこなわれているがゆえに、「クラークの抵抗の克服、かれらとの不屈の闘争の方式によってのみわれわれは集団化の任務を解決することができる」。この闘争において「党」は巨大な役割を担うことになろう。(7) 穀物調達行政の責任者ミコヤンは、集団化の加速化の必要性を穀物難に率直に結びつけた。「私の言明が異端的とみなされるのではないかとおそれるが、しかし私はもし穀物難がなかったならば、強力なコルホーズ、機械トラクター・ステーションの問題がいまこの時点でこのような力、範囲、ひろがりをもっては提起されなかったであろうと信じる。もとよりわれわれがいつかはこの任務に到達することは避けられない。しかしそれはタイミングの問題である。もし穀物が豊富にあったなら、われわれはコルホーズ・ソフホーズ建設の問題を現在かくも広範には提起しなかったであろう[8]」。

農業・農民政策についての党指導部の政策思考の方向転換は、まず六月二七日のふたつの政治局決定に示された。そのひとつ、「一九二九／三〇年度穀物調達・穀物供給の組織にかんする決定」は、同じ表題の六月二一日政府決定[9]を「基本的に」承認するとともに、穀物調達の計画課題(planovye zadaniia)を個々の村落および村にまで到達せしめる手順(poriadok)を確立することを合目的的とみなし、この措置実施の手順と形式を地区の多様性を考慮して検討することを指示した。この決定は、貧・中農の「社会性」を組織するために「最近ふたつのキャンペインによって蓄積された組織的・経済的経験」を利用することを指示した七月二九日付党中央委員会(政治局)決定[10]とあいまって、「ウラル・シベリア方式」に付されていた時間的・地域的適用制限を解除し、それを恒常的調達方法として制度化する意思表示であった[11]。「方式」の時間的・地域的例外性の撤廃は、すでに五月の政府決定[12]に端緒がみられたところの、その党的制度から国家的制度への公式化(すなわち国家的強制をこの方式の構成部分として公認すること)の発条となった。いまひとつの政治局決定「穀物調達に際してのクラークに対する立法措置」は、これを承けて、「方式」の国家的制度化を承認した[13]。政治局小委員会により準備された草案の政治局承認を経て、政治局決定[14]に若干の修正を加えたうえで六月二八日制定されたロシア共和国法「全国家的課題と計画の遂行に対する協力にかんする村ソヴィエトの権利の拡大について」は、その具体化であった。同立法は、クラーク・投機業者に対する国家的抑圧が穀物生産地区の農民の多数の請願に基づきかれらに力を貸すことを目的とするとして、本来の社会的性格の延長上の措置であることを強調した前文に続いて、つぎの三点を規定した。すなわち第一に、村スホードによって、全村により「自己義務の手順で」穀物調達計画を遂行する決定が採択され、このことに関連して、個々の農民経営間への「課題の割当(raskladka zadaniia)」がおこなわれる場合において、この決定を遂行しないで穀物供出を忌避する経営に対して、「行政的手順で(v administrativnom poriadke)」、供出すべき穀物の価値の五倍までの罰金を科し、必要に応じて、当該者の財産の競売(prodazha s torgov)の方法を用いる権利を村ソヴィエトに認める。第二に、「経営の集団」による穀物供出の拒否および調達計画の遂行に対する抵抗の場合において、これらに対しては、ロシア共和国刑法第六一条第三項(chast')により、刑事告発(ugolovnoe presledovanie)を提起する権利を認める。第三に、この決定の方式で徴収された罰金および財産競売により捻出した金額のうち二五％の控除が義務的におこなわれ、それを当該地方の貧農の協同化と集団化の基金に振り向ける。[15] この決定と同じ日に改正された刑法第六一条は、前記決定を追認し補強する措置であった。改正第六一条は、「公課(povinnost')、全国家的課題(obshchegosudarstvennoe zadanie)、もしくは全国家的意義をもつ活動の実施の拒否」に対する罰則を強化し、二段階に分けて制裁を規定した。すなわち、第一回の拒否に対しては、課された公課、課題、労働の相当価値の五倍までの範囲内で罰金が権力機関により科される。これは村ソヴィエト強化にかんする前記立法の第一項に該当する規定であった(旧法は、行政的制裁の具体的規定を含んでいなかった)。第六一条第二項は、第二回の拒否に対する刑事的制裁を強化した。すなわち第二回の拒否には、従来の六か月までの強制労働もしくは公課または労働相当額の罰金に対して、一年までの期間の自由剥奪または強制労働を科することを規定した。同条第三項は、集団により事前の協定に基づいて、公課、課題、活動の遂行において権力機関に対する積極的抵抗を伴いつつかかる拒否の行為がなされる場合、全部または一部の財産の没収および当該地方からの強制移住(vyselenie)もしくは二年までの自由剥奪が科される、と規定した。[16] オゲペウ秘密・作戦局長、情報部長代理から八月二一日付で地方オゲペウ全権代表宛に発信された電報「農村における武器の没収について」は、農村における大量の武器の存在を指摘、その摘発と没収の活動を「つくりだされつつある国際情勢をとくに考慮して」強化することを指令した。[17] おくれて九月九日、農村において直接調達活動に従事する「穀物調達促進委員会」についてのロシア共和国政府決定があった。[18] 同委員会は、一応農民的性格(成員のスホードによる選挙、策定した調達計画をスホードに提案など)を保持しつつも、機能的には、「村ソヴィエト全権代表」として村ソヴィエト議長の指導に服すると規定された。穀物調達を争点として権力と共同体とが対立を激化させつつあった当時の状況のもとでは、委員会の農民的性格の保持と権力の分肢としての外的規制の機能との両立は至難であり、のちにみるように現実にはむしろそれは二者択一的課題として提起されるであろう。一九二九年七月に始まる新年度の穀物調達キャンペインは、この問題「解決」のあり方を決定する試金石となった。その過程で党と政府は、一九二九年夏に決定した政策志向、クラーク抑圧の加重、共同体の抵抗の無力化、共同体に対する国家的規制を更に強化し極限化する決定を採択する。一九二九年末から翌三〇年初めにかけて宣言される「階級としてのクラークの絶滅」は、これらの措置の凝縮された政策的到達点であり、一九二九年夏の諸決定は、この発展系列の起点として遡及的に位置づけることができよう。こうしてスターリン指導部は、対話と譲歩により農民との合意形成を模索する路線を選択肢から最終的に除外し、「クラーク絶滅」を決定的手段として小農経営の廃止を意味する強制的集団化への道を遮二無二驀進する。スターリンがこの時期をもって転換の起点と規定したことの真意は、以上のような文脈において了解できるのである。

(1)　Stalin, *Sochineniia*, vol. 12, pp. 168–170.

(2)　*ibid.*, pp. 179–181.

(3) 一九二九年夏、新しい農業年度の当初において党および政府の指導者は、集団化の前途に対して、これまでの「最も楽観的な予測」をもこえる前進があるとの見通しを与えていた(〈Na agrarnom fronte〉, No. 10, 1929, p. 45)。この見通しは、第一五回党大会以降二九年夏までの集団化率についての印象的な実績から生まれた未来への楽観に由来した(*Kolkhozy v 1929 godu. Itogi sploshnogo obsledovaniia kolkhozov*, M., 1931, p. XIII)。工業生産の飛躍的発展から生まれた社会主義的未来に対する楽観主義の高揚は、この見通しを裏づける基礎的条件となった。一九二九年夏においても集団化率は四%であり、集団経営が農業全体で占める比率は依然として低位にとどまっていたが、前年度最後の数か月のテンポの加速化が、工業建設の成果に魅了された党指導者に与えた心理的効果は絶大であった。いまや集団化も社会主義建設の高揚のなかに定位され、ひたすらな加速化が追求されたのである。集団化をもっぱら強制に依存させる思考はこの時期の指導者にはなおも無縁であり、機械、トラクター、化学肥料などの物的援助、啓蒙と教育を基調とした伝統的思想の意義は了解されていた。にも拘らず、同年夏には、中央と穀物地区の双方において集団化の目標数字の思いきった引上げがおこなわれた(〈Ekonomicheskaia zhizn'〉, 18 August, 1929; 〈Pravda〉, 12 September, 1929; Ivnitskii, *Kollektivizatsiia i raskulachivanie*, pp. 10–20)。熱狂が理性の眼を曇らせつつあった。作曲家ショスタコヴィチのこの時期の作品、交響曲第三番「メーデー」の最後の合唱は、都市レニングラードの熱狂と高揚の気分を伝えている。

(4) *Glazami*—, vol. 2, pp. 909, 919–923.

(5) オゲペウ資料によれば、テロの件数は四月の二四七から五月には五四六、六月には八五一と急増した(*Tragediia*—, vol. 1, p. 63)。

(6) 一九二九年八月二四日付『プラウダ』社説は、それまでの右派に対する表現(「右翼偏向者」)をやめ、ブハーリンを「右翼反対派の指導者」と烙印した(〈Pravda〉, 24 August, 1929)。

(7) 〈Pravda〉, 16 June, 1929.

(8) 〈Pravda〉, 26 June, 1929.

(9) SZ, No. 44, 1929, art. 385.

(10) この決定は当時公表された(〈Izvestiia TsK VKP(b)〉, No. 23–24, 1929, pp. 12–14)。

(11) RTsKhIDNI, 17/3/746, l. 一億プードの食糧用穀物の「不可侵備蓄(neprikosnovennyi zapas)」の創設と支出の厳格な

手続を規定した部分は「特別ファイル」に移された(RTsKhIDNI, 17/162/7, protokol No. 86(osobyi No. 84), 92)。

(12) *Tragediia*—, vol. 1, pp. 612–615.

(13) RTsKhIDNI, 17/3/746, 2, 7–9.

(14) 政治局決定は刑法改正に相当する部分を同一文書に含めていたので、国家的決定は、刑法条項を「ソヴィエト強化」決定から刑法改正へと移した(RTsKhIDNI, 17/3/746, 10)。

(15) 〈Izvestiia〉, 29 June, 1929. ウクライナでの同趣旨の決定は七月三日におこなわれた(〈Istoriia SSSR〉, No. 6, 1967, p. 175)。

(16) 〈Izvestiia〉, 29 June, 1929. 旧法については、*Ugolovnyi kodeks RSFSR*, pp. 111–112.

(17) *Glazami*—, vol. 2, p. 924.

(18) *SU*, No. 70, 1929, art. 68.

二　方法の精練

一九二九年夏に始まる新年度の穀物調達キャンペインは、半年という異例に短い期限を付されたうえで、農民保有穀物の「全余剰」の調達という過酷な課題の達成を至上命令として強行された。それは、一九二八年初めの危機を起点とする穀物をめぐる権力と農民の紛争に、党組織の全責任において「決着」をつけようとする党指導部の決意の現れであり、同年夏制度化された農民統治の「新しい方法」の全面的適用、その更なる「精練」の過程であった。「精練」された方法は、続く農業集団化運動に方法的規準として継承され、集団化に対して、「全面的形態」、「クラーク絶滅」、そして著しい急テンポ化とを一体化する「上からの革命」の形質を与えるであろう。こうして一九二九年夏に始まる調達は、同年末から翌三〇年初めにかけて国民的規模において発進する全面的集団化運動の政治的諸前提（駆動力、方法、形態）を準備し確定することによって、それ自体「革命」の構成部分となった。党は、このような調達から集団化への直接的移行を予め明確な行動計画として定立していたわけではない。穀物調達が集団化の加速化の任務を一般的に提起していることは、事前に、あるいは調達過程において、個々の党指導者によって即興的に語られてはいた。(1) しかし、「方法」的連動を主要な媒体とする、一九二九／三〇年度調達から「上からの革命」への直接的移行、両者の方法的・過程的連続性は、このような指導者の主観をもひとつの構成要素に含めた、複合的歴史過程として客観的に確立されうるにすぎない。調達から全面的集団化への連接が党指導部の政策思考のなかで明確な形姿をとるに至るのは、一九二九年一一月から一二月末にかけての時期においてである。こうした公式の意思決定とは別に、末端の現実過程においては、調達の方法と適用経験とは集団化政策に浸透し、その方法とテンポと形態とを確実に決定しつつあった。

一九二九／三〇年度穀物調達政策の際立った特色は、調達計画、期限、方法のすべてにおいて、それまで党の農業政策の前提となってきた小農との長期的共存とは不調和な、かれらに対する容赦のない接近方法の採用であった。それが直ちに「結合」理念の即時かつ全面的な解体の意思表示であったわけではない。むしろそれは、農民大衆との「結合」の精神に背反しない、「クラーク」なる少数者に対する弾圧の過酷化として表象され、正当化された。また、前述のようにそれは、同年末に始動する「全面的集団化」および「クラーク絶滅」の時機と内容を事前に想定しての意思決定でもなかった。(2) しかし、同年度の調達政策は、それまでの四回の党中央委員会総会(一九二八年四月、七月、一一月、一九二九年四月)、続く第一六回党協議会において示されたような、小農経営の長期的存続を前提しつつ集団化を遠望する従来の戦略の劇的な軌道修正を内包していた。「結合」理念は原則的には否定されなかったものの、それは、工業化と集団化の文脈に移されて「生産的結合」と「再定義」をこうむることとなる。そして新たな定義のもとでは、かつて対等の当事者と位置づけられた存在は、いまや早急に克服されるべき旧秩序の体現者として否定的色彩を帯びる。(3) 一九二九／三〇年度の調達政策は、このような農民観の変化を前提する場合、初めて整合的な説明が可能になるであろう。

まず計画量についてみれば、決して楽観はできない客観状況を半ば無視して、収穫見込みについて誇張的算定がなされ、前年度を計画において四〇〇万トン近く、実績において六七〇万トンそれぞれ上回る調達目標が、供出価格を固定したままで設定された。(4) しかもこの目標は、調達の過程において、地方からの再三の削減要求にも拘らず逆に引き上げられることになる。調達現場の村落では、農民保有穀物の「全余剰」の供出が計画作成の事実上の基準となった。調達期限も異例の短期に設定され、「おそくとも一九三〇年一月ないし二月に終結し、しかるのち全勢力を春まき準備へと移すこと」(南部は一月一日、東部は二月一日)が要求された。(5) この期限すらもまた最終的なものではなく、その後あらゆる機会をとらえて短縮された。例えば、スターリン署名の一〇月二六日付党中央指令は、ウクライナ、中央黒土州、中ヴォルガ、下ヴォルガ、クリム、タタール、バシキール、ウラル、ザカフカース、中央アジアの期限を一二月一日に繰り上げた。(6) 地方当局の裁量による調達期限の更なる短縮も局地的にみられた。(7) 方法的側面についてみれば、そこで強調されたのは、調達が「最初から」「最大限の組織性」をもつことであった。かつてのような「秋の自然流動への熱中」を繰り返すことなく「キャンペイン当初からあらゆる推進手段(rychagi)の利用による調達の系統的・組織的遂行を確保すること」が要求された。「市場的無政府性」に対置されるところの「組織的方法」とは、調達が、単なる経済的・技術的組織化にとどまらない、高度に政治的・闘争的キャンペインとして展開されることを意味した。(8) のちにみるように、党の指導性はこの文脈において強調され、まさにこのことによってその意味内容が具体化されることになる。

調達は、部門的には、個人経営との予約買付契約、社会化経営からの供出、そしてそれらの圏外にある大多数の農民からの供出に大別された。このうち「組織的調達」に分類された計画(現物加工料、コルホーズ・ソフホーズからの調達、個人農との予約買付分)七四二万トンのうち、個人農との予約買付分は二六・七％(前年度六・六％)を占めること、(9) 社会化部門(コルホーズ、ソフホーズ)は穀物総生産において五・五％(前年度二・六％)、商品化において一一・五％(前年度六・四％)を占めることが、(10) それぞれ予定された。予約買付契約にも社会化にも参加しない大多数の農民からの調達は、クラークに対しては高率の個別割当によって、その他は共同体の「自己義務」の方式によっておこなわれるものとされた。これら分岐した諸調達部門への対処においてほぼ共通していたのは、農業共同体が農民側の主要な交渉主体と位置づけられたことであった。六月二八日付ロシア共和国法にみられるように、クラークに対する個別割当であれ、他の大多数の農民の「自己義務」としてであれ、調達は、共同体スホードの意思決定によって公式化され正当化されたのである。個人農との予約買付契約については契約主体について明確な政策的選択が事前にあったわけではない。しかし、穀物にかんする限り、契約主体は「全村または全村落」であることが望ましいというのが、この制度の穀物生産への適用が始まる一九二八年以来の了解であった。[11] 一九二九年春の予約買付契約は、個々の農民経営との間ではまったくおこなわれず、「播種農夫の集団(gruppy posevshchikov)」との間でおこなわれた。「播種農夫の集団」とは、社会化経営を別とすれば、主として農業協同組合か、あるいは農業共同体かのいずれかを意味したが、前者は、契約が双務性の実質を失い、農民に対する国家的規制となんらかわりなくなった現実のもとで調達における比重を著しく低下させていたから、契約は基本的には共同体との契約となった。[12] 一九二九年六月、フレボツェントル評議会の会議で議長ベレニキーが「農民経営の小さな統合体の予約買付契約から農業共同体、村落全体からなる大きな統合体の予約買付契約への迅速な移行」の任務を提起したとき、かれはこの方向を認知したわけであった。[13] 予約買付契約にかんする八月二六日付政治局決定は、同制度の意義を市場的無政府性に対抗して計画性を農業に注入し農民を社会主義へと誘導することに見いだした。その基調は、契約の双務性の事実上の消滅、およびその国家的規制の道具化であった。貨幣による前渡金の削減、農民資金の動員に加えて、「クラークとの闘争を容易にし、農業の社会主義化に対する抵抗を克服するために」、多数決による契約締結決定の共同体全員に対する拘束性、契約に対する集団(連帯)責任制が確立された。[14] 同決定は一〇月七日政府決定によって法制化される。[15] こうして予約買付契約による調達は、契約外にある村落での通常の調達活動と方法的に弁別できないものとなる。また社会化部門であっても、内的建設が初期段階にあり、多分に個人経営の集合体の要素を残した当時の大部分のコルホーズにおいては、共同体的な伝統的規範による拘束は免れなかったであろう。こうして、六月二八日付ロシア共和国法所定の方法的規準は、普遍的意義を獲得することになる。カリーニンは、七月に政府機関紙に掲載された演説においてこの脈絡を認めて、通貨が不足し、外国からの設備購入の大きな需要があり、穀物を大金を投じて輸入できない現状において、穀物保有者、主としてクラークから穀物を取り上げる(iz'iat')ために「ありとあらゆる手段」をとる必要性が「きわめて熱烈な審議のあとで」決定されたが、「ちょうどそのとき」、「いわゆる社会的圧力〔の方法〕が都合よく間に合った」と語った。[16]

一九二九年夏に始まる穀物調達キャンペインにおいて、農民側の主要な当事者として現れたのが農業共同体であったとすれば、農民と交渉し必要量を供出せしめる調達活動の最終的責任を担った主体は党組織であった。同年夏の国法化を背景として、従来市場的・経済的調達方法の臨界点において「補完的に」発起された(あるいはそのようなものとして正当化された)「組織的・経済的経験」、いわゆる「社会的方法」は、来たるキャンペインにおいては、「当初から」調達の成否を決定する基本的方法として適用さるべきものとなった。[17]またこのことと少なからぬ関係をもって、新たな調達キャンペインは当初から、経済的・技術的次元をこえて政治的・闘争的性格を色濃く帯びるであろうこと、あるいは、クラークの激しい抵抗に直面する政治闘争の様相を呈するであろうことが想定された。党のある穀物問題担当者は、「あらゆる場合において、わが農村細胞は、満足すべき収穫のもとにおいてさえ新しい調達方法に対するクラークの抵抗がきわめて大きいことを考慮に入れなければならない」と警告した。[18]七月四日付『イズヴェスチヤ』社説によれば、穀物調達装置は「技術的装置」たるにとどまらず「政治的装置」でなければならないのであった。[19]七月二九日付政治局決定は、激化するクラークの抵抗の抑圧と反撃のために「キャンペインの当初から、過ぐる穀物調達キャンペインの結果獲得された党およびソヴィエトを中心とする貧・中農の社会性の組織化の経験を利用することが必要である。この経験は、穀物キャンペインが最初から最大限の組織性をもって進むように利用されなければならない。村の社会組織はキャンペインの当初から個々の地区や村に対する計画課題をめぐって動員されなければならないが、そのためには、他の諸措置の間にあって、村の調達計画を全市民集会の審議にかけることが必要である。これらの課題の遂行に向けて党組織および村社会組織のすべての力が集中されなければならない」と指示し、「キャンペイン成功の決定的条件が各コムニスト、各党組織のそれへの積極的参加にある」として党の指導的役割を強調した。[20]他方、スホード集会における「合意」形成、スホード決議の実行、決議の違反者に対する制裁における共同体的規制の無力化は既定事実であり、調達活動の成否をもっぱら共同体に対する外的規制に依存する状況の枠組は牢固として確立していた。もとより、クラークに対する強制と並んで、大衆活動による説得の必要性も排除されたわけではなかった。しかし、「社会的」方法の形骸化の条件のもとでの党の指導性は、上級党機関を本営とする全権代表が強制装置と癒着して公式組織および農民組織を一元化するという非常権力の体系に求めるほかなかったであろう。これこそがこれまでの経験からの最大の政治的教訓でもあった。

結果は計画よりもさらに瞠目すべきものであった。調達は予定された急テンポで、あるいはそれ以上に加速度的に進行した。すなわち、調達が本格化した八月には、ソ連全体で月次計画を二二％超過し、前年同月の調達量の三倍に相当する穀物が集荷された。それにも拘らずテンポはなお不十分とみなされた。九―一〇月には圧力が強化され、両月で八〇〇万トンをこえる穀物が調達された。一一月にはテンポはやや鈍化したものの、二〇〇万トンをこえる調達があった。ミコヤンは「党の路線は勝利した」と題する熱烈な一文において、一二月一日現在で年次計画の九二・二％に相当する一二八一万トンが調達された成果を誇示した。[21]過去三年の最初の五か月間における調達達成率――一九二六／二七年度の五二・五％、一九二七／二八年度の四三％、一九二八／二九年度の五〇・四％と比較すれば、九二・二％がいかに異例の数字であったかが判明しよう。衝撃的であったのは、数字よりもむしろ状況の相違であった。一九二七年一二月は、穀物調達テンポが急落し調達の前途に対する楽観的気分が急速に減退し、党指導部がパニックに襲われ始めたときであった。間もなくかれらは、対外関係の緊張にも衝迫されて、しかしあくまで一時の例外として、非常措置の採用へと猪突する。一九二八年一二月もまた、都市と工業地帯の食糧事情の逼迫を招いた穀物調達テンポの急落が生じ、その対応策をめぐって党指導部は分裂した。スターリン派はブハーリン派の強硬な抗議を排して翌二九年三月には新しい調達方法の導入へと踏み切った。しかしこの方法が農民統治の基本的方法として制度化されるまでになお数か月の試行錯誤、そして指導部の逡巡があった。一九二九年夏から秋にかけて、それまでの動揺と逡巡はすでに後景に退いた。代わって党指導部にゆきわたった気分は、力による農民統治に対する自信であり、より一般的には、農業を含めた国民経済全体の社会主義的再編に対する確信的な展望であった。クラークに対する弾圧の強化（かつて非常措置として非難されたもの）も、この文脈のなかで完全に正当化された。一一月七日、革命記念日によせたスターリンの論文「偉大な転換の年」は、党組織をとらえた熱狂の率先的表明であった。そこでかれが示したのは、集団化（コルホーズ・ソフホーズ）運動の加速化のおかげで「われわれは穀物危機から最終的に脱出しつつある、あるいはすでに脱出した」との診断であり、三年もたてば「世界最大とはいかないにしても最大の穀物国のひとつになることは疑いない」という驚くべき展望であった。[22] 同様の熱狂的気分は間もなく開かれた党中央委員会総会の論議をも支配し、多様な意見の交換を経て政策を形成する党生活の伝統を一層後退させるであろう。カガノヴィチも、一一月二一日の演説で、調達の達成によって穀物危機から脱したと断じた。[23] このような党指導部の楽観的診断を支持したものこそ昨今のめざましい調達実績であり、一九二九年七月から翌三〇年六月までの年度全体の中央集権的調達は、計画の一三九〇万トンに対して一四九〇万トンに、調達穀物総量は一六〇八万トンに達した。[24] しかし内容においては、キャンペイン後期における努力にも拘らず、食糧用穀物の比重は前年度の五八・九％に比較して五五・二％に低落し、また食糧用穀物の調達の増加はもっぱらライ麦の調達増により達成され、重要穀物である小麦の調達はいくぶん減少した。[25]　調達部門別にみて特徴的であったのは、社会化部門（コルホーズ・ソフホーズ）および組織的部門（予約買付契約）からの調達の増加であった。三〇年一月までの集計によれば、コルホーズ・ソフホーズは全調達の一二・七％（前年度九・五％）を、予約買付契約下の個人農は二一・八％（前年度六・六％）をそれぞれ供出していた。しかし社会化部門からの調達量は目標よりは低く、とくにソフホーズからの調達は不振であった。調達の圧倒的部分はなおも個人農からの供出によるものであり、九三〇万トンの計画に対して一一二七万トンがかれらから調達された。[26]

地域別調達の様相は、一九二九／三〇年度にはかなり変化した。すなわち、中ヴォルガ、北カフカース、ウラル、シベリアでの調達は不作のために低落したが、ウクライナでは、凶作であった前年度の調達一四〇万トンに対して四六〇万トンが調達された。中央黒土州の収穫も好転し調達量は六〇万トンから一六〇万トンに上昇した。下ヴォルガは不作ではあったが前年よりも多くの穀物を供出した。北カフカース、シベリアは調達計画達成で最大の困難を伴った地域であった（なおこのふたつの州は、州レヴェルで最初に全面的集団化が宣言される地域である）。消費地区での調達キャンペインはこの年度に初めておこなわれたが、そこでの調達量は全体の六・九％（一〇九万トン）に達した（計画では三・四％）。公的機関の利用可能な穀物は、キャンペインの結果、前年度の一〇八〇万トンから一五五〇万トンへと増加し、[27]　現物加工料を除く中央集権的調達は八三〇万トンから一三八〇万トンへと増加した。このようにして政府が手中にした約五〇〇万トンの増加穀物は、主として木材工業の季節労働者と綿花栽培地に主に割当てられる「特別供給」（一六〇万トン）、輸出用（一三三万四〇〇〇トン（前年度八万トン））および貯蔵用（二〇八万四〇〇〇トン）に充当された。これら三つの用途はいずれも直接間接に工業化と国家的安全に結びつけられていたから、政府が処理できる穀物の増加も都市における食糧不足の緩和に直接貢献したわけではない。一九二九年夏、党を突撃的調達キャンペインと加速的集団化に駆り立てた中心的事情は、その後もなんら解消していなかったのである。(28)

政策と結果を繋ぐ過程を調達の方法的側面に照準を合わせて観察する場合、そこに認知される一貫した傾向は、方法における強制的契機の優位化と権力行使の態様における恣意性の拡大である。六月における「社会的方法」の国制化は、法案作成者がそこにこめたであろう合法的支配の復活には寄与しなかった。実質的にそれは党的制度として機能し続けたのである。支配の担い手はソヴィエトなど公式組織ではなく、党組織が統括する非公式の非常権力であり、その権力行使は調達過程で本来的属性たる恣意性を一層強め、かかるものとして「上からの革命」を方法的に規定した。この過程を、「上からの革命」の発進までの「方法の精練」と表現しよう。かかる「精練」において本質的意義をもった時期は、八―一一月、なかでも調達が「政治闘争」の色彩を濃厚にし、権力と農民の相互関係が権力的強制と農民の反政府直接行動との相補的昂進によって極度に緊張する一〇月である。七月の調達は、むしろ前年度末の突撃的調達キャンペインの継続、そしてその収束期という色合いが濃く、緊張昂進の趨勢は顕著には現れない。(29)これまでのふたつの調達年度の最後の二か月(五―六月)、とりわけ一九二九年の同時期においては、枯渇した農民の穀物貯蔵からの強行的調達による端境期乗り切りが図られ、権力と農民との緊張が極度に昂進した「突撃的キャンペイン」の時期であった。一九二八年には党は、この時期の緊迫状況を「結合解体《ラズムイチカ》」の危機あるいは脅威と受けとめ、非常措置の全面的廃止によって農民との亀裂を修復しようとした。ブハーリンはなお政策に対する影響力を失っていなかった。翌一九二九年夏における党の対応は、前年とは正反対に、ブハーリン派の失脚を背景として、六月二八日法にみられるように、年度末の強制的調達の経験の国制化によって農民に対する「新しい」関係を制度化した段階をなしていた。七月の調達は緊張した経過を辿ったものの、党は政策的には格別の対策をとらなかった。(30) 農民の大衆的直接行動が七月には六月の二四二件から九五件に、テロ行為は六月の八五一件から四七四件にそれぞれ減少したことが示すように、抵抗は鎮静化と収束の方向へと向かっており、「動員解除」の気配さえも感じられたといわれる。(31) 新年度の調達が本格化し、「方法の精練」が始動するのは八月以降の調達過程においてであり、それ以降調達テンポは、加重された強制的手段を媒介として加速化される。機構的側面をとってみれば、それは、党装置が強制装置と癒着して、国家調達組織、協同組合、ソヴィエトなどの公式的体系とは別個に、ただし公式組織(およびその構成員)をみずからの分肢として一元化しつつ、非公式権力のネットワークを形成するという、一九二八年に開始された過程の更なる昂進を意味した。党と国家の相互関係の質的変化は例外から原則へと昇格し、この過程に照応して、党と国家、社会組織のそれぞれ固有の編成原理は形骸化した。

八月以降の党政治局決定、それに付随する国家機関(調達機関、司法機関、オゲペウなど)の諸々の意思決定は、六月二八日法により制度化された調達方法を、状況の展開に対応しつつ強制的契機の加重と権力行使における恣意性の増大(すなわち合法性の後退)の方向において「精練」する流れを明示した。過大な調達目標、短縮された達成期限、前年度最後の二か月の突撃的調達キャンペインによって蓄積された農民の反政府感情、(32) それに有効に対応する能力を欠き、しばしば機能麻痺に陥った農村ソヴィエト、党細胞、調達装置その他の現地組織の実状、(33) 農民を下から階級的指標に基づいて組織しようとする大衆活動の不毛性(34)などを所与とするなら、非常権力の復活と強化が不可避と判断されたとしても不思議ではない。そして「党の指導性強化」という月並みなスローガンは、この文脈に沿って特殊な意味を帯びることになる。調達における党の指導的役割を強調した七月二九日付党中央委員会(政治局)決定は、八月七日の党・政府機関紙に一部を除いて公表されたが、(35)決定が力説する「党の指導性」が真に意味するところは、当時は秘匿された諸文書に示されている。具体的にそれは、党組織がオゲペウなど強制装置と緊密に連携して、最初は調達機構、ソヴィエト、その働き手、投機分子に対して、ついで抵抗する農民(「クラーク」)に対して、強制力の適用主体として現前することにほかならなかった。(36)八月八日付オゲペウ経済局極秘指令は、調達装置の監視と統制においてオゲペウが果たす重要な役割を明記した。(37)穀物調達強化についての八月一五日付政治局決定の内容は、「〔一九三〇年〕一一二月までに穀物調達計画を完遂し、強固な価格政策を保証するために」都市および都市と結びついた穀物投機業者に対する「断固たる抑圧措置」をとることをオゲペウに指令すること、調達機構(ツェントロソユーズ、フレボツェントル、ソユーズフレープ)に対しては、価格競争の罪状を示した調達員全員(コムニストを含めて)を直ちに罷免する峻厳な指令を自己の機関に与えること、オゲペウ・裁判機関に対しては、競争との闘争についての指令を与えることを指示すること、などであった。しかしこの決定においては、農民に対するオゲペウ権力の直接的発動はいまだ明示されなかった。抑圧の当面の対象は、調達機構、都市における投機分子、コルホーズ組織などであり、あくまで力点は党装置が党外調達関連組織に対する直接的統制と非常権力への体系的一元化をオゲペウなど強制装置の権力を借りて貫徹することに置かれたが、これらは、のちに明確となる、党装置を頂点とする非常機関への権力の一元化の重要な布石とみなすことができる措置である。(38)八月一五日付政治局決定を補完した、商業人民委員ミコヤンの同一七日付電報指令、同二一日付オゲペウ回状は、こうした非常権力形成へと向けた方向性を支持した。(39)公式にもミコヤンは、国家調達行政責任者として、キャンペインの成功がこれまでにもまして「穀物調達の事業に対する全党組織の系統的指導」にかかっていることを認めた。(40)

八月下旬から九月中頃まで、調達機構のなかでの党の指導性の確立とそこで強制装置の果たすべき重要な役割は一貫して強調された。調達が本格化した八月にはソ連全体で月次計画の一二％増、前年同月比二倍の達成を記録したが、それにも拘らず八月と九月前半のテンポは不十分と評価され、その責はすべて「主観的条件」へと帰された。[41] とくに不振であった地域（北カフカース、[42] クリム、ウラル、[43] シベリア、中ヴォルガ、[44] 下ヴォルガ、中央黒土州[45]）の調達機関は、激しい攻撃の的となった。[46] さらに攻撃の矛先は、調達機関のみでなくすべての地方機関、すべての現地組織へと向けられる。この背景には、調達の対象が九月以降「クラーク・富農分子」へと移り、この階層からの調達は苛烈な政治闘争を伴うとの想定が存在した。主として八月までの調達は、部門的には社会化部門と予約買付契約部門からの、階層的には中・貧農層からの供出によるものであり、穀物の主要部分を保有するクラーク・富農層からの調達は看過された、いまや調達の主対象は「クラークすなわち穀物の大保有者」であり、かれらの抵抗は新しい調達方法の一層大胆な適用（五倍の罰金、刑法第六一条など）を要求している、[47] ゆえに調達活動は政治闘争の色彩を強め、活動に組織性と階級性が要求されるであろう――「党の指導性」はまさにこの文脈に沿って強調されることになる。九月中頃、党中央統制委員会議長・ソ連労農監督人民委員オルジョニキーゼは、「党とソヴィエト権力の重要な指令の不履行は、所定の穀物調達計画を失敗の危険にさらしている」と警告して、その厳格な遂行の監督を求める指令を地方機関に発した。[48] かかる党の指導性の強調は、強制装置の役割の強調を随伴した。すでに、八月二六日付のロシア共和国司法人民委員ヤンソンの地方司法機関宛回状「穀物調達キャンペインに関連する事件について」[49] は、調達機関・国家装置活動家の最も厳格な行政的・刑事的責任に言及、この種の事件の迅速な審理を要求していた。回状は同時に、反抗するクラーク、投機分子を刑法第一〇七条により刑事責任に問うとともに、コルホーズ指導者、予約買付契約当事者についても刑事責任を規定した。[50] 八月二九日付政治局決定は、調達キャンペインに対する党指導が強制装置の容赦のない活用を伴うことを明記した。[51] しかしここで言及されている強制装置の活用とは、主に司法機関による刑法の適用を意味していた。オゲペウの調達への直接介入は九月中旬以降のことに属する。

組織的布置のいまひとつの局面は全権代表の大量派遣であった。先駆的には、最重要穀物調達管区および原料管区の農村地区における党活動のために「五〇〇人」の主要責任活動家(krupnye otvetrabotniki)の動員と、派遣組織および派遣先とを定めた六月二八日付党中央委員会書記局会議決定が存在した。この他ウクライナにおける一五〇人の動員も決定され、ロシアでは七月一〇日までに、ウクライナでは八月一日までに完了すべきとされた。また同会議は、調達経過にかんする報道規制についても注目すべき決定をおこなった。[52] 七月二九日付党中央委員会(政治局)決定は、「全下級調達装置、とりわけ、協同組合と商業部、とくにそれらの監督官のあらゆる手段による真の強化」のために、穀物調達の経験をもつ有能な活動家を一か月以内に必要数、重要穀物調達地区の協同組合、国家調達機関、商業部の常任活動に派遣すること、並んで、調達組織の活動の点検と地方組織への援助のために、大管区の指導的活動家以上の「同志のグループ」を三―四か月の期間派遣することを指示した。同決定の秘匿された部分では、前者は二五〇〇人、後者は一五〇人と特定された。[53] 前年度末五―六月の突撃的調達キャンペインに動員されたのが二〇〇人であったから、[54] 二五〇〇人がいかに異例の規模であったかがわかる。八月一六日の党書記局会議は、これら二五〇〇人の動員・配分計画を決定した。[55] 地方レヴェル(共和国、州、管区など)で動員される全権代表を含めるとその数は一五万人に達した。[56] さらにソヴィエト選挙キャンペインの経験を承けて、都市と工業地帯から労働者派遣隊が調達促進の大衆活動を現地で展開すべく大挙派遣された。派遣隊のうち全権代表の役割を担った者、状況に応じて即興的に派遣された者を加えれば、全権代表の総数はさらに膨大なものとなろう。前述の七月二九日付政治局決定の公表部分では、これら派遣された活動家の役割が、村細胞や調達組織に取って代わることではなく、それら現地組織の自主性をあくまでも尊重しつつ、かれらを側面的に支援することにあると特記された。しかし、その後党中央から発せられた一連の指令は、スタッフ機能の限界をこえて事実上ライン機能を全権代表に荷担させるものであった。

党中央の関心が既成の調達装置に対する圧力・規制の強化から調達過程そのものへと下降していったことが示すように、「政治闘争の激化」という現状認識は、「政治的前衛」たる党みずからが、現在穀物の主要部分を有するとされる「クラーク・富農層」と直接対峙するような状況の枠組を設定しつつあった。すでに九月一五日付『プラウダ』社説は、党組織がソヴィエト機関と並んで調達計画の不履行に第一義的責任を負うと警告していた(57)。しかし、この「政治闘争化」が単に「クラーク」なる少数者との関係のみから提起されたとみなすなら、文脈を誤認することになろう。政治闘争の内実をなす反クラーク闘争は、調達テンポの全般的引上げのための決定的手段として、言い換えれば、非常措置がそうであったように、主として農民大衆に対する威嚇的効果を期待して提起されたのである。農民は帰属する階層の如何を問わず、潜在的に強制的措置の対象となりうる、あるいは「クラーク」(ないしその「支持者」)と烙印される脅威にさらされた。その意味において、「反クラーク闘争の強化」を掲げた一〇月以降の調達は、調達過程全般に対する強制的契機の支配、そのことに伴う「結合」解体過程の決定的段階の到来、調達に即していえば「新しい方法」の初発の理念の完全なる有名無実化を意味した。九月に入って局地的に看取された調達テンポの低落、供出穀物の劣化傾向(58)、農業税徴収の不調(59)、農民の反対行動の増加と先鋭化(60)、都市、その他の消費地区における食糧事情の逼迫(61)など、懸念材料には事欠かなかった。農民大衆を対象とする調達テンポの全般的引上げが緊急の課題となり、関連して反クラーク闘争の一層の強化が呼号される。ミコヤンは、九月中頃ウクライナの調達テンポ低落に触れて、調達の「最大の障害」が「クラーク」にあるとしてかれらとの闘争強化を要求したが(62)、モロトフに宛てたウクライナからの九月一一日付の秘密書簡では、より率直に、小麦とはだか麦を「闘争なしで」多くを供出しないのはクラークだけでなく「クラークと中農」であると認めた。かれはまた、「クラークおよび富裕な中農のごく一部」である全経営の八―一〇％に対して「個別課題」が与えられ、かれらに対する抑圧が組織される措置を提起し、その際「五倍の罰金」は、ウクライナ党中央委員会決定による「特別の決定があるまで」禁止されること、禁止は九月末に解除されるであろうことを付記した。[63]九月一二日、政治局は、「穀物調達の不満足な経過に鑑み、すべての穀物調達組織、商業人民委員部、オゲペウに対して、すでに与えられた中央委員会指令を実行するための強力な措置をとること」を義務づけ、同時に調達強化のための一連の具体的措置を作成する小委員会の設立を定めた。[64]翌一三日には、九月第一および第二・五日間の調達、とくに食糧用穀物のそれのテンポが不満足で月次計画の遂行が保証されないと認定され、緊急に状況を打開する責任をあげて党機関に負わせ、「州・地方《クライ》党委員会およびウクライナ党中央委員会は九月二〇日までに、ウラル州党委員会、シベリア地方《クライ》党委員会は一〇月一日までに、クラーク・富農経営による主要調達機関への売却の確定課題を定める活動を終えること」が指令された。[65]

このように九月一三日付政治局決定は、調達テンポ加速化のために、クラーク・富農層に対する圧力の強化を指令したが、オゲペウの農村の調達過程への直接的介入についてはいまだ言及しなかった。[66]しかし同決定は、村落における党中央の指令実施状況の早急な点検を指令しており、それを承けて九月一七日付オゲペウ回状は、「穀物調達と穀物供給の進行を破壊する分子を摘発するための活動の強化」を指示した。[67]九月二〇日付政治局秘密指令「穀物調達強化のための諸方策について」は、すべての州党委員会に対して直ちに計画を村レヴェルまで到達させその実現に着手することを命じるとともに、反抗するクラークに対する抑圧と調達過程へのオゲペウの介入とを指示した。[68]ついにオゲペウは、農村における活動範域を、これまでの情報収集と地方組織の監視・統制から農民に対する直接的工作にまで拡大することになる。[69]「抑圧の実行を強化すること」、「悪質な投機分子に対する闘争手段として追放(vysylka)の適用を強化すること」、「とくに悪質なクラーク、投機業者に対する厳罰を伴う若干のみせしめ裁判を緊急におこなう現地宛指令を発するようロシア・ウクライナ両司法人民委員部に委託すること」、政治局指令はこう述べて、クラークに対する確定課題の実行を確保し、忌避する者には所定の(事実上クラーク経営の「絶滅」に匹敵する)抑圧策(五倍の罰金、刑法第六一条)を採用することを指示した。[70] 公式媒体も呼応した。政治局指令の翌日の新聞は、クラーク、投機業者の調達妨害行為を伝える各地からの通信を大々的に報じた。[71] 九月二二日付『プラウダ』社説「穀物調達におけるクラークの抵抗を粉砕せよ」は、同二〇日政治局指令の趣旨を体して、党指導部の関心対象が、党、ソヴィエト、協同組合など地方諸組織から、クラーク抑圧を中心とする現実の調達過程そのものへと移動したことを示唆した。それによれば、調達テンポが低落したいくつかの地方(例えば北カフカース、シベリア、中ヴォルガ、ウラルなど)における調達活動の基本的障害は「クラークの抵抗」であった。それが調達にとって「基本的障害」であるのは、自分の穀物の隠匿、投機などによる妨害にとどまらず、他の農民層にも影響を及ぼすという闘争の「組織的」性格によっている。「キャンペインの正常な経過と計画の遂行を保証しうるのはクラークに対する断固たる攻撃のみである」といわれたのは、この脈絡においてであった。クラークに対する攻撃は、他の農民に対する「覚醒的効果」をもつであろうと同社説はいう。[72] ここでの「クラーク」は、農民の大衆的抵抗の象徴であり、その打破を外圧の強化に求めるほかない状況の論理がこうして浮彫される。一九二九年ソヴィエト選挙キャンペインで試験済の都市労働者の大量派遣による調達機構の補強が企図されるのは、このような状況下においてであった。九月二三日付政治局決定は、秋の播種キャンペインの不満足な事態に鑑み、直ちに責任活動家、労働者突撃隊(udarnye rabochie brigady)を農村に動員することを定めた。[73] 九月二九日付の『プラウダ』は、労働者派遣隊の「調達戦線」への投入を呼びかけた。[74] 穀物投機の厳重な取締を指令した九月二〇日付司法人民委員部回状、[75] 九月二五日付「農村の反革命に対する闘争について」のオゲペウ回状[76]に続いて、一〇月三日付の穀物調達にかんする政治局決定は、当面の主要な任務を富農およびクラークに課された穀物供出義務の断固たる適時の遂行の保証と規定して、オゲペウ並びに司法人民委員部に対して、ソヴィエトおよび党活動家に対するテロ攻撃、その他の反革命行動を組織したクラークに対し銃殺刑を含む断固たるまた迅速な抑圧措置をとることを指令した。またそこには、一連の措置は原則として司法機関によって実施されるべきであるが、緊急を要する場合には党(地方)委員会の同意、より重要な場合には党中央委員会の同意を得たうえでオゲペウを通して(つまり正規の裁判手続抜きで)処理すべきとする、のちの歴史に照らしてみればきわめて不吉な例外規定が設けられた[77]。

こうして一〇月の穀物調達は、年度調達の成否にとって決定的な月とされ、苛烈な短期決戦の様相を呈することとなった。調達穀物量の最大限の達成が至上命令となり、手段の倫理性は後景に退いた。ソ連商業人民委員部参与会員M・A・チェルノフは、一一、一二月には南部および中央部で泥濘期に入るため、一〇月を「決定的な月」として「最大限のテンポ」を確保しなければならないと述べ、クラーク・富農から穀物を引きだすために、クラーク抑圧において「峻厳な措置」をとる必要を力説するとともに、中・貧農の供出における「組織性」の強化(「農民突撃隊」、「赤色馬車」の組織など)を要請した[78]。調達テンポはあらゆる機会をとらえて引き上げられ、照応して不満足な調達活動に対する非難と攻撃が繰り返され、原因はあげてクラーク抑圧の不十分性に帰着せしめられた。こうして、調達テンポ引上げはクラークに対する抑圧強化の要求へと直結され、調達過程は極度に政治闘争化し、調達の主導権は公式調達組織から党組織へと完全に移動した。一〇月下旬、ミコヤンは、穀物調達地区に動員されるモスクワ労働者との会合において、穀物危機からの脱出のために年次調達計画の「期限前」遂行を指示し、当面の最重要任務が「クラークの抵抗」の粉砕にあり、そのためには「最も峻厳な措置」をも辞すべきでないと述べた[79]。一〇月一七日付『プラウダ』の社説は、クラークの抵抗を粉砕することによって、供出を終えていない中農などを調達の「総流(obshchii po-tok)」に引きこむことができると論じた[80]。また前述のように一〇月は、オゲペウが調達過程に積極的に関与するようになる転換点でもあった。一〇月二三日付オゲペウ情報部通報「オゲペウの措置に関連する穀物調達の経過について」はその証言である。「今年八月末に強力に展開され始めたオゲペウの機動的措置(operativnye meropriiatiia)は、一〇月二四日現在、八月末までは三〇〇〇人をこえなかった逮捕者数を一万七九〇四人にまで到達させた。抑圧を最も広範に適用しているのは、ウクライナ・ゲペウおよび北カフカース・オゲペウ全権代表部であるが、最近になってシベリアもこれに加わった。そこでは逮捕者数は、一〇月七日現在で二〇〇人を僅かにこえただけであったのに対して、三〇二七人が逮捕された[81]」。いまやオゲペウは、穀物調達の過程において、「至高の役割[82]」を果たし始めたのである。

（1）例えば、〈Pravda〉, 26 July, 1929;〈Na agrarnom fronte〉, No. 10, 1929, p. 14;〈Bol'shevik〉, No. 15, 1929, p. 10.
（2）ミコヤンは、キャンペインの始まりに際して、正常な平均的収穫の年だけでなく、自然発生的災害の場合においても穀物難から保証されるような集団経営の創出を「およそ二年もたてば」期待できると書いた(〈Bol'shevik〉, No. 15, 1929, p. 16)。
（3）かかる農民観の露骨な表明は、一九二九年一一月の党中央委員会総会におけるスターリンの発言(速記録修正前原文)に見いだされる。後段においてこの発言には改めて触れる(*Kak lomali NEP*, vol. 5, pp. 578–579)。
（4）〈Derevenskii kommunist〉, No. 22–23, 1929, p. 11.
（5）〈Bol'shevik〉, No. 15, 1929, p. 17;〈Pravda〉, 21 August, 1929.
（6）*Tragediia*—, vol. 1, p. 737.
（7）例えば、中ヴォルガ州ソヴィエト機関は、一九二九年一〇月、「州指導機関の決定に従い」調達計画達成の期限を当初の一九三〇年二月一日から一九二九年一二月一五日へと前倒しすることを指示した(〈Put' sovetov〉, No. 19 (October), 1929, p. 1)。

(8) 〈Izvestiia TsK VKP(b)〉, No. 23–24, 1929, pp. 12–14.

(9) 〈Pravda〉, 27 July, 1929; 〈Ekonomicheskaia zhizn'〉, 30 June, 1929; 〈Ekonomicheskoe obozrenie〉, No. 1, 1930, p. 31.

(10) 〈Bol'shevik〉, No. 15, 1929, p. 31.

(11) Stalin, *Sochineniia*, vol. 11, pp. 92, 208; 〈Derevenskii kommunist〉, No. 8, 1929, p. 39(バウマン).

(12) 〈Derevenskii kommunist〉, No. 11, 1929, p. 13; 〈Komsomol'skaia Pravda〉, No. 96(26 April), 1929; Kabanov, *Krest'ianskaia obshchina i kooperatsiia Rossii XX veka*, pp. 126–131.

(13) 〈Ekonomicheskaia zhizn'〉, 30 June, 1929.

(14) RTsKhIDNI, 17/3/751, 21–23; 〈Izvestiia TsK VKP(b)〉, No. 26–27, 1929, pp. 27–28.

(15) *SZ*, No. 65, 1929, art. 610.

(16) 〈Izvestiia〉, 19 July, 1929.

(17) 〈Izvestiia TsK VKP(b)〉, No. 23–24, 1929, pp. 12–14; 〈Pravda〉, 30 July, 1929.

(18) 〈Derevenskii kommunist〉, No. 13, 1929, p. 17.

(19) 〈Izvestiia〉, 4 July, 1929.

(20) 〈Izvestiia TsK VKP(b)〉, No. 23–24, 1929, pp. 12–14; *Tragediia*—, vol. 1, pp. 665–667.

(21) 〈Pravda〉, 7 December, 1929.

(22) Stalin, *Sochineniia*, vol. 12, pp. 131–132.

(23) 〈Pravda〉, 26 November, 1929.

(24) 〈Ezhegodnik khlebooborota〉, No. 4–5, 1932, p. 80.

(25) 〈Ezhegodnik khlebooborota〉, No. 4–5, 1932, p. 26.

(26) 〈Ekonomicheskoe obozrenie〉, No. 1, 1930, p. 31.

(27) この一五五〇万トンには、約六〇万トンの非集権的現物加工料——これは前年度には存在しなかった形式である——を含んでいない。

(28) 都市における主要食糧品の厳格な消費規制は引き続き維持された(Osokina, *Za fasadom* 《*stalinskogo izobiliia*》, pp. 68–

70)。

(29)　オゲペウ資料によると、農民の調達反対の大衆的直接行動(massovye vystupleniia)は、一九二八、二九両年とも五、六月に急増を呈するが、テロ行為は、一九二九年を通じて前年に比し激増する(*Tragediia*―, vol. 1, p. 63 の図表を参照せよ)。一九二九年六月二日のアルマヴィール管区コノコヴォ村における「クラーク」からの財産没収、過酷な調達に対する農村婦人を中心とする抗議行動の経過についてのオゲペウ報告は、最終的には、地区党委員会書記とオゲペウ全権代表とが現地に到着するも鎮静化せず、ついに機動部隊(operativnyi otriad)の介入により二二人が逮捕されるという結末をとる(*ibid*., pp. 661–663)。六月一日現在の調達経過にかんするオゲペウ情報部報告によれば、中ヴォルガでは、一連の住民地点において過大な調達課題について審議した住民総会(スホード)がそれらを否決した(*Glazami*―, vol. 2, pp. 902–903)。

(30)　*Tragediia*―, vol. 1, pp. 660–661(六月二八日党書記局会議).

(31)　*ibid*., p. 63.

(32)　オゲペウ資料は、この時期の農民の反政府感情の高まりを証言している(*Tragediia*―, vol. 1, pp. 63, 661–663, 671–673; *Glazami*―, vol. 2, pp. 902–923)。

(33)　*Riazanskaia derevnia v 1929–1930 gg*., pp. 48–51(下級ソヴィエト装置の状態にかんするオゲペウ・リャザン管区部六月二八日付特別報告). 中ヴォルガの六月一日現在の調達経過にかんするオゲペウ報告は、「五月における不十分な調達テンポは、著しい程度において、穀物を引き留めているクラーク・富農に対する社会的影響という新しい方法を十分に会得していない、調達装置および下級ソヴィエト・党組織の積極性の低下によって制約された。穀物調達テンポ強化の必要性にかんする諸指令は、ソヴィエト、党、調達装置の活動家の一部の間に、若干の呆然自失、あるいは、消極的態度を引き起こした。それらは、いわゆる「農民的気分」、活動の拒否、「追随主義」、階級的路線をごまかす志向(クラークと富農をボイコットから除く)、明らかに表現されたクラーク的気分、「クラークと仲良く暮らすべきである、さもないと村は前へ進まない」に表現を見いだした」、「これらと並んで、調達装置の側からの行政命令的ゆきすぎ、脅迫、農民に対する脅し、ときには中農と貧農に触れるような階級路線の歪曲があった。これが今度は、これらの場合において、穀物の悪質な保有者への経済的・社会的働きかけに対する否定的態度、結局、穀物調達そのものに対する否定的態度を引き起こした」と記している(*Glazami*―, vol. 2, pp. 903–904)。

(34)　一〇月二〇日付党中央委員会決定「貧農の組織について」は、農民間の大衆活動の不毛な結果を反映した(〈Partiinoe stroitel'stvo〉, No. 1, 1930, pp. 69–71)。

(35)　〈Pravda〉, 7 August, 1929; 〈Izvestiia〉, 7 August, 1929.

(36)　*Pis'ma I. V. Stalina V. M. Molotovu, 1925–1936 gg.*, M., 1995, pp. 118, 141, 146–147.

(37)　*Tragediia—*, vol. 1, pp. 677–678.

(38)　RTsKhIDNI, 17/3/753, 3. この決定には、スターリンがモロトフ宛の手紙で示した意向(*Pis'ma I. V. Stalina V. M. Molotovu*, pp. 141–143)の全面的反映があるとロシアの研究者は指摘している(*Kak lomali NEP*, vol. 5, p. 7)。前掲のリャザン県集団化史料集解説(S・V・ジュラヴリョフ執筆)によると、オゲペウが農民に対する直接的抑圧主体として突出するのは、一九三〇年になってからである(*Riazanskaia derevnia v 1929–1930 gg.*, pp. 6–32)。

(39)　*Tragediia—*, vol. 1, pp. 680–681.

(40)　〈Bol'shevik〉, No. 15, 1929, p. 23.

(41)　〈Pravda〉, 1 September, 1929, 5 September, 1929, 9 September, 1929, 17 September, 1929.

(42)　*Tragediia—*, vol. 1, pp. 687–691.

(43)　*Glazami—*, vol. 2, pp. 928–932.

(44)　*Tragediia—*, vol. 1, pp. 681–684; *Glazami—*, vol. 2, pp. 940–949.

(45)　*Tragediia—*, vol. 1, pp. 667–671; *Glazami—*, vol. 2, pp. 944–949.

(46)　八月二三日政治局決定(RTsKhIDNI, 17/3/759, 3); 〈Pravda〉, 15 September, 1929.

(47)　〈Izvestiia TsK VKP(b)〉, No. 23–24, 1929, pp. 12–14.

(48)　〈Pravda〉, 19 September, 1929.

(49)　〈Ezhenedel'nik sovetskoi iustitsii〉, No. 34, 1929, p. 808; 〈Krest'ianskaia gazeta〉, No. 72(10 September), 1929.

(50)　RTsKhIDNI, 17/3/755, 21–23.

(51)　RTsKhIDNI, 17/3/755, 3–4.

(52)　*Tragediia—*, vol. 1, pp. 660–661.

(53) 〈Izvestiia TsK VKP(b)〉, No. 23–24, 1929, pp. 12–14; *Tragediia*—, vol. 1, p. 807 (n. 196).
(54) *Tragediia*—, vol. 1, p. 61.
(55) *ibid*., p. 685.
(56) *Istoriia KPSS*, vol. 4-I, M., 1970, p. 608. 内訳は、一〇万人のアクチーフたるコムニスト、五万人の基幹労働者(kadrovye rabochie)であった。
(57) 〈Pravda〉, 15 September, 1929.
(58) *Sovetskoe rukovodstvo, perepiska, 1928–1941*, M., 1999, p. 99(直後で論及するミコヤンの九月一一日付モロトフ宛書簡).
(59) *Tragediia*—, vol. 1, pp. 694–695.
(60) *Glazami*—, vol. 2, pp. 929–959.
(61) *Tragediia*—, vol. 1, pp. 692–693(シベリアの主要都市と鉱工業地帯における食糧の逼迫とそれを救済できない農村の穀物事情についてのオゲペウ八月二九日付報告).
(62) 〈Pravda〉, 20 September, 1929.
(63) *Sovetskoe rukovodstvo*, pp. 98–99.
(64) *Tragediia*—, vol. 1, p. 694.
(65) RTsKhIDNI, 17/3/758, 14–15.
(66) *Tragediia*—, vol. 1, p. 697.
(67) *ibid*., pp. 695–697.
(68) RTsKhIDNI, 17/3/759, 10–13.
(69) *Kak lomali NEP*, vol. 5, p. 7. ちなみに、一九二九年秋までは穀物調達に関連する作戦(operatsiia)へのオゲペウの直接参加は、主に都市の「穀物商(khlebnik)」その他の私的商人にかんするものに限られていた。農村における懲罰作戦、とくに農民経営に対するもの(とりわけ刑法第一〇七条の適用)は司法人民委員部の活動領域であった。しかし、一九二九年の収穫に対する調達確保のためのオゲペウの機動的措置は八月末に実施され始めた。当初「逮捕者の数は三〇〇〇人をこえなかった」。その対象は都市の投機業者と商人であり農村に触れることはなかった。九月中頃オゲペウ指導部によって「クラーク、悪質な余剰保持者、投機的分子に対する打撃の線を平坦にする(vyravnivanie linii udara)具体的指令が最大の穀物生産地区の一連の全権代表に与えられた」。九月二五日までにオゲペウの線で逮捕された「穀物商」の数は四三六三人までに増加した。更なる転換がなし遂げられるのは、後述するように、一〇月三日付の政治局決定においてであった(*Glazami*—, vol. 2, p. 23)。なお公開されたアーカイヴ史料(とくにオゲペウ報告)は、貧農、中農、クラークなどの動向について詳しい情報を伝えているが、そこでは通常、農民の行動、態度、感情が階級・階層別に分類されており、農民層がこのように分化した状況が実在し、クラークも、かれらが階級的利害関心で結束した反政府集団として行動していたかのような印象を与える(農民の動向についての報道規制については、*Tragediia*—, vol. 1, pp. 650–651)。このような情報提示の仕方は、全権代表による作為的区分がなされた穀物調達経過の事後報告としては不当ではないであろう。しかし農村現地に到着した全権代表が直面したのは、かれらに親近的であった少数者を除けば、このような分化が事前には存在しないという現実であった。すなわちこれまで述べたように、党は、階級的差異化の働きかけが共同体的一体性をむしろ強固化するという逆説を経験していた。それゆえ、反クラーク的措置は、この一体性を打破するために更なる「外挿」を要求し、政治闘争は、オゲペウなど外部勢力への依存度を高めたのである(*ibid.*, p. 697)。

(70)　RTsKhIDNI, 17/3/759, 5, 10–13.

(71)　〈Pravda〉, 21 September, 1929.

(72)　〈Pravda〉, 22 September, 1929.

(73)　RTsKhIDNI, 17/3/759, 5, 14.

(74)　〈Pravda〉, 29 September, 1929.

(75)　*Tragediia*—, vol. 1, p. 700.

(76)　*ibid.*, pp. 701–702.

(77)　RTsKhIDNI, 17/3/761, 4, 5, 15–16. 一九三〇年一月三〇日付政治局決定「全面的集団化地区におけるクラーク経営の絶滅措置について」(*Tragediia*—, vol. 2, pp. 126–130)。

(78)　〈Pravda〉, 10 October, 1929.

(79)　〈Pravda〉, 27 October, 1929. 同時にミコヤンは、一般農民の間に「突撃隊」を組織する北カフカースの経験の一般化を求めた。

(80) 〈Pravda〉, 17 October, 1929.

(81) *Glazami*—, vol. 2, pp. 23, 975–976, 1016–1021.

(82) *Kak lomali NEP*, vol. 5, p. 7.

三　結合解体

一〇月の調達は四八五万トンをこえる記録的成果をあげ、一一月五日現在ソ連全体での年次計画遂行率は七九・九%(現物加工料を除いて八六・三%)と報告された。(1) 結果はそのために用いられた方法を完全に正当化し、方法にかんするあらゆる疑念を封殺する圧倒的指標となり、その適用の更なる加速化の発条となった。一〇月二六日付政治局指令は、ウクライナ、中央黒土州、中ヴォルガ、下ヴォルガ、クリム、タタール、バシキール、ウラル、ザカフカース、中央アジア諸組織に対して、調達を一二月一日までに完了し、調達強化措置と指令遂行過程について一〇日毎に中央委員会へと報告するよう命じた。(2) 他方、調達の強行は、穀物保有農民の不満と抵抗の増大を招来しないではおかなかった。同年末頃のオゲペウ報告によれば、七月から一一月四日まで、穀物調達に関連する「農村の反ソヴィエト的現象」はソ連全体で九七三件に達し、とりわけシベリア、ウラル、中央黒土州において多発した。(3) ややのちのオゲペウ資料はより詳細に抵抗の内容を伝える。すなわち、党・ソヴィエト積極分子《アクチーフ》に対するクラーク層のテロ行動は、一九二七年の九〇一件、一九二八年の一一五三件から、一九二九年には九一三七件にまで急増し、大衆的反ソ直接行動も、一九二七年の三二件、一九二八年の七〇九件から、一九二九年には一三〇七件へと増大した。同報告によれば、「すでに一九二九年には、農村の大衆的反革命的直接行動はソヴィエト権力と党の代表の殺害を伴う暴動(povstanche-skie vspyshki)へと転成しつつあり」、「一九二九年後半には、クラーク層は農村のすべての現存勢力を強力に結集し、それらをソヴィエト権力との武装闘争を直接目的とする陰謀的反革命組織、グループへと統合し」、「すでに一九二九年末には、クラーク反革命組織の行動はしばしば、「〔それらにとって〕好適な政治情勢」(戦争、干渉など)に帰されるのではなく、今日の問題として提起されている」のであった。[4]

増大し組織化されたクラークの反対行動についての対抗措置は、調達の過程で過酷化の度を加え、一〇月にはその頂点に達した。すでに述べたように、オゲペウの穀物調達への本格介入が始まるのもこの頃からであり、都市と工業地帯からコムニスト、労働者集団が大挙農村へと到着し、特定の村・農業共同体に配属されて調達活動に従事し始めるのとも時期的にほぼ一致する。一〇月三日政治局指令の執行状況についてのオゲペウの同月九日付調査報告によれば、一〇月四日現在ソ連全体で七八一七人(そのうち約六〇%がクラーク)が抑圧を受けた。しかしながら、「この数字は疑いもなく実数より少ない。というのは現時点で一連の州でおこなわれている一連のクラーク・白衛軍的集団および組織の絶滅に関連した逮捕者は含まれていないからである」。[5] 一一月四日までに抑圧の対象となった者は二万八三四四人に達し、うち一万五五三六人は「経済的事犯」、一万二八〇八人は「反革命的犯罪」であった。[6] のちのオゲペウ資料は、一九二九年、主として最後の数か月において、二三二件の「反革命組織」が一掃され、九一五九人の参加者が逮捕された、また三万八四〇五人が参加する六七六四の「反革命集団」が一掃された、と報告する。[7] 当時の公刊物も、強制装置(オゲペウの役割については必ずしも明示的でないが)の介入、およびこれらの装置が調達促進に果たした大きな役割について多くの個別情報を伝える。例えば、ウラル州のある管区では、「裁判所、検事局の迅速な措置」が調達に転換をもたらした。[8] スターリングラード管区の一地区では、「管区検事とその補佐を長とする裁判トロイカ」が、確定課題を遂行しないクラークを刑法第六一条により裁判にかけた、しかしこの抑圧は「クラークの激しい抵抗」を招いたという。[9] ニジェゴロド地方《クライ》の検察機関の調達活動への参加は次の五点に帰着した。(1)クラークの攻撃のすべてを厳しく追求する、原則として責任者は即座に拘束された、(2)審理の最も短い期間の設定、(3)みせしめの裁判の組織、(4)裁判機関の階級的に一貫した懲罰政策に対する不断の監督、(5)調達現地への検察活動家の直接参加。(10)銃殺に至るまでの過酷な刑事的・行政的制裁、土地・財産の没収、強制移住など、のちの「クラーク絶滅」に匹敵する諸弾圧措置が広範に適用される経緯がここに確認される。こうして、抵抗に対する弾圧措置の適用範囲の拡大と過酷化とは、同時期の調達キャンペインにおいて未曾有の規模に達し、その「成功」を保証する決定的条件となった。

一〇月におけるこの抑圧的方法適用の中核的主体は、農村外から大挙投入されたコムニスト・労働者などの社会的勢力と国家的強制装置との混成である非常権力であった。一九二九年一一月の党中央委員会総会において、調達行政の責任者ミコヤンが調達の成功を「最近数年の党のあらゆる成功のなかで最も重要かつ最も教訓的であった」「党の勝利」と呼んだとき、かれはかかる勢力の決定的役割を念頭に置いていたのである。そのいくらか誇張した表現（ミコヤン自身は「誇張なしで」と付言したが）によると、「数名の責任あるコムニストと非党員労働者とが投入されなかった村、小フートル、農業共同体はひとつとしてなかった」。この大部隊は「数か月にわたり、これらの村、フートルで活動し、穀物調達計画の成功裡の遂行だけでなく、全社会主義戦線の強化をそこから引きだした」。かれらは貧農を動員し、クラークとの闘争のために中農との同盟を強化し、調達機関相互の競争行為と断固として闘い、クラーク・投機業者に対する短期の集中的打撃の政策をおこない、「穀物調達活動における真の統一戦線の創設」において、「決定的役割」を果たしたのである。(11)

しかし、一一月総会でミコヤン、スターリンら党幹部が口を揃えて主張した「真の統一戦線」の実現、すなわち農民の政治的分化あるいは農民社会の階級的再編が、農村外から投入された勢力の働きかけに対する農民の自発的呼応によって実現したとする認識（事実、それなくして集団化への農民の自発的参加に連動する勢力布置はありえない）の現実的根拠はきわめて疑わしいものであった。全権代表の一定期間（ミコヤンは誇張的に「数か月」といった）の現地滞留は、たしかに、農村生活の循環を攪乱する反日常的外圧となったであろう。その限りにおいて農村の平和的循環は破られ、状況は流動化した。にも拘らず、状況の攪乱が、党の期待するようなかたちで伝統的一体性の内的再編へと連動した文脈を一般的に確認できる十分な根拠はない。むしろ、「クラーク」とされた少数者に対する非常措置などの強制的方法が、農民の政治的分化を促進するどころか、かれらの対抗的一体性をかえって強固化するという、すでに述べた逆説がここでも確認される。クラークには強制、他の農民には説得と合意獲得という政治的分別は、あくまで、外圧に対する一時的擬態の性格を有していた農民層の分化傾向を真実と等置する党活動家の願望のなかにあったにすぎない。一一月総会における中ヴォルガのハタエヴィチの発言は、この文脈をほぼ認知する内容を含んでいる。「われわれは穀物調達に関連して非常に強力に圧力を加えた。きわめて緊張した穀物調達計画が与えられたが、われわれはいますでにこの計画の一〇〇%遂行へと近づいている。この達成は、党組織のすべての勢力の最大の緊張と非常に強力で過酷な抑圧によって完遂されるのである。しかもこの抑圧は農村の上層だけに向けられたのではない」。もちろんハタエヴィチも、「右派」とは一線を画して、抑圧の拡大が農民大衆との決裂(「結合」の解体)に導くものではないと強弁する。「行政命令的抑圧のいかなる措置も、もしわれわれが実際に享受したような広範な貧・中農大衆の支持をもたないなら、穀物を取得する助けにはならない」。しかしなおもかれは、「広範な農民大衆の支持」という規定とは調和しがたい、かれらに対する強制が多発した事実を認める。「一連の地区でわれわれは、純然たる機械的・行政命令的抑圧を富農・クラーク上層に対してよりもひろい範囲の経営に適用したという意味では、無条件に度を過ごした」[12]。客観的状況こそが「無条件に度を過ごす」ことを不可避とした。抵抗する少数者に対する弾圧が他の農民多数に対して威嚇的効果を発揮しない(より具体的には、穀物供出についてのスホードの決議=「自己義務」が実効性をもたない)場合、採用された方法は、弾圧範囲の拡大と弾圧措置の過酷化とによる(すなわちそれらを手段とする外圧の強化による)更なる威嚇効果の追求だったからである。農民多数からみれば、弾圧の拡大と過酷化とは、農民社会に対する外的権力の脅威の高まり、権力からの農民の疎隔感の深化であり、権力は潜在的にせよ弾圧者として現前する。調達キャンペインが頂点に達し、外圧が最大限に強化される一〇月は、まさにそのような状況が突出した時期であった。

以上のように、一九二九／三〇年度穀物調達においてクラークに対する弾圧の適用が未曾有の規模に拡大し、方法が過酷化の一途を辿ったことは、党がその農民的支持基盤の構築に最終的に失敗し、派遣者の長期滞留を通じて権力の編成原理の根本規準を「合意」から「強制」へと変質させ、「結合」を解体へと導く過程を意味した。党が企てた農民の政治的階級的差異化は、農民の対抗的一体性をかえって高め、伝統的規範を内攻的に強化した。社会構造は、強化された外圧がもたらした一連の変形過程を通して、結局不変の特性を保持するに至ったのである。このようにみれば、クラークを階級として「絶滅」する政策が農業集団化の構成部分となることは、集団化が「上からの革命」へと、すなわち「上からの」権力的強制をその主動因とする構造変革＝「革命」へと転化したことと同義であった。しかし党は、調達キャンペインの当初はもとよりその過程においても一貫してこのような変動の図式を否定し、みずからの路線の正当性に別の根拠を与えた。調達政策に頑強に反抗したのはあくまでクラークなる少数者であり、他方で貧・中農、すなわち大多数の農民は党・ソヴィエト権力を自発的に支持したという階級的二分法の現実化が説かれる。調達の最大の障害はクラークであり、他の農民の反対、非協力もあげてクラークの策略と工作(部分的には現地党・ソヴィエト・調達機関、地方活動家の過誤)に帰せられたのである。そして、コムニストと都市労働者の大量動員によってこうしたクラークの抵抗と影響力は打破され、貧・中農の基本的大衆は党の調達政策の支持に自発的に結集したとされた。この意味において、「新しい方法」あるいは「ウラル・シベリア方式」が当初想定した勢力布置は、このキャンペインにおいても実現され、調達は「結果」においてだけでなく「方法」においても「成功」と評価されるのである。「穀物調達キャンペインの予備的総括」と題する『農業新聞』の一文は、主として「方法」局面に焦点を絞り、同キャンペインの「成功」を論じた。それは、過去二年間の調達が所期の成果をあげなかったのは、経済的刺激に固執しクラークに対する抑圧において不十分でありかつ時機を失したことに由来するとの判断に立って、今年度の膨大な調達計画が「最大限に短期間で」遂行されたのは「クラークに対する社会的方法」がキャンペイン当初から全面的に適用された結果であると評価した。「歪曲の多数の事例」は否定されなかった。しかし「圧倒的多数の地区」では「方法」は正しく適用された。計画がきわめて短時日で遂行されたのはその証明であった。「右派をあのように脅かし、右派がなにかにつけて警告した穀物調達の方法は、貧農のみでなく中農の経営的刺激をもいささかも減殺しなかった」[13]。一九二九年一一月の党中央委員会総会会期の最終日に発表された同文の評価は、総会論議の帰趨の忠実な反映であった[14]。かかる評価に立脚する以上、党・国家と全体としての農民の緊張の極限化の到達点としての「上からの革命」という変動図式は拒否されなければならないであろう。あくまで集団化は、圧倒的多数の農民の支持と共感とに支えられたクラーク＝資本主義的少数者の駆逐という勢力布置に組み込まれなければならない。調達において反クラーク的＝反資本主義的大衆闘争へと動員された貧・中農大衆は、いまやクラーク的致富の道を棄て、生産協同組合組織化の道を選択した、あるいはしつつある。これこそ最近数か月農民の意識と行動に生起した「革命的変化」にほかならない。一九二九年秋以降党を支配するこの状況認識は、調達方法に対する公式の評価を前提する限り、むしろ当然の論理的帰結といえた。スターリンが「偉大な転換の年」で強調したのも、続く党中央委員会総会が論議の基調に据えたのも、この命題であった[15]。しかも貧・中農の合意表出の形式として遍在しえたのは、伝統的性格を有する共同体スホードの決議であったから、大衆的集団化は、共同体を単位とする（あるいは共同体スホードの決議を農民大衆の合意と同定する)「全面的集団化」を基本的形態とせざるをえない。さらに、調達の経験から明らかなように、このような農民大衆からの合意獲得の形式が名目的にせよ実現するためには、少なからぬ強制措置、すなわち「クラーク」に対する弾圧の強化を不可欠の要件とする。こうして調達キャンペインは、一九二九年秋以降、クラークに対する一層の攻勢と急テンポの全面的集団化とを主要構成要素として、「社会主義的攻勢」と総称される新しい戦略配置へと組み込まれる。同年一一月の党中央委員会は、この歴史的転換の到来と転換の基本的駆動力の所在とを顕示する最初の公的機会となるであろう。

革命の根本理念のひとつであった「結合《スムイチカ》」との関連でいえば、「転換」はあくまで経済戦略における転換であり、方法には基本的に「転換」はない、「結合」は否定されたのではなく、「再定義」されたのであるとの主張が一貫してなされた。その論拠は、農民の自発的合意の形式と同定され制度化された「新しい調達方法」が、一九二九年秋以降国民的規模で発進する集団化運動においてコルホーズ建設の基本的方法として継承されたという連続性へと結びつく。「新しい方法」を中農の自発的合意の形式、あるいは「結合」の新しい形態と規定する四月総会の決議は、集団化運動への中農大衆の自発的参加という、一九二九年秋以降党の農業集団化政策を規定する基本的認識に不動の基礎を与える根本命題となった。その意味においてこの命題は、スターリン派指導部がみずからの革命的正統性を賭けた最後の一線であったとさえいいうる。一一月総会は、四月総会にまで遡及して、この方式を「結合の新しい形態」とする規定を一致して再確認し、旧「右派」指導者がなおも一定の保留的態度を示そうとしたことについて、大多数の発言者が激しい批判を浴びせるのである。(16)

一九二九年夏と秋の調達において「新しい方法」、「ウラル・シベリア方式」あるいは「社会的方法」が実際に農民大衆の合意形成の機制として作動したかをここで改めて問うことは、屋上屋を重ねる感を免れないであろう。しかし、それが前述のような正統主義的歴史解釈に理念的根拠を与えた始原的「事実」であるがゆえに、方法適用の本質的部分とされる「村計画(sel'skii plan)」の問題に焦点をあてて、この方式あるいは「社会性の動員」が農民大衆との真の合意形成手続として機能したか否かの検証を試み、前述の「結合解体《ラズムイチカ》」の状況を確認しておくことにする。

一般に「ウラル・シベリア方式」あるいは「社会的方法」の「本質」は、「計画」の村毎の策定と「計画」の農戸への配分(クラークへの個別的賦課を含めて)とにあると説明される。[17] 一一月総会におけるミコヤンの発言によれば、「村の穀物調達計画をめぐって、農村ではすべてのソヴィエト的社会組織が動員された」のである。[18] すでにみてきたように、村への「計画」の「到達」、個々のクラークに対する特別の(高額の、そして短い供出期限を付した)「確定課題(tverdoe zadanie)」、その他の農民の「自己義務(samoobiazatel'stvo)」の方式による戸別割当と(全余剰の)供出、これが一九二九／三〇年度調達活動の根幹であった。[19] なかでも基底的あるいは始原的意義をもったのは、計画の「到達(dovedenie)」と呼ばれた、共同体単位での実効的調達計画案の策定とスホードにおけるその審議と表決である。すなわち計画案の策定には、共同体スホードの意思決定に基づいて、クラーク・富農に対しては高率の「個別確定割当」、その他の農民に対しては共同体の「自己義務」方式による割当という手順がそれぞれ想定されていた。理論的にはそれは、中央で決定された全体計画の地域的細分化の最終段階に相当した。八月二〇日、ソ連労働国防会議(STO)は、八億一二〇〇万プード(一三三〇万トン)の穀物調達計画を承認した。生産地域(ウクライナ、クリム、北カフカース、中央黒土州、中ヴォルガ、下ヴォルガ、ザカフカース、中央アジア)には「確定計画(tverdyi plan)」が、その他の地域には、「目標計画(orientirovochnyi plan)」がそれぞれ策定された。このあと、穀物地区で地区別調達計画の作成が開始され、九月初め、それらは「総会(obshchee sobranie)」における審議のために村ソヴィエトに通

達された。同時に、クラークに対する特別の割当が与えられた、とされている。(20)

このように中央における全体計画の策定と地方への計画の細分化とに大別される調達計画の作成作業が、党の絶対的統制のもとでの整然たる過程に終始したとみなすならば、過度の単純化の誤りを犯すことになろう。中央では、計画の基礎になる収穫予測にかんして党、ゴスプラン、統計部門の間には評価の不一致があり、高水準の調達を正当化する収穫予測に批判的な経済専門家、統計専門家は、党指導者により「ブルジョア・クラーク的イデオローグ」として激しく非難されることになる。(21)収穫を低く見積もった農村通信員《セリコール》も同じく攻撃の標的となった。(22)当然ながら、計画そのものに批判的であった専門家も、厳しい攻撃にさらされた。(23)地方的細分化には一層の困難が随伴した。中央と地方、党とソヴィエト、権力と農民はこの作業をめぐってときとして鋭く対立し、ために計画の細分化の円滑な進行は妨げられた。ミコヤンは、九月一一日モロトフに宛てたウクライナからの書簡において、村別計画が数日のうちにウクライナ全域で配分されるであろうと書いた。(24)しかし九月中頃の『プラウダ』社説によれば、多くの地区において計画はいまだ村まで「到達」していなかった。(25)

調達計画の地域的細分化には、障害となりうるふたつの局面があった。ひとつは中央と地方、地方機関の上級と下級の摩擦であり、いまひとつは村への計画の「到達」上の困難である。全体計画の地域的細分化の作業は、八月下旬から九月初めにかけて実施された。前年度の年間計画を四〇〇万トンこえる穀物量を半年で調達するという全体計画の地域的細分化に際して、下からの抵抗と上からの圧力に挟撃される受難の経験をすでにもつ州・管区レヴェルの地方機関が、変更を許さない絶対的指令として計画が課される場合、それを耐えがたい重圧と受け取ったとしても驚くにあたらない。九月初めの『プラウダ』社説は、地方が地域的に細分化された計画に対して、「法外で」殆ど遂行不可能として「一致して」反対した事態を認めた。(26)総じてこの時期、地方党組織の指導者は決してスターリン指導部の

「ただの操り人形」ではなかった。[27] 一九二九年末になって回顧的に述べられたように、「計画課題の過大性に対する苦情への傾向は殆どあらゆる地方にゆきわたった現象であった」[28]。前掲の『プラウダ』社説は、「過大な計画についてのおしゃべり」を直ちに止めるよう警告した。[29] 九月中頃地方労農監督部に宛てた党中央統制委員会議長・労農監督人民委員オルジョニキーゼの指令には、中央の調達政策に対する地方組織の抵抗打破の意図がこめられた。[30] 九月二〇日付政治局決定は、地方党組織の活動の「過度の弱体性」を指摘、調達問題についての「集会癖(mitingovanie)」を停止し、計画を村まで至急「到達」させるよう督励した。[31] 地方の抗議はすべて党指導部によって拒否され、抵抗した党員・党組織には罷免、更迭、解散などの規律的処分が加えられた。これらは、一九二八年に始まった「政党から、上級機関への下級機関の厳格な従属を特色とする指令的・抑圧的システムの組織へのボリシェヴィキ党の変質」[32]過程の一局面を構成した。

村レヴェルへの計画の「到達」は、地域的細分化の最終段階という意味では上から下への下降過程であったが、実際にはしばしばそれと矛盾する独自の要素をも含む多角的過程であった。日程表によれば、村への計画到達期限は九月一〇日であったが、前述のようにこれは殆ど順守されなかった。[33] 計画の細分化が村まで「下降」するのは、調達の政治闘争的性格が顕著になる(あるいは強制的契機が突出する)一〇月になってからである。一〇月初め、『プラウダ』社説は、「大部分の地区」において計画の村への到達が「現実化しつつある」と述べた。[34] しかし、村(行政村)への計画の「到達」が共同体(オプシチナ)あるいは村落(自然村)への計画の自動的「到達」を意味したわけではない。当時村ソヴィエトの領域は行財政能力強化を根拠として拡大の趨勢にあり、それに伴い村ソヴィエトから農業共同体までの物理的・社会的距離は拡張していた。[35] 党組織局の会議でカガノヴィチが語ったように、当時ひとつの村ソヴィエトが平均一〇ないし一五の村落を統合していた。[36] 農村党組織は、組織態としては村ソヴィエトよりも更に脆弱であった。[37]

他方、村から共同体へと細分化された計画は、現実の穀物保有状況を正確には反映しない内容であり、したがって実効性を殆どもちえなかった。農学者A・ガイステルが認めたように、最近まで播種面積、家畜、生産の算定の基礎となったのは、包括的資料ではなく選択的資料であり、この算定方法はより大きな地域単位の計画には利用できるとしても下級単位の計画には「生産的に」利用できなかった。なぜなら村落計画の正確な策定は農民の情報提供なしにはきわめて困難だからである。(38)「新しい方法」あるいは「ウラル・シベリア方式」が、個々の農民経営ではなく共同体に調達責任を課した一因はここにあった。(39)穀物問題専門の党活動家リヴォフは、こうした事情を考慮して、計画はむしろ村から発するべきであると述べた。理論的には、全般的調達計画の作成は、村の資料を基礎としなければならない。しかし、これまで村の資料に基づく全般的計画の作成はなかった。村には計画はなく、村は事前にどれだけ調達すべきか知らなかった。けれども村の計画は全活動の「出発点」になる。すなわち、村細胞は村の積極分子《アクチーフ》とともに、総収穫の解明に「最も積極的に参加し」、集団、とくに個々の大経営がどれだけ穀物を収穫したかを知り、商品余剰を推算し、この問題を「村の総会」にかけて検討しなければならない。計画は総会において最も正確化されうる、というのは、そこではクラークは、隣人がかれの播種や収穫を知悉しているので隠すことが難しいからである。(40)以上から、村落(共同体)への計画の「到達」は、地域的細分化とは実質的に異なる、現地の状況と勢力関係に多分に依存した、村計画の審議が集中する一〇月の調達にしばしば特徴的となるような、「政治闘争」の色彩を帯びた独自の過程として観察されなければならないことがわかる。「ブルジョア的な旧式の経済専門家・統計専門家」が非難されたのは、このような状況の「政治闘争化」を理解しないがゆえであった。(41)「全余剰」の供出が要求される状況において、計画についてのスホードの議決が、ときとして村への計画の「到達」前に(あるいはそれとは無関係に)おこなわれたのはこのためである。(42)

当時の農村諸勢力の布置状況では、共同体は行財政能力において村ソヴィエトをはるかに凌駕しており、農民社会の決定的凝集力となっていたから、共同体が全体としての農民の対抗的一体性の結集点としての性格を強めていた当時の状況においては、農民保有穀物の「全余剰」の供出とクラーク・富農に対する過大な確定課題の割当とを内実とする「計画」の承認をスホードにおいてとりつけ、実現するのには多大な困難が伴うであろうことは、事前に十分想定されていた。「六月二八日法」は、この困難を克服するために、それまでの調達経験に基づき国家的強制への依存度を高めた。しかし同法所定の強制的措置を遂行できる勢力は農村に定在していなかった。ゆえに代行勢力としての全権代表、工業労働者の調達現地への派遣が未曾有の規模に達することになる。しかし、村落(共同体)に一定期間常駐して村計画の策定と実行を日常的に「指導」するには、総じてかれらは数的・質的に劣勢であった。例えば、北カフカースでは、全権代表の「指導」が「旅芸人的(gastrol'nyi)」性格を帯び、村に出向いた者は「まれな例外を除いて」二時間以上滞在しない、といわれた。二時間の間にこの「追剝(naletchik)」どもは、通常三つの質問、すなわち調達される穀物の量、抑圧(repressiia)の程度、そして食事することができるかを尋ねたのち、「強化せよ」と指令して立ち去ったという。(43)また別の管区では、党地区委員会は全権代表を各村(行政村)に一人宛配置したが、かれらは、村ソヴィエトに赴き一組の数字を書き込んだうえで「権威的に」「調達が不十分である、同志諸君、強化する必要がある」とつけ加え、調達現地(村落)に出向くことなく、背を向けて去っていった。(44)「穀物調達促進委員会(komissiia po sodeistviiu khlebozagotovkam)」は、このような「権力の空白」を満たす代案たるべき制度であった。一九二九年七月二九日付党中央委員会決定は、「貧・中農総会の選挙によって村ソヴィエトのもとに穀物調達促進委員会を設立する」ことを必要とみなした。(45)ソ連商業人民委員部において開かれた穀物特別会議も同趣旨の決定をおこなった。(46)これらの決定は、前年初めの危機以来一部ですでに存在していたこの種の組織を公式化し、(47)それに重要な公的任務を担わせようとするものであった。九月九日付ロシア共和国政府決定は穀物調達促進委員会を法制化した。(48) その内容は、委員会の組織と任務とに大別された。組織については、委員会はスホードにより選挙されるものと規定され、一応その農民的基盤が前提されたが(ただし、委員会の「数的構成」は地方ソヴィエトが決定する)、同時に、委員会に対する村ソヴィエトの強力な指導と規制の権限が併記された。委員は当該村ソヴィエトの領域における調達活動を遂行するための「村ソヴィエト全権代表」であるとされた。任務については、同法は委員会が調達活動の殆どすべての問題について村ソヴィエト(それを末端とする国家権力)の出先機構として機能する委細をつぎのように定めた。(イ)村ソヴィエトに統合されている村落および必要ある場合には個々の経営における収穫の状態と穀物余剰の解明(vyiavlenie)のための村ソヴィエトの活動への積極的参加、必要な場合には、これらの活動を「特命任務によって(po spetsial'nomu zadaniiu)」おこなう、(ロ)村別穀物調達計画の正しい策定において村ソヴィエトを助ける、(ハ)供出すべき余剰穀物を個々の富裕経営間に事前に割り当て、この割当をスホードに提案し決定を求める、(ニ)村調達計画全体の遂行を助けるとともに農民諸階層に対する階級的接近を厳守する、(ホ)現地調達装置に対する統制と監督、(ヘ)商品の供給に対する統制と監督、(ト)不足商品の配分方法の監督、(チ)種子貸付、債務等の徴収、農業税その他の支払の入金において村ソヴィエトなどを助ける、(リ)課題の割当が村ソヴィエトまたはスホード所定の期限内に遂行されるよう厳重に監視する、(ヌ)農民の集団的供出、「赤色馬車」の組織への直接的参加、(ル)クラーク・投機分子との闘争において村ソヴィエトを助ける(国家的強制措置適用への委員会の関与)、など。七月二九日決定の秘匿された部分は、委員会の中心的任務をクラークに対する強制に置いた。「……クラーク穀物供出者を特別に監視し、穀物調達を失敗させようと企てるクラーク、投機業者と断固として闘わなければならない。委員会は、かれらに対する村社会の圧力と影響を組織しなければならない、クラークのうち国家に対する自己の穀物の売却を拒否する者には、調達組織への穀物売却の個別課題を課さなければならない、この課題の遂行を忌避する者には、委員会は村ソヴィェトを通して革命的合法性、とくに一九二九年六月二七日付全ロ中央執行委員会布告に基づいて、相応の影響の措置を適用しなければならない。これと並んで、穀物調達を失敗させようと企てる投機業者とクラークには、自己課税と農業税の個別賦課の方法が利用されなければならない(49)」。調達のテンポは促進委員会の活動にかかっている、と中ヴォルガからの報告は伝えた(50)。法の規定から判断して、委員会の設立に、調達目的の達成という上からの絶対的要請と下からの農民大衆の自発性との調和を制度的に保証しようとする二重の意図がこめられていたことは否めない。農民多数との合意形成の形式は、委員会の組織と活動において、規定上は維持されていた。そこには、抑圧の矛先はもっぱらクラーク・投機分子なる少数者に向けられ、「村社会の圧力と影響」が委員会の反クラーク的行動を正当化し支援するとの布陣が想定された。かかる想定はすでに多分に非現実的な願望となっていたとはいえ、なおもその実現へと向けた農民間での大衆活動展開の必要性がここでも改めて強調された。しかし委員会の組織と活動の実践が示したのは、反クラーク闘争の遂行と委員会の農民的基盤の維持とが、両立しがたい二者択一的任務として現れたということである。事物の論理は、農民大衆の自発的支持に基づく反クラーク的圧力ではなく、クラークに対する圧力がもっぱら共同体に統合された農民(穀物の大部分の保有者)の供出への決定的圧力あるいは威嚇として機能するという逆の関連であった。

　委員会の構成についての具体的情報は多くはない。先例となった一九二八年の危機に際しての同種の委員会の構成についての研究は、「党、ソヴィエト、社会組織の代表者からなる」と記している(51)。北カフカースでは委員が「協同組合積極分子《アクチーフ》」から選出され、キエフ管区ではスホードが調達計画採択ののち委員会を「計画実現のために」選出したといわれ(52)、シベリアでは「村社会全体(vsia sel'skaia obshchestvennost')」の「最良の代表者」が委員会に入ったと概括された(53)。地方ソヴィエトが「数的構成」を定めるとする規定からも、スホードへの委員会人事の「提案」には、上からの意志が強く働いたことが推定される。それにも拘らず、委員会が農民社会の構成員(アクチーフ、率先供出した貧・中農、農民コムニスト、コムソモール員など)を基幹部分とした(あるいは、せざるをえなかった)ことは否定できない。その限りにおいて、委員会は、農民社会の生活規範から完全には自由ではなかったであろう。危機の過程でかえって強固となった共同体の伝統的一体性は、調達政策が基調とした階級的差異化に対する強力な障壁となろう。委員会の活動報告は、委員会が所期の目的を達成しえない現実を随所に記録した。そして党の公式宣伝は、その主たる原因を委員会の構成における「クラーク・富農分子」の存在と策動とに見いだす。九月上旬、『農民新聞』が伝える地方報告は、促進委員会が活動を穀物隠匿者に対する「説得(ugovarivanie)」に限り「スホードが決定した断固たる措置」をとっていないと非難し、[54] オデッサからの報道は、促進委員会が「クラークの脅威」に脅えて自己の権限を解除したと報じた。[55] シベリアでは「クラークの手先」が委員会議長に選出され、北カフカースではある村の委員会の代表の大部分が「富農」であるといわれた。[56] 批判の対象となった委員会のさまざまな行動のうちで主たるものは、調達計画の割当における伝統的「平等」原理への固執ないし譲歩と、その結果としてのクラーク・富農に対する「階級的接近」(割当およびその徴収における)の欠如であった。このような委員会には、促進委員会《コムソッド》(komsod: komissia sodeistviia)ではなく妨害委員会《コムヴレド》(komvred: komissia vreditel'stva)の呼称が与えられ、中ヴォルガ州では、この種のコムヴレドが少なくないと報告された。例えばオレンブルグ管区のある村では、委員会を構成する七人はすべて「クラーク」、「クラーク支持者」であった(議長はコムニスト)。委員会には、村ソヴィエトとスホードにより採択された統制数字の実行を監視する任務が課されたが、委員会は直ちにクラークを余剰の搬出から免除し始めた。しかるにかれらのところから三五ないし一〇〇ツェントネルの余剰が摘発された。[57] 北カフカースでは、大部分の地区において「自己の計画を遂行した中農」が委員とされない一方で、いかなるイニシアティヴも示さない、若干の場合調達に反対した富農・クラーク支持者が委員会に「忍びこんで」クラーク的路線を実行しているといわれた。(58) シャフトィ、ドン両管区の委員会活動を調査した北カフカース労農監督部は、中・貧農への「均等の割当」を含む「きわめて多くの驚くべき欠陥」を明るみにだした。(59) アルマヴィール管区では、ふたつの村調達促進委員会が「党細胞と村ソヴィエトの側からのあらゆる指導を取り去られて」、調達の「クラーク的妨害行為」の中心となり、委員全員が裁判にかけられた。(60) 同管区ではまた、一連の地区における調達の「収縮」への明白な傾向に関連して、委員会の「自発的解散」の事実があった。(61) クバン管区では、同年秋多くの地方でコムソッドの無活動もしくは調達反対の活動があると報告された。(62) シベリアでは、委員会議長に選出された「クラークの手先」が、「われわれは勤労者である」として「平等の割当」を主張した。(63) 党機関紙が「階級方針の最も乱暴な歪曲、実践における右偏向の最悪の現れ」と烙印したルコ・バルスキー地区の委員会の活動状況は、委員会が共同体の閉鎖的空間の障壁として機能した事実を明らかにしている。そこでは「階級敵」、すなわち旧ポーランド将校、二人の札付きの大酒飲みとフーリガン、旧農業コムーナを腐敗させた指導者が委員会に割り込んだ。この委員会は「非常の権限」を付与され、村ソヴィエトを従属させ、地区執行委員会の指導に服さず、飲み仲間、腹黒の事業家、クラーク、クラーク支持者に取り囲まれた。委員会の実態は農村に到着した全権代表には隠された。「敵」は「複雑に偽装された衣装」をまとっていた。中農に対する打撃はクラークに対する偽りの打撃によって覆い隠され、貧農の声は村に到着した管区代表には届かなかった。委員会はクラークに対する計画課題を極小化し、予約買付契約による供出期限を延長し、階級路線を歪曲した。(64) 前掲のシベリアの調達についての総括的記事は、委員会への「村社会全体」の「最良の代表者」の参与にも拘らず、「有能な活動家」の援助がないために十分な活動をなしえなかったと続けた。(65) これらの地方的事例から、強制措置の適用を含む「階級路線」が外部の圧力と規制の加重に依存することなしには実現しえない委員会の実像が浮かび上がる。アルマヴィール管区の党機関紙は、「富農」の影響下におちた委員会が労働者派遣隊の到着とともにクラークに断固たる措置をとる決定をくだしたと伝えた。(66)

調達促進委員会の組織と活動の実際から導きだされる一般像は、委員会が村調達計画の策定と実現とにおいて下からの社会的支持を組織できなかったこと、そしてクラークに対する強制的措置の実施主体としても権力の要求を満足させなかったことである。言い換えれば、委員会は、農民社会にとっても、全権代表にとっても、無用の、しばしば有害な中間組織であった。中ヴォルガ地方誌は、地区調達全権代表が委員会抜きで活動した事例を報じている。同地では委員は、各経営の供出量を指示した調達計画文書に署名する必要がある場合に限って招集されたという。(67)委員会は、権力と農民社会の対立を融和し調停する機能を果たすことができず、共同体内部に階級的拠点を構築することにも成功しなかった。委員会はまた、それ自体「階級路線」の実行において果敢ではなかった。(68)委員会が調達計画の策定と実行に寄与しえた方法があるとすれば、農民的選出基盤と絶縁し全権代表の外圧に依拠して共同体全体に対する威嚇と強制の機構として作動することであった。委員会の不毛な大衆活動に代替するものとして一〇月以降試みられた、委員会の活動への協力を目的とする、少数の協力的農民からなる「農民突撃隊(krest'ianskaia udarnaia brigada)」の組織も、集団的供出の一形態としての「赤色馬車」も、供出の「社会主義競争」も、調達活動への社会的支持の全村的再構築に寄与したというよりも、むしろ、それまでに育ちつつあった社会的自発性の萌芽を摘み取り、「社会的なるもの」のすべてを国家的空間へと吸収する媒体として機能した。結局委員会も「権力の空白」を非常権力の体系化を末端において完結するというかたちでしか満たしえなかったのである。委員に対する「社会的・道徳的影響力」のみでは「絶対に不十分」であり、委員会の活動の肯定的結果は「これら活動家を公務員(dolzhnostnye litsa)と同一視することによって達成される」と公言された。(69)「クラーク」は当然、そのような委員会とは鋭く対立し、委員はしばしばテロの標的となった。[70] 九月二九日付の『プラウダ』は、オリョールにおいて村調達促進委員会議長殺害のかどにより五人の「クラーク」が銃殺刑を宣告された事件を報じた。[71] 調達が先鋭な政治闘争と化した一〇月以降、この種の事件は頻発する。[72] もっぱら調達全権代表の分肢として機能している状況においては、委員会は大衆活動の定着にほとんど寄与することはできなかったから、調達キャンペインが終結に近づき全権代表の農村巡回の機会が稀になるとともに、委員会の活動は当然、萎縮と衰退の一途をたどることになる。北カフカースの穀物調達経過についての一九二九年一二月末頃のオゲペウ秘密報告によれば、「穀物調達促進委員会と現地突撃隊(mestnye udarnye brigady)とは、しかるべき指導を受けないで、おびただしい場合、退廃的気分を表している。活動の断固たる拒否の場合も多い」のであった。[73]

以上、一九二九／三〇年度調達にかんする穀物調達促進委員会の組織と活動の実態から、調達目的の達成が、もっぱら強化された外的圧力に依存するという状況の論理が確認された。この外的圧力はふたつの系列を通して加えられた。ひとつは労働者派遣隊であり、もうひとつは全権代表であった。前者は、社会的レヴェルにおける、主として労働組合の回路を通して、都市・工業労働者集団を宣伝・説得・援助などの農村工作のために派遣する水平的相互関係を、後者は、上級組織の下命により調達現地に向けて公式組織の調達活動を援助・指導するための特別代表を派遣する垂直的相互関係をそれぞれ想定していた。

一九二九年夏―秋をとれば、都市から農村へと向けた社会的働きかけの主要な形態となったのは、数か月前の農村ソヴィエト選挙の経験を継承した前者であった。二〇年代に試みられた、特定の政策目的から自立した、都市と農村の文化的・啓蒙的交流を主目的とする「シェフストヴォ」は、キャンペイン的方法が常態化した一九二八年以降、非現実的な運動形態として凋落の一途を辿り、それに代わった形態こそが、特定のキャンペインと直結した労働者派遣隊(rabochaia brigada)であった。[74] 一九二九年後半の穀物調達キャンペインにおいて労働者派遣隊は、同年春のソヴィエト選挙の経験に支持され、調達活動に特化された運動として大挙農村に赴いた。派遣は、調達キャンペイン初期から実施されたが、[75] 最盛期を迎えるのは、先駆的なウクライナを別とすれば、[76] 調達が最も集約的におこなわれ、クラークの死活的抵抗とクラーク弾圧の加重とが交錯して「階級闘争」が極度に先鋭化した一〇月以降であった。[77] 時期から推定して当然のことながら、派遣隊の任務の中心に置かれたのは、反クラーク闘争の展開、抵抗するクラークをいわゆる「大衆活動」の展開によって他の農民層から孤立化させる政治闘争であった。一〇月以降、派遣隊の調達過程への介入がとりわけ要請されたのは、シベリア東部、ウラル、カザフスタン、北カフカースなど調達の不振が伝えられた地方であり、そこでは不振の最大の原因はクラークの抵抗の激化に帰着せしめられていた。[78] 一〇月一七日付『プラウダ』掲載のA・ブリュメンタール「労働者派遣隊を調達へ」は、調達が最も重大な時機に入ったいま、すべての社会組織、なによりもまず労働者社会組織(rabochaia obshchestvennost')からの調達に対する積極的・全面的支援が必要であると高い調子で論じた。それによれば、支援が必要なのは、クラークがこれまでになく執拗かつ悪質な反抗をおこなっているからであった。「クラークの抵抗に対しては、労働者階級の指導のもとで、貧・中農大衆からのクラークに対する断固たる攻撃によって応えることが必要である」。[79] 労働者の派遣は、農村における社会組織の動員に照応する労働者社会組織の動員を意味するものとされた。[80] ここでは、派遣隊の活動は、農村社会に政治的・階級的分化の呼応があって初めて、農民大衆の合意形成に寄与する社会運動となりうるとの照応関係が想定されていた。

しかしすでに検証したように、一〇月は、農村ではこのような政治的分化の内的可能性が最も微小化された時期であった。現地に到着した派遣隊が見いだした光景は、階級的・政治的に分化した農民ではなく、強化された外圧

(五倍の罰金、刑法第六一条、「自己義務」の実行など)に(疎外された少数者を除いて)一体化して対抗する、伝統的規範によって結ばれた農民社会であった。クラークは農民社会から隔絶した外的存在ではなく、むしろ外圧に対して農民社会を代弁する積極的農民として(党からみれば、農民大衆を反ソヴィエト的行動に向けて煽動し組織する悪質な反革命分子として)派遣隊に対峙した。現地組織は、農民社会を内的に変革する能力をもたず、むしろそれに同化された。北カフカース地方テーレク管区の農村《クライ》に到着した「煽動隊」が見いだした光景は、「現地の同志」の多くが「階級的感覚」を失っており、調達促進委員会には「明らかにわれわれに無縁な人間」、闇行為、投機にかかわり自己の余剰を供出しない、クラークや悪質な非供出者に圧力を加えない人間が居座っている、村ソヴィエト議長は率先してキャンペインをぶちこわし、クラークと酒を飲んでいる、というものであった。(81) 労働者派遣隊による宣伝と説得はたしかに真摯であり、かれらが伝達した戦争の脅威のもとでの工業建設の国民的高揚については、農民も必ずしも無関心ではなかったであろう。中ヴォルガのハタエヴィチは、欣然として兵役につく農民青年の「素晴らしい気分」に言及している。(82) しかし、情勢の著しい緊迫化は、粘り強い大衆活動を通しての対話と説得のための十分な時間的余裕を許容しなかった。「政治的分化」は、全権代表による威嚇と宣伝の「外挿」の一時的結果としてのみありえたのであり、農民社会の内的自発性を真に誘発する粘り強い説得の成果ではなかった。それどころか農民社会の内的自発性は、外的圧力の強化に比例してむしろ萎縮したのである。クラークに対する「個別割当」も、農民の「自己義務」による供出も、非常権力による六月二八日法所定の行政的・司法的強制の発動によって初めて実現されえた。派遣隊は、農村現地組織と同じく、全権代表の非常権力の体系に包摂され、その分肢として、あるいはみずから全権代表として、権威主義的支配の一翼を担うことによって調達に貢献した。それは、労働者派遣隊の運動が党機関の統括へと一元化される道程でもあった。労働組合機関紙が報じた、オデッサ管区の労働者が一五人の「テロリスト」を民警と協力して逮捕し強制収容所(DOPR)に送ったという一派遣隊の活動報告は、この文脈を象徴する挿話である。[83] かれらが農村内で協力者を獲得する方法があったとすれば、「農民突撃隊」のように、農民社会から遊離した少数の積極分子を組織することであった。[84] 党組織が統括する全権代表の派遣は、同時期のキャンペインにおいて未曾有の規模に達した。即興的派遣、反復、地方毎の偶発的事情など正確な算定を困難にする状況があったとはいえ、党中央の直接派遣を別としても、派遣は一五万人に達したという。[85] 被動員者の中核を占めたのは、コムニスト(党員・コムソモール員)であった。[86] 調達目標はかれらの挺身的活動なしには達成されえなかったであろう。しかしそれに至る道はまた、「結合」理念とそれに基礎を置くネップ的政治秩序との解体が不可逆的に進行する道程でもあった。

このように、結局は調達促進委員会(およびそれを末端とする村ソヴィエト)も、労働者派遣隊も、党の調達活動のための大衆的支持基盤の構築には寄与できず、農民の合意形成の有効な回路として機能できなかった。調達のために全権を付与された非常機関は、農民社会との有機的関連を欠落させた、過大な調達計画の迅速な遂行を至上命令とする超越的権力として、強制装置、とくにオゲペウへの依存度を高めつつ、農村に君臨した。この趨勢は、機構的には、非常機関(それを統括する党機関)と強制装置(とりわけオゲペウ)との癒着過程の昂進を意味した。合法性と民主性を編成原理とするネップ的政治秩序は、合法性を欠いた非公式権力の権威主義的支配にとって代わられた。六月二八日法が予定した法的手続の一定の客観性は空文と化し、「ゆきすぎ」と「歪曲」は例外性を失った。[87]

「スモレンスク文書」に収録されたある全権代表の当時の行動記録は、かかる道程、すなわち全権代表の非公式権力が公式組織の抵抗と逡巡を排し、その自立性を剝奪し、合法的秩序を解体しつつ形成される道筋を開示している。スモレンスク管区調達全権代表スミルノフの州党およびコムソモール委員会宛の一〇月初めの報告によると、かれが調達活動のために配置された地区に到着するまで調達活動は「展開されていなかった」。調達と諸支払の問題を審議する「党・国家会議」では「個々の右派的発言」があった。例えば、地区ソヴィエト執行委員会議長コズロフはいった、「クラークに対するかかる抑圧はなんのためか、われわれはクラークをわれわれに対立するよう先鋭化し、全住民のわれわれに反対する気分を煽りたてている。これはネップに影響する」と。農業・森林労働者地区委員会議長である党員ペトロフは、「あなた方が皆クラークについてわめきたてるのは一体なんなんだ、われわれのところにはクラークなんかいない。なんのためにこんなに騒ぎたてるのか、われわれはもうこんなにクラークをやっつけたんだ」といった。他方、党地区委員会書記代理サドフスキーは党地区委員会会議で「すべてを取り立てまくろう、村をもぎとろう」と宣言した。何人もの党員がしりごみし、泣き言をいった。「地区指導者にとって技術的実施の問題においてさえ「襟首」をつかんで引っ張る必要があった。断固たる方策をとり、突撃的やり方で問題を提起して、すべての妨害を打ち砕くことができた、諸措置を、命令の形で、党規律として、とらなければならなかった」とスミルノフは記す(88)。

キャンペイン当初から強調された党の指導性強化の政治的帰結は、党組織が、このようなネップ的政治秩序解体の過程で形姿をとりつつあった権威主義的支配の主体として現前したことである。かかるものとして党は、調達に全責任を負い、結果として調達は未曾有のテンポで展開され、八―一一月で年次計画の約九〇%が達成された。ミコヤンがいったように、たしかにそれは「党の勝利」であったかもしれない。しかし「勝利」が支払った政治制度上の代価は、党の変質に象徴される政治秩序の変容であった。もし革命の統治原理を前提するなら、この代価は、一時の例外としてのみ許容しえたであろう。一九三〇年一月モロトフは、この党の「勝利」をソヴィエト、協同組合(すなわち現地の公式組織)の弱体から生じた、やむをえない一時の例外として正当化した。「一連の経済キャンペインにおいて党組織の役割がときとしてあまりにも突出した状況がある」。最近のふたつの穀物調達キャンペインはその典型であった。ソヴィエトと協同組合はあまりにも弱体であり、最近のふたつの穀物キャンペインの実行をその肩に負いきれなかった。「しばしば、党組織はこの仕事を殆ど直接みずからのものとすることを余儀なくされた」。これなくしてソヴィエトは穀物を確保し労働者と赤軍に食糧を供給することはできなかったであろう。「穀物調達においても最近の播種キャンペインにおいても、これらの経済的任務が巨大な政治的意義を帯びていたとき、ソヴィエト(そして協同組合)は、党組織の側からの特別の措置なしには、党組織の直接的介入なしには、自己の義務を全うすることはできなかった。この経済的活動における党の役割はときとしてあまりにも強く突出したが、それは党組織が不当に行動したからではなく、その反対に絶対的必要によって指令されていたからである」[89]。モロトフは、古参ボリシェヴィキのひとりとして、「党の突出した状況」が恒常化する危険(党の変質、ソヴィエト制度の形骸化など)を予感していた。かれは、ソヴィエトの活性化、農村党組織の強化により全権代表システムを廃止し、党とソヴィエトをそれぞれ固有の活動に復帰させる必要を説いた。しかし三〇年代の政治史、その法制的表現としての憲法は、ネップ的政治秩序解体の政治的帰結が不可逆であることを証明する。

(1) 〈Pravda〉, 12 November, 1929.
(2) *Tragediia*―, vol. 1, p. 737.
(3) *ibid.*, pp. 743–744.
(4) *Tragediia*―, vol. 2, p. 702.
(5) *Tragediia*―, vol. 1, p. 732.
(6) *ibid.*, p. 742.

(7) *Tragediia*—, vol. 2, p. 703.
(8) 〈Pravda〉, 14 November, 1929.
(9) 〈Pravda〉, 16 November, 1929.
(10) 〈Ezhenedel'nik sovetskoi iustitsii〉, No. 50, 1929, p. 1171.
(11) *Kak lomali NEP*, vol. 5, pp. 80–82.
(12) *ibid*., p. 146.
(13) 〈Sel'skokhoziaistvennaia gazeta〉, 25 December, 1929.
(14) *KPSS v rezoliutsiiakh*—, II, p. 623.
(15) Stalin, *Sochineniia*, vol. 12, pp. 130–131; *Kak lomali NEP*, vol. 5, p. 80（ミコヤン）.
(16) *Kak lomali NEP*, vol. 5, pp. 22, 133–134, 182, 186. 一九二九年一一月の党中央委員会総会の議事については，次節で詳述する。
(17) 例えば，奥田央『ヴォルガの革命』一八一一九頁。
(18) *Kak lomali NEP*, vol. 5, p. 79.
(19) *Tragediia*—, vol. 1, pp. 664–667.
(20) Iu. A. Moshkov, *Zernovaia problema v gody sploshnoi kollektivizatsii sel'skogo khoziaistva SSSR (1920–1932 gg.)*, M., 1966, p. 67; 〈Krest'ianskaia gazeta〉, No. 70（3 September）, 1929.
(21) 〈Pravda〉, 20 September, 1929; G. K. Ordzhonikidze, *Stat'i i rechi*, vol. 2, M., 1967, p. 177.
(22) 〈Pravda〉, 24 September, 1929, 9 October, 1929, 30 October, 1929.
(23) 〈Bol'shevik〉, No. 2, 1930, pp. 48–63; 〈Pravda〉, 20 September, 1929. 例えば，ミリューチンによるグローマン批判は，〈Sel'skokhoziaistvennaia gazeta〉, 22 September, 1929, 28 September, 1929.
(24) *Sovetskoe rukovodstvo*, p. 98.
(25) 〈Pravda〉, 15 September, 1929.
(26) 〈Pravda〉, 5 September, 1929.

(27) *Riazanskaia derevnia v 1929–1930 gg.*, p. 11.

(28) 〈Derevenskii kommunist〉, No. 23–24, 1929, p. 11.

(29) 〈Pravda〉, 5 September, 1929.

(30) 〈Pravda〉, 19 September, 1929.

(31) RTsKhIDNI, 17/3/756, 5, 10–13.

(32) *Tragediia*—, vol. 1, p. 45.

(33) 〈Pravda〉, 15 September, 1929.

(34) 〈Pravda〉, 3 October, 1929.

(35) 一九二九年五月の第一四回全ロ・ソヴィエト大会では、村ソヴィエトの管轄領域をめぐって鋭い対立が現出した。そこでの論議は、村ソヴィエトを住民に近づけるための小領域主義の主張と行財政能力の強化のために大領域主義を擁護する主張とに二分された。党と国家の指導者は、民主化の見地からソヴィエトと共同体を近づける小領域主義を弁護したが、一〇月革命以来の領域拡大の趨勢を押しとどめることはできなかった(渓内謙『スターリン政治体制の成立』第一部、七七八—七七九頁、第二部、四九四—五〇二頁)。

(36) 〈Izvestiia TsK VKP(b)〉, No. 17–18, 1929, p. 2.

(37) 一九二八年一一月の党中央委員会総会決議は、農村党組織の現状について、「農村諸組織の構成には、プロレタリア分子の比重は依然としてまったくとるにたらず、コルホーズ員のカードルは至極少ない。このことと並んで、その構成には、若干の場合、富裕農民、ときとしてクラーク層に近い、堕落した、労働者階級とはまったく無縁な分子の割合が著しい。このことは、これらの組織の断固たる改善、根本的粛清、著しい刷新を完全に差し迫った任務としている」と述べた(*KPSS v rezoliutsiiakh*—, II, p. 546)。

(38) 一九二九年一〇月三〇日付政治局決定「計画活動と統計活動の合致について」は、労農監督人民委員部に対して、下級統計装置のための活動家の構成を改善し、その活動を村ソヴィエト、労働組合、貧農グループの監督のもとに置くことを委託した。五つの管区で村統計員創設が企てられた(*Kak lomali NEP*, vol. 5, p. 649(n. 147))。同年一一月の党中央委員会総会では、農村における統計業務の根本的改善を求める声が聞かれた(*ibid.*, pp. 26, 80–90, 107, 151)。

(39) 〈Pravda〉, 24 September, 1929.

(40) 〈Derevenskii kommunist〉, No. 15–16, 1929, pp. 11–12.

(41) 一九二九年一一月の党中央委員会総会において、ミコヤンはつぎのように述べた。「助言によってわれわれを助けることを望むブルジョア的な旧式の経済専門家・統計専門家の最良の者は、しばしばわれわれを困らせる。というのは、かれらはわが経済のすべての特異性を理解しておらず、プロレタリア独裁が有する巨大な予備源をみていないし、社会主義革命がかれらに与えた生産力増大の規模をみていない。かれらは党の動員の意義も社会主義競争も大衆の高揚も貧・中農の積極性もクラークに対するわれわれの抑圧の効果も考慮しない。これらすべての最重要な契機を抜きにしてどんな経済政策があるというのか」(*Kak lomali NEP*, vol. 5, p. 81)。

(42) 〈Krest'ianskaia gazeta〉, No. 58 (23 July), 1929.

(43) 〈Pravda〉, 15 October, 1929. ただし、北カフカースは一村ソヴィエト当たりの平均住民数が最も多い州であった(*XIV Vserossiiskii s'ezd sovetov*, biulleten', No. 16, 1929, p. 17)。

(44) 〈Pravda〉, 13 October, 1929.

(45) 〈Izvestiia TsK VKP (b)〉, No. 23–24, 1929, p. 13.

(46) 〈Krest'ianskaia gazeta〉, No. 61 (2 August), 1929.

(47) 〈Pravda〉, 26 June, 1929, 25 September, 1929; N. I. Prokopenko, *KPSS v bor'be za podgotovku massovogo kolkhoznogo dvizheniia (1927–1929)*, M., 1961, p. 33. 新年度のキャンペインにおいても、七月に委員会の設立と活動の地方例が報じられていた(〈Izvestiia〉, 18 July, 1929 (北カフカース); 〈Krest'ianskaia gazeta〉, No. 58 (23 July), 1929 (中央黒土州))。

(48) *SU*, No. 70, 1929, art. 68.

(49) *Tragediia*—, vol. 1, pp. 665–666.

(50) 〈Pravda〉, 6 October, 1929.

(51) Prokopenko, *op. cit.*, p. 33.

(52) 〈Izvestiia〉, 18 July, 1929; 〈Pravda〉, 26 September, 1929.

(53) 〈Pravda〉, 22 November, 1929.

(54)　〈Krest'ianskaia gazeta〉, No. 71 (6 September), 1929.

(55)　〈Pravda〉, 17 September, 1929.

(56)　〈Pravda〉, 24 September, 1929.

(57)　〈Pravda〉, 6 October, 1929.　他方で、村計画のすべての負担を富農・クラークにかれらの穀物貯蔵を顧慮しないで課した委員会も「コムヴレド」とみなされたという事例も存在する(〈Pravda〉, 6 October, 1929)。

(58)　〈Pravda〉, 22 November, 1929.

(59)　〈Pravda〉, 24 October, 1929.

(60)　〈Trud〉, 4 October, 1929.

(61)　〈Pravda〉, 6 December, 1929.

(62)　〈Kommunist〉, organ kubanskogo okruzhkoma VKP(b), No. 3 (October–November), 1929, p. 19.

(63)　〈Pravda〉, 6 October, 1929.

(64)　〈Pravda〉, 18 November, 1929.

(65)　〈Pravda〉, 22 November, 1929.

(66)　〈Trudovoi put'〉, 1 January, 1930.

(67)　〈Srednevolzhskaia derevnia〉, No. 2 (30 December), 1929.

(68)　*Tragediia*—, vol. 1, p. 667 (中央黒土州の調達過程にかんするオゲペウ情報部報告(一九二九年七月二九日)).

(69)　〈Ezhenedel'nik sovetskoi iustitsii〉, No. 2, 1930, p. 6.

(70)　〈Pravda〉, 26 September, 1929, 29 September, 1929, 9 October, 1929, 11 October, 1929, 29 November, 1929.

(71)　〈Pravda〉, 29 September, 1929.

(72)　*Tragediia*—, vol. 1, pp. 742–746.

(73)　*Tragediia*—, vol. 2, pp. 89–90.

(74)　〈Trud〉, 15 August, 1929.

(75)　調達への労働組合の積極的参加を呼びかけた八月一四日付の労働組合中央の回状(〈Pravda〉, 20 August, 1929; 〈Trud〉,

20 August, 1929)。それより早く派遣は現実化しつつあった(〈Pravda〉, 8 August, 1929)。

(76) 一〇月六日付『プラウダ』によれば、ウクライナにおいて数百の労働者派遣隊が調達強化のために活動していた(〈Pravda〉, 6 October, 1929)。一〇月中頃、同紙は、ウクライナにおける派遣隊の活発な活動状況を伝えた(〈Pravda〉, 17 October, 1929)。

(77) 西部州検察局の一二月の報告は、「クラーク層のテロ行為の数は資本主義分子に対する強化された圧力の月に比例的に増加した。かくして、テロ行為の最大数(一一六件)は、クラークの穀物の最高の汲み上げの月である一〇月に生じた。テロ行為数の第二位(七二件のテロ行為)を占めたのは一一月である」と記した。「資本主義の残滓の最終的根絶、階級としてのクラークの絶滅に向けられた党とソヴィエト権力の措置に反対するクラーク層の活発な闘争の時期を特徴づけるのは、肉体的抹殺から経営全財産の一掃――放火への移行である」(Danilov, Ivnitskii (eds.), *Dokumenty svidetel'stvuiut*, p. 297)。

(78) 〈Trud〉, 17 October, 1929.

(79) 〈Pravda〉, 17 October, 1929.

(80) 〈Pravda〉, 15 October, 1929.

(81) 〈Pravda〉, 17 October, 1929.

(82) *Kak lomali NEP*, vol. 5, p. 146.

(83) 〈Trud〉, 29 October, 1929.

(84) 〈Pravda〉, 2 December, 1929.

(85) *Istoriia KPSS*, vol. 4-I, p. 608; *Kak lomali NEP*, vol. 5, p. 7. ミコヤンは、約一〇万人という数字をあげた(*ibid.*, p. 80)。一九二八年の最初の数か月の農村への派遣数三万人と比較すると、その規模の画期性を窺い知ることができる。しかし一九三〇年前半の集団化の熱狂的段階には「最低限」二五万人が派遣されたといわれる(*XVI s'ezd VKP(b)*, stenograficheskii otchet, M. -L., 1930, p. 67)。

(86) *Istoriia KPSS*, vol. 4-I, pp. 608–609.

(87) オゲペウが一二月末頃に報告した北カフカースの一村ソヴィエトの事例は、「穀物調達全権代表は、毎日穀物調達強化を目的として市民逮捕の処分をおこなっている。貧農と中農が逮捕されている」というものであった(*Tragediia*―, vol. 2, p. 92)。

(88) *Neuslyshannye golosa. Dokumenty Smolenskogo arkhiva. Kulaki i parteitsy*, Ann Arbor, Michigan, 1987, pp. 234-235. 具体的にほぼつぎのような措置がとられた、(1)党員調達員が出席する党地区委員会の会議において、調達計画を、小麦を二五トンから五〇トンに、燕麦を七〇〇トンから八〇〇トンにそれぞれ引き上げ、会議はこの数字を実行可能と宣言し、計画は村ソヴィエト別に配分される、(2)市党組織の会合でこの問題を審議する、(3)地区毎に三五人のコムニストが送られる、コムソモール組織と労働組合アクチーフが動員され、一五の煽動隊が設立される(*ibid.*)。

(89) 〈Pravda〉, 21 January, 1930; 〈Izvestiia〉, 21 January, 1930.

四　三位一体

スターリン下のソ連における「上からの革命」、すなわち、一九二九年末から翌三〇年初めにかけて国民的規模で発進する農業集団化運動の基本的要因は、「集団化の急テンポ化」およびその「全面的形態」、そして「階級としてのクラークの絶滅」である。これら三要因の相互作用のなかから、その別称である「上からの革命」の特殊な変動論理が合成されてゆく過程の簡単な図式的説明はすでに試みた。ここでは、革命の「発進」の具体相(時期、形態、方法、駆動力、意味内容など)を明らかにするために、一九二九年秋までの経験知を思考媒体としつつ、これら三要因の相互関係、そしてそれらの「三位一体化」についてのより具体的な再構成へと進もう。

まず第一の要因である「急テンポ化」とは、集団化のテンポ(個人農経営のコルホーズ加入数の増加速度)が政策理念の設定する上限を突破して鋭角的に加速化する趨勢であり、階層的には、集団化の主たる担い手がそれまでの貧農層に代わって、農民の基幹部分である中農層に交替する変化を標示するものである。また急テンポ化は、かかる階層的分布の変化に対応して、農民の大多数が帰属し生産的・生活的に伝統的規範によって結ばれた村落、農業共同体が集団化運動の包摂単位となるという形態変化、すなわち第二の要因である「全面的形態」へと転成する。それは、個別経営を単位とする従来の集団化への参加方式に代わって、地域単位、基本的には基層単位としての農業共同体が支配的参加単位となるという形態変化を標示する。第一要因と第二要因の接点は、「結合」理念に基づく必須条件であるところの、中農のコルホーズへの参加の「合意」獲得の一般的形式として実在した共同体スホードの意思決定である。そして第三の要因の「階級としてのクラークの絶滅(クラーク清算)」とは、農村における資本家的階級＝クラークと特定された農民の経営的存立基盤(土地、生産手段など)を同じく共同体スホードの決議に基づいて(当時の公式的表現に言い換えれば、「農民大衆の下からの運動の圧力によって」)収奪する行為である。収奪されたクラークの財産は、原則的に農民の共同利用へと供される。この行為にはしばしば、クラークの当該地域からの追放を含む行政的・刑事的制裁が「補完的に」随伴する。このような「絶滅」策は、大衆的集団化運動の進展がクラーク層の抵抗を強め「階級闘争」を沸点にまで加熱させるという政治的側面と、穀物の生産と供給においてクラークに依存する必要がなくなる(あるいは収奪されたクラーク財産の受け皿となりうる)水準までにコルホーズ建設が進捗したという経済的側面とが表裏一体化して、集団化運動の構成部分を形成するに至ったとされる。以上が「上からの革命」を構成する三要因の相互関係についての当時の(そして一九九一年までの)公約数的説明の骨格であったといってよかろう。この説明によると、第一・第二要因が経験的にも論理的にも第三要因に先行し、それらの成熟の度合に応じて第三要因が構成要因へと組み込まれるという機序が設定される。こうした「三位一体化」の機序は、抽象的次元においては一定の論理的整合性をもつといえなくはない。事実、政策的には、全面的集団化の一定の発達水準こそがクラーク絶滅策への移行の前提条件とされるのである。

しかしこのような「正統的」解釈は、機序生成の経験的説明としては、論理構成において著しく説得性を欠いているといわざるをえない。なぜなら、第一に、クラーク絶滅と同定できる強制措置(特定農民の経営的存続を不可能にするまでの供出割当、罰金、懲罰など)は、集団化運動の圏外で、そして集団化の急テンポ化に先行して、穀物調達の文脈のなかで事実化し、すでに一九二九年夏には、一連の党・国家の決定によって制度的に認証されていた。のちにクラーク絶滅への移行の時期を「一九二九年夏」と回顧したスターリンの発言も、この脈絡の事実上の承認にほかならない。(1)第二に、クラーク絶滅と集団化の急テンポ化および全面的形態との因果関係についていえば、急テンポ化と全面的形態の普遍化とは、一九二八年以降の穀物危機への対応過程、すなわち集団化の圏外において確立されたクラーク絶滅的方法が集団化運動へと「外挿」された結果であって、その反対ではない、という関連把握が事実に即した解釈である。経験的には、公式の説明とは反対に、集団化は先行する穀物調達での諸経験と密接な関係を有し、集団化テンポの飛躍化は供出テンポの飛躍的上昇に、全面的形態の普遍化は穀物供出の正当性をスホードの決議に求める方法の普遍化に、それぞれ符合する。ゆえに「絶滅」的方法の集団化への「外挿」の意味するところは、第一に、集団化が目前の穀物危機の即効的解決策としての意味を第一義的に獲得したこと、第二に、集団化がそれまで保持してきた理念的・現実的自立性を喪失して、穀物問題を主争点とする農村の政治変動と一体化し、穀物危機によって規定された状況の論理に包摂されたこと、第三に、穀物調達における「新しい方法」適用の勢力布置が、そのまま集団化の勢力布置へと転位したこと、であった。これらの結果として、集団化はその位相を根本的に変化させることになる。すなわち、本来長期の漸進的過程として構想された集団化は、その本来の理念にこめられた方法的規範の制約から解放され、目前の穀物難解決の決定的かつ即効的手段として、すでに権力にとって不安定な、しばしば対抗的存在とすらなっていた小農中心の経済構造に代えて、安定的な穀物供給基地としてのコルホーズ体制を性急に建設するという短期決戦の相貌を帯びる。(2)集団化の本来的理念とそれに基づく二〇年代の実践を規定した経済的・技術的合理主義、およびそこでの主要な方途としての啓蒙と説得に代わって、権力の恣意と政治的情動とがその支配的動因となる。そこではテンポ上限の合理的設定は拘束的意義を多分に喪失して、その無制限的追求が正当化され奨励される。そしてこのような運動を農民の「下からの」自発性の表出と同定できる可視的形式が遍在したとすれば、調達における「新しい方法」の場合と同じく、共同体スホードの決議をおいてほかにない。調達の経験は、共同体の決議およびその実現を究極において担保する要因が、経営の存立基盤を脅かすまでに過酷化したクラーク弾圧および他の農民に対するその威嚇的効果にあること、そのことによって、調達の全体的性格が「合意」から「強制」へと変質したことを教えた。集団化もまた、同じ事物の論理に規定されてその強制的性格を確定し、農業革命に「上から」の形質を与えるのである。

「階級としてのクラークの絶滅」が集団化政策の有機的構成部分となり、「上からの革命」が名実を備えるのは、一九三〇年一月五日の党中央委員会(政治局)決定においてである。「集団化のテンポとコルホーズ建設に対する国家の援助措置について」と題されたその決定は、翌六日の『プラウダ』に公表された(3)。同決定を収録した一九五四年版『党決議集』は、これを「歴史的決定」と呼んでいる(4)。一九五五年刊『スターリン著作集』第一二巻に付録された「伝記的年表」によれば、同決定は「同志スターリンの提案によって」採択されたものであった(5)。しかし「階級としてのクラークの絶滅」について、一月五日決定は政策への移行の事実を記したにとどまり、政策的委細を一月三〇日の政治局秘密決定へと委ねた(6)。これらふたつの政治局決定は「上からの革命」の宣言文書として記念されるものであるが、政策形成の直接的起点をなしたのは一九二九年一一月一〇―一七日に開催された党中央委員会総会であり、ゆえに総会からの約一月半は総会決議具体化のための準備過程と位置づけられるであろう(7)。国民の眼から秘匿された舞台裏で進行したその経緯について、歴史家が史料への接近の可能性と分析の自由とを手にするのは九〇年代に入ってからである。先駆的には、ロシアの歴史家N・A・イヴニツキーの研究およびかれによる研究史・史料編纂史の周到な紹介があり(8)、近年にはかれを主編纂者とする史料集も刊行されている(9)。同史料集の序言においてイヴニツキーは、ふたつの「歴史的」政治局決定に至る党・国家の意思決定の系譜について簡潔な解説を付し、一月五日政治局決定における「同志スターリンの提案」の真の意味内容を明らかにした。すなわちスターリンは、合理性の最後の一線を守ろうとする専門家の助言をしりぞけ、穀物地区の党組織の熱狂的立場を支持したのである。(10) しかし一一月総会の位置を「上からの革命」の核心部分である「階級としてのクラークの絶滅」の政策形成の起点にとどめることでは、その意義の十全の説明とはならない。決議にすら必ずしも正確には反映されてはいないものの、同総会は、論議の帰趨を決定した穀物地区党組織の代表、およびモロトフ、ミコヤン、スターリンら党機関の指導者の演説によって、事実上「階級としてのクラークの絶滅」と等値される反クラーク的措置を集団化政策の構成部分に組み込み、基本的構成要素の「三位一体化」を完結し、「上からの革命」の機序を最終的に確定することによって、それ自体、続く「革命」の秘密のすべてを秘めた「プロローグ」となったのである。

「結合」解体の過程は、工業化と農業集団化の衝動を「結合」理念が設定した方法的枠組の拘束から解放する過程でもあった。それはなによりもまず、テンポの加速度的昂進として発現した。一九二八年秋以降、工業化と集団化のテンポはあらゆる予測をこえて加速化し、翌年一一月の党中央委員会総会までに飛躍的様相を呈した。まず工業についてみれば、一九二九年四月の党協議会は、最大限のテンポの工業化を主張する最高国民経済会議案を採用して、工業総生産を二・八倍(グループAは三・三倍)増とする五か年計画案を決議した。(11) しかし当時きわめて野心的にみえたこの案も、すぐに政治局によって再三の上方修正をこうむる。(12) 一一月総会は、すでに軌道に乗った急進的工業建設の更なる拡大を目指した一九二九／三〇年度統制数字案を採択した。「最近数年の最大の成功、経済建設の巨人的規模、未曾有のテンポは、ソヴィエト政権の任務――先進資本主義諸国に技術的・経済的に追いつき追いこすこと――が、歴史的最短期間内で達成されうることの証拠である」と決議は謳う。(13) 同総会では、一国社会主義論の正当性がついに証明されたとの発言が聞かれた。かつてのふたつの反対派、トロツキー派とブハーリン派は、前者は一国社会主義の不可能性を主張した理論的誤謬において、後者はその実現に日和見主義的に反対した実践的誤謬において攻撃された[14]。総会決議は、工業化と農業集団化を同値的に並置し、「プロレタリア独裁の国における社会主義建設の事業は、歴史的最短期間内で達成されうる」との展望を示した[15]。決議が繰り返した「歴史的最短期間」は特定されなかった。にも拘らず、この表現は、重要な政治的真実、すなわちネップの漸進主義に性急な急進主義がとって代わるという論理上の転換を標示した。いまや本質的な重要性をもつのは建設の現場に横溢する労働者の熱狂であり高揚であって、経済的潜在力の合理的計算に立脚した計画思考は、かかる「下から」の運動の抑止要因になりかねないのであった。熟慮の要求はしばしば日和見主義的動揺と同一視され、建設は計画立案者すらも夢想だにしなかった規模と速度を帯びているとの状況認識が設定された。党にとって必要なことは、こうした高揚を規制することではなく、それを鼓舞し運動の先頭に立つことであり、まさにブハーリン派はこの現実に背をむけたのであった。総会でオルジョニキーゼはブハーリンに向かっていった、「あなたは労働者の気分について語ったか。あなたは社会主義競争、突撃グループなどに表現される労働者階級の巨大な高揚をみなかった。あなたは労働者階級にはソヴィエトと党に対する不満がますます増大していると書いた[16]」。経済計画は、その理念にこめられた経済的・技術的合理性を後退させ政治的要求に屈服し、専門家の提供するデータはすべて退けられる[17]。総会会期中ですら日毎に加速化するテンポに対して、計画案の基礎に置かれた数値は無意味かつ非現実的となったともいわれた。ゴスプラン議長クルジジャノフスキーは、統制数字案の討論の結語において「数字以上に大切なこと」、すなわち「プロレタリア独裁と階級闘争」に力点を置いた。かれによれば、「計画に盛られた数字を無意味とする工業建設の日々の高揚がある」、「この現実は、最大限計画案が最低限計画案となったことを示した」のであり、「政治局会議に出席するとき、そして経済問題が凝縮された政治問題

(sgushchennaia politika)となり、わが同志たちの双肩にかかってくるのをみると、良心の呵責を感じる」のであった。[18]

農業集団化は工業化よりもさらに劇的な様相を呈した。加速的工業化は穀物危機前からの既定路線であり、建設の実績も小さくなかった。一一月総会の決議をその延長線上に位置づける見方もさほど不自然ではなかったであろう。しかし、集団化の場合、その急激な加速化を裏づける前提は、長らく指導者の思考にも、そして現実にも殆ど存在しなかった。たしかに理論的・抽象的次元では、農業経営の社会主義的統合は革命前から党綱領の構成部分であったし、革命から内戦、ネップへと至る時期のさまざまな試行錯誤を経て、一九二七年末の第一五回党大会においては、集団化を「農村における党の基本的任務」とする決議が採択されていた。しかし、すでに何度か触れたように、新しい段階を予兆するこの決議も、農民の合意に基づく漸進主義という伝統的理念への忠誠を再確認し、小農経営は今後長期間にわたって「農業の中心像」であり続けることが想定されていた。[19] 大会直後からの穀物危機の深刻化は集団化への新たな圧力となり、危機の慢性化はそれを加重した。党内に小農経営に対する構造的不信が次第に高まり、やがて穀物危機の即効的解決を加速的集団化に求める志向が有力な底流を形成する。底流を機敏に察知し、集団化志向を熱心に支持した指導者は書記長スターリンであった。[20] しかし、かれも理念が要請する方法的規範の前に踏みとどまり、少なくとも一九二九年夏以前には、小農経営が長期にわたり農産物とくに穀物の主要な供給基地となるとの伝統的思考からの離脱を公言することはなかった。しかし「新しい方法」を制度化した一九二九年夏は、集団化についての党指導部の思考の転換点となった。穀物調達に責任を負った党指導者の政策思考は、小農経営の未来に対する断念と集団化の性急な追求へと急角度で傾斜し、集団化にかんする伝統的理念を駆逐し始めた。[21] 思考の変化を支持する現実的変化も調達の現地において看取された。六月から一〇月にかけて集団化率の印象的な上昇が一連の穀物調達地区から報告された。[22] 一一月総会におけるこれらの地区の代表の発言に徴すれば、この「数か月の変化」は、中農が集団化運動に既成の通念をこえて大挙参加しつつある趨勢を示す「決定的事実」にほかならなかった。[23] しかし、この印象的な「事実」も、中央政府機関の政策立案者の政策思考の決定的な転換には必ずしも直結しなかったようにみえる。かれらの現状認識によれば、集団化の性格はこの段階においても基本的には変化していなかった。ゴスプラン調査報告は、一九二九年秋までの集団化を「コルホーズ員の間での貧農の優越、コルホーズの小規模で散在的な性格、それらの「マニュファクチュア的」類型、土地共同耕作組合の支配」と特徴づけた。[24] 一一月総会を前にした政府による一九二九／三〇年度統制数字案の準備過程でも、集団化水準についての抜本的修正の提案はなかった。準備のための会議を主催した首相ルィコフは、「われわれは大社会化生産に基づく農業の一層の発展のための技術的前提、若干の社会的・政治的前提をつくりだした」との控え目な評価に立ち、「これらすべては続く数年のうちに結果を与えるであろう」と述べて、集団化を目前の穀物問題の解決に直結する思考とは明確な一線を画した。[25]

しかし、穀物調達に直接的責任を担った地方党組織の指導者の多くは、調達の経験、とくに総会前の数か月間における政治闘争化した調達の「成功」体験から、集団化についてまったく異なる展望を引きだしていた。かれらが到達したのは、この数か月間に、農民がコルホーズに対する態度をそれまでの逡巡と抵抗から全面的支持へと一変させたとの評価であった。現代の歴史家は、この段階における調達と集団化の加速化との性急な結合がいかにして生じたのかを論争的問題として、しばしばその回答を留保している。[26] しかし、歴史過程の基層に着目するなら、これら穀物調達地区の党組織に生じた、調達から集団化への政策思考の連動は必ずしも謎めいた変化ではない。まず第一に、一九二九／三〇年度の調達においては、「新しい方法」が、前年度までのように市場的方法の臨界点においてではなく、キャンペイン当初から全面的に適用されたことが想起されなければならない。「新しい方法」はもはや市場的方法の補完物ではなく、調達の基本的方法として制度化され、市場的方法への復帰までの応急策とする従来の正当化論理は後退し、より積極的に、個人的経営構造の論理を超越する制度、すなわち小農的経営構造とは異質の制度に向けたその過渡的性格が強調されるようになったのである。第二に、「新しい方法」の適用過程で決定的となった「結合」の解体は、それまで当該理念によって規定されていた方法的規範を無力化し、調達政策に秘められていた集団化の衝動を解放する効果をもった。転機は、穀物調達が極度に「政治闘争化」した一〇月(およびその前後数か月)に訪れる。一方では「結合」は解体されず維持されたという党の大命題が存在し、共同体スホードの決議は調達に対する「農民の社会的支持」を担保するものとされた。集団化を「結合」の新しい形態とする党の規定を充足させる「社会的」手続もまた、同じくスホードの決議に求めるほかなかった。ゆえに集団化は、農戸の個別的参加ではなく共同体を基層単位とする参加形態、すなわち「全面的形態」をとるに至り、形態だけでなく、方法においても調達の経験を継承することになる。そして全面的形態による急テンポの集団化あるいはコルホーズへの中農の態度の根本的転換を実現する方法は、「クラーク」に対する弾圧の加重であった。この文脈が歴史過程において突出し、「階級闘争の先鋭化」が頂点に達するのが、まさに一〇月を中心とする数か月なのである。調達過程へのオゲペウの積極的介入、弾圧対象となる農民の範囲の著しい拡大、「クラーク」の抵抗の激化に象徴される権力と農民との全面的対決は、のちに「階級としてのクラークの絶滅」と規定される弾圧の極限化の到来を告知するものとなった。このように「上からの革命」の基本的構成要素の「三位一体化」は、中央の政策に先行して、なによりも穀物調達地区において既成事実化しつつあった。

調達経験に徴すれば、反クラーク的措置の強化は、権力と農民との相互関係の破局化、「結合」解体の指標にほかならなかった。ゆえに一九二八年の三回の中央委員会総会は、かかる危険を認識して、非常措置の廃止を決議したのである。しかし翌年四月の総会決議は、非常措置と「結合」とを相反的にとらえる従来の観点に対する最初の痛撃となった。かかる傾向は更に明確化し、同年一一月の総会では、非常措置(反クラーク的弾圧)を「結合」の解体ではなくその維持・強化の方途とする解釈が一切の異論を許さない教義的命題に据えられるに至る。他方で記録的数値に達した一〇月の調達結果は、「新しい方法」の「正しい適用」の結果であると喧伝される。調達の「成功」は、農民の大多数が反クラーク闘争・穀物供出において都市労働者、その前衛としての党のまわりに結集する政治的分化が実現したゆえであるとされ、それと不調和な事象は、取るに足りない例外として局地化された。これとまったく同じ論理が、そのまま集団化に貫徹されるであろう。一一月七日革命記念日のスターリンの論文「偉大な転換の年」は、こうした新しい戦略枠組を全党的政策へと普遍化するものであった。この論文は、党・国家の集団化政策の通念に対する大胆な挑戦の性格を有していたが、それをもっぱら単一の超越的指導者の頭脳のみからでた新機軸とみるなら、歴史過程の一面的単純化の誤りを犯すことになろう。スターリンは「新しい方法」の発案者でも提案者でもなかった。かれはただ事後的に、調達地区の経験と経験から生まれた政策方位を追認し、それを理念的に正当化したにすぎない。同論文においてスターリンが、過去一年の経済建設における輝かしい成果として列挙した諸項目のなかで「最も重要な成果」として強調したのは、「農業発展の根本的転換」であり、その基礎をなすところの「中農がコルホーズに入った」という転換的事実であった。この事実は、人的および形態的なふたつの局面から成り立っていた。「農民はコルホーズに入った。村全体、郷全体、地区全体として入った」、「大衆的コルホーズ運動は、結合を弱めないで、それに新しい生産的基盤を与えることによって強化している」、「今日のコルホーズ運動にある新しいものはどういう点にあるのか。今日のコルホーズ運動にある新しい決定的なものは、以前にみられたように、農民が個々のグループとしてコルホーズに入ってくるのではなく、全村、全郷、全地区、ときとして全管区として入ってくることである。これはなにを意味するであろうか。それはコルホーズに中農が入ったことを意味する。ここに過ぐる一年間のソヴィエト政権の最も重要な成果をなすところの、農業発展の根本的転換の基礎がある」、「今では、中農がコルホーズの方に向きを変えたことは、盲人でさえもみることができる」[27]。いついかにして中農のコルホーズ加入が「全面的形態」をとって「現実化」したのか、かれはかかる農民の自発性高揚の客観的根拠を提示しない。それが絵空事の印象を拭えないのは、かれが農村の現実的問題である穀物調達とは無関係に集団化過程を描きだし、集団化と調達との連接点であるクラーク問題を慎重に回避したからである。しかし、その執筆時期(一一月三日)からも推定できるように、この論文が前月調達の予想を上回る大きな「成功」に触発されてのものであることはほぼ間違いなかろう。一〇月の調達結果は、一一月総会でのミコヤンの発言が端的に示すように、スターリンに代表される路線の勝利、「党の勝利」の最も確実な証拠であり、ブハーリン派の見解の完全な破産の証明であるとみなされた[28]。同時に調達の記録的達成は、スターリン指導部に農民統治の確たる自信を植えつけた。このような自信と集団化への衝動とが結びつくとき、他方でなおもそれが「結合」理念の枠組のなかで説明されることが要求されるとき、調達と同じ説明論理に基づいて、「中農のコルホーズ建設への大衆的・自発的参加」という命題が自動的に、経験的説明を抜きにして、導きだされることになろう。当然ながら、農民のコルホーズ建設への「自発的」参加の基本的徴表が全権代表の圧力のもとで開かれたスホード集会の決議であったという事実の状況性は無視され、状況的変化は本質的変化と同定される。「コルホーズ・ソフホーズ運動の成長のおかげで穀物危機から最終的に脱出しつつある、あるいはすでに脱出した」、これを、スターリンがほのめかすように、集団経営が穀物供給基地として機能している状態と解するなら、多分に架空の言辞であるといわねばなるまい。しかしスホードの決議の形式を「中農のコルホーズ参加」への合意の証拠とするなら、スターリンの断定には一片の政治的真実が含まれていたといえる。それは、個々の農民の意思表明とは直接の関連をもたないとはいえ[29]、それまでの調達経験に基礎づけられた「合意形成」の機序を指していたからである。しかし経験はまた、スホードでの決議をかちとりそれを実現に移すためには、いまひとつのしかも決定的な要因として、強化されたクラーク弾圧が不可欠であることをも示唆するであろう。スターリン論文は、「中農」の参加という意味において、集団化の急テンポ化と全面的形態との連関を認めつつも、決定的な要因である「クラーク絶滅」については明言を避けた。未完の「三位一体化」が完結するには、数日後の総会での秘匿された論議をまたなければならなかった。

一九二九年一一月一〇日から一週間あまりにわたって開催された党中央委員会総会は、その論議の帰趨によって「上からの革命」の戦略枠組の「三位一体化」を事実上完成し、「革命」の発進を合図することとなった。農業集団化を主題とする報告は、一一月一四日の会議におけるコルホーズツェントル議長カミンスキーの「コルホーズ建設の成果と今後の任務について」であった。同報告は、コルホーズツェントル作成の原案を再検討を経て一一月五日に政治局会議が承認したものであり、その基調は党指導部の新思考を忠実に反映していた。[30]「党と労働者階級は、革命の最も困難で複雑な問題のひとつ――小農民経営を大社会主義生産の原理の上に改造する問題――の解決に本格的に着手した。現在、コルホーズ建設は、農業発展の性格全体を根本的に変える規模とテンポに移行し、わが農業発展の最大の歴史的転換を証明している」。集団化のテンポは、あらゆる計画目標をこえて飛躍的に加速化されよう。一九二九年四月に採択された五か年計画の目標、計画最終年一九三二／三三年度における一四五〇万ヘクタールの播種地の社会化はもとより、統制数字案における一五三〇万ヘクタールの社会化計画さえも、実際には「はるかに凌駕されることは疑いない」。[31]すでにゴスプラン議長クルジジャノフスキーは、統制数字案にかんするみずからの報告において、集団化が合理的経済計画の次元をこえた政治運動へと飛躍した現実への屈服をつぎのように表明していた。「決定的政治的要因において、農民のわが建設形態への結集において、わが国の多くの地方で最初に現れた全面的集団化への結集において、偉大な転換がつくりだされた。中農はみずからの状態の改善の正しい道がここにあることを理解している」[32]。最高国民経済会議議長クイブィシェフは一層断言的であった。「コルホーズに入ったのは貧農だけではない、中農もまた大きな雪崩となって突入している」[33]。カミンスキーはこれらをさらに敷衍していう。「運動は一年前われわれが予想さえできなかった、完全に新しい規模を享受している。すなわちそれは、真に大衆的になった。主要なことは——このことを全力をあげて強調すべきであるが——貧農と並んで中農がコルホーズに入ったことにある。コルホーズ運動は、大衆的な貧・中農の運動となった。これは格別の政治的重要性をもつ事柄である。社会主義農業のために闘い、農村の資本主義分子の抵抗を断固として克服しつつ、プロレタリアートは貧農に依拠して、中農との同盟を新しい生産的基礎のうえに、新しい生産的形態において強化している」[34]。いまや中農のコルホーズに対する態度に生じた「根本的変化」は、疑問の余地のない政策形成の基礎命題に据えられた。そしてカミンスキーは、中農の集団化参加の基本的形態が村落、共同体を基層単位とする「全面的」形態であることを明言する。いわく、「今年の秋、秋耕地における共同耕作に向けた村全体での移行が大量現象として現れた。村全体が実質的な機械的基盤をもたないまま、地条を廃止し、全面的な共同耕作のために自己の労働と土地を結集している。われわれはこのことを中央黒土州でも北カフカースでもウラルでもその他の地方でも目にしている。自己の農機具だけに基づく土地の共同耕作への大量的移行は、自然発生的性格を帯びている」[35]。のちに新設のソ連農業人民委員代理となるクリメンコは、全面的形態に対応する参加階層の変化について、「コルホーズの分散的オアシスに代わって、村落全体、地区全体がコルホーズへと移行する事実をわれわれは大量現象としてもつ。すなわちそれは、貧農単独に代わって中農が、生産の新しい協同組合的・集団的形態へと移ったことである」と語った[36]。

同総会における地方代表の発言も、集団化への中農の参加と主要な参加形式としての全面的形態の一般化という認識においてほぼ一致した。「現在争う余地のない事実は、貧・中農の気分のコルホーズ建設の側への根本的転換が生じたことである。もし最近まで農民、とくに中農が、コムーナ、コルホーズなどに対して疑い深く、おそれを抱いて接していたとすれば、今年は、われわれはすでにかかる気分をみることはできない。貧・中農層の主要部分は、コルホーズに賛成している」(リャビーニン(中央黒土州))[37]。「農民の基本的階層には、社会主義に対する態度に根本的転換が看取される。農村にコムーナ、コルホーズなどをもたらそうとするわれわれの試みにかつて中農は敵意をもって接したのに、もはやかれらは社会主義をおそれてはいない。いまわれわれは、社会主義に対するかれらの態度における根本的転換を有している」、「農民経営の個人経営から大規模社会経営への漸次的移行という進化の定式(evoliutsionnaia formula)は、多くの地区について、現時点ではすでに実情に合致していない。というのも、われわれは前段階に比べて集団化の三〇〇―四〇〇%増大のごときテンポを有しているからである」(アンドレーエフ(北カフカース))[38]。「コルホーズ運動が広範に展開されている地区では(かかる地区はわれわれのところではすでに数十を数える)、われわれは貧・中農大衆のなかに疑いのない熱気と高揚をもっている。三―四村落をとらえた二万五〇〇〇―三万ヘクタールのコルホーズが一切の上からのイニシアティヴなしで組織されており、かれらは教会を閉鎖し、これらの地方の気分は疑いもなく良好である」(ハタエヴィチ(中ヴォルガ))[39]。「この年の基本的事実は、労働者階級の政治的指導のもとにあり、かれらの側についていながら、それでもある時期には動揺し、ときとしてクラーク経営を見習おうとする傾向があった農村の基本的大衆の大部分が、いまや最も決然たるやり方で、クラーク・富農上層をみずからの運命、自身の宿命へと委ねていることである。かかる転回は、政治局テーゼがまったく正しく指摘するように、コルホーズ運動に対する態度の決定的な変更に現れた」(スィルツォフ(シベリア))[40]。「もし農民に対する抑圧的措置の数を比較するなら、今年、抑圧措置は、反革命的集団とクラーク住民を除外すれば、昨年よりも著しく少ない。このことはわれわれになにを与えたか。自己の経営をコルホーズへと統合する社会主義建設の事業への貧農と中農の引入れの疑うべからざる強化である」（カバコフ（ウラル））[41]。「集団化は個人農経営が成り立ちえない規模にまで拡大するであろう。ここ一年のテンポはわれわれのすべての計画的提案をこえた」、「わがソ連の一連の州、とくに北カフカース、ヴォルガ沿岸、ウクライナのステップ地帯では、来たるべき一年半ないし二年のうちに農業の集団化を終えるであろう」（ガヴリーロフ（ウクライナ））[42]。「最近一年は、集団化発展の領域において並外れたテンポの年であった。それぞれの月が、こういってよければ、この点におけるわれわれの地平を根本的に変化させるようなありとあらゆる新しい資料をもたらし、並外れたテンポはわれわれに異例の急速な飛躍を示した」、「集団化の過程は異例の速さで展開しつつあり、とりわけ秋の播種キャンペイン時にはこの発展を日単位で、文字通り日単位で測ることができる」（S・コシオール（ウクライナ））[43]。農民の集団化に対する態度の根本的変化についての最も断言的な主張は、下ヴォルガのシェボルダエフから聞かれた。かれは四月総会の論戦では沈黙したが、直後の党協議会では「新しい調達方法」の実態についてシニカルに語っていた[44]。これらの機会にシェボルダエフの提示した集団化像は、「偉大な転換の年」および一一月総会での演説の内容から推論すると、スターリンに強い印象を与えたようにみえる。シェボルダエフはいう、「最近われわれがもつ集団化高揚の波を特別視する必要がある。コルホーズの発展は、第一五回党大会後、増大するテンポで進んだ。しかし、最近二―三か月の間に生起していることは、集団化発展の方途にかんするわれわれの観念を根本的に変えている。われわれがかつて集団化についてもっていた観念は、いまでは現状がわれわれに与えている事実にもはや合致していない。波があまりにも急速に高まっているので、数字は現実に間にあわない。同志カミンスキーが伝える数字は、沸き立つ農村で生起している現実生活をまったく反映していない。カミンスキーが、下ヴォルガでは八%、北カフカースでは一〇%の農戸が集団化されていると語るとき、これは現実をまったく反映していない。同志アンドレーエフはすでに、集団化による農戸の捕捉で二倍多い数字をあげた。下ヴォルガも同じで二五%である。八%と二五%の違いは、短期間で、最近二―三か月で達成された。まさにこの最近の波がわれわれを村、地区、管区の全面的集団化についての問題へと導いた。しかも、われわれはきわめて急速に個々の地区、管区だけにとどまらない全面的集団化へと進んでいる。下ヴォルガ地方《クライ》もまた一年ないし一年半後には全面的集団化地帯となろう。これは現地のわれわれにとっては完全に明白である。一部の発言者はこれらの特殊性をみないで、集団化の問題において過去の観念で生きており、全面的集団化が提起している新しい問題をみていない(45)」。

他方で地方代表者たちは、集団化に対する中農の態度に生じた「根本的変化」を必ずしも無条件に認めたわけではない。シェボルダエフさえも「中農の動揺」の事実を否定してはいなかった(46)。ハタエヴィチは、「あれこれの程度でクラークの影響下にある」分子の存在、「中農の一部の側からの一定の混乱(dezorientirovka)」を認めた。「農村で進行している巨大な破壊と再編は一部中農の間に一定の驚愕、一定の無理解とおそれを惹起しないではおかない。かれらの個人主義的本性は、かれらが数百年にわたり慣れ親しんできたもののすべての破壊に対して、病的に反応しないではおかない。われわれは何%の経営が播種地を縮小しているかを点検しようと試みた。これをはっきりさせることは難しい。しかしそれでも個々の数値は、農民経営の一二―一五%が播種地を縮小していると結論することを可能にしている。これは、クラークのほか、強力な中農の若干の部分も、自己の経営の縮小の途上にあることを意味する(47)」。スィルツォフは、集団化の現状に対する憂慮の表明において更に率直であった。かれは、「農村の基本的大衆の著しい部分」の「コルホーズ運動に対する態度の確固たる変更」と並んで、「社会的経営形態に対するきわめて多くの経済的不信」があり、「農民の小ブルジョア的本性がいまだ鋭く現れている」と語った。「コルホーズ運動における主要なことがこの〔貧・中農大衆の態度の〕転換によってなしとげられたと考えるなら、それは幻想であろう」。かれは、全面的集団化管区の先駆的実験として喧伝されたホピョル管区の強制的集団化と集団経営の惨状についてのコルホーズツェントル活動家バラーノフの報告を詳しく紹介した。[48] しかし党指導部は、指摘された事実は例外的・局地的現象であり「最小限の意義」しかもたないとして却下した。[49] それらは、工業化が直面する他の隘路・諸困難と同じく、運動の加速化と成熟によって克服されるべき「成長の困難」にすぎないのであった。[50] 農民大衆の自発的運動に随伴する混乱と無秩序を口実として運動の発展を抑止することは、労働者・農民の潜在力を過小評価する「右翼的日和見主義」へといきつく。必要なのは「下から」の運動の高揚を支持してその先頭に立ち、それに組織的に「正しく」適応する「上から」の積極性であった。スターリンがホピョル管区の集団化の惨状についてのスィルツォフの発言を遮って「すべてを「事前に組織する」ことができると貴下は考えるのか」といったのも、[51] それに対してスィルツォフが「いや私はそうは考えない。私は、いま発展しており、そこには自然発生性の巨大な割合が存するところの強力なコルホーズ運動のもとで、これは肯定的事実であるが、なんとしても必要なことは、組織性の任務を最も強く研ぎすまし、かつしかるべく位置づけ、自然流動性がわれわれのためにすべてをやってくれるという最も有害な先入見と闘うことであると考える」と返答したのもこの趣旨であった。[52] 貧・中農大衆の自然発生的運動の高揚は、もはや不動の前提であった。一一月一五日付の『農業新聞』でシェボルダエフが述べたように、ホピョル管区の全面的集団化のスローガンは管区組織の予想だにしなかったところであり、それは貧・中農大衆の「真に大衆的な、ひとりひとりの運動」となったのである。[53] では、運動の自然発生的高揚あるいはそれへの農民の自発的参加という前提が、いかなる根拠あるいは指標に基づいて設定されたのか。ひとしくいわれたのは、中農のコルホーズへの態度の「根本的転換」が「最近数か月」に、しかも主として穀物調達地区で生じたとする、「転換」の時期的・地域的特定性である。かかる特定性は、「根本的転換」と穀物調達キャンペインとの濃密な関連、「転換」の機序の形質の規定要因としての「最近数か月」の穀物調達の意義を強く示唆するものである。

この時期の穀物調達のもつ政治的意義について、総会で包括的に論じたのは、調達行政の責任者ミコヤンであった。すでに直属上司であったルィコフとの政治的訣別を鮮明にしていたかれは、自信満々、地方報告を総括するとともに、地方代表が調達や集団化の現実についておこなった一定の留保をすべて払拭し、スターリン派(およびその支持基盤としての党機関)を党そのものと同義化して、一九二九年八―一一月の調達が「右派」の政治的破産と「党の勝利」とをあますことなく証明したと断言した。(54)「最近数年の党のあらゆる成功のなかで穀物調達の成功は、最も重要かつ最も教訓的であるということは正しい。党は、右派の確言に反して、穀物輸入なしで乗り切っただけでなく、八―一一月のほぼ四か月間で年次計画のおよそ九〇%を達成した。ソ連全域で調達はまだ完了していないけれども、穀物調達の政治的総括をおこなうことはいまや可能である。成功の最も主要な条件は、私見によれば、党が最初から、穀物調達の指導において完全に明白で揺るぎのない路線をとったことである。われわれはこれを、党の手が右派政治局員のさまざまな動揺と闘争によって縛られていた既往の調達においてはもっていなかった」。前節でも触れたように、ミコヤンは、貧農の動員、中農との同盟の強化、クラークに対する「短期の集中的打撃」などにおいて「決定的役割」を果たした人的要因が、農村外から投入された党カードル、労働者派遣隊の大部隊であることを力説する。すなわち、この勢力が「この穀物調達キャンペインにもち込み、調達の成功を保証した原則的に新しいもの」とは、村の調達計画をめぐる「すべてのソヴィエト的社会組織の動員」であり、七―一〇%の経営を対象とした「穀物調達の個別課題」であり、「予約買付契約」の広範な普及であった。他方、党は、「個別課題」を中農に、また貧農にさえも拡大適用することに対して断固として闘い、農民の政治的分化(政治的勝利)をかちとり、そのことが調達の成功(経済的勝利)を保証した。(55)そしてこの「農村における党の政治的勝利」こそが、調達から集団化への転換をも保証したのである。「総括するにあたり、われわれはつぎのように無条件に確言することができる。われわれは、調達計画の完全な遂行――それは党の勝利である――をもって終ったし、また終りつつあるだけではない。穀物調達の成功とともに、われわれは、プロレタリアートと農民の基本的大衆との結《スムイチカ》合の強化、この結《スムイチカ》合の生産的軌道への移動、このことに関連してコルホーズ運動の嵐のような高揚をかちとり、われわれと中農との提携《ブロック》における貧農の意義と指導的役割を高め、農村におけるクラークの影響の意義を大いに弱め、ソヴィエトおよび党装置を点検し、腐敗したクラーク分子あるいは異分子からそれらを浄化し、クラークに対する闘争の事業において主要なソヴィエト・党カードルを引き締め、貧・中農大衆を組織しかれらを社会主義建設の事業に向けて動かす手腕を教え込んだ。革命のいかなるときにも、これだけの真に最良の党勢力、約一〇万のコムニストが穀物調達に参加したことはなかった、といっても誇張ではなかろう。これだけの数の最良のプロレタリアが都市から農村に投入された。そして党が最近の穀物調達キャンペインで成功したほどには、これまでわれわれは農村の下部の点検と揺さぶりのために深奥な活動をおこなったことはかつてなかった。数名の責任あるコムニストと非党員労働者とが投入されなかった村、小フートル、農業共同体はひとつとしてなかったと誇張なしにいうことができる。かれらは数か月にわたり、これらの村、フートルで活動し、穀物調達計画の成功裡の遂行だけでなく、全社会主義戦線の強化をそこから引きだした(56)」。

ミコヤンが強調したように、八―一一月の調達の「成功」と中農大衆の集団化への態度の「根本的転換」において主導的役割を果たした要因が農村に投入された大量のコムニスト、「最良のプロレタリア」による組織活動であり啓蒙と説得であったとすれば、それは、「転換」の本質をなすはずの農民の自発性が「外挿」に対する受動的適応以上のものではないとの印象さえも与える。たしかにミコヤンの議論の展開においては、基軸は「党」あるいは党を核とする農村外から投入されたプロレタリア勢力であり、農民、ソヴィエトなど農村諸組織の役割は周辺的であった。しかしなおもかれは、都市と工業地区から「党」を核として派遣された大部隊と農民の大多数との間に「社会的合意」が成り立ったことに疑問の余地を残さなかった。ミコヤンによれば、この調達キャンペインがコムニストと農民社会との直接的接触の最初の機会となり、コムニストの工作(農民層の政治的分化のための働きかけ)によって農民大衆はみずからの進むべき道を理解し、穀物の自発的供出に同意し、経営の集団化を最終的に選択したのである。ゆえにこうしたかれらの態度の転換は、「結合」の解体ではなく、「結合」の新しい段階を標示するものにほかならないのであった。ミコヤンは、クラークの問題、非常措置、オゲペウなどの強制装置の役割には深入りを避け、党と労働者の大部隊の展開を、強制装置とは系列を異にする「社会的」次元の運動として描いた。これは、農村の政治的現実から乖離した説得力を欠く説明であった。かれは、調達現地に展開した大量の農村外勢力が、党機関を核とする非常権力の出先としての全権代表により一元化され、全体として国家的強制の一翼として作動したという現実を総会出席者に向けて明示しなかった。しかしすでにみたように、党、労働者の大部隊が集中的に投入され、農民のコルホーズへの態度の根本的転換が認知された一〇月を中心とする数か月の調達過程を特徴づけたのは、穀物をめぐる権力と農民の政治的緊張の昂進であった。一方では農民の穀物供出意欲の減退と権力に対する不信と抵抗の高まり、他方では至上命令としての穀物調達テンポの加速化、そこでは、合意形成のための地道な活動の余地は閉ざされていた。ミコヤンが看過したところの、この時期以降顕著になる調達過程への強制装置の本格的介入は、事態の困難性を裏づける事実である。かかる状況のもとでは、投入された勢力の活動と農民の間に「社会的」合意が成り立つ可能性は殆どなかったであろう。農民の突出した反対行動には反クラーク的措置の延長上に仮借ない弾圧が加えられ、そうした威嚇のもとに農民は供出に、更には集団化に「合意」した、この一般像が真実から遠くないことは、総会でシベリアでの調達活動について総括したスィルツォフの発言、「クラークを強く叩くところでは穀物はきわめて容易にでた」によっても察知できる。[57] ここで確認される文脈は、政策目的達成の先行条件として「クラークを強く叩く」行為があり、それを背景として初めて大量の穀物の集積、かれらの表現によれば、貧・中農の「自発的」供出が確保されえたという「ウラル・シベリア方式」の初発の理念が想定した機序を逆転した、したがって「社会的」方法としてはまったく妥当しえないところの前後関係である。現実に存在したのは、下からの貧・中農の大衆的運動の延長上における「クラークを叩く」行為あるいは「非常措置」ではなく、非常権力による反クラーク的強制措置の適用あるいはその威嚇が貧・中農大衆の「社会的支持」を状況的に(スホードの決議という形式をとって)創出したという機序であった。

「新しい」方法のもとに現実化した「結合」の解体は、権力と農民との「新しい」関係、命令と従属の上下関係を確定し、それに照応する制度的変形を統治構造と農民の双方に生みだした。もはや農民は「結合」理念において想定されていた対等の当事者ではなく、コルホーズという組織形態を通じて党あるいはプロレタリアートの圧倒的指導に服すべき、またその指導に服さない場合には強制力発動の可能性が留保さるべき下位集団へと降格された。変形した関係のいまひとつの制度的反映は、党の質的変化に凝縮されるところの、統治構造の変容であった。「新しい方法」の主張する社会性は国家的強制の外被となり、なおも固執された社会性の形式は、逆に合法性に拘束されない権力の恣意的空間を生みだす。それは、党組織が穀物調達の経験の延長上に集団化の政策決定のみでなくその実行にも全責任を担うという決意の表明によって、調達の現場において生じた党機関と強制装置との癒着を核とする非公式権力の超越的支配を全体制的規模に拡大する、ソヴィエト的合法性への復帰とは相容れない制度的変形へと連動した。このような変形は、ソヴィエト・システムを空洞化するのみでなく、党そのものの固有の性格に解体的に作用しないではおかなかった。ミコヤンのいうところの「党の勝利」は、その意味において、「党の敗北」、レーニンのいうところの「党の没落」[58] へと通ずるのである。

一〇月を中心とする数か月の穀物調達は、党と農民の相互関係と統治構造の両面におけるこのような変形が決定的様相を帯びた段階であった。それは、調達から集団化への局面の急激な移動が穀物調達地区において突出する時期とも一致する。この「結合」解体から集団化の新局面の到来への直接的連動は、急進的集団化がもった客観的意味性、すなわち「結合」の解体という帰結の積極的受容というその真の意味内容を開示するであろう。「結合」理念に内包された当事者としての対等性、ならびに交渉、対話、説得と啓蒙といった要素は、強制装置を背後にした威嚇と紙一重の性急な宣伝と動員とによって放逐される。党指導部はこの方法によって獲得された農民の黙従を、「新しい方法」による調達経験のなかから農民統治の新しいあり方、「結合」の新しい形態を探り当てた証左として喧伝した。農民はいまや勝者の自由な操作へと委ねられた降伏者であり、党指導部は、農民の反応に現れた表層的・状況的変化にすぎないものをコルホーズ建設の大道への農民大衆の選択という根本的変化と同定した。この好機を逸するな、これこそが「上からの革命」の急発進を号令した一一月総会の結論にほかならなかった。(59)

一一月総会は、先行する四回の党中央委員会総会における核心的争点であった非常措置の問題を「決着済」として討論の主題から除外した。たしかにそれは、事実関係としては、一九二九年夏の「新しい方法」の制度化とその後の適用過程において決着がついていた。イデオロギー的にも、「階級闘争激化論」(前述のように一九二八年七月の党中央委員会総会でスターリンが開陳したものである)の浸透とともに、建設の進行に伴い激化するとされる階級敵(主としてクラーク)の抵抗打破のために国家的強制を採用することについての心理的抵抗は多分に減退していたであろう。とりわけ農村にかんしては、工業建設の熱狂のなかで、また農民の動向についての情報が厳しく規制され、農村情勢に敏感に反応していたブハーリン派の影響力が著しく減退した条件のもとでは、権力の恣意的行使の結果生じた農村の不穏な情勢に対する関心は薄れ、批判は影響力を弱めたはずである。しかし同時に、国民の大多数を占める農民が深くかかわる集団化政策の局面においては、恒常化した非常措置が看過できない理念的問題をいまだ提起し続けていたことも事実である。かかる理念上の問題はスターリン指導部の革命的正統性にかかわるものであり、それに一定の回答を与えるために、旧「右派」の最終的粉砕とともに、非常性を喪失した非常措置を「結合」理念の枠組のなかに整合的に位置づけ、理論的に正当化する作業が最終的課題として残された。

このような非常措置にかんする理論的操作の試みの先例としては、前回四月の中央委員会総会におけるスターリン演説があげられよう。しかしこの場合においては、スターリンによる非常措置正当化の論法は、東部地区に適用されるべき一時の便法としての「ウラル・シベリア方式」の適用が「ときとして非常措置に結びつくことがある」という、多分に消極性を残すものであった。[60] 四月総会での未修正生演説には、これより一歩進んで「播種のあと部分的に非常措置を適用しなければならない」大きな可能性を容認するかれの発言が残されている。「われわれの目的と任務は、もし可能でありさえすれば、非常措置を適用しないことである。〔それは〕最終最後のぎりぎりの段階まで差し控えられる。しかしもし他の手段がないとするならば、そしてわれわれが外貨を手に入れる必要があるとするならば、自己課税の手順で穀物を獲得する可能性がないとするならば、この仕事に村の多数者を引き入れ、村の多数者を政治的に教育してクラークに対抗させたうえで、部分的に非常措置に依存しなければならない」。[61] しかしここでもスターリンは、消極的正当化の限界内にとどまる抑制的態度を崩していない。

このような経緯に照らせば、一一月総会は、非常措置が消極的正当化から積極的正当化の域へと飛躍する転機となったといえるであろう。前回四月の総会まで党指導部の心理と行動を多かれ少なかれ拘束していた非常措置に対する抑制は、同総会の議事を経て、いまやすべて解除されることになる。かかる思考の転換は、集団化政策に「階級としてのクラークの絶滅」を導入する大道を敷設するであろう。ここで大きな役割を果たし、「転換」を総会で宣言することになったのは、一一月一三日の農村問題担当党書記モロトフと書記長スターリンの演説であった。しかしいかに強力であろうと、それを単なる個人の新機軸や変節の所産とすることでは転換の機序を説明するのに十全とはいえない。ここでもまた、さまざまな主観的・客観的要因の相互作用が思考の転換に向けて作動した。この意味では両指導者の演説は、なによりも客観的過程の生みだした既成事実の追認という性格を色濃くもつ。そして思考の転換を促した直接の背景としては、非常措置に対する抑制の解除を事実上確定した一九二九年四月の総会から一一月総会前夜までの約半年間の穀物調達の錯綜した過程、そこから政治権力と農民のそれぞれおよび両者の相互関係に生じたさまざまな変形をあげなければならない。とくに一一月総会直前の数か月の穀物調達の経験は、党指導者の思考の転換を直接的に規定した局面として格別の意義をもつ。この時期の穀物調達の経験の意味するところは、四月総会後から始まり七月を起点とする新調達年度に入って更に加速された、非常措置に対する抑制解除の趨勢の不可逆的確定化、換言すれば、非常措置が政策目的達成の決定的方法としての地位を政策体系のなかで確固として獲得したことであった。方法がもたらした調達の記録的成果は、方法を確定した帰結として受容し、「結合」への復帰という選択肢を最終的に放棄する心理を調達活動を直接担当した地方党組織指導者たちに植えつけた。この時期調達地区において突出する集団化の急テンポ化、「中農のコルホーズに対する態度の根本的転換」という状況認識は、中農との「結合」を最終的に断念することの事実上の表明にほかならなかった。そして一一月総会は、それを公的に認知する機会を提供したのである。

右のような状況を背景として、そしてブハーリン派のイデオロギー的清算と非常措置の評価をめぐる理論上の要請との深い結びつきのゆえに、一一月総会でのブハーリン、ルィコフ、トムスキーら旧「右派」三人組《トロイカ》に対する攻撃は、今まで以上に激しいものとなった。クルプスカヤら少数の不協和音を除けば、総会での発言は、「右派」に対する非妥協的攻撃において唱和した。攻撃は、かれらによる「自己批判」声明のあとにとくに激しさを増した。一一月一二日の会議でルィコフによって読み上げられた声明は、形式においては、それまでの自派の主張を撤回し、一一月総会の路線への忠誠を表明する、スターリン派に対する「降伏文書」であった。しかしそれはみずからの過去の論点の一部留保を含んでいたために、降伏ではなくつぎなる攻撃を準備するための一時的退却、「新しい分派的綱領」(スターリン)と烙印された。(62) 声明は、トロイカを党指導部多数派と同格の当事者と位置づけるその形式においても、いまや党機関を党と同値化したスターリン指導部にとって許しがたい、「統一した中央委員会を否定」し、「ボリシェヴィズムといかなる共通点ももたない」分派的文書であった。(63) とりわけスターリン指導部の憤激を招いたのは、それが過去二年間の党中央委員会総会において一貫して核心的争点であったという事情、およびスターリン派の革命的正統性の機微にふれるという問題の微妙な性格上当然ではあったが、非常措置(あるいは「新しい調達方法」)の評価についてブハーリン派が示した留保的な(スターリン派からみれば「欺瞞的な」)態度であった。そこには、スターリン指導部にとって到底容認できないふたつの立論が含まれていた。ひとつは、ブハーリン派とスターリン派の見解の基本的対立点を非常措置の「適用」という政策実行の具体的方法に局限し、政策そのものについては、非常措置も含めて、根本的相違はなかったとする具体的方法を政策から遮断する立論であり、いまひとつは、「新しい調達方法」をめぐる一九二九年四月総会の論戦における右派の主張の全面的撤回を留保したと受け取れる立論であった。第一の立論について声明は、「われわれは五か年計画、集団化はもとより非常措置それ自体についても反対したことはなかった」、反対したのは、非常措置「適用」の問題について、あるいは「長期のシステムとしての非常措置」に対してであった、かくして「政治局および中央委員会多数派とわれわれの基本的不一致は、非常措置適用の問題についての不一致であった」と述べる。第二の立論については、「長期のシステムとしての非常措置の適用が中農の著しい層にも不可避的にふれることを懸念して、われわれは過ぐる(一九二九年四月)中央委員会総会においてその適用に反対した。まさにこのことに中央委員会および政治局の多数派とわれわれとの不一致があった。われわれがこの場合依拠したのは、非常措置の過去の経験だけでなく、中央委員会自身がこの経験から引きだした結論であった」。ここでいう「結論」とは、非常措置の廃止を定めた一九二八年七月の総会決議を指す。声明はまた、一時的な非常措置の評価についても、それが国家に穀物フォンドを保証した一定の効果を認める一方で、「地方によっては中農の若干の層のなかに不満を引き起こし、この部分を抵抗するクラークの側に追いやり」、農業計画の「若干の不履行」をもたらしたとその否定的側面をつけ加えた。「四月総会でわれわれが提案した党の路線実行の方法をとれば、より苦痛の少ない方途によって望ましい結果が得られたのではないかとわれわれは考える」。つまるところ声明は、明言はしなかったものの、スターリン派が「結合」の新しい形態であると主張するところの「新しい調達方法」それ自体を、「最悪の非常措置」、「常態化した非常措置」、「長期的システムとしての非常措置」、「クラークではなく農民に対して向けられた非常措置」と非難した四月総会における自派の見解を、その当時においては正当であったと弁護したのである。(64)

翌一三日のモロトフの演説は、直接的には、トロイカの声明に体系的反論を加え、かれらの政治的粉砕を目指すものであった。(65)しかし同時にかれは、声明の含むふたつの立論のうち第一のものの論駁に基礎をおきつつ、そこから非常措置を積極的に正当化する作業へと取りかかった。対立の基本点を「方法」すなわち非常措置適用の問題に局限しようとするトロイカに対して、モロトフは、非常措置をめぐる対立が政策全体における対立から切り離すことができない普遍性と原則性をもっと主張した。「政策の実行(「具体的方法」)と政策そのもの(「総路線」)とを分かつことはできない。われわれは、全連邦共産党の政策が、われわれが今年実行した実際的措置なしでは、なによりもまず、資本主義分子に対する攻撃の措置の全体系なしでは、存在しないことを明確に知っている」(傍点は原文では下線)。モロトフはこのように述べて、非常措置を政策の「全体系」の一環へと位置づけた。かれは、四月総会における対立をもっぱら非常措置の適用の問題のみに還元するトロイカの主張を「全面的虚偽」と攻撃して、不一致が工業化のテンポ、集団化の発展、クラークに対する攻撃、官僚主義、党内民主主義、コミンテルンなど広範囲に及んだと論駁、四月総会におけるブハーリン派の論法を逆用して、非常措置をめぐる対立が多くの争点のなかの核心であると論じた。かかる核心性は、モロトフによれば、非常措置の問題とすべての争点の根源にある階級問題との不可分の結びつきによるものであった。その意味において、非常措置をめぐる対立は「具体的方法」についての不一致に還元させることのできない、普遍的・原則的意義をもつ。しかるに「右派」指導者は、階級問題を明確に提起しようとしないで「欺瞞的に基本問題を回避し、「制度としての非常措置」適用の問題についての不一致にかんする偽善的論議によって基本的不一致をごまかそうと試みている」、「事実かれらが「非常措置」に反対を提起する場合、かれらは「制度としての非常措置」に対してだけでなく、クラークに対する強化された攻撃の政策に対して、資本主義的分子に対する展開された攻撃の政策に対して反対している」。非常措置に対する反対と反資本主義的攻勢に対する反対とをこのように同一視するやり方は、非常措置を反資本主義的攻勢の全体系の構成要因として積極的に正当化する論理へと容易に転化された。「最近一年の状況におけるいわゆる「非常措置」——これは、全戦線にわたり展開されたクラーク、ネップマンに対するプロレタリアートの攻撃の政策の構成要素にほかならない。資本主義分子に対して強化された攻撃を組織的におこなうために、われわれが過ぐる一年採用し、また現に採用している措置がいかに多様かは周知のところである。非常措置はそれ自体独自の性格(drugoi kharakter)を帯びた。いま非常措置の問題についての不一致に隠れて、右派指導者たちは、遠回しにわれわれの資本主義分子に対する攻撃を狙い撃ちしようと策動している。しかるに党により実施された「非常措置」に対する態度において政策もまた試されたのである。これらの措置に対する態度と、基本的問題、すなわち若干の非常措置の適用を辞することなく資本主義分子に対する攻撃に進むか、それとも退却するかについての回答とは、分かちがたく結びついていた」(傍点は原文では下線)、「右派との具体的な不一致のすべての点をひとつの問題に還元させるなら、それはつぎの点にあるだろう。すなわち、必要な場合、労働者・赤軍のための穀物を受け取るために、五か年計画実現のために、プロレタリア革命の全事業を強化するために、非常措置適用の前に停止することなく、全戦線にわたり資本主義分子に対する攻撃へと進むか、それとも攻撃に進むことなく日和見主義的に自己の方針を階級敵の怒れる反撃の前に曲げるかである」[66]。

同日刻のスターリンの演説は、トロイカ声明の立論の第二点、すなわち四月総会時における非常措置批判の正当性をブハーリン派が留保した部分に攻撃の矛先を向けた。それは短く即興的ではあったが、内容においてはモロトフ演説に劣らない政治的重要性を有するものであった[67]。非常措置正当化の論理構成としては、モロトフが政策体系全体との関連においてそれを企てたのに対して、スターリンはもっぱら問題に内在させて議論を展開する。スターリンによれば、声明の起草者は非常措置について恐怖を抱いて語っており、このような自由主義的《リベラル》・ブルジョア的恐怖は、状況全体の無理解、階級と階級闘争の問題におけるマルクス主義的立場からの逸脱、「わが党」のクラークに対する攻勢の「完全な無理解」に由来するものであった。「右翼偏向者」の根本的誤謬は、一九二八年の非常措置と一九二九年四月以降、つまり「新しい方法」の導入以降の非常措置との間にある質的相違を理解しないで両者を同一視したことにある。これはスターリンが新しくつくりだしたきわめて欺瞞的な論理にほかならなかった。「去年なにがあったのか。穀物投機をおこなった者に対する法典の周知の条文の適用。これはクラークを見極める(poshchupat' kulaka)

試みであった。それ自体攻撃でさえなく、行政的実際に基づいてクラークを見極める試みであった。広範な人民大衆、貧農と中農の参加はなく、クラークに対抗するかれらの組織化もなかった」。現在の非常措置はこれと「似たところはなにもない」、「右翼偏向者」は「非常措置に反対する場合、今年適用された非常措置を去年適用された非常措置と同一視している」。しかるに今年の非常措置は、「数百万の貧・中農大衆によって適用される措置(クラーク層に対する貧農と中農の大衆的攻勢)」なのである。未修正生演説では、かれは、都市から農村に送られた労働者、なによりも労働者派遣隊が果たした主導的役割を強調した。「新しい調達方法」の本質は、貧・中農大衆の合意形成の「新しい」方法という意味での「社会的方法」であり、非常措置(スターリンはもっぱら刑法の発動を念頭に置く)は、この運動を補完するごく一部分でしかない、「問題は法律にあるのではない、法律は十分の一、百分の一である」。これこそがスターリンが提示した(そしてやがて教義化される)非常措置の積極的正当化の精髄であった。すなわちかれによれば、非常措置を恒常的制度に転化することを非難した去年の党中央委員会総会の決議(スターリン自身一九二八年一一月の総会時までは非常措置恒常化の企てを非難していた)は、古い方式の非常措置(すぐれて行政命令的な措置)に関するもので、古い非常措置を今年の新しい方式の非常措置、数百万の貧農と中農の下からの反資本主義的志向をもつ運動によって支持され、クラーク層に対するかれらの攻勢、大衆的コルホーズ運動の構成部分であるところの非常措置と同一視することは、臆病かつ欺瞞・偽善も甚だしい誤りなのである。以上のようなスターリンによる非常措置の積極的正当化は、非常措置と「結合」をその本質において相反的にとらえた従来の論戦の大前提を最終的に覆すことによって、論戦そのものに終止符を打つ意義をもった。いまや「新しい方法」における非常措置は、貧・中農大衆を主体とする「下から」の社会運動から切り離すことのできない、かれらの自発的社会運動の構成部分、反クラーク的志向をもつ大衆的社会運動の補強部分として適用され、それゆえに「結合」を侵犯するどころか補強し実現する手段であり、その意味において積極的に正当化されるべきであった。かかる論理が現実的妥当性をもつためには、いうところの農民大衆の社会的運動が貧・中農大衆対クラークの政治的分化として具現することが大前提であるが、スターリンは、都市からのコムニスト、労働者の大量派遣による貧・中農の大衆的組織化によってそれが実現し、貧・中農は自発的に党の路線のまわりに結集しクラークなる少数者に対抗したと主張する。農民の基本的大衆は、党とプロレタリアートの指導のもとで、全戦線にわたる「社会主義的攻勢」に参加している、穀物調達の成功、とくに一〇月の記録的達成、それを転機とする大衆的集団化の高揚は、この政治的分化実現の証左にほかならない。「新しい方法」を農民大多数の自発性発現の場とする規定に対する異論、それを「全体としての農民」に対する非常措置として批判するところの、四月総会におけるブハーリン派の批判はすべて「右翼的謬見」として拒否されることになる。(68) スターリン時代に特徴的な集団化史の神話化の原点をここにみるであろう。かかる虚構を真実とする解釈を維持できるのは、非常権力とそれを統括する党機関の至高の権威のみであった。指導者崇拝と歴史の神話化とは表裏一体となり進行する。かくて構築された非常措置正当化の論理は、集団化政策へと応用され、過酷化されたクラーク弾圧を政策の積極的構成部分に組み込む、前述の「三位一体化」の完結へと結びつくであろう。集団化は、プロレタリアートに導かれた貧・中農大衆自身の「社会主義的攻勢」であり、その途上において命運が問われるクラークなどの旧資本主義分子の必死の抵抗による階級闘争の先鋭化に比例して、非常措置もまた過酷化するであろう、こうして集団化政策の構成部分としての非常措置には、「階級としてのクラークの絶滅」という極限化の表象が与えられることになる。(69)

一一月一五日、コルホーズ建設を議題とする討論は最終日を迎えた。カミンスキーによる結語に先立ち、ベレニキー(フレボツェントル)、モロトフ(農村問題担当党書記)、ガヴリーロフ(ウクライナ・コルホーズツェントル)が登壇して、それぞれ穀物地区党組織代表の熱狂的立場を全面的に支持した。ベレニキー演説の基調は、穀物地区党組織の熱狂的思考に対する協同組合組織の賛意の表明であった。かれは、農業の機械化が「発展の初期段階」にあるにすぎず、しかもその範囲内でも重大な人的・物的欠陥をもつという現状を指摘した。にも拘らず、ベレニキーは、それらを集団化の急テンポ化の抑制条件とみる合理的思考からは撤退して、穀物地区党組織の熱狂的立場に同調する。「昨日同志アンドレーエフ、同志シェボルダエフが集団化のテンポにかんしていったことは、われわれ農業協同組合活動家の間にいかなる疑念も呼び起こしていない。われわれは、来たるべき一年半ないし二年の間に穀物および原料地区の圧倒的多数の農民がコルホーズに統合されるであろうと信じている」、「若干の同志は集団化のこのようなテンポがコルホーズの質的側面に否定的影響を及ぼすと懸念しているが、これは完全に間違っている。もとより、われわれは来たる数年、コルホーズの組織的掌握と役務の仕事で巨大な困難を経験するであろう。われわれは来たるべき二年間はまだ新しい技術的土台を十分にはコルホーズに導入できないであろう」[70]。このようにかれはいくつかの留保をおこないつつ、そのうえで急テンポの集団化への支持を改めて表明した。「しかしこのことは、コルホーズの予見される量的発展がコルホーズ建設に否定的に影響することを意味しない。反対に、運動の巨大な勢いは、コルホーズ建設を著しく高い程度へと引き上げる。まったく明らかなことは、大衆的集団化がその発展の初期段階においてすでに農業における生産力の高揚を著しく速めていることである」。ベレニキーは、むしろ農業の技術的・経営的改良が加速的集団化によりもたらされるとさえもいった。「ホピョル管区で生起していることはこの点できわめて教訓的である」。これはある意味で皮肉で自虐的な例示であった。なぜなら同管区での集団化の惨状は、スィルツォフが総会参加者に周知したように、バラーノフによって詳細に伝えられていたからである[71]。

続くモロトフの演説は、かれの権威ある地位と内容とから判断して、急テンポ化、全面的形態、クラーク絶滅を構成要因とする集団化の新しい段階、すなわち「上からの革命」の到来を告知し、その国民的規模での発進を合図する、事実上の議事総括の意義をもった。二週間後、それが、党中央発行の権威ある理論誌『ボリシェヴィク』に公表されたことは、かれの演説の別格性を裏づけるものであった。[72] 演説の内容は、集団化政策に遠大な新機軸を打ちだすものではなかった。むしろその特徴は、主として穀物地区党組織代表から表明された集団化への熱狂を、それらに対して実在あるいは潜在する反対、懐疑、留保を払拭したうえで、一般政策へと集約し、加速的集団化を工業建設と同値的に並置して社会主義経済建設を「歴史的最短期間内で」(総会決議)達成する急進的経済戦略の構成部分として認知し、それらの実現における党の主導的役割を再確認することにあった。モロトフは冒頭、レーニンの内戦時の論文のなかの、小商品生産者を廃絶するうえでのプロレタリアートの組織者としての役割の重要性、およびかかる役割を果たすため必要な前衛党内部の「最も厳格な中央集権と規律」を説いた部分を示唆的に引用しつつ、「今日の問題」としてのコルホーズ建設について、つぎのように述べた、「展開しつつある農民経営の真に大衆的な集団化の時期において、プロレタリアートの組織者的役割はことのほか重要となる」。[73] モロトフは、集団化の嵐のような発展がしばしば即刻の解決を求める多くの困難な問題を提起したにも拘らず、これら「絶対的に成熟し絶対的に焦眉の、われわれの側からの最も積極的かつ断固たる措置を求めている今日の問題」が総会の討論に十分に反映されなかったことを遺憾とした。「このことは、直近のコルホーズ運動に病的に反映しかねない。このゆえに、今後、これら焦眉の問題に注意を向け、今日の問題に特別の注意を向けることが必要である」。しかし「すべての者はこのテンポがきわめて急速であり猛烈であることを認めている」のに、「われわれの活動のテンポ」は「官僚主義」のゆえにそれからおくれている。農民の自発的運動におくれをとらないためには、「われわれの機関、コルホーズ、協同組合から農業機関、ソヴィエト、労働組合、果ては党組織そのものに至るまでのすべてのわれわれの機関からの官僚主義分子の除去に断固として着手することが必要である」。このようにかれは、党機関を核とする非公式の権力のもとに統治システムを一元化する穀物調達の組織的経験をもちだすことで、集団化の基本的駆動力の所在を示唆した。

党の中心的役割の強調は、続くテンポの問題にかんするかれの議論に指令的色彩を与えた。「われわれの集団化のテンポにかんする議論は、できるだけ実践、事実に合致しておこなわれるべきである。しかるに殆どの場合われわれは、実生活からきわめておくれている。われわれにとって争う余地のないことは、集団化が極度に急速なテンポで進んでいること、このテンポがますます強化されていること、真に猛烈なテンポであることである」。北カフカースはその典型であった。「北カフカースの集団化をわれわれが一九三〇年夏に基本的に完了することを私は個人的に疑わない」。一九三〇年には集団化は一連の州で勝利するであろう。モロトフは、「勝利」がコルホーズ運動の「形式 **(forma)**」の勝利にすぎないことを認め、形式の勝利に続いて「コルホーズを農業の真の社会主義的細胞とするための多くの年月」が必要であることを否定しなかった。にも拘らず、「形式」の勝利の獲得は緊急の任務であった。「今日の条件のもとで集団化の五か年計画についての話し合いに従事することは、不必要な仕事に従事することを意味する。主要農業地区・州にとって、集団化のテンポにはあらゆる格差があるものの、いま考えるべきことは、五か年計画ではなく来たるべき一年である。いま一度より多くの注意を今日の必要と任務に、一九二九年末と一九三〇年初めの任務に、ここにわれわれの主要な任務がある」。モロトフはこの観点から、春の播種キャンペインが集団化にとってもつ極度の重要性を力説する。九〇〇〇万プードの不可侵備蓄がすでに準備され、穀物調達計画は近く一〇〇%完遂されよう、「これは春に、春の播種キャンペイン時に、われわれが組織的側面からみて農業にとってまた集団化にとって排他的に好ましい時期、われわれがもつことができなかった時期をもつことを意味するであろう（会場からの声――その通り!）。もしわれわれが勢力を播種キャンペインに集中し、ボリシェヴィキ党が自己の勢力を真に春の播種地に差し向けるなら、諸君はわれわれがなにをもつことになるか考えてみたまえ。われわれは目覚ましい事業をなすことができよう（会場からの声――その通り！）。これは、ソ連のコルホーズに対して決定的勝利をもたらすことができる、真のボリシェヴィキ的春まきキャンペインとなろう。春まきキャンペインの最大の意義はこのようなものである。この播種キャンペイン時に、われわれの勢力が、いわば解き放たれ、農村の経済的高揚の組織化と集団化とに、このような数で、このような勢いで……（コシォール――そして活動の知識をもって）――まったくその通り、そしてこれまでにないほどの活動の知識をもって向かうときには、このキャンペインにおいて一連の大農業地区の全面的集団化の問題が解決され、ソ連全体の集団化の問題はまったく新しい展開をみせよう」。「もし事業がこのように進むとするならば、コルホーズ運動の任務を審議するに際しては、五か年計画についてではなく、一九二九―三〇年冬の残された数か月について考えよう。一一月、一二月、一月、二月、三月が春まきキャンペインの準備のためにわれわれに残されている。この四か月半にわれわれは巨大な活動をしなければならない。われわれの活動を、とくに農村と直接結びついた組織化の活動を、われわれが貧農と中農に対して、またコルホーズ、ソフホーズに対して、春のキャンペインを経済的高揚と集団化のために最大限に利用するよう実際に支援すべく組織しなければならない。帝国主義者諸公がわれわれを直接攻撃することを決めかねている間に、われわれは数百万の農民の経済的高揚と集団化における決定的前進のためにこの機会を利用しなければならない。それゆえ、来たる数か月、数週間、数日間を、われわれは、事業、われわれの前に身の丈いっぱいに現れている事業、新しい任務の好機を逸しないために利用しなければならない」[74]。

モロトフは、集団化の加速化が先鋭化するに違いない集団化の物的・技術的基礎の問題についても、伝統的思考から大胆に飛躍し、農民資産のコルホーズへの直接的動員こそがコルホーズの物的基礎を充実するための最重要の即効的手段であると力説した。コルホーズ建設の急テンポ化を前提する以上、また国家的援助に多くを期待できない条件のもとでは、さらには農業信用による農民蓄積活用の不満足な実績からすれば、「農民資産のソヴィエト的動員」のほか選択の余地はない。「ソヴィエト的動員」とは、農民の個人資産とくに生産手段(家畜、農具など)を集団化の急テンポ化に照応して固定資本として活用すべく直接「社会化」する政策であった。すでにカミンスキーはみずからの報告において、農業信用を回路とする農民資金の吸取の不満足な現状に鑑みて「大集団的生産の発展に基づき、農民資産を新しく動員し組織する」可能性について語っていた。(75) モロトフは、可能性の問題を緊急に実行すべき現実問題の次元へと移して、コルホーズ建設の焦眉の問題と位置づけた。かれによれば、「コルホーズの社会化フォンド(obobshchestvlennyi fond)」は「コルホーズ運動の心髄(dusha)」であり、「社会化フォンドの成長とそれらの性格」こそがコルホーズ運動の成功の判定基準となるべきであった。「社会化フォンドとは農民の資産をソヴィエト的・社会主義的に動員することをいう」、「わが国で展開されている大衆的コルホーズ運動は、農村の社会主義的再編のための農民資源の大衆的動員である。まさにこのことによって、農民資産の動員の問題は、いままったく別のかたちで現れている」。かれは、コルホーズ運動が「最も広範な大衆的運動へと転化した」結果、「最近一年」この問題に「根本的変化」が生じたと語った。「集団化は国家の全力をあげた物的支持のもとで進行したし、また進行しなければならない。しかしこの物的支持はわれわれの貧しさのゆえに大きなものではありえない」。他方、「数百万の農民経営がコルホーズに入る以上、コルホーズにより社会化される財産へと投入される農民の貨幣《コペイカ》、正しくは、農民の資金からなる社会化フォンドは総計では巨額になる」。「真の農民資産の動員」は、農民の貨幣ではなく「生産手段の動員」である。それは「大部分の場合貧弱で、時にはまったく貧しいが、総額においては巨大な量になる」。しかし農民資産の社会化を達成する具体的方法については、かれは「労働者階級が貧・中農大衆に依拠しクラークに対する強化された攻撃を展開したあとで初めて、そして、農村に真の大衆的コルホーズ運動の側への転換が創出されたとき、コルホーズを通して農民資源のソヴィエト的動員のために好ましい条件がつくりだされた」というにとどまった。「大衆的コルホーズ運動の物的基盤としてそれはまったくとるにたりない、きわめて小さいということも正しい、しかしそれにも拘らず、小個人農民資源の大衆的動員なくして大衆的コルホーズ運動はないしまたありえない。プロレタリア国家は、生産的協同化とコルホーズ運動に対してあらゆる援助をしたし、いまもしているし、これからもするであろう」。しかしコルホーズ経営を保証するにはそれは十分ではありえない。「つまるところどんなに切りつめても国家が与えるものは僅少(groshi)である。国家は自己の主要な資源を工業の発展、金属工業の高揚、トラクター、コンバイン、農業機械工場、化学の発展、発電所の装備などにこれからも向けなければならない。コルホーズ運動は、プロレタリア国家の支持に依拠しつつ、自己の社会化フォンドに数千万、数十億の農民資金(物的資産)を参加させる条件のもとで初めて大衆的事業として発展できる。これらの社会化フォンドの増加のなかに、本質的に、農村の集団化も表現される。もしコルホーズの社会化フォンドが一年間に二倍に増えたとすれば、このことは集団化のテンポが倍加したことを意味する。もし同じ期間にこのフォンドが一〇倍に増えたとするなら、これは集団化のテンポが一〇倍になったことを意味することになろう。なによりもまず、われわれは、社会化フォンドの増加によって集団化の真のテンポを本当に点検することができる」(76)。

このような集団化の展望のもとでモロトフは、最大の阻害要因がクラークにあると強調した。「コルホーズ建設をめぐって最も激しい階級闘争が進行している。クラークはコルホーズへの道を遮断し、これに成功しない場合コルホーズに浸透し内部から崩壊させるため、可能なあらゆる試みに訴えている」。この言説の意味するところは、集団化成功の鍵を、労働者階級の援助と指導のもとでのクラークに対する政治闘争に求めるという、集団化に対する政治主義的接近であり、「上からの革命」の構成要因のうちで「階級としてのクラークの絶滅」がもつ決定的意義、およびそこでの政治的前衛としての党の主導的役割の承認であった。コルホーズと協同組合の相互関係について、かれは両者を対立的に把握する見方を厳しく戒めるが[77]、しかし続く「プロレタリア独裁の体系におけるコルホーズの役割とそれと関連する労働者階級の任務」を論じた部分では、両者の亀裂の最大の誘因となった農業問題に対する政治主義的接近を断固として擁護した。ここでモロトフは、演説の冒頭において引用した、革命におけるプロレタリアートの組織者的役割を強調したレーニンに再度言及し、「プロレタリアートは、資本主義との闘争の事業、資本主義の破壊の事業、社会主義建設の事業における勤労者大衆の組織者である。大衆的コルホーズ運動において労働者の組織者的役割は巨大である。とくにこのことは、われわれが高度の技術の適用を伴う大規模社会化経営の組織化にここで本格的に携わっている時期にあてはまる。集団化の事業における労働者階級の指導性は、後進的で、小規模経営のなかで育てられた農民大衆に対する不可欠の援助である」と論じた。かれは、この政治的指導が設立されたコルホーズに対しても維持されるべきことを力説する。「われわれは、現在のコルホーズ建設の弱さと不十分さ、ときとして明らかな脆弱さを真剣にみつめなければならない。このことがわれわれに必要なのは、泣き言をいうためにではなく、コルホーズの支援、その成長の支援、コルホーズ運動の手を尽くした強化に向けて労働者の勢力を動員するためである」。かれは、コルホーズが政治的・階級的にいまだきわめて不安定であり、労働者の政治的影響なしでは正しく機能しえない現実を指摘した。「忘れてはならないのは、コルホーズには今まだ完全には再教育されていない小所有者の大衆が加入していることである。このことから、コルホーズにおける小ブルジョア的気分の影響、しばしばクラーク層の直接的影響がいまだきわめて強いと結論しなければならない。これらの影響との闘争を真剣にしかも長期におこなわなければならない」。「階級闘争の諸要素がコルホーズそのもののなかにきわめて強力に、しかも至るところで感知される。コルホーズにおけるクラークの影響との闘争は最重要の仕事である。このことにおいて外からの、労働者の側からのきわめて大きな援助が求められている」。モロトフはこのようなクラーク観に基づいて、クラークのコルホーズ加入容認の是非という係争問題について最も強硬な反対論に与しただけでなく、クラークの処遇一般についても、穀物調達の経験の延長上に峻厳な措置の必要を説いた。かれは毎日発生している数千のテロ行為を根拠としてクラークを「最悪の、いまだ打ちのめされていない敵」と規定する。これらのテロ行為は、主として、総会時も続いている穀物調達をめぐって発生していた。(78) モロトフは、テロなどの加害行為を集団化過程で生起している諸困難に結びつけ、集団化の成功のために強硬な反クラーク措置の必要性を主張した。それは、調達過程で実践されている反クラーク的非常措置の集団化過程への転位の意思表示にほかならず、それらの措置の適用主体についても調達経験は学ぶべき先例であった。モロトフは党の指導的役割とともに、強制装置が果たすべき重要な役割を示唆して、「プロレタリア独裁のすべての機関」が「この側面に最大限の注意を向けなければならない」と述べた。(79)

モロトフは最後に「いわゆる困難」について付言した。「コルホーズの実際的建設の困難が極度に大きい」ことをかれは否定しなかった。しかしかれが困難に言及したのは、困難の分析と合理的解決策検討のためではなく、困難を口実として大衆の革命的高揚に背を向ける「日和見主義」的姿勢を攻撃するためであった。「大衆に対する恐怖は常に日和見主義者に特有のものである。この恐怖は、社会主義建設への数百万人の参加が革命の力の巨大な成長、社会生活の新しい形態の創造の巨大な成長を意味することを理解しないことから生まれる。この無理解はあらゆる種類の、右そして「左」の日和見主義者に特有である」。「日和見主義的退却を隠蔽するため、大衆の嵐のような革命的前進運動に水をさすための「困難」についての論議は、ボリシェヴィキとは無縁である。かかる気分をもっては大衆の先頭に立つことはできないし、労働者と農村の勤労者を勝利に導くことはできない」。「コルホーズへの大衆的運動が意味するもの」は、モロトフによれば、「貧農と中農がみずからの生活の改善への真の希望の光をついにみた」ことであった。かれらが「強力な奔流」となってコルホーズに移動しつつあるのは、「かれらがすでに自覚的社会主義者となったからではなく、貧困、苦役的労働、長年の農村的野蛮からの出口、しばしば出口への微光にすぎないものをみたからなのだ」。農民の気分の転換に対する「革命的鋭敏さ」をかれは総会参加者に強く求めた。中農が信頼をよせるのは、「勤労者の権力としてのソヴィエト権力」ではなく「社会主義の建設者としてのソヴィエト権力」に対してである。困難は「農民大衆を押し止めることなく、かれらの意志を固め、指導者、ソヴィエト権力、党に対する要求を高めている」、「この運動に対する労働者階級の注目の強化、諸勢力による大きな援助、実務的組織者と政治的指導者による農村に対する強化された支援だけが、コルホーズ運動途上で出会う困難に対する回答となりうるのである」。集団化運動の高揚は「われわれが農民との正しい相互関係確立への道を本当に発見した」ことを力強く証明した、これこそがモロトフの結論であった(80)。モロトフに続いたガヴリーロフの演説は、モロトフに無条件に同調して、社会化の問題に「最大限の注意」を向けること、ベレニキー率いる協同組合機関がコルホーズの組織問題に活動を切り替え、この問題で現地に存在する「極度に大きな混乱」を除去するために「来たるべき三―四か月」最大限の努力を傾注することを要求した(81)。

集団化問題討論の結語においてカミンスキーは、モロトフ演説に全面的に同調し、農業集団化関連組織・機関、その指導者たちのかかる見地への無条件の結集を強く求めた。かれは農民資産動員についてもモロトフの見解の正当性を認めて、大衆的集団化がその初期段階においては主として国家の投資に基づきおこなわれるという発想を「最大の誤り」とみなした。「新しい機械技術と農民の農具および家畜との結合は現在の最も重要な任務である」。かれによれば、「われわれはいま全面的集団化の開始期を生きて」おり、「出来合いの数千の機械トラクター・ステーションをもち、モスクワから集団化を進呈できる」などと考えることは「官僚主義的自己欺瞞」にほかならないのであった。「任務は、これらのお役所的規準から抜けでて、ひろく深く住民のただなかに入り、農民経営自身の再組織を自己の任務として提起し、コルホーズが基本的に農民資産のうえに建設されるようにすることである」、「一端から、ひとつの方法で、ひとつの道によって」集団化をおこなうことはない。これらもまた、穀物地区の地方的経験に依拠するモロトフの立場への無条件の賛同にほかならなかった。さらにカミンスキーは、モロトフとバウマンが第一五回党大会の約三か月後に早々と提起した全村集団化の思想的先見性を賞賛する。「当時この主張は、多くの同志の懐疑的態度を招いた。多くの人には、これはただの思いつきにすぎない、それまでの道はきわめて遠いと思えた。いまやもうこの発展の行程が基本的・決定的となっていることは万人に明らかである」。これは一九三〇年の春を集団化の決定的段階としたモロトフの先見性と正当性を主張するための伏線であった。「私は今日ここで同志モロトフが語ったことをとくに強調したい。われわれのすべての実践活動において主要な注意はまさに一九三〇年春に、直近の播種キャンペインへと向けられなければならない」、「党の最重要の任務は、春に向けて入念に準備し、春の播種キャンペイン実行のためにすべての勢力を動員し、このキャンペインを、党とプロレタリアートの指導のもとに、地区全体での、州全体に至るまでもの全面的集団化の大衆的運動へと転化することである[82]」。

総会は一一月一七日をもって八日間の議事を終えて閉幕した。決議の採択に先立って、ウグラノフによるクリコフと連名の短い自己批判声明の朗読があった。声明は、労働者階級と中農の分裂の可能性を懸念した自説を撤回し、「過ぐる経済年度と穀物調達結果とは、われわれが間違っていたことを示した。そのことを党に対して言明することを必要とわれわれはみなす」と言明、社会主義建設の巨大な任務、大きな困難、階級敵の抵抗克服には党の隊列における統一と結束が必要であると述べ、ブハーリン、ルィコフ、トムスキーに対するみずからの支持の撤回と党の総路線への結集を誓約した。[83] 決議案の細目について若干の意見の交換があった。注目に値する修正は、決議案の最終的編纂のために設立された小委員会[84]が集団化過程の強化にかんする決議案に、モロトフ演説を承けて「春の農業キャンペインの成功に今経済年度における特別の注意を傾注する」との条項をつけ加えたことであった。[85]

一九三〇年一月三一日付の党中央機関誌『ボリシェヴィク』は、「農村における新しい政策について」なる無署名論文を巻頭に掲げた。それは冒頭において、農村政策における「転換」をつぎのように高らかに宣言する。「われわれは新しい時代(polosa)、資本主義から社会主義への過渡期の新しい段階に入った。工業の力強い発展、都市と農村との結びつき(sviaz')の生産的形態の強化、農業の物質的・技術的土台の根本的再建は、農村の「古い社会的・経済的様式《ウクラード》」の根本的かつ大規模な打破と改造のために必要なすべての条件をつくりだした。以前の慣習的・伝統的経営形態とその方法とは倒壊しつつある。そしてそれらとともに、演じ手だった諸階級も歴史の舞台から退場するであろう[86]」。

すでに一月初めには、急テンポの集団化路線を明示し、「階級としてのクラークの絶滅」について政策的に初めて言及した政治局決定「集団化のテンポとコルホーズ建設に対する国家の援助措置について」が採択・公表されていた。[87]『ボリシェヴィク』誌の論文は、主にスターリンの公式の発言によりつつ、この「新しい政策」を解説するものであった。同論文の公表とほぼときを同じくして、政治局は、「新しい政策」の核心をなすところの「絶滅」の具体策を規定した秘密決議「全面的集団化地区におけるクラーク経営の絶滅措置について」を採択した。[88] しかし、これら一連の公式の意思決定に先立って、穀物地区を中心に集団化の奔流はすでにとどめがたいものとなっていた。これまでみてきたように、前年一一月の総会は、農業集団化の速度、形態、方法的枠組を確定し、結果として、集団化に対して「上からの革命」としての形質を与え、事実上その発進を指令していたのであった。[89] 政治局秘密決議が示した「革命」

実現の基本的駆動力の所在、すなわち都市と工業のコムニスト、労働者の精鋭「二万五〇〇〇人」の早急な現地派遣の方針も、すでに総会決議の明示するところであった。(90) 一九二八年初めの穀物危機を起点とする権力と農民との紛争のなかで、当初党の制度として導入された穀物調達の「新しい方法」は、やがて国制化され、より広範な適用経験を通して「精錬」され、ついには農業集団化運動へと「転位」した。一一月総会はこの既成事実化した「転位」を追認することで、約二年間の紛争に「上からの革命」という形で決着をつけたのである。農業集団化の急テンポ、全面的形態、階級としてのクラークの絶滅という「上からの革命」の構成要素の「三位一体化」はここに完了した。これまで必ずしも相互の関係性の自覚がなされないまま個別的に、あるいは状況への応急的対応を通して既成事実として累積されてきた三要素は、いまや有機的連関をもったひとつの総体へと結合され、全党の一般政策へと結晶したのである。

（1）　Stalin, *Sochineniia*, vol. 12, p. 179.

（2）　〈Pravda〉, 16 June, 1929.

（3）　〈Pravda〉, 6 January, 1930.

（4）　*KPSS v rezoliutsiiakh*—, II, pp. 664–667.

（5）　Stalin, *Sochineniia*, vol. 12, p. 390.

（6）　*Tragediia*—, vol. 2, pp. 10, 126–130.

（7）　*ibid*., p. 8.

（8）　N. A. Ivnitskii, *Kollektivizatsiia i raskulachivanie (nachalo 30-kh godov)*, M., 1996.

（9）　*Tragediia sovetskoi derevni. Kollektivizatsiia i raskulachivanie. Dokumenty i materialy. 1927–1939*, vol. 2 (November 1929–December 1930), M., 2000.

(10) *ibid*., pp. 8–11.

(11) *KPSS v rezoliutsiiakh*—, II, pp. 569–575.

(12) *Kak lomali NEP*, vol. 5, pp. 166–167.

(13) *KPSS v rezoliutsiiakh*—, II, p. 630.

(14) *Kak lomali NEP*, vol. 5, pp. 126–127, 148–149.

(15) *KPSS v rezoliutsiiakh*—, II, p. 630.

(16) *Kak lomali NEP*, vol. 5, pp. 116–117.

(17) *ibid*., pp. 26, 80–81, 107, 151.

(18) *ibid*., pp. 273–276.

(19) *KPSS v rezoliutsiiakh*—, II, pp. 474–476.

(20) Stalin, *Sochineniia*, vol. 11, pp. 5–7.

(21) 〈Pravda〉, 26 June, 1929(ルコヤン).

(22) *Kolkhozy v 1929 godu*, pp. XIII, XIV–XX.

(23) *Kak lomali NEP*, vol. 5, pp. 42, 77–80, 233, 286–287, 347–349.

(24) *Kolkhozy v 1929 godu*, pp. III, VIII, IX–XIII, XX, XXIV.

(25) 〈Pravda〉, 11 October, 1929.

(26) 例えば、前掲 *Pis'ma I. V. Stalina V. M. Molotovu* 英語版の序文(L. T. Lih, O. V. Naumov, and O. V. Khlevniuk (eds.), *Stalin's Letters to Molotov, 1925–1936*, Yale University Press, 1995, pp. 36–42)。

(27) Stalin, *Sochineniia*, vol. 12, pp. 130–132.

(28) *Kak lomali NEP*, vol. 5, p. 79.

(29) 集団化の展開についての一〇月二〇日頃のオゲペウ報告は、集団化されない広範な中・貧農大衆の集団化に対する気分が「依然として待機的である」と記した(*Glazami*—, vol. 2, p. 973)。

(30) 報告の第一原案は一〇月一八日までに準備された。再度の審議を経て、カミンスキーは一〇月二四日第二案を準備した。

一〇月二五日政治局は、第二案審議のために、カミンスキー、モロトフ、ミコヤン、ヤコヴレフ、クビャーク、ウラジミルスキーからなる小委員会を設立した。小委員会が準備した第三案は一一月五日の政治局会議により承認された(*Kak lomali NEP*, vol. 5, p. 657(n. 286))。

(31)　*ibid.*, p. 277.

(32)　*ibid.*, pp. 28–29.

(33)　*ibid.*, p. 42.

(34)　*ibid.*, p. 287.

(35)　*ibid.*, p. 287.

(36)　*ibid.*, p. 309.

(37)　*ibid.*, p. 313.

(38)　*ibid.*, pp. 332–333.

(39)　*ibid.*, p. 146.

(40)　*ibid.*, p. 138.

(41)　*ibid.*, p. 188.

(42)　*ibid.*, p. 377.

(43)　*ibid.*, pp. 398–401.

(44)　*Shestnadtsataia konferentsiia VKP(b)*, pp. 386–388.

(45)　*Kak lomali NEP*, vol. 5, pp. 347–348.

(46)　*ibid.*, pp. 348–349.

(47)　*ibid.*, p. 146.

(48)　*ibid.*, pp. 138–143.　スィルツォフは、同総会において、コルホーズ建設の危機的状況、その前途に横たわる困難を最も率直に指摘した発言者であったように思われる。

(49)　*ibid.*, p. 287(カミンスキー).

(50) 「われわれが経験しまた経験しつつある困難は、総じて克服可能な性格のものである。なぜならこの克服は、わが社会主義建設自体がつくりだしつつある新しい力に依拠できるからである」(クルジジャノフスキー(*ibid.*, p. 29))。

(51) *ibid.*, p. 141.

(52) *ibid.*

(53) N. I. Nemakov, *Kommunisticheskaia partiia—organizator massovogo kolkhoznogo dvizheniia (1929–1932 gg.)*, M., 1966, pp. 72–73.

(54) 以下、一一月総会でのミコヤン演説については、*Kak lomali NEP*, vol. 5, pp. 76–90.

(55) 前述のように、かかる認識は地方指導者を中心にひろくゆきわたっていた。中央黒土州のヴァレイキスは、一一月総会後、今年は穀物問題を去年よりも「著しく容易かつ簡単に」解決したと語った(I. M. Vareikis, *O resheniiakh noiabr'skogo plenuma TsK VKP(b) i politicheskom bankrotstve pravykh uklonistov*, M.-L., 1930, p. 18)。

(56) *Kak lomali NEP*, vol. 5, p. 80.

(57) *ibid.*, p. 108.

(58) Lenin, *Sochineniia*, vol. 36, p. 544.

(59) *Kak lomali NEP*, vol. 5, pp. 363–377(一一月一五日のモロトフ演説).

(60) Stalin, *Sochineniia*, vol. 12, pp. 88–90.

(61) *Kak lomali NEP*, vol. 4, p. 673.

(62) ルィコフが読み上げたトロイカの声明は、*Kak lomali NEP*, vol. 5, pp. 158–161. 声明朗読の直後、オルジョニキーゼは「総会がいまここで読まれた文書よりもっと政治的に誠実な文書を期待する権利をもつと私は考える」と発言し、声明を「中央委員会メンバーのペテン師的で無価値な文書」と呼んだ(*ibid.*, p. 165)。スターリンは「中央委員会に対する新たな攻撃のための土壌を準備するために退却する」と声明を攻撃した(*ibid.*, p. 258)。

(63) スターリンは、声明以前には三人は政治局にとどまることを期待できた、しかしこの文書がでたあとでは、「かれらがもしそれを変えないならば、もしこの文書の基盤にとどまるならば、かれらはもちろん政治局にとどまることはできない」と語った(生演説(*ibid.*, p. 580))。一一月一七日の政治局の秘密決定(*ibid.*, p. 671(n. 538))を承けて、同日のブハーリン・グループにかんする総会非公開決議(*ibid.*, p. 543)は、ブハーリンの政治局からの排除と、ルィコフ、トムスキー、ウガーロフに対する厳重な警告を定めた。

(64) 他方で声明は、その後の農村の客観情勢全体の変化——労働者階級の最大のエネルギー、農村におけるその他の措置(例えば、アグロミニムム、工業商品の搬出、機械の供給、大衆的コルホーズ運動の支援、新しいソフホーズの建設、機械トラクター・ステーション(ＭＴＳ)など)が、先鋭な階級闘争とクラークの成功的抑圧の条件のもとで、集団化の全計画の更新、農業に対する新しい技術的基礎の供与、貧農と多数の中農大衆のソヴィエトの周囲への結集へと導いたこと——を理由に、「新しい方法」をめぐる論戦の時効を認める(*ibid.*, p. 160)。

(65) 以下、一一月一三日のモロトフ演説は、*ibid.*, pp. 216–237.

(66) *ibid.*, pp. 224–225.

(67) 一一月一三日のスターリン演説は、*ibid.*, pp. 258–263. 速記録に収録される前の未修正の生演説は、*ibid.*, pp. 578–585. 以下の記述は、速記録収録正文を基礎にして生演説の内容を加味したものである。

(68) ヴァレイキスは、四月総会においてトムスキーが「新しい方法」を「結合の新しい形態」ではなく「最悪の非常措置」と批判したことを取り上げて、これを「メンシェヴィキ的立場」と激しく攻撃した(*ibid.*, pp. 133–135)。

(69) 「階級としてのクラークの絶滅(likvidatsiia kulachestva kak klassa)」という名称が最初に用いられる公的な機会は、一九二九年一二月一七日のスターリン演説においてである(Stalin, *Sochineniia*, vol. 12, p. 169)。

(70) ベレニキーは、ソ連に現存する機械トラクター・ステーション(ＭＴＳ)数は八〇(速記録では約一〇〇)、うち国家ＭＴＳは二、残りはすべて協同組合ＭＴＳであること、六二のＭＴＳが一一万五三〇〇ヘクタールの土地を有する五五〇の農業共同体を担当しているが、その範囲でも物的・人的資源が不足している現状を指摘した。かれは穀物地区の党指導者の熱狂に賛意を表明するが、かれが示した指標は、熱狂的運動とはおよそ不釣り合いのものであった(*Kak lomali NEP*, vol. 5, pp. 357–361)。

(71) *ibid.*, pp. 357–363.

(72) 〈Bol'shevik〉, No. 22, 1929, pp. 10–23. 公表された文章は、掲載にあたって「若干の省略」をおこなった旨を記している。速記録正文(*Kak lomali NEP*, vol. 5, pp. 363–377)と比較した場合、前者では「政治局決定」を「中央委員会と政府の決定」

と改めるなどの若干の異同もみられるが、多くは技術的な修正にとどまり、両者は内容・論旨ともに同一のものとみなしてよい。以下の記述では速記録正文を用いる。

(73) *Kak lomali NEP*, vol. 5, pp. 363–364. なお、モロトフが引用したのは、レーニン「共産主義内の「左翼主義」小児病」(一九二〇年)の一節(Lenin, *Sochineniia*, vol. 31, M., 1952, pp. 26–27)である。

(74) *ibid.*, p. 367.

(75) *ibid.*, pp. 300–301.

(76) *ibid.*, pp. 367–371. R. W. Davies, *The Soviet Collective Farm, 1929–1930*, London, 1980, pp. 75–84 は、アーカイヴ・フィーヴァー前の研究であるが、この時期のコルホーズ内の社会化の問題についての要点を押さえた俯瞰的記述である。モロトフは、このような「社会化」政策が農民の激しい抵抗を招きコルホーズ運動におそるべき混乱を招来する要因となること(例えば、一九三〇年一月前半のオゲペウ報告(*Tragediia*—, vol. 2, pp. 131–134))をまったく予想していない。

(77) *Kak lomali NEP*, vol. 5, pp. 371–372; V. V. Kabanov, *Kooperatsiia, revoliutsiia, sotsializm*, M., 1996, pp. 184–195.

(78) 総会決議は、それまでの「穀物調達の順調な経過」を確認し、一九三〇年一月までに調達計画を完遂するために「新しい方法」の継続的適用を指示して、「村およびクラーク農戸までの穀物調達計画の到達と穀物調達に対するクラークのサボタージュと抵抗に対する断固たる措置」をとることを正当とみなした(*KPSS v rezoliutsiiakh*—, II, pp. 622, 623, 629)。

(79) *Kak lomali NEP*, vol. 5, pp. 372–373. 集団化に関連するクラーク処遇の問題についての議論は具体案に結実しなかった。しかし大勢は、「階級闘争の先鋭化」という状況認識に立っての厳格な処遇の方向に収斂された。総会決議は、クラークに対する断固たる攻勢を呼びかけた。しかし具体的にはコルホーズに潜入を試みるクラークの遮断などの措置以上のものではなく、強制装置の役割には言及していない(*KPSS v rezoliutsiiakh*—, II, pp. 643–644)。

(80) *Kak lomali NEP*, vol. 5, pp. 376–377.

(81) *ibid.*, pp. 377–379.

(82) *ibid.*, pp. 379–385.

(83) *ibid.*, p. 535.

(84) *ibid.*, p. 385. アンドレーエフを議長として、委員はモロトフ、スターリン、ミコヤン、カリーニン、カミンスキーら二三名であった。

(85)　*ibid*., p. 536.

(86)　〈Bol'shevik〉, No. 2, 1930, p. 1（傍点は原文では隔字強調）.

(87)　〈Pravda〉, 6 Januray, 1930; *KPSS v rezoliutsiiakh*—, II, pp. 664–667.

(88)　*Tragediia*—, vol. 2, pp. 126–130. 六五年間秘匿されていた同決定公開の経緯については、*ibid*., pp. 28–29.

(89)　一一月総会以降の農業集団化の政策的展開については、溪内謙『スターリン政治体制の成立』第四部、第一一章一。また、一月のふたつの政治局決定に至るまでの政策立案の過程については、同第三部、第一〇章補注三、および *Tragediia*—, vol. 2, pp. 8–11.

(90)　*KPSS v rezoliutsiiakh*—, II, p. 648. 「二万五〇〇〇人」の政策的展開と活動実態については、溪内謙『スターリン政治体制の成立』第四部、第一三章補注。

終章に代えて

以上、本書は、権力と農民の接点に照準を合わせて、穀物危機に端を発する両者の相互関係の激震から、新たな関係形成への発進である「上からの革命」の基本的枠組が明確な形姿をとるに至るまでの、一九二八—二九年の政治的変動過程を扱ってきた。そこでの基本的接近方法は、体制の基層部分の変動分析から歴史的転換の論理を上向的に再構成しようとするものであった。行論において明らかにされたのは、スターリンが一九二九年四月に「ウラル・シベリア方式」と呼び、その後歴史家の通用語となった穀物調達制度(当時は呼称は一定せず、公的には「新しい方法」と呼ばれることが多かった)の形成過程、より具体的には、当初ウラル、シベリア、カザフスタンの穀物調達を促進するための応急措置として正当化された特殊な穀物調達の方式が、やがて調達地域全体へと拡大適用され(地域的制限の撤廃)、危機に対応する一時的措置から穀物調達の普遍的制度へと昇格し、ついには党的制度から国家的制度、すなわち農民支配の制度としての地位を獲得する過程である。この過程を経て、同制度は続く農業集団化の方法的枠組となり、その「上からの革命」としての性格を規定することになる。一一月総会は、この二年間の変動過程を総括しつつ、「革命」の発進を指示したのであった。

冒頭で記したように、本書の執筆は、原著『スターリン政治体制の成立』全四巻を簡明な一冊本にまとめるべく開始された。しかし結果として、論述の対象はスターリン主義への転換の機序が原基的に発現したと考えられる政治権力と農民との接点へと絞り込まれ、時期的対象も最も本質的変化が生じたと思われる数年間へと限定されることになった。ゆえに原著が論及した(それ自体重要であるが)他のいくつかの問題には、議論を進めることができなかった。したがって本書は、原著四巻の要約というよりは、その精髄部分と著者が考える問題について、近年アクセス可能となった新史料を利用しつつ再度取り組んだ「新しい作品」の性格を有しており、なによりもその特質は、本書の掲げた課題とその解明のために本書が最終的に採用した方法との問題へと収斂されるであろう。行論を終えた今、これらたい。

本書の課題と方法との関連で、ソ連史研究における時期区分と分析視角の問題について論じ、終章に代えることにし

本書が主たる対象時期とした一九二八―二九年における諸変動の重大性とそれらの到達点としての政策転換の画期性については、少なくともソ連解体までは、ひろく共有されていた認識であったといってよい。しかしその画期性は、他の時期区分がそうであるように、もっぱら経済政策、経済システム、経済発展の文脈で、すなわちネップの混合経済から「社会主義的計画経済」(現在の用法では「行政的・指令的経済」)への、農業社会から工業社会への変容の転換点として語られてきた。工業部門では、混合経済に基礎を置く漸進的建設から国家主導の重工業部門への重点投資を基調とする急テンポの工業化への移行を内実とする計画経済制度が定礎された。一九二九年四月の第一六回党協議会が決議した第一次五か年計画は、この方位決定の指標である。農業部門では、農業を支配していた分散的小農経営を生産協同組合的大経営に統合することを目的とする急進的農業集団化路線が確立された。同年一一月のスターリンの論文「偉大な転換の年」、同月の党中央委員会総会、同年末の農業問題専門家会議でのスターリン演説、翌三〇年一月五日党中央委員会(政治局)決定がこの方位を確定した機会であった。以後ソ連社会は、確定された方位に沿って変貌の道をひたすら進む。この過程で形成された経済システムの骨格は、その後いくつかの改革の企てや戦争などの試練を経ながらも、一九九一年まで基本的に維持された、というのが専門家の定説であった。

一九九一年に解体を経験する「ソ連社会主義」とは、たしかに一九二八―二九年の二年間の劇的変動を源流とする歴史的形成体であった。しかし経済発展の文脈のみでこの時期の画期性を語ることは歴史認識として十全を欠く。いまひとつの変動指標として、経済変動に対応する政治変動の局面がつけ加えられなければならない。この二年間にお

ける政治変動の表舞台は、党指導部を二分したスターリン派とブハーリン派の党内闘争であった。闘争の争点は、穀物調達、工業化と農業集団化のテンポ、コミンテルンなど政策的に多岐にわたったが、その間に開かれた五回の党中央委員会総会の議事に徴すれば、核心的争点は穀物調達における「非常措置」の問題であった。ブハーリン派は、農民の利益擁護の立場からその適用に反対であり、ネップの原則に抵触する工業化と集団化の急進化に反対し、それゆえに「右派」と呼ばれることとなった(みずから称したわけではない)。闘争の帰趨は、一九二九年夏までに明らかとなり、ブハーリンらは政治局から追放され、レーニンの後継をめぐる党指導部の争いはスターリンの勝利をもってほぼ完結した。同年一一月の党中央委員会総会は、党内闘争のこの帰結を最終的に確認し、同時に、急テンポの工業化と集団化を内実とする社会主義建設を「歴史的最短期間内で」達成する経済戦略を決議した。スターリンの勝利は、レーニン後の党内闘争史の一幕として記念される以上の政治的意味をもった。それは、一〇月革命の理念を体現し党の頭脳であった指導者の第一世代が党の最高指導部から最終的に排除され、スターリンを頂点とする党組織運営に長じた組織者集団が党を支配する、指導者層の交代をも意味したからである。この交代の別の一面は、政策と思想を対話によって理性的に議論する党生活の伝統の決定的枯渇であった。思考する党に代わったのは、党の行政的一枚岩化という組織的変質であった。かかる趨勢は、党が政策決定だけでなくその執行にも決定的な役割を果たすという機能上の変化によって加速され、党と国家の機能的境界の溶解は、党の国家化という政治体制総体の変質へと連動する。穀物調達において強制的方法が優越する過程で、党装置(党官僚制)は、政策執行にも最終的責任を担うことによって、国家強制装置との癒着の傾向を強めた。それは、ソヴィエト制の自立性の喪失と形骸化とを随伴しつつ、ついには、党と国家とを関節する、そして党機関がそのなかで中枢を占める、非公式権力のネットワーク(その人的側面がノメンクラトゥーラ制にほかならない)の形成へと帰結していく。

急進的工業化、集団化の全面的展開、スターリン派(党官僚制)の政治的独占という三つの指標は、それぞれについては、理念的にも実践的にもその歴史的源流を遠い過去に遡及的に求めることができる。しかし、それらが「スターリン主義」(1)という価値体系の構成部分として三位一体化するのは、本書で扱った一九二八―二九年の歴史過程においてである。原著『スターリン政治体制の成立』、そして本書を通じて、著者は、この三位一体化の結び目の役割を果たした指標として、特殊な「方法」の共有を強調してきた。その趣旨は、ソ連史において経済政策を基本指標とする時期区分は、歴史の段階規定としては不十分であるだけでなく、重大な誤認を招来する危険性すらもなしとしない、したがって歴史認識に有意な時期区分であるためには、共有された「方法」、その制度化を時期区分の本質的指標として付加すべきではないか、と提言することにあった。この着眼点からみれば、「上からの革命」と称される農業集団化は、単なる一指標にとどまらず、変化の総体に対して規定的・本質的意義をもつ。なぜなら「上からの革命」において革命の統治理念が要請する方法的規範の問題が徹底的に試されたからであり、この局面において政治権力は、客観的事実とは相容れない歴史の神話化を歴史認識に導入したからである。

歴史の神話化と表裏の関係にあったのは、歴史の政治化、ないし歴史に対する党派的接近というロシア革命史に特有の研究状況の支配であった。政治宣伝の道具としての歴史は、商業宣伝に類似して、宣伝主体(政治権力)に不利な情報を秘匿し歪曲する傾向をもつ。党派的歴史は、超越的支配者を歴史過程の正統な裁定者とし、権力の歴史的被制約性を承認しない。正統主義史観とその対抗理論としての全体主義論とは、歴史を、超越的支配者が、それを知力すぐれた開拓者とみるか、非情な悪党とみるかの違いはあるものの、天空から指示した単線的過程と考える傾向を濃厚にもつ。歴史過程は、そこでは単純化され、全能の支配者を成功のあるいは災厄の単一あるいは主要な起動要因に帰する。かかる状況下においては、時代の歴史的性格を特定する客観的指標、例えば、価値体系、制度原理などを探求しつつ、過去の連続と変化の緊張から生まれる動的過程に着目して時期区分を企てることは問題とならない。これに対して、歴史的接近は、権力を歴史の最優位(絶対的)の規定要因とする仮説を、歴史過程を不当に単純化するものとして拒否し、歴史が多くの主観的・客観的要因から構成され、それらの相互作用により展開するという複合性を認知する仮説をもってそれに代える。権力はいかに絶対的であっても認識の次元においては歴史の一構成要因以上ではない。歴史は権力を神話的世界(天国か地獄か)から俗界へと引きずり降ろすのである。本書は、スターリンを始めとする政治指導者が主役ではない体制の基層部分の変動分析から、歴史的転換の論理を上向的に再構成しようとする試みであった。ゆえにかかる観点から時期区分としての「スターリン主義」の定義を試みるとすれば、それはスターリン個人の人格との直接的関連を必然としない。ここでの時期区分は、独裁者の行為、支配政党の政策をも価値体系、制度原理、政治文化など客観的要因の主観的側面とみなして構成さるべきである。経済政策を指標とする従来の時期区分は、客観化された時期区分としての「スターリン主義」の下位範疇として再定義されなければならないのである。

正統史学あるいは全体主義論的史観に厳密な意味での時期区分が欠如していたということは、それが真の意味での「客観性(detachment)」以前の「党派的歴史」にとどまっていたという事態と表裏をなしている。(2) 三〇年代以降ロシアでは、歴史学は、政治の侍女としてスターリン権力の歴史的正統化に奉仕することが強要された。西側でも日本、ナチス・ドイツなど「反共」を国是とする国家では、学問的研究の自由は極度に制限された。他の西側諸国はこの意味での「政治化」から免れていたとはいえ、根強い先入観(西側保守主義の反共的伝統、内戦以来の西側の反革命側への支援、さらに西側左翼へのロシア正統主義史観の影響などを想起すれば足りる)から、ロシア革命史は弁明と告発の限界をこえる洞察力の高みに達しえなかった。冷戦は、スターリン体制が与えたのと同じ害悪を歴史学にもたらした。ハンガリーの気鋭のソヴィエト史家タマシ・クラウスが指摘するように、スターリン歴史学とその対抗理論としての全体主義論とがソヴィエト史の支配的認識枠組であった結果、ソヴィエト史の「内在的時期区分」は不可能になったのである。[3] このような一般的状況に対する例外はもちろんあった。古くはトロツキーの『ロシア革命史』(一九三一―三三年刊)が、第二次大戦後はE・H・カーの『ソヴィエト・ロシアの歴史』(一九五〇―七八年刊)がその代表としてあげられよう。I・ドイッチャーがその書評において、カーを「ソヴィエト・レジームについての最初の本物の歴史家」と評した最大の理由は、同時代の東西のロシア革命史観に強い影響を及ぼしていた、分極化された冷戦的思考から超然としたかれの学問的態度にあった。他方でカーとドイッチャーの最大の論争点が、レーニンとスターリンの歴史的関係というソ連史における「時期区分」の問題であったことも象徴的であった。[4] しかし、このような元々はノンアカデミックであった少数の先覚者を除けば、時期区分の問題が取り上げられるのは六〇年代後半―七〇年代以降のことである。冷戦から雪解けへの国際関係の変貌は、従来の党派的接近の知的不毛性に対する反省を生み、西側では、全体主義論的一元論では汲み尽くせない多様性を発掘する「修正主義的」歴史家集団の台頭をもたらした。他方、ソ連では、一九五六年のフルシチョフによるスターリン批判は、ロシア革命とスターリン時代との歴史的連関を問う、正統主義的直線史観に批判的な歴史家集団を生みだした。かれらはロシア革命の正当性を前提していたから、それが本来の理念とは正反対の「隷従」の秩序に転落した原因とその過程を究明するために、革命史の時期区分を必要とした。時の権力は正統主義的直線史観を歴史解釈の公的規準として歴史家たちに強要し、一切の懐疑的態度を異端として退けたから、「スターリン主義」にかんする時期区分を公然とおこなうことはできなかった。それにも拘らず、「スターリン批判」を党派的レヴェルから歴史的レヴェルへと高めようとする少数の自立的歴史家が存在した。かれらは、いわゆる「イソップの言葉」で語ることを余儀なくされたとはいえ、その成果(研究活動と史料編纂)は、同様の問題関心を抱く西側の歴史家によって深い敬意をもって受容された。こうして西側でもロシアでも、時期区分を承認しない単線史観の克服を目指す新しい歴史像構築の胎動が、歴史の政治からの自立の要求を随伴しつつ、六〇年代後半以降感じられるようになった。続くブレジネフ期の「逆コース」ののち、八〇年代半ばに始まった「ペレストロイカ」は、歴史研究に新生面をひらいた。歴史に対する政治的拘束は大幅に緩和され、史料の公開が飛躍的に進んだ。歴史の真実を求める数千万市民の参加する八〇年代後半の「歴史論争」では、それまで権力により隠蔽、あるいは歪曲されてきた史実の暴露がおこなわれた。暴露は、権力の恥部のひとつである農業集団化史において顕著であった。(5)史実の暴露は、集団化についての公的解釈の根拠、ひいては正統史学そのものの根幹を揺さぶった。しかし論争参加者は一般市民、評論家その他の知識人が中心であり、職業的歴史家の参加はおくれた。かつて異端視された自立的歴史家が脚光を浴び、歴史像の再構成のために活発に発言するようになるのは、八九—九〇年になってからである。かれらは、スターリン時代の抑圧を一〇月革命の本来的理念に照らして、その意義を論じた。かれらの議論は、スターリンによる弾圧が革命の綱領である民主主義的社会主義の可能性を破壊したとする立場と、大粛清や収容所を弁護はしないもののスターリン体制の達成面を相対的に強調する立場とに二分された。いずれにしても時期区分の有意性は承認され、それは学問的主題としての市民権を獲得し始めた。この設問には、理論的にふたつの命題が仮定されていた。ひとつは、一九一七年一〇月の出来事が人間の解放という普遍的理念の実現を目指す革命だったということであり、いまひとつは、それがある段階で理念とは正反対の抑圧体制へと転化したことである。しかし間もなく訪れたソ連・東欧共産主義の連鎖的崩壊、「体制転換」の唐突な選択は、こうした学問的論争を無意味とする環境を一挙に創出した。ロシア革命をトータルに否定する清算主義的感情がロシアの知識人を支配し、それは西側の知的世界にもひろく浸潤した。革命こそが諸悪の根源であり、スターリン時代の大粛清や収容所は少数の狂信的陰謀家のクーデターにすぎない革命の本質を証明する挿話とされ、否定の対象は、革命の理念的基礎であるマルクス主義や社会主義、更には啓蒙主義にまで遡及された。研究に値する過去がロシア革命史にあるとすれば、「悪の化身」としての共産主義を指弾する暗黒面のみであるとされ、農業集団化は、内戦期のテロ、大粛清とともに格好のテーマとなった。かつての正統主義に代わったのは過去の自由な学問的探求ではなく、一度は衰微したかに思えた全体主義論という新しい正統であった。歴史は再び「政治化」された。ロシア革命史の時期区分の前提は失われ、かかる前提を承認する歴史研究は存在理由を喪失したと断定された。ソ連解体と冷戦の終結とは研究環境を大きく変えたものの、ソヴィエト史の伝統に染みついた思考習慣は完全には払拭されなかったのである。(6)

このようにソ連解体後、ロシアの歴史家(およびそれに同調する西側の歴史家)が正統主義に代えて全体主義論を新しい正統として受容した事情は、他方で、単一の歴史要因によって作成された行程表に従って歴史が進行するという目的志向的単線史観からの脱却を困難にした。冷戦的思考から自由であった歴史家にもその影響は及び、「指導者層の役割の過大評価」(7)は、ソヴィエト史解釈の通弊となっている観さえもある。「ウラル・シベリア方式」の導入をスターリンの一九二八年初めのシベリア旅行での彼の言動と結びつけるという西側の歴史研究にひろくみられる誤解も、もとをただせば、スターリン主義への転換をスターリン個人あるいはかれの独裁権力の作為の結果とみなす思考習慣からでたといえるのではなかろうか。(8)しかし、この画期的方法とスターリンとの関係は直接的ではない。かれはその発案者でも、提案者でもなかった。重要な役割を果たした党指導者をあえてあげるとすれば、それはスターリン派の党書記ラーザリ・カガノヴィチである。スターリンが独自の役割をこの制度に関連して果たしたとすれば、事後的に、非常措置の恒常化をこの制度によって理論的に正当化したことである。一九二九年のふたつの中央委員会総会での彼の演説はこの意味で重要な政治的意義をもつといえる。非常措置と「結合」をめぐる一九二八年以来の論争に終止符を打ったこの発言を踏み台として、かれは「上からの革命」の司令塔に立つ。しかしここでも留意すべきは、この方法の形成が個人の役割に還元されえない、さまざまな主観的・客観的あるいは歴史的・状況的諸要因の相互作用の結果であるという、機序の複合性である。伝統的共同体がこの方法において枢要な位置を与えられたという一事をとっても、それが歴史の重層性とかかわる複雑な現象であることを窺わせる。政策形成の局面に限っても、この制度は、権力と農民の相互関係の展開のなかでの即興的対応の蓄積の産物という色合いが濃い。歴史は、さまざまな原因に基づき、さまざまな要因の相互作用によって進行する複合的過程であるとの前提に立つことが、この制度の、そしてソヴィエト史全体の内在的理解への道に通じるのではなかろうか。

本書における論述の最終的到達点であり、ロシア革命史における分水嶺であった一九二九年一一月の党中央委員会総会の意義を語る場合においても、複合的視点が求められるであろう。工業化も集団化もそれ自体社会主義建設の文脈のなかで正当化される選択であり、戦争の脅威を背景とする穀物調達危機は、国の社会的・政治的過程を加速し先鋭化する触媒となり、政治指導部の路線を変更し社会主義建設の任務を強化する口実となりえたであろう。私的セクター、ネップマン、クラーク、過去の伝統的な「野蛮な」ロシア、あるいは「農民的限界の国」と結びついたすべてのものに対する国家的(社会主義的)セクターの攻撃は、それ自体としては、社会主義への前進として全党そして多くの知識人の共感を呼んだであろう。(9) 一一月総会の決議は、その意味において、広範な国民的訴求力をもつアピールであった。そこでは例えば、アピールに応えて、マグニトゴルスク工業都市の建設における労働者、集団化の組織者として農村に送られた「二万五〇〇〇人」の「最良のコムニスト・労働者」に象徴されるような、社会主義の実現に向けた英雄主義的労働の発現があった。最近のアーカイヴへのアクセスと主要統計数値の開示とによって、スターリン時代のソ連社会はかつて考えられたよりもはるかに複雑であり多くの動的要因を宿していたことが理解されるようになった。決してそれは画一化された社会ではなく、指導部は下からの圧力に応えなければならなかったのである。[10] この動的過程は、建設の結果を評価する場合にも忘れることのできない指標である。スターリン時代には、ネップと「結合」の暴力的破壊、強制的集団化、農民の大量的強制移住、大飢饉、キーロフ暗殺後の弾圧の波の高まり、いわゆる「大粛清」など、第二次世界大戦までに限定しても暗黒時代を連想させる印象的な出来事の連鎖がある。しかし他方でそれは、ロシアがおくれた農業国から近代的工業国へと急速に変貌を遂げた時代でもあった。大衆教育の普及、科学技術の発展、精神文化の開花、無償の医療と教育、労働の保障を含む社会保障制度確立など、過酷な本源的蓄積期、戦争の脅威にさらされ孤立した国際環境を考慮すれば瞠目すべき一面もあった。ナチズムの打倒に果たしたソ連の偉大な役割においても、スターリンの存在は忘れることはできない。これらのしばしば矛盾・対立する諸側面の相互連関を追求して全体像を明らかにすることは、その大部分が今後の学問的課題である。ただ罪状告発的にスターリン時代を論じることだけでは、現代史は大きな空白を残すことになろう。[11]

しかし、かかる動態的過程を認めたうえでなお、全体的秩序の形成史としては、一九二〇年代末に始まるスターリン版工業革命は、「人間の解放」という意味での社会主義の実現には結びつかなかったと概括せざるをえない。スターリン正統史学の規定に従って、ソ連が社会主義社会の建設を成就したと規定した一九三六年末の新憲法の制定をもって建設の到達点とすると、法的偽装に隠された政治的・経済的・社会的現実の全体的性格は、トロツキー『裏切られた革命』の鋭利な分析が教えるように、「解放」の秩序ではなく「隷従」の秩序であった。[12]「結合」解体の帰結としての手段の非人間性が結局、建設の到達点としての秩序の非人間性を規定したのである。人間の解放は人間的手段によって初めて達成できるという、目的と手段の相互関連についてボリシェヴィキが無関心でなかったということは、二〇年代の政策論争、本書が扱った非常措置をめぐる論戦に徴しても明白であろう。かれらが手段の倫理性にシニカルであったというおなじみの非難は、二〇年代における「結合」実現のための真摯な営みによって反証される。しかし、権力(その核としての党)と被治者(その大多数を構成する農民)の接点を形成した「新しい方法」と称される調達制度の出現と機能様式は、「結合」の解体とそれに代わる新しい統治方法の到来を刻印した。この帰結の端的表現は、「結合」の一方の当事者である「党」の農民的支持基盤の喪失(「結合」解体)の結果としての変質であり、それは晩年のレーニンが警告した「党の没落」にほかならなかった。変質の原型を、穀物調達の現地で設立され、やがて集団化に活動の場を移す、党機関と強制権力とが癒着した非常権力にみることができよう。すなわち一九二八—二九年は、ネップから社会主義経済建設への経済戦略の転換点であっただけでなく、より本質的には、「結合」の解体と新しい統治方法の形成、方法の交替に伴う党の変質を核とする統治構造の変容という意味での歴史的転換点であった。

しかし一一月総会の議事は、転換の歴史的意義を経済戦略の次元にとどめ、形成される秩序の性格にとって決定的な意味をもつ手段と方法の問題化を回避した。総会は、農業を含む国民経済総体の「全戦線にわたる社会主義的攻勢」を宣言し、工業建設の高揚と集団化への自然発生的結集とを並置して、社会主義建設の事業が「歴史的最短期間内で」達成できるとの展望を示した(13)。決議の根底にあるのは、工業化と農業集団化を社会主義建設の同値的構成要員として相関させる思考であった。この思考の反面は、工業化と集団化を目的と手段の位階において相関させる視点の欠落である。それは、革命理念が要請する方法的規範が順守されたか否かという、一九二八年四月から翌年四月までの四回の党中央委員会総会の中心的論点を「解決済」として不問に付し、理念が深くかかわるこの局面において神話的説明と解釈に終始した。その後長く続き、一九三六年憲法にその法的表現を見いだすところの「歴史の神話化」の始まりである。歴史の神話化は、指導者崇拝とともに、啓蒙主義的歴史思想の唱導者ヴォルテールがそれまでの歴史叙述の根本的欠陥として攻撃した対象であった。「このふたつは相互に依存しあっており、むしろ根本的欠陥の二面的現れというべきものである。なぜならば、英雄や指導者や支配者の崇拝は歴史の神話化から生ずるのであり、しかもつねにそれによって強化されるからである」[14]。ソヴィエト史においても歴史の神話化の始まりは、指導者崇拝の始まりでもあった。一一月総会時にはそれは、党機関の権威の絶対化(穀物調達の経験に裏打ちされた)として表出され、特定個人、例えばスターリンを神格化するイニシアティヴも発言もなかった。そこで強調されたのは、党機関、党官僚制の絶対的権威であり、党機関と党そのものとの同義化であった。当時スターリンに屈服しなかった左翼反対派の代表的論客ラコフスキーが、党機関の権威の絶対化について鋭い分析を加えている。かれはいう、スターリン指導部は「ソヴィエト国家において中世の教権主義的方法を復活させ」、思考するコムニストを機械と化し、自由意志、個性、人間の尊厳を圧殺する方法の助けを借りて、みずからを「解職できない不可侵の寡頭制へと転化することに成功した」と[15]。総会から一か月後のスターリン生誕五〇周年記念行事は、党機関の領袖スターリンの個人崇拝の始まりとなった[16]。機構は、その権威を被治者に向けて体現する人格を、とくに歴史的転換期においては、必要としたのである。しかし、スターリンに対する熱狂的支持は個人独裁の容認を意味するものではないと、一九三〇年の党大会でスターリン派のルズタークは釈明した[17]。スターリンが機構の論理からの自由を獲得してオゲペウの力を借りて個人独裁の権力を手中にするには、なお数年を要した。その過程でかれを支持した機構の幹部たちは粛清の犠牲となるのである。

「上からの革命」は、方法がもつ全体規定性を事実によって「証明」した。ただし、理念的要請に背反する方法が集団化過程とその結果に反理念的性格を刻印したというかたちで。一九二九年末以降の農業集団化運動を特徴づけたのは、方法における理念からの断絶であり飛躍であった。この方法的変質に対応したのが集団化過程とその結果の反理念的性格であった。物的・文化的前提条件の成熟度に対応しつつ、農民大衆の下からの自発的・漸進的運動として展望された集団化は、上からの強制を主導因とする飛躍的・熱狂的運動へと変貌した。運動のこの性格は、運動の到達点としての秩序の性格を規定した。しかし、運動の変貌は理念からの背反ではなくその発展的継承であり、自由と社会的公正が実現された解放の秩序に到達したとの解釈が権力の強制によって公定された。「成功」の人格的表現として神格化されたスターリン自身も、かかる神話的集団化像にきわめて忠実であった。かれを始めとする指導者たちが頑ななまでに固執した神話的歴史像は、おそらく単なる詭弁の手段ではなかった。それは「上からの革命」を経て成立した新たな秩序が、その初発の理念とは明確な決別を遂げ、そこからの後戻りはもはやありえないという党指導部の不退転の決意についての裏返しの表明でもあったのである。

歴史の神話化と指導者崇拝とが、ボリシェヴィキが当初共有していた知的基盤にいかに破壊的に作用したかを、初期ボリシェヴィキ指導者の知的伝統についてのE・H・カーの記述は間接的に語っている。「ロシア・インテリゲンツィアの伝統は、西ヨーロッパと密接に結びついていた。それに対してなされるおなじみの非難は、その滋養を外国の源からとっていて、ロシアの民衆あるいは国民から切り離されているというものであった。初期ボリシェヴィキ指導者たちは、スターリンを除いてすべて、ある意味において、ロシア・インテリゲンツィアの後継者かその所産であって、一九世紀西洋の合理主義の諸前提を当然のものとしていた。スターリンだけが、西欧的生活・思考様式に無関心であるだけでなく、意図的にそれを拒否するような教育の伝統のなかで育てられた。古参ボリシェヴィキのマルクス主義は、マルクス主義が第一に基礎とした西欧の文化的基盤の無意識的同化作用を含むものであった。啓蒙主義の根本的諸仮定は決して疑問視されず、合理的討論の基盤はつねに前提されていた。しかしスターリンのマルクス主義は、それとはまったく異質な背景に付加されたものであって、知的確信というよりもむしろ形式ばった教義という性格を獲得した。かつての神学生は、信条というものを、理性よりも重要な美徳とみなす傾向があったのである」(18)。現代の歴史家は、スターリン指導下の工業建設プロジェクトの思想的起源を理性の自己表現を目指すヨーロッパ啓蒙主義にまでしばしば遡及させ、そして一九九一年のソ連計画経済の崩壊をもって啓蒙主義的近代の破産の証しと位置づける。[19] しかし、反啓蒙主義的精神を理念化した転換の精神的側面は、この解釈が事実の半面しか語っていないことを示唆する。一一月総会の議事が端的に示すように、形成された計画観念は、理性の自己実現というよりは、権力の恣意と情動的運動に対する理性の屈服というべきものであった。一一月総会の議事は、合理的討論の基盤が党生活から取り除かれたこと、それとともに新しい党観念が形成されたことを告げた。「階級闘争の先鋭化」という状況認識のもとで流布された国家権力強化の理論は、社会的なものが歴史において決定的役割をもつとする社会主義思想の大前提の否定、すなわち社会主義の国家主義への根本的再定義を意味した。一九二八—二九年の転換の画期性を鮮明にするのは、なによりもこの精神史的側面である。

一九九一年のソ連体制の最終的解体は、それまでの神話化された集団化史の解体でもあった。しかし神話の解体が直ちに世俗化された歴史像構築への自覚的運動を喚起したわけではない。前述のように、過去の出来事の学問的探求には、歴史家の対象に対する距離感覚と地道な知的営為の集積とが前提として要求される。しかしソ連解体後の知的世界を制覇したのは、かかる前提とは相容れない、問答無用の「歴史の廃止」であった。旧い神話の廃墟に別の神話が誕生した。けれども経験は、現代ロシアの(そして世界史の)位置確認のためには、党派的あるいはイデオロギー的争いをこえたロシア革命史の認識が不可欠であることを教える。農業集団化史研究も、「スターリン主義」の歴史的分析の意義を認めるなら、「暴露」と「告発」の次元にとどまることは許されないであろう。

ロシア革命史の学問的研究の先駆者であったE・H・カーが、大著『ソヴィエト・ロシアの歴史』のなかで提示しようと試みたのは、正統か異端か、告発か弁明か、憎悪か賛美か、聖徒か悪魔かという「政争」の次元をこえたロシア革命史像であった。その前半生の少なからぬ部分を現実政治の峻厳なリアリズムのなかで過ごしてきたカーをかかる歴史的営為へと向かわせたのは、かれがそのなかで人格形成をとげ、まったく自明の秩序として受け入れていた一九世紀的な諸価値の崩壊、それに代わる二〇世紀的なものの新たな胎動の予感であった。過去とのたゆみない対話の末にかれが見いだした一九世紀から二〇世紀への転換とは、「自由放任から計画へ、無意識なものから自己意識的なものへ、客観的経済法則への信仰から、人間は自分の行為によって自分の経済的運命の主人になれるという信仰へ」の趨勢であり、その本質は人間理性の支配領域の拡大、人間の自己意識の発展にほかならなかった[20]。かれのこの確信は、歴史方法論の古典『歴史とは何か』の結論部においても披瀝されている[21]。しかしカーは、晩年の自伝的覚書のなかで、そのような展望のユートピア性を率直に認め、同著についてつぎのように語っている。「「因果関係」と「偶然」、「自由意志」と「決定論」、「個人」と「社会」、「主観性」と「客観性」との間の永遠の緊張関係をその本が解明しているというつもりはない。人は、「究極の客観的原因」を求めて、原因の原因の原因を研究し続けることができる。しかしもちろん、そのような原因には決して到達しえない。おそらく世界には、何事にも意味をみようとしない冷笑主義者と、未来についての壮大で立証できない仮定に基づいて物事の意味を理解するユートピア主義者とに分けられるだろう。私は後者のほうを選ぶ。私は『歴史とは何か』の楽観的な結論を決して放棄してはいない。実際のところ私は、現在あるような形の西欧社会については、おそらく必ずしも劇的な崩壊に終わるわけではないだろうが、没落と衰退以外のいかなる見通しも予見することができない。しかし私は、われわれがその姿を思い描くことができないような新しい勢力や運動が、ここかしこの表面下で始まりつつあると信じている。それは、私の立証できないユートピアだ[22]」。

このようなカーの立場は、戦争と革命の余韻が未だ冷め遣らぬ一九二〇年代初めにユートピア論の古典的著作をものしたL・マンフォードの立場にも通じている。マンフォードは、人間の観念世界に存在するユートピアを、現実世界での艱難辛苦や欲求不満からの逃避の場にすぎない無目的な「逃避のユートピア(the utopia of escape)」と、現実世界と交渉を保ちつつ、それを変革させるための青写真となる「再建のユートピア(the utopia of reconstruction)」とに区別する。後者は「実現しうる(realizable)」ものであるが、かれもまた、人間がかかるユートピアの極限にまで到達することは不可能であることを率直に認める。しかしそれが現実に存在していないからという理由でそれを一笑にふしてしまうのもまた馬鹿げている、とかれはいう。それは、人間の行動方向を指し示す「磁石の針」や「設計図」の類のものなのだ。「われわれのユートピアは、それらが生まれてくる世界と同じように、人間的で、あたたかく、すてきなものである。高層建築の屋上からマンハッタンのビル群を眺め渡すと、うっすらとした朝もやを通して金色に輝く尖塔をもつ青い塔をみることができる。そして一瞬、景観のなかのすべての目障りな醜い輪郭は消えうせるのである。われわれのユートピアを見る場合も同じである。われわれは、これらの理想世界(the realizable worlds)に入るからといって、現実世界(the real world)を捨て去る必要はない。というのは、常に理想世界は、まさに現実世界から生ずるからである」(23)。

過ぎ去った過去のなかにユートピアそのものを求めることは、しばしば単なる過去への逃避へと帰結する。それは歴史学の直接的課題ではない。しかし現在におけるユートピアへの憧憬はしばしば人々の関心を過去へと向かわせ、すぐれた歴史研究を生みだす原動力ともなる。もし現代史研究の課題が、われわれが生きている「今」をその起源にまでさかのぼって、その成り立ちとそこからの変化を跡づけることを通じて、これからの行動のための一般的指針を導きだすことにあるとするならば、過去の経験は「今」を生きる者にとって明らかにユートピアの断片を含んでいる。前世紀のかなりの期間において、社会主義ソ連の存在は、少なからぬ数の人々にとって、しばしばユートピアそのものであった。ソ連が消滅した今、われわれはかかるユートピアもまたひとつの神話にすぎなかったことを知っている。しかし現代のわれわれにとって必要なのは、古い神話の廃墟の上に築かれた、過去についての新たな神話ではない。過去への「なぜ」が単なる「暴露」と「非難」の次元にとどまっていては、「どこへ」という未来へと向けた問いの解明になんら寄与できないであろう。革命の記録に残る数々の汚点、支払われた人間的苦悩、革命の名によってなされた数々の犯罪にも拘らず、ソヴィエト期の経験は、世界史においてもロシア史においても現代史の生きたテーマであり続けていると著者は信ずる。そして現代の混迷のなかからわれわれが、未来への洞察を求めてその歴史的分析へと真剣に向かうとき、少なくともそれは、われわれが求める「磁石の針」の素材くらいは提供してくれるに違いない。

(1)「スターリン主義」という言葉は、ソ連でも西側でもかつては主として党派的用語として使用されるか、あるいは使用を禁じられていた。その経緯については、溪内謙『現代史を学ぶ』岩波新書、一九九五年、一三三―一三八頁を参照。レーニン後の党内闘争において、スターリンに反対する分派は、スターリンが一〇月革命の理念を裏切ったと批判し、かれの言動をレーニン主義の異端として「スターリン主義」と呼んだ。スターリンはみずからをレーニン主義の正統とみなし、「スターリン主義」という用語の単独使用を禁じ、自己の立場を「レーニン主義」、または「マルクス・レーニン主義」と称した。ここからスターリン主義、レーニン主義、マルクス・レーニン主義の用法上の混乱が生じた。三〇年代から八〇年代後半まで、ソ連でマルクス・レーニン主義と称された教義は、今日スターリン主義として理解されている教義と同一である。それはスターリンとその権力に対するすべての批判を異端として封殺するドグマ的思考体系であった。

(2) 一九世紀末の歴史学における方法的革命について、イギリスの哲学者R・コリングウッドはつぎのように述べている。「歴史家は過去を客観性(detachment)の新しい精神で研究にあたることになった。かれらは過去を冷静な研究、したがって真の科学的研究の分野であり、ふたつの偏見、非難もしくは賞賛は排除しなければならないと考えた」(R. G. Collingwood, *The Idea of History*, Oxford University Press, 1961, p. 146(R・G・コリングウッド『歴史の観念』小松茂夫・三浦修訳、紀伊国屋書店、一九七〇年、一五五―一五六頁)。

(3) タマシ・クラウス『ソヴィエト・テルミドール』堀江則雄訳、東洋書店、二〇〇三年、二三頁。

(4) I. Deutscher, "Mr. E. H. Carr as Historian of the Bolshevik Regime", pp. 91–94; 溪内謙「E・H・カー氏のソヴィエト・ロシア研究について」(カー『ロシア革命』所収)。

(5) ロシアの歴史家ダニーロフは、「旧ソ連における集団化史にとって、長い間、歴史過程の義務的解釈と結びついた公的タブーとアーカイヴ史料への局限されたアクセスとが特徴的であった。最近までこの問題について最も重要な文書がロシアの歴史家に対しても完全に秘匿されていた」と述べている(*Tragediia*—, vol. 1, p. 7)。

(6) ゴルバチョフ時代の末期からエリツィン時代までのロシアにおける歴史研究の状況については、R・W・デイヴィス『現代ロシアの歴史論争』(内田健二・中嶋毅訳、岩波書店、一九九八年)が詳しい。本著においてデイヴィスは、まだ数は多くはないものの、「体制転換」後の一〇年における社会意識の変化に対応した「ドグマにとらわれない開かれた精神の持ち主」たる新しい歴史家世代の登場に希望を見いだしている。

(7) クラウス、前掲書、二八頁。

(8) J. Hughes, "Capturing the Russian Peasantry: Stalinist Grain Procurement and the 'Ural-Siberian Method'", 〈Slavic Review〉, 53, no. 1 (Spring 1994), p. 77 が指摘するように、S・フィッツパトリック、R・タッカー、D・アトキンソン、R・コンクエストらも同じ誤認を犯している。

(9) *Golos naroda*, pp. 257–258.

(10) Christopher Read (ed.), *The Stalin Years: A Reader*, New York, 2003, p. 227.

(11) ジョレス&ロイ・メドヴェージェフ『知られざるスターリン』(久保英雄訳、現代思潮新社、二〇〇三年)は、「ロシア内外で出てきたスターリンにかんする資料をほぼ一〇年にわたって検討していると、スターリン時代と世界史におけるかれの役割にたいする本当に深い理解はまだ始まったばかりであることを痛感せざるをえない」と書いている(一三頁)。西側のスターリン時代研究の歴史と現状についてはリードの前掲書があるが、メドヴェージェフの一般化を否定する内容ではない。

(12) トロツキーのこの著作を、E・H・カーはスターリン政治体制の分析に際して最も重要な典拠のひとつとして利用した(Carr, *Foundations of a Planned Economy*, vol. 2, Part 3)。著者も一九七八年刊の『現代社会主義の省察』において、スターリン体制を特徴づけた部分においてこの著作から多大な教示を受けた。ソ連解体後、かれのソヴィエト・テルミドール論は、

V・P・ダニーロフのようなロシア本国の代表的歴史家によっても、ソ連崩壊の最も有効な説明理論として注目されている(*Kuda idet Rossiia ?..*, pp. 11–28)。タマシ・クラウスは、トロツキーのこの著作が「今日のソヴィエト体制崩壊の際に観察されたもののすべて」を「驚くべき正確さで予言していた」と述べている(クラウス、前掲書、二六五頁)。トロツキーは、ノメンクラトゥーラ階級による国有財産の私有化の可能性が十分にあることをスターリン体制成立の時点ですでに予言していたのである。しかしかれはそれをもって「歴史の終わり」とは考えず、新しい「経済の管理と文化の指導方法そのものを改める」民主主義的社会主義を展望している(同書三六〇頁)。

(13) *KPSS v rezoliutsiiakh*—, II, p. 630.

(14) E・カッシーラー『啓蒙主義の哲学』中野好之訳、紀伊国屋書店、一九七六年、二六七頁。

(15) 〈Biulleten' oppozitsii〉 No. 7, 1929, pp. 7–10. トロツキーは当時同志に宛てた手紙のなかで「スターリンの新路線は、それが設定している課題に関して言えば、たしかに、われわれの立場に接近する試みです。しかし政治において決定的なものは、単になにをするかではなく、いかにして、また誰がするかであります」と書いた(トロツキー『わが生涯』下、四八三頁)。

(16) 〈Pravda〉, 21 December, 1929.

(17) *XVI s'ezd VKP(b)*, p. 202.

(18) Carr, *Socialism in One Country*, vol. 1, pp. 180–181.

(19) Read, *op. cit.*, pp. 213, 222.

(20) 前掲溪内「E・H・カー氏のソヴィエト・ロシア研究について」参照。

(21) E・H・カー「VI 広がる地平線」『歴史とは何か』清水幾太郎訳、岩波新書、一九六二年。

(22) エドワード・ハレット・カー「自伝的覚書」(中嶋毅訳、『思想』二〇〇二年一二月号)五九―六〇頁。

(23) L・マンフォード『ユートピアの系譜(新装版)』関祐三郎訳、新泉社、一九八四年、二一―二三頁(一部原著によって、訳文を自己流に改めた)。

あとがき

第一の、そして最高の感謝を、浅岡善治君(宮崎大学教育文化学部)に捧げる。同君は校正から内容に至るまで本書のすべてを詳細に検討し、本書を一冊の学術書として完結に導いてくださった。とくに著者が著作の最終段階で重病にたおれ研究もままならぬ状態にあったとき、浅岡君は文字どおり献身的に最終段階の仕事に関与し、本書の結論部分の作成では著者に有益な助言を与え、著者が最後の気力をふりしぼって結論を書くよう激励してくださった。もし同君の協力がなければ、本書の完結は不可能であったろう。あらためて浅岡君の協力に衷心から感謝の意を表す次第である。同君が今後志を高く我が道をゆく気概を持って研究に精進して優れた研究者となる日が遠からず来ることを願い、かつ信ずるものである。

史料の購入について多くの人の協力を賜った。いちいちお名前を記すことはできないが、とくにロシア農民史研究のL・デニーソヴァ博士に格別のお世話になった。V・P・ダニーロフ博士、R・W・デイヴィス博士からも有益な史料および情報を入手することができた。これらはいずれも本書の貴重な史料として用いられた。ここに衷心より感謝を捧げる次第である。

編集・出版の労をとられた岩波書店の押田連氏ならびに小島潔氏に感謝する。

著者が最後の記述をおこなったのは、東京大学医学部付属病院消化器内科の病室であった。医師の方々ならびに看護師の方々に衷心より感謝する。彼らは著者の事情を最大限配慮して、治療と看護にあたってくださった。とくに医

あとがき

師の小松裕、瀬戸元子、笹子敬洋、児玉隆秀の皆様の御氏名を記して、著者の謝意を表すことにしたい。

二〇〇四年二月五日

溪内謙

■岩波オンデマンドブックス■

上からの革命——スターリン主義の源流

2004年11月9日　第1刷発行
2016年12月13日　オンデマンド版発行

著　者　溪《たに》内《うち》　謙《ゆずる》

発行者　岡本　厚

発行所　株式会社　岩波書店
〒101-8002　東京都千代田区一ツ橋2-5-5
電話案内　03-5210-4000
http://www.iwanami.co.jp/

印刷／製本・法令印刷

ISBN 978-4-00-730539-9　　Printed in Japan

索　引

ア 行

カ 行

サ 行

タ　行

ナ 行

ハ 行

ヤ 行

ラ 行

ワ 行